인간은 어떻게
노동자가 되었나

인간은 어떻게
노동자가 되었나

처음 쓰는 일의 역사

얀 뤼카선 지음 | **전소영** 옮김

모티브북

차례

Chapter 6 산업혁명과 새로운 노동관계(1800~현재)

내가 이 책을 구상하기 시작한 때는 베를린장벽이 무너지고 세계가 낙관적 분위기에 휩싸였던 1990년대다. 국가사회주의가 실패했고, 착취당하는 노동자가 '무계급사회'에서만 해방될 수 있다는 생각도 무너졌다. 그 대신 새로운 유토피아의 이상이 서구에서 떠오르기 시작했다. 코카콜라를 두 팔 벌려 환영했던 전 세계는 이 이상도 열정적으로 재빨리 포용했다. 이제 우리는 가장 높은 가격을 제시하는 사람에게 창의성을 빌려주는 독립적 사업가로 돈을 벌 수 있을 듯했다. 하루, 아니 심지어 일주일에 2, 3시간만 일해도 될 것 같았다. 엄청나게 성공하고 어마어마하게 길고 달콤한 여가도 즐길 수 있을 듯했다. 생산이 아닌 소비가 우리의 삶을 정의하게 될 터였다.

중요한 점은, 이 유토피아에선 실패자만 다른 사람을 위해 일한다는 것이다. 새롭고 진정한 개인은 자영업자와 사업가고, 모두가 '포트폴리오'형 경력portfolio career(직종과 형태에 상관없이 여러 수입원을 결합하여 일하는 방식—옮긴이)을 갈망한다. 2008년의 금융 위기, 최근의 코로나 팬데믹과 러시아-우크라이나전쟁 때문에 열기가 다소 식었지만 이 유토피아는 마땅한 도전자가 없다는 이유 하나만으로 건재를 과시하고 있다. 사업가는 영웅이고 일반 노동자는 노예다.

'자유' 시장 옹호자가 지지할 뿐만 아니라 좌익 유토피아 사상의 근원이기도 한 이 착각은 도처에 만연해 있다. 물론 좌익 유토피아 사상은 독립적 기업가를 열렬히 치켜세우지 않지만, 그 대신 공동체의 임금노동과 여유 시간이란 개념을 찬양한다.

　나는 평범한 노동자를 착취의 피해자, 또는 창의력과 상상력이 없는 멍청이로 보는 시각에 점점 짜증이 났다. 개인의 기업가 정신에 반대해서가 아니다. 끝없는 확장을 지향하는 유토피아적 전망과 동떨어진 작은 사업체나 임금노동은 이제 죽어가고 있는가? 평범한 시민의 노동과 그 '역사'는 더 이상 중요하지 않은가? 그리고 여유 시간과 기업가 정신에 대한 찬양은 여성 해방, 가사 노동의 가치에 대한 인정뿐 아니라 노동시장에서 공평한 기회를 추구하는 여성의 활동과 어떤 관련이 있는가?

　제2차 세계대전 이후의 노동관을 배경으로 성장한 나는 지적 임금노동에서 큰 기쁨을 느낀다. 내 짜증은 분명 그 점과 관련 있다. 나는 1968년의 해방 정신으로부터 많은 감화를 받은 것 같지 않다. 대신 1990년대 중반에 인도를 접하고 그곳의 노동과 역사를 알게 된 후 노동이 우리 인생의 핵심이라고 확신했다.

　우익과 좌익 모두가 유토피아를 예고했지만, 실제로는 세계인 대부분이 일주일에 5, 6일간 가사 노동과 임금노동을 하며 보낸다. 이 현실이 조만간 바뀔 것 같지는 않다. 노동은 모두에게 필수적일 뿐만 아니라 우리 자신을 실현해준다. 우리는 노동을 통한 성취에서 만족감을 느끼고, 다른 사람들과 함께 있고 싶은 기본적 욕구를 충족한다. 노동은 구약성서에 나오는 신의 저주가 아니고, 어떻게든 피해야 하는 필요악도 아니다. 긍정적이든 부정적이든 우리의 삶과 사회관계를 결정한다. 낙원은 우리 앞에서 기다리지 않았고, 우리가 이미 지나쳐 온 것도 아니다.

　나는 어째서 각각의 노동에 대한 보수가 그토록 다른지 이해할 수 없었다. 어째서 내 아버지 같은 초등학교 교사의 임금은 나 같은 대학교수의 반, 아니 심지어 반도 안 될까? 왜 내 어머니 같은 간호사는 그 옆에서 일하는 의사보다 적은 임금을 받을까? 똑같이 학생을 가르치거나 환자를 돕고, 똑같이 헌신하고 노력하며 자기 일을 하는데 말이다. 이 불균형을 완화하기 위해 가정에서는 수입을 공동 계좌에 넣고 사회에서는 소득 평균화 세제를 시행한다. 그러나 이 방식은 질문에 답하지 못하고, 동일한 노력과 헌신에 대한 보상이 불평등하다는 문제를 해결해주지도 못한다.

짜증은 이러한 문제를 제기하는 좋은 시작점이지만 책을 쓰기에 충분한 이유는 아니다. 지금까지 출판된 노동사 개요서 대부분은 서구의 근래 역사만 다루었는데, 나는 전 세계 인류의 오랜 노동에 호기심이 많다. 그러나 이것도 책을 쓸 정도로 충분한 이유는 아니다. 그렇다면 어째서 지금 이 책이 필요한가?

과거든 지금이든 문화, 인종, 사회적 배경에 상관없이 최대한 많은 노동자의 경험을 공정하게 다룰 필요가 있다. 그래야만 우리가 동료 의식 속에서 하나가 될 수 있기 때문이다. 점점 좁아지는 미래의 세상에서 노동자의 삶을 보호하고 향상하려면 노동의 좋은 면과 나쁜 면을 인식하는 것이 중요하다. 어쨌거나 지구 상 모든 사람이 인생의 3분의 1을 노동하며 보내므로 최대한 넓은 맥락에서 이해하고 인식할 필요가 있다. 또한 그 이해는 너무도 많은 사람이 느끼는 감정, 즉 아침 9시부터 저녁 5시까지 일하는 자신이 어떤 면에선 실패했다는 느낌, 아직 유토피아를 이루지 못했고 결국 이루지 못할 것이라는 자괴감을 누그러뜨려 줄 수 있다. 인간에게 가장 중요한 경험인 노동과 이 노동이 사회적 맥락(가정, 부족, 지역사회, 도시, 국가)에서 조직되는 방식을 폭넓게 개괄한 이 책이 독자에게 가닿을 수 있다면 나는 진심으로 만족할 것이다. 이 개괄은 모든 인간 경험에 대한 진정한 성찰의 시작점일 뿐이다.

지적인 면에서 이 책은 노동사의 연습 과제 중 하나다. 나는 노동사가 최근까지 선진국 남성 공장 노동자의 역사에 초점을 맞추며 스스로 만든 한계를 넘어서고자 했다. 지난 25년 동안 여러 노동사학자가 시간과 공간의 측면에서 폭넓은 질문을 제기하기 시작했다. 네덜란드 암스테르담 국제사회사연구소International Institute of Social History, IISH(유럽의 노동운동사와 사회사상사 관련 자료를 수집, 보관, 연구하는 문헌 자료관-옮긴이)는 이 일에 큰 역할을 담당했다. 감사하게도 나는 그곳에서 생각을 발전시킬 수 있었다.

이 책은 내가 폭넓게 경험한 영감의 산물이다. 부모님의 노동관으로부터 생각보다 훨씬 많은 영향을 받았고, 나의 노동 경험뿐만 아니라 사랑하는 사람들의 노동 경험으로부터도 많은 영향을 받았다. 내 생각은 지난 20여 년간 동료, 특히 IISH의 동료와 연구소 밖의 동료들로부터 자극받으며 모습을 갖춰갔다. 몇몇 이름을 들자면 마르설 판데르린던Marcel van der Linden, 렉스 헤이르마 판포스Lex Heerma van Voss, 헤이스 케슬러르Gijs Kessler, 카린 호프메이스터르Karin Hofmeester 등이다. 이름이 언급되지 않은 분들은 부디 나를 용서하시고, 참고문헌의 언급에 위로받으시길 바란다. 또한 레이던대학교 빌 루브룩스Wil Roebroeks(특히 1장)와 암스테르담자유대학교 베르트 판데르스펙Bert van der Spek(특히 3장과 4장)을 비롯한 많은 동료가 초기 원고를 살펴보고 포괄적이고 열성적인 의견을 제시해주었다. IISH의 야프 클로스테르만Jaap Kloosterman, 레오 뤼카선Leo Lucassen, 마티아스 판로쉼Matthias van Rossum과 내 평생 지기 리뉘스 페닝크스Rinus Penninx, 그리고 원고가 완성되기까지 비평적으로 검토해준 여러 리뷰어에게 감사드린다. 프리타 트레한Prita Trehan은 귀중한 논평을, 프란시스 스퓌포르트Francis Spufford는 격려를 해주었다. 많은 분으로부터 도움과 영감을 받았지만, 이 책에 대한 책임은 온전히 나에게 있다. 나를 굳게 믿고 열정적으로 지원해준 줄리언 루스Julian Loose와 그의 예일대학교출판사 동료 레이철 론스데일Rachael Lonsdale, 케이티 어커트Katie Urquhart, 레이철 브리지워터Rachel Bridgewater에게도 감사드린다. 아나 예아딜모러Anna Yeadell-Moore는 탁월하고 창의적인 번역과 편집을 해주었고, IISH의 마린 판데르헤이던Marien van der Heijden은 연구소 소장본의 삽화에 관해 조언해주었다. IISH의 마리요세 스프레이우엔베르흐Marie-José Spreeuwenberg, 책 제작의 마지막 단계에 열정과 지원을 아끼지 않은 아트 블록Aad Blok에게도 감사드린다. 마지막으로, 내가 이 책을 구상하고 성장시키는 과정을 곁에서 지켜봐준 동반자 리스커 포르스트Lieske Vorst에게 진심으로 감사를 전한다.

이 책을 IISH 연구원들과 차세대 주역인 마리아Maria, 마티스Mathies, 헤이르티어Geertje, 모두 헌신적인 노동자인 그들의 파트너들, 성공한 피자 배달원 요아크빈Joaquin과 노동의 삶을 기다리고 있는 카실리아Caecilia, 요리스Joris, 로터Lotte에게 바친다.

2020년 12월 15일, 네덜란드 하우다에서

하드커버 판을 수정하고 내용을 추가한 지 1년도 되지 않았다. 그러나 페이퍼백 판에서 몇몇 오류를 수정하는 한편 새 간행물들을 언급하고 싶었다. 추가 내용 때문에 참고문헌의 위치나 수가 변하지는 않았다. 추가한 간행물은 더 전문적이고 새로운 증거를 제시한다. 세계사 전반에 대한 새로운 관점을 제시하는 일부 문헌도 노동과 관련 있으므로 언급할 필요가 있다. 논거가 풍부하지만 논란의 여지가 있는 데이비드 그레이버David Graeber와 데이비드 윈그로David Wengrow(2021)의 개요를 보충하고, 패트릭 매닝Patrick Manning의 탁월한 연구 세 건을 포함시켰다. 매닝이 2020년 발표한 연구는 초판에 간단히 언급했고, 나머지 두 건은 2023년과 2024년에 발표될 예정이다.

2022년 4월 15일, 네덜란드 하우다에서

일에 대한 이야기는 과거에서 현재까지 직선으로 이어지지 않을 수도 있다. 이야기가 연결되지 않고 다양하다는 의미일까? 아니면 복잡할지언정 내적 논리가 있을까? 사회과학계의 저명인사들은 그렇다고 생각했다. 애덤 스미스Adam Smith, 카를 마르크스Karl Marx, 막스 베버Max Weber 모두가 노동관계를 변화시키는 일종의 엔진을 상정했다. 그들이 생각한 엔진의 연료, 실린더 용량, 특히 경제성은 많이 달랐지만 말이다.

이 사상가들의 공통점은 근대 초기에 서구, 특히 네덜란드공화국에서 갑작스레 출현한 시장이 결정적 역할을 했다고 본 것이다.[1] 시장의 효과에 관해 스미스는 궁극적으로 창조적이라고 봤고 마르크스는 파괴적이라고 봤다. 베버는 이윤 창출에 초점을 맞춘 사고방식인 '자본가 정신'이 시장경제가 성공하기 위한 필요조건이라 주장했다. 예컨대 토지를 소유한 고대 그리스·로마의 엘리트층은 이런 정신이 없었을 것이다. 따라서 베버와 그의 영향을 받은 칼 폴라니Karl Polanyi(20세기 사회경제철학자. 대표작으로《거대한 전환The Great Transformation》이 있다-옮긴이)와 모지스 핀리Moses Finley(20세기 고대역사학자. 대표작으로《고대 경제The Ancient Economy》가 있다-옮긴이)는 고대 사회의 질서가 1천 5백 년 후 유럽에서 서서히 출현한 사회와는 근본적으로 다르다고 간주했다.[2]

앞서 언급한 사상가와 그 추종자, 예컨대 베버의 영향을 받은 마르크스주의자 카를 비트포겔Karl Wittfogel[3](독일 태생의 비교사회학자, 경제학자-옮긴이)

에 따르면 재화, 자본, 노동을 위한 시장이 발달하기 전에 '더 원시적인' 사회가 존재했다. 그들은 이 사회를 봉건제·노예제·아시아형 전제주의 국가라 부름으로써 고대 그리스·로마 시대부터 이어진 편견에 동참했다. 헤로도토스에 따르면 그리스인은 자유를 향한 타고난 욕망을 지닌 반면 숙적 페르시아인은 강제 노동이 특징인 계급사회의 운명을 피할 수 없었다. 당연한 수순으로 서구 사회는 '봉건주의'를 거쳐 '자본주의'로 이어졌고, 일부는 '사회주의'로 이어졌다. 세계의 다른 지역도 나중에 빠르게 같은 전철을 밟았다.[4]

장기적인 세계사 발전에 대한 이러한 개념은 오랫동안 주류를 차지했다. 자유주의와 마르크스주의 양 진영 사상가가 이 개념을 공유하므로 어떤 의미에서는 지금도 다수설이다. 20세기 초에 알렉산드르 차야노프Alexander Chayanov(러시아 농업경제학자로 농민 경영과 조합을 옹호했다-옮긴이)와 칼 폴라니는 흥미롭지만 결론적으로는 실증적 설득력이 부족한 이론을 제기했다.[5] 설득력이 없는 주된 이유는 신석기혁명 이후 나타난 전 세계 인구의 자급자족과 반反시장 지향적 움직임의 중요성을 열정적으로 과장했기 때문이다. 차야노프의 주장은 1880년부터 1920년까지 러시아 농민을 폭넓게 조사한 통계 자료에 기초했다. 폴라니와 그의 학파는 메소포타미아 시대부터 다호메이 왕국(15~19세기에 지금의 서아프리카 베냉 남부에서 번영한 왕국-옮긴이) 시대까지 아우르는 수많은 사례를 끌어들였으나 차야노프보다 학설의 깊이가 뚜렷이 얕았다.[6]

두 유명한 해석은 이 책의 뒷부분에서 다루겠다. 여기서는 내가 둘 중 어느 쪽도 선택하지 않고, 위대한 대안을 제시할 계획도 없다는 것을 언급하겠다. 노동의 세계사를 연구하며 가장 중요하게 깨달은 것이 있다면, 전통적 해석은 이리저리 굽은 길을 따라가게 된다는 사실이다. 내 생각에는 이러한 서술의 내적 논리를 정확히 체계적으로 설명하는 것은 시기상조다.

왜 그 내적 논리를 세우기가 어려울까? 왜 잘 다져지고 익숙한 길로 가지 않는가?[7] 역사기록학의 세계화라는 측면에서 볼 때, 전통적 해석은 실증적 토대가 제한적이고 편견이 개입되어 있다. 고대 그리스·로마 시대 이래 지중해 지역의 발달을 시작점으로 삼고, 배타적 시선으로 연구 대상 지역을 서구로 한정하며, 다른 지역의 역사를 이 해석에 끼워 맞추려고 한다. 그 결과 현 북대서양 위주의 세계를 '근대적' 또는 '자본주의적'이라고 특징짓는다.

이처럼 유럽 중심적인 세계사에 프랑스 역사가 페르낭 브로델Fernand Braudel만큼 정면으로 맞선 사람도 없다. 그는 산업혁명이 일어나기 수 세기 전에 유럽뿐만 아니라 아시아에서도 자본주의가 시작되었다는 사실을 인정하라고 강변했다. 같은 맥락에서 네덜란드 역사가 바스 판바벌Bas van Bavel은 자본주의의 경계를 훨씬 이전으로 옮겨 중세 이라크를 시작점으로 삼았다. 판바벌은 메소포타미아뿐만 아니라 르네상스 시대의 북부 이탈리아, 네덜란드 공화국, 후대의 영국과 미국에서도 수 세기 동안 반복된 주기를 발견했다. 사회혁명→지배적 시장과 성장→불평등→쇠퇴의 주기였다. 판바벌에 따르면 현재 자본주의는 '쇠퇴'하고 있다. "자본주의는 토지, 노동, 자본의 교환과 분배를 시장이 지배하는 체제다. 각 주기가 시작될 때 발견되는 첫 번째 요소인 자본주의에서는 임금노동이 뚜렷하게 증가한다."[8]

이러한 생각에 따르면 '자본주의'라는 용어는 시장의 성장과 번영과 동일한 의미다. 요즘 일부 학자는 자본주의를 시장경제와 거의 같은 의미로 사용한다.[9] 최근 이 논쟁에 뛰어든 다른 학자들은 중세 초기(판바벌의 주장), 1400~1800년, 1500년 또는 1600년경, 1600~1800년, 산업화 시대인 1850~1920년을 각각 그 기원으로 제시한다.[10] 내 결론은 이렇다. 오늘날 자본주의 개념이 보편적으로 사용되고 있지만 내용은 합의되지 않았으며, 따라서 연대도 합의되지 않았다. 1500~1815년의 네덜란드 경제를 '최초의 근대 경제'로 간주하는 학자가 있을 정도로 '근대성'의 경계를 후대로 늦추는 흐름도 나타나고 있다.[11]

간단히 말하면 자본주의와 근대성의 중심 개념은 유동적이며, 세계사의 선을 뚜렷하게 정한다는 원래의 분석적 기능도 잃어버렸다.[12] 이러한 사실은 이 책처럼 긴 시간을 다루는 역사서에서 문제가 된다.[13] 1916년 알베르트 아인슈타인Albert Einstein은 이렇게 말했다. "사물의 질서를 쉽게 정립하게 해준다고 증명된 개념의 권위가 너무 커지면 우리는 본래의 세속적 기원을 잊고는 불변의 기정사실로 받아들인다."[14] 이러한 이유에서 나는 '자본주의'(그리고 밀접하게 관련된 '계급' 및 '계급투쟁')와 (전통성과 상반되는 의미의) '근대성'을 이 책의 중심에 놓지 않았다. 마르크스,[15] 베버 및 그의 추종자들에 반대하기 때문이 아니라, 이 용어들이 지난 1백~150년간의 논쟁에서 오염되어 노동의 세계사를 분석하는 힘을 대부분 잃었기 때문이다. 그러나 나는 '시장', '노동관계', '사회적 불평등', '단체 행동' 같은 용어는 물론 '착취'처럼 도덕적 함의가 짙은 용어도 사용했다.

이런 선택을 했다고 해서 분석을 처음부터 다시 해야 하는 것은 아니다. 19세기 중반 이후 여러 학자가 노동의 역사에 대한 개요서를 집필했다. 대부분은 이제 구식이 되었지만 나는 기쁘고 감사하게 많은 영감을 받았다. 이 연구들은 대부분 유럽 중심적이거나 대서양 국가 중심적이고, 두어 세기 이전 시대는 살피지 않았다. 드물게 고대 그리스·로마 시대를 언급할 뿐이다.[16] 앞에서 마르크스와 베버와 관련해 이야기했듯이 이 책은 그들을 비난하는 것이 아니라 고고학과 학제 간 선사학을 포함한 역사과학의 발달을 고찰한다. 또한 마르크스와 베버와 더불어 위대한 독일 사상가인 카를 뷔허Karl Bücher의 업적을 부각한다. 경제학자인 동시에 저널리즘을 학문 분야로 정립한 뷔허의 학문적 폭은 한 세기도 전에 매우 중요한 역할을 했다.[17] 내게 영감을 준 저명한 학자는 소스타인 베블런Thorstein Veblen(미국의 사회학자. 대표작으로 《유한계급론The Theory of the Leisure Class》이 있다-옮긴이)과 한나 아렌트Hannah Arendt(독일 태생의 정치철학자. 대표작으로 《전체주의의 기원The Origins of Totalitarianism》이 있다-옮긴이)인데, 두 사람 모두 노동이라는 주제를 깊이 고찰했다.[18]

지난 수십 년간 새롭고 수준 높은 연구 결과가 많이 제시되고 시간과 공간 측면에서 연구 범위가 넓어지면서 새로운 길을 닦을 토대가 마련되었다.[19] 이 모든 연구는 노동관계 발달에 대한 내 관점과 관련해 네 가지 중요한 결론을 제공했다.[20] 첫째, 나는 시장경제의 대안으로 두 가지 중요한 관계를 구별한다. 하나는 수렵채집인 사회의 지배적 노동관계였으며 오늘날에도 모든 가정이 유지하는 호혜적 관계다. 다른 하나는 공납적 재분배 사회다. 시장경제는 한 번만 등장한 것이 아니라 역사 속 세계의 다양한 지역에서 여러 번 등장했고, 다시 사라진 경우도 많다. 따라서 다양한 지역의 노동관계도 급격히 변화했다. 둘째, 이러한 맥락에서 대규모 임금노동, 노예노동, 자영 노동이 여러 번 발생했고 종종 다시 쇠퇴하거나 심지어 사라졌다. 셋째, 임금노동의 보수가 공적으로 규정된 최저임금 수준과 언제나 일치하지는 않았고, 차이와 변동이 심했다. 넷째, 임금 수준이 변화한 원인은 권력층의 변덕이나 눈에 보이지 않는 시장 원리뿐 아니라 임금노동자의 개인·단체 행동 때문이기도 했다. 노동에 대한 공정한 보수와 사회 (불)평등에 대한 대중의 의견은 중요한 역할을 했다.

※

이 책에서 이야기하는 내용들은 연대기적·지리학적 범위가 넓기 때문에 비교학적일 수밖에 없다. 나는 비교학적 방법론의 장점을 최대한 활용하여, 노동하는 존재로서 인간은 시대와 장소를 불문하고 제한된 기회 속에서 비슷하게 행동했다는 전제하에 세계 곳곳에서 나타난 시초부터 추적할 것이다.

이론적으로 다른 분야인 인류학에 관한 설명을 현재의 역사적 개요에 적용할 수도 있다. 문화생태학 연구로 유명한 로버트 McC. 네팅Robert McC. Netting은 자신의 연구 분야를 이렇게 정의한다.

> 특정 지리학적·인구학적·기술적·역사적 상황에서 인간의 생물학적·심리학적 필요를 채워주는 규칙이 행동과 제도에 존재한다는 계몽주의 신념에 바탕하여 현실적 논리를 펴는 실증적 사회과학이다. 시간과 공간상 서로 떨어져 있고 문화 가치, 종교, 친족 체계, 정치 구조가 매우 다양한 집단들의 공통점은 비교문화적으로 파악할 수 있다.[21]

'실증적'이란 말은 노동이 정확히 무엇과 관련 있는지 주목한다는 의미다. 사람들의 일상생활을 연구할 때 되도록 그들 자신이 말이나 그림으로 표현한 기록에 관심을 둔다는 의미이기도 하다.[22]

독자에 따라선 정교한 이론적 토론과 역사기록학적 논쟁을 더 원할 수도 있다. 나는 역사과학이나 사회과학의 모델링을 반대하지 않는다. 반대했다면 이 책을 쓰지 않았을 것이다. 그러나 지난 두 세기 동안 제기된 여러 가설을 비교 평가한 결과를 제시하고 싶은 마음이 더 크다. 나의 결론과 선택을 더 알고 싶으면 내 초기 연구와 주석 부분을 참조하기 바란다.[23]

세계 노동사는 실증적, 방법론적, 이론적으로 눈부시게 발전하고 있다. 이러한 발전이 없었다면 이 책은 탄생하지 못했을 것이다. 발전은 앞으로도 이어질 것이다. 본문 뒤의 참고문헌을 길게 작성하면서 최대한 많이 읽고 요약하려 했지만 부족한 점이 얼마나 많은지는 잘 알고 있다. 내가 놓친 부분을 많은 전문가가 알아차릴 수 있을 것이다. 종류와 분량이 방대한 최근의 2차 문헌은 이 주제가 얼마나 생생하게 살아 있는지를 여실히 보여준다.

들어가며

오늘날 지구 상의 사람들 대부분은 깨어 있는 시간의 절반 이상을 일하며 보낸다. 여기에는 출퇴근 시간도 포함된다. 잠들어 있는 시간에는 일 때문에 쌓인 피로를 푼다. 이렇게 보면 노동의 역사는 인류의 역사다. 그런데 노동이란 정확히 무엇을 의미할까?

일과 노동에 대한 수많은 정의의 주된 문제는 편파성이다. 노동의 한 형태를 강조하는 한편 다른 형태를 간과하기 때문이다. 예를 들어 여성의 노동은 남성의 노동과 비교해 종종 간과된다. 공장 외부에서 하는 일은 공장 안에서 하는 일과 비교되고, 지적 노동은 육체노동과 비교된다. 가사 노동은 그나마 노동으로 인정받을 때도 집 밖의 노동과 비교되며 '생산노동과 재생산노동'의 이분법에 희생된다.

세계사 전체를 아우르는 이 책에서는 노동을 정의하는 것도 단순한 일이 아니다. 좋은 시작점은 미국 사회학자 찰스 틸리Charles Tilly와 크리스 틸리Chris Tilly 부자의 폭넓은 정의다.[1]

노동은 인간이 상품과 서비스에 사용가치를 더하는 모든 노력을 포함한다. 노동하는 사람이 그 노력을 즐기든 혐오하든 대화, 노래, 장식, 포르노, 테이블 세팅, 정원 가꾸기, 집 청소, 고장 난 장난감 고치기 등 모든 행위에는 소비자의 만족을 증가시킨 만큼 노동이 연관되어 있다. 20세기 이전 세계 노동자의 대다수가 일한 환경은 현대 봉급생활자의 노동환경과 달랐다. 오늘날에도 세계 대부분의 노동은 정규 직업 밖에서 이루어진다. 서구 자본주의와 그 산업적 노동시장이 만들어낸 편견은 집 밖에서 돈을 벌기 위해 고되게 노력하는 것만 '진정한 노동'으로 못 박고, 다른 노력은 재미, 범죄, 단순한 살림으로 격하한다.[2]

이 정의의 장점은 노동을 시장과 관련된 활동으로 제한하지 않는다는 점이다. 인상적인 것은 틸리 부자가 살림을 진정한 노동으로 보았다는 사실이다. 그들은 "테이크아웃, 패스트푸드, 외식이 많아지고 있지만, 무보수로 식사를 준비하는 일은 오늘날 미국인의 유급·무급 노동 중 가장 큰 덩어리 시간을 차지할 것이다"라고 했다. 빅맥과 켄터키 프라이드치킨이 태어난 미국의 상황이 이렇다면 다른 지역과 역사 전체에 대해서도 똑같이 말할 수 있을 것이다.[3]

이러한 보편적 정의의 문제점은 노동으로 정의할 수 없는 활동이 명확하지 않다는 점이다. 틸리 부자는 세 가지 활동을 정의에서 배제했다. "순수하게 파괴적이거나 표현적이거나 소비적인 행위"다.[4] 순수하게 파괴적인 노동을 반反노동으로 간주했는데, 이 활동이 사용가치를 부가하지 않고 오히려 상품으로부터 가치를 박탈하기 때문이다. 그렇다면 군인이란 직업은 명백히 파괴적 측면이 있으므로 이 분야의 활동을 노동에서 제외해야 할 것이다. 그러나 군인의 일도 노동이다. 일상적인 병영 생활이 파괴적이지 않기 때문만이 아니라, 의식적인 파괴 활동도 다른 상품과 서비스에 가치를 부가하는 경우가 많기 때문이다.[5] 또한 틸리 부자는 순수한 표현과 소비를 노동에 포함하지 않고, 생산 주체에게만 사용가치가 있는 활동도 배제했다. 그 근거는 논리적이다. '개인적 만족을 위한 혼자만의 역기 들기' 같은 활동은 노동의 사용가치를 아무리 폭넓게 인정해도 노동으로 인정되지 않고, '스포츠 팬을 즐겁게 하기 위한 역기 들기'와도 다르다. 이 기준에 따르면 몇몇 활동만이 틸리 부자의 정의에서 벗어난다. 모든 사람과 생산자가 생활하기 위해 먹고 마시고 잠자는 '회복'만 노동에 대한 정의에서 제외된다. 나는 자유 시간이나 레저를 제외한 인간의 모든 활동을 노동으로 본다.

레저에 관해 간단히 살펴보자.[6] 20세기 중반의 연구 결과들에 따르면 노동 또는 관련 활동이 하루 중 차지하는 비중이 남성은 25~30퍼센트(임금노동과 출퇴근), 가정주부는 40퍼센트, 직장을 다니는 어머니는 50퍼센트였다. 모든 개인의 시간에서 잠자는 시간이 3분의 1, 식사 및 이·미용 시간이 10분의 1을 차지했다. 따라서 레저 시간으로 남는 시간은 대부분 남성인 임금노동자는 약 30퍼센트, 가정주부는 15퍼센트, 직장을 다니는 어머니는 5퍼센트가 조금 넘는 정도로 달랐다.[7] 그 시간조차 꼭 자유로운 것은 아니었다. 남녀 모두 자유 시간의 대부분을 회원제 클럽 활동, 자원봉사, 지인 방문 등 사회적 활동으로 보냈다. 즐겁긴 하지만 의무로 여겨지는 활동들이다. 흥미롭게도 에콰도르 원주민은 의무 활동과 레저에 대한 개념이 유럽인과 달랐다. "필요하면 꾸준히 일하지만 속도는 서구인과 다르다. …… 모든 시간을 노동과 그 밖의 '구조화한 활동'에 사용한다. 일하지 않는 시간에는 종종 술을 마시고 장난을 즐긴다. 결혼식, 세례식, 생일, 축제가 삶의 목적인 것처럼 일하고 저축한다. …… 재미있는 시간에 대한 그들의 시각은 서구인이 레저를 보는 시각과 다르다."[8]

미국 사회학자 넬스 앤더슨Nels Anderson은 산업화 세계에서도 '비노동 의무 활동'이 레저와 구별된다고 생각했다. "사람들은 의무를 이행하여 좋은 배우자, 좋은 부모, 좋은 이웃, 좋은 시민, 좋은 친구라는 지위를 얻는다. 역할을 수행해야 지위와 큰 만족감을 얻을 수 있다. 그 노력을 통해 느끼는 만족감은 레저 활동에서 얻는 만족감만큼 클 수 있다."[9] 따라서 틸리 부자라면 사회적 의무 활동을 노동에 포함하겠지만 나는 그 정도까지 나아가고 싶진 않다. 여기서 말하는 시간은 마음대로 쓸 수 있는 것이 아니다. 대부분의 역사에서 사람들은 자유 시간에 잠깐의 놀이와 오락을 즐겼고, 운 좋은 소수만 비용을 들여 재미로 하는 여행(이른바 그랜드투어)과 휴가와 취미 활동을 즐겼다.[10] 일반적인 서구인은 20세기를 지나면서 처음으로 여행과 휴가를 경험했다. 오늘날에도 세계 대부분의 지역 사람들은 여행과 휴가를 마음대로 누리지 못한다.

노동이 삶에서 차지하는 역할에 대해 많은 사람이 확고한 견해가 있다. 자영업자와 봉급생활자 중 무엇이 더 좋다는 인식이든, 남성과 여성의 일이 따로 있다는 관념이든, 공정한 보수에 대해서든 말이다. 이런 관점은 인류 집단의 노동 경험을 바탕으로 오랜 시간에 걸쳐 발달했다. 그 기원은 우리가 인간으로 존재하기 시작한 때로 거슬러 올라간다.

우리는 허리 통증, 이마에 흐르는 땀, 정신적 피로 같은 개인의 노력만을 기준으로 노동을 정의하지 않는다. 누구와 함께, 누구를 위해, 심지어 누구에도 불구하고 일하는가에 따라서도 정의한다. 인간은 섬에서 혼자 살지 않는다. 로빈슨 크루소조차 프라이데이를 찾아냈다(그리고 곧 하인으로 삼았다). 이 책에서도 노동의 핵심 요인인 인간관계를 강조할 것이다. 노동의 기나긴 세계사를 들여다보면 노동 원칙이 친밀한 사회적 교류에 배어드는 방식, 노동의 과실을 즐기고 쓰는 방식, 노동에 부여하는 의미 등의 패턴을 알 수 있다. 우리는 어쩔 수 없이 다른 사람을 위해 일해야 하는가, 아니면 선택할 수 있는가? 노동에 대한 보상은 무엇이고 누가 그 보상을 결정하는가? 우리는 임금 격차를 참을 수 있는가? 우리는 집 안에서 함께 일하는가, 아니면 집 밖에서 다른 사람들과 함께 일하는가? 일을 못 하게 되면 누가 우리를 보살필 것인가? 노동이 인간을 사회적으로 정의하는 방식은 수없이 다양하다. 따라서 개인적·집단적 전략을 통해 공정한 보상을 추구하는 경향은 노동의 사회적 특성에 이미 내재해 있다.

선사시대부터 현대까지 인간은 노동을 조직하는 많은 방법을 고안했다. 약 1만 2천 년 전까지, 즉 농경을 '발명'하기 전 인류 역사의 98퍼센트에 해당하는 시간 동안에는 작은 공동체를 이룬 두어 가구가 노동을 분담했다. 공동체 구성원들은 긴밀하게 협력하며 식량을 채집하고 노동의 결실을 나누어 가졌다. 이것이 수렵채집인 집단 안에서 협력하는 두어 가족 구성원의 '호혜적' 노동관계다.[11] 나중에 출현한 외부적 노동관계와 대조된다. 외부적 노동관계는 가구나 공동체의 밖에서 이루어졌다.

농경 사회가 잉여 식량을 생산하면서 대규모 노동 분업이 가능해졌다. 그로부터 수천 년 이후 최초로 형성된 도시에서, 그리고 5천 년 전 최초로 형성된 국가에서 전문 분업이 나타났다. 수백 또는 수천 가구가 모인 복잡한 사회에서 호혜적 노동관계와 나란히 외부적 노동관계가 등장했다. 이 노동관계는 '자영 노동'과 '공납적 노동'으로 나뉜다. 시장이 출현한 후에는 '자유 임금노동', '노예', '고용 관계'가 추가되었다. 인류의 역사는 시기를 달리하거나 경쟁하며 존재한 몇몇 노동관계가 여러 방식으로 뒤얽힌 결과다.

소련이 붕괴하고 동유럽의 국가사회주의와 공산주의 계획경제가 파산을 선포하는 동시에 극렬한 세계화가 시작되면서 다양한 방식이 널리 알려졌다. 과거의 중국, 아프리카, 크리스토퍼 콜럼버스가 도착하기 이전의 아메리카 대륙에는 고유의 흥미진진한 노동사가 존재했다. 이 역사를 종합하면, 수렵채집인에서 시작해 고대 그리스·로마 시대 노예, 중세 농노, 공장으로 몰려든 농부와 수공인, 그리고 공산주의로 우회한(또는 우회하지 않은) 1억 명 이상의 강제수용소 노동자를 거쳐 현재까지 이어지는 단순한 직선형 발달이 아닌 그 이상을 알 수 있다.

시간과 공간을 가로질러 노동을 바라보면 복잡한 노동사를 하나씩 추적할 수 있다. 노동과 노동관계를 다룬 여러 역사와 이론에 대한 개관은 앞의 〈일의 역사에 대한 짧은 글〉을 참고하라. 현재 당연시되는 시장경제로부터 한 걸음 떨어져 바라보면, 수렵채집인 선조가 만들었으나 현대 가정에도 익숙한 호혜 관계에 바탕한 사회와 공납적 재분배 사회가 드러난다. 되풀이되는 역사도 볼 수 있다. 대규모 임금노동, 노예노동, 자영 노동, 심지어 시장경제가 세계 여러 곳에서 여러 차례 출현했고 가끔은 다시 사라졌다. 이에 따라 사람과 노동의 관계가 매우 다양해졌다. 노동에 대한 보수도 요동쳤는데, 그 이유는 시장이나 권력층 때문만이 아니라 사회 불평등에 문제를 제기하면서 공정한 보상을 추구한 임금노동자의 개인·단체 행동 때문이었다.

※

노동사의 구조를 근본적으로 바꾸는 요인은 노동자 개인의 경험과 행동이다. 사람은 혼자 일하지 않고, 자신만을 위해 일하지도 않는다. 모든 '개인'

은 인생의 대부분을 '가족'이나 '가구' 안에서 생활하고 가족이나 가구를 위해 일한다. 가구는 수입을 한데 모으고 원칙적으로 함께 살며 함께 식사하는 하나의 친척 집단이다. 따라서 모든 구성원의 활동들은 하나의 전체로 볼 수 있다.[12] 구성원은 생계를 위한 전략을 세우고 활동을 조율한다.[13] 기술, 성별, 나이, 결혼 전략에 따라 할 일을 분배하고 합의한다. 개인을 중심에 놓고 보면 가구는 한 개인을 둘러싼 첫 번째 껍질이다.

여러 가구의 구성원은 더 나아가 정치체polities로 불리는 더 큰 사회집단을 이루어 함께 일했다. 이것이 두 번째 껍질이다. 수렵채집인 집단처럼 규모가 작은 여러 공동체가 모여 활동했고, 유전적 다양성을 위해 집단끼리 혼인 상대를 교환했다. 신석기혁명 이후에는 (도시)국가가 발달했다. 복잡한 정치체의 주민들은 고대 이집트나 잉카제국처럼 공납적 재분배를 통해 물품과 서비스를 교환했고, '시장'을 통해서도 교환하기 시작했다.[14] 정치체는 시장의 규칙을 만들지만 한편으로는 시장의 특정 참여자에게 활용될 수도 있다.[15] 그렇다면 시장 참여자들이 정치체에 기울었다 시장에 기울었다 하는 과정에서 권력관계가 자주 변화할 수 있다.

사람은 다른 사람과 함께 일하고 다른 사람을 위해 일한다. 가구의 안과 밖에서 수평적 노동관계와 수직적 노동관계가 형성될 수 있다는 의미다. 수평적 노동관계는 사람들이 동등한 동료로서 함께 일하는 관계다. 수직적 노동관계는 우리가 누구를 위해 일하는지, 누가 우리를 위해 일하는지, 그리고 어떤 규칙 아래에서 일하는지를 정의한다. 암묵적이든 명시적이든, 성문이든 불문이든 상관없이 이 규칙은 노동 유형, 보수의 유형과 수준, 노동시간, 육체적·심리적 부담뿐만 아니라 자유와 독립성의 정도도 결정한다.[16]

개인, 가구, 정치체, 시장을 구분하면 특히 수직적 노동관계를 시각화할 수 있다. 예컨대 어떤 일을 어떤 규칙과 조건 아래에서 할지를 누가 결정하는가 등이다. 이것이 우리가 노동관계를 보는 방식이다. 따라서 한 사회의 모든 구성원을 분류하려면 다음과 같이 질문하면 된다. 그는 아직 일을 시작하지 않았는가, 또는 더 이상 일할 수 없는가? 돈이 많아서 일할 필요가 없는가? 주로 가구 내에서 일하는가, 아니면 소규모 집단 같은 단위로 일하는가? 모두가 신과 신전에 노력을 쏟는 고전적인 공납적 재분배 사회에서 일하는가, 아니면 주로 시장을 통해 일하는가? 시장을 통해 일한다면 작은 독립 사업체인가, 기업가인가, 임금노동자인가, 아니면 노예인가?

이 노동관계의 총합이 한 사회를 특징지으므로 이를 바탕으로 한 사회가 수렵채집 사회인지, 공납적 재분배 사회인지, 또는 시장 정치체인지 구별할 수 있다.

현재까지의 노동사는 노동관계를 직원과 고용주, 노예와 주인, 시민과 국가처럼 시장 사회 안의 수직적 관계로 제한했다. 물론 이런 관계는 중요하다. 이 책에서도 노동조합, 파업, 성문 및 불문 고용계약뿐만 아니라 근로 유인책, 즉 노동자나 노예가 훌륭한 성과를 내도록 고용주가 장려하는 방법에 관해 언급할 것이다. 틸리 부자가 정확히 지적했듯이 근로 유인책에 돈만 있는 것은 아니다. 노동자의 근로 의욕은 임금만으로 고취되지 않으므로 보상과 더불어 헌신과 강압을 적절히 결합해야 한다.[17] 정도는 달라도 세 가지 모두를 적용할 수 있다. 그러나 고용주와 피고용인의 권력관계가 현실적이고 중요하긴 해도 노동자의 행동을 종속 관계로만 설명하기에는 부족하다. 모든 사회에서 사람은 대체로 같은 가구 구성원, 동료 임금노동자, 동료 노예, 동료 강제 노동자 등의 다른 사람과 함께 일한다. 그들의 상호·수평적 관계도 노동사의 고유한 부분이다.

협력과 경쟁의 모습은 '계약' 형태에 따라 매우 다양하다. 기본 토대는 무보수 돌봄 노동이나 가족 농장의 노동처럼 함께 일하는 가구 구성원 사이의 암묵적 계약이다. 현대인 대부분은 개인적으로 근로계약을 맺고 일하지만 여전히 좋든 싫든 일상적으로 동료를 상대해야 한다. 과거에도 그리 다르지 않았다. 다만 그때는 노동자들이 집단을 이루고 스스로를 고용해서 협동조합식 하도급을 통해 작업량제 급여를 받기도 했다.[18] 동등하게 하청을 받지만 협동조합 성격이 없는 '착취성' 산업은 그러한 관계가 얼마나 남용될 수 있는지 보여준다. 자유인 노동자와 무자유노동자가 노예와 함께 같은 일을 할 수도 있었다. 이 모든 수평적 노동관계는 노동자의 삶을 편하게도 힘들게도 만들 수 있었다. 주인과 고용주에게만 달린 문제는 아니었다.

'수평적 협력'과 '수직적 종속'은 노동의 핵심이므로 이 책에서도 주요 주제로 다룰 것이다.[19] 주인과 하인 사이 또는 대농장주와 노예 사이 같은 수직적 노동관계에서는 권력 자원의 차이가 더 크다. 정치체가 그 힘을 강제하기 때문이다. 그렇다고 수직적 노동관계만이 일상에서 노동의 즐거움과 고통을 결정하는 것은 아니다.

노력과 보수의 관계도 개인의 노동을 구조적으로 변화시킨 핵심 요인이다. 수렵채집 집단은 함께 일하고 원칙적으로 수확물을 동등하게 분배한다. 초기 농경인 집단도(아프리카에서는 1천 년 전까지도) 비슷했을 것이다. 그러나 농업으로 많은 잉여 농산물을 생산하게 되자 일부 구성원은 농경과 상관없는 기술을 전문화했고 그중 소수는 더 큰 몫을 가져갔다. 게다가 집단의 규모도 매우 커졌기 때문에 부와 권력을 강화하려는 자기과시자가 지도자 역할을 하기 시작했다.

막 생겨난 도시와 도시 연맹에서는 특별한 형태로 잉여물을 분배했을 것이다. 사회가 복잡해짐에 따라 신전을 중심으로 한 재분배 등 공식 재분배 제도가 생겨났다. 모든 잉여물은 신전의 신과 그 시종인 엘리트층의 것이었고, 사제가 분배했다. 물론 분배되는 양은 각 가구의 중요도에 따라 달라졌다. 어쨌든 신정 사회에서는 사제가 농민보다 더 중요했고, 공동 수입을 불공평하게 재분배하는 행위가 제도로 자리 잡았다.

도시 연맹으로부터 국가라는 정치체가 탄생하자 엘리트층이 더 강력해졌다. 대내적으로 모든 수입과 생산수단까지 국가에 요구할 수 있었고, 토지가 없는 시민에게 보수를 주는 조건으로 용역(직업군인 등)을 요구할 수 있었다. 한편 시민은 자신을 위해 일할 수 있었고, 상인과 다른 전문 직업인은 생산 자원을 취득하거나 임금노동자를 고용할 수 있었다. 대외적으로 정치체는 전쟁 포로를 잡아 노예로 부릴 수 있었다. 일단 생산 자원이 된 노예와 그 후손은 취득의 대상이 되었고, 개인이 이들을 부릴 수 있었다. 이렇게 토지와 상품 시장과 더불어 노예와 노동시장이 만들어졌다.

국가가 출현한 후 노력과 보수가 일치하지 않게 된 사회적 불평등을 고려할 때 중요한 문제는 피해자(때로는 연민의 시선으로 바라보는 외부인)가 어떻게 반응했느냐다. 어쨌거나 인류는 평등한 수렵채집 사회의 노동관계라는 공통의 유산으로부터 출발했다. 그 관계는 인류 역사의 98퍼센트를 차지하는 긴 시간 동안 지속되었다. 1장에서 설명하겠지만, 호혜 원칙은 노동관계의 근간이다. 공납적 재분배 사회든 시장 정치체든 새로운 불평등과 노동자를 화해시키기 위해 호혜 원칙으로부터 파생된 많은 방식을 이념적으로 수정했다. 적어도 그렇게 하려고 애썼다. 그렇지 않으면 정치체가 불안정해지기 때문이다.[20] 이 책에서는 이 문제에 대한 개인적 해결책과 집단적 해결책을 살펴볼 것이다.

개인은 사장이나 그의 수하와 즐겁고 좋은 관계를 유지하여 노동조건을 개선하거나 악화를 방지하려 한다. 이 방법이 실패하면 새로운 사장을 찾으려 한다. 자영업자도 고객에게 비슷하게 행동하고, 실패하면 새로운 고객을 찾는다.[21] 그러나 노동자는 다른 해결책을 선택할 수도 있다. 갑작스레 전략을 바꾸기보다는 오랜 시간에 걸쳐 다른 노동관계를 결합하는 방식이었다. 예컨대 가내수공업은 소작농이 농사와 직조를 결합한 생산방식이다. 소작농이 공장 노동자가 되는 이른바 프롤레타리아화는 10세대까지 시간이 걸리기도 했다. 로마제국과 19세기 브라질의 노예는 자신이나 후손을 위해 수입을 저축하여 자유를 사고 소농이나 장인으로서 살 수 있었다. 러시아 농노는 지주를 위한 의무 노동 외에 자신을 위해서도 일했지만 대부분 도시에서 임금노동을 하며 소득을 추가했다.

한편 단체는 파업, 상호공제조합, 노동조합을 통해 힘을 활용한다. 개인이 노동과 보수를 개선하기 위해 (또는 악화를 방지하기 위해) 사용하는 여러 전략을 단체도 적용한다. 임금노동자는 파업에 참여하거나 참여하지 않을 수 있고, 중립을 지키거나 피켓 라인을 넘어 출근을 감행할 수 있다. 노예는 도주하거나 자신의 상황을 최대한 이용하거나 반란을 일으키거나 반란 진압에 참여했다.

모든 노동관계는 이 모든 전략이 다양하게 결합하고 반전된 결과다. 훗날 노예제가 주요 현상이 되었다가 이후에 임금노동이 우세해진 변화는 명백히 국가가 촉진했다. 국가는 노예제를 시행할 수 있지만 폐지할 수도 있다. 법과 규율로 자유 임금노동자, 고용주, 독립 기업인의 활동을 허용할 수 있지만, 여러 국가가 공산주의 혁명에서 그랬던 것처럼 금지할 수도 있다.

국가가 주도한 변화와 노동자가 주도한 변화를 구분하면 노동사의 윤곽을 그릴 수 있고, 노동자의 행위에 주체성을 부여할 수도 있다. 한편으로 국가와 시민은 긴밀한 관계를 맺었다. 정치체는 마음대로 규칙을 바꿀 수 없었고, 노동자는 아무런 제재 없이 정치체를 거스를 수 없었다. 국가와 시민은 노동과 노동관계에 대한 규칙과 개념의 지배 체제를 통해 강하게 연결된다. 이것이 사회를 구속하는 힘인 노동 이데올로기의 역할이다.

※

나는 이 책에서 여섯 개로 구분한 시대마다 많든 적든 공통으로 드러나는 주제를 다루었다. 첫 번째 시대는 70만 년 전 네안데르탈인으로부터 갈라져 나왔다고 추정되는 호모사피엔스의 출현부터 신석기혁명, 즉 농업혁명까지 이르는 가장 긴 시기다. 초기 인류의 생존 양상은 동물과 비슷했지만 언어와 새로운 의사소통 형태를 고안하며 새로운 협력 방식을 발달시켰다. 개인은 가구 안에서 살았고 가구는 무리를 형성했으며 무리는 개인을 교환했다. 사람들은 이 단위 안에서 노동했다.

대략 1만 2천 년 전 신석기혁명이 일어난 후에도 호혜성은 오랫동안 규칙으로 유지되었을 것이다. 그러나 신석기혁명에 따라 사람들이 식량을 생산하고 비축함으로써 노동이 분업화하는 기회가 많아졌다. 일부 가구가 더 풍족해졌고, 결국 가구 사이에 부의 차이가 나타났다. 이때 불평등의 씨앗이 뿌려지면서 협력 관계와 나란히 종속 관계가 만들어졌다. 그 차이는 두 번째 시대까지는 미미한 수준이었다. 게다가 아프리카는 농업혁명과 사회적 불평등 사이에 인과관계가 없다.

호모사피엔스의 진화에서 무척 늦은 시점인 약 7천 년 전 메소포타미아 지역에서 도시가 출현했고 뒤이어 중국과 인도에서도 나타났다. 이로써 도시와 농촌 사이에서, 그리고 도시 주민 사이에서 노동이 분업화했다. 기원전

3000년경 출현한 도시 연맹과 국가는 이러한 흐름을 강화했다. 이 세 번째 시대에 노동관계의 모든 유형이 만들어졌고, 개인과 가구와 제도를 갖춘 정치체가 필수적인 존재가 되었다. 도시와 신전, 국가 등 초기 정치체는 신을 위해 잉여 생산물을 모은 다음 재분배했다. 고대 이집트와 콜럼버스 이전 아메리카 대륙의 공납적 재분배 노동이 좋은 예다. 최초의 국가들에서 네 가지 노동관계가 새로이 나타났다. 자유 임금노동, 노예, (소작인의 자영도 포함된) 자영, 고용 관계다. 이때부터 역사적으로 여러 노동관계가 변덕스럽게 협력하거나 종속되며 경쟁했다. 네 번째, 다섯 번째, 여섯 번째 시대는 그 변화에 따라 나뉜다.

기원전 500년경에는 세 지역에서 화폐가 출현하여 거래를 쇄신하면서 노동관계에 큰 영향을 미쳤다. 일상적 거래에 쓰이는 소액 주화(일반 통화) 등의 화폐는 한쪽이 다른 쪽에게 임금을 지급하고, 임금을 받은 쪽은 자영업자가 생산한 식품이나 수공품을 구입하는 등의 시장 거래를 크게 확대했다. 오늘날에는 이 형태의 거래가 중요하기 때문에 대규모 임금노동, 그리고 화폐로 임금을 지급하는 풍조가 발달한 지역을 별도의 장에서 언급했다. 임금노동과 임금 지급은, 확장과 공격만큼 통합을 중시하며 장기적으로 성공하고 도시화한 국가에서 번성했다. 기원전 500~기원후 1500년 유라시아 여러 지역에서 나타난 이 현상이 네 번째 시대의 기준이다. 예를 들면 페르시아, 그리스·로마, 비잔틴제국, 아랍 국가들, 남아시아의 마우리아 왕조와 그 계승국, 그리고 중국 한漢나라와 송宋나라가 있다. 반면 아프리카와 아메리카 대륙에 형성된 국가에는 임금노동이 없었다.

일부 국가는 경제적으로 크게 성공하여 전 세계로 확장했는데, 1500~1800년의 이 시기를 다섯 번째 시대로 분류했다. 현대적으로 표현하면 '세계화' 시대였던[22] 이 시기에 정치체 간의 경쟁이 뚜렷해졌고, 세계 여러 지역의 노동조직도 다양해지기 시작했다. 서유럽에서 새로운 협력 관계와 함께 자유노동이 확대된 반면 동유럽에서는 농노제를 가장한 새로운 종속 관계가 생겨났다. 아프리카와 아메리카 대륙뿐만 아니라 남아시아와 동남아시아에서도 노예제가 발달했다. 또한 영향을 주고받지 않았는데 동아시아와 서유럽에서 여성 노동이 증가하고 소작농 가구의 노동이 극에 달한 이른바 '근면혁명Industrious Revolution'이 등장했다.

여섯 번째이자 마지막 시대는 산업혁명으로 시작한다. 이 부분은 6장과 7장에서 주제별로 나누었다. 노동과 기술의 분업으로 수많은 직업이 만들어지는 한편 사라졌다. 현재의 우리는 로봇화 단계에 살고 있다. 기복이 심했지만 산업혁명도 노동관계를 크게 바꿨고, 무자유노동시장의 비중은 느리지만 확실히 감소했다. 아이티의 노예제 폐지에서 시작된 이 흐름은 대서양 횡단 노예무역과 동유럽 농노제의 폐지를 거쳐 국제노동기구International Labour Organization, ILO 설립과 세계인권선언에서 절정을 맞았다.

이 책에서 전체적으로 살펴보는 노동관계 변화(도표 1 참고), 특히 지난 2백 년 동안 전 세계에서 수렴된 노동관계는 자연적 현상이 아니었다. 주로 노동자 개인 및 단체의 전략과 행동의 결과였고, 덕분에 협력과 종속이 일종의 균형을 회복했기 때문이다. 이것이 노동운동, 노동당, 복지국가의 역사이며 노동사의 핵심이다. 이를 통해 전 세계의 노동관계뿐 아니라 남성과 여성의 노동관계도 수렴되었다.

서유럽, 러시아, 중국의 역사와 현재의 세계경제 위기에서 알 수 있듯이 이 발달은 단순하거나 단선적이지 않았고, 제2차 세계대전 이후 전 세계의 부가 증가하는 동시에 노동자 사이의 불평등이 점점 커졌다. 나는 미래가 어떻게 전개될지를 고찰하며 이 책을 끝맺었다. 현대의 관심사인 이주 노동, 로봇화, 사회적 평등 같은 사안의 밑바닥에 흐르는 오랜 역사는 미래의 노동에 관해 무엇을 말해줄 수 있을까? 노동에 대한 본질적 욕구는 빠르게 변화하는 세상에서 어떻게 나타날까? 노동하는 삶의 모습을 우리가 선택할 수 있을까?

나는 이 책에서 그 질문들에 답이 존재한다고 암시했다. 인류의 오랜 경험에 따르면 로봇화 시대에도 노동은 생존에 필수적일 뿐 아니라 그 이상의 의미를 지닌다. 성취감이나 자긍심, 동료의 인정을 위해서는 노동이 필요하다. 인류의 역사는 두 가지 근본적인 긴장 사이에 걸쳐 있다. 몇천 년 전까지 수렵채집인으로 살았던 인간에게는 노력에 대한 공정한 보상을 추구하는 기본

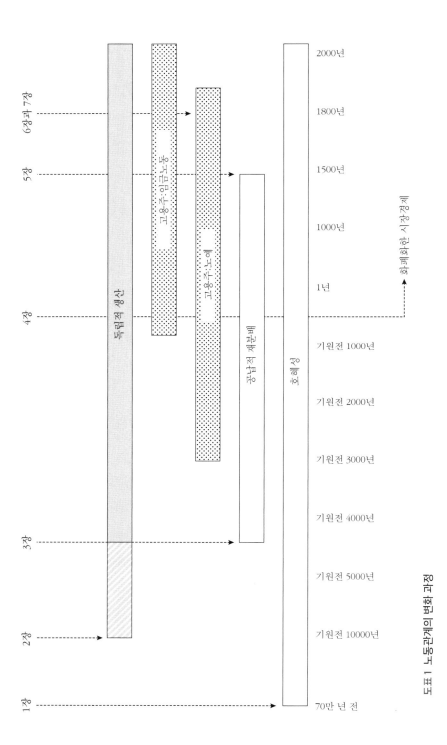

도표 1 노동관계의 변화 과정

적 성향이 있다. 반면 복잡한 사회에서는 노동 분업이 쉽게 불평등을 낳는다. 노동의 역사는 불평등을 옹호하는 강력한 이데올로기가 성공적으로 살아남을 수 있다는 사실을 분명히 보여준다. 그러나 동시에 세계화는 또 다른 방향을 가리킨다. 지난 수백 년 동안 수많은 사람이 불공정한 보수를 받으며 최악의 시대를 겪었지만, 지금은 공정을 요구하는 호소가 전 세계적으로 팽배한 듯하다. 우리 앞에 놓인 어려운 과제는 유토피아에 대한 신통찮은 유혹에 넘어가지 않고 그 공정함에 대한 관심을 실천하는 것이다.

일하는 인간

70만~1만 2천 년 전

약 70만 년 전 현생인류와 네안데르탈인은 각자의 길을 갔다. 이 책은 이 시기에서 시작하지만 인류와 다른 동물의 노동의 유사점과 차이점을 고려하지 않을 수 없다. 대부분의 역사 동안 인류의 일은 수렵과 채집이었다. 그리고 4만 5천 년 전 특정 기술이 탁월한 몇몇 개인이 전문화하면서 성별과 나이에 따른 사회관계가 다양해지기 시작했다.

일하는 동물과 사람

1911년 시간동작연구time and motion study(특정 직무를 수행하는 데 필요한 시간과 동작을 연구하며 기업 업무의 효율성을 분석하는 분야-옮긴이)를 개척한 미국의 프랭크 벙커 길브레스Frank Bunker Gilbreth는 다소 도발적으로 말했다. "인간이나 일하는 동물은 하나의 발전소이며, 발전소를 지배하고 제한하는 대부분의 법칙을 따른다."[1] 노동을 정의하려면 일하는 인간, 일하는 동물, 그리고 일하는 기계의 차이부터 분명히 해야 한다.

우리는 새로 구입하거나 막 수리한 기계에 만족할 때 "(일) 잘하네"라고 말한다. 기계는 언제든 작동하고 일한다. 그 원인은 인간이 기계가 일하도록 '만들고' 스위치를 켜기 때문이다. 공상과학소설에 나오는 예외를 제외하면 기계는 인간이 개입하지 않으면 일하지 않는다. 따라서 기계의 일에 대한 질문에는 쉽게 답할 수 있다. 다음 질문인 "동물은 일을 하는가?"는 어떨까? 이 물음에 대한 답은 간단하지 않다.

먼저 질문을 재구성할 필요가 있다. 수정한 질문은 현생인류의 노동과 영장류의 노동이 어떻게 다르느냐다.[2] 사람들 대부분은 동물도 기계와 비슷하게 인간이 개입하지 않으면 일할 수 없다고 반사적으로 답한다. 사람이 훈련하거나 명령하지 않으면 곰은 춤추지 않고 당나귀는 수레를 끌지 않으며 마장 마술 말은 공연하지 않는다.

그렇지만 동물, 특히 보노보와 침팬지의 활동은 기계보다 사람과 비슷한 부분이 더 많다. 따라서 영장류가 하는 일의 원리부터 파악하는 것이 합리적이고 인류에 대해 가르쳐주는 바가 많을 것이다. 첫째, 약 1만 2천 년 전 신석기혁명이 일어나기 이전 인류의 유일한 활동은 매일 수렵과 채집으로 식량을 조달하는 일이었다. 대부분의 동물도 마찬가지였다. 따라서 인류의 수렵채집 활동이 일이라면 동물 역시 인간의 개입과 상관없이 일한다고 볼 수 있다. 둘째, 노예에게 음식, 거처, 치료를 제공하며 보상하는 행위는 무거운 수레를 끄는 동물을 대하는 방식과 비슷하다. 노예와 말이 일하는 환경 조건은 비슷하다. 그렇다면 동물과 인간의 활동의 공통점을 무시하지 말아야 한다. 최초의 인류가 했던 노동의 기원과 특징을 이해하기 위해 보노보와 침팬지의 삶을 살펴보자.

모든 개체는 자립할 나이가 되면 필수적이고 기본적으로 식량 조달이란 노동을 해야 한다. 엄밀히 말하면 영장류는 식량을 위해 개별적으로 활동하지 않고 분업하는 경향이 있다. 분업과 관련해 잘 알려진 꿀벌은 여왕벌, 수벌, 일벌이 봉군을 이루고 산다.[3] 꿀벌과 인간의 엄청난 진화적 거리를 생각하면 이 사례를 자세히 파고들 필요는 없다. 그러나 1천만~7백만 년 전 인류가 조상을 공유한 보노보와 침팬지의 사회 행동을 연구하는 동물행동학과 사회생물학을 참고하면 인류의 원시 단계를 살펴보는 데 도움이 된다.[4]

성장한 영장류 수컷과 암컷은 일을 어떻게 나눌까? 동물종 대부분의 수컷과 암컷은 각각 다른 일을 맡는다. 암컷은 젖을 물릴 수 있기 때문에 새끼 키우는 일을 도맡는다. 중요한 점은 대부분의 영장류는 새끼를 돌보는 어미를 위해 동료가 식량을 채집해주는 등의 호혜를 베풀지 않는다는 사실이다.[5]

몇몇 영장류는 복잡하게 행동하며, 사냥할 때 분업을 한다. 식물성 식량을 채집하는 일은 상대적으로 단순하고 모두가 관심을 두지만 사냥은 힘이 많이 들고 예측할 수 없는 활동이다.[6] 유인원은 수컷이 암컷보다 훨씬 크고 골격도 더 강하므로 원칙적으로 성체 수컷이 사냥을 한다. 대개 기술이 가장 좋고 강한 수컷이 앞장선다. 효율적으로 협력하고 운이 따르면 수컷 무리는 때때로 귀한 고기를 얻는다. 사냥한 동물은 금세 썩고 수컷 무리만 먹기에는 양이 많기 때문에 침팬지와 꼬리감는원숭이는 무리의 다른 구성원에게 호혜성을 근거로 고기를 나눠준다. 누구에게 얼마나 주느냐는 이전에 후하게 분배받은 경험이나 성적·감정적 대우(털 고르기 등)에 따라 달라질 수 있다. 따라서 가까운 친척만 행운의 수혜자가 되는 것은 아니다. 이 점은 번식기에 서로 먹이를 물어다 주는 조류와 대조된다.[7]

네덜란드 영장류학자 프란스 데발Frans de Waal은 사냥하는 잡식성 비인간 영장류와 파라과이·남아프리카공화국·브라질 수렵 부족들의 유사성을 지적하고, 유인원의 사회 행동과 인류의 행동을 비교했다. 그는 수렵 부족의 사회 행동과 관련해 미국 인류학자이자 영장류학자 캐서린 밀턴Katharine Milton의 견해를 따른다. 밀턴은 이렇게 말했다.

모든 개인이 사용할 수 있는 자원을 최대한 많이 확보하고 통제하는 우리 경제 체제와 달리 수렵채집 경제는 고도로 공식화한 협력과 공유에 바탕한다. 예를 들어 운 좋게 거대한 동물을 사냥한 사람들은 그것을 자신이나 직계 가족만의 것이라고 생각하지 않는다.[8]

고기를 모든 구성원이 나눠야 하고, 사냥한 사람이나 그의 가족이 독식할 수 없다는 원칙은 수렵채집인에 대한 많은 논문에서 자세히 언급된다.[9]

미국 인류학자 세라 블래퍼 허디Sarah Blaffer Hrdy는 선구적 저서 《어머니와 타인Mothers and Others》(2009)에서 인간과 비인간 영장류 암컷의 행동이 진화한 토대에 대한 기존 시각을 바꿨다. 그는 현생인류가 출현하기 이전에 등장한 협력의 형태를 지적했다. 느리게 성장하는 소중한 아기를 다른 개체, 이른바 아버지를 포함한 대행부모alloparent에게 믿고 맡기는 어머니의 능력이다. 허디에 따르면 이 협력은 180만~150만 년 전 나타났을 수도 있다.[10] 핵심 요인은 인류가 다른 대형 유인원보다 출산율이 더 높고 생식 수명이 길다는 사실이다. 이유기는 훨씬 짧다. 이에 따라 인류의 후손은 더 많은 형제자매와 함께 성장하고, 사회적·인지적 능력을 강화한다. 게다가 불을 사용해 음식을 데우고 요리하면서 신체 능력이나 소화, 영양 및 건강 상태를 증진했다.[11]

더 나아가 인간의 독특한 폐경기는, 할머니가 되어 일손을 보탬으로써 딸과 며느리가 더 빠르게 번식하도록 도울 수 있다는 '할머니 가설'의 근거가 되었다.[12] 현재의 탄자니아 지역의 하드자족Hadza 같은 아프리카의 특정 수렵채집 부족에서 이 가설의 패턴이 보인다. 하드자족 아이들은 생후 첫 4년 동안 사람과 접촉하는 시간의 31퍼센트를 어머니가 아닌 사람과 보낸다. 유인원 어미는 동종 개체, 심지어 수컷 형제에게도 이렇게 위탁하지 않기 때문에 출산 간격이 4년에서 8년까지로 길다.[13] 이 중요한 진화의 시기는 인류가 처음으로 언어를 사용한 시기와 같을 수 있다. 언어를 사용하기 시작한 인류는 최초의 돌 도구를 혁명적으로 개량했다. 기술의 비결을 최초의 언어 형태('네', '아뇨', '여기', '저기')로 전파할 수 있어야 가능한 일이다.[14]

고인류학자 레슬리 아이엘로Leslie Aiello에 따르면 2백만 년 전에 출현한 호모속genus Homo은 암컷의 뇌와 몸집이 컸는데, 이것이 임신기와 수유기의 생식 비용에 큰 영향을 미쳤다.[15] 그에 따르면 "출산 간격이 줄자 각 후손에 드는 많은 에너지가 현저히 줄어들었다." 당시 호모속은 탁 트여서 더 위험한 환경으로 이동하면서 사고로 죽는 개체가 늘어났기 때문에 이것이 진화 초기에 장점으로 작용했을 것이다. 그러나 어미로서는 짧아진 출산 간격 때문에 젖을 막 뗀 새끼를 돌보는 도중 임신하거나 다른 새끼에게 젖을 먹여야 하는 상황이 생긴다. 이 상황은 어떤 사회적 영향을 미쳤을까? 많은 가능성을 고려한 아이엘로는 암컷의 높은 생식 비용 문제를 설명하기 위해 다음 시나리오를 가정했다.

수컷의 사냥이 항상 성공하진 않더라도 일단 성공하면 얻는 것이 많다. 이상적인 집단의 크기는 한정된 자원이라도 일정하고 확실하게 공급할 수 있는 정도다. 이런 맥락에서 수컷이 공급하는 식량이 집단 안에서 잘 분배되고, 집단의 크기가 적절하며, 암컷과 수컷이 제공하는 자원이 균형을 이루면 식량이 어떻게 분배되는지는 중요하지 않다.[16]

여기에 또 다른 중요한 요소를 추가해야 한다. 3세대에 걸쳐 전달되는 식량(에너지)과 지식이다.[17] 비인간 영장류와 비교해 인류 채집인은 영양소가 많고 구하기 어려우며 질 좋은 음식을 먹기 때문에 몸집과 뇌가 크고 장수하며 생애 패턴이 독특하다. 14세가 될 때까지 소비하는 에너지에 비해 생산하는 에너지가 적을 뿐만 아니라 에너지 순 생산량이 점점 더 적어진다. 생산량은 20세 이후에야 증가한다. 30~45세에는 '과잉 생산' 단계에 이르고, 45세 즈음에는 순 생산량이 일일 1,750칼로리 정도로 절정에 달한다. 60~65세에는 에너지 생산이 다시 감소한다. 이것이 의미하는 바는 두 가지다. 인류는 에너지 생산 효율이 최대가 되기까지 많은 시간이 걸리고, 이 도제 기간에 연령이 다양한 구성원들에게 의존한다. 이 시기에 나이 어린 구성원은 신화와 의례 속에 녹아 정리된 지식인 이른바 부족의 백과사전을 나이 많은 구성원으로부터 전수받는다.[18] 침팬지가 12세 즈음에 완전히 성숙하는 반면 호모에렉투스는 14세, 네안데르탈인은 15~16세, 호모사피엔스는 약 18~19세에 완전히 성숙한다.[19] 따라서 아이엘로와 다른 학자들의 주장은 데발이 가정한 인간의 협력과 허디의 대행부모 개념을 뒷받침한다.[20]

이러한 주장은 세 집단의 사회 행동을 비교한 결과다. 첫 번째 집단은 현존하는 동물과 영장류(특히 보노보와 침팬지), 두 번째 집단은 현재 존재하거나 최근까지 존재했던 수렵채집 부족, 세 번째 집단은 신석기혁명 이전의 인류다. 비교 가능성에 대한 관점에 바탕한 데발과 허디는 역사적 논쟁에서 진화론은 시대착오적이라고 주장한다.[21] 특히 데발은 19세기 철학자 허버트 스펜서Herbert Spencer, '다윈의 불독' 토머스 헨리 헉슬리Thomas Henry Huxley, 그리고 적자생존을 사회의 유일한 토대로 간주하는 그들의 수많은 추종자를 신랄하게 비판한다.[22]

인간이 다른 영장류처럼 경쟁적이고 공격적으로 행동할 수 있다는 사실은 반박의 여지가 없지만, 반쪽의 진실이다.[23] 종이 진화적으로 성공하려면 그만큼 협동하는 능력도 중요하다. 인간을 포함한 영장류는 포식자보다 약하기 때문이다. "사회적 삶의 목적은 무엇보다도 안전이다. 우리는 생존을 위해 서로에게 많이 의존한다. 인류 사회에 대한 모든 토론은 바로 이 현실에서 시작해야 한다. 우리 조상을 사회적 의무를 모르는 새처럼 자유로운 존재로 묘사한 지난 수 세기의 몽상이 시작점이 되어서는 안 된다."[24]

노동의 발달과 관련해 주목할 것은 호혜라는 근본 원칙과 양육을 분담하는 형태가 처음부터 인류의 특성이었을 것이라는 점이다. 앞에서 제기한 정의의 문제와도 일맥상통한다. 만약 ('진정한' 노동으로 정의되는) 식량 공급뿐만 아니라 서로 간의 감정적·성적 수고라는 요소가 호모사피엔스가 존재하기 전부터 우리 종의 행동에 존재했다면 '진정한' 노동과 사회적 의무의 경계는 흐릿해진다. 노동에 대한 크리스 틸리와 찰스 틸리의 폭넓은 정의는 세계사를 위한 좋은 출발점이다. 개인과 그 후손이 생존에 적합한가는 생명 유지를 위해 오랫동안 의존할 수 있느냐뿐만 아니라 지식을 습득할 수 있느냐에 달려 있다. 오래 이어지는 지식 전수가 수렵채집인의 생존 가능성을 결정한다.[25]

인류는 서로 경쟁할 뿐 아니라 다양하게 협동하는 종이다. 인류 사회에서는 여성이 자녀를 혼자서만 돌보지 않는다. 타인, 특히 아이 할머니가 그 역할을 맡기도 한다. 이 현상은 수렵채집인과 노동의 역사에 중요한 시작점 두 가지를 제시한다. 하나는 종속이고, 다른 결정적인 하나는 협동이다.[26] 현생 인류는 출현 이후 적어도 95퍼센트의 시간 동안 '호혜적 이타주의' 방식으로 노동했다.[27]

수렵채집인의 일

신석기혁명 이전 인류의 노동은 어떻게 발달했을까? 이 질문에 답하려면 먼저 2백만 년간의 인류사를 고찰해야 한다.[28] 1천만~7백만 년 전에 인류와 침팬지가 갈라선 이후 사람족Hominin은 아프리카에서 두 차례 크게 진화했다. 250만~2백만 년 전에 사람속이 출현했고, 호모에렉투스가 지난 2백만 년 동안 이들을 대표했다. 가장 잘 알려진 종은 3만 9천 년 전까지 살았던 호모네안데르탈렌시스(네안데르탈인), 그리고 별개의 종인 호모사피엔스(현생인류)다. 두 종은 약 70만 년 전에 분화했다. 우리는 모두 호모사피엔스종에 속한다. 수가 적긴 하지만 비아프리카계 현생인류가 네안데르탈인과 데니소바인(40만 년 전 네안데르탈인으로부터 분화된 종)과 혼혈한 경우도 있었다.[29] 호모사피엔스의 특징은 매우 흥미롭다. 뇌가 세 배 커졌고 남녀 간 키 차이가 줄었다. 그전까진 여성의 키가 훨씬 작았다. 또한 작은창자에 도움이 되도록 결장의 용적이 현저히 줄어든 결과 다양하고 질 좋은 식생활이 가능해졌고 수명이 더 길어졌다. 이 모든 발달의 최종 결과가 식생활이 가장 다양했던 호모사피엔스라는 사실은 노동이란 주제에서 매우 중요하다.[30]

현생인류도 이전의 사람족처럼 아프리카에서 다른 대륙으로 건너갔다.[31] 천천히 그러나 확실히 그들은 구세계에서 동종 고대 인류를 대체해갔다. 인류의 수는 많지 않았고, 7만 년 전에는 멸종 직전까지 가기도 했다. 수렵채집인이 최초로 농경 실험에 성공하기 시작한 10만~4만 년 전에 세계 인구는 약 8백만 명에 불과했다.[32]

현생인류는 약 16만 년 전부터 동부 지중해 섬과 연안 지역으로 여러 번 진입한 후 약 5만 년 전에 유라시아로 건너갔고, 이후 유라시아 전체를 거쳐 오스트레일리아까지 급속하게 퍼졌다.[33] 남아시아 해안을 통해 갈 수 있는 동남아시아는 나중인 1만 4천 년 전 형성되었는데, 당시에는 해수면이 훨씬 높았기 때문에 거대한 땅 덩어리가 해협이 있는 열도(필리핀, 술라웨시, 소순다 열도를 포함한 '월리시아')를 사이에 두고 뉴기니와 오스트레일리아 대륙(이른바 '사홀')으로부터 분리되었다. 현생인류는 4만 7천 년 전 오스트레일리

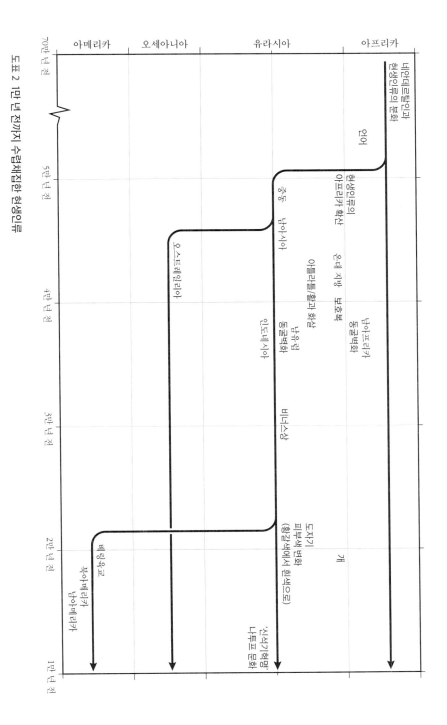

도표 2 1만 년 전까지 수렵채집한 현생인류

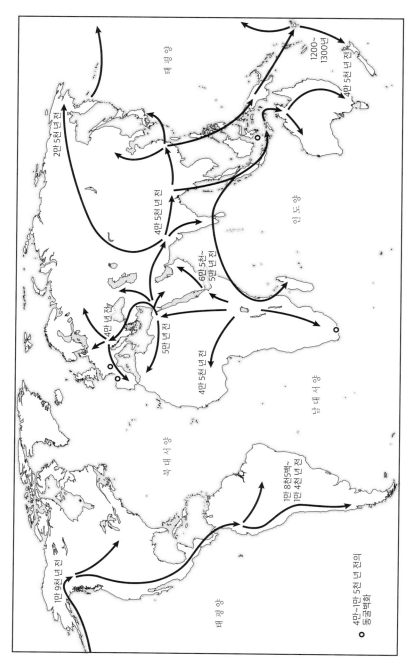

지도 1 7만 년 전 이후 확산한 현생 수렵채집인

아에 도달했지만 기술이 부족해서 태평양 지역으로 계속 이동하지 못했다. 얼마 후에는 유라시아 온대 지방 전체로 퍼졌는데, 북쪽과 북서쪽으로 확산하며 유럽에 이르렀고, 남아시아에서 동쪽으로 확산하며 중국에 이르렀다. 약 1만 9천 년 전에는 동북아시아에서 베링해협을 거쳐 아메리카 대륙으로 이동했고, 태평양 연안 생활권에서 칠레 남부까지 빠르게 도달했다. 결국 우리 종은 오세아니아 섬 지역 대부분을 제외한 전 세계에 퍼졌다. 현재의 고고학 및 유전학 연구가 밝혀낸 이 주요 사실은 거의 매일 조정되고 다시 정의되고 있다.

역사에서 가장 오랜 시간 동안 전 세계 현생인류는 비인간 영장류 조상처럼 식물과 과실을 따거나 파내고 조개를 캐거나 물고기를 잡고 사냥하며 식량을 구하는 일만 했다. 약 70만 년 전 아프리카에 있던 현생인류의 조상은 다른 영장류에 비해 기술이 상당히 진화한 상태였다.[34] 유라시아에 있던 네안데르탈인도 마찬가지다.

유인원, 특히 침팬지는 주로 식물을 채집하고 가끔 무리를 조직해 작거나 어린 유인원과 다른 동물을 사냥하며 생활한다. 종종 암컷들도 사냥에 참여하지만, 실제로 죽이는 일은 힘센 수컷이 맡는다. 250만 년 전 등장한 사람속은 파내는 도구로 뿌리와 덩이줄기를 채집하고 덩치 큰 포식자의 죽은 고기를 먹었으며, 돌로 사체의 다리를 부수고 골수를 빼내거나 두개골을 깨서 뇌를 빼냈다. 2백만 년 전 호모에렉투스는 손도끼와 쪼개는 칼을 제작했다.[35] 50만 년 전 사람족은 자기보다 덩치가 크고 살아 있는 동물을 사냥하는 기술을 발달시켰다. 이 기술은 그들이 동물의 행동을 잘 알았음을 암시한다. 약 30만 년 전 개발한 찌르는 창과 던지는 창, 덫을 놓는 기술 등은 변화에 필수적이진 않았지만 유용했다. 다음 장에서 설명하겠지만, 수렵은 신석기혁명 이전의 수천 년 동안 극적으로 변화했다. 여기서 먼저 이렇게 질문할 필요가 있다. 생존 수단이었던 수렵은 정확히 어떤 일인가?

실제의 수렵과 채집

대부분의 현대인은 수렵과 채집을 구체적으로 상상하기 힘들다. 얼마나 오래 걸리고 누가 하나? 어떻게 사람들을 조직하는가? 이 질문에 대해 모든 수렵채집인을 아우르는 포괄적인 답은 없다. 인류는 연안 지대에서 고산지대까지, 사막에서 열대우림까지 다양한 기후대에서 어떻게든 살아남을 수 있기 때문이다.[36] 인류가 전 세계적으로 여러 생태계와 기후대에 따라 다양한 유형의 노동을 하고 발달시키면서 인류 자체도 다양화했다. 동물은 유전적으로 크게 변화하고 새로운 종이 출현하지 않는 한 다양해지지 않는다. 인류는 두뇌 발달, 언어, 의사소통 덕분에 이것이 가능했다. 호모사피엔스 이후로는 새로운 인류종이 출현하지 않았다. 진화의 측면에서 호모사피엔스는 북쪽의 추운 지대로 이동한 결과 피부색과 신체 비율이 다양해진 것 외에는 더 이상 변화하지 않았다.

초기 현생인류의 수렵채집 생활을 묘사하고 이해하기는 쉽지 않다. 고고학 증거가 부분적인 것도 원인 중 하나인데, 다행히 점점 더 강력한 증거가 나오고 있다. 동물과의 유사성을 살피는 것은 도움이 되지 않기 때문에 학자들은 최근까지 존재했거나 현존하는 수렵채집인에 대해 지난 1~2세기에 걸쳐 기술된 자료에 크게 의존한다. 이 방식의 문제점은 이 집단이 '더 발전된' 다른 생존 수단의 영향을 받지 않은 '순수'한 상태였을 때를 연구할 수 없다는 것이다.[37]

1만 2천 년 전에는 모든 인류가 수렵채집하며 살았지만, 콜럼버스가 아메리카 대륙을 발견한 5백 년 전에는 오스트레일리아, 북아메리카 대부분, 동북아시아, 광대한 남아메리카와 아프리카 지역 사람들만 이 생활 방식을 유지하고 있었다. 21세기 초인 현재는 목축 유목민, 순록 치는 사람, 어부, 화전민의 수가 넉넉하게 잡아도 2억 5천만 명에 불과하다. 전 세계 인구의 4퍼센트 정도인 이들의 핵심층은 "수렵채집 생활하던 조상으로부터 한두 세대 내려온 후손"이다. 이 핵심층의 소수인 2만 명 정도는 고대 수렵채집인으로부터 이어진 전통을 고수해온 후손인 반면, 나머지는 남아메리카의 경우처럼

농부나 목부의 후손이지만 스페인 침략자들을 피하기 위해 수렵채집으로 전환한 사람들이다.[38]

《케임브리지 수렵채집인 백과사전Cambridge Encyclopedia of Hunters and Gatherers》(2004)은 근래에 존재한 여덟 가지 수렵채집 집단을 자세히 다루고 있다. 역사적·고고학적 근거에 따르면 그들의 조상은 항상 그 방식으로 생활한 듯하다.[39] 현존하거나 근래에 존재한 다른 수십 개의 수렵채집 부족도 그러했는지는 확인할 수 없다. 마다가스카르의 미케아족Mikea과 남아시아 및 동남아시아의 현존하는 수렵채집인 대부분처럼 초기에 농경이나 목축으로 연명했을 가능성이 크다.[40]

수천 년 동안 수렵채집하며 살아온 앞의 여덟 가지 '정통' 집단에도 신중하게 접근할 필요가 있다. 그들도 이웃 농부들, 근래에는 석유 시추 회사처럼 산업화한 국가의 대표와 접촉했기에 명백히 역사적 발달을 거쳤다고 할 수 있다.[41] 이처럼 고려해야 할 단서가 있지만 선사시대 수렵채집인의 노동 및 사회관계를 유추를 통해 재구성하려 한다.

《케임브리지 수렵채집인 백과사전》편찬자들은 수렵채집인을 다음과 같이 정의한다. "수렵채집이란 식물을 재배하거나 개를 제외한 동물을 사육하지 않고 야생동물 사냥, 야생식물 채집, 고기잡이를 바탕으로 하는 생존 방식이다."[42] 그리고 "(전부는 아니지만) 수렵채집 부족 대부분의 사회적 조직 단위는 친족 관계인 15~50명으로 구성된 소규모 유목 집단이다"라고 언급한다. 구성원들의 특징은 공통적이다. 비교적 평등하고, 1년 중 시기에 따라 더 큰 집단으로 모이거나 더 작은 집단으로 흩어져 이동하며, 토지는 호혜 원칙과 친족 공동체에 바탕하여 공동으로 보유한다.

구성원들이 평등주의, 나눔, 관대함, 호혜성을 마구잡이로 실천하는 것은 아니다. 주로 무리 안의 구성원에게 그렇게 행동하고, 외부에 대해서는 경계를 유지하기도 한다. 초기 호모사피엔스를 포함한 사람족뿐 아니라 다른 영장류, 그리고 땅과 자원을 다양하게 관리하는 현존 수렵채집인도 그렇게 행동한다. "나눔은 진화의 한 단계나 생존 방식의 산물이 아니라 의사 결정 과정에 따른 결과다. 자원을 나누면 비용과 이득이 발생한다. 식량을 나누거나 외부인을 자기 구역에 들이기로 결정하는 수렵채집인은 비용과 이득을 비교하고 평가한다."[43]

이제 수렵채집 생활의 특징을 토대로 실제 노동을 살펴보자. 남녀 간의 노동 분업을 포함해 여러 활동이 전문화할 가능성, 노동과 자유 시간의 관계, 집단 내 사회적 관계(가구와 '무리' 안의 노동관계)와 물건, 용역, 사람(혼인 상대)을 교환하는 다른 집단과의 관계를 탐색할 것이다.

전 세계의 생태와 기후대가 다양하기 때문에 각 지역의 수렵채집 부족도 각각 다르지만 쉽게 알아볼 수 있는 특징이 있다. 가장 눈에 띄는 점은 몸집이 큰 동물을 사냥하는 데 필요한 협동이다.[44] 개를 이용하기 전에는 사냥은 달리는 능력에 좌우되었다. 엉덩이 근육과 땀을 흘리는 기능 덕분에 장거리 달리기에 적합한 인류의 장점은 짐승을 사냥할 때 도움이 된다. 남아프리카공화국 인류학자 루이스 리벤버그Louis Liebenberg는 보츠와나의 산족San 사냥단과 함께 사냥을 나가 이 사실을 관찰했다. 그를 사냥에 끼워준 수렵인들은 40세에 가까워 젊지 않았는데도 하루 중 가장 뜨거운 시간(섭씨 42도)에 영양의 뒤를 쫓았고, 결국 영양이 포기하고 잡힐 때까지 23킬로미터에서 40킬로미터 사이를 달렸다. 평균 속도는 시속 4킬로미터에서 6.5킬로미터 사이로 다양했지만 35킬로미터 거리를 시속 10킬로미터로 달렸다는 기록도 있다.[45] 앞에서 언급했듯이 여러 남성이 모인 사냥단에서는 협력이 결정적인 요소였다.

북아메리카 유목민 집단의 들소 사냥을 살펴보자.[46] 적어도 2천 년 동안 그들은 '가두기' 방법을 사용했다. 닛시타피Nitsitapii로도 불리는 블랙풋족 Blackfoot 원주민을 보면 들소 사냥의 한 측면을 알 수 있다. 이 집단은 적어도 14세기부터 그레이트플레인스 북부를 터전으로 80~160명씩 부락을 이루어 살았다. 부락민은 10~20개의 원뿔형 천막(티피tipi)에 살았는데, 각각의 티피에는 두 명의 장정과 많은 여자, 그리고 네 명의 어린이나 노인이 살 수 있었다. 봄이 되면 들소 우리를 만들었고, 젊은 남성이 송아지 울음소리를 흉내 내며 우리 쪽으로 들소 떼를 유인해서 가두었다. 사냥 팀은 우리 가까운 곳에 돌이나 덤불 더미를 늘어놓고 그 뒤에 숨었다. 들소 떼가 이 깔때기 같은 공간에 들어서면 무리 전체가 뛰어나와 밧줄을 휘두르고 소리 지르며 들소들이 우리 안으로 들어가게 만든다. 그러면 안에서 기다리던 남자들이 20~2백 마리에 이르는 들소를 곤봉과 화살로 죽였다. 건장한 성인 여섯 명으로 구성된 팀들이 들소 사체 한 마리씩을 처리했다. 들소의 위에 있는 내용물과 내장은 날로 먹고, 살코기 대부분은 얇고 가느다란 조각으로 잘라서 말렸다. 말린 살코기에 녹은 지방과 말린 베리를 섞은 것이 '페미컨pemmican'이다. 이것을 싸서 가죽 가방에 보관하면 다음 해의 대규모 봄 사냥 때까지 공동체가 먹을 수 있었다. 이 음식을 외부와 교역했다는 기록도 있다.

약 2백 년 전에 말을 받아들이기 전까지는 이 부족의 행동반경이 좁을 수밖에 없었다. 큰 사냥을 끝낸 초여름에는 여러 공동체의 수천 명이 집결했고, 가을에는 비바람을 피할 수 있는 계곡으로 흩어졌다. 페미컨에 베리를 넣으려면 사냥과는 다른 노동이 필요했다. 여성이 식물을 수확했고, 베리뿐만 아니라 애기백합 구근과 대초원순무도 재배했다. 또한 여성은 모두를 위해 티피 캠프를 짓고 요리하고 옷을 만들고 쉴 곳을 제공하는 한편 의식을 집행하는 중요한 일도 맡았다.

강도 높은 협동은 사냥뿐 아니라 고기잡이에도 필요하다. 3천 년 이전 러시아 북동부 캄차카반도에 정착한 이텐미족Itenmi은 계절성 어로가 주요 생계 수단인 반정주형 수렵채집 어로인이었다.[47] 이 부족은 매년 산란기 연어가 강을 거슬러 올라오는 5월부터 10월 사이에 20~2백 명 정도의 다양한 무리를 이루어 강어귀까지 긴 거리를 걸어갔고, 신체 건강한 모든 구성원이 집중적으로 연어를 잡았다. 같은 혈족의 남성으로 구성된 각각의 집단은 둑을 만들고 여러 종류의 망과 창으로 물고기를 잡았다. 여성은 노인과 아이들의 도움을 받아 생선을 가공하고 널어 말리고 발효시켰다. 말린 생선은 주요 식품이었고, 발효한 연어는 축제를 위한 진미였다. 생선 껍질은 신발을 만들 때 사용했다. 또한 여성은 조개나 낙지류, 베리(산딸기, 까치밥나무 열매, 개장미), 견과류, 풀과 뿌리를 채집했다. 옷, 신발, 바구니, 그물도 만들고 아이들을 돌보았다. 남성은 물개뿐만 아니라 흑담비와 여우 같은 모피 동물을 사냥한 반면 여성은 땔감을 모으고 썰매와 카누를 만들었으며 사람과 개를 위해 음식을 준비했다. 여성의 위치가 중요했다는 사실은 신랑이 결혼 전에 신부의 부모

집에서 일정 기간 동안 사는 관행과 샤머니즘에 반영되어 있다. 여성이나 여성의 옷을 입고 여성의 일을 하는 복장도착자만 샤먼이 될 수 있었다. 샤먼은 광대버섯으로 만든 환각제와 북을 사용했다.

두 사례의 핵심인 협동은 특히 집단의 수렵에 중요했다. 수렵채집인들은 어떻게 성공적으로 생활할 수 있었을까? 제대로 살아가려면 많은 것을 배우고 긴 도제 기간을 거쳐야 한다.[48] 앞에서 보았듯이 인간은 순 생산성을 달성하기까지 오랜 시간이 걸리므로 14세가 되어도 완전히 성숙했다고 볼 수 없다. 오스트레일리아 중부 수렵채집인의 캥거루 사냥 기법을 통해 그들의 기술을 살펴보자. 이들은 동물이 덤불이나 작은 나무 아래에서 햇빛을 피하는 한낮에 캥거루를 사냥한다.

사냥꾼은 동물이 앞을 향하는 방식을 관찰하고는, 햇빛을 피하고 있는 동물의 앞 방향에 자리 잡는다. 동물에게 접근하기 시작할 때는 바람에 옷자락이 날리지 않도록 나체로 서서 팔을 고정한 자세를 유지한다. 그리고 동물이 보는 자신의 윤곽이 변하지 않도록 한 번에 한 발씩 슬며시 나아간다. 동물은 긴장하기 시작하면 사선 시야를 확보하려고 한쪽 옆으로 살짝 뛰면서 자리를 옮긴다. 경험 많은 사냥꾼은 이 작은 속임수를 알고 이때를 기다렸다가 동물이 살짝 뛸 때 자신도 같이 뛰면서 다시 동물의 시선과 직선 방향에 오되 훨씬 가까운 곳으로 자리를 옮긴다. 이 지독한 춤은 사냥꾼이 창 발사기로 캥거루에게 창을 던질 수 있을 만큼 가까워질 때까지 계속된다.

인용문은 20세기의 가장 영향력 있는 고고학자 루이스 빈퍼드Lewis Binford로부터 빌려 온 것이다. 그는 성공적인 사냥에 필요한 깊고도 자세한 지식을 강조하며 "AK47 자동소총을 사용하는 데는 많은 지식이 필요 없다!"라고 말한 바 있다.[49]

인류학 자료를 비교한 학자들은[50] 수렵채집인 아이가 받는 '훈련'의 윤곽을 그려냈다. 아이는 도구 제작과 사냥을 관찰하고 연습하고 사냥 이야기를 듣는다. 직접적인 시연과 가르침보다 훨씬 중요한 일이다. 아이는 어릴 때부터 장난감 무기나 작은 사냥 무기를 받고, 5세에서 7세에 이르면 성인들의 사냥에 따라가기 시작하며, 12~13세쯤에는 동갑내기와 함께 사냥 여행을 가거나 더 많은 전략을 배운다. 사춘기 후반이 되면 더 큰 사냥감을 잡는 전략을 배운다.

앞의 이야기에서 조심할 부분이 있다. 1만 2천 년 이전 인류의 오랜 역사를 기술적 진보가 거의 없었던 시대로 인식할 수도 있기 때문이다. 분명 그렇지 않다. 사람족은 가만히 앉아 있다가 신석기시대에 갑자기 과잉 활동하기 시작한 것이 아니라 그 이전에도 중요한 기술적·조직적 도약을 이루었다. 최근 밝혀진 바에 따르면 인류는 적어도 40만~30만 년 전 유럽과 근동 지역의 거주지 밖에서 불을 사용했고, 땅의 환경과 생존 수단을 다양하게 바꿨다. 중요한 사실은 이 변화의 시기가 "사람족 화석 자료에 기록된 것처럼 뇌의 상대적 크기가 최대로 증가한 때와 같다"라는 점이다.[51] 아픈 사람과 노인을 돌본 네안데르탈인에게도 일정 수준의 '세련된 인지'와 상징을 이해하는 능력이 있었다. 프랑스의 한 동굴에서 발견된 18만 년 전의 환상 열석環狀列石, stone circles과 약 13만 년 전 독수리 발톱으로 제작된 장신구가 좋은 증거다.[52]

동아프리카에서 나타난 발전은 특히 중요하다. 약 30만 년 전에 가구家口가 발달하고 약 7만 년 전에는 언어가 발달하여 수천 년 동안 많은 영향을 미쳤다. 아프리카에서 다른 대륙으로 확산하는 이주가 시작되었고, 문화적 혁신이 빨라져 이른바 '위대한 도약Great Leap Forward'[53]을 초래했다. 짝을 지은 성인과 자녀로 구성된 가구는 인류의 전형적인 모습이고, 앞에서 언급한 대행부모 같은 노동 분업의 전제조건이다. 구문 언어는 세대에 걸쳐 수준 높은 의사소통을 재생산하고 공동의 장기 목표를 이루기 위한 긴밀한 협력을 가능하게 했다. 인류는 표준화한 돌 도구를 발달시켰을 뿐만 아니라, 예술품이라 불리는 타조알 껍질 '장신구'도 만들었다. 최초의 바늘, 송곳, 새기는 도구, 작살, 밧줄 또한 이 시기로 거슬러 올라간다. 프랑스, 스페인, 인도네시아, 남아프리카공화국에서 발견된 동굴벽화, 조각상, 악기도 이 시기와 이어진다.[54] 인류는 열대 및 온대 지방을 포함한 고대 세계 전체에 자리 잡았다. 첫 거주민은 조만간 마지막 사람족 아종이 될 호모사피엔스였다. 지난 수십 년간 활발하게 연구해온 고고학자들에 따르면 인류의 위대한 도약은 한 번이 아니라

여러 번이었다.[55]

포물선을 그리며 날아가는 무기, 특히 오랫동안 사용했던 찌르기 창과 손으로 던지는 창에서 창 발사기 및 활과 화살로 한 단계 진보한 도구는 덩치 큰 짐승을 사냥할 때 유용했다. 잔석기로 갈아서 만든 활과 화살 또는 창 발사기와 화살은 호모사피엔스가 유럽 너머로 퍼져 나가도록 해주었을 것이다.

신석기시대 이전의 주요 발명의 또 다른 사례는 남아프리카공화국의 독화살, 그리고 2만~1만 2천 년 전으로 추정되는 아시아의 사냥개 훈련이다. 식량을 오래 보존하는 기술 등 덜 극적인 혁신도 중요하다. 평등주의 수렵채집 사회 연구를 선도하는 제임스 우드번James Woodburn은 노동에 대해 바로 보상하는 '즉각적 보상' 사회와 장기적으로 경제를 관리하는 '지연된 보상' 사회를 구별했다. 루이스 빈퍼드가 수렵채집인과 채집자collector를 구별한 것과 비슷하다.[56] 수렵채집인은 환경의 영향을 받기 때문에 근거지를 계속 옮기는 반면, 채집자는 후대의 양치기처럼 하나의 고정된 근거지(여름과 겨울의 근거지가 다를 수 있다)를 두고 넓은 지역 안에서 옮겨 다닌다. 지연된 보상 사회 및 채집자와 밀접한 발명 중 하나는 극 지대와 아극 지대에서 음식을 바람에 말리고 훈제하는 기술이다. 다른 좋은 예는 기원전 14500~기원전 500년 일본의 독자적 신석기 문화인 조몬繩文 문화다. 이곳 수렵채집인은 일찍부터 토기와 칠기를 만들고 돌도끼 날을 갈며 훈제 음식을 먹고 물건을 장식했다. 식량 저장에 중요한 토기는 사람들을 정주성 노동으로 이끄는 계기가 되었다. 간단히 말해 이 시대는 정주 생활의 초기여서 농경이 나타나지 않았으나 중요한 기술들이 발전하고 사회적 평등이 유지되었다.[57]

일본에서는 다른 지역보다 늦게 도자기가 출현했다. 유럽 중부에서 발견된 약 2만 5천 년 전의 비너스상 같은 점토 소조상과 중국에서 발견된 약 2만 년 전의 불로 구운 최초의 도기는 현대인에게 잘 알려져 있다. 사슴뿔로 도구를 만들기 이전부터 수렵채집인들은 도기를 사용했다. 당시 인류는 도기를 "마지막 최대 빙하기의 혹독한 기후 속에서 요리에 사용했다. 불 위에 동물 가죽을 올려놓고 조리하던 옛 방식을 결정적으로 개량한 결과였다." 4천 년 후에는 이 새로운 발명이 일본으로 건너가고 얼마 후에는 시베리아까지 전파

되었다.[58]

　다른 지역에서 신석기혁명이 일어난 후에도 수렵채집인들은 기술을 발달시켰다. 4천~3천 년 전 오스트레일리아 주민들은 기존 기술을 개량하여 손잡이를 붙인 도구와 씨앗 가는 기술을 개발했다.[59] 또한 남아메리카에서는 식물 채집 기술이 독자적으로 발달했다.[60] 물론 이러한 혁신은 농경인에게도 전파되었다. 시베리아의 수렵채집인과 농경인, 양치기는 서로 교류하는 한편 독자적으로 발전하며 역학관계의 긍정적인 일면을 보여주었다.[61]

여성, 남성, 아이의 분업

　이제 초기 사람족 때부터 비용이 큰 생식의 부담을 남녀가 나눠야 했다는 명제를 바탕으로 당시 여성, 남성, 아이의 노동 분업을 살펴볼 필요가 있다. 현존하거나 근래에 존재한 수렵채집인에 대한 인류학적 기술에 전적으로 의존하면 정확한 모습을 알 수 없다. 인류학 자료는 흥미롭긴 하지만 이것으로 과거를 예측하기는 쉽지 않다.[62] 현재 알려진 것은 골격의 움직임과 관련된 형태학에 대한 단일 연구 정도다. 따라서 모든 노동관계의 토대인 남녀의 노동 분업을 조심스럽지만 과감하게 재구성해보자.

　인류학자 캐런 엔디컷Karen Endicott은 수렵채집인에 대한 모든 증거를 요약하며 "모든 지역의 여성과 남성이 완벽히 평등하게 살았다고 말할 수 없"고 아내 구타와 강간에 대한 기록도 있다고 결론 내린다. 엔디컷은 그럼에도 불구하고 수렵채집 사회의 여성은 현대사회 대부분의 여성보다 지위가 높았다고 주장하며, 몇몇 관찰 결과를 근거로 이 결론을 강조한다. 실제의 수렵채집에 대해서는 다음과 같이 말한다. "남성은 수렵인, 여성은 채집인이라는 정형화된 생각은 많은 수렵채집 부족이 일상의 노동에 대한 책임을 나누었다는 사실 정도만 설명해줄 뿐이다. 현실에서는 수렵채집 부족의 남성 다수도 식물성 식량을 모으고, 여성도 동물성 식량을 구해 온다. 언제나 사냥으로 불리지는 않지만 말이다."[63]

이것은 지나친 사냥으로 덩치 큰 사냥감이 부족해지면서 작은 동물과 식물성 식량을 구하는 일이 중요해졌기 때문이었을 것이다. 채집 활동은 네안데르탈인보다 현생인류에게 번식의 핵심으로 더 중요해졌다. 사냥보다 위험이 적고, 공동체의 모든 구성원이 노동을 분업할 수 있었기 때문이다. 또한 씨앗, 견과류, 덩이줄기 채집에는 갈고 빻는 가공이 필요하므로 여기서 또다시 노동이 분업되었다.[64]

식량을 구하는 것과 상관없는 일들은 다양한 방식으로 나뉜다. 식량을 구하는 일은 남녀 모두 하는 반면 건설 같은 일은 사회마다 분업 정도가 다르다. 또한 여성이 아이를 주로 돌보지만 아버지도 정도는 달라도 육아를 돕는다.

19세기와 20세기의 많은 여행기와 문화기술지적 연구는 오스트레일리아 원주민 애보리진의 수렵채집에 대해 많은 것을 보여준다. 이 원주민 집단은 성별 간 노동을 뚜렷하게 나눈다. 남성은 더 크고 귀한 사냥감을 사냥하는 반면, 여성은 작은 동물 포획을 포함한 수렵채집과 음식 준비 및 아이 양육을 담당한다. 오스트레일리아 대륙의 인류학자들이 자주 강조하듯 이 분업은 남녀 불평등으로 이어질 수 있다.[65] 한편 인류학자들은 많은 예외도 소개했다. 예를 들어 서오스트레일리아 피츠로이 유역 킴벌리족Kimberley의 분업은 상호 보완적이다.

여성은 덤불감자, 토마토, 바나나양파, 덤불꿀 등을 채집하는 경우가 많았지만 고아나도마뱀 같은 작은 동물도 사냥했다. 남성은 사냥을 주로 했지만 덤불꿀 등을 채집하기도 했다. 음식 준비와 조리는 남녀 모두가 할 때도 있지만 대체로 나이 많은 여성이 책임졌다. 특히 20세에서 60세 사이의 여성은 종종 자녀나 손주를 데리고 관목 숲에서 식량을 채집하는 데 상당한 시간을 보냈다.[66]

오스트레일리아 남동부의 응가린제리족Ngarrindjeri은 다른 원주민에 비해 노동 분업이 두드러지지 않고 식량 채집과 가공을 더 평등하게 나누어 했다.[67] 남성은 조류, 포유류, 유대목, 파충류, 어류 등 다양한 식량을 찾고 사냥하고 채집하는 일에 여성보다 많은 시간과 에너지를 쏟는다. 여성은 더 전문적으로 씨앗, 베리, 채소, 조개류를 채집했고 그 과정에서 협동하는 경우가 많았다. 오스트레일리아 퀸즐랜드 북부 케이프요크의 원주민 부족도 '원칙'을 벗어나 성별 관계가 평등한 '예외'를 보여준다.[68]

보츠와나와 나미비아의 주호안시족Jul'hoansi(!쿵족!Kung)은 사냥할 때 남녀가 긴밀하게 협동했다.[69] 식단의 3분의 2를 이루는 몽곤고(만케티) 열매와 과일 등의 식물은 여성이 채집했다. 모두가 고기를 원했으나 부수적이었고, 남녀 모두 뛰어난 기술, 강한 힘, 지식을 합쳐야 고기를 조달할 수 있었다. 남편이 사냥하면, 부인은 사냥감을 추적하거나 가공 처리하며 도왔다. 이러한 협력은 15~50인으로 이루어진 집단의 구성원 대부분이 남편과 부인의 여러 형제자매 및 이들의 '집단 내 혼인'을 통한 배우자였기 때문일 수 있다. 남성은 결혼하면서 부인의 가족 집단에 합류하는 경우가 많았다. 여성의 경제력과 의사 결정 권한에서도 노동 분업을 확인할 수 있다.

콩고민주공화국 북동부 이투리 우림지대의 음부티 바트와족Mbuti Batwa도 최근까지 사냥에 참여하는 남녀가 비슷하게 협력했다.[70] 그물 사냥으로 생계를 유지한 이들은 먼저 높이 1미터, 너비 30~50미터의 그물 열 개가량을 합쳐 커다란 반원을 만든다. 여성들이 관목을 두드리며 사냥감을 그물 쪽으로 몰면 남성들이 그물을 다루고 동물을 잡았다. 동물을 천막으로 옮기는 일은 여성들이 했다.

남아메리카 남단 티에라델푸에고제도에 사는 야마나족Yámana(또는 야마나 방식으로 사는 부족)은 19세기에 관찰된 긴밀한 협동을 지금도 유지하고 있다. 6천2백 년 전부터 비글해협에 살았던 이들은[71] 겨울에 활동하는 전형적인 바다 사냥꾼이었다. 이들은 배를 타고 바다표범과 돌고래에 접근해서 작살을 쏘았다. 15~20척의 카누로 바다 사냥 같은 일상의 노동을 하기 위해서는 남녀가 협동해야 했다. 남편이 작살을 잘 조준할 수 있도록 부인이 카누를 조종해야 했기 때문이다. 여성이 카누 제작을 제외한 모든 활동을 책임졌고 카누를 탄 팀을 지휘했다. 과부와 홀아비의 재혼은 이 '카누-조준'의 필수적 균형을 보존하기 위해서였다.[72]

남녀 노동 분업에 대한 근래 인류학 연구의 극단에는 필리핀 루손섬 동부의 아그타족Agta처럼 혼자 사냥하는 여성이 있다. 아그타족의 일부 집단에서는 여성도 야생 수염멧돼지, 사슴, 원숭이 및 작은 동물을 사냥한다. 남성과 여성 모두 강과 태평양 해안에서 작살과 고글을 사용해 물고기를 잡는다. 이들은 하루 두세 번 잡는 물고기로 단백질의 대부분을 섭취한다. 아이들은 4세 때 고기잡이 '놀이'를 시작하고 10세 정도에 부모나 연장자 가족과 함께 사냥을 시작한다. 최근 고고학 및 역사학 증거에 따르면 아프리카 다호메이 왕국 초기에 여성 코끼리 사냥꾼 길드가 있었고, 8천 년 이전의 남아메리카 안데스 고원지대와 아메리카 대륙의 초기 거주민 중에도 여성 맹수 사냥꾼이 있었다.[73]

수 세기 동안 수렵채집인을 관찰한 결과를 종합하면 남녀 모두가 식량을 구하며 중요한 역할을 했다. 여성은 음식 준비에서 더 중요한 역할을 담당한 듯하다. 또한 아이들이 4세쯤 될 때까지 돌보는 데 많은 시간을 보냈다는 사실은 말할 필요도 없다. 한편 대행부모의 역할을 과소평가해서는 안 된다. 여기서도 여성의 비중이 남성보다 높고, 할머니의 비중이 할아버지보다 높지만 말이다.

중요한 문제는 모든 관찰 결과를 1만 2천 년 이전의 인류에 단순히 적용할 수 있느냐다. 성별에 따라 달라진 노동에 대한 고고학적 증거는 많지 않다.[74] 페루 중부 연안 라팔로마에서 발굴된 8천~5천 년 전의 수렵채집 부락은 당시 남녀가 같은 종류의 중노동을 했음을 시사한다. "남녀 모두가 그물을 끌어올리는 일을 했는지 상체 근육이 발달했다. 모두 무거운 짐을 졌는지 요추 관절염이 있었다."[75] 이 발굴은 남성을 수렵인, 여성을 채집인으로 단순하게 나누는 구식 관념을 흔든다. 그럼에도 불구하고 수렵채집인의 옛 골격을 보면 남성의 팔꿈치 힘줄 손상이 여성보다 훨씬 심각했다. 사냥할 때 남성이 주로 던지는 동작을 했기 때문에 '스로어 엘보thrower's elbow'를 앓기 쉬웠던 듯하다.[76]

수렵채집 이외의 노동

당시 수렵과 채집은 필수적이고 가장 중요한 활동이었다. 그렇다고 해서 수렵채집인이 농경이 도입되기 전에 다른 활동을 하지 않은 것은 아니고 자유 시간의 여지도 있었다. 그러므로 이들의 노동을 이해하는 데 중요한 사회관계를 더 알아볼 필요가 있다.

노동의 전문화

전 세계로 퍼진 초기 현생인류는 여러 기후대를 넘나들며 새로운 지역을 끊임없이 개척했다. 그 과정에서 식량을 모으고 음식을 준비하며 천적에 대항하는 것 이상의 일을 하기 시작했다. 4만 5천 년 전부터 이주한 추운 북반구에서 생존하기 위해서는 불과 옷,[77] 집[78]이 필요했다. 일부 동물도 집을 만들지만 자연적으로 보호해주는 동굴 정도를 넘어서지 못한다.

불은 거주지에서 몸을 데우고 음식을 조리하기 위해, 거주지 밖에서는 땅을 다양하게 이용하고 생산성을 높이기 위해 중요했지만 다른 사회적 의미도 있었다.[79] 불은 '아늑한' 분위기를 만들고 사회성을 높여준다. 또한 밝은 낮 시간을 연장하는 효과가 있어 이야기와 신화를 들려주고 의식을 전파할 기회를 열어준다. 밤의 대화는 낮 동안의 실용적 대화와는 성격이 다르다.

지금까지의 연구에 따르면 일의 전문화에 영향을 미친 것은 불보다는 옷과 집인 듯하다. 동물 가죽을 꿰매는 데 사용된 가장 오래된 귀바늘은 3만 7천 년 전의 것으로 추정되고, 끈으로 짠 직물은 2만 6천 년 전으로 거슬러 올라간다. 비슷한 시기에 만들어졌다고 추정되는 비너스상들이 털모자를 쓰고 섬유 의복을 걸치고 있다는 사실도 주목할 만하다. 이러한 사실을 감안하면 당시에 직조가 발명되었고 처음에는 여성이 직조를 담당했다고 결론 내릴 수 있다.[80]

그 일들은 본격적인 직업은 아니었던 듯하다. 이들은 음식이 부족해지면 재분배를 통해 얻었다.[81] 미국의 유명 인류학자 마셜 D. 살린스Marshall D. Sahlins에 따르면 초기 수렵채집인에게 전문 분업의 여지가 거의 없었던 이유 중 하나는 식량을 구하러 계속 옮겨 다니면 소유물이 짐이 되기 때문이었다. 살린스의 고전적 공식에 따르면 "이동과 재산의 관계는 모순적이다."[82]

그러면서도 살린스는 현대 문화기술지가 다른 형태의 전문화인 예술을 간과했다고 본다.[83] 시각예술은 이미 발달해 있었고, 가장 오래된 동굴벽화에 드러난 특별한 기술들을 보면 약 4만~3만 5천 년 전에 기술 수준이 완벽에 가깝게 발달한 듯하다. 벽화는 프랑스의 쇼베 동굴과 라스코 동굴, 스페인의 알타미라 동굴뿐만 아니라 인도네시아의 동굴, 후대의 남아프리카의 동굴 등에서도 발견된다. 놀라운 사실은 이 기술이 수백 세대 동안 이어졌다는 것이다. 예술적으로 탁월한 기술 수준이 꾸준히 유지된 이유는 벽화가 '설득력 있는 교육 형태'였기 때문일 것이다.[84] 어떤 학자는 여러 세대가 많은 구성원과 함께 생활한 것이 결정적으로 중요했다고 지적한다.[85] 아프리카역사학자인 미국의 패트릭 매닝Patrick Manning은 이 '기본 형식'을 '작업장workshop'의 출현이라고 부른다.[86]

우리가 보기에 보잘것없겠지만, 귀중품을 교환하는 집단도 있었을 것이다. 당시의 귀중품 교환은 집단이 이동하면서 진기한 물건을 나르는 것일 뿐 후기 신석기시대에야 발달하는 통상적인 교역은 아니었다.[87] '교환'의 좋은 예는 오스트레일리아 남동부 응가린제리족이 발달시킨 물질문화에서 찾을 수 있다.[88] 오스트레일리아의 다른 지역과 비교해 그들은 수준 높게 전문화한 경제활동을 했다. 전문화는 계절에 따라 채소, 생선, 고기를 보존하고, 지역에 따라 자원 이용도를 높이기 위해 애쓴 결과였다. 때로는 특정 씨족과도 협력했다. 본격적인 직업으로서의 전문화는 아니었으나 응가린제리족에는 작곡가, 마법사, 치유사, 모피 및 외투 재단사, 바구니 제조가 등의 주요 역할이 있었다. 이들은 안정된 교역로를 통해 먼 곳으로부터 적갈색 물감과 토종 담배를 들여왔고 영토 안팎에서 외투, 양탄자, 그물, 줄, 동물 및 생선 기름 등을 활발하게 거래했다. 교역 원정과 물물교환도 했고, 개인과 그 가족이 공식적이고 지속적이며 문화적으로 중요한 협력의 교환 의식을 치렀다.

선사시대의 지역들은 자연적 영역 밖에서 발견한 부싯돌을 주고받으며 교환을 시작했다. 처음에는 사회 연결망으로 '빼 가기식 교환down-the-line exchange'(물건이 근원지에서 출발해 여러 집단을 거치며 거래되면서 수량이 꾸준히 줄어드는 교환-옮긴이)을 했을 것이다. 그렇지만 서로 다른 인구 집단이 일정한 노동 분업을 하지는 않았다. 교환이 전체 활동에 얼마나 깊은 영향을 주었는지, 또한 다른 사회관계를 만드는 계기가 되었는지는 알려지지 않았다. 예컨대 파키스탄 남부 신드의 로리 언덕(40킬로미터에 걸친 석회암층으로 여러 고고학적 유적지가 모여 있으며 구석기시대 석기가 발견되었다-옮긴이) 석기 제작 터에 살았던 부족이나 그들의 노동 분업에 대해 우리는 무엇을 알고 있는가? 이 제작 터는 당시 사람들이 기원전 제1천년기까지 사용한 석기를 전문적으로 조달했음을 시사한다.[89]

여기서 중요한 점은 수렵채집인 집단들의 물물교환이다. 인도 벵골만 안다만제도에서는 삼림 거주민 무리와 연안 거주민 무리가 지역 안에서 교환을 했다. 20~50명이 각각의 무리를 이룬 삼림 거주민은 우기에 활로 돼지를 사냥했고, 연안 거주민은 그물이나 작살로 바다거북을 사냥했다. '돼지 사냥꾼'은 '거북이 사냥꾼'에게 점토 물감, 도자기용 점토, 꿀, 활과 화살용 목재, 카누용 통나무, 빈랑나무 열매를 주고, 거북이 사냥꾼으로부터 (해안에서 채집한) 금속, 장신구용 조개, 밧줄과 줄, 식용 야생 라임을 받았다. 이 무리들은 번갈아 교환식을 열었다. 또한 원로들은 거북이 사냥꾼과 돼지 사냥꾼의 결혼을 주선했다. 이때 기혼 여성들이 주요 결정에 영향을 미쳤다. 아이 돌보기, 요리, 식량 및 재료 채집 등 사냥을 제외한 모든 일상 활동은 남녀 모두가 맡았다.[90]

일과 여가-최초의 풍요 사회?

일과 여가 시간에 대한 학자들의 관념 대부분은, 생존을 위해 수렵채집하던 소수 집단을 20세기 중반에 인류학적으로 관찰한 결과 형성되었다. 살린스는 수렵채집인의 생활이 고되긴 했지만 성인이 일주일에 2~3일 노동하면 집단의 식량이 해결되므로 여가 시간이 많았다고 생각했다. 1968년에 발표한 도발적인 논문에서 살린스는 수렵채집인 사회를 "최초의 풍요 사회", 그들의 역사는 시장경제 이전에 존재했던, "풍요에 이르는 선禪의 길"이라고 불렀다. 당시에는 기술이 "거의 변화하지 않았지만 대체로 적절"했고 인간의 물질적 필요는 한정적이고 적었기 때문에 적게 욕망하면 만족스럽게 살 수 있었다. 물론 생활수준은 후대보다 낮았다. 시장경제는 그 반대다. 살린스에 따르면 인간의 필요는 무한하진 않아도 크고, 수단은 개량할 수 있지만 제한적이다. 따라서 산업 생산성을 통해 적어도 '시급한 물건'이 풍부해질 때 수단과 목적의 격차가 좁아질 수 있다.[91] 살린스의 설명은 그보다 10년 전에 전후 미국 사회에 대한 유명 저서《풍요로운 사회The Affluent Society》를 출판한 캐나다 출신 미국 경제학자 존 케네스 갤브레이스John Kenneth Galbraith의 이야기와 밀접하다.

신석기혁명 이전의 기나긴 역사에서 인류는 수많은 기술적·사회적 변화를 일으켰다. 그러므로 변하지 않지만 개량할 수 있는 기술적 수단에 대한 살린스의 논리는 모순적이다. 또한 그는 인류가 지배적 공유 규범을 통해, 그리고 부계와 모계의 광범위한 연결망을 유지하여 위험을 분산할 필요가 있었음을 잊은 듯하다.[92] 미국 인류학자 로버트 L. 켈리Robert L. Kelly는 유한한 욕구와 적은 욕망이 '많은 여가 시간'을 의미한다는 살린스의 개념을 근본적으로 비판했다. 수렵채집 경제 간의 다양한 차이를 비교한 켈리는 환경에 따라 각 무리가 수렵채집에 사용하는 시간이 크게 다르다고 언급하여, 살린스와 그의 동료들이 주장하는 '일반적 수렵채집 모델'을 공격했다. 간단히 말해 "선禪 경제는 생태계라는 주인을 모신다"라는 것이다.[93]

여가 시간을 재구성할 때의 문제 중 하나는 노동에 대한 정의다. 켈리는 노동은 본질적으로 사람이 집을 벗어나 하는 것이라는 정의는 서구의 상황에서 유래한 경우가 많다는 사실을 지적한다. 즉, 수렵채집인의 노동으로 간주하는 범위에 "식량을 찾고 조달하기 위해 숲에서 보내는 시간만 포함하고, 거주지에서 식량 자원을 가공 처리하는 노동을 포함하지 않았다"라고 언급했다.[94]

살린스의 개념은 아이와 청소년에게 잘 적용되었을 것이다. 그렇다면 '성인'

에 대한 설명이 필요하다. 인류학 문헌에 따르면 수렵채집인은 결혼 전까지 자유를 만끽했고, 무리의 온전한 구성원으로서 협력하지 않아도 되었다. 따라서 그다음 생애 단계를 시작하는 데 어느 정도 저항했을 것이다.[95] 여자아이의 경우 꽤 늦은 16세 정도에 초경을 시작했기 때문일 수도 있다. 여자아이는 15세에서 20세 사이에 결혼했다. 남자아이의 혼인 연령은 여자아이보다 5년 정도 늦었는데, 이것이 칼라하리사막 !쿵족의 건강하고 활동적인 10대들이 나이 많은 친척들로부터 음식을 제공받으며 이 거주지에서 저 거주지로 돌아다닐 수 있었던 이유 중 하나일 것이다. 일하는 시간이 비교적 짧았다는 이유와 더불어 말이다. 아이들은 아기를 보는 중요한 역할을 맡았다.[96]

열심히 일하는 노인, 특히 할머니와 이들을 대조해보자. 평균 기대 수명은 30년이었지만 15세 아이가 45세에 이르는 확률은 60퍼센트였고, 60세 이상은 인구의 8퍼센트였으며, 그중에는 현생인류의 신체가 "자연적으로 지속될 수 있는 최대 나이"인 72세도 있었다.[97]

성인 수렵채집인이 식량을 모으는 데 얼마나 많은 노력과 시간을 들였을까? 1960년대의 계산에 따르면 보츠와나와 나미비아에서 수렵채집을 하는 !쿵족(주호안시) 여성은 연간 2천4백 킬로미터, 즉 하루에 6.6킬로미터를 걸었다.[98] 장비를 지고 걸었으며, 돌아오는 길에는 7~10킬로그램의 식물을 지고 아이까지 데리고 있는 경우도 빈번했다. 일반적으로 어머니는 아기가 4세가 될 때까지 업고 다녔다. 파라과이 동부의 아체족Aché도 비슷하다. 이 부족의 남성은 하루 7시간 동안 힘들게 사냥한다. 여성은 하루 평균 2시간 동안 수렵채집을 하고, 무거운 짐을 나르면서 주거지를 옮기는 데 2시간을 더 쓴다. 여성의 남은 시간은 질 높은 육아에 사용된다.[99] 물론 살아 있는 아이들을 돌본다는 의미다. 이 부족의 영아 사망률은 어마어마한데, 힘든 삶에서 생존할 가능성이 없다고 생각되는 아기를 죽이는 관습 때문이기도 하다.[100]

지난 2천 년 동안 보츠와나 중부에 살았다고 추정되는 |귀족|Gui과 ||가나족||Gana의 노동시간도 비슷했다. 1979년 정주 생활을 시작하기 전까지 이들은 평균 3백 제곱킬로미터에 이르는 구역의 약 50킬로미터 안에서 수렵했다. 남성은 일주일에 3~5일, 총 5~12시간 동안 사냥했다. 이 활동에서 전체 식

품 섭취량의 20퍼센트가 나왔고 나머지는 여성이 거의 매일 하루에 1~5시간 동안 채집한 덩이줄기, 견과류, 베리, 멜론, 송로버섯, 백합 등의 식물성 식량에서 나왔다.[101]

콜롬비아와 베네수엘라의 국경 지대에 사는 쿠이바족Cuiva의 노동을 재구성하면 살린스의 주장을 뒷받침하는 예를 볼 수 있다. 이들의 노동시간은 일주일에 15~20시간을 넘지 않는다. 부족민 대부분이 하루에 15~16시간을 해먹에 누워 보낸다.[102] 근력과 의미가 비슷한 최대 산소 흡수량으로 같은 나이대의 신체 건강을 비교하면 현대 수렵채집인의 수치가 현대 북아메리카인보다 3분의 1 이상 높다.[103] 이것이 일반적인 수렵채집인의 모습이라면 해먹에서 지내는 부족은 그들 중 소수였을 것이다.

많은 인류학자가 수렵채집인의 노동시간에 대한 통계를 내려 했다.[104] 포괄적인 정의에 따르면 성인 남녀 모두 하루에 6~8시간을 '노동'에 사용했다. 허디에 따르면 모든 영장류는 '사회적 기회주의자'고 보살피는 행위는 매우 유동적이지만, 나는 앞의 계산에서 남성의 '대행부모' 활동 명목으로 1시간을 추가해야 한다고 본다.[105] 여성은 수렵채집을 하고 식품을 가공하거나 조리하는 한편 양육에 시간을 쓴다.[106] 회복을 위해 잠자는 시간은 7시간이고, 만약 2시간쯤 낮잠을 잘 수 있었다면 최대 9시간이었을 수 있다.[107]

남성은 9시간이고 여성은 그보다 약간 적은 여유 시간의 활동을 사회적 의무와 여가 활동으로 분명히 나누기는 어렵지만, 생활 방식을 보면 사회적 의무에 더 많은 시간을 썼다.[108] 적어도 사람을 방문하거나 손님을 맞이하는 일, 춤과 노름을 살펴보면 그렇다. 다른 건 몰라도 이 연결망은 일종의 보험이었다. 수렵채집뿐만 아니라 육아도 어느 정도 타인의 협력이 필요하므로 남는 시간을 사회적 의무에 썼을 것이다. 남성과 여성이 사회적 의무에 쏟는 시간이 다른 현상은 부분적으로 착시다. 어머니와 다른 여성의 집중적인 육아가 사회적 의무와 밀접한 경우도 있기 때문이다. 다른 사람이 아이를 봐준다고 해도 어머니는 항상 가까이에 있었다. 콩고민주공화국 에페 바트와족Efé Batwa의 아기는 60퍼센트의 시간을 다른 여성과 함께 보내는데, 1시간 동안 여덟 명의 손을 거치기도 했다. 그러나 아기를 가장 많이 안는 사람은 어머니다. 어머니만 수유하는 것은 아니지만 어머니가 수년 동안 젖을 먹이기 때문이기도 하다.[109] 아기와 어린아이는 어떻게 보살핌을 받든 집단 전체에 꾸준한 즐거움을 선사한다.

이처럼 인간이 시간을 나누어 쓰는 방식은 비인간 영장류 대부분과 다르다. 비인간 영장류는 하루의 50~60퍼센트를 식량을 구하고 먹는 데 쓰고, 30~40퍼센트를 휴식에 쓰며, 남는 약 5~15퍼센트를 사회 활동에 쓴다.[110] 시간을 비교하면 인류가 수렵채집을 훨씬 효율적으로 하고, 생존 도구로도 볼 수 있는 사회 활동이나 의무에 더 많이 의존했다.[111]

많은 인류학자에 따르면 수렵채집인은 노동을 부담스러워하지 않고 오히려 긴 휴식 시간을 고대하게 하는 즐거운 활동으로 여긴다. 주관적인 생각 같다면, 오스트레일리아 퀸즐랜드 북부의 이르 요론트족Yir Yoront을 보라. 이 부족이 일과 놀이를 가리키는 단어가 같다는 사실은 노동labour이 고된 일과 출산 모두를 의미하는 영어와는 다른 관점을 보여준다.[112]

신석기혁명 이전 인류의 사회관계

신석기혁명 이전에는 인구밀도가 매우 낮았다. 수렵채집 사회가 계속 이동하고 작은 무리나 공동체를 이루었기 때문이다. 따라서 사회 형태도 독특했다. 수렵채집인 집단은 농경인 집단보다 훨씬 평등했다.[113] 이 현상의 원인은 수렵채집인이 자주 이동했기 때문이라고 해석되는 경우가 많다. 이동하기 때문에 물질적 재산이 무척 적고 집단 규모가 작으며 식량을 호혜적으로 분배하고 보관에 대한 걱정이 없으며 갈등을 평화적으로 해결할 수 있다는 것이다.[114]

영국의 인류학자이자 진화심리학자 로빈 던바Robin Dunbar에 따르면 진화론의 관점에서 '사회적 뇌 가설social brain hypothesis'을 적용하면 후기 사람족은 큰 뇌 덕분에 유인원의 '분산적(또는 분열-융합) 사회'에서 결속력이 강한 사회로 이행할 수 있었다.[115] 커진 뇌, 정확히 말하면 커진 신피질 덕분에 호모사피엔스는 확대된 공동체에서 살게 되었다. 던바에 따르면 (지역) 집단이나 공동체는 공통 영역을 점유하고 서로 분명히 알 수 있는 관계로 맺어진 개인들의 집합(때때로 '인지적 집단 크기'로 부른다)이다.[116] 성비性比를 안정시키고 근친상간을 막을 수 있을 정도로 다양한 유전자 풀을 형성하며 건강한 후손을 만들기 위해서는 집단에 적어도 약 5백 명의 개인, 또는 25명이 모인 무리 20개 정도가 필요했다.[117] 생물학적 최소 조건의 반대편에는 사회적 최대 조건이 있는데, 놀랍게도 두 조건은 크게 다르지 않다.

집단이 커지면 이득과 비용 모두가 발생한다. 이득은 상호 원조, 전문화, 교육과 학습, 위험한 환경에서도 폭넓게 교역하거나 교환할 수 있다는 점 등이다. 한편으로는 집단이 커지면 사회적 응집을 통해 꾸준히 결속하고 유지하는 비용이 커지는 현상을 과소평가해서는 안 된다. 던바는 다음과 같이 설명했다.

집단에서는 서로가 서로에게 방해가 될 수밖에 없고, 제한된 공간에서 억지로 함께 살아야 한다는 단순한 사실 때문에 긴장과 불만이 생긴다. 또한 집단이 커지면 개인은 일일 영양 필요량을 맞추기 위해 더 멀리 수렵채집을 나가야 한다. 그 결과 길어진 이동 거리와 시간에 소모되는 에너지를 위해 추가로 필요한 식품 섭취량으로 측정할 수 있는 생태학적 비용이 발생한다. 또한 집단이 커지면 괴롭힘과 공격적 행위가 현저히 많아지므로 중앙집권적 사회에서 떨어져 나가려는 경향이 한층 커질 수 있다.

간단히 말해 사회적 기술은 "응집뿐만 아니라 착취를 위해서도 사용될 수 있다."[118] 동료 구성원을 착취하는 행위를 '무임승차'라고 부른다. 사회성에 따르는 단기적 대가를 치르지 않고 장기적 이득만 취하는 행위는 암묵적인 사회계약을 위협하고 결국 집단의 존속을 위협할 수 있다. 무임승차를 통제하려면 무임승차자가 어수룩한 개인을 찾지 못하도록 막아야 한다. 무임승차의 문제점은 크고 분산된 공동체에서 더 심각하다. 호모사피엔스가 "사회적 순응을 강제하기 위해 무임승차자와의 전쟁에 사용하는 강력한 무기"로 종교에

의지한 이유가 여기에 있다.[119]

　현실의 수렵채집인은 대부분 각각의 무리가 주요 노동 단위를 이루고, 같은 족에 속한 다른 무리의 구성원을 만나지 않는다. 드물게 만나는 경우는 혼인 상대나 귀중품을 교환하기 위해서다. 신부와 신랑을 교환하는 것은 '노동' 측면에서 중요한 일이다. 한 노동 집단이 건강한 구성원을 잃는 반면 다른 집단은 새 구성원을 얻기 때문이다. 흥미로운 부분은 새 구성원이 부부와 무리의 일원으로서 적응하는 과정이다. 인류학자들은 결혼 유형, 결혼 후 거주 형태, 혈통과 상속의 원칙을 꼼꼼하게 기술하고 분석해왔다. 1930년대 이후 학자들은 선사시대 남성이 결혼한 후에도 부모와 함께 살고 여성이 자기 부모와 무리를 떠나 남성의 가족에 합류하여 부계 무리를 이루었다고 생각했다.[120] 이 현상은 노동력 이전일 뿐만 아니라 노동관계 이전이기도 하다. 왜냐하면 새로 들어온 신부에게 신랑의 부모가, 나중에는 신랑이 무엇을 해야 하는지 명령할 수 있었기 때문이다. 이것은 남성이 '자연'을 지배한 결과일 것이다. 이 방식으로 남성은 자기 영역에 익숙해지고 머릿속에 자원 지형을 능숙하게 그리게 되므로 사냥에 더 쉽게 성공할 수 있다.

　한편 앞에서 설명한 남녀 역할의 다양성을 토대로, 또한 현존하는 수렵채집인의 결혼에 대한 최근 통계를 바탕으로 대안적 이론이 제시되었다. 허디 같은 일부 학자는 급진적이고 사물을 뒤집어 보는 경향이 있지만, 통계 근거는 로버트 L. 켈리의 광범위하고 꼼꼼한 자료와 일치하지 않는다.[121] 다행히도 인류학 연구에만 의존할 필요는 없다. 앞에서 이야기했듯이 대행부모가 사람 족의 진화 과정에서 무척 일찍 발달했다는 사실은 분명하다. 당시에 모계사회도 많았다는 사실도 배제할 수 없다.[122]

　따라서 처음에 모계 거주가 아버지의 육아를 북돋웠을 것이라는 허디의 주장은 여전히 흥미롭다. 허디는 모든 남성이 육아에 적성이 있다고 말하지만, 이 적성은 신생아와 접촉할 수 있는 생물학적 직계 관계 안에서만 발달할 수 있다. 부인은 자신의 환경에서 안전함을 느끼므로 갓 태어난 아기를 남편에게 맡길 수 있다. 시어머니의 권위 아래서 동거자에 불과한 위치로 살아야 하는 별난 부계 거주 환경보다 훨씬 이른 시기에 아기를 맡길 수 있다. 처음에는 모계 거주로 시작했다가 아이가 태어나면 부계 거주로 옮겨 가는 혼합 체제도 있다. 먼저 신랑이 장인장모를 위해 한동안 일해주며 신부의 값을 치러야 하기 때문에 모계 거주로 지내는 경우다. 여기서 경험한 육아 덕분에 남성은 부계 거주로 옮겨 장모나 다른 모계 친척의 도움을 받지 못해도 계속 육아를 할 수 있다.[123]

지금까지 수렵채집인만 존재했던 1만 2천 년 이전의 노동 분배와 사회관계를 재구성했다. 물론 모든 수렵채집인이 이후에도 그렇게 산 것은 아니다. 유용한 자연 자원 덕분에 부분적으로 원예인 및 농경인과 물건이나 용역을 교환하여 부를 축적한 사람들은 다른 사회를 만들었다. 예컨대 어느 수렵채집 부족은 매년 이동하는 연어와 송어 덕분에 꾸준하고 풍부하게 식량을 얻으면서 1년 중 대부분을 정착하여 생활하기 시작했다. 이에 따라 계층 사회가 발달했다. 아메리카 대륙 북서부 해안의 원주민 부족들, 알래스카의 알류트족Aleut과 플로리다의 칼루사족Calusa의 풍요로운 해안 경제, 그리고 아시아 시베리아의 유피크족Yupik의 사례를 보자.

이들 중 일부와 이들의 선사시대 선조들은 기원전 약 500년부터 커다란 반정주형 부락을 이루어 살았다. 족장, 평민, 몇몇 노예로 구성된 부락은 야생에서 얻은 식량에 의존했다. 삼나무 판자로 집을 지을 수 있는 복잡한 사회와 물질문화 속에서 몇몇 족장은 일부다처를 행했다. 이들은 지위나 육아를 위해 물물교환한 노예를 둘 여유도 있었다. 잔치 빚을 갚지 못하는 가족은 지위를 잃었다.[124]

중요한 점은 나이 차이나 특정 인물 때문에 가족 내의 노동관계가 평등하지 않을 수도 있다는 사실이다. 반세기 전 캐나다에서 삼림순록을 사냥하고 물고기를 잡아 생활하는 한 도그립족Dogrib 남성이 인류학자에게 이렇게 말했다. "아버지와 함께 일하러 가면 모든 일을 나 혼자 하다가 죽을 겁니다. 형과 함께 일을 나가도 아버지와 나갈 때와 똑같습니다. 형은 열심히 하지 않으니까요. 내가 대부분의 일을 해야 한다고 생각하죠. 그래서 형과는 되도록 나가지 않고 주로 처남을 데려갑니다."[125]

　수십만 년 전 나타난 현생인류는 1만 2천 년 전까지 생존을 위해 수렵채집에 의존했다. 수렵채집인의 후손인 몇몇 부족은 현재도 비슷하게 살아간다. 고고학, 영장류학, 인류학, 고유전학 분야의 최근 통찰과 연구 성과를 결합하면 노동과 노동관계의 기원을 구성할 수 있다.

　현생인류의 초기부터 지식 집약적 생존 방식이 점차 발달했다고 가정해보자. 이 방식의 특징은 부모와 조부모 세대로부터 많은 것을 배울 수 있는 청년기가 길다는 것이다. 따라서 더 다양하고 질 좋은 식량을 얻고, 거주지 안팎에서 불을 사용하여 땅과 환경을 관리할 수 있었다. 출산 간격이 짧아진 덕분에 아이들은 형제자매와 동년배 친구들로 이루어진 큰 집단 속에서 성장할 수 있었다.

　현대의 연구 결과들은 노동의 상호 의존성과 그 결과인 협동을 강조한다. 일상 노동의 또 다른 요소인 아이 돌보기에 대한 책임은 주로 어머니가 맡았지만, 다른 구성원도 중요한 책임을 졌다. 내가 주장하듯 가족 구성원과 아이들 돌보는 일을 노동에 포함하면 성인 남성은 하루에 8시간, 성인 여성은 10시간을 노동으로 보냈다. 상당히 긴 시간이지만 이후 발달한 생활 방식과 비교하면 약간 짧을 것이다. 사회계층은 크게 발달하지 않았고, 노예나 종속 관계는 드물었다. 가구 및 씨족 집단 내부 노동관계의 특징은 호혜성과 협력이었다. 그럼에도 불구하고 생활은 혹독했고 포식자와 질병, 외부의 침략 등이 큰 타격을 입혔기 때문에 이 시기를 황금기라고 할 수는 없다. 그렇지만 모든 인류가 수렵채집인이었던 이 긴 시간은 노동의 역사에서 독특한 위치를 차지한다. 수렵채집인의 노동 중 많은 요소는 나중에 도래하는 시대, 특히 기원전 5000년 이후 농경이 발달하면서 변화하기 시작했다. 한편으로는 그토록 오랜 시간에 걸쳐 인류가 습득한 기본 원리 중 다수는 계속 중요한 역할을 했다. 그중에는 일하면서 얻는 만족감, 자부심, 즐거움, 그리고 협력해서 일하고 노력에 대한 보수를 평등하게 얻기 위해 노력하는 경향 등이 있다. 이 원리는 다음 장에서 살펴볼 것이다.

노동 분업과 농경

기원전 10000~기원전 5000

수렵채집인의 노동은 대개 먹고 살기 위해 광범위하게 탐색하는 일이었다. 식량이 귀해지면 더 멀리까지 나갔다. 처음에는 아프리카에서 탐색을 시작한 호모사피엔스는 점차 북극 빙하의 남쪽인 구세계 전체로 퍼져 나갔다. 인류는 계속해서 다른 기후와 동식물 등의 환경에 적응해야 했고 불을 사용해 땅을 관리해야 했다. 그 결과 약 2만 년 전에는 남동쪽의 오스트레일리아 태즈메이니아섬과 북서쪽의 아일랜드, 남서쪽의 남아프리카와 북동쪽의 일본 등의 여러 지역 사이 사람들의 식단이 크게 달라졌다.

약 1만 2천 년 전 인류는 수렵채집을 했던 선조보다 동식물에 더 큰 영향을 미쳤다. 식량 공급 양상도 변화했고 그 결과 에너지 활용도 눈에 띄게 변화했다.[1] 질적인 변화는 음식의 종류가 야생식물에서 재배 식물로, 야생동물에서 사육하는 가축과 그 산물로 바뀐 것이다. 생선을 제외한 야생동물 고기 소비량은 급격히 감소했다.

이 장에서는 수렵채집 무리의 노동관계에서 자급자족을 위해 생산하는 소농 가구의 노동관계로 초점을 바꾸고 분석할 것이다. 관계는 여전히 호혜적이지만 성별 간 노동 분업은 더 뚜렷해졌다. 수백 또는 수천 가구가 모인 '부족'의 소농 가구들의 노동관계는 어떻게 발달했을까? 소농 가구와 대장장

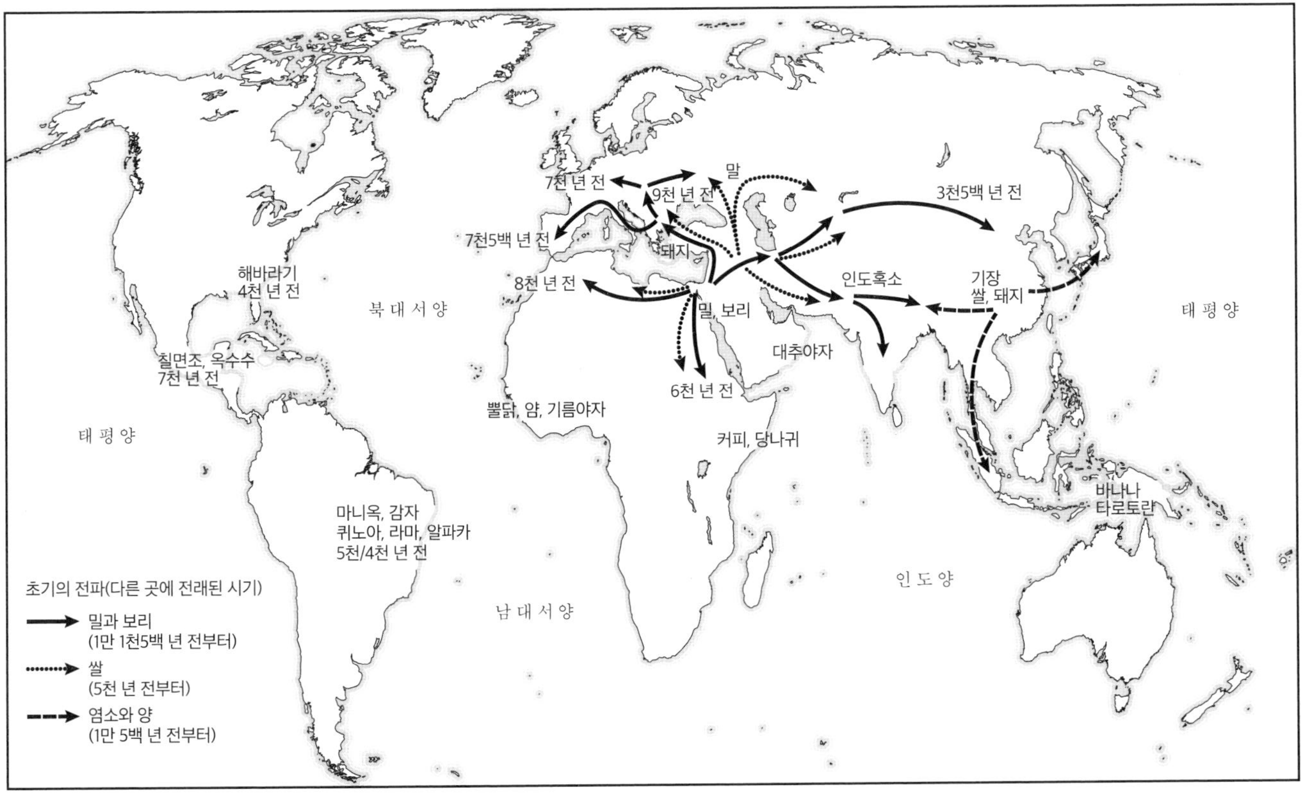
7천 년 전
9천 년 전
말
3천5백 년 전
7천5백 년 전
돼지
해바라기
4천 년 전
8천 년 전
인도혹소
기장
쌀, 돼지
북 대 서 양
밀, 보리
태 평 양
대추야자
칠면조, 옥수수
7천 년 전
6천 년 전
뿔닭, 얌, 기름야자
태 평 양
커피, 당나귀
바나나
타로토란
마니옥, 감자
퀴노아, 라마, 알파카
5천/4천 년 전
인 도 양
초기의 전파(다른 곳에 전래된 시기)
남 대 서 양
밀과 보리
(1만 1천5백 년 전부터)
쌀
(5천 년 전부터)
염소와 양
(1만 5백 년 전부터)

지도 2 곡물 및 염소/양을 길들인 지역과 전파 경로

이, 도공, 직공처럼 새로이 등장한 전문가의 관계를 그려보자. 그 관계는 인도 자즈마니 제도jajmani system(166쪽)처럼 시장과 상관없이 호혜성을 바탕으로 지역에서 상품과 서비스를 교환하는 체계였다. 성공한 농가와 그렇지 못한 농가의 관계는 두 가지였다. 하나는 아프리카(또는 반투Bantu) 모델로 수천 년 동안 불평등이 적었던 관계다. 아마도 인구밀도가 낮고 이동할 기회가 많았기 때문일 것이다. 다른 하나는 '자기과시자 모델aggrandizer model'로 유라시아 일부 지역의 매장 풍습 등에서 나타나는 신분 차이를 통해 알 수 있다.

먼저 신석기혁명에 대한 전문가들의 견해를 살펴보고(68~76쪽), 그동안 연구가 부족했던 농사 노동의 구체적인 모습(76~81쪽)으로 넘어갈 것이다. 이후 식량 생산과 관련된 남녀의 노동 분업(81~86쪽)과 신석기혁명의 관계를 고찰하고, 신석기혁명이 가구 간의 불평등한 보수와 어떤 관련(86~94쪽)이 있는지도 고찰할 것이다. 노동 분업은 넓은 범위인 부족을 배경으로 식량을 생산하는 가구와 생산하지 않는 가구의 관계에서, 또한 지도자 및 그의 집안과 부족민의 관계에서도 일어났다.

신석기혁명과 농경

농경인과 목축인이 수천 년 동안 수렵채집인과 어울려 살다가 지배 세력이 된 정황은 오랫동안 고고학자들의 관심을 끌었고 아직도 완전히 풀리지 않은 의문이다.[2] 이 느린 변화를 설명하는 주장은 기후변화와 남획 두 가지다. 약 1만 2천 년 전 기후변화 때문에 지구의 온도가 꾸준히 상승했다.[3] 온도 상승에 따라 인구가 증가하고 인류가 전 세계로 퍼졌으며 노동이 빠르게 집약화했다. 춥고 건조했던 기후가 따뜻하고 습해지면서 동식물이 번성할 수 있는 환경이 만들어진 덕분에 수렵채집 선조들에게 더 큰 번영의 기회가 주어졌다. 유럽 동남부와 러시아 스텝 지대에서는 식물성 식량이 뚜렷이 많아져서 인구도 증가했다. 인류가 더 많이 접촉하면서 생산물도 비슷해졌다. 1만 2천3백~1만 8백 년 전 중동의 초기 나투프족 공동체가 사용한 세석기의 모양이 비슷한 점이 일례다.

다른 한편으로 인류는 기후 온난화 이전에 수렵 방식을 크게 바꾸었다.[4] 동물의 다양한 자세를 그린 유명 동굴벽화들이 증명하듯 선사시대 수렵인은 발굽이 큰 포유류의 고기를 무척 좋아했다. 이러한 선호는 급격한 기후변화에도 변하지 않다가 3만 년 전부터 유라시아 서부의 여러 지역 인류의 식단에서 고기의 비중이 크게 감소했다. 당시 기후가 비교적 안정적이었고 문화적으로 미각이 변화한 증거가 없다는 점을 고려하면, 대형 동물을 마구잡이로 사냥한 결과라고 볼 수 있다. 이후 수렵인은 작은 동물을 찾아다니기 시작했고, 채집의 산물을 더 많이 먹었다. 변화한 식단은 식물의 작물화와 동물의 가축화를 촉진했다.

신석기혁명은 인류의 생존 방식이 광범위한 식량 추출 경제('땅에서 나는 산물로 먹고 사는 것')에서 집약적인 식량 생산 경제로 바뀐 현상이다. 식량 생산 경제에서는 사람이 식물을 작물화하고 동물을 가축화하여 식량을 재생산한다. 신석기혁명은 단기간의 급진적 변화를 뜻하는 고전적 의미의 혁명이 아니고 발명도 아니며, 생활의 원천인 수렵채집이 소멸했다는 의미도 아니다. 그러나 이 변화는 장기적으로 인류와 노동의 역사에 깊은 영향을 미쳤다. 따라서 이 책에서는 익숙한 은유인 신석기혁명이라는 표현을 사용하겠다.

여러 이유 때문에 노동의 역사에 무척 중요한 이 과정을 간단히 요약하기는 쉽지 않다. 과정이 믿을 수 없을 정도로 복잡했기 때문이다. 그렇지만 현대의 연구 중에는 참고할 만한 내용이 많다. 이 책에서 언급하는 주제 가운데 최근 수십 년 동안 신석기혁명만큼 철저하게 조사된 분야는 없다고 해도 과언이 아니다. 앞으로도 마찬가지일 이 시기는 일반 역사가가 쉽게 따라잡을 수 있는 주제가 아니다.

농경의 기원을 연구하는 학자들은 과거와 달리 연구 범위를 근동 지역으로 한정하지 않고 전 세계로 넓히고 있다. 2009년 3월 멕시코에서 열린 한 심포지엄에 고고학자, 식물고고학자, 동물고고학자, 유전학자, 자연인류학자 등이 참석한 것에서도 알 수 있듯이 선사과학은 빠르게 학제 간 연구가 되었다.[5] 심포지엄에 참석한 학자들은 작물화와 가축화에 대해 많은 통찰을 제공했지만, 수렵채집인이 안정된 생존 방식을 버리고 불안정한 농경을 선택한 이유에 대해서는 의견이 일치하지 않았다. 한쪽은 밀과 쌀의 재배, 그리고 양과 소의 사육에 관한 여러 '발명'이 멀리 떨어진 지역에서 동시에 나타난 것으로 보아 분명 하나의 공통 원인이 있을 것이라고 주장한다. 다른 한쪽은 이 주장을 의문시하거나 섣부른 결론이라고 보고 한정된 지역에 적용되는 여러 원인을 찾는다.

원인을 찾는 과정에서 중요한 요인은 온화해진 기후와 인구 증가, 남획, 그에 따른 인류의 행동이다. 당시 사람들은 농경으로 생산한 잉여물을 수렵채집한 식량처럼 분배했다. 신석기혁명 직후의 1천 년 동안 (아프리카에서는 훨씬 후대까지) 누군가가 땅이나 가축 무리를 사적으로 소유했다는 증거는 없다. 당시 사람들이 잉여물을 어떻게 분배했고 농부들이 뜻밖의 횡재를 어떻게 다루었는지는 분명하지 않다. 앞으로 살펴보겠지만, 수천 년 동안 아프리카에서는 무리가 큰 사냥감을 죽이는 데 성공하면 전리품을 나누어 가진 반면 유라시아에서는 새로운 현상이 나타났다. 자신과 가족의 몫으로 지나치게 많은 수확물을 가져가는 자기과시자가 출현한 것이다.

학자들은 수렵채집인이 농부가 된 이유에 관해 논쟁하고 있지만 가장 중요한 결과에 대해서는 모두 동의한다. 처음에는 생계 수단의 변화가 큰 성공을 의미했다. 몇몇 저자에 따르면 신석기혁명 당시 8백만 명이던 세계 인구는 기원전 5000년에 8천5백만 명으로 증가했다.[6] 동시에 사람들이 점차 정착했고, 처음에는 식량을, 나중에는 가재도구와 귀중품에 이르는 재물을 축적했다. 그 시작은 수렵채집인이 더 이상 먹을 것을 찾아다니지 않아도 될 정도로 식량 자원이 풍부한 곳에 반영구적 부락을 만들면서부터다. 그러나 인류 대부분은 농경이 발달한 이후에야 정착할 수 있었다.

농경은 기나긴 과정을 거쳐 발달했다. 화전을 택한 세계 많은 지역의 농경인들은 이동하며 생활하는 경향이 강했다. 이들은 매년 또는 몇 년에 한 번씩 숲의 일부를 태운 다음 그 재로 비옥해진 땅에 씨를 뿌리며 계속 땅을 변화시켰다. 농부 중 목축민으로 전문화한 사람들도 이동하는 경향이 매우 강했다. 콜럼버스가 아메리카 대륙을 발견한 후 구세계 사람들이 신대륙으로 이주한 것처럼, 영구적으로 정착한 농부도 여러 이유 때문에 이주하기로 결정하기도 했다.[7] 이러한 경우를 제외하면 신석기시대 이래 인류는 생활 장소에 구속되어 살았다. 땅에 붙들린 삶은 노동의 구조에 복잡하고 긴 영향을 미쳤다. 사냥으로 이웃 농부에게 무언가를 제공할 수 있었던 농부는 다시 수렵인이 되기도 했다.[8] 이처럼 변화한 사냥꾼은 사냥물을 농부와 교환할 수 있도록 전문화하기 시작했다. 약 1,250년 전에 들소 사냥꾼이 된 애서배스카족Athabaskans(캐나다와 알래스카 등지에 사는 원주민 종족-옮긴이)과 북극권 주위의 '덫 놓는 사냥꾼trappers'이 좋은 예다.[9]

신석기혁명은 세계 여러 지역에서 독자적으로 일어났다. 시행착오가 뒤따른 그 과정에는 무척 오랜 시간이 걸렸다. 작물과 가축에 기반한 농업경제가 근동 지역에 출현하기 전까지 약 4천 년 동안 인류는 방목과 관리, 사육을 결합하여 안정되고 지속 가능한 자급 경제를 지속했다.[10] 농경과 목축이 한 공동체의 주요 식단(이때까지는 수렵채집물로 이루어졌다)을 결정하기까지는 3단계가 필요했다.[11]

첫 번째 단계는 동식물 관리다. 재배하거나 주요 형태를 바꾸지 않고 야생식물이나 동물의 종을 조작하고 어느 정도 통제하는 것이다. 당시 사람들은 가장 크고 맛있는 야생식물의 씨앗과 과일을 체계적으로 채집하고 먹은 다음 씨앗을 집 가까이에 배변하거나 뱉어냄으로써 (무의식적으로) 재생산을 도모했다.

두 번째 단계는 재배다. 처음에는 야생식물을, 나중에는 작물화한 식물을 심기 위해 토양을 준비하는 단계다. 생산량이 가장 많은 식물이 자라는 곳에서 주변의 경쟁 식물을 의도적으로 뽑아내는 것이 재배의 시작이었다. 이른바 '야생 밭'에서 '식물 보살피기'라고도 불리는 이 방법은 카사바(마니옥), 카카오, 코카, 파인애플 같은 작물을 재배한 아마존 지역 사람들이 널리 이용했다.[12] 이 두 단계를 통해 식물 중 가장 유익한 변종의 성장이 촉진되었다.

세 번째 단계로 식물들 중 가장 유익한 변종의 씨앗이나 뿌리를 선별해 뿌리거나 심어 가장 좋은 품종을 재배하는 작물화가 진행되었다. 그 결과 식물의 형태학적·유전적 변화가 빨라졌다.

동물의 가축화는 식물의 작물화보다 훨씬 어렵다. 동물을 가축화한 과정
은 세 가지로 구분된다.[13] 첫 번째는 개, 고양이, 기니피그, 가금류, 돼지를 포
함한 '공생동물'의 가축화다. 두 번째는 염소, 양, 소를 길들인 것이다. 공생동
물은 인간 주거지 주변에서 쓰레기를 먹으며 인간과의 관계를 시작했다. 원
래 사람들은 이들을 고기의 원천인 주요 사냥감으로 여겼지만 나중에 더 안
정적이고 영구적인 공급을 위해 가축화했다. 세 번째는 젖과 유제품, 털, 견인
수단, 운송 수단 같은 특정 자원이나 부산물[14]을 얻기 위해 당나귀, 말, 낙타
등 자유로이 돌아다니는 동물을 가축화하는 '직접 경로'다. 이 과정은 오늘날
까지도 계속되고 있다. "인간과 길들여진 동식물은 각 종이 성공적으로 재생
산되는 측면에서 서로 이득을 얻는 공생 관계 속에서 존재한다. …… 인간, 식
물, 동물이 교류하고, 특정한 표현형phenotypic form(생물의 물리적·행동적 특성-옮
긴이)과 행동이 선택되기 때문에 사육 과정은 세대에 걸쳐 지속된다."[15]

　농경은 작물 재배와 가축 사육으로 식량을 얻는 활동을 포함한 모든 단계
의 토대 위에서만 발달할 수 있었다. 농경이 독자적으로 발달했다고 알려진
지역은 적어도 열두 곳이다.[16]

　이 모든 놀라운 혁신을 간략하게라도 다루는 것은 불가능하다. 하지만 비
옥한 초승달 지대 사람들의 동식물 관리, 재배, 이후의 작물화 및 가축화가
밀접하게 연결되어 있으므로 중동의 초기 사례를 언급할 필요가 있다.[17] 인
류는 식물을 작물화하기 1만 년 전부터 이미 관리하기 시작했다. 옥수수와
호밀에 이어 보리, 에머밀과 귀리 등 곡물이, 이후 렌즈콩, 병아리콩, 잠두 등
콩류와 무화과가 실제로 작물화된 시기는 적어도 1만 1천5백 년 전으로 거
슬러 올라간다. 몇몇 지역 사람들은 초기에 아몬드와 피스타치오도 작물화
했다.

　비슷한 시기에 비옥한 초승달 지대 북부 사람들이 양과 염소, 소와 돼지를
가축화했다. 그전의 수 세기 동안 수렵인들은 어린 수컷을 사냥감으로 죽이
고 암컷을 번식용으로 보존하는 전략을 주로 사용했다. 한편 1만 5백 년 전
오늘날의 튀르키예에 해당하는 유프라테스강 상류에서는 수렵이 염소 치기
로 바뀐 것으로 추정된다. 처음에는 사람들이 들염소를 산 채로 붙잡아 먹이

를 주다가 나중에는 번식시키기 위해 더 유순한 표본을 선택했다. 이후 이란과 이라크 국경에 위치한 자그로스산맥에 살던 사람들이 같은 방식을 양에게, 그다음에 소에게 적용했다. 돼지도 비슷한 과정을 거쳤지만, 개와 마찬가지로 인간 주거지 주변의 쓰레기를 뒤지고 다니던 이 공생동물에게 먹이를 주다가 나중에 잡아서 기르기 시작하면서 가축화했다고 봐야 한다. 처음에는 어린 수컷만 잡아먹으며 관리했을 것이다. 그러나 이 방법이 모든 동물의 사육에 적합하지는 않다. 치타, 매, 코끼리 등은 포획한 후 시간을 들여 선택하고 번식시키는 방식으로 가축화할 수 없다. 그보다는 야생 상태에서 잡아 길들이고 훈련시켜서 원하는 과제를 수행하게 만들어야 한다.[18]

세계의 모든 지역에서 모든 작물과 가축이 이르든 늦든 이 단계들을 거쳤지만, 유라시아는 아메리카 대륙, 아프리카 열대지방, 오세아니아 지역에 비해 유리했다.[19] 결정적 이유는 적도와 평행하게 위치한다는 점이다. 경도가 아닌 위도를 따라 뻗어 있어서 작물화와 가축화를 위한 기후 의존적 기법 climate-dependent technique이 넓은 지역에 빠르게 전파될 수 있었다. 그 결과 문화적 교류와 새로운 발명의 기회가 많아졌다.

앞에서 이야기한 과정의 3단계는 다음과 같다.[20] 먼저 특정 지역 사람들이 한 식물이나 동물을 수백 년도 아닌 수천 년에 걸쳐 성공적으로 길들인다. 그다음으로 기후대가 같은 다른 지역 사람들이 성공적으로 모방하고 결국 새로운 종을 길들인다. 마지막 단계는 사육 원리가 이미 알려졌기 때문에 시간이 적게 걸린다.

독자적 작물화와 가축화의 첫 단계는 서유라시아의 비옥한 초승달 지대에서 처음 시작되었다. 오늘날의 이스라엘, 레바논, 시리아에 해당하는 곳이다. 이 지역 최초의 수렵채집인이었던 나투프인은 고정된 부락에서 야생 식물을 적극 관리하여 농경을 발달시키기 시작했다.[21] 비슷한 과정이 동쪽의 중국 계곡 지대에서도 일어났고, 나중에는 뉴기니섬, 아메리카 대륙과 아프리카에서도 나타났다. 기원전 5000~기원전 4000년경 안데스산맥과 아마존강 유역에 살던 사람들은 카사바를 관리했고 나중에는 감자, 고구마, 오카(안데스괭이밥의 덩이뿌리로 식감이 감자와 비슷하다-옮긴이), 퀴노아, 리마

콩, 강낭콩, 땅콩, 섬유작물인 목화를 작물화했다. 동물로는 기니피그, 라마, 알파카를 가축화했다. 아마존의 대초원에 살던 사람들은 이후 연못, 수로, 둑 및 둑길의 복잡한 체계를 발달시켜 매년 강이 범람할 때를 이용해 어획량을 최대화했다.[22]

새로운 식물들이 작물화된 정확한 순서와 지역에 대한 사실은 그리 중요하지 않다. 경쟁이 아니기 때문이다. 중요한 점은 비슷한 시대에 각 지역 사람들이 독자적으로 같은 동식물을 작물화하고 가축화했다는 사실이다. 미국 고고학자이자 동물고고학 전문가 다이앤 기퍼드곤잘레스Diane Gifford-Gonzalez 는 아프리카와 관련해 다음과 같이 말했다.

동식물을 선택할 때는 효율성이 가장 중요하다. 효율성은 결정적 과정 모형의 추상적 효율성이 아니라, 새로운 품종이 시간이나 영양 면에서 제공하는 한계이익을 가구 관리자가 매일 평가한 결과다. 농사와 목축 노동은 주로 생식이 가능한 연령대의 여성이 맡았다. 대부분의 사례뿐 아니라 매우 가부장적인 문화에서도 여성들이 가구 수준에서 식량 자원을 관리했다.[23]

두 번째 단계로 작물화한 식물과 가축화한 동물이 비옥한 초승달 지대로부터 전 세계로 일방적으로 전파된 것은 아니다. 아프리카·중국·인도 사람들도 새로운 작물을 개발하고 새로운 동물을 길들이며 번식시키고 있었기 때문이다.[24] 곡물 재배는 9천 년 전부터 비옥한 초승달 지대로부터 동시에 아프리카로, 이란을 통해 남아시아로, 튀르키예 아나톨리아를 통해 유럽으로 전파되었다.[25] 동쪽으로 이동한 최초의 농부들은 인더스 계곡에 도달했다. 이곳에서 수렵채집인과 섞인 그들은 겨울철 작물인 밀과 보리를 도입하여 아대륙의 몬순 기후에 맞게 적응시켰다. 한편 독자적 문화를 발달시킨 중국 북부 사람들이 수수를, 양쯔강 유역 사람들이 벼를 재배하고 있었다. 두 작물 모두 몬순성 여름 작물이다. 약 5천 년 전 이 새로운 작물이 중국으로부터 동남아시아와 남아시아로 전파되었고, 훨씬 뒤에 한국과 일본으로 전파되었다. 인도 지역은 멀리 떨어진 두 지역에서 건너온 작물들이 자리 잡는 행운을 맞았다.

수 세기 후인 기원전 2600~기원전 1900년 인도혹소로 상징되는 하라파 Harappa 문화가 인더스 계곡에서 꽃을 피웠다. 가축화된 인도혹소는 아시아 서쪽과 아프리카로 전파되었다. 다른 곳으로부터 전래된 동물이 해당 지역에서 가축화되는 세 번째 단계의 사례다.[26] 비옥한 초승달 지대도 꾸준히 발달하여 나중에 올리브, 아몬드, 포도, 대추야자가 도입된 후 이웃 지역으로 전파되었다.

오늘날에는 이 전파의 유형을 세계 곳곳에서 볼 수 있다. 물론 현재의 전파는 체계적이고 산업적이다. 고구마가 남아메리카로부터 세 가지 경로를 거쳐 전 세계로 전파된 과정은 무척 흥미롭다.[27] 고구마는 1000~1100년에 페루-에콰도르로부터 서쪽의 폴리네시아로 건너갔고, 거기서부터 북쪽으로는 하와이로, 남쪽으로는 뉴질랜드로 갔다. 이후 두 번째로 1500년경 스페인인이 카리브해 지역의 고구마를 대서양과 인도양을 거쳐 남아시아로 수출했고, 이 새로운 식물은 결국 뉴기니섬까지 건너갔다. 한 세대 후 멕시코를 출발한 고구마는 태평양을 건너고 필리핀을 지나 중국과 일본으로도 전파되었으며, 다시 뉴기니섬에 두 번째로 전파되었다.

다른 지역에 전래된 동식물이 적응을 거쳐 가축화되고 동화되는 유사한 양상이 세계의 모든 지역에서 나타났다.[28] 아쉽지만 몇몇 예만 소개하겠다. 극적인 사례는 서유라시아의 인도유럽어족, 사하라 이남 아프리카의 니제르콩고어족, 태평양의 오스트로네시아어족 같은 하나의 지배적 어족에서 단일 농경 체계가 만들어졌다는 것이다. 남아메리카 저지대의 상황은 달랐다. 강하고 거대한 사회정치적 집단이 없었기 때문에 지난 5천 년 동안 아마존강 유역에서는 다양한 작물계가 공존했다.[29]

이 책에서 '농업적 발명'을 다소 길게 나열한 이유는 여러 가지다. 첫째, 신석기혁명이 1만 2천 년 전부터 최북단과 최남단 지역을 제외한 모든 곳에서 일어난 전 지구적 현상이라고 논리적으로 결론지을 수 있다. 그 과정은 무한했고, 잘못 출발한 후에는 되돌릴 수 없었다. 앞으로 소농, 농업 노동자, 대농장 노예들을 언급할 터인데, 지금은 그들의 역할이 얼마나 역동적이었고 그들의 노동이 세월에 따라 어떻게 변화했는지 이해하는 것이 중요하다.[30] 농업 생산성은 시간의 흐름에 따라 증가해왔다. 인구 규모, 전체 인구에서 농경인이 차지하는 비중, 1인당 경작지와 목초지, 또는 세계 육지 면적에서 목초지가 차지하는 비율 등 무엇을 지표로 선택하든 모든 지표가 그 사실을 증명한다. 또한 이 지표들은 근래 수 세기 동안 농업에 종사하는 인구 비율이 감소했음에도 불구하고 농업이 땅의 모습을 더 많이 결정해왔다는 사실을 보여준다. 농부에 관해서는 이 장에서 중점적으로 언급하고 책의 후반에는 적게 언급하겠지만, 이들의 노동은 전 세계 인구를 먹여 살리는 데 필수 불가결할 뿐만 아니라 놀라울 정도로 역동적이다.

신석기혁명으로 인류의 노동조직 방식이 크게 바뀌었지만 초기부터 수렵채집이 쇠퇴한 것은 아니었다. 신석기혁명의 영향을 살펴보기 전에 역사에서 가장 중요한 노동 유형을 들여다볼 필요가 있다. 바로 농부와 목축인의 노동이다.

농부의 일

농부는 정확히 어떤 일을 할까? 곡식 농사를 상상해보자. 앞 장에서 그랬듯이 고고학 정보가 부족한 부분은 유추할 것이다. 앞에서는 근래의 민족학 기술에 크게 의존했지만, 다행히 농경에 대해서는 몇천 년 전의 기록을 참조할 수 있다. 여기서는 두 가지 방법으로 초기 농부의 이미지를 만들어보자.

곡식 농사는 최소한 1년이라는 시간이 정해져 있다. 물론 건물, 장비, 우물, 토질 개선과 관개에 투자하려면 더 긴 시간이 필요하지만, 작물은 해마다 되풀이되는 계절에 따라 번갈아 재배할 수 있다. 농번기 사이에는 그저 작물을 지켜보며 기다려야 하는 몇 달의 시간이 끼어 있다. 대부분의 작물 재배는 연속적인 과정을 거친다. 먼저 땅을 파거나 쟁기질해서 일구고 흙을 고른다. 그와 동시에 또는 이후에 거름을 준다. 씨를 뿌리고 잡초를 뽑고 자라나는 작물에 물을 댄다. 이후 추수하고 타작한 다음 조리를 위해 필요한 빻기 등의

가공을 한다.[31]

넓은 땅을 경작하는 농부들은 삽 대신 아드ard(단순한 긁기용 쟁기)를 사용했고, 이후 더 깊게 팔 수 있는 쟁기를 활용했다. 처음에는 소, 훨씬 후대에는 말, 당나귀 또는 낙타가 쟁기를 끌었다. 중국의 일부 지역에서는 20세기 초까지도 사람이 힘들게 쟁기질을 했다.[32] 짐을 끄는 동물 덕분에 기원전 5000년경부터 농사와 목축이 자연스럽게 합쳐졌다.[33] 이와 관련해 중세의 한 작가가 농사에 필요한 기술을 보는 눈이 있었다. "쟁기 모는 사람의 기술은 황소를 때리거나 막대기로 찌르거나 학대하지 않으면서 잘 모는 방법을 아는 데 달려 있다. 쟁기 모는 사람은 슬퍼하거나 화가 나 있으면 안 되고 쾌활하고 즐겁게 노래해야 한다. 그래야 노랫가락을 듣고 소들이 기운을 낼 수 있다."[34] 사람들은 진흙과 분뇨로 거름을 만들었기 때문에 농사와 목축을 자연스레 병행할 수 있었다. 수레가 발명되기 전까지는 많은 거름을 멀리 운반할 수 없었다.[35] 씨를 뿌리거나 심는 시기가 지나면 다소 한가해졌지만, 작물에는 물이 필요하고 비는 종종 너무 많이 내리거나 너무 적게 내렸으므로 벼 같은 작물에 물을 댈 때는 물 관리에 관심을 쏟아야 했다. 안타깝게도 싹이 나오는 동시에 잡초도 나왔기 때문에 잡초 뽑기는 피할 수 없는 일이었다. 씨를 흩뿌려 심는 아마 같은 작물도 솎아줄 필요가 있었다.

1881년 영국의 식민지 공무원이었던 J. R. 레이드가 인도 바라나시 북부 아잠가르 지구의 농사를 묘사한 내용을 보면 관개가 얼마나 노동집약적인지를 알 수 있다.[36] 당시 이 지역 농부들은 주로 보리 등의 곡류를 재배했다. 농부들은 근처 강과 개울에서 물을 끌어올 수 없으면 물을 탱크에 모은 다음 밭으로, 또는 한 수로에서 더 높은 곳의 수로로 퍼 올렸다.

물을 퍼 올릴 때 다우리스daurís라는 둥글고 얕은 바구니를 사용한다. 고리 버들이나 대나무 매트로 만든 이 바구니에는 네 개의 끈이 달려 있다. 차운라 chaunrhá 또는 파운라paunrhás라고 불리는 움푹 들어간 장소(작은 저수통)를 사이에 두고 두 사람이 마주 서서 바구니를 한 손에 한 끈씩 붙잡는다. 두 사람은 바구니를 앞뒤로 크게 흔들고, 뒤쪽으로 바구니를 들어 올려 앞으로 내리면서 물

속에 바구니를 꽂는다. 이후 바구니를 힘껏 물 밖으로 꺼내면서 안의 물을 통째로 리프트(티타tithá 또는 차운라라고 부른다) 위로 던진다. 바구니를 한 번 휘두를 때마다 약 7.6리터의 물이 던져지고, 물을 던져 올리는 높이에 따라 1분에 바구니를 20~25회 휘두른다. 리프트의 높이는 61센티미터 내지 1.5미터로 다양하고, 리프트의 수는 물을 댈 밭이 계곡이나 호수에서 얼마나 높이 있느냐에 비례한다.[37]

이것은 그저 시작일 뿐이다. 물이 작물까지 도달하게 만들어야 하기 때문이다.

메마른 밭으로 탱크의 물이나 우물물을 뿌리기 위해 두 가지 특별한 방법을 사용한다. 하나는 키아리kíárí다. 파루히pharuhí라는 일종의 갈퀴로 작은 둔덕들을 만들어 밭을 작은 직사각형 구획(키아리)으로 나눈 다음 키아리로 물을 직접 흘려 차례로 채운다. 이 방법으로 양귀비와 모든 원예 작물에 물을 대고, 사탕수수와 인디고 식물에 물을 줄 때도 종종 사용한다. 다른 하나는 하타háthá를 사용하는 방법이다. 밭 전체에 편리한 수의 고랑을 만들고, 고랑을 따라 일정한 간격으로 작고 둥글며 얕은 저수지를 많이 만든다. 물이 고랑을 따라 저수지로 들어오면 물 뿌리는 사람이 하타라는 기다란 목재 삽으로 밭에 뿌린다. 이 방법은 구획식 관개보다 물을 덜 소비하고, 물이 길을 따라가며 줄어들도록 놓아두는 방식에 비해 물을 균등하게 분배한다. …… 벼를 제외한 보리, 완두콩 및 기타 밭작물에 이 삽으로 물을 댄다. 벼에 물을 댈 때는 논을 둘러싼 높은 논둑 위로 그냥 탱크 물을 던져 올린다.[38]

설명이 길지만 인용했다. 물을 대는 것처럼 단순한 듯한 일에도 많은 노동이 관여하고 각각의 활동마다 고유의 기법, 장비, 전문 용어가 사용된다. 게다가 물을 대는 활동은 밀이나 다른 작물을 재배하는 데 필요한 여러 하위 활동 중 하나에 불과하다. 많은 교육을 받아야 하는 일은 아니지만 결코 단순하지 않다.

그 후에 이어지는 가공, 수확, 이삭줍기 등의 모든 고생을 보상하는 일에 대해서는 자연스럽게 상상력을 발휘할 여지가 많다. 세계에서 가장 오래된 시의 한 구절과도 잘 어울린다. 호메로스Homer의 《일리아스Ilias》(기원전 약 750)는 큰 농장에서 사람들이 노동하는 모습을 보여준다.

> 또 다른 밭이 곡식으로 높게 물결치네.
> 추수꾼들은 작고 굽은 낫 들고 긴 열 지어 서 있고
> 줄지어 길게 뻗은 평평하게 깎인 밭 위로
> 곡식 다발 수북히 쌓여 올라가네.
> 추수꾼이 휘두를 때 땅 위로 흩뿌려지는 곡식
> 사람들이 따라와 무리 지어 줍는구나.
> 아이들은 그 작은 품 안에
> 갈색 다발 한 아름 안을 수 없네.
> 밭의 소박한 군주는 불현듯 보게 되리.
> 침묵의 환희 속에 주위로 솟아오르는 곡식 다발을.
> 풍성한 오크가 넓게 드리운 그늘 밑
> 잔디 위로 준비된 잔칫상이 차려지네.
> 황소 제물아, 건장한 청년아, 준비하라.
> 추수꾼이 마땅히 받을 식사를, 여자의 보살핌을.[39]

이 시에서는 작은 낫이 언급되지만 곡식과 풀은 자루가 긴 큰 낫으로도 벨 수 있다.[40] 다른 활동에도 작물, 토양, 기후, 계절에 따라 여러 방식과 도구가 사용된다.[41] 예를 들어 타작은 도리깨로 내리치거나, 타작마당에서 동물이 끄는 굴림대나 판자를 이용해 할 수도 있다.

소를 키우는 목축인의 시간도 1년이 기준이다. 암컷을 교미시킬 때부터 더 이상 필요 없어진 어린 수컷을 도살할 때까지다. 또한 여러 해, 심지어 자신이 죽은 이후까지 내다보아야 한다. 활발한 생식 기간이 끝나고 도살되기 전까지 우유와 털을 제공하고 무거운 것을 끌어줄 동물을 여러 해 동안 생산

하는 한편, 여러 세대에 걸친 번식에서 유용한 특성을 육성해야 한다.[42] 가축을 기르는 활동에는 물과 먹이를 주거나 방목하고 우유를 짜고 가공하는 일도 포함된다. 또한 털을 빗고 발굽을 갈며 주기적으로 건강과 위생을 관리해준다. 교미는 1년에 한 번 감독한다. 겨울에 식량이 부족해지는 온대 지역에서 한 해의 끝은, 번식이나 운송 등의 기능을 더 이상 수행하지 못하는 수컷을 도살하는 시기였다.

각 목축농의 일은 이동할 일이 적은 경작농과 많이 달랐을 것이다. 러시아 인류학자이자 역사가 아나톨리 미하일로비치 하자노프Anatoly Mikhailovich Khazanov는 목축 노동 유형에 따라 여러 '전통 사회'를 구분했다.[43] 그는 전통 사회의 식량 생산 경제에서 농경과 목축이 대체로 균형을 이룬다고 가정하는데, 이것은 정착의 정도와 관련 있다. 그는 공동체에서 차지하는 중요성과 이동성의 정도를 기준으로 목축을 다섯 가지로 구분했다. 일의 유형은 목부가 걷는 거리와 밀접하다.

첫 번째 유형은 집에 축사를 두고 가축을 키우는 정주성 사육이다. 기후에 따라 1년 중 한 시기에 가축은 집이나 부락에 붙어 있는 목초지에서 풀을 뜯고 대개 매일 집으로 돌아온다. 나머지 시기에는 목부가 축사와 울타리 안에 가두고 비축해둔 사료를 먹인다.

두 번째 유형도 정주성 사육이지만 첫 번째 유형과 달리 축사나 비축한 사료 없이 자유로이 놓아 키운다. 가장 오래된 목축 형태인 듯한 이 방식에는 목부의 노동이 많이 필요하다.[44]

세 번째 유형은 공동체에 가축 사육이나 원거리 목초지 사육을 담당하는 사람이 별도로 있는 형태로, 목부의 노동이 훨씬 더 많이 필요하다. 공동체는 서로 의존하는 두 집단으로 구성된다. 대다수는 정주성 농사에 종사하는 한편, 소수의 전문화한 목부가 때로는 멀리 떨어진 목초지에서 가축을 돌본다. 1년 중 일정한 시기에는 동물을 울타리, 우리, 축사에 가두고 사료를 먹인다. 이 유형 중 특별하면서도 잘 알려진 예가 이동성 방목 또는 애이랙 목축yaylag(주로 중앙아시아의 여름철 고원지대 방목을 가리키는 용어-옮긴이)이다. 이런 식으로 방목함으로써 농사짓는 사람은 산속의 초지 등을 생산성이 좋을 때 한시적 목초지로 사용한다. 가축은 산에서 돌아오면 목부의 마을 가까이에 있는 낮은 지대에서 지낸다.

네 번째 유형은 반半유목적 목축이다. 앞에서 언급한 유형에서 농경(또는 수렵이나 어로)이 부차적·보완적 수단이 되고 공동체 구성원이 대부분의 시간을 목축에 보내면 이 형태로 발달할 수 있다.

다섯 번째는 공동체 전체가 돌아다니는 유목민 고유의 목축이다. 이 유형에서는 목부의 가구나 씨족이 가까이에 살면서 함께 돌아다니기 때문에 '목부'의 사회적 의미가 다르다. 근래에 발달한 이 유형은 이 장에서 다루는 시대보다 늦게 출현했다. 반유목적 목축도 비슷한 시기에 나타났을 수도 있다(3장 참고).

이제 일반적인 경작 이야기로 돌아오자. 초기 농경 공동체는 농사와 관련된 전염병에 취약했다. 또한 더 이상 먹을 것을 따라다니지 않고, 계절이 바뀔 때마다 일이 알아서 사람을 찾아왔다가 다시 떠났기 때문에 새로운 시간 관념이 형성되었다. 간단히 말해 북반구 농부는 여름에는 어처구니없을 정도로 많은 시간을 일했고 겨울에는 시간이 많이 남아돌았다. 그 결과 주요 식품의 계절적 특성에 따라 한 해의 규칙적인 리듬이 만들어졌다. 중세 유럽에서는 수확철 축제가 끝나면 크리스마스와 마르디그라Mardi Gras(사순절에 들어가기 전 참회의 화요일에 해당하는 날-옮긴이) 사이에, 그리고 부활절과 성령강림절Pentecost(부활절 후 50일째 되는 날-옮긴이) 사이에 여러 축제가 농사일이 적은 시기를 채웠다. 농사철 사이에 열리는 하지 축제나 8월에 영국에서 열리는 웨이크 위크Wakes week는 농한기나 일꾼을 채용하는 연례행사와 시기가 같았다.[45] 이 전통들은 기독교보다 역사가 훨씬 오래되었다.

남성의 일과 여성의 일

신석기혁명은 급격한 변화였으나 오랜 시간이 걸렸다. 메소포타미아에서는 최초의 도시가 출현할 만큼 잉여 생산 규모가 커져 인구의 상당수가 자기 식량을 생산하지 않아도 될 때까지 5천 년이나 걸렸다. 농경이 시작되고 처음으로 도시가 발달하기까지 기나긴 세월 동안 농가 구성원들은 이웃과 함께 사냥을 했다. 두 가지 생존 방식이 공존하며 서로를 보완했지만 노동은 서서히 분화되고 있었다. 그 시작은 남녀 사이의 노동 분업이었다.

남녀의 활동은 처음부터 달랐지만, 수렵채집인의 경우는 그 차이가 매우 작았다. 그러나 농경이 출현하면서 차이가 눈에 띄게 커졌고, 오늘날 사회적 논쟁의 주요 주제인 성차性差의 토대가 만들어졌다.

많은 식량, 특히 곡물이 대량으로 공급되어 죽 같은 이유식이 생겨남에 따라 이유가 훨씬 빨라졌다. 탄수화물이 풍부하고 부드러운 이유식을 이용하면서 농경인의 수유기가 짧아졌다.[46] 이에 따라 출산 간격이 또 한 번 크게 줄었다. 영양 상태가 좋은 어머니는 더 많은 아기를 낳았다.[47] 수렵채집 사회의 여성은 대행부모가 아기를 돌봐주더라도 식량을 찾는 동안 아기를 안고 다녔기 때문에 한 번에 한 아이만 돌볼 수 있었다. 아기가 혼자 걸을 수 있게 되어야 더 어린 형제자매가 들어설 자리가 생겼다. 실제 수렵채집인 자녀들의 나이 차이는 약 네 살이다. 반면 밭과 과수원 가까이에 사는 농부의 출산 간격은 평균 2년으로 줄어든다.[48] 게다가 수렵채집인 여성은 초경을 비교적 늦은 16세경에 하고 초경 후 출산까지 간격은 평균 약 3년이다. 현대 유럽-아메리카계 여성의 경우 이 간격은 평균 10년이고, 20년이 넘기도 한다. 현대 여성은 아이를 두 명 정도 낳지만 수렵채집인 여성은 여섯 명 정도로 많이 낳는다. 현대 여성은 아이에게 3개월 정도 집중적으로 젖을 먹이지만 수렵채집인 여성은 3년 정도 먹인다. 또한 현대 여성은 50대 초반에 폐경을 맞지만 수렵채집인 여성은 대체로 이른 40대 중후반에 맞으므로 여성 암을 일으키는 위험 인자가 더 적다.[49] 신석기혁명은 임신, 출산, 육아에 관한 한 여성의 일이 더 늘어났음을 의미했다.

신석기혁명 시대의 유아 사망률은 최대 50퍼센트로 엄청나게 높았다. 원인 중 하나는 이유기가 빨라지면서 위생적이고 소화가 잘되며 영양이 풍부한 모유 대신 "장점이 하나도 없을 수 있는 대체 음식"을 먹였기 때문이다.[50] 조기 이유는 어머니와 아기에게 긍정적인 면과 부정적인 면 모두가 있다. 그럼에도 불구하고 전체적으로 더 많은 아이들이 살아남았고 인구는 계속 성장할 수 있었다.[51] 기대 수명은 현대인의 절반 정도로 여전히 짧았다. 위도와 계절의 차이를 제쳐두면, 수렵채집인은 현대 미국인에 비해 총지방, 포화지방, 염분 섭취량이 훨씬 적고 건강한 식생활을 했다. 운동을 많이 했고 비만, 당뇨, 고혈압, 관상동맥 심장질환, 암 같은 치명적인 병과 질환을 훨씬 적게 앓았지만, 그럼에도 더 일찍 죽었다. 일이 위험하고 독이 있는 동물을 접하기 때문이기도 했지만, 비좁은 곳에서 가축과 살면서 겪는 오염이나 전염병을 예방하거나 치료할 수 없기 때문이기도 했다. 신석기혁명 이래 식량 생산량이 증가했지만[52] 가축 사육 때문에 유제품 등으로부터 염분과 지방을 많이 섭취하고 술과 담배도 많이 소비하며 생식적 특징이 변하는 등 새로운 위험이 많아졌다.[53]

생활이 크게 안정된 농부, 특히 곡식을 경작하는 농부는 농지를 개량하고 튼튼한 집을 지으며 식량을 비축하기 시작했다. 많은 학자는 이 현상이 여성에 가치를 매기고 심지어 남편이 부인을 소유할 수 있다는 생각을 포함한 소유 개념의 전조라고 가정한다. 갈수록 성적 규범이 엄격해졌고 혼전 처녀성에 높은 가치가 매겨졌다.[54] 앞으로 살펴보겠지만, 어떤 증거들은 신석기혁명과 사회 불평등 증가의 연관성을 보여준다. 그러나 아프리카의 경우 둘 사이에 필연적 인과관계가 없다는 사실을 염두에 두고 신중히 접근해야 한다.

당시의 농경이 필연적으로 사회 불평등을 심화했다는 이론을 증명하기는 힘들다. 학자들이 설득력 있게 증명한 곳은 얌나야Yamnaya 문화뿐이다. 5천년 전 유럽과 인도 북부로 퍼져 나간 이 문화는 남성 지배적인 인도-유럽계 목축인 문화다(105~106쪽, 109~110쪽). 세계 많은 지역에서 모계 혈통 체제가 부계 혈통 체제로 바뀌고, 모계 거주가 부계 거주로 바뀐 양상이 의미하는 바는 여성이 결혼 후 남편 집으로 들어가 시댁과 함께 살았다는 것이다.[55] 이유식을 일찍 시작하기 때문에 더욱 중요해진 대행부모는 아버지 쪽 할머니의 일이 되었다.[56] '자기과시자' 등의 성공한 농부(90~94쪽 참고)는 딸의 노동력을 잃는 신부 아버지에게 신부의 값어치라고 생각하는 가격을 제시했다.[57] 더 극단적인 경우는 일부다처로 이어질 수 있었다. 부인 한 명을 '구입'할 수 있다면 더 많이 사지 못할 이유가 무엇이겠는가?[58]

　허디는 이 과정을 '엇나간 대도약great leap sideways'이라고 간단명료하게 요약한다.[59] 여기에는 여러 이유가 있다. 여성은 임신이 더 잦아지면서 훨씬 큰 부담을 지게 되었을 뿐 아니라 남성에게 더욱 종속되었다. 게다가 남성의 가족, 특히 시어머니가 이들의 인생을 더 많이 결정하게 되었다. 또한 이전의 수렵 채집 생활 때보다 더 많은 시간을 일해야 했고, 아마도 그래서 남녀의 노동이 더 확연히 달라졌을 것이다. 수렵은 남성만의 고유 영역이 되었고, 아동노동에 대한 요구도 더 커졌다.

　엇나간 대도약의 결과 중 하나는 작물에 대한 지식을 전달하는 방식이다. 많은 사회를 연구한 학자들이 증명했듯, 부계 혈통 사회와 모계 혈통 사회는 지식을 전하는 방식이 다르다. 오늘날의 가봉의 카사바 재배가 좋은 예다. 주요 식량 자원인 이 작물은 원래 포르투갈인이 브라질로부터 들여왔다. 아프리카 지역의 대부분과 마찬가지로 여성이 식량 공급을 책임지고 식량 작물에 대한 지식도 여성이 여성에게 전수하는데, 그 방식은 사회에 따라 다르다.[60] 오구에강 남쪽의 모계 혈통 사회에서는 어머니가 시집가는 딸에게 카사바 나뭇가지를 몇 개 잘라 준다. 나중에 신부는 이웃의 밭에서 흥미로운 품종을 발견하면 실험할 수 있도록 가지를 몇 개 잘라달라고 부탁하곤 한다. 따라서 남쪽의 품종이 북쪽보다 훨씬 다양하다. 한편 팡어Fang language를 사용하는 북쪽의 부계 혈통 사회에서는 시집오는 신부는 빈손으로 오고 시어머니로부터 처음으로 카사바 가지를 받는다. 그렇게 새로운 씨족에 편입된 신부는 씨족의 땅을 일구고, 신부의 자녀도 그 땅에 속한다. 북쪽 사회 사람도 이웃으로부터 새로운 가지를 받아 심어보기도 하지만, 선택할 수 있는 품종의 범위는 당연히 훨씬 좁고 유전적 다양성도 낮다.

　농가 여성의 위치가 달라졌다고 추정하는 이유는 여러 가지지만 이 요소들이 여성의 노동에 구체적으로 어떻게 반영되었는지 알아내기는 어렵다. 여성은 가치 있는 '재산'으로서 면밀히 감시받으며 농장과 그 근처에서만 일했을까? 어쨌거나 집단 수렵은 과거의 일이 되었고, 무리의 중요성도 낮아졌다. 가구가 그 자체로 하나의 단위가 되었다. 이 현상은 지역적 편차가 크고 매우 느리게 진행되었으며, 후대에 나타났다고 봐야 한다. 농업 공동체가 반드시 별개의 여러 농장으로 구성되는 것은 아니므로 공동체 사람들이 큰 집에서 함께 살았을 수도 있다. 실제로 공동체를 수용할 수 있는 신석기시대의 거대한 집들이 발굴되었고, 여기에 매료된 인류학자 클로드 레비스트로스Claude Lévi-Strauss는 '하우스 소사이어티house society'라고 이름 붙였다.[61]

물론 농가 여성의 일이 임신과 육아에만 한정되지는 않았다. 가장 오래된 증거는 서남아시아인들이 곡식을 재배하기 시작한 시대로 거슬러 올라간다. 뼛조각을 관찰한 학자들은 기원전 10000년경 시리아에서 처음으로 호밀을 재배한 사회의 여성이 곡식 빻는 일을 맡았다는 것을 밝혀냈다. 단단한 낟알을 가루로 빻아 먹기 쉽고 아기의 이유에도 도움이 되는 죽으로 만들려면 무척 세게 문지르거나 갈아야 했다. 특히 여성의 허리, 발가락, 무릎의 뼈에 중노동의 흔적이 남아 있었다. 따라서 "신석기시대에 적어도 여성이 식량을 가공하고 줄줄이 늘어가는 아이들을 돌보는 동안에는 성별 간 노동 분업이 명확했다. 여성에게 신석기혁명은 노동이 꾸준히 증가한다는 의미였다"[62]라고 추측할 수 있다.

농사가 주로 여성의 일이었다는 사실은 학자들이 북아메리카를 연구한 결과로도 입증된다. 이 연구는 매우 많이 움직이는 사람은 대퇴골을 따라 긴 융기선이 발달한다는 관찰에서 시작되었다.[63] 농업혁명의 영향 때문에 정주 생활을 하면 이 융기선이 사라진다. 흥미롭게도 남성과 여성의 융기선이 항상 동시에 사라지지는 않았다. 오늘날의 애리조나 남동부에 살았던 코치스Cochise 문화권 부족이 이 경우에 해당한다. 이들은 3천5백 년 전에 농경 생활로 전환했지만 농사는 대체로 여성의 일이었던 듯하다. 왜냐하면 남성에게만 뚜렷한 융기선이 남아 있기 때문이다. 이 현상은 남성들이 아마도 1천 년 이상 사냥을 지속했으리라는 것을 암시한다. 스페인인이 도착할 때쯤에도 푸에블로족Pueblos을 제외하면 아메리카 원주민 여성이 농사를 지었다. 약 3천 년 동안 아메리카 대륙의 이 지역에서 남성은 사냥하고 여성은 농사짓는 노동 분업이 지속되었다는 의미다.

수렵 대신 농사를 지으려면 가구의 모든 구성원이 더 많은 노력을 기울여야 한다.[64] 시간 분배 연구에 따르면 농부와 목부는 하루에 수렵채집인보다 많은 시간 동안 노동하는 경향이 있다. 수렵채집인이 농경인과 동시대에 살았음에도 불구하고 모든 수렵채집인이 농경으로 전환하지는 않은 이유 중 하나다. 또한 노동량이 늘었다는 것은 아이도 일단 성장하면 많은 노동을 해야 했다는 의미다.

신석기혁명의 영향

이 장에서는 시대 변화와 관련하여 주로 농촌 지역을 언급하려 한다. 당시 세계에는 커다란 집합체가 없었기 때문이다. 기원전 9600년 예리코(세계에서 가장 오래된 유적지로 알려져 있는 요르단강 서안의 도시-옮긴이)의 주민은 5백 명이었는데 몇 세기 후에는 1천 명이 70채의 가옥에 살았다. 3천 년 후 아인가잘(요르단의 대도시 암만에 위치한 신석기시대 유적지-옮긴이)에서는 잠시 이보다 서너 배 많은 사람이 살았다. 즉, 당시 비옥한 초승달 지대의 도시 규모는 1천 명 이상이 아닌 몇백 명 수준에 불과했다. 훨씬 후대에 출현한, 중국에서 가장 오래된 도시도 분명 이보다 작았다. 당시에는 세계에서 가장 큰 집합체도 현재 기준으로 촌락이라고 부를 만한 규모였다.[65]

신석기혁명이 남녀 간 노동 분업에 영향을 미쳤다면 가구 범위를 넘어서는 사회관계에는 어떤 영향을 미쳤을까?[66] 여러 가구의 구성원이 먹을 것을 찾기 위해 협력하는 단위를 뜻하는 무리는 사라지고 있었는데, 무엇이 그것을 대체했을까? 농경의 노동 단위가 수렵채집 무리보다는 확실히 작지만, 농가가 완전히 독립적으로 활동하지는 않았을 것이다. 이와 관련해 노동의 역사에 중요한 영향을 미친 두 가지 사회적 발달에 주목할 필요가 있다. 가구 간의 노동 분화, 그리고 노동에 대한 보상에 영향을 미치는 가구 간의 사회관계다.

가구 간 노동 분업

　농사가 잘되어서 필요한 것 이상의 식량을 생산하고 농부가 많아져 인구가 집중되면, 공동체 구성원 중 누군가는 다른 일을 할 시간이 생긴다. 이것이 '물건을 사용하는 사람보다 만드는 사람이 더 적다'라는 의미의 전문화다.[67] 초기에는 도기 제작, 집 짓는 기술, 직조 기술이 전문화에 해당했다. 신석기혁명 이전에도 전 세계의 다양한 장소에서 이 기술들이 개발되었지만 폭넓게 보급되지는 않았다. 발견된 것 중 가장 오래된 섬유는 3만 6천 년 전, 가장 오래된 도기는 2만 2천 년 전으로 거슬러 올라간다. 돌과 나무로 만든 기구, 가옥 평면도나 집터는 이보다 오래되었다. 대규모 금속가공은 신석기시대 이후에 시작된다.[68] 여기서 궁금한 점은 이 전문 분야가 발달하여 본격적인 직업이 되었는지, 아니면 농부나 수렵채집인의 부차적 활동이었는지다. 달리 말해 농사와 수렵채집만이 (전형적인 성별 간 분업과 함께) 유일한 전문 분야였을까? 아니면 다른 전문 분야도 있었을까?

　고고학 자료에 따르면 신석기혁명 후 첫 1천 년 동안에는 도공과 직조인 이외에 다른 직업이 분화하지 않았다. 다만 신석기혁명 말기에 중국에서 몇몇 예외가 나타나기는 했다. 직업이 분화하지 않은 이유는 간단해 보인다. 수요가 충분하지 않았기 때문이다. 낮은 농업 생산성과 농업 지역의 기후대 때문이기도 하다. 다음 장에서 설명하겠지만, 농경이 서아시아와 테살리아(에게해에 면한 그리스 중북부 지방-옮긴이)로부터 북쪽으로 확산되면서 유럽처럼 숲이 울창한 지대까지 전파된 것은 고작 기원전 7000년부터였다. 숲을 개간할 필요가 커지자 돌도끼 수요도 크게 늘었고, 이로 인해 1천 년 동안 전문화한 채석 및 생산 중심지가 발달했다.[69] 비옥한 초승달 지대에도 숲이 있었지만, 최초의 농경은 평원과 스텝 지대에서 발달했다.[70]

　이스라엘 고고학자 기드온 셸라흐라비Gideon Shelach-Lavi는 중국 북동부에서 가장 오래된 농경 집단의 집과 부락이 놀랍게도 신중한 계획을 바탕으로 건설되었다는 사실에 주목한다. "가옥과 내부 구조가 잘 조화되어 있다. 또한 사적 공간과 공적 공간, 작업 공간, 묘지를 포함한 의식용 공간 등이 분명하게 구분된 듯하다."[71] 그러나 이 공간은 최초의 개발 계획이나 하청 목수의 흔적이라기보다는 마을에서 함께 산 농부들의 합동 작업의 결과물에 가깝다. 이 시대 말기에 양쯔강 하류 지역에서 장붓구멍(목재에 다른 목재를 끼우기 위해 내는 구멍-옮긴이)과 장부(목재의 구멍에 끼울 수 있도록 다른 목재의 끝을 가늘고 길게 만든 부분-옮긴이)가 사용된 복잡한 목조 말뚝식 가옥이 나타났다. 그 가옥을 만든 사람이야말로 목수라고 할 수 있을 것이다.[72]

중국에서는 수렵채집인이 오랫동안 토기를 제작하다가 후대에 최초의 진정한 도공이라고 부를 만한 직업인이 출현했다. 발 달린 그릇처럼 정교한 도기에서도 알 수 있지만, 특히 기원전 5000년경의 채색 장식에서 분명히 드러난다. 색깔은 철광물이 산화하면서 나타나는데, 산화가 일어나려면 가마 안의 온도를 정밀하게 조절하는 기술이 필요하다. 또한 이후 도기가 표준화된 사례에서도 전문 도공의 활동을 엿볼 수 있다.[73] 도자기 산업의 또 다른 가지인 최초의 벽돌은 이미 몇천 년 전 오늘날 파키스탄의 남서부 발루치스탄 사람들이 사용했지만, 기법이 무척 단순하므로 그곳에 살던 농부의 부차적 활동으로 봐야 한다.[74] 이 진흙 벽돌은 성형 틀을 쓰거나 굽지 않았다.

이후 주로 가족의 필요를 충당하기 위한 가내 노동의 산물로 실잣기, 섬유 빗질하기, 꼬기, 뜨개질, 수선, 직조 및 기타 섬유 기법이 발달했다. 원래 의복은 구석기시대 암벽화에 묘사된 것처럼 가공한 동물 가죽으로 만들어졌을 것이다. 또한 아마와 대마(당시에는 야생식물이었다)의 줄기를 꼬는 기법과 고기잡이 그물을 만드는 밧줄을 꼬는 기법도 발달했다.[75] 두 기법 자체는 직물을 생산하지 못하지만 중요한 진전 중 하나였고, 이로부터 방적과 방직이 발달했다.

신석기혁명과 농경이 출현하자 수렵채집인은 자연에서 사냥하고 채집했던 펠트보다 훨씬 많은 양모를 털갈이한 동물로부터 정기적으로 얻게 되었다. 사람들은 아마와 대마 같은 공예 작물도 재배했다. 방적과 방직으로 나아가는 결정적인 단계는 근동 지역 사람들이 처음 시도했을 것이다. 가장 오래된 면직물은 요르단 계곡에서 발견되고, 최초의 모직물은 중앙 아나톨리아에서, 실 잣는 돌가락바퀴는 쿠르디스탄(오늘날의 튀르키예, 이란, 이라크에 걸쳐 고원과 산악으로 이루어진 지대-옮긴이)에서, 아마사는 이집트에서, 라피아 직물과 나무속껍질로 만든 천은 열대 아프리카에서 최초로 발견되었다. 새로운 곳이 발굴될 때마다 학자들이 이 모든 발견과 연대를 수정하고 있지만, 비옥한 초 승달 지대가 농경 외의 부문에서도 선두를 달렸던 것은 분명하다. 그다음의 도약은 기원후 초기 몇백 년 사이 인도에서 발명된 물레다. 전문화의 정도가 이렇게 낮았다는 것은 농가와 전문 수공인이 대규모로 교환할 여지가 별로 없었다는 의미다. 이 시대의 교역 흐름은 여전히 약했고, 사람들은 주로 준보석류 같은 귀중품을 교역했다.

그래도 물건을 교환하는 농부와 수렵채집인 사이에는 직업적 전문화의 가능성이 있었다(농부도 경작농과 목축농으로 전문화할 수 있다).[76] 이들은 결혼 상대 교환처럼 더 넓은 맥락에서 교환했을 수도 있다. 현대의 고생물유전학 분야에서 점점 더 많은 연구 결과가 나오고 있지만 언어학 자료로도 시나리오를 재구성할 수 있다.[77] 예를 들어 제1천년기에 케냐에서 농사를 짓던 루이아족Luyia 여성은 목축을 하는 칼렌진족Kalenjin 남성과 혼인했다. 아프리카 초기 역사를 연구하는 미국 학자 크리스토퍼 에럿Christopher Ehret은 다음과 같이 유추한다. "루이아어에 차용된 (초기) 칼렌진 단어들의 범위가 넓은 데 반해, 초기 칼렌진 언어에 차용된 루이아 단어들은 한 가지 예외를 제외하면 현재도 과거에도 루이아 여성의 활동과 관련 있다. 이 차용어들은 주로 재배 및 요리와 밀접하다."[78]

농부와 수렵인의 교환이 항상 쉬운 것은 아니었다. 수렵채집인의 경계 성향이 강했기 때문이기도 했다. 남아메리카의 마지막 수렵채집 부족과 마찬가지로, 이들은 교역이 평등주의에 불리할 듯하면 적대적 당사자가 서로 얼굴을 보지 않고 물건을 교환하는 '침묵의 교역'을 택했다. 20세기 초 태국 북부에 살았던 므라브리족Mlabri은 교묘하게 피해 다녀 관찰하기 어려웠는데, 이들은 밀랍과 꿀을 길에 놓고 옷, 쇠, 소금 등을 가져갔다. 이들은 1930년대에야 이웃하는 몽족Hmong과 직접 교역하기 시작했다.[79]

극단적인 선택은 아무런 교역도 하지 않는 것이다. 에콰도르 동부의 우아오라니족Huaorani 같은 아마존강 유역의 수렵채집 부족들은 정착한 원예농 이웃과 자신들을 차별화하고 교역을 거부하기 위해 물품의 사용가치보다 이 동성을 중요시한다. 우아오라니족 등은 교역을 거부할 뿐만 아니라, 주는 사람이 먼저 드러내는 관대함도 거부하고 잠재적으로 강압적이다. "주는 사람은 줄 의무가 있고 받는 사람은 받을 권리가 있다는 권리 의식을 강조하는 거래 방식이 개인의 독립성과 평등주의의 토대를 이룬다." 이 사례는 수렵채집인 사회를 결핍의 측면에서만 설명하여 그들의 주체성과 역사를 부정하는 해석에 대한 경고다.[80]

잉여 식량과 불평등의 씨앗

수렵채집인 사회의 속성은 사회관계 발달의 시작점이다. 일부 학자는 그 속성을 가리키는 평등주의라는 용어가 너무 광범위하게 쓰인다고 주장한다. 평등주의는 "사적 소유가 거의 존재하지 않고, 경제적 경쟁이 없으며, 부의 격차가 거의 없고, 사치품이 거의 없는, 단순한 수렵채집 사회 또는 즉각적 보상 사회에 가장 잘 적용된다"라는 것이다. 한편 불평등한 사회의 과도기적 형태에는 '과도적 불평등transegalitarian'이라는 용어가 사용된다. "자원을 사적으로 소유하고, 경제적으로 경쟁하며, 부의 격차가 있지만 아직 계급 구분으로서 제도화되지 않은 사회가 '과도적 불평등' 사회다." 이보다 불평등한 사회는 '족장제 사회chiefdom organization'다.[81] 그러나 여기서는 소유의 개념을 토지, 가축 등의 생산수단 소유가 아니라 잉여 수확물을 통제할 권리로 보아야 한다. 소유물이 불균등하게 분배된 징후는 나중에야 등장한다.[82] 이러한 맥락에서 수렵채집과 농경의 과도기를 어떻게 특징지을 수 있을까.

먼저 신석기혁명이 대부분의 수렵채집 사회보다 많은 식량을 비축할 가능성을 낳았다는 중요한 사실부터 이야기해보자. 이 가능성은 개인과 가구가 부유해짐에 따라 사회적 차이가 발생할 가능성을 의미하기도 했다. 간과할 수 없는 점은 정주 집단의 구성원이 무척 많아진 이유는 농사의 노동생산성이 급격히 높아졌기 때문이라는 사실이다. 수렵채집인은 몇십 명 정도가 집단을 이루어 살았고, 집단 안의 가족, 확대 가족, 무리는 대체로 일치했다. 반면 신석기시대 농경 부락은 주민이 수백 명에서 수천 명에 달했다.[83]

생산량이 증가하자 인구가 증가할 수 있는 기회와 더불어 특정 상황에서 가장 성공적이고 기술 좋은 농가가 부유해질 수 있는 기회가 열렸다. 그뿐만 아니라 부에 대한 욕망과 심지어 필요성까지 만들었다. 농사짓는 사람은 어떤 면에서 식량 채집자보다 취약하다. 흉년이 들거나 가축이 전염병으로 떼죽음을 당하면 농부 본인이 질병에 걸릴 위험성은 말할 것도 없고 굶주릴 위험까지 있다.

식량 생산량 증가에는 경제적 대가뿐만 아니라 사회적 측면의 대가가 따랐다. 만일의 경우에 대비한 저축이 제2의 천성이 되었다. 누군가 저축을 위해 더 일해야 한다면 그렇게 하면 되는 것이다. 이것이 단순하게 적자생존으로 요약되는 경쟁의 진정한 시작이다. 혹은 데발이 '회귀comeback'라고 부르는 현상의 시작일 수도 있다. "우리의 선조가 작은 사회에서 살 때는 사회계층이란 개념이 시대와 맞지 않았겠지만, 농촌 부락과 부의 문화 병용이 나타나면서 회귀했다. 그러나 이 수직적 관계를 전복하려는 인간의 기질은 사라지지 않았다. 우리는 타고난 혁명가다."[84]

미국 인류학자 로버트 L. 켈리는 수렵채집인과 농경인의 차이를 다음과 같이 요약한다.

진화생태학에 따르면 세력권에 대한 의식은 자원이 풍부하고 예측할 수 있어서 방어 비용을 치를 가치가 있을 때 발생한다. 또한 인구가 많고 외부인이 이득을 얻을 잠재성이 충분한 경우에도 발생한다. 한편 수렵채집인이 생존해야 하는 땅은 대부분 너무 넓고 인구밀도는 너무 낮아서 경계를 방어하기 불가능하고, 방문자를 받아들이는 데 따르는 대가는 너무 클 수 있다.[85]

신석기혁명은 흉년과 가축 전염병 같은 위험에도 불구하고 잉여 식량의 가능성을 높였고, 이에 따라 사회적 불평등이 뚜렷해졌다.[86]

열대 아프리카에서는 무척 인상적인 사례를 볼 수 있다. 기원전 3500~기원후 500년 사이 아프리카의 중부, 동부, 남부에 반투어를 사용하는 농경 사회가 확대하였으나 불평등하지 않았다는 점에서 그렇다. 수천 년 동안 이 사회들은 모계 혈통(때때로 모계 거주)의 정치적으로 분권화한 생활 방식을 유지했고, 개인의 자원 축적이 아니라 재분배 쪽으로 기울었다. 그러다가 1000년대 말부터 사하라 이남 아프리카의 일부 지역이 부계 혈통 및 부계 씨족 사회로 급격히 바뀌었고 불평등이 심해졌다. 이 사례는 인류가 수렵채집 생활을 버리면서 잘못된 길로 들어섰다는 일반적 인식을 반박한다. 농경과 평등주의는 양립할 수 있다.[87]

비옥한 초승달 지대에서 나타난 불평등은 매우 느리게 심화되었다. 레반트 지역의 나투프Natuf 문화(기원전 12500~기원전 9700/9500)는 유리한 기후 덕분에 번성했다. 이곳 사람들이 조가비, 뼈, 동물 이빨로 만든 목걸이로 죽은 자를 장식하고 매장한 것을 보면 신분 차이가 있었던 듯하다. 이들은 큰 가옥을 만들고 곡식을 빻고 모르타르를 생산하는 등 노동집약적으로 일했다. 증거를 보면 주민들이 축제를 벌이기도 한 듯하지만, 식량을 대규모로 저장했는지는 정확히 알 수 없다.

추운 시기를 보낸 인류는 기원전 9600~기원전 8500년에 작물화와 가축화의 1천 년을 맞이했다. 촌락들은 나투프의 아주 작은 마을보다 열 배 많은 수백 명을 수용할 수 있었다. 이유식으로 적절한 곡물을 사용한 덕분이기도 했다. 사람들은 식량을 저장하고 이국적인 물건을 교환했지만, 이 현상과 사회계층의 관계는 아직 입증되지 않았다. 이동성이 급격히 낮아지고 영구적 소유 개념이 출현했다는 징후가 있지만, 촌락들의 수명이 몇백 년에 불과했다는 사실을 잊어서는 안 된다.

구체적이고 설득력 있는 불평등의 징후는 신석기시대 전기의 마지막 2천 년(기원전 6300년까지)에 나타난다. 증거 중 하나는 튀르키예의 신석기시대 유적지 괴베클리테페처럼 의식에 사용된 터에서 발굴된 유물이다. 이 '사원'은 조직적으로 동원된 노동력이 건설했다. 진귀한 물품이 부장된 무덤은 극단적인 신분 차이를 드러낸다. 또 부자의 집을 종교적 장소 가까이에 지어 가난한 집과 부유한 집을 구분했다. 몇몇 성인과 아이의 두개골에 발린 회반죽은 이들이 사회적 엘리트층이었음을 의미할 수도 있다. 모든 정황에도 불구하고, 미국 고고학자 더글러스 프라이스Douglas Price와 이스라엘 고고학자이자 인류학자 오페르 바르요세프Ofer Bar-Yosef의 견해는 신중하다. "근동 지역에서 다양한 증거가 나왔지만 신석기시대의 유물로 사회 불평등이 존재했다고 주장하기에는 설득력이 부족하다. 새로이 발생하던 사회적 차이를 관찰할 때 큰 문제에 부딪히는 이유는 그 차이가 새로이 생겨나고 있었고 알아보기 어렵기 때문이다."[88] 앞에서 본, 사하라 이남 아프리카에서 나타난 강력한 증거가 이들의 견해를 뒷받침한다.

사회정의나 공정한 보상에 대한 생각은 깊이 뿌리박혀 있어서 쉽게 변하지 않는다. 따라서 진지하게 다음과 같은 질문을 던져야 한다. 어째서 사람들은 평등한 사회를 뒤로하고 불평등한 사회로 스스로 들어갔을까? 미국 인류학자이자 고고학자 마크 올덴더퍼Mark Aldenderfer의 표현을 빌리면 "일부 개인은 어떻게 다른 개인이 노동의 결실을 포기하도록 만들까?"[89] 올덴더퍼에 따르면 종교를 간과할 수 없다.

물론 '자기과시자', 즉 잉여물에서 더 많은 몫을 가져갈 수 있는 개인이 잔치를 자주 열어 빚이라는 사회적 의무를 만들었고, 대다수는 빚을 갚을 수 없었기 때문에 노동을 제공해야 했다고 주장할 수도 있다. 그런데 어떻게 개인과 집단이 빚을 '당연한' 조건으로 받아들였을까? 사회를 변화시키려는 자기과시자와 변화로 인해 위협받는 사람들 모두 종교를 문화적 변화에 필요한 '조력자'로 봤을 수도 있다. 이전의 수천 년 동안 유라시아에서 사회적 차이가 생겨날 기회가 많았지만 변화의 계기가 없었다고 가정해보자. 사람들은 어떻게 불평등을 받아들였을까? 어떻게 한 사람의 노동이 다른 사람의 노동보다 적게 보상받는다는 사실을 받아들였을까? 심지어 한 사람이 다른 사람에게 어떤 일을 하라고 강요할 수도 있다는 사실을 어떻게 받아들였을까? 그러기 위해서는 당시까지 지배적이었던 평등주의 원칙에서 벗어나는 새로운 규범과 가치 체계가 필요하다.

신석기혁명 당시의 고고학 유물로는 이 질문에 답하기 어렵다는 사실을 고려한 올덴더퍼는 아메리카 대륙에서 지난 수 세기 동안 진행된 유사한 과정을 기록한 문화기술지 자료를 활용했다. 그는 뉴기니섬 고원지대에 사는 엥가족Enga의 변화와 지역 동부의 자기과시자가 고구마 재배와 돼지 사육을 보급하여 달성한 종교적 변화를 예로 들었다. 현존하는 케펠레Kepele 종교 의식은 처음에는 소년의 성인식에 불과했으나 신비롭고 직접적으로 부를 반영하면서 규모와 의미가 커졌다. 올덴더퍼는 다음과 같이 말한다.

중요한 점은 부의 대부분이 잔치, 춤, 기타 공연을 후원함으로써 어떤 의미에서 재투자되었다는 사실이다. 이 의식이 유력 인사가 새로운 사회적 역할을 맡는 계층 사회를 확대하지 않았을 수는 있지만, 평등주의적 분위기를 지속적으로 위반하는 행위를 정당화했다. 결국 이를 바탕으로 유력 인사들은 지역 교역에 참여하고, 전쟁이나 전쟁 배상금과 관련된 주요 의례 행사를 더 크게 지원했다.[90]

종교를 새로운 사회관계에 활용하려 한 것은 유력 인사만이 아니었다. 다른 사람들도 종교를 활용하여 정반대의 시도를 했다. 같은 지역에 출현한 아인Ain 종교집단은 유력 인사가 후원하는 새로운 종교 관행에 공공연하게 도전했다. "종교집단의 예언자 중 한 사람은 추종자들에게 '해가 떠 있는 동안 계속 돼지를 죽이고 고기를 먹어 치워라. 하늘 사람들이 다시 채워주실 것이다'라고 열심히 권했다. 부는 동맹, 힘든 노동, 착취가 아닌 믿음으로 창출된다는 것이었다."[91]

✳

이 장에서는 노동사에서 처음 나타난 큰 변화를 살펴보았다. 수렵채집인에서 농경인과 목축인이 된 인류는 음식, 건강, 인구 규모가 변했을 뿐만 아니라 정주 생활을 시작했다. 남녀 간 노동 분업이 더 뚜렷해졌으며, 미약하지만 최초로 노동이 전문화했고, 유라시아 일부 지역에서는 사회 불평등의 씨앗이 뿌려졌다. 농가에서 남녀 간의 노동 분업이 뚜렷해질 때 이미 싹텄을 수 있는 불평등은 여러 지역의 가구 사이에서도 뚜렷해졌다. 이 시기가 끝날 무렵 소수를 위해 많은 사람이 노동한 보상이 불공정해지면서 나타난 결과였다. 농경과 목축이 출현하기 이전에는 노동에 대한 보수가 사람의 노력과 직접 연관되었으나, 이제 노력과 보수는 (상당한 시간이 걸리긴 했으나) 다른 방향으로 갈라질 수 있었다. 이른바 자기과시자는 잉여물 중 더 많은 몫을 차지하려 하는 한편, 근본적 사회 규범을 위반한 행위를 관대함으로 위장해야 했다. 16세기 프랑스의 판사이자 현대 정치철학의 창시자 에티엔 드라보에티Étienne de la Boétie는 이렇게 말했다.[92] "고대인에게 연극, 게임, 놀이, 구경거리, 기괴한 야수, 메달, 회화 및 기타 흥분제는 노예 생활에 대한 유혹이고, 자유를 판 대가이며, 독재의 도구였다."

그럼에도 불구하고 농경 도입 후 수천 년 동안은 사회적 평등이 지속되었다고 해도 무방할 듯하다. 특히 아프리카에서는 확실히 그랬다. 여기서는 수렵채집인과 관련해 고고학적 유추를 바탕으로 두 가지 주제를 고찰했다. 당시 농사일의 슬픔과 즐거움, 그리고 길들인 동물을 부리면서 밭에서 노동하는 형태가 얼마나 보편적이었는가를 보여주는 증거는 뚜렷하지 않다. 그러나 농업뿐만 아니라 초기 수공업의 수많은 혁신을 보면 그랬을 가능성이 높다.

수렵채집인과 농부, 다른 일을 했던 몇몇 전문인(목수, 도공, 아마도 사제)의 노동을 살펴봤으니 이야기는 여기서 끝날까? 영국 고고학자 스티븐 미슨Steven Mithen은 "기원전 5000년에는 후대 역사가 할 일이 거의 없었다. 현대 세계의 모든 토대가 완성되었기 때문이다. 역사는 현재까지 그저 전개되기만 하면 되었다"라고 말했다.[93] 아마도 토대는 그때 완성되었을 것이다. 그러나 그 전개 속에서 노동의 매혹적인 역사를 발견할 수 있다. 에티엔 드라보에티가 암시하고, 카를 마르크스가 《헤겔의 법철학 강요 비판Zur Kritik der Hegelschen Rechtsphilosophie》에서, 이후 안토니오 그람시Antonio Gramsci가, 그리고 올더스 헉슬리Aldous Huxley가 《멋진 신세계Brave New World》에서 잊지 않고 되풀이 전하듯 말이다. 인류는 당면한 노동을 무한하고 다양하게 조직할 수 있는 듯하다.

자연에서 국가로

Chapter 3

자연에서 국가로

기원전 5000~기원전 500

2장에서 보았듯이 농업혁명은 식량을 과잉생산할 가능성, 그에 따른 광범위한 노동 분업, 불평등한 노동관계의 토대를 만들었다. 겉으로는 수렵채집인과 비교해 노동 단위가 작아지고 성별 노동 분업이 뚜렷해진 것 외에 별다르게 변화하지 않았다. 농업 생산성이 한 번 더 크게 개선되면서 기존 상황을 뒤흔들기 전까지는 사회가 구조적으로 변화할 기회가 여전히 제한적이었다.

당시까지의 세계는 수렵채집인이 그 안에서 생계를 유지하는 하나의 커다란 자연환경이었다. 그러다가 부락이 생겨났다. 처음에는 비옥한 초승달 지대와 중국 북부에서, 어쩌면 인도 북부, 그리고 농부들이 자연을 정복하려 했던 '섬'인 중앙아메리카와 남아메리카에서도 생겨났다. 촌락 정도의 규모였다. 이 단계에는 도시가 없었고 노동 분업도 초보적인 수준이었다. 그러나 농경이 점점 다양해지고 집약화하면서 사람이 사는 지구 표면의 대부분으로 전파되었다. 덧붙여 말하면 사람들은 무한히 펼쳐진 시골 지역에서 그저 농사만 지은 것이 아니라 채굴을 시작하고 귀중한 돌과 금속을 가공했다.

노동은 기원전 5000~기원전 500년에 폭발적으로 전문화했다. 비옥한 초

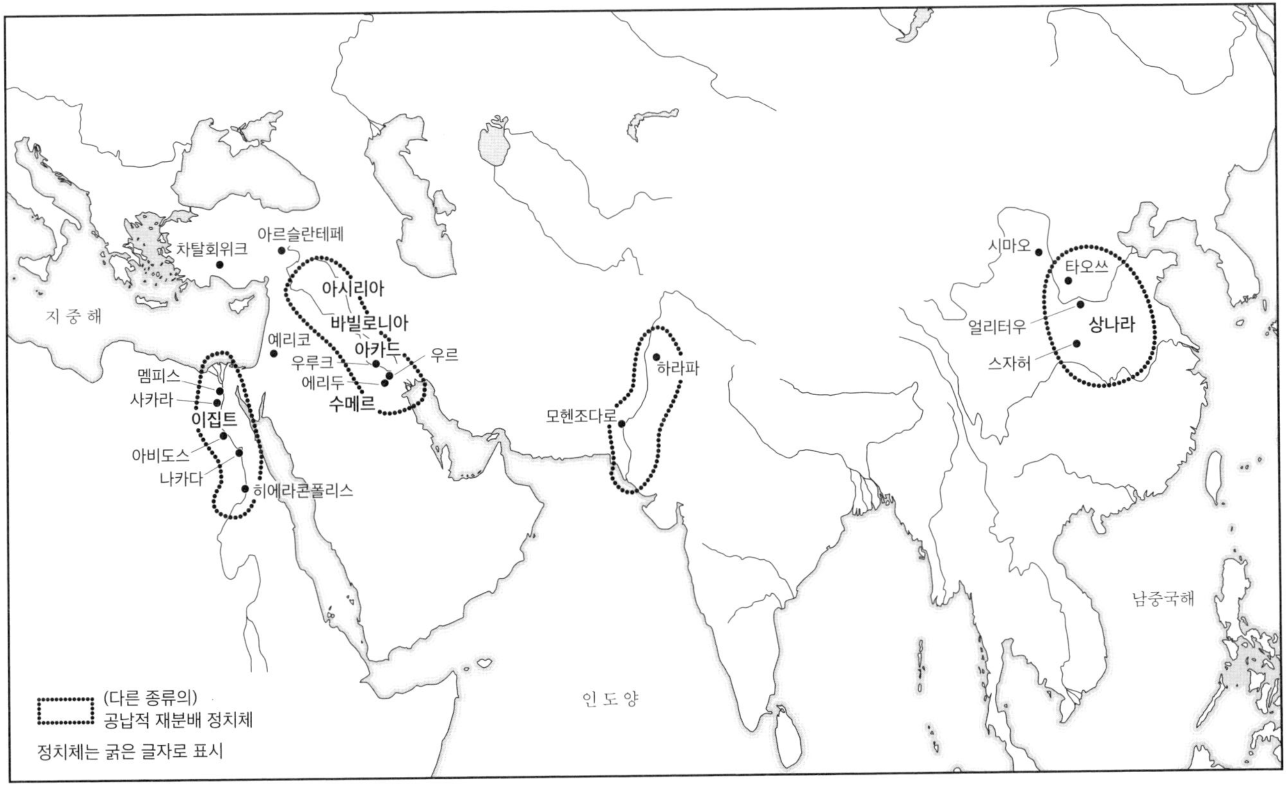

차탈회위크
아르슬란테페
아시리아
바빌로니아
아카드
우르
예리코
우루크
에리두
수메르
지 중 해
멤피스
사카라
이집트
아비도스
나카다
히에라콘폴리스
하라파
모헨조다로
시마오
타오쓰
얼리터우
상나라
스자허
남중국해
인 도 양
(다른 종류의)
공납적 재분배 정치체
정치체는 굵은 글자로 표시

지도 3 최초의 도시들(인구 중심지)과 정치체

승달 지대와 이집트에, 나중에는 인더스강, 황허강과 양쯔강 계곡에 도시가 생기고 이어서 국가가 세워진 후였다.

시간이 흐르면서 노동이 다양하고 꾸준하게 나뉘었다. 첫째, 동물 사육이 중요해지면서 남녀 간 노동 분업이 더 뚜렷해졌다. 고고학 증거에 따르면 역사상 최초로 남성 목부와 여성 가공인의 노동이 뚜렷하게 나뉘었다.[1] 둘째, 감소하고 있던 수렵채집인 집단(그중 어부가 가장 중요한 소집단이었을 것이다)과 농경인의 노동이 나뉘었다. 또한 농업도 경작농과 목축농으로 나뉘었다. 마지막으로, 도시 거주자와 농촌 거주자의 노동이 분업되었다. 이런 식으로 '복잡한 사회'[2]가 출현했다. 주로 경작 농가와 목축 농가로 구성된 복잡한 사회는 초기에는 도시를 형성하지 않았다. 그러다가 몇몇 지역으로 인구가 집중되며 도시라고 부를 만한 것이 생겨났다. 기원전 5000년경 메소포타미아에서, 약간 뒤에 중국과 인도에서 도시가 출현했다. 앞으로 살펴보겠지만 이집트에서는 도시의 중요성이 훨씬 낮았다. 도시와 농촌이 교역했다는 것은 수공인은 식량을, 농부는 도구를 얻을 수 있었다는 의미다. 또한 금속을 다루는 일에 특화된 강력한 목축 문화가 등장했다. 소수의 수렵채집인은 이 흐름에 통합되며 전제적 특성을 잃었다.[3] 자발적이든 비자발적이든 유라시아 일부 지역에 출현한 도시가, 그리고 기원전 3000년부터 출현한 국가가 이러한 추세를 확대했다.

이 추세가 노동 전문화보다 노동관계에 급격한 영향을 미치면서 노동관계는 기원전 5000~기원전 2000년경의 3천 년 동안 엄청나게 변화했다. 먼저 평등주의와 호혜성에 바탕했던 수렵채집인의 변화를 살펴보자. 그들은 여전히 지구 표면적의 대부분에 걸쳐 살았으나 세계 인구에서 차지하는 비중은 급격히 줄었다. 그다음은 경작 농부의 변화다. 앞 장에서는 경작 농부 대부분이 호혜 원칙을 유지한 반면 '자기과시자' 현상이 호혜적이던 관계를 변화시켰다고 이야기했다. 유라시아에서 일부 가구가 다른 가구보다 더 많은 잉여 생산물을 주장하면서 부의 차이가 생겨났다. 문제는 불평등한 생산수단 분배보다 불평등한 노동 수익 분배에 있었다.

기원전 5000년 전에 사적 소유가 성행했다는 뚜렷한 증거는 없지만, 유라

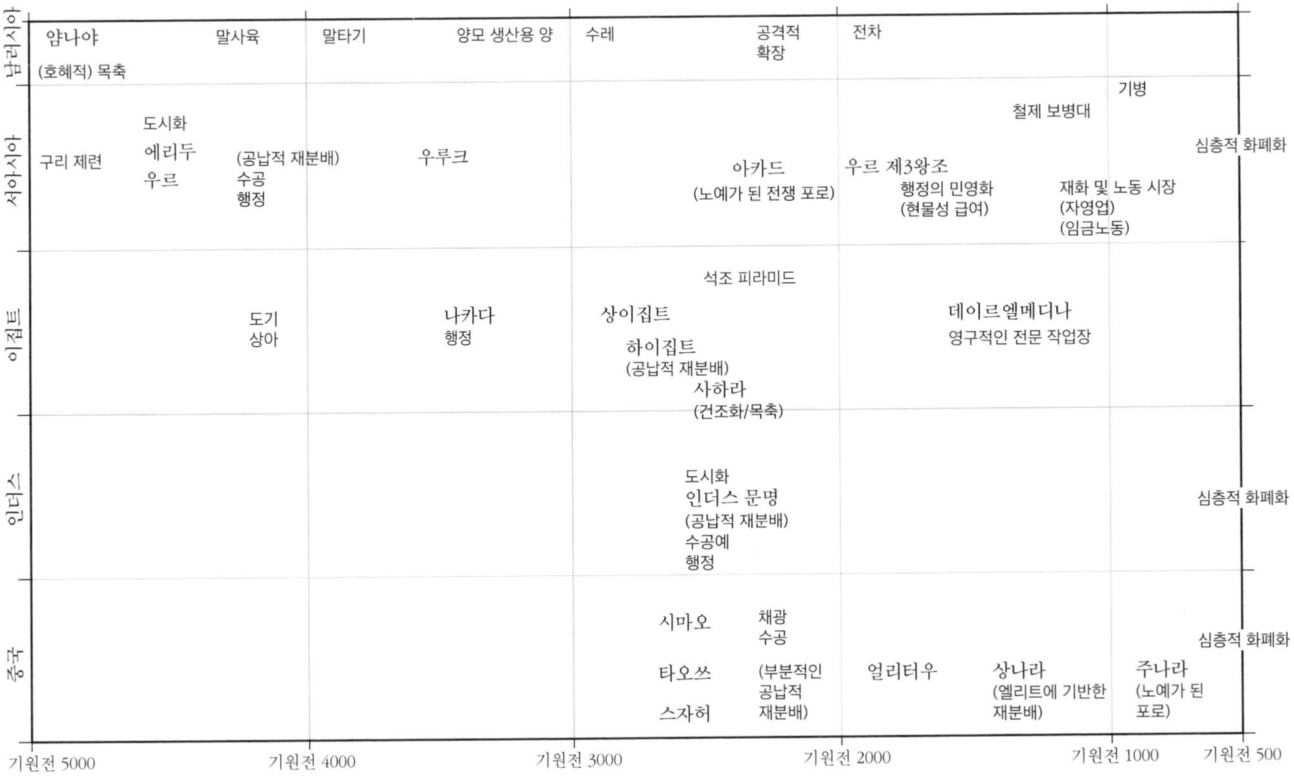

도표 3 기원전 5000~기원전 500년의 노동관계 변화

남러시아
(흑해적) 목축
구리 제련

알사뭄
도시화
에리두
우르
(공납적 재분배)
우루크
수공
행정

물타기

양모 생산용 양
알루크
우루크
(공납적 재분배)

수레
공적적
확장
아카드
(노예가 된 전쟁 포로)

전차
우르 제3왕조
행정의 민영화
(현물성 급여)
철제 보병대
재화 및 노동 시장
(지임업)
(임금노동)

기병
테이르엘메디나
영구적인 전문 작업장
심층적 화폐화

서아시아

이집트
도기
상아
나카다
행정
샤이집트
하이집트
(공납적 재분배)
사하라
(건조화/목축)
석조 피라미드

인더스
도시화
인더스 문명
(공납적 재분배)
채광
수공
행정
시바오
수공
(부분적인
공납적
재분배)
심층적 화폐화

중국
타오쓰
(부분적인
공납적
재분배)
스자허
얼리타우
샹나라
(엘리트에 기반한
재분배)
주나라
(노예가 된
포로)
심층적 화폐화

기원전 5000   기원전 4000   기원전 3000   기원전 2000   기원전 1000   기원전 500

시아 스텝 지대의 목축 사회에서 성공한 사람의 무덤을 보면 부의 차이가 존재했음이 드러난다. 이 지역 사람들은 말을 길들이고 승마 기술을 발달시켰고, 마침내 전차를 발명했다. 금속가공도 세련된 수준에 도달했다. 이 장에서는 불평등해지는 농촌의 노동관계, 특히 목축 사회에서 왜곡된 호혜성을 다룰 것이다(101~111쪽).

새로운 노동관계는 주로 인구가 집중된 도시에서 발전했다. 메소포타미아 도시 사람들은 노동 분업과 중앙 관리식 재분배(규모가 훨씬 크고 가면을 쓴 호혜성이라고 해두자)를 통해 보수를 지급하는 혁신을 이룩했다. 다른 지역 최초의 도시들에서는 이 혁신이 뚜렷하지 않았다(112~116쪽). 주목할 점은 때때로 재분배보다 공납 쪽이 더 많이 강조되었다는 사실이다.

기원전 3000년경부터는 '국가'라고 부를 만한 정치체가 출현했다(117~134쪽). 이 정치체들은 처음에는 공납적 재분배 원칙에 충실했다. 실제로 이집트는 수천 년 동안 이 방식을 지속했다. 그러다 다른 방식들이 추가되었다. 새로운 정치체들은 전쟁에서 남성 포로를 학살하지 않아도 될 정도로 규모가 커짐에 따라 포로(아마도 그의 부인과 자녀도 함께)를 노예로 삼았다. 또한 온갖 전쟁에 휘말린 국가들은 국민, 특히 군인의 특정 노동을 면제해주고 부양하기 시작했다. 노동시장은 없었지만, 최초의 임금노동은 이렇게 생겨났을 가능성이 높다. 일부는 생산수단인 토지와 가축, 수공에 필요한 도구를 사적으로 소유했다. 이렇게 해서 스스로 만든 물건을 시장에서 거래하는 자영 가구가 생겨났다. 이 과정을 통해 자영업자를 위한 임금노동이 큰 규모로 나타났다. 토지 등 생산수단이 없는 사람이 생산수단을 가진 사람을 위해 일하고 보수를 받는 현상, 바로 시장을 통한 임금노동이다. 그렇다면 이런 의문이 떠오른다. 당시 사람들은 보수의 성격과 수준을 어떻게 정했을까?

간략히 설명한 옛 유라시아 국가의 노동관계에는 모든 노동관계의 요소가 혼합되어 있었다. 재분배 모델에 따른 평등은 이제 노예, 임금노동, 노예와 자유인 모두 포함한 고용, 자영업과 공존했다.[4] 공존의 유형은 국가마다 달랐다. 예를 들어 공납적 재분배를 시행한 이집트는 메소포타미아보다 변형 정도가 훨씬 낮았다. 성차의 결과도 시간과 장소에 따라 상당히 달랐다. 다양한 노동관계는 최초로 도시화한 국가 사회로부터 구세계 전역으로 전파되었다. 사하라 이남 아프리카와 신세계에서는 노동관계가 훨씬 후대에 분화했다. 이 현상은 4장에서 언급하겠다.

인류의 역사는 협력과 억압이 뒤섞인 다양한 노동관계의 경쟁이 되었다. 이 시각을 바탕으로 지난 7천 년을 네 개의 하위 시대로 구분하고, 기원전 5000~기원전 500년의 역사를 이 장에서 살펴보겠다.

'복잡한' 농경 사회의 노동-깊어진 불평등

신석기혁명의 첫 5천 년과 마찬가지로 경작농도 처음에는 매우 느리게 발달했다. 집약적이기보다는 조방적粗放的이었고, 사람들은 오랫동안 수렵채집을 병행했다. 처음 1천 년 동안에는 식량 생산만을 위해 작물을 재배하고 가축을 기르는 '1차 농업'이 대부분이었다. 1차 농업으로부터 양모와 더불어 아마, 우유, 유제품 같은 '2차 산물'이 등장했다.[5]

기원전 9000~기원전 3000년에는 농업 기술이 비옥한 초승달 지대의 강수량 많은 지역으로부터 동쪽, 북서쪽, 남쪽으로 퍼졌다. 관개 기술은 훨씬 후대에 나타났다. 밀, 보리, 양, 소는 멀리 인도 북서 지역과 유럽까지 퍼졌고, 기원전 5000년 이후에는 양, 소, 염소가 아프리카 북부와 동부에 나타났다. 그러나 '비옥한 초승달 지대 식량 생산 복합체'의 밀과 보리 같은 겨울 작물은 남쪽의 몬순 기후, 북쪽의 북극 기후에서는 잘 자라지 못하기 때문에 그 너머까지 퍼지지는 못했다.[6]

직업 분화 및 발달과 관련해 흥미로운 점은 일찍이 기원전 8400년부터 사람들이 작물, 돼지·소·양·염소 등 가축, 곡창에서 쥐를 잡는 고양이와 개를 지중해 키프로스로 운송하기 위해 배를 이용했다는 사실이다.[7] 해상 운송으로 농경 기술이 이탈리아와 스페인의 연안을 따라 전파되었다.[8] 다음의 극적인 단계는 기원전 3000~기원전 1000년에 타이완 농경인들이 남태평양을 식민화한 것이다. 이들은 오랫동안 사람이 살고 있었던 필리핀과 인도네시아로 갔다가 남서쪽과 남동쪽으로 갈라져 이동했다. 소를 데리고 필리핀에서 보르네오로 건너갔고, 그 후 동아프리카로 건너갔으며, 결국 사람이 살지 않았던 마다가스카르에 도달했다.[9] 다른 집단은 기원전 1300년부터 인도네시아, 그리고 라피타Lapita 문화(태평양의 여러 섬에 정착한 흔적을 남긴 사람들의 문화 복합체-옮긴이)가 발달한 뉴기니섬을 거쳐 비스마르크제도와 솔로몬제도로 향했다. 그들은 사람이 없고 한 섬에서 다른 섬이 보이는 근近오세아니아 섬들에서 멈추지 않았다. 여러 차례의 이주 물결을 통해 당시 무인도였던 원遠오세아니아 섬으로 이동했다. 기원전 1050~기원전 950년에는 바누아투에서 피지까지 8백 킬로미터에 이르는 도약을 실현했고 1백 년 후에는 사모아와 통가에도 갔다. 그 뒤로 약 2천 년 동안 발견은 휴지기를 맞았다. 그동안 이들은 아웃트리거를 덧붙인 단순한 범선 카누를 개발하고 커다란 원양 항해용 이중 선체 범선으로 발전시켰다. 1200년경 이들은 범선을 사용하여 뉴질랜드, 하와이, 이스터섬을 식민화했다. 훨씬 오래전인 기원전 제3천년기 전반에 비블로스(레바논 베이루트에 있는 고대 페니키아 항구도시-옮긴이)와 이집트는 상선으로 레바논의 삼나무 목재 등을 활발하게 교역했다.[10] 어부를 겸한 수렵채집인, 농부, 목축인(그리고 이것들의 모든 조합)으로 단순했던 직업 목록에 뱃사람이 추가되었다.

신석기시대의 두 번째 주요 발상지인 중국 황허강과 양쯔강 유역의 농부들은 서쪽, 남쪽, 동쪽으로 수천 년 동안 퍼져 나갔다. 그들은 짧고 둥근 단립종 벼, 기장, 조, 대두를 재배하고 닭과 소를 기르며 누에를 쳤다. 농경이 독자적으로 발달한 다른 지역의 초기 전파 유형도 비슷하지만 거리가 짧고 결과도 덜 극적이었다.[11]

농경이 발상지를 벗어나 많은 지역으로 전해졌지만 잉여 생산물은 적은 편이었고 결정적으로 양이 들쭉날쭉했다. 노동자들의 사회관계는 꽤 안정적으로 유지되었다. 농부들 사이의 차이는 여전히 작았고, 약간의 부를 축적한 소수 계층의 가구는 잔치를 열어 음식을 대접하고 선물을 주면서 부의 차이가 존재하는 현실을 무마하려 했다.

초기 농경 공동체에 대한 학자들의 시선은 두 가지로 갈린다.[12] 한쪽은 토지에 대한 주요 권리를 상속받지 못한 젊은 후손이나 농부, 빈곤한 사람들이 사회적 억압에 반발하여 새로운 지역으로 이주했다고 설명한다. 다른 한쪽은 기원전 7400~기원전 6000년의 중앙 아나톨리아처럼 새로운 개척지의 주민들의 사회적 지위가 비슷했다는 사실에 주목한다.

토지에 대한 '권리'는 정확히 무엇일까? 우리가 생각하는 재산권이 아닌 것은 거의 확실하다. 재산권이 존재했다는 증거는 없다. 나는 공동 수확물의 일부를 주장할 수 있는 권리, 또는 자기 방식대로 일할 수 있는 권리로 본다. 예컨대 동생이 형의 지시를 더 이상 따르지 않게 되었다고 생각할 수도 있다. 그러나 공동 곡물 창고처럼 초기 농경인들이 평등주의 경향을 끈질기게 유지한 흔적이 많다.[13] 또한 많은 농사 공동체가 여신을 숭배하는 관습을 유지했다. 이것으로부터 여성의 지위가 상대적으로 높았고(물론 분명한 사실은 아니다) 남녀의 노동 가치가 그리 다르지 않았을 것이라고 유추할 수 있다.

수천 년에 걸쳐 평등주의적 농경 사회에서 자기과시자 현상을 지나 과도적 불평등 농경 사회로, 이후 족장제 사회로 진행되었을 이행기의 특징은 큰 번영을 가져온 혁신이다. 최초의 혁신 사례는 귀중한 돌을 찾고 돌 도구를 제작하는 일이었을 것이다. 이제는 그런 일이 단순한 부수적 노동이 아니었다.[14] 두 번째 예는 발칸반도 농부들이 순동을 채굴하고 가공한 것이다.

오랫동안 구리는 경제적 용도보다는 미적 용도로 쓰였다. 다른 금속보다 다채롭고 광이 나며 단단하고 내구성이 좋았기 때문에 특별함을 나타내는 표시로 이상적이었다.[15] 기원전 약 8000년경 아나톨리아 지역 사람들이 처음으로 금속을 두들겨 펴서 장신구를 만들었고, 이 방법을 오랫동안 유지했다. 황화동과 산화동을 함유한 돌을 제련하는 방법은 3천 년 후에 이란과 세르비아에서 발명되었다. 제련에는 섭씨 1,080도 이상의 고온이 필요했는데, 이 정도로 온도를 높이려면 나무 대신 숯을 연료로 태우고 풀무를 사용해야 했다. 토관이나 송풍구가 달린 풀무의 끝은 녹은 금속이 고이는 도가니와 마찬가지로 도기 재료로 만들었다.

사람들은 똑같은 원리를 은과 금에도 적용했다. 구리의 녹는점은 섭씨 1,083도, 금은 1,064도, 은은 962도다. 그러나 철에는 이 방법을 적용하지 않았다. 기원전 1400~기원전 1200년 융성한 히타이트제국의 엘리트층이 철을 흔하게 사용하기까지는 3천 년 이상이 필요했다. 그 이유는 녹는점과는 큰 관련이 없었다. 철을 제련하는 과정에는 구리를 제련할 때처럼 고온이 필요하지 않지만, 산화철을 환원하여 철을 얻으려면 매우 낮은 산소 분압이 필요하기 때문이었다.[16] 이제 조선공도 포함된 뱃사람보다 약간 늦게 (구리) 대장장이가 사회에서 무척 중요한 위치를 차지하며 직업군 목록에 추가되었다. 여러 농경문화에서 대장장이를 높이 받들었고, 이들이 죽으면 도구를 함께 매장하기도 했다. 대장장이들은 카스트를 만들어 동료의 가족끼리 혼인했다. 그들의 공예품에는 물질적 가치뿐 아니라 상징적 가치도 부여되었다. 대장장이는 신들의 세계에서도 중요했다. 고대 그리스 신화에 나오는 대장장이 신 헤파이스토스와 고대 로마 신화에 나오는 불카누스를 생각해보라. 아프리카 문화기술지 문헌은 대장장이에 대한 이야기로 가득하고, 철을 제련하는 기술은 잉태 및 출산과 연관 지어졌다.

> 용광로는 여성이었고, 용광로 속에서 커지는 괴련철은 태아였으며, 용광로를 돌보는 남성들은 남편이자 산파였다. 때로는 노골적으로 용광로를 여성의 몸, 풀무를 남성의 성기 모양으로 만들기도 했다. 이러한 분위기는 철을 제련하는 사람들의 행동에도 적용되었다. 제련 기간에는 대장장이들의 성교가 금지되었고, 성적 금기를 위해 제련장에 고립되는 경우도 많았다.[17]

각자의 권리에 차이가 생기면서 농경 사회에서 서서히 차별이 나타났다. 차별이 낳은 시기심, 그리고 동물을 죽이는 무기를 쉽게 구하게 된 상황이 전쟁이라 부를 만한 규모로 폭력을 확산한 촉매제였을 것이다. 농경이 출현하기 직전에 그려진 암각화에도 남성들이 서로에게 화살을 쏘아 사망자와 부상자가 생기는 폭력적인 광경이 묘사되었다.[18] 이 현상을 당시의 사회적 불평등, 노동 분업, 노동관계의 분화 측면에서 어떻게 해석해야 할지는 불분명하다. 확실한 근거를 찾으려면 기원전 3000년 무렵까지 기다려야 한다. 이 시대에 독특한 목축pastoral nomadism인 유목적 목축이 발달하면서 노동자 간의 조직적 불평등이 빠르게 심해졌다. 그런데 유목적 목축은 어떤 일이었을까?

전문화한 목축인

대부분의 작물보다 수명이 길고 운송하거나 분배하기 쉬운 가축을 다루는 일이 사회적 불평등을 깊게 만든 이유는 특히 많은 가축 무리를 치는 유목적 목축이 나타났기 때문이다. 목축은 러시아 남부 스텝 지대의 얌나야 문화에서 최초로 발달했다. 기원전 5000년 이후 드네프르강과 볼가강 지역의 수렵채집인들은 겨울철 고깃감으로 가장 선호하는 말을 길들이는 데 성공했다. 그들의 남쪽에 사는 이웃이 염소, 양, 소, 돼지를 길들인 지 수천 년 후였다.

말은 이 추운 지방에서도 잘 살았다. 풀 위의 눈을 커다란 발굽으로 제거하고 뜯어 먹을 수 있었기 때문이다. 이런 식으로 말은 다른 길든 동물이었다면 오래전에 죽었을 환경에서 살아남았다.[19] 얌나야인들은 고기와 젖 외에도 드네프르강 급류에서 쉽게 잡을 수 있는 많은 생선과 버들잎명아주 같은 야생식물을 먹었다. 소규모로 곡식을 재배하기 전에도 식량이 풍부하고 다양했다.[20] 자급자족 수준이 상당했던 이들은 시간이 흐르자 처음에는 말과 다른 가축과 유제품을, 나중에는 금속을 생산하여 남쪽으로 수출했다.

말을 길들인 이들은 5백 년 내지 1천 년이 지나자 재갈을 채워 타기 시작했다. 말을 탄 양치기는 생산성을 크게 높였다. 유목민의 역사를 연구하는 데 평생을 바친 미국 인류학자 데이비드 W. 앤서니David W. Anthony는 "걷는 양치기는 좋은 양치기 개가 있으면 약 2백 마리의 양을 몰 수 있다. 말을 탄 양치기는 똑같은 개를 데리고 약 5백 마리를 몰 수 있다"라고 말했다.[21] 기원전 3000년경에는 사륜 수레가 사용되었다. 아마도 원래 아나톨리아에서 사용하던 썰매로부터 발전했을 것이다. 사륜 수레에 짐을 실으면 모든 소유물을 보관할 수 있어서 이동성이 높아지고 이동식 방목 사육도 쉬워져서 말뿐만 아니라 양과 소도 많이 사육할 수 있다. 암소는 암말보다 두 배, 염소보다 다섯 배나 많은 우유를 생산하므로, 소를 많이 사육하기 시작한 일은 결정적으로 중요한 진보였다.[22] 양을 치는 이점은 기원전 3400년 근동 지역에서 최초로 고기와 젖 외에 털까지 공급하는 품종을 사육하면서 엄청나게 커졌다.

지리적 우연도 유목민에게 부의 두 번째 원천을 선사했다. 폰틱-카스피해 스텝 지대 동쪽, 우랄산맥 남쪽 카르갈리를 비롯한 여러 지방에는 구리가 풍부하게 매장되어 있었다.[23] 유목민들은 발칸 지역과 이란에서 발달한 기술의 도움을 받아 구리 광석을 가공했다. 아랄해 북쪽의 신타샤 지역 사람들은 남쪽의 박트리아로부터 들여온 주석을 구리와 섞어 청동을 만들었다. 스텝 지대 말 목축인들의 마지막 발명품 덕분에 기원전 2000년 무렵 신타샤에서는 남쪽과의 교역이 증가했다. 발명품은 바큇살 달린 바퀴가 있는 전차였다. 전차는 속도가 빠르고 방향 조종이 쉬웠기 때문에, 1천 년 동안 사용된 바큇살 없는 전투용 수레를 대체하며 인기를 끌었다. 또한 소가 끄는 수레가 발명되어 가축 분뇨를 뿌릴 수 있게 되었다. 앤서니에 따르면 그 덕분에 협동하며 집단 노동하는 공동체가 아니라 단일 가족이 농사를 지을 수 있었다. 따라서 단일 농장들이 큰 공동체를 지원하면서 생활할 수 있었다.

기원전 제1천년기부터 말이 전쟁에 없어서는 안 될 존재가 되었고 기병대가 조직되었다. 유라시아의 목축 유목민은 짐을 끌거나 사람이 타는 동물을 전시 국가에 공급하는 일(마부나 기수까지 포함하는 경우도 있었다)에 점점 더 중점을 두었다(119~120쪽 참고).[24] 스텝 지대 외에 정주성 농경 사회도 동물을 성공적으로 사육하는 기술이 있으면 확실한 식물성 잉여 식량을 버리고 목축에 집중하기도 했다. 특히 건조 지대로 이주한 사회가 그러했다. 처음에 농가에서 하던 방목은 목부의 가축 사육으로 변모했고, 반유목적 목축을 거쳐 유목적 목축이 되었다. 세계적으로 다섯 지역이 이 단계에 도달했다. 연대 기순으로 유라시아 스텝 지대와 반사막 및 사막지대, 그다음으로 메소포타미아·아라비아·시리아·팔레스타인 등 근동 지역, 소아시아·이란·아프가니스탄 등 중동, 아프리카, 그리고 훨씬 후대의 북부 유라시아다.[25]

최초 사례인 유라시아 스텝 지대와 반사막 및 사막지대의 경우 기원전 1000년에 유럽과 카자흐 스텝 지대에서 몇몇 무리가 전문화한 기마 유목민이 되었다. 이 생활양식은 거대한 온대 지역에서 다양하게 나타났지만 대다수는 몇몇 특징이 같았다. 사람들은 정해진 패턴에 따라 주로 양과 말을 몰고 겨울에는 북쪽에서 남쪽으로, 여름에는 남쪽에서 북쪽으로 먼 거리를 이동했다. 양과 말은 중요한 동물이었다. 눈이 내려도 풀밭에 내놓을 수 있고, 유제품과 고기, (유제품과 고기보다는 적게 먹은) 선지는 주요 식사 재료였기 때문이다. 사람들은 다른 곳에서 교환하거나 구입한 식물성 식량을 보충해서 함께 먹었다. 염소도 쳤지만 비중은 적었다. 나중에 남쪽의 튀르크인들은 박트리아산 낙타와 단봉낙타(아라비아 낙타)를 쳤다. 파미르고원과 티베트에서 산양과 야크를 친 유목민은 유라시아 그룹의 하위 유형이다.

근동 지역의 목축 유목민도 유라시아 스텝 지대 사람들처럼 점차 전문화했다. 기원전 제3천년기와 기원전 제2천년기에 목부의 사육과 반유목적 목축이 나타났다. 목부는 당나귀를 운송에 사용하고 양과 염소를 쳤으며, 농경지에서 떨어진 외곽에 살면서 농사도 지었다. 기원전 2500년경에 사하라-아라비아 지대가 건조해지기 시작하자 일부 목축인이 유목민이 되었는데, 기원전 1500년경부터 낙타를 사육하였기에 가능한 일이었다. 젖을 얻을 수도 있는 낙타는 성서 속 아브라함, 이삭, 야곱 족장이 기르던 가축 중 하나다. 말이 없는 유라시아 스텝 지대 유목민을 생각할 수 없는 것처럼 낙타는 근동 지역 유목민에게 필수적인 동물이 되었다.[26]

양과 말을 함께 쳤던 유라시아 스텝 지대와 달리 근동 지역에서는 두 가지 형태가 나타났다. 하나는 양과 염소를 치는 목축으로, 3~4일에 한 번씩 물을 줘야 하기 때문에 물이 있는 곳에서 15~20킬로미터 이상을 벗어나지 못한다. 다른 하나는 낙타 목축이다. 한 폴란드 시인의 시구대로 "낙타는 마시지 않고도 일주일을 일할 수 있지만, 사람은 일하지 않고도 일주일을 마실 수 있다."[27] 두 가지 목축에는 집단과 부족들의 전문화가 필요했다. 근동 지역 유목민의 주요 식품은 낙타 젖이었고, 고기와 선지가 때때로 추가되었다. 또한 대추뿐만 아니라, 수확이 끝난 밭에 가축 분뇨를 주는 대신 농부로부터 얻은 곡식 등도 섭취했다.

목축은 기원전 5000~기원전 4000년에 레반트 지역에서 이집트로 전해졌고 이어서 북아프리카와 동아프리카까지 퍼졌다.[28] 사하라사막에서 유목적 목축이 발달한 이유는 기원전 2500~기원전 2000년에 이곳이 빠르게 건조해졌기 때문이다.[29] 기존 목축인과 어쩌면 이미 존재했던 (당나귀를 사용한) 반유목민은 어쩔 수 없이 새로운 환경에 적응해야 했다. 이집트를 통해 승마용 말이 들어오고 특히 아라비아반도에서 낙타가 들어온 후에야 서아프리카와 아프리카의 뿔에 해당하는 북동부 사이의 지역에서 유목적 목축이 가능해졌다. 소아시아의 중동 지역, 이란, 아프가니스탄의 유목적 목축은 유라시아 스텝 지대의 유목적 목축과 아라비아 사막의 유목적 목축의 중간 형태다.[30] 애이랙(이동 목축, yaylag 또는 yaylaq는 여름철을 뜻한다)이라는 반유목적 목축을 바탕으로 이란 산지와 아르메니아고원 지대에서 소규모로 가축을 치고 농사도 지은 이 목축 형태는 늦어도 기원전 제3천년기 이전에 시작되었다.

그러나 이곳들의 진정한 유목은 주로 중세의 유라시아 스텝 지대에서 출현했다. 이들은 두 유형으로 나눌 수 있다. 하나는 이란 스텝 지대 주민들의 양과 말 목축이고, 다른 하나는 루르족Lurs, 바흐티아리족Bakhtiari, 쿠아쉬가이족Quashghai, 쿠르드족Kurds이 산지에서 했던 소규모 목축이다. 아라비아반도로부터 작은 베두인 무리가 이동해 왔지만 그들의 단봉낙타는 아나톨리아고원의 추위를 감당하지 못했기 때문에 이란 남서부 파르스와 후제스탄 지방에서 목축과 대추야자 재배를 병행했다. 일부는 발루치스탄의 마크란까지 진출했다.

농경인과 목축인의 비교

사유재산 개념은 대부분 경작농보다 목축인 집단에서 처음 나타나기 시작했다. 우리가 때로 낭만적으로 생각하는 떠돌이 부족의 공동 소유 개념과는 사뭇 다르다. 동물은 개인이나 가구가 소유하는 반면 초지와 물웅덩이는 가구가 속한 큰 공동체의 공동 재산이다. 가까이 들여다보면 논리적인 생각이다. 성공적인 (유목적) 목축은 목부가 모든 동물을 얼마나 잘 알고 돌보느냐에 달려 있다. 한마디로 "농경보다 광범위한 목축의 인력 낭비가 적다."[31]

유목민 사회 대부분은 핵가족 혹은 두 세대로 구성된 단독 가구로 이루어진다. 유라시아 스텝 지대뿐만 아니라 아시아, 아프리카의 유목민도 부계 거주 직계가족이 일반적이다. 대체로 결혼한 막내아들이 부모와 함께 살고 나중에 형들의 몫을 사들이는 형태로 부모의 가축과 재산을 물려받는다.[32] 비교적 규모가 작은 가구에 필요한 노동량은 계절에 따라 달라진다. 이는 사람들이 공동체 노동과 상호 원조에 의존한다는 의미다. 이러한 경제에서는 임금노동은 물론이고 의존 노동이 발달하기 어려웠다.[33]

협력과 갈등

역사학자들은 목축 사회의 독립성, 국가 형성에 긍정적으로 기여한 점에 대한 평가를 오랫동안 기피했다. 불공평한 처사였다. 이들은 유라시아 스텝 지대 목축인의 경제가 동쪽 중국, 남쪽 인도, 서쪽 유럽의 이웃 경작농 사회에 기생했다고 여겼다. 그러나 하자노프가 증명했듯이, 우연하고 극적인 약탈도 나타났지만 두 생존 방식은 서로를 보완하며 공존했다. 농부는 목축인의 생산물이 필요했고 그 반대의 경우도 마찬가지였다. 상호 보완은 고대 메소포타미아에서도 나타났다. 관계는 대부분 평화로웠지만 가끔은 처참했는데, 당연히 후자가 더 큰 인상을 남기는 법이다.[34] 1세기 중국 역사가 반고班固의 말을 빌리면 스텝 지대의 원칙은 씨 뿌리는 자를 약탈하는 것이었다. "이족彝族과 적족狄族은 탐욕스럽고 이익을 밝힌다. …… 그들의 음식은 [우리의 것과] 다르다. …… 가축 떼를 따라 초원을 가로지르고 사냥해서 먹고 산다."[35]

사회적 불평등과 폭력이 최초로 뚜렷해진 농경 사회는 청동기·철기시대 유럽의 이른바 전사 사회다.[36] 기원전 약 3000~기원전 2000년에 출현한 이 사회들은, 폰틱-카스피해 스텝 지대의 얌나야 문화에서 가장 오래된 인도유럽어를 사용한 사람들이 서쪽 유럽과 남쪽 인도 두 방향으로 퍼져 성립했다.[37] 처음에 그들은 오래전에 정착한 농경 사회들 사이의 빈 땅에서 숲을 초지로 개간해 살았다. 가축과 가까이 살았기 때문에 전염병에 대한 저항력이 컸던 이 초기 인도유럽어족 목축인이 농경인 사회에 폐렴형 흑사병을 퍼뜨렸을 수도 있다.[38] 그런 이유로 처음에는 두 집단이 거의 섞이지 않았으나, 결국은 목축인들이 원래 집단의 대부분을 대체했다. 무척 특별한 방식의 대체였다. 미국 유전학자 데이비드 라이히David Reich에 따르면 얌나야 문화는 "전례 없이 성 편향적이고 계층적이었다. [이들이 남긴] 거대한 무덤들의 80퍼센트에는 극심한 부상의 흔적이 있는 남성 해골들이 무시무시한 금속 단도와 도끼와 함께 매장되어 있다." 유럽과 남아시아로 확산한 이들은 "폭력의 흔적이 거의 없고 여성이 중심 역할을 했던" 초기 농경 사회를 "고고학뿐 아니라 인도-유럽 문화 중 그리스, 북유럽 및 힌두의 신화에도 뚜렷하게 드러나는 남성 중심 사회"로 바꿨다. 최근의 유전학 연구 결과를 바탕으로 라이히는 다음의 결론을 내린다. "얌나야는 분명 평화롭게 확장하지 않았다. …… 스텝 지대 출신 남성 조상의 수가 더 많다는 것은, 정치적·사회적 힘을 가진 얌나야 출신 남성의 후손이 토착민 여성을 사이에 두고 토착민과 경쟁하여 이겼음을 암시한다."[39] 승리의 의미를 이해하는 데는 많은 상상력이 필요하지 않다.

미국 지리학자이자 역사학자 재러드 다이아몬드Jared Diamond는 농경 집단의 규모가 오랫동안 유지될 만큼 커져야 가능해지는 대규모의 조직적·집단적 침략, 즉 전쟁의 예를 제시했다.

모두 가까운 친척인 무리에서는 다투는 두 당사자의 친척들이 싸움을 중재하기 위해 나선다. 많은 사람이 가까운 친척이고 적어도 이름이라도 알고 있는 부족에서는 공통의 친척이나 친구가 중재한다. 그러나 모두가 모두를 아는 '수백 명'의 한계를 넘어서면 서로 관련 없는 낯선 사람들의 싸움이 많아진다. 낯선 사람끼리 싸우면 구경하는 다수는 한 사람만의 친구거나 친척이고 그 사람의 편을 들게 되므로 다툼은 집단 싸움으로 번진다. 따라서 큰 사회가 갈등 해결을 계속 구성원 모두에게 맡기면 분명 폭발하고 만다. 수천 명으로 구성된 사회가 존속하려면 힘을 독점하고 갈등을 해결하는 중앙의 권위를 만들어야 하는 이유를 이 요인 하나만으로도 설명할 수 있다.[40]

다이아몬드의 동료 고고학자 로런스 킬리Lawrence Keeley의 날카로운 관찰은 훨씬 일반적이다. "전쟁을 끔찍하게 만드는 한 가지 특징은 폭력적 공격이라는 악덕이 아니라 용기라는 미덕이다. 인간이 겁쟁이라면 전쟁은 사라질 것이다. 보복당할까 두려워 폭력을 꺼리고, 공격받으면 도망가거나 복종할 것이기 때문이다. 그러나 인간은 맞서 싸운다."[41]

농경 자체가 더 많은 집단 폭력의 조건을 만들었을 수도 있다. 그러나 이제 드러나겠지만 다른 요인들이 필요하다. 가부장적 목축인이 농경인이 드문드문 사는 지역으로 이주하는 것은 한두 세대에만 해당된다. 그러다가 피정복민 남성을 조직적으로 살해하거나 예속시키는 것이 하나의 선택지가 된다. 노예화는 또 다른 선택지다. 근대 유목민은 우리가 예속이라고 부르는 관계를 '노예'라고 부르는 경향이 있었다. 특히 유목민 사회의 (역사학자 대부분이 인정하는 정의에 따른) '진정한' 노예는 농경민이나 때로는 다른 가축을 치는 유목민을 예속시킬 때 발생했다. 극단적 사례는 사하라사막에 사는 투아레그족Tuareg의 계층화일 것이다. 낙타를 목축하는 귀족 부족인 지배자는 대상무역과 노예무역에 관여했다. 그 밑에는 예속된 작은 목축 부족 집단이 있었고, 그보다 낮은 계층으로 반#농노식 농경 집단이 있었다. 맨 밑바닥에는 목부로 사용하는 노예가 있었다.[42]

이 책에서 언급하는 시대의 모든 사례에서 중요한 것은 조직적 폭력이 목축인의 대규모 이주와 관련 있는가의 여부가 아니다. 분명 관련 있기 때문이다. 문제는 경작농이든 목축농이든 간에 독립적이었던 농경 사회의 노동관계가 목축민이 대규모로 이주할 즈음에 이미 뚜렷이 변해 있었느냐다. 자기과시자는 목축인 사회의 팽창과 함께 증가했지만, 노동관계가 변했음을 시사하는 증거는 충분하지 않다.[43] 그러나 최초의 도시 사회와 그 뒤를 잇는 국가의 출현을 시사하는 징후는 있다.

초기 도시와 노동-전문화와 재분배

　도시와 도시 사회가 출현한 원인은 사람들이 먹고 살기 위해 식량을 직접 생산하지 않고 땅을 떠나 있어도 될 정도로 생산성이 높아졌기 때문이다. 이렇게 수공인, 사제, 기타 비농부 직업인이 모여 사는 거주지인 도시가 발달했다. 동시에 소수의 전문 직업만 포함된 직업 목록에 수십 개가 추가되었다.

　이 이야기는 비옥한 초승달 지대에서 시작한다. 똑같이 역사가 오래된 경작 지대인 뉴기니섬이나 북아메리카 동부와 달리 비옥한 초승달 지대 사람들은 식물과 동물로 균형 있는 영양을 섭취한 덕분에 신석기혁명에 성공할 수 있었다. 재러드 다이아몬드는 이렇게 말했다.

> 　비옥한 초승달 지대의 초기 부족들은 야생 포유류와 식물 덕분에 식량 생산을 위한 풍부하면서도 균형 있는 생물학적 영양소를 빠르게 얻었다. 영양소는 탄수화물의 원천인 곡물 세 종류, 단백질의 20~25퍼센트를 차지하는 콩 네 종류, 단백질의 주요 원천인 가축 네 종류, 이것을 보충하는 단백질을 넉넉하게 함유한 밀, 그리고 섬유질과 기름의 원천인 아마(아마인유라고 부른다. 아마씨는 40퍼센트가 기름이다)로 구성되었다. 동물 사육과 식량 생산을 시작한 지 수천 년이 지나자 사람들은 동물로부터 젖과 털을 얻고 쟁기질과 운송에 사용했다. 비옥한 초승달 지대의 초기 농부들이 기른 작물과 동물은 인류에 기본적, 경제적으로 필요한 탄수화물, 단백질, 지방, 의복, 견인력, 운송을 충족해주었다.[44]

　세계에서 가장 오래된 도시들은 메소포타미아 지역에 건설되었다. 기원전 5000년에 에리두와 우르가 건설되었고, 기원전 4000년에 우루크가 건설되었다. 세 도시 모두 오늘날 이라크 남부에 있다. 인구 규모는 이전의 예리코와 차탈회위크의 수백 명이나 1천, 2천 명 정도보다 훨씬 컸다. 기원전 4000년에 고대 아테네보다 커진 우루크의 규모는 로마제국의 절반 정도였다.[45] 세계의 다른 곳에서는 훨씬 후대에 도시가 출현했다.

　초기 도시들에서는 노동이 이미 크게 분화되어 있었을 것이다.[46] 물질문화의 수준이 높았다는 사실뿐만 아니라 에리두 부족에 관한 후대의 기록으로도 추론할 수 있다.[47] 인상적인 점은 다양한 직업인 집단이 주신 엔키Enki를 수호신으로 숭배했다는 사실이다. 가죽공, 세탁인, 갈대 수공인, 이발사, 직조인, 건축가, 금속가공인, 도공, 관개 기술자, 정원사, 염소치기뿐 아니라 의사, 점쟁이, 애도를 바치는 사제, 음악가, 필경사도 그랬다. 후자 집단은 기원전 3000년 초에 직업 훈련 과정을 갖추고 있었다.

그러나 노동의 분화에는 집단 정체성이나 직업적 자부심 이상의 요인이 있었다. 초기 도시 거주자들은 사람은 열심히 일해야 하고, 이것이 세상이 만들어진 이래 인류의 운명이라고 믿었다. 예를 들어 한 에리두 설화에 따르면, 첫 세대의 신들은 땅을 잘 보살피고 물을 대도록 각각 임무를 부여받았다. 몇몇 신은 흙이 든 바구니를 옮겨야 했던 반면 '위대한 신들'은 감독을 맡았다. 노동하는 신들이 불평하자, 엔키는 많은 여신의 도움을 받아 진흙으로 사람을 만들고 힘든 일을 맡긴다. 신들은 연회를 열어 인간 창조를 축하한다.

여기서 이야기하는 것은 감독자와 고된 노동이다. 그래도 도시 노동자의 고생은 물건의 공공 교환과 재분배를 관할하고 노동자를 보살피는 행정 관리를 중심으로 완화된 듯하다. 우루크의 경우 "국가 전前 단계 사회에서 의식화한 교환은 거래를 보고 승인할 수 있도록 대중의 눈앞에서 이루어졌다. 인장의 존재가 증명하듯이 우루크 경제가 더 많은 행정 감독이 필요할 정도로 복잡했더라도 대중의 책임이 불필요해지지는 않았을 것이다."[48] 기원전 5000년에 발명된 인장은 보통 원통형에 음각되었다. 분명 많은 물품을 저장하고 운송하기 위해 행정 관리가 필요했다는 의미다. 포장에 찍힌 인장은 물품이 완전한 상태임을 보장했고, 공동 저장 시설에도 매우 유용했다. 이것이 가장 오래된 공납적 재분배 사회다. 모든 생산자는 잉여물을 헌납했고, 신전은 농사짓지 않는 동료 시민에게 잉여물을 재분배했다.[49]

초기 도시의 노동관계에 대한 해석을 뒷받침하는 자료 중 하나는 데니즈 슈만트베세라트Denise Schmandt-Besserat의 철두철미한 연구다. 그는 비옥한 초승달 지대 전역에서 발견되고 지름이 수 센티미터로 작은 8,162개의 '물표', '셈표(또는 셈 기구)'를 세심하게 연구했다.[50] 도시가 발생하기 이전에 수를 세고 등록한 첫 번째 방법은 진흙을 구워 단순하게 만든 물표 열여섯 개로 대표된다. 곡식을 셀 때는 작거나 큰 바구니와 창고 전체까지 표시할 수 있는 원뿔형, 구형, 원반형이, 동물을 셀 때는 원통형이, 노동을 셀 때는 사면체가 흔히 쓰였다. 물표는 작은 것과 큰 것이 있었다. 작은 사면체 물표는 한 사람 또는 하루의 노동시간을, 큰 물표는 한 노동조의 노동이나 일주일의 노동을 표시할 수 있었다.[51] 도시가 출현하기 이전에도 메소포타미아 농경 사회의 규모가 컸고 노동과 산물을 세는 도구가 필요했음을 알 수 있다.

기원전 4400년부터 발생한 도시국가에서는 물표의 형태가 기하학적으로 발전하고 복잡해졌다. 가끔은 직선 및 구멍 표식을 다양하게 사용한 물표로 곡식의 종류나 땅의 크기를 더 구체적으로 표시했다. 동물도 꼬리가 통통한 양, 암양, 새끼 양을 구분했고 옷감, 의복, 그릇, 도구 같은 제조품도 구분해 표시할 수 있었다. 기름, 빵, 케이크, 요리를 위해 손질하고 날개와 다리를 묶은 오리 같은 가공식품을 구분했고, 사치품으로는 향수, 금속, 장신구를 구분해 표시했다.

물표 대부분은 공공 기관, 창고, 중앙 신전 작업장 내부나 근처에서 발견되었다. 나중에는 물표를 여러 개씩 묶고 수와 종류를 기록하여 봉투 형태의 진흙 덩이에 보관했다는 사실을 통해, 신전에 바쳐진 곡식 등의 제물을 기록하는 데 사용되었고 재분배의 토대를 형성했음을 추론할 수 있다. 기원전 3500년부터는 납부 연체 사실도 진흙 덩이나 점토판에 기록되었다. 앞서 언급한 우르에서는 주신이자 달의 신 난나Nanna의 사제-왕이 공납적 재분배를 관리했다. 어느 시점에 이 체제는 공동 생산품을 재분배하기보다 세금이나 부역의 성격을 띠기 시작했다. 자발적 납부 역시 강압에 자리를 내주었고, 반대하는 주민은 공개 처벌되기도 했다.[52]

기원전 3000년경 첫 도시 문명은 폭력과 파괴로 종말을 맞았다. 우루크의 도시 성벽을 지은 인물은 길가메시Gilgamesh(《길가메시 서사시》에 등장하는 우루크의 반신반인 왕. 가축과 목축의 수호신이자 악마를 막는 영웅으로 숭배되었다-옮긴이)로 알려져 있다. 증거에 따르면 새로운 역사시대에는 자유민과 노예와 더불어 영주와 노동자가 출현하면서 사회 계급이 훨씬 뚜렷해졌다. 〈우르의 멸망에 대한 한탄Lamentation over the Destruction of Ur)에 당시 분위기가 극적이고 선명하게 표현되어 있다. 노동의 즐거움마저 끝난다.

> 비옥한 땅에 괭이가 박히지 않고, 땅에는 씨가 뿌려지지 않도다.
> 황소 부리는 사람의 노랫소리 더 이상 들판에 울려 퍼지지 않네……
> 우유 젓는 이의 노랫소리도 외양간에서 흘러나오지 않는구나.[53]

다른 초기 도시 문화 대부분은 메소포타미아처럼 상세하게 연구되지 않았고, 노동관계도 알려지지 않았다. 그렇긴 해도 비옥한 초승달 지대의 많은 도시에서 신뢰받았던 재분배 체제는 중앙 아나톨리아 아르슬란테페 지역에서도 시행되었을 것이다. 많은 근거가 이를 시사한다.[54] 2백, 3백 년 후인 기원전 2600~기원전 1900년 오늘날의 파키스탄에 해당하는 하라파와 모헨조다로를 중심으로 한 인더스 문명의 도시국가에도 존재했을 가능성이 있다. 인더스 사회가 완전히 평등했다는 초기의 연구는 수정되었지만, 전쟁을 중요시하지 않았다는 사실과 곡식을 수확, 타작, 저장한 방식이 그쪽을 가리킨다.[55] 농경 기술은 이미 고도로 발달했고 사람들은 수레를 사용하고 여러 동물로 쟁기질을 했다. 주목할 점은 농가가 수확한 곡식을 직접 타작하지 않았다는 사실이다. 공동 생산 조직 또는 중앙 조직이 존재했음을 시사한다.

기원전 3000년 이후 중국에서도 양쯔강과 황허강에서 북쪽 내몽골까지 도시가 밀집하며 성장했다. 기원전 3000~기원전 1600년 중국의 도시국가는 보통 수천 명이 사는 중앙 도시와 주변 지역으로 이루어졌다.[56] 농지 외에 타오쓰와 얼리터우의 채석장처럼 수공품을 제작하는 곳도 있었다.[57] 농가는 부업으로 채석장에서 반제품인 돌조각을 생산했고, 전문화한 촌락에서 돌조각을 돌삽과 기타 완제품으로 가공했다. 도시 사람들도 이 일을 했고 다른 정치체에 수출도 했다. 사람들이 반제품과 완제품을 다른 지역과 어떻게 교환했는지는 알려지지 않았지만, 비농업 전문 노동의 초기 형태가 존재했음을 알 수 있다.

여러 도시 중심지는 넓이가 2.5~4제곱킬로미터에 달했고, 상당수는 주위에 육중한 석벽을 둘러 쌓았다. 인상적인 곳은 기원전 2800~기원전 2300년 현재의 산시성陝西省에 있었던 시마오다. 석벽 안에는 담을 두른 세 개의 내측 공간이 있었다. 이 정도 수준의 건축은 노동 자원이 상당히 축적되어야 가능하다. 또 다른 도시 중심지로 넓이가 2.8제곱킬로미터에 이르는 산시성山西省 타오쓰에는 수천 명이 거주한 듯하다. 주요 외벽 흙담을 구축하는 데만 3만 9,673공수工數가 필요했을 텐데, 이 규모는 3,306명이 1년 동안 전 시간제로 일한 시간에 해당한다. 기원전 1900/1850~기원전 1550년 얼리터우의 규모는 전성기에 3제곱킬로미터에 이르렀고 1만 8천~3만 명이 살았다고 추정된다. 잘 발달하고 수공예품 생산이 고도로 전문화한 소도시들은 계층화의 정도가 달랐고 노동조직과 보수도 크게 달랐다. 한쪽 끝에는 가난한 자와 부자의 무덤을 다르게 만들고 거대한 방어 시설을 지으며 무기를 비축한 소도시가 있는 한편, 반대쪽 끝에는 훨씬 평등한 사회가 있다.[58]

타오쓰는 전자였다. 상류층의 무덤은 평민의 무덤보다 열 배 이상 컸고, 성차도 뚜렷해서 남성의 무덤이 여성의 무덤보다 크고 화려했다. 유골을 연구한 결과에 따르면 상류층과 평민은 먹는 음식도 매우 달랐다. 또한 대형 저장고는 이 사회의 재분배 성격을 보여준다.[59] 거대한 방어 시설 공사뿐만 아니라 인신공양에서도 군사적 성격을 알 수 있다. 인신공양 제물들은 사회의 하층 구성원이 아니라 전쟁 포로로 추측된다.

기원전 2600~기원전 1900년 양쯔강 중류에 있었던 스자허의 석벽도 규모가 상당했지만 홍수에 대비하여 보호하는 차원에서 건설되었다. 도기관으로 된 배수 및 하수 시설이 있었고, 무덤들의 규모는 비슷했다. 발굴된 수천 점의 작은 조각상과 의식용 잔을 보면 "많은 주민과 어쩌면 도시 주변의 농촌 공동체도 참여한 포용적인 의식을 치른 듯하다." 어떤 형태로든 존재했을 재분배 체제를 살펴보면 중국 북쪽 지역이 남쪽보다 훨씬 불평등했던 듯하다. 중간 규모 이상의 국가다운 국가는 기원전 1600년경 나타났다. 가장 잘 알려진 국가는 기원전 1600~기원전 1050년의 상商나라다(133~134쪽 참고).

국가와 노동-다양한 노동관계와 국가 형성

알려진 바에 따르면 최초의 국가는 기원전 3000년경 출현했다. 농경 사회나 도시와 달리 국가는 노동력을 결정할 수 있다. 더 많은 사람을 위한 노동관계와 노동조건을 더 과감하고 집중적으로 정할 수 있다.[60] 국가는 기원전 3000년 메소포타미아에서, 기원전 2000년 중국에서 그랬듯이 도시나 도시 연합으로부터 발달할 수 있고, 기원전 3000년경의 이집트처럼 중간 단계 없이 발달할 수도 있다.[61] 또한 인더스 문명처럼 성공적이었더라도 국가를 형성하지 못하고 사라질 수도 있다. 국가가 출현하는 방식에 따라 대체로 국가 내 다양한 노동관계가 결정된다.

여기서는 최초의 국가들이 불평등하고 '복잡한 사회'의 농경 모델 또는 재분배에 중점을 둔 최초 도시들의 농경 모델을 어느 정도 채택했는지를 주로 언급할 것이다. 초기에는 두 번째 모델이 우세했던 듯하다. 메소포타미아에서는 그러했다. 이 지역에서는 고유의 문화가 큰 중단 없이 이어졌지만(도시 연합과 국가의 구분이 항상 쉬운 것은 아니다), 갈등이 일어난 결과 무자유노동을 비롯한 복잡한 사회의 많은 요소가 천천히 스며들었다. 여러 요소가 뒤섞인 상황을 살펴보면 임금노동, 자영업, 노동시장의 첫 번째 흔적을 발견할 수 있다. 그러나 교환 수단으로서의 화폐는 존재하지 않았다(화폐가 노동관계에 미친 영향은 140~149쪽을 참고하라).

비옥한 초승달 지대의 변화

국가가 들어선 메소포타미타의 노동관계는 어떻게 변화했을까? 중앙 신전이 중심인 재분배 체제가 더 큰 규모로 유지되었을까, 아니면 도시에서 국가로 바뀌면서 뚜렷이 변했을까? 신전 중심의 노동 체계가 초기 국가들에서 오래 지속되었음을 고려하면 두 가지 변화를 살펴볼 필요가 있다. 첫 번째는 기원전 3000년 말부터 국가 형성이 전쟁은 물론 포로의 대규모 노예화에 영향을 미쳤다는 점이다. 두 번째는 기원전 1000년부터 시장이 출현하여 국가 기관과 함께 가구 간 상품 유통을 결정했다는 점이다. 이 요소들이 자영업과 (오래전부터 국가에 고용된 직업군인 외의) 임금노동의 토대가 되었다.

기원전 3800~기원전 3200년에 시리아, 튀르키예, 이란, 이라크 지역의 많은 도시를 아울렀으며 초기 국가라기보다 후기 도시 연합으로 볼 수 있는 우루크 문화의 경제적 특징 중 하나는 분배와 교환이다. 규모가 커졌기 때문에 더 많은 관료 체제가 필요했고 모든 것에 더 많은 의식을 결합했지만, 한 도시가 큰 행정단위로 이행했더라도 기존 체제가 근본적으로 변화한 것은 아니었다. 기원전 제3천년기부터 출현한 정치체들도 마찬가지였다.[62] 아마도 관료 체제는 각 지방 사이의 재분배까지 조직한 우르 제3왕조(기원전 2112~기원전 2004)에서 가장 크게 확대되었을 것이다. 앞으로 살펴볼 파라오 통치하의 이집트와 매우 비슷하다.[63]

당시 정치체는 부수적인 경우에만 생산물을 재분배했다. 아시리아 아슈르나시르팔 2세가 일례를 보여준다. 그는 칼후 궁전을 완공한 후 6만 9,574명의 손님을 초대해 열흘 동안 연회를 베풀었다. 메뉴에는 살진 소 1천 마리, 양 1만 4천 마리, 어린 양 1천 마리, 사슴 수백 마리, 비둘기 2만 마리, 생선 1만 마리, 사막쥐 1만 마리, 계란 1만 개가 올랐다. 언뜻 보기에는 자기과시자의 과도한 행동 같지만, 중요한 점은 이것이 공납적 재분배 국가의 종말을 알리는 서막이었다는 사실이다.[64]

이러한 성격의 재분배는 메소포타미아 너머와 비옥한 초승달 지대의 변경, 그리고 기원전 1400~기원전 1200년에 동지중해 유역과 근동의 '강대국들'로 통하던 지역에도 적용되었을 것이다. 바빌론(이후 미탄니와 아시리아), 아나톨리아의 하티(히타이트, 그 뒤를 이어 에페수스를 수도로 한 아르자와), 알라시야 또는 키프로스, 미케네, 그리고 크레타섬의 미노아제국처럼 잘 알려진 국가들이 포함된다.[65] 이들의 공통점은 도로, 항구 등의 대규모 기반시설 공사와 농사를 위해 노동자들을 중앙에서 조직했다는 사실이다. 물론 국가는 노동자들을 먹이고 부양해야 했다.

메소포타미아의 국가, 군인, 노예

국가 형성과 군대 육성은 대체로 함께 진행된다. 이것이 노동의 역사에 미치는 영향은 세 가지다. 군인 모집, 늘어가는 전쟁 포로의 노예화, 때때로 식민화를 위해 피정복민을 강제 이주시키는 조치다.[66] 기원전 2300년경 '세계 모든 지역, 해 뜨는 곳부터 해 지는 곳까지 하늘 아래 모든 나라의' 통치자 사르곤대왕이 세계사 최초의 대국 아카드 왕국을 세웠다. 영토는 페르시아만부터 멀리 아나톨리아까지 이르렀다. 이 왕국에 관한 기록에서 노예와 직업군인 모두를 만날 수 있다.[67]

기원전 1300년 이후 비옥한 초승달 지대에서 군사전과 보병대가 나타났다. 기술이 발달하고 전문화하면서 이 직업은 유럽을 포함한 전 세계로 퍼졌다.[68] 국가가 성공하기 위해서는 운송 혁명이 필수적이었다. 앞에서 보았듯이 운송 혁명은 기원전 4000년부터 흑해 북쪽의 스텝 지대에서 말을 길들이고 전쟁에 배치했기에 가능했다. 기원전 1800년부터는 말과 더불어 전차가 사용되었다. 자유노동 중 최초로 기록된 것은 군사 노동이었다. 일례로 사르곤대왕은 군사행동과 관련해 남성 5천4백 명이 매일 자기 앞에서 식사했다는 기록을 남겼다.[69] 고위 장교는 보수로 땅을 할당받았다.

전쟁이 끝나면 포로가 생긴다. 그들을 어떻게 해야 할까? 칼에 맡길 것인가, 아니면 노역을 맡길 것인가? 대부분의 국가는 후자를 택했다. 전쟁 포로는 가장 중요한 노예 공급원이었다. 훨씬 후대인 528~534년 작성된 유스티니아누스 법전에 명시된 것처럼 노예는 원래 죽이지 않은 인질이다.[70] 이전의 폭력이나 공격 행위와는 다른 전쟁은 노동사의 핵심이다.[71] 다른 국가를 타도하기 위해 조직적이고 지속적으로 행사하는 폭력인 '진정한 전쟁'을 수행하려면 규모가 엄청난 군대가 필요했고, 그 정도 규모의 군대는 국가만이 유지할 수 있었다. 국가의 수입은 결국 필요한 것 이상을 생산할 수 있는 농부들에게 의존하는데, 많은 남성이 전쟁터로 떠나고 노동 수요가 많은 복잡한 사회에서는 인질을 죽이는 대신 공공 공사 같은 노동을 시키는 편이 이득이다. 이 시대의 전쟁 포로 강제 이주에 관해서는 아시리아제국이 세계 기록 보유자일 것이다. 아시리아제국은 기원전 900~기원전 600년에 적어도 450만 명의 남녀와 아이들을 강제 이주시켰다. 같은 시대에 중동과 동지중해 전역의 정치체와 엘리트층은 (때때로 준엘리트층도) 노예노동을 이용했다.[72]

부의 증가, 전쟁, 사회계층화가 밀접하고 결국 노예제를 낳는다는 사실에도 불구하고, 대규모 무자유노동자 집단은 후대에 출현했다. 기원전 4000년 이후 수메르에서 노예가 '외국에서 온 남자'를 뜻했다는 사실은 포로가 노예의 기원임을 보여준다. 기원전 1754년경의 함무라비 법전에 따르면 구매와 채무에 의한 노예도 있었다.[73] 이렇게 (특히 전쟁이 끝난 후) 노예가 발생했지만 노동 형태는 여전히 대부분 자유노동이었다. 메소포타미아에 자유 농민과 자유노동자가 많았고, 개인이나 단체가 소유할 수 있는 노예가 제한되었다는 사실이 이를 시사한다. 기록에 따르면 노예가 가장 많은 사람은 96명을 소유한 한 금융인이었다.

시장과 자영업자, 고용주, 노동자의 출현

군인을 고용하고 음식, 거처, 생계 수단을 제공하여 국가가 시작되었다고 해서 노동시장이 있었다고 추론할 수는 없다. 진정한 노동시장이 출현하려면 임금노동자를 얻기 위해 경쟁하고 고용계약을 맺는 여러 고용주가 필요하다. 달리 말해 노동시장에서 임금노동자는 여러 고용주 중 하나를 선택할 수 있고 성공하든 못 하든 임금을 협상할 수 있다.

메소포타미아 지역에서 이러한 노동시장이 서서히 출현했다. 기원전 2000년경 최초의 흔적이 미미하게 나타났다가 기원전 1000년 이후 뚜렷해졌다. 이때는 국가뿐 아니라 도시, 신전, 신전이 고용한 하도급자도 고용주로 활동하기 시작했다. 상품 시장도 정기적으로 열렸다.[74] 시장의 구매자는 두 유형으로 나뉜다. 첫 번째는 어부가 농부로부터 곡식을 사고, 농부는 직조인으로부터 옷감을 사며, 직조인은 어부로부터 생선을 사는 것처럼 서로 사고파는 독립적 생산자 유형이다. 두 번째는 직업군인이나 청부업자다. 이들은 생계에 필요한 물건을 국가로부터 받지 않는 기간이나 식량을 생산할 시간이 없을 때 임금으로 곡식, 옷감, 생선을 산다. 한편 앞서 언급한 네 가지 노동관계(호혜적 관계, 공납적 재분배, 노예노동, 새로이 등장한 임금노동) 외에 다섯 번째 유형이 등장했다. 시장을 위한 독립적 노동자다. 종종 자영업자로 불리는 이들의 일에는 여성이 일찍부터 활동한 가족 사업도 포함된다.[75] 마지막으로 앞에서 언급한 신전 하도급업자와 정치체 산하기관이 최초의 고용주가 되면서 노동관계는 여섯 가지로 늘었다. 이후 인류가 새로운 범주를 발명하지 않았으므로 노동의 역사에 매우 중요한 발달이다. 이때부터의 노동사에서는 이 기본적 유형들이 끝없이 순환했다.

비옥한 초승달 지대 국가들에서 확장된 여러 노동관계는 다양한 예로 확인할 수 있다. 관련 자료가 많이 남아 있는 최초의 정치체는 제3왕조 시대의 우르, 이 나라를 계승한 신바빌로니아제국(기원전 625~기원전 539)과 이 제국을 흡수한 페르시아제국 등이다. 고대 그리스 관련 학자와 그 추종자들은 이 지역을 변치 않는 '동양의 전제주의' 또는 '아시아 생산방식'이라는 개념으로 설명했지만, 근래 수십 년간의 연구는 지금도 이어지는 케케묵은 신화를 넘어 훨씬 미묘하게 다양하고 흥미로운 그림을 보여준다.

우르 제3왕조는 시장 자체를 만들진 않았을 테지만 시장이 출현하는 데 필요한 기본 조건을 만들었다. 그중 하나는 여러 도시가 자체적으로 사용한 도량형을 대체한 표준 도량형이다. 우르 제3왕조는 주요 회계 단위로 은을 더 많이 사용하고 막대 형태로 유통했다. 은을 알맞은 양으로 잘라냈다는 것은 단일 지급 체제가 형성되었다는 의미다.[76] 우르 제3왕조 관료들이 엄격한 중앙 집중적 계층 구조 속에서 근무했다는 사실을 고려하면, 이 방식의 거래가 실제로 많았느냐는 의문이 떠오른다. 농부는 수확량의 많은 부분(움마와 라가시 지방의 경우 43~48퍼센트)을 바치고, 세금으로 버드나무와 포플러 목재, 도자기 그릇, 지붕보, 가죽 자루 등을 납부해야 했다. 신전과 국가는 소유한 가축을 양치기에게 위탁하여 매년 수를 세고 상태를 조사했으며, 양털, 새끼양, 가죽, 유제품 등을 정해진 수량만큼 납품하게 했다. 양치기는 분명 자신이 소유한 양도 쳐야 했을 것이다. 그것도 모자랐는지 국가는 부역 노동도 부과했다. 십장의 감독 아래 노동조로 조직된 부역 노동자들은 지위에 따라 보리를 차등 할당받았고, 매년 품질이 낮은 양털이나 양털 직물을 받았다.[77] 당시의 일상생활에서는 금전 거래의 여지가 별로 없었던 듯하다.

금전 거래는 '행정의 민영화'가 급속히 자리 잡은 기원전 2000~기원전 1600년에 가능해졌다. 당시 공무원은 개인 사업자로서 계약을 맺고 서비스를 제공했지만 왕조에 정치적 충성을 바칠 의무는 없었다. 또한 이들은 융자를 제공하기 시작했는데, 이율이 은을 빌려줄 때는 최고 20퍼센트, 곡식을 빌려줄 때는 최고 33퍼센트까지로 높았다.[78] 가장 오래된 증거인 기원전 18세기에서 기원전 15세기까지의 기록에 따르면 봉급은 곡식이나 은, 또는 둘 다였고, 이후의 기록은 분명하지 않다. 가장 잘 알려진 증거는 함무라비 법전의 임금 규정이다. 법전에 기록된 은의 양인 0.23~0.28그램을 환산하면 한 일꾼당 하루에 곡식 6.2~8리터라는 표준 임금이 나온다.[79]

기원전 19세기에는 아수르의 상인들이 수익성 높은 장거리 교역을 정착시켰다. 그들은 아내가 만든 직물과 주석을 당나귀 등에 싣고 아나톨리아로 가서 구리, 귀금속, 돌과 교환했다. 잘 보존된 그들의 사업 기록을 검토한 역사학자이자 아시리아 연구자 그웬돌린 레이크Gwendolyn Leick는 다음과 같이 결론 내린다. "기원전 20세기의 아수르는 국가의 부를 전적으로 상업에 의존하며 자본주의적인 무역 국가였다."[80] 흥미롭게도 기원전 제2천년기에 작성된 기록에는 아래처럼 자영업자가 분명한 한 부인이 등장한다. 집주인을 찾고 있던 의사는 다음과 같이 길을 안내받는다.

그랜드 게이트로 들어가서 왼쪽으로 길 하나, 큰길 하나, 광장 하나를 지나고 틸라지다가를 지난 다음 누스쿠가와 니니메나가로 가세요. 키-아가-엔빌룰루의 딸이자 니슈-안-에아-타클라의 며느리인 헤눈-엔릴 정원의 여자 정원사인 닌-루갈-압수가 틸라지다 장터에서 농산물을 팔고 있을 거예요. 그 여자에게 물으면 그 집을 알려줄 거예요.[81]

두 예 모두 기원전 제2천년기에 독립적 사업가가 활동했음을 보여준다. 그러나 이들은 메소포타미아나 비옥한 초승달 지대에서 주요 흐름을 만들지는 못한 듯하다. 새로운 흐름은 1천 년 후에 나타났다. 적어도 기원전 600년부터 바빌론에서는 자영 노동과 임금노동이 노예노동보다 일반적이었고, 호혜적 노동은 집 밖에서는 중요하지 않았으며, 공납적 노동은 급격하게 줄고 있었다.[82] 주목할 점은 임금노동에 대한 급여가 주화로 주조되지 않은 은 조각으로 계산되고 지급되었으며 액수가 적지 않았다는 사실이다. 노예도 가끔은 생계유지를 위한 물자 대신 임금을 받았고, 법적으로는 주인에게 구속된 무자유노동자였지만 재산을 취득할 수 있었다.[83]

어떤 고고학적 기록은 임금노동자 개인을 잘 알 수 있을 정도로 자세하다. 이른바 마르도니우스 아카이브Mardonios archive에 소장된 설형문자 판들에는 기원전 484~기원전 477년에 아부-우수르수, 벨-아나-메레흐티, 벨-이탄누라는 세 벽돌공이 한 팀을 조직해 노동을 제공했다는 기록이 있다. 매월 1만 1천~1만 2천 개의 커다란 벽돌을 성형하여 구운 이들은 총 21세겔shekel의 은을 받았다.[84] 노동 팀은 수요가 많았고, 바빌론의 도시 성곽과 궁전을 짓는 공사에만 동시에 수천 명이 고용되었다.

한 개인이 여러 노동관계를 동시에 맺을 수도 있었다. 기원전 500년경 우루크의 한 설형문자 기록은 시장경제 안에서 뒤섞인 여러 노동관계를 보여준다.[85] 한 하청업자 또는 책임자가 신전의 땅을 일굴 인력을 구할 수 없다고 불평하는데, 모든 사람이 자신의 대추를 수확하느라 바빴기 때문이다. 즉, 자영 노동이 계절성 임금노동과 병행되고 있었다. 덧붙여 말하면, 이 신전에는 노예가 있었지만 수는 많지 않았다. 노예들이 일할 의욕이 없고 기회만 되면 도망갔기 때문이라고 한다.

이집트의 노동관계

이집트 나일강은 매년 범람하여 진흙이 천연 비료 역할을 했다. 따라서 나일강 양쪽의 좁고 기다란 지대와 광활한 삼각주, 몇몇 오아시스는 농경에 유리했다.[86] 먹는 양을 줄이지 않아도 아홉 농가가 하나의 농가를 추가로 먹여 살릴 수 있을 정도로 생산량이 높았기 때문에 사람들은 다른 활동을 할 여유가 있었다.[87] 많은 잉여 생산은 기원전 제5천년기부터 가능해졌다. 먼저 비옥한 초승달 지대로부터 상上이집트로 목축이 전래되었고, 삼각주에 경작농이 전래되었다. 기원전 제4천년기부터는 상이집트와 삼각주 전역의 농가가 두 유형을 결합했다.

이 풍부한 수입의 사회적 목적에 대해서는 의견이 분분하다.[88] 한쪽의 전통적 견해는 성경 내용과 같이 이집트가 노예의 땅이었다고 본다. 현재 역사학자 대부분은 이 개념을 부정하고 오히려 파라오가 중앙에서 관리하는 조세제도가 지배적인 역할을 했다고 추측한다. 다른 한쪽은 고대 이집트를 시장 사회로 본다. 노동사의 관점에서 살펴보고, 노예제의 역할이 미미했음을 감안하면 논쟁의 균형은 고대 이집트는 알렉산드로스대왕이 정복할 때까지 공납적 재분배 국가였고, 이 체제가 노동 분업과 그 수입에 큰 영향을 미쳤으며, 의미 있는 노동시장은 알렉산드로스의 정복 이후에 출현했다는 쪽으로 분명히 기운다(140~149쪽 참고).

이 막강한 국가의 출현은 다소 이례적이다. 메소포타미아와 달리 나일강 유역에는 오랜 기간에 걸쳐 먼저 나타난 도시국가가 없었기 때문이다.[89] 이집트 국가의 기원은 기원전 제4천년기 상이집트의 목축 경제로 여겨진다. 이곳에서 도자기를 만드는 전문 작업장도 발견되었다.[90] 기원전 3500년 이후 많은 동물과 때로는 사람까지 공양하는 장례 의식을 강조하는 나카다Naqada 문화 (금석병용기 이집트의 선왕조 시대 문화-옮긴이)가 북쪽으로 진출했다. 군사적 정복이 아닌 평화적 이주였다. 강을 이용한 운송은 나카다의 모든 작은 촌락을 이어주었고 상품, 도량형 및 생산품 관리에서 메소포타미아의 물표 체계를 연상시키는 표준화가 이루어졌다.[91] 정치적 자유도 확대되었다.

기원전 3000년경 이집트는 중앙 지도적 국가의 모습을 띠기 시작했다. 처음에는 히에라콘폴리스, 나카다, 아비도스 중심의 상이집트가 지배하다가, 기원전 2700년경부터는 사카라와 멤피스 중심의 하下이집트가 지배했다. 여러 세기 후 점점 커지던 장례 의식의 규모는[92] 기자의 피라미드 건설에서 정점을 맞았다. 기원전 1500년경까지는 국가의 면적이 메소포타미아 지역과 비교가 되지 않을 정도로 작았다. 그러나 국가가 거대한 강의 강둑을 따라 형성되었다는 사실은 내부적으로 매우 일관성이 있었다는 의미였다. 물론 국가의 성격에 대한 논쟁은 이 나라가 약 3천 년 동안이나 존속했기 때문이기도 하다. 이집트 백성의 노동은 중앙 권력이 조직했지만 변칙적인 형태도 많았다. 첫째, 국가의 중심 권력이 많은 변화를 겪었다. 국가의 조직력은 역사학자들이 '중간기'로 구분하는 시대보다 피라미드를 건설한 강력한 왕조 시대에 훨씬 강했다. 둘째, 국가는 직접적으로 또는 많은 관료층을 통해 권력을 행사했는데, 후자는 관료들이 부정직한 계책을 부릴 여지가 있었다. 중심 권력이 약해지고 사제와 관료가 권력을 도용한 중간기가 한 번에 수 세기 동안 지속되기도 했지만, 그럼에도 인상적인 것은 중앙 국가가 항상 비슷한 모습으로 돌아왔다는 사실이다. 이 패턴은 로마제국 시대가 열리며 깨졌고, 이집트는 로마 원로원의 행정 범위 밖에 있으며 황실이 소유한 땅이 되었다.[93]

메소포타미아와 이집트의 위대한 문화는 같은 시대에 존재했기 때문에 종종 비교된다. 실제로 노동이 비슷하게 조직되었지만[94] 차이점도 많다. 앞서 살펴본 시대의 끝 무렵에는 차이가 더 분명해진다. 주요 차이는 메소포타미아는 도시화 정도가 훨씬 컸고 시장과 새로운 노동관계가 출현한 반면, 이집트는 계속해서 공납적 재분배 모델로 돌아갔다는 것이다.

이집트에서 반복된 패턴의 바탕에는 주신-왕 개념이 있다. 주신-왕은 모든 생산물과 노동자를 심판하고 마음대로 사용할 수 있었다. 이 관점에서는 사적 재산이 존재할 수 없었고 개인, 가구, 지역 공동체 모두가 자신들의 일을 마음대로 결정할 수도 없었다. 파라오는 모든 노동과 (작물과 가축뿐만 아니라 생선, 소금, 갈대 매트 등을 포함한) 생산품에 현물로 세금을 부과했다. 다른 한편으로는 신전 및 피라미드 건설 과정이나 군대에서 생산 활동이 조직되기도 했다. 첫 번째는 파라오가 통치하는 이집트인 대부분에게 적용된 노동관계의 공납적 성격을 보여준다. 두 번째는 국가를 위해 일한 소수를 위한 재분배의 특징을 보여준다.[95] 군인으로도 일해야 했던 농부는 두 가지 모두에 해당했다. 농부의 노동은 부역이었으나, 부역은 농산물 생산에만 종사하는 다른 주민이 세금으로 납부하는 농산물이 재분배되어야 가능했다. 이러한 성격은 병역뿐[96] 아니라 국가의 수도 공사와 광석 채굴 원정 등에서도 나타났다.

이 중앙집권 방식에는 왕실 영지domain와 왕실 부지estate를 관리하는 폭넓은 관료 조직이 필요했다. 북쪽부터 남쪽에 이르는 제국의 땅은 왕실의 매장 의식을 유지하기 위해 왕이 여러 지방에 지정해놓은 왕실 영지들로 나뉘었다. 왕실 부지는 특정 물품을 공급하는 장소나 건물로 구체적인 시설에 가까웠다. 왕실 부지에는 신전 외에 채석장, 광산, 건축 부지 등도 해당되었다.[97] 주민들이 곡식과 생선, 기타 산물 등을 세금으로 바치면 구성원이 5천~1만 명 정도[98]인 왕실과 왕실 부지로 들어갔고, 생산자들은 전문적인 일에 전념할 수 있었다.

모든 생산물이 이렇게 분배되었기 때문에, 교역이 마을 범위를 벗어나 커질 여지는 거의 없었다. 해외 교역도 국가나 왕실이 독점했다. 스스로 비용을 들여 위험을 부담하며 교역하는 상인들은 없었다. 국가는 레바논의 목재, 키프로스의 구리 같은 이국적 물건의 수입을 독점하고 물품들이 큰 신전들 사이에 잘 배분되도록 했다.[99]

왕실 영지를 위임받은 고위 관리와 신전은 이를 바탕으로 모든 생산수단을 획득했다. 국가가 요구하면 모든 주민이 생산물과 용역을 제공해야 했다는 의미다. 이를 위해, 기원전 2200년까지 이어진 고왕국은 가축과 기타 생산물의 수를 계산했고, 중왕국은 노동자 등록 기관을 운영했다.[100]

가장 낮은 생산 단계는 주민들보다 지위가 높은 마을 촌장이 조율했다. 이것은 국민의 대다수였던 농부에게는 곡식이 무르익는 3~4월에 국가나 신전 또는 땅주인이 보낸 선단이 수확물의 일부를 가져가 중앙의 곡식 창고에 보관한다는 의미였다. 결국 수확물 중 적은 양만 그다음 철에 심을 씨앗용으로 돌아왔다. 농부는 거둬 가지 않은 것으로 생계를 유지했다. 다음 철은 나일강이 범람한 후인 10월(남쪽)부터 12월(북쪽) 사이에 시작되었다. 이처럼 빠듯한 상황에서도 누군가는 세대를 이어 상속되는 자신의 농장을 꿈꾸었을지도 모르겠다. 국가는 전체 생산량 중 10퍼센트를 중앙세로 거두고, 10퍼센트는 파종을 위해 돌려주며, 40퍼센트는 땅에서 고생한 사람들에게 보상하기 위해 남겼다.[101] 나머지 40퍼센트는 중개인, 즉 관료나 '땅주인'으로 불리는 신전이 가져갔다. 우르 제3왕조 시대의 메소포타미아 농부들이 바친 양과 비슷하다.

관개농업 덕분에 수확량이 많았기 때문에 (에티오피아에서 흘러오는 물이 파괴적으로 범람하지 않는 이상) 농부들은 적당한 수입을 얻을 수 있었다. 고대 이집트에 관한 여러 저서를 쓴 더글러스 브루어Douglas Brewer는 인구가 장기적으로 증가했다는 사실이 그 점을 증명한다고 말했다. 그러나 그의 추산에 따르면 주민 1인당 일일 곡식 수확량은 기원전 4000년경 18.16킬로그램이었던 반면 기원전 3000년경에는 6.74킬로그램으로, 기원전 2500년경에는 3.92킬로그램으로 줄었다. 이후 하향 추세가 느려지다가 로마시대에 이르면 고작 2.08킬로그램이 되었다. 브루어에 따르면 선왕조 시대의 잠재 곡식 생산량은 현재 국제연합식량농업기구FAO가 건강한 식생활에 필요하다고 정한 양의 45배였다. 인구가 가장 많았던 시기에도 일일 권장 섭취량의 다섯 배 수준이었다. "경작 가능한 땅의 절반에만 곡식을 심어도 수확량은 일일 권장량의 2.2~2.5배였다." 브루어는 "이집트가 왜 고대 세계의 곡창지대로 여겨졌는지 쉽게 이해할 수 있다"라고 결론짓는다. 더 중요한 것은, 어떻게 이집트가 그토록 많은 사람을 동원해 기념비적 건축물들을 지을 수 있었는지, 왜 명성이 오랫동안 지속되는지를 보여준다는 것이다.

농부가 받는 보상은 당연히 내야 하는 수확물의 양에 따라 달라졌다. 내야 하는 분량은 약간 높은 평균 수치인 50퍼센트보다 많을 수도 있었다. 기원전 1850년경 작성된 다음의 구절은 그러한 현실을 우려하고 또렷하게 표현하고 있다. 한편으로 필경사의 운명을, 다른 한편으로는 평범한 농부의 운명을 가상으로 비교한 내용이다.

또 다른 힘든 직업인 농부의 사정은 어떤지 설명해드리겠습니다. 강이 범람하는 시기에 농부는 온몸이 흠뻑 젖지만 그래도 장비를 돌봐야 합니다. 낮 시간 내내 농사 도구를 만들고 고치고 밤새 밧줄을 꼽니다. 점심시간에도 농사일을 하죠. …… 이제 범람한 물이 빠져나가 땅이 드러나면 소를 구하러 갑니다. 며칠 동안 목동의 뒤를 쫓은 후 소를 집으로 데려와서 밭에 빈터를 만들어줍니다. 다음

날 새벽에 소를 돌보러 나가는데, 어제 소를 두었던 곳에는 아무것도 없습니다. 그는 사흘 동안 소들을 찾아다니고 결국 늪지에 빠져 죽은 소들을 발견하죠. 가죽도 남아 있지 않습니다. 자칼이 다 씹어 먹었기 때문이죠! 그는 다시 많은 시간을 들여 경작하지만 뱀이 와서는 방금 뿌린 씨를 먹어치웁니다. 그것도 빌려 온 씨앗을 세 번 파종할 때마다 매번 일어나는 일이죠.

관리가 수확세를 계산하러 오면 이 농부가 어떤 곤경에 처하는지 말씀드리죠. 뱀이 곡식의 반을 훔쳐 먹었고 하마가 나머지를 먹어치웠습니다. 게걸스러운 참새가 재앙을 가져옵니다. 타작마당에 놓여 있던 나머지도 모두 사라져버립니다. 도둑이 가져가버린 거죠. 소를 빌린 비용도 갚을 수 없고, 소는 힘겹게 쟁기와 타작 바퀴를 끌다가 지쳐 죽습니다. 그런데 이제 서기가 수확세를 계산하러 강둑에 내립니다. 막대기를 든 수행원단과 야자나무 회초리를 든 누비아인들을 데리고 말이죠. 그들은 "곡식을 보여라!"라고 말합니다. 하지만 아무것도 없죠. 그들은 농부를 무자비하게 때립니다. 그러고는 꽁꽁 묶고 물웅덩이 속에 머리를 처박아 흠뻑 젖게 만들죠. 그가 보는 앞에서 그의 아내를 묶고 아이들에게 쇠고랑을 채웁니다.[102]

이 이야기는 여러 요소를 섞은 것이다. 이렇게 많은 사건이 한 계절에 한 농부에게 한꺼번에 일어났을 리는 없다. 그러나 시장이 없는 공납적 재분배 체제가 지상낙원은 아니었음을 분명하게 보여준다. 파라오가 농부에게 부과한 곡식세를 살펴보려면 과연 농부들이 무언가를 대가로 얻기는 했는지를 물어야 한다. 답은 아마도 긍정적일 텐데, 재분배가 언제나 제대로 시행되었기 때문은 아니다. 이집트인에게는 드높은 목적에 대한 믿음이 있었고, 모두가 커다란 우주 전체에 속해 있다는 근본적인 느낌을 공유했다. 기원전 2300년의 한 기록과 같이, 마트Maat라는 국가 윤리에 따라 사회적 정의가 우주 안에서 중요한 규범 자리를 차지했다. 파라오의 한 고위 시종은 자신의 일생을 이렇게 요약했다. "마트를 말하고 마트를 행했다. …… 할 수 있다면 약한 이를 강한 이의 손에서 구해주었다. 배고픈 자에게 빵을 주었으며, 헐벗은 이에게 옷을 주었고, 배가 다니지 않는 곳에 발 디딜 곳을 만들어주었으며,

아들 없이 죽은 자를 매장해주었고, 배가 없는 자에게 배를 만들어주었다.” 이상적이지만, 단순히 대중을 통제하기 위해 지배 계급이 만든 생각만은 아니다. 이렇게 말한 사람이 주인에게 “저는 모든 사람이 칭찬하는 일을 했습니다”, “저는 대인이 원하고 소인이 칭찬하는 일을 했습니다”라고 말하기 때문이다.[103] 그 이상을 모든 사람이 얼마나 따랐는지는 분명하지 않다. 어쨌든 파라오가 국가에 대한 백성의 연대감을 높일 필요성을 느낀 것은 사실이다. 나일강 전체를 따라 일정한 간격으로 작은 계단식 피라미드들을 건설한 데서 분명히 알 수 있다. 거대한 왕실 피라미드의 축소판인 이 피라미드들은 이집트 백성에게 그들이 땀 흘려 일하는 원대한 목적을 떠올리게 했다.[104]

고대 이집트의 농사 노동에 대한 그림에는 대부분 남성이 등장하지만, 약 3만 제곱미터인 농장의 넓이를 감안하면 남성, 여성, 아이들로 구성된 가구 전체의 노동이 필요했을 것이다. 전통적으로 쟁기질과 낫을 사용한 추수뿐 아니라 도기 제작, 돌 조각하기, 금속가공, 건설과 무두질에 관한 그림에는 남성만 등장한다. 대조적으로 여성은 이삭줍기, 아마 수확, 직조와 집안일하는 모습만 볼 수 있다. 키질은 남녀 모두가 했다. 하지만 기원전 약 1550~기원전 1070년의 신왕국 시대에 수직 베틀이 도입되자 여성이 하던 직조를 남성이 이어받는 변화가 나타나기도 했다.[105]

왕실은 많은 농부가 공납물을 바치는 영지 외에 주요 부지도 소유했다. 신전, 궁전, 특히 세계의 모든 매장 기념물을 능가하는 기념비적 건축물인 피라미드 등을 세우기 위한 부지였다. 다양한 선사시대와 유사시대에 부역으로 건설된 거대 봉분과 건축물들이 잘 알려져 있지만 피라미드는 그 모든 것을 능가한다. 가공된 재료의 양을 알면 공사에 얼마나 엄청난 노동이 투입되었는지 대략 계산할 수 있다.[106] 노동사에서 특히 흥미로운 부분은 철저하게 조율해야 할 정도로 엄청나게 많았던 노동자다. 기본적인 핵심 인력으로 일꾼 5천 명이 동원되었고, 공사가 한창일 때는 수만 명이 더해져 최대 4만 명의 계절 노동자가 돌을 캐고 선적하고 끌고 쌓았다. 공사는 나일강이 범람하는 몇 달 사이에, 즉 건축자재들을 뗏목에 실어 강을 따라 보낼 수 있고 땅에서는 할 일이 거의 없는 시기에 진행되었다. 원래 피라미드는 우루크의 디자인을 이집트식으로 변형한 진흙 벽돌로 만들어졌으나,[107] 기원전 2650년경에 지어진 조세르왕의 계단식 피라미드는 60만 개의 사각형 석회암 덩어리(일부는 근방에서 잘라 썼고 일부는 소도시 투라로부터 들여왔다)와 멀리 떨어진 아스완에서 배로 운반된 화강암 120톤으로만 이루어졌다. 이 단단한 돌을 캐려면 구리 끌이 필요했기 때문에 피라미드 하나를 짓기 위해 수공구에 70톤의 구리가 사용되었다. 나중에 기념비적 조각상에도 적용된 연속 생산방식을 엿볼 수 있는 대목이다. 그러나 조세르의 뒤를 이은 왕들이 무려 2천만 톤의 돌로 만든 세 개의 거대 피라미드와 비교하면 어린애 장난에 불과하다.

왕실 부지 중 하나에서 노동자들이 일한 내역은 잘 알려져 있다. 기원전 1525~기원전 1070년에 메디나트하부의 람세스 3세 장례 신전 건축에 동원된 건설 노동자의 마을 데이르엘메디나에는[108] 전성기에 전문 기술을 보유한 120여 가족이 살았다. 관리들은 사소한 내용까지 돌조각에 기록했는데, 운 좋게도 많이 남아 있다. 기록들은 예상 밖으로 그들 일상의 수많은 모습을 보여준다. 그러나 이 모습이 매우 예외적이며, 짧은 시기에 활동했고 가치가 높았던 소규모 전문가 집단에 대한 이야기라는 사실을 감안해야 한다.

언뜻 보기에 그들은 평범한 전문 직업인이다. 노동만 보면 맞는 말이나, 노동관계를 들여다보면 그렇지 않다. 그들의 인생은 파라오를 위한 하나의 기나긴 세습 부역이었다. 그들과 그들의 자녀는 다른 일은 전혀 할 수 없었다. 국가는 일이 충분히 있으면 기본 생필품을 제공했지만 일이 없어지면 마을 밖으로 내보내 훨씬 낮은 임금을 받는 용역 일꾼으로 일하게 했다. 노동자들은 조직 전체를 스스로 조율한 것처럼, 그 운명을 맞이할 사람을 정할 수 있었다. 흥미롭게도 결정하는 과정에서 집단을 좌현과 우현으로 나누며 해양 용어를 사용했다.

이 '국가 노동자'들은 엄격한 틀 안에서도 추가로 돈을 벌고 일종의 초소형 시장을 만듦으로써 체제의 모든 가능성을 최대한 이용했다. 어떤 사람은 개인 고객으로부터 조상의 조각상을 만드는 일을 의뢰받았다. 그들의 부인은 주문을 받아 마직물을 만들었다. 그들에게는 국가가 제공하는 물지게꾼을 선택할 수 있는 자유가 허용되었다. 노동자 집단의 다수는 그렇게 일하고도 심각한 빚더미에 파묻혔다. 수공인과 다른 사람들로부터 당나귀를 빌렸는데, 그 값이 한 달 동안 일해서 받는 최저 생활임금인 곡식 한 자루 반으로는 갚을 수 없는 수준이었기 때문이다.[109] 한 노동자 집단이 다른 노동자 집단으로부터 착취당했음을 보여주는 사례다.

이 이야기는 그들이 지칠 줄 모르고 일만 하는 지루한 노동 집단이 아니라는 사실을 보여준다. 임금은 노동에 따라 뚜렷이 달랐다. 평범한 수공인의 기본 수입은 하루에 밀 5킬로그램과 보리 1.9킬로그램이었는데, 한 달에 다섯 자루 반 단위로 지급받았다. 십장은 밀 일곱 자루 반, 경비원은 네 자루 반, 소년은 두 자루를 받았고, 몇 명인지 알 수 없는 하녀들은 세 자루를 받아 나누어 가졌다.[110]

모든 것이 잘되면 이들도 괜찮은 수준의 부를 이룰 수 있었다. 일반 노동자의 장례에는 30개월 임금에 맞먹는 비용이 들었는데, 본인이 살아 있는 동안 이 비용을 저축해야 했다. 이 재분배 체제가 뜻밖의 상황에 처하면, 노동자들은 단체 행동을 통해 생활 조건을 개선하려 했다. 세계 최초로 증명된 파업을 벌인 데이르엘메디나 노동자들이 일례다. 거대한 신전의 관리자들은 종종 노동자에게 평상시에 주던 양만큼 곡식을 배분하지 않으며 원칙을 위배했다. 람세스 3세 재위 29년 두 번째 달 열 번째 날에 마을 사람들은 신전을 위한 노동을 거부했다. 이 급진적인 행동에 관해서는 "우리가 여기까지 오게 된 것은 굶주림과 목마름 때문입니다. 옷도, 기름도, 생선도, 채소도 없었습니다"라고 설명했다. 이들은 밀집 대형을 이루어 장례 신전까지 행진하고 연좌농성을 벌였다. 여러 날이 지난 후 요구하는 바를 이루었으나 곧 다시 일이 틀어졌다. 이후 평상시의 배급이 다시 시작되자 단체 행동을 끝냈다. 람세스 11세 때(기원전 1103~기원전 1070/1069) 마을이 해산되기까지 이들은 비슷한 파업을 많이 벌였다. 최초의 단체 행동은 세계사 최초의 파업이라는 올바른 명칭으로 불리고 있지만, 적절한 보수를 받는 임금노동자가 기업가에 대해 벌이는 저항이라기보다는 무능력한 관료에 대한 대항에 가까웠다. 수공인의 자의식도 이러한 맥락에 있었다. 기원전 2000년 직전 한 수공인은 이렇게 말했다.

나는 상형문자의 비밀과 의식의 절차를 안다. …… 나는 기술이 뛰어나고 지식의 선두에 선 수공인이다. 인체의 비례를 계산할 줄 알고 그것을 입체로 조각할 때 어디가 들어가고 나와야 하는지를 안다. 남성의 자세, 여성의 용모, 새와 가축의 자세, 감옥에 갇힌 죄수의 복종하는 몸짓, 사냥꾼이 하마에게 작살을 날릴 때의 자세, 달리는 사람이 움직이는 모양을 안다.[111]

이 사회에는 대규모 노예노동이 없었고 '노예'를 지칭하는 단어나 법적 범주도 없었다.[112] 모든 의존 노동을 요약하는 일반적인 용어만 있었다. 의존 노동자도 재산을 보유할 수 있었다. 물론 정기적으로 전쟁 포로가 끌려오긴 했지만 그들은 기존의 체제 속에 끼워 넣어졌다. 포로들은 자기 몫의 부역을 하도록 왕실 영지에 집단 수용되었다. 부역에는 고위 관리의 집에서 하는 일도 포함되었다. 부역을 회피한 이집트인은 강제 노동에 처해졌고, 메소포타미아처럼 채무 노동도 있었다. 그러나 노예노동으로 운영되는 대농장이나 작업장에 대한 증거는 없으며, 노예시장에 대한 증거도 없다.[113]

이집트의 공납적 재분배 노동관계가 역동적이지 않았다는 궁극적 증거는 그리스 세계와의 대립에서 드러난다. 다음 장에서 다루겠지만, 그리스 세계는 기원전 500년경부터 모든 곳에 소액 주화를 도입하여 사용했다. 이집트는 이 북방 이웃과 활발히 교류하며 수 세기 동안 에게해로부터 은을 수입하였으나, 지중해 세계와 레반트 전역에 급속하게 퍼진 혁신을 처음에는 무시했다. 기준치(또는 회계단위)로 중량 단위 데벤deben(구리 91그램)을 사용했으나, 기존에 사용하던 물건이 아니었으므로 교환 수단이 아니었다. 교환 수단은 금반지였지만 속성상 최상류층만이 주로 가치 보존 수단으로 사용했다.[114]

이러한 상황은 알렉산드로스대왕이 이집트를 정복한 몇 세기 후에야 변했다. 이때도 이집트는 매우 주저하며 변화를 받아들였다. 수천 년 동안 이집트는 고도의 물질문화와 일찍 발달한 문자 체계를 갖추고 노동 분업 수준이 높으며 강력한 국가였다. 그러나 커다란 시장이나 도시가 없었고, 따라서 교환 수단으로서의 화폐에 대한 수요가 없었다. 수요가 없으니 공급도 없었다.

중국의 노동관계

중국 황허강 유역의 중부와 남부를 지배한 최초의 단일 정치체는 상나라다. 기원전 1200년경 상나라의 필경사는 신탁을 구하고 예언을 적기 위한 수단을 만들었다.[115] 또한 청동 주물 전문가 등의 많은 장인이 국가의 후원과 통제를 받았다. 세금을 부과하는 공식 체제가 없었던 상나라는 '엘리트에 기반한 재분배 체제'로 특징지을 수 있다. 농부들은 관리의 감독을 받으며 중인衆人이라는 노동 집단으로 조직되었고, 왕실 작업장에서 생산된 도구를 공급받았다. 왕은 곡창지대에서 곡식을 거두고 소금을 걷어 재분배하며 공공사업을 위해 부역을 부과하는 것 외에도 왕실 사냥 원정을 이끌며 상당한 양의 고기를 생산했다. 원정 기간 동안 왕과 대규모 수행단의 식량은 지역 주민들이 조달했다.[116]

사냥은 군사훈련의 역할도 했을 것이다. 북서쪽에서 잡아 온 많은 적군을 대중 앞에서 제물로 바치기 위해서라도 전쟁은 필수불가결한 일이었다. 규모 측면에서 "상나라는 세계사를 통틀어 가장 심하게 인신공양을 한 정치체로 통한다."[117] 의식을 통해 많은 사람을 죽인 이유는 아직 제도화하지 못한 왕의 권력을 보여주고 재확인하기 위해서였다. 상나라 이후 주周나라 시대에 제도들이 자리 잡자 인신공양의 빈도와 규모는 크게 줄었다. 이집트의 초기 파라오 왕조들에서도 비슷하게 피비린내 나는 예를 볼 수 있다.

상나라가 끝나고 주나라(기원전 1050~기원전 221)가 들어서자 전쟁 포로의 처지가 크게 변화했다. 그렇지만 전쟁이 멈추지 않았다는 사실을 고려하면, 이제 질문은 '전쟁 포로를 어떻게 했는가?'다. 대답은 공공사업에 대거 투입했다는 것이다. 이들을 죄수라 부를 수도 있지만, 이 용어는 대체로 죄를 저지른 국민을 뜻하므로 '국가 노예'라는 용어가 적절할 것이다. 국가 노예의 규모는 기원전 약 1046~기원전 771년의 서주 시대에는 수수했을 테지만, 기원전 770~기원전 221년의 동주 시대에는 많은 기록에 남아 있듯이 커졌다. 서주 시대의 도시는 규모가 작았고 주로 귀족들의 활동 중심지였으며 주민은 수백 내지 수천 가구 정도였다. 대조적으로 동주 시대에 가장 컸던 도시 규모는 수만 가구에 달했다. 주나라의 최상층은 사적으로 토지를 소유했다. 이들의 부계 친족 각각에 지정된 묘지가 있었다는 점에서 이 사실을 알 수 있다. 그러나 서주 시대의 가묘에서 내부 계층화는 거의 드러나지 않았다.[118]

농부와 최상층의 노동관계는 추측만 할 수 있다. 서주 시대에 둘의 차이는 분명 이후의 동주 시대보다 적었을 것이고, 기원전 453~기원전 221년의 전국 시대보다는 훨씬 뚜렷했을 것이다. 공자와 맹자가 등장하는 이 시기의 주요 변화는 다음 장에서 살펴볼 것이다.

※

기원전 5000~기원전 500년의 수천 년 동안 노동이 뚜렷이 전문화했고, 오늘날 알려진 노동관계의 모든 유형이 등장했다. 농경 사회에서는 노동이 전문화할 가능성이 여전히 제한적이었다. 2장에서는 최초의 수렵채집인과 더불어 농부가 출현하는 과정을 언급했다. 이 시기 초에 독립적 목축인이 독립적 경작농과 나란히 등장했고, 금속가공 전문인과 선원도 등장했다. 소수에 불과했던 직업은 도시가 출현하면서 수십 개로 늘어났고 나중에는 1백 개 이상이 되었다. 고대 이집트에서 볼 수 있듯이 전형적인 남성 노동과 전형적인 여성 노동이라는 성별 규범에 따른 노동 분업이 농경 사회에서도 뚜렷해졌다.

도시는 농부들이 충분한 잉여물을 생산하면서 출현할 수 있었다. 도시에서는 호혜에 기반한 체제가 신전이나 중앙 기구를 통한 공납적 재분배 체제로 바뀌었다. 사회 꼭대기에 있는 자들의 신성한 지위를 옹호하는 강력한 이데올로기가 대중의 협력을 한층 공고히 했다. 이 이데올로기는 비옥한 초승달 지대에서 가장 분명하게 나타났지만 인더스강, 황허강, 양쯔강 계곡에서도 나타났다. 중앙집권적 국가가 도래하면서 이 현상은 변화를 맞았다. 공납적 재분배의 특징이 가장 뚜렷하게 유지된 곳은 이집트였다. 기원전 3000년부터 메소포타미아와 중국의 도시 연합으로부터 출현한 국가들에서도 재분배 체제가 지속되었으나 사방으로부터 위협받았다. 말하자면 잉여물을 조금씩 빼돌려 챙기는 것이 중요해졌고, 재분배는 물질적 측면에서 점점 중요성을 잃었다.

또한 모든 지역 사람들이 노예를 사용하는 현상이 나타났다. 대체로 목숨을 부지한 전쟁 포로들이 주요 대상이었다. 노예화는 국가가 공격적으로 확장하는 단계에 일시적으로 크게 나타날 수 있었지만, 당시에는 전반적인 노동관계를 좌우할 정도로 중요한 비중을 차지하진 않았다. 마지막으로, 시장이 천천히 그러나 확실히 수면 위로 올라오고 있었다. 이 과정은 많은 시행착오을 겪었다. 역사학자들이 논쟁하는 주제이긴 하지만, 중앙의 권위가 힘을 잃으면 관리들이 자신의 부를 불리고 생산을 통제하여 잉여물을 빼돌리는 기회로 삼았다는 사실은 분명하다. 이렇게 새로이 탄생한 사업가들은 자영업자에게 외주로 일을 주거나 노예나 자유민을 직접 고용했다.

메소포타미아에서 최초로 나타난 공납적 재분배는 나중에 이집트에서도 나타났다. 두 지역 모두에서 공납적 재분배의 대안들이 생겼다가 사라졌다. 이집트의 공납적 재분배는 그리스와 로마의 통치를 받기 전까지 유지되었으나, 메소포타미아에서는 훨씬 이른 약 3천 년 전에 종식되었다. 기원전 600년경부터는 메소포타미아에서 물건, 서비스, 노동을 시장에서 거래하는 되돌릴 수 없는 과정이 시작되었다. 이미 특정 거래의 수단으로 사용되어온 은괴 화폐가 이 과정을 촉진했다. 나일강 삼각주에는 구리가 매장되어 있었으나, 한정된 상황에만 계산화폐로 사용되었을 뿐 교환 수단으로 쓰이지는 않았다. 이 중요한 발달과 관련해 메소포타미아 너머의 지역도 살펴봐야 한다. 예컨대 비슷한 시기에 중국에서도 되돌릴 수 없는 시장화가 일어나고 있었다.

세 지역의 시장화 속도와 심화에 대한 논쟁, 임금노동과 노동자의 임금률에 대한 논쟁은 여전히 진행 중이다. 이러한 측면에서 화폐, 특히 소액 주화가 발명되고 대규모로 도입되어 심층적 화폐화deep monetization하는 과정이 무척 중요하다. 이것이 4장의 주제다. 당시 시장경제가 보편적 원칙으로서 돌파구를 찾은 것은 아니지만, 심층적 화폐화는 오늘날까지도 필수적인 노동관계인 임금노동을 촉진했다.

앞 장에서는 노동하는 인간이 자신의 활동과 보수를 어떻게 생각하는지 알기 위해 인류학적 유추에 의존해야 했으나, 이제는 노동자의 경험과 느낌에 관한 증거를 접할 수 있다. 자신의 일과 농부의 일을 비교하며 고찰한 이집트의 필경사를 생각해보라. 이 장에서는 당시 사람들이 공동 목표를 위해 노동하며 느낀 만족감, 그것이 결국 공납적 재분배 사회의 불평등을 수용하게 만들었다는 사실과 더불어, 기술에 대한 자부심과 불공정한 처우에 대한 불만도 살펴보았다. 노예가 된 사람들이 어떤 생각을 했는지는 여전히 수수께끼지만 다음 장에서 살펴볼 내용으로 판단하면 체념했을 것이라고 단정해서는 안 된다. 가족 내의 성별 분업을 사람들이 어떻게 생각했는지를 알기는 더 어렵다. 이에 관한 최초의 기록은 훨씬 후대에 가서야 나타난다.

시장을 위한 노동

기원전 500~기원후 1500

우리가 알고 있는 노동관계는 수천 년 전 메소포타미아 최초의 도시와 국가에서 발달했다. 호혜성에 바탕한 수렵채집인 집단의 노동(1장)과 아마도 같은 원칙을 따랐을 농가의 독립적 노동(2장과 3장)과 더불어, 가장 오래된 도시에서 공납적 재분배가 출현했다(112~116쪽). 그 뒤를 이은 국가들에서 노예제가, 그리고 시장을 상대하는 소규모 자영업 생산자들이 점진적으로 출현했다. 그러다가 기원전 1000년경부터 메소포타미아에서 최초의 고용주와 피고용인이 출현했다(117~134쪽). 그러나 이집트는 그리스 시대가 도래할 때까지 피정복민을 노예로 이용하는 한편 대체로 공납적 재분배를 유지했다. 인더스강, 황허강, 양쯔강 계곡에서 출현한 초기 국가들과 사하라 이남 아프리카 대부분의 (노예가 없는) 농경 사회도 마찬가지였다.

기원전 500~기원후 1500년의 2천 년 동안 시장경제의 추진력이 대부분의 지역으로 퍼졌다. 그 과정에서 새롭고 간편한 지급수단으로서 일당과 시급의 가치가 있는 주화가 도입되었다. 소액 화폐라는 혁신은 임금노동을 크게 촉진하고 폭넓게 전파했다(140~149쪽).

이 장에서는 먼저 지중해 지역, 인도 북부와 중국 등 처음으로 화폐화한 사회의 발달을 따라가고, 유라시아 여러 지역의 노동시장을 살펴보면서 자유노동과 무자유노동의 비중이 어떻게 변화했는지를 언급할 것이다 (151~171쪽). 그다음에는 이 사회들 외에 어떤 대안이 존재했는지 살펴본다. 첫째, 400~1100년에 유럽과 인도 북부에서는 그동안 성공적이었던 심층적 화폐화가 쇠퇴했다(172~184쪽). 둘째, 비옥한 초승달 지대와 이집트, 아메리카 대륙에서 출현한 시장 없는 공납적 사회를 살펴본다(184~197쪽). 셋째, 점점 주변적 존재가 된 수렵채집 사회는 농경 여부와 상관없이 소규모였고 국가를 형성하지 못했다. 이 집단은 앞에서 자세히 다루었으므로 별도로 언급하지 않을 것이다.

심층적으로 화폐화한 노동시장은 지속 가능하고 성공적이며 도시화한 국가에서 활발하게 나타났다. 흥미롭게도 노동시장은 다시 사라질 수도 있었다. 노동사는 단순하고 긴 직선으로 발달하지 않는다. 흥미로운 점은 1000년 이후 인도와 유럽의 도시들에서 화폐화한 노동관계가 다시 나타났다는 사실이다(197~217쪽). 그때부터 유라시아의 거대한 문화·경제 중심지의 노동과 노동관계는 비슷해져갔다. 이 점은 5장에서 언급할 것이다.

화폐화한 노동시장이 출현했다고 해서 임금노동이 자동으로 주요 노동 유형이 되지는 않았다. 정반대도 있었다. 특히 그리스 세계에서 소액 화폐로 지급받는 임금노동과 노예의 대규모 무자유노동이 양립한 듯하며, 다른 곳에서도 비슷한 사례가 발견된다. 이러한 노동시장이 출현했다고 해서 (여기서 관심을 덜 받긴 하지만) 도시가 발달하지 않은 농경 사회의 역동성이 사라진 것은 아니다. 오해하지 않도록 두 가지 예를 소개하겠다.

앞에서 언급했듯이 태평양의 마지막 무인도로 건너갔던 농부들이 수천 년 동안 정체된 발견의 대항해(101쪽 참고)를 다시 시작했다. 800년에 하와이, 1250~1300년에 뉴질랜드에 도달했다. 심지어 일부는 유럽인들이 '위대한' 발견을 위해 항해하기 수 세기 전에 폴리네시아와 남아메리카를 '왕복'했다. 아메리카 대륙으로부터 하와이, 이스터섬, 뉴질랜드로 고구마와 (어쩌면) 호로병박이 전래되었다는 사실이 증명한다. 폴리네시아가 아메리카 문화에 미친 영향은 지금도 논쟁거리다.[1] 먼 항해를 위해서는 수천 킬로미터의 바다를 횡단해야 하므로 기술 수준이 높은 선박(아우트리거 카누)과 항해 능력이 있어야 했다. 최초의 발견 이후에는 수많은 섬의 주민이 정기적으로 접촉했다. 다른 지역에서 도시가 출현할 때의 조건과 마찬가지로, 항해자들의 광범위한 노동 분업과 엄격한 계층구조가 필요한 일이었다.[2]

유목 생활도 세계 여러 지역에서 한층 확대되었다. 1000년경 동아프리카에서 유목적 목축인이 출현했다. 이들이 사육한 동물은 에티오피아 고지대에서 자라며 뿔이 길고 등에 혹이 난 상가소sanga cattle다. 탈 수 있는 동물이 없어서 목부는 동물과 함께 걸어야 했기 때문에 이동 거리는 짧은 편이었다. 이들의 주식은 우유였고, 그다음으로 식물성 음식, 고기와 선지를 먹었다. 식물성 음식의 경우 남성보다는 여성이 많이 먹었고, 마사이족은 모두가 먹지 않았다.

유라시아 북부 툰드라에서 순록 목축[3]이 본격적으로 나타난 것은 오래전에 순록 목축인이었을 사모예드족Samoyeds(시베리아 원주민 중 하나–옮긴이)이 튀르크어를 사용하는 부족들에게 쫓겨 북부의 타이가(시베리아를 비롯한 북반구 냉대 기후에 걸친 침엽수림–옮긴이)로 이주하면서부터였을 것이다. 1000년경에 시작된 순록 목축은 20세기 초까지 계속 증가했다. 사람들은 겨울 초지에서 네다섯 달, 여름 초지에서 두 달을 보냈다. 남은 대여섯 달 동안에는 두 초지 사이의 수백 킬로미터 거리를 오가야 했다. 이 트레킹 동안 매일 수십 마리에서 수백 마리에 이르는 순록 무리가 이동했고, 그렇지 않은 때에는 한 달에 한 번에서 세 번 정도만 이동했다. 따라서 순록을 치는 가구의 노동은 캠프를 옮기고 이동하며 동물을 보살피는 일이었다. 주요 산물은 주식이기도 한 순록 고기였고 이 밖에 작물, 사냥한 고기와 생선, 정착민과 교환해서 얻은 생산물이 있었다.

거대 국가들 이외의 지역도 노동 형태가 다양했지만, 여기서는 유라시아여러 국가의 심층적 화폐화를 살펴보려 한다. 아무래도 현대의 독자는 정확한 금액으로 임금을 받는 형태에 익숙할 테니 말이다. 또한 상황이나 합의에 따라 이러한 형태가 바뀌는 경우도 살펴봐야 한다. 따라서 이 장에서는 자영노동자와 임금노동자의 윤곽을 잡고, 이들의 이해관계가 위협받는 시나리오에도 관심을 둘 것이다.

유라시아의 화폐와 노동의 보수

주화는 임금노동이 확산하는 데 필수불가결한 요인은 아니지만 크나큰 촉진제였다. 놀라운 점은 기원전 500년 무렵의 수백 년 사이에, 표준화한 금속 조각에 문자, 숫자, 이미지 등으로 가치를 표시하고 정부가 보장하는 화폐인 주화가 중국, 인도 북부, 소아시아 세 지역에서 개별적으로 '발명'되었다는 사실이다.[4] 분명 세 지역에서 같은 조건이 충족되었기 때문인 듯하다. 그 조건은 일상적으로 교환할 수 있고 관리하기 쉬운 표준 수단에 대한 폭넓은 수요였다.

노동사에서 중요한 점은 이 교환 수단이 언제부터 소액 가치를 표시했느냐다. 노동에 대한 보수에서는 일당이나 그보다 적은 액수가 소액 단위다. 이유는 간단하다. 임금노동자는 대체로 자산이 없어서 신용이 제한적이기 때문이다. 현실에서 노동자는 식료품에 돈을 쓰지 않고 일주일까지 버틸 수 있지만 그 이상은 넘기지 못한다. 노동자가 일당의 가치를 지닌 주화들로 주급을 받으면, 일주일 후 큰 문제없이 여러 채권자에게 주급으로 돈을 지불할 수 있다. 농부나 수공인 같은 자영 생산자도 마찬가지다. 특히 이 집단은 정기적 임금과 비슷하게 선금을 받지 않으면 생계가 어려워진다. 그 결과 현금 지급을 크게 촉진하는 변화가 나타났다. 화폐가 자리 잡은 현금 경제에서는 일당 가치를 지닌 주화 외에, 가치가 시급이나 그보다 적은 주화가 필요했다. 기원전 500년부터 수백 년 동안 이 조건이 앞에서 언급한 세 지역에서 충족된 듯하다.

이 혁신은 임금을 현물로 주다가 화폐로 지급했다는 단순한 이행을 넘어서는 변화다. 주화는 임금 지급이라는 필요를 충족했을 뿐만 아니라 유통되면서 다시 임금노동 확대를 촉진했다. 화폐가 원활하게 유통되어야 '시장경제'라고 할 수 있다. 임금노동자는 이 돈이 유용하다고 믿고, 고용주는 이 돈으로 좋은 인력을 구할 수 있다고 믿는다. 시장경제는 원칙적으로 보수를 마음대로 사용할 수 있는 큰 자유를 준다는 점 때문에 임금노동자와 자영 노동자에게 중요하다.

그리스와 인도의 주요 사회 변화를 비교한 영국 고전학자 리처드 시퍼드 Richard Seaford는 이 새로운 사회에서 개인성에 대한 자각이 커졌다는 점에 주목한다.

개인의 행복은 상업에 상당히 의존한다. 현실에서 반드시 그렇지는 않더라도 돈은 '원칙적으로' 개인을 사회적으로 정의된 호혜성, 친족 관계, 의례 등에 대한 필요에서 해방시켜준다. 따라서 개인은 전적으로 자신의 행위와 신념에 의존하며, 온전히 자족하는 (타인 아닌) 자기 자신은 '객체'가 아닌 '주체'가 된다.[5]

서아시아와 지중해 지역의 변화

어떤 면에서 당시의 주화 발명은 놀라운 일이 아니다. 어쨌거나 필요한 개별 요소들이 오래전부터 존재했기 때문이다. 노동을 포함한 교환물을 계산하고 측정하고 등록하는 방법, 현물 지급, 그리고 메소포타미아에서 도시가 발달하며 생겨난 지로 시스템 등이다. 귀금속과 비철금속을 추출하고 가공하거나 정제하는 작업은 더 일찍 시작되었다. 원통형 인장을 비롯해 조각하거나 틀로 찍어내는 '조형예술품'과 '물표'도 마찬가지다(113~114쪽 참고). 메소포타미아인은 이 요소 중 일부를 결합하여 도량형을 만들었다. 도량형은 그전까지 사용된 소와 노예의 총가치 단위보다 자세하고 보편적이며 추상적인 회계 단위를 위한 조건이었다. 도량형을 만든 사람들은 먼저 세겔 중량 체계에 따라 은괴 등의 덩어리를 사용했다. 그러나 비싼 은괴는 임금 지급용으로 한계가 있었다. 노동자 개인뿐 아니라 노동조 단위에 지급할 때도 일급이나 주급으로는 사용할 수 없었다.[6] 이 점은 최초의 주화도 마찬가지여서 주급보다는 월급에 해당할 정도로 가치가 높았다.

오래지 않아 대부분의 지역에 더 작은 가치가 자리 잡기 시작했다. 임금을 지급하기 위해 간단한 교환 수단이 필요했다는 사실은 결정적이지는 않지만 중요한 요인이었다. 주화가 도입된 근거를 다르게 설명하는 주요 학설에 따르면 장거리 교역을 위해 지급수단이 필요했기 때문이지만, 가능성은 높지 않다.[7] 교역은 주화가 사용되기 수천 년 전부터 존재했을 뿐 아니라, 긴급하고 강제적인 채무 결산인 청산을 제외하면 장거리 교역에 반드시 주화를 사용해야 할 필요가 없었다. 주화가 처음부터 널리 쓰이고 단위가 더 작았다는 사실은 대규모로 교역하는 부유층보다 일반인이 사용했음을 시사한다. 부자도 주화를 사용했으나 대규모 교역에서는 단위가 높은 금과 은을 사용했다.

소액 주화는 기원전 5세기 지중해 지역에서 처음 생산되었다. 기원전 600년 직후 소아시아 리디아 왕국 사람들이 금 70퍼센트와 은 30퍼센트를 섞은 천연 합금 엘렉트럼electrum으로 최초의 주화를 만들었다. 가장 낮은 단위인 0.15밀리그램은 가장 큰 단위의 32분의 1이었고, 가치는 양 한 마리의 3분의 1 정도였다. 주화의 쓰임새는 제한적이었다. 수십 년 후 소아시아와 바다 건너의 그리스 도시들이 이 새로운 교환 수단을 모방했다. 페르시아는 금화 다릭daric과 은화 시글로스siglos를 생산했는데, 군인 한 명의 월급보다 많은 1다릭의 가치는 1시글로스보다 20배 높았다. 페르시아는 주화를 세분화하지 않은 반면 그리스 도시는 기원전 500년경부터 단위가 다양한 주화를 생산했다.[8] 소액 은화 대부분은 무게가 4분의 1그램에서 1그램 사이였고, 가장 적은 소액 은화는 20분의 1그램이었다. 이 소액 은화는 일상적으로 사용할 수 있었다. 매춘부에게 주는 보수도 포함된 일당은 3오볼obol(1오볼=6분의 1드라크마drachma= 은 0.72그램)로 계산했다. 1오볼의 8분의 1 가치를 지니고 가장 흔히 사용된 은화는 대략 30분의 노동에 대한 보수와 같았다.[9] 수십 년 후 이탈리아 남부에 세워진 그리스 도시들과 시칠리아섬은 가치가 최소액 은화와 같지만 커서 잃어버릴 염려가 없는 청동 화폐를 도입했다. 신용에 기반한 청동 주화는 임금 지급을 크게 촉진했고, 임금노동자와 기타 저소득 노동자들이 시장에서 식료품을 구입하는 데 큰 역할을 했다. 소작농 같은 소규모 생산자와 자유노동자만 현금으로 지급받은 것은 아니다. 노예 소유주는 수공인과 사업가에게 노예를 빌려주거나, 정기적으로 일정 금액을 받는 조건으로 노예가 임금노동을 하도록 했다(160~161쪽 참고).[10]

도시국가 아테네는 육군과 해군 병사들에게 화폐로 임금을 지급한 주요 국가 중 하나였다.[11] 플라톤Plato은 가장 긴 후기 저작물인 《법률The Laws》에서 기원전 4세기의 상황을 간단명료하게 설명한다. "일상적으로 수공인의 물건을 사고팔며 임금을 지급하기 위해 돈이 필요하므로 공동체에 주화를 공급해야 한다."[12] 메소포타미아에서처럼, 그리스 도시국가에서도 전함 노꾼과 승무원 등의 군사 노동에 대한 필요가 컸기 때문에 임금노동이 크게 활발해졌다.[13] 아테네는 기원전 480년부터 페르시아와의 전쟁에서 주도적 역할을 맡았다. 트리에레스triērēs(고대 그리스·로마에서 사용된 3단 노 전투함-옮긴이)의 승무원 표준 구성은 장정 2백 명, 노동(테틱thetic)계급 출신으로 노 하나씩을 맡아 젓는 사람 170명(맨 위층에 배치되는 62명이 가장 중요했으며, 중간층과 아래층에 각각 54명이 배치되었다), 하사관 여섯 명(피리 부는 사람 포함), 갑판원 열명, 갑옷을 입고 투구를 쓴 보병 열 명, 궁수 여섯 명이었다. 이들은 충돌 침로에서 시속 13킬로미터 이상의 속도를 낼 수 있었다. 노꾼이 각각 14분의 1유효마력을 내야 가능한 이 최고 속도는 물론 오래 지속할 수 없었다. 30분도길었다. 트리에레스에는 일반 군사가 탈 수 없어서 이들은 병력 수송선으로이동했다. 대체로 노꾼은 공개 시장에서 채용되었으나, 기원전 428년 예외적으로 4만 2천 명의 노꾼이 페르시아전쟁에 배치된 긴급 상황에서 아테네는시민뿐만 아니라 외국인(메토이코이metoikoi)과 노예까지 징병해야 했다.

임금은 1인당 하루에 1드라크마씩 셈하여 한 달 치가 선불로 지급되었으나, 작전 중에는 탈영을 막기 위해 절반은 노동자가 귀환해 배에서 내릴 때까지 지불이 보류되었다. 이러한 노동에 따르는 위험은 차지하고, 최소 식량 배급 비용이 2오볼로 일급 총액의 3분의 1이라는 점을 고려하면 임금률은 나쁘지 않았다. 이 체제는 기원전 5세기에 잘 운영되었으나, 기원전 4세기에 자금이 부족해진 아테네는 임금을 지급할 추가 수단을 찾으라고 관리들을 압박했다. 적군과 아군을 가리지 않은 강탈과 동맹국에 대한 강제 징수가 점점흔해졌다. 그리 문명화한 모습 같지 않을 수도 있지만 당시 승무원들에게 하루에 식량 3백 킬로그램과 물 450리터가 필요했다는 사실을 기억해야 한다. 작전 중 군대에 보급품을 지원하는 것은 항상 악몽 같은 일이지만 바다에서는 특히 더 어렵다.

실제로 식량이나 물이 부족하면 전쟁은 빨리 끝날 것이다. 이런 함대에서는 기아와 탈영이 항상 일촉즉발의 상황이었고, 반란이 자주 일어났다. 상여금과 선불금은 키잡이와 맨 위층의 노꾼들에게 사치가 아니었다. 기원전 4세기에 한 사령관은 딜레마를 다음과 같이 요약했다. "나는 야심이 커서 내 함선에 뛰어난 노꾼들을 두었는데, 탈영한 노꾼 수가 다른 사령관의 배보다 많다. …… [나의 노꾼들은] 자신의 뛰어난 기술을 믿고 가장 많은 돈을 받을 만한 곳으로 도망쳤다."[14]

여러 금속으로 다양한 단위를 만든 그리스의 주화 제도는 로마제국, 비잔틴제국, 이슬람 제국을 거쳐 유라시아 서부를 점령했다. 주화 도입이 쉽지 않았던 한 국가를 보면 주화의 수요에 대한 사회적 조건에 관해 많은 것을 알 수 있다. 그 국가는 3장에서 언급한 이집트다(132쪽).[15] 이집트는 그리스 세계와 활발히 교류했기 때문에 (외국인 용병의 임금과 국제무역의 대금 지급 등의) 현금 지급 관행을 잘 알았다. 그러나 지중해의 다른 지역과 대조적으로 화폐는 나일강 삼각주에 침투하지 못했고, 아주 오랜 후에야 마지못해 받아들여졌다. 기원전 332년에 알렉산드로스대왕이 이집트를 정복한 이후 주화가 도입되었고, 처음에는 제한적으로만 사용되었다. 왜 그랬을까?

주화는 국가에 곡물을 납품하는 농업 부문 등 가장 중요한 분야에서는 오랫동안 쓰이지 않았고 다른 경제 부문에서 유통되었다. 기원전 3세기부터, 신도시 알렉산드리아의 주민으로 총인구의 5~10퍼센트를 차지했던 그리스 출신 이민자와 군인들이 화폐를 많이 썼다. 신전이 주관하다가 국가의 독점 산업이 된 기름, 맥주, 몇몇 직물 생산 산업에도 화폐가 쓰였다. 기원전 260년 경에는 순은과 더불어 불태환 청동 주화도 유통되었다.[16] 덕분에 정부는 모든 주민이 청동 주화로 납부하는 인두세를 부과할 수 있었다. 또한 정부는 독점적 기름 생산과 관련된 모든 현금, 그리고 사회기반시설 건설 노동자 및 카이로 남쪽과 나일강 서쪽에 인접한 사막 분지 파이윰오아시스에서 간척 공사를 하는 노동자의 임금을 청동 주화로 지급하도록 규정했다. 가장 작은 청동 주화 1초커스chalkous의 가치는 일급의 4분의 1 또는 빵 한 덩이였고, 가장 큰 청동 주화 24초코이chalkoi(또는 3오볼)의 가치는 여성이 내는 소금세의 절반,

남성이 내는 소금세의 3분의 1이었다.[17] 인두세와 다섯 단위의 청동 주화가 동시에 도입되자 이전에는 존재하지 않았던 임금 경제가 적극 도입되었다.

국민의 의무였던 부역은 이집트 인구의 대부분인 현금 없는 소작농과 (소)도시의 현금 경제를 이어주는 다리가 되었다. 프톨레마이오스 왕조 시대에 부역은 소액 임금을 받는 의무 노동과 왕실 부지에서 하는 계절성 임금노동이 결합된 형태로 바뀌었다.[18] 발굴된 많은 문서와 독일 고대역사학자 지타 폰 레덴Sitta von Reden의 연구에 따르면 알렉산드로스대왕 이후 이집트에는 임금노동, 자영업 및 다른 모든 노동 형태가 존재했다. 지급 방식도 다양했다. 노동 유형은 대부분 하도급과 직접 고용 두 가지였고, 둘이 결합하기도 했다. 그리스 시대 이전부터 이집트에 있었던 소작 계약과 비슷하다. 이외에도 임차인은 임차료를 내고 자신을 위해 일하거나, 지주로부터 씨앗과 선지급금을 받고 계절성 노동을 제공하고 나중에 되갚는 방식으로 일할 수도 있었다.

하청업자(에르골라보스ergolabos)는 일을 따내고 노동자를 고용하는 하도급 방식(로마법에서 노동계약locatio-conductio operarum에 해당)을 관개 장치 유지 보수, 돌 세공, 벽돌 제조, 건설, 목공, 도자기 제작, 회화 제작, 운송 및 비숙련 농사 노동에 주로 활용했다. 이 방식은 큰 땅을 소유한 지주나 국가에 유리할 수 있었다. 원자재, 연장, 노동자 보수를 선지급해야 하는 단점을 노동자 채용 및 감독에 필요한 비용을 이전하여 상쇄할 수 있기 때문이다. 이것도 위험이 없지는 않았기 때문에 계약을 이행하지 못하거나 연장을 돌려주지 않으면 투옥될 수 있었다.

임금노동자를 직접 고용하면 고용주 본인이 감독에 드는 비용을 부담하는 반면 비용(하청업자는 툭하면 일을 추가로 만들어냈다)과 일하는 방식을 감시하고 재료를 더 정확하게 관리할 수 있다. "따라서 직접 노동계약은 가사나 가축(말, 새, 개)을 보살피는 일, 그리고 민간 및 공공 분야의 필경사나 관리직처럼 생산과 관련 없는 모든 일에 주로 사용되었다. …… 하도급은 모든 생산 활동, 특히 노동자가 많은 노동조를 이룬 활동에서 선호되었다."[19]

물론 절충 형태도 있다. 임금으로 화폐(그리스어로 옵소니온opsônion)와 식량(그리스어로 시토메트리아sitometria)을 함께 지급하는 경우가 많았다. 실제 보수는 조건에 따라 달랐다. 결과물의 품질에 따라 액수가 달랐고, 시토메트리아로 사용되는 곡물의 품질이 임금 수령자의 지위에 따라 결정되기 때문이기도 했다. 일일 배급량은 빵으로, 월별 배급량은 밀가루로 지급되었다. 맥주는 예전과 달리 일일 배급에 포함되지 않아서 기름과 마직물처럼 시장에서 구입해야 했다. 매월 지급되는 시토메트리아는 '두 사람이 살기에 대략 충분한' 수준이었다. 기원전 3세기에 '결혼한 부부와 자녀가 전형적인 가구 형태였다'는 사실을 고려하면 한 가정의 기본 소득이었던 듯하다. 임금은 대체로 식량과 현금이 함께 지급되었고, 이 시기 곡물 가격이 급격하게 바뀌지 않았기 때문에 실질소득은 대체로 안정적이었다. 그래서 파업에 대한 기록이 거의 없는지도 모른다. 임금 수준과 관련된 파업은 확실히 없었다.[20]

시장은 프톨레마이오스 왕조 말기와 로마령 이집트 시대에도 계속 확장했고, 마을 수준에서도 발달했다.[21] 로마령 시대에는 사유 토지가 증가해 파이윰오아시스의 모든 경작지 중 절반, 나일강 계곡의 경작지 중 4분의 3을 개인이 소유했다. 지주들은 땅의 일부를 직접 경작했고 나머지는 임대했다. 공유지도 임대되었다. 여하튼 농부는 파라오 시대처럼 수확물의 일부를 국가에 바쳐야 했으므로 마을의 타작마당이나 공공 곡식 창고에 납부했다. 임차인은 곡식을 경작하면 임차료를 곡식으로 납부할 수 있었고, 다른 작물, 특히 수요가 많은 사료작물을 경작하면 현금으로 납부했다. 14~62세의 모든 남성은 인두세를 내기 위해 돈이 필요했다. 따라서 소농은 수확물의 일부를 시장에 내다 팔아 현금을 마련하거나, 시간을 내어 큰 농장에서 돈을 받고 일해야 했다. 그러다가 지주에게 돈을 빌리면서 그에게 크게 의존하게 될 수도 있었다. 임금노동자도 마찬가지였다. 물론 3세기 파이윰의 아피아노스처럼 큰 땅을 소유한 지주가 직접 토지를 개척할 때는 많은 일꾼이 필요했다.[22] 일꾼은 수도 많았거니와 기술 수준과 보수도 다양했다. 여기서는 노예노동보다는 상근직 주민 노동자(대부분 현물로 지급), 상근직 비주민 노동자, 그리고 시급제와 작업량제로 현금만 받는 임시 노동자가 중요한 역할을 했다. 수확기에는 총노동력의 반 이상이 임시 노동자였을 것이다.[23]

프톨레마이오스 왕조와 로마령 이집트 시대와 달리 다른 지중해 지역의 화폐경제는 알려진 것이 많지 않다. 확실한 점은 거기서도 현금 사용과 동시에 노동관계도 크게 변화했다는 사실이다. 뒷부분에서는 자유노동과 무자유노동의 관계를 언급할 것이다. 그전에 먼저 동쪽의 인도 북부와 중국을 살펴보자. 이곳의 (소액) 화폐는 서쪽 나라들과 비슷한 영향을 미쳤을까?

인도의 변화

이집트와 지중해 지역의 화폐경제는 많이 알려져 있지만, 인도의 초기 화폐경제는 알려진 내용이 적다. 자료가 없다고 해서 중요성이 적은 것은 아니다. 현재는 주화가 출현하고 유통된 연대가 어느 정도 밝혀졌지만, 노동에 미친 영향은 대부분 추측에 의존해야 한다. 기원전 500년경 인도인 용병이 페르시아군을 위해 싸우는 등 서구와 남아시아가 접촉하긴 했지만,[24] 인도 북부의 주화는 독립적으로 발생했을 가능성이 크다. 특히 원형이 아니라 여러 디자인을 각각의 펀치로 찍거나 주조하여 형태가 무척 다르다는 점에서 그 가능성을 짐작할 수 있다.

기원전 5세기 도시화가 급격해지고 사유재산이 확대되자 오늘날의 파키스탄을 포함한 인도 북서부의 고액 은화가 작은 단위로 바뀌었다.[25] 이때부터 질 낮은 '굽은 막대' 형태 주화와 이것을 작은 단위로 주조한 주화가 유통되었다.[26] 중요한 소액 주화는 표준인 5.5그램의 1시글로스 외에 2시글로이sigloi였고, 표준의 2분의 1, 4분의 1, 그보다 작은 1시글로스의 20분의 1과 40분의 1(0.13그램)까지 분할된 소액 주화도 유통되었다. 적어도 여덟 가지 이상의 단위가 사용되었다. 비슷한 시기에 인도 북부의 다른 지역에서도 주화가 주조되었다. 어떤 것은 크고 어떤 것은 작은데, 체계적인 발굴과 발굴품 등록이 미미하고 문서 자료도 부족하다. 중요한 사실은 기존 은화와 다른 구리 주화가 모든 곳에 도입되었고 실용적 이점이 있었다는 것이다. 구리 주화는 어디에 사용되었을까?

기원전 약 321~기원전 185년에 존속한 마우리아 왕국 초기의 몇몇 희귀

문서, 특히《아르타샤스트라Arthashastra》에는 경제에 대한 기록이 있다.《아르타샤스트라》의 가장 오래된 사본은 3세기에 쓰였다고 알려져 있지만, 이후 5세기 동안 언제 무엇이 추가되었는지는 분명하지 않다. 사본에 따르면 노예, 채무 담보 노동자, 세금이나 벌금을 내기 위해 일하는 무급 노동자, 임시 임금 노동자, 작업량제 노동자, 정기적 임금을 받는 개인과 자영업자가 있었다. 한쪽이 임금을 지급하고, 한쪽은 받은 임금을 시장에서 쓰는 것이 자연스러웠던 듯하다. 은 3.5그램의 카르샤파나karshapana 은화와 소액 단위 세 종류(가장 적은 것은 무게 0.44그램인 8분의 1파나pana) 외에 16분의 1파나부터 128분의 1파나에 이르는 소액 구리 주화 네 종류가 있었다. 임금이 가장 낮은 공무원이 한 달에 현금 5파나를 받았다는《아르타샤스트라》의 기록으로 볼 때 시급은 약 2백 분의 5=40분의 1파나였을 것이다. 따라서 단위가 가장 작은 구리 주화는 1시간 노동의 3분의 1에 해당했다. 임금이 가장 높은 관료는 이보다 8백 배 이상 받았고, 유명한 창녀였던 암바팔리는 하룻밤에 50카르샤파나를 청구했다.[27]

마우리아 왕국이 무너진 후 갠지스강 평원에서 정치적 분열이 이어졌으나 "도시화가 빨라지면서 지역 화폐경제 규모가 커졌다."[28] 인도아대륙 남부와 스리랑카에서도 상인 길드와 불교 사원이 경제적 변화를 주도했지만 수 세기 이후의 일이다(183~184쪽 참고).[29]

중국의 변화

중국인이 주화를 도입한 과정과 용도에 관해서는 많은 기록이 있다. 많은 자료가 매일 나오고 있어서 신나기까지 하다. 그러므로 여기서 설명하는 내용은 잠정적 사실이다.[30] 개오지조개껍데기와 그 모양을 본뜬 청동 물품(의비전蟻鼻錢['개미 코' 주화] 포함), 소형 삽(농사용 괭이)과 청동검은 교환 수단은 물론이고 계산화폐로 쓰이기 훨씬 전에 부장품으로 사용되었다.

평평하고 둥근 모양에 사각형 구멍이 뚫렸으며 '반냥半兩'이라는 글자가 있는 무게 8그램의 청동 주조물도 분명 주화라고 할 수 있다. 이 주화는 기원전 350년 서쪽의 진秦나라에서 사용되었다는 것이 정설이다.[31] 북동부에서 반냥전과 경쟁한 세 가지 단위의 포전布錢(가장 작은 단위는 반냥전과 무게가 같았다)과 한 가지 단위의 도전刀錢은 그다음 세기에 반냥전에 자리를 내주었다. 기원전 221년 진나라가 중국을 통일하기 전의 일이었다. 남쪽 지역에서는 12세기부터 인도양에서 원난으로 수입된 듯한 개오지조개껍데기가 5백 년 동안 화폐 기능을 유지했다.[32]

노동시장과 화폐―중국, 고대 그리스·로마, 인도

화폐 사용이 자리 잡은 덕분에 기원전 500~기원전 300년 유라시아의 주요 문화 중심지에서 노동시장이 성숙했다. 어떤 의미에서는 좋은 소식이 구세계의 다른 지역으로 퍼졌고, 그다음에는 콜럼버스 덕분에 다른 인류도 혁신의 혜택을 입었다고 할 수 있을 것이다. 그러나 노동의 역사는 그렇게 단순하지 않다. 이 자동반사적 설명에는 두 가지 문제가 있다. 첫째는 심층적 화폐화한 사회는 폭넓은 노동자 집단, 특히 금전적 보수 없이 강제로 일해야 하는 사람을 시장경제에 포함시키면서도 노동시장에는 포함시키지 않을 수 있다는 점이다. 둘째는 이러한 사회의 화폐가 다시 사라질 수 있다는 점이다.

역사는 두 현상의 예 모두를 보여준다. 이어지는 두 절에서는 심층적 화폐화한 사회에서 자유노동과 무자유노동이 뒤섞인 양상을 세 가지 사례로 설명할 것이다. 첫 번째는 중국에서 국가가 국민에게 노동을 요구한 정도, 두 번째는 고대 그리스·로마 시대의 노예제, 세 번째는 인도의 카스트 제도 출현이다. 그다음으로 약 400~1100년 유라시아 서쪽과 남쪽의 급격한 탈화폐화를 언급한다. 중동 지역과 중국의 연속성이나 번영과는 대조되는 현상이다.

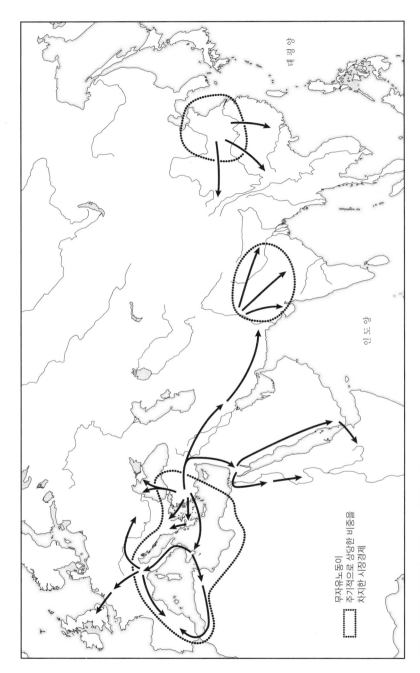

태평양

인도양

무자유노동이
주기적으로 상당한 비중을
차지한 시장경제

지도 4 심층적 화폐화(기원전 500~기원후 400)

중국의 국가와 시장

중국은 유라시아의 다른 지역과 달리 (1시간 임금에 해당하는) 가치가 무척 낮은 주화를 사실상 단일 단위로 유지했다.[33] 2천 년 동안 주화의 가치가 변하기는 했지만 불태환화폐 성격을 유지했다. 이 주화는 거의 산업적 규모로 발행되고 유통되었다.[34]

일상적으로 그러한 교환 수단이 필요한 사회의 특징은 무엇이었을까? 압제 국가의 노동 간섭부터 자애로운 정부에 이르는 여러 가능성이 제기되었다. 진나라는 만리장성 외에도 기원전 210년 사망한 중국 최초 황제의 장례를 위해 만든 병마용으로 유명하다. 진나라의 특징으로 거대한 '계획경제'와 고대사에서 가장 성공적인 전쟁 국가를 떠올리는 것은 우연이 아니다. 마오쩌둥毛澤東이 자신을 최초의 황제와 동일시한 것도 이해된다.[35]

그러나 앞의 이야기는 전체의 일면일 뿐이다.[36] 기원전 350년 무렵의 진나라는 경제적으로 번영했고, 한 세기 반 후 멸망할 때처럼 국력을 과도하게 소진하지 않은 상태였다. 진나라 초기 노동자의 상황을 알 수 있는 자료는 만리장성, 도로, 운하, 궁전, 병마용 등이 동시에 건설되던 말기보다 훨씬 적다. 어쨌든 당시부터 경제가 고도로 중앙 집중적이었던 듯하다.

기원전 350년경 전국시대에 진나라를 통치한 효공孝公(재위 기원전 361~기원전 338)은 정치인이자 사상가 상앙商鞅의 자문을 받아 반냥전 외에도 새로운 재정 제도, 도량형, 징병과 공공사업을 위한 징용을 포함한 혁신을 도입했다. 임금노동이 중요해졌지만 시장경제(토지 시장은 없었다)의 일부라기보다는 군대와 공공사업을 위한 징병과 징용의 대가를 국가가 지급하는 방식이었다.[37] 군대가 능력주의 원칙으로 조직됨에 따라 이전 세기보다 사회적 이동성이 증가했다. 정부는 심지어 '아랫사람을 사랑하라'를 국가의 주요 과제 중 하나로 삼았다.[38] 농업부터 철기구 제조와 공공사업에 이르는 모든 경제활동을 국가가 관장하거나 감독했다. 결과적으로 남성 생산 인구의 15~30퍼센트 이상이 징병되거나 공공사업에 동원되었다. 이들은 현금을 지급받았으나, 당시 상황을 추산한 고고학자 기드온 셸라흐라비는 다음과 같이 설명한다.

식량과 기본 자원을 생산하는 이들에게 큰 부담을 지우면서 엄청난 노동력을 차출했다는 의미다. 공사에 따른 간접적 부담도 만만치 않았을 것이다. 공사에 동원된 사람이 죄수든 징용된 사람이든, 일하고 돈을 받는 수공인이든 상관없이, 장비를 주고 먹이고 입히고 지낼 곳을 제공하는 일은 최소한의 수준으로 하더라도 비용이 매우 많이 들었을 것이다. 굳이 당시 세율이 최대 60퍼센트에 달했다고 추정하지 않아도 소농의 부담이 극심했으리라는 사실은 쉽게 알 수 있다.[39]

국가는 규칙에 복종하지 않는 자는 강제 노역으로 처벌했고, 이들 중 다수를 영구적 노예로 만들기도 했다.[40]

처음에 이 체제는 제대로 돌아가고 상당수 국민에게 일자리와 소득을 보장해주는 듯했으나, 왕조가 오만에 빠진 말기에는 악몽이 되었다.[41] 진나라 이후 기원전 206~기원후 222년에 존속한 한나라는 이 체제의 장점들을 유지하는 한편, 효율성을 약간 희생하더라도 최악의 변칙적 사용은 피하려 한 듯하다.[42] 공공사업을 위해 많은 사람을 징용했으나, 긴급하고 시간이 많이 소요되는 농사일이 없는 농한기 중 30일로 기간을 제한했다. 한나라도 새로운 주화 오수전五銖錢을 발행했다(수銖는 무게를 나타내는 단위다). 반냥전과 비슷했으나 다른 글자가 새겨졌고 무게는 3그램 정도였다. 일반적 급여는 한 달에 오수전 2백 개 정도였고, 오수전 한 개는 반냥전과 마찬가지로 1시간 노동의 가치에 해당했다.[43] 발행 규모는 어마어마해서 매년 2억 3천만 개, 즉 1인당 네 개가 주조되었다. 시대의 초기에 1인당 오수전 수백 개가 유통되었다는 의미다.[44] 노동에 대한 보수와 관련해 화폐경제가 얼마나 널리 퍼져 있었는지를 보여주는 지표다. 자영 노동인구가 총인구 중 어느 정도였는지는 확실하지 않지만 인구 대다수가 소농이었음을 고려하면 자영업자 비율이 높았을 것이다. 정부뿐 아니라 민간 부문에서도 임금노동이 상당한 수준이었던 것은 분명하다. 한편 죄수의 노동이 아닌 노예노동은 큰 비중을 차지하지 않았다.[45]

역사가 사마천司馬遷(기원전 약 145~기원전 86)은 국가와 시장의 관계에 대해 강력한 견해를 피력한다. 그는 이전의 수백 년 동안 중국이 겪은 우여곡절을 바탕으로 다음과 같이 결론지었다.

사회는 먹기 위해 농부를, 목재를 얻기 위해 삼림 일꾼을, 제조된 상품을 얻기 위해 수공인을, 상품 유통을 위해 상인을 필요로 한다.

이들에게 정부의 명령, 노동 동원 또는 정기적인 집합이 더 필요할까? 모든 사람이 원하는 것을 얻기 위해 능력을 활용하고 강점을 발휘하도록 내버려두어야 한다. 그럼으로써 상품이 싸면 가격이 오르고, 너무 비싸면 내려가게 할 수 있다. 모든 사람이 열심히 일하고 자기 사업에서 기쁨을 느낀다면, 물이 아래로 흐르듯 상품이 차출될 필요 없이 자연스레 밤낮으로 흘러나올 것이고, 백성은 누가 시키지 않아도 상품을 생산할 것이다. 이것이 이치에 맞지 않은가? 이것이 자연스런 결과 아닌가?[46]

이론을 논하기보다 현실을 보여주기를 더 좋아했던 또 다른 문필가는 고생하는 백성을 연민했다. 806년 백거이白居易는 〈수확하는 농부를 바라보며觀刈麥〉라는 시에서 공정한 보상에 의구심을 표했다.

농부에겐 한가한 달이 적고
5월이 되면 일이 배로 늘어나네.
밤이 되어 남풍이 밭을 찾아와
순식간에 이랑을 노란 밀로 뒤덮는구나.
부인과 딸은 밥 담은 소쿠리 이고
어린 소년은 술병 메고
길게 줄 지어 밭의 일꾼을 먹이러 가네.
남쪽 언덕에서 땀 흘리며 밀 베는 힘센 장정은
뜨거운 땅에 발 데이고
눈부신 태양빛에 등 검게 그을리고
일에 지치고 열기에 넌더리내며
긴 여름날이 어느새 지나갔음을 아쉬워하네.
그 뒤를 따르며 쓸모없는 이삭 줍는
불쌍한 아낙네는 어린아이 옆에 끼고

오른손엔 떨어진 이삭 쥐고

왼팔엔 망가진 소쿠리 걸쳤네.

그들이 일하며 나누는 이야기에 귀 기울이니

너무도 슬픈 이야기 들리는구나.

경작한 작물은 곡식세로 사라지고

여기서 주운 것이 앞으로 먹어야 할 전부라네.

나는 오늘날까지 무슨 자격이 있어

밭이나 숲을 일군 적 없던가?

내 녹봉이 3백 석이니

한 해가 지나도 여전히 곡식이 남는데,

생각하니 남몰래 부끄러워지고

하루 종일 머릿속에 그 생각뿐이라.[47]

사마천이 옹호한 국가에 대한 (노동)시장의 승리는 중국에서 완벽하거나 확실하게 일어나지 않았다. 한나라 수공인을 연구한 중국 고대사 교수 앤서니 바비에리로Anthony Barbieri-Low는 당시 (자유노동자의 노동 외에) 징용된 수공인, 기결수 수공인, 정부의 노예 수공인의 노동이 얼마나 중요했지를 언급했다. 우연이 아닌 현상이었다.

공공사업을 담당한 고위 관리는 다양한 노동 인력의 수, 계절, 작업 기간, 할당 작업 등을 결정할 때 비용-편익을 분석했다. …… 각 노동 집단의 비용을 따져보고 합해서 필요한 총인일總人日(한 사람이 하루에 처리하는 작업량의 단위-옮긴이)을 구했다. 각 집단에 할당된 표준 작업량은 엄격하게 서면으로 기록했다. 겨울과 봄에 필요한 노동량이라든지, 수를 놓는 분량은 남녀가 같다든지, 자유민 수공인은 숙련 기술이 필요할 때 죄수 수공인 네 명분의 일을 할 수 있다는 등의 내용이다. 중국의 초기 제국은 왕홀을 흔드는 전제군주나 도덕책을 휘두르는 학자가 아니라 붓을 휘날리며 정보를 생산하는 공무원이 통치한 황제 관료 국가였다. 이들이 남긴 자료는 대부분 가구 등록부, 소유한 토지의 크기와 품질, 군역 의무가 있는 성인 남성의 수, 노숙 이주민의 수 등과 결부된 이름의 목록이었다. 컴퓨터가 등장하기 전에 놀랍도록 많고 복잡한 산더미 같은 정보로부터 세상을 통치할 권력이 나왔다.[48]

관료주의적인 한나라는 진나라의 진정한 후계자였다. 후대 국가 대부분은 국력이 훨씬 약했고 채용이나 시장을 통해 인력을 동원하는 제도도 각각 달랐다.

이 모든 역사가 미친 영향은 사회사에서 중요한 논쟁 주제다. 고대 그리스·로마의 본질에 대한 논쟁에서 미하엘 이바노비치 로스토프체프Michael Ivanovitch Rostovtzeff 지지자가 한 축으로, 반대편에 칼 폴라니와 모지스 핀리가 한 축으로 갈라선 것처럼 고대 중국에 대해서도 하나의 논쟁이 대두했다.[49] 고대 그리스·로마의 본질과 관련해 이른바 근대주의자는 "고대 경제생활은 현대 경제생활의 발아기에 해당하고, 자본주의가 시작될 때의 특징인 시장 주도 가격, 고도의 화폐화, 생산적 도시와 광범위한 교역 등이 지배했다고 주장했다." 근대주의자에 대항해 1960년대부터 수십 년 동안 우위를 점한 원시주의자는 "그리스와 로마 경제의 주요 형태는 상업이 아닌 농경이었고, 사적 교역은 미미한 수준이었으며 대체로 사치품에 한정되었다. 로마의 읍과 도시는 소비와 재분배의 기생 중심지였을 뿐 생산적 산업 중심지는 아니었다. …… 개인은 지위를 얻는 데 마음을 쏟았고 융자와 투자는 경제적 목적을 위한 활동이 아니었다"라고 주장했다.[50]

근대주의자 진영이 다시 한번 우위를 차지하고 있지만 이제는 통합설에 바탕한 새로운 연구 결과가 나오고 있다. 다음 절에서 산업화 이전 유럽의 노동과 노동자를 폭넓게 연구한 카타리나 리스Catharina Lis와 휴고 솔리Hugo Soly의 신선한 접근을 언급할 것이다. 여기서는 한나라 수공인을 연구하며 자신의 입장을 '정확히 근대주의자 진영의 한가운데 세운' 바비에리로의 말을 빌려 요약하겠다.

현재 많은 학자가 국가가 출현한 이후 모든 경제는 다양한 호혜성, 재분배적 할당, 국가 통제와 더불어 일정 수준의 상업화, 전문화한 수공 기술, 시장 통합 등의 특징을 드러냈다고 인정한다. 다른 시대나 역사적 상황에서 이 변수들은 저울의 다른 위치에 놓일 수 있다. 그러나 어떠한 의미에서도 과거 경제의 역사는 일정하게 정해진 직선을 그리지 않는다.[51]

중국에 관한 바비에리로의 접근 방식을 고대 그리스에도 적용할 수 있다. 한편으로는 제3의 고전적 화폐경제 사회였던 인도에 이 방식을 어느 정도 적용할 수 있는지 살펴볼 것이다. 더 나아가 국가 수준의 사회가 출현한 후에도 화폐가 널리 쓰이지 않은 콜럼버스 이전의 남아메리카와 중앙아메리카, 사하라 이남 아프리카를 살펴볼 것이다.

그리스와 로마의 화폐, 자유노동과 무자유노동

기원전 500년경까지 그리스 세계에서는 독립적이고 자급자족적인 농부가 가장 큰 비중을 차지했다. 땅이 충분하지 않은 사람들은 다른 곳에 식민지를 건설하기 위해 원정대를 보냈다. 그리스 문화는 에게해 해안부터 흑해와 지중해 해안까지 퍼졌고, 특히 이탈리아 남부와 시칠리아섬에 집중되었다. 그리스인은 농부였을 뿐만 아니라 뱃사람이자 군인이었다.

기원전 500~기원후 500년의 1천 년간의 고대 그리스와 로마 문명 시대에 등장한 지중해 지역 국가들의 자유노동과 무자유노동은 다른 문명보다 자세히 연구되었다. 오랜 시간에 걸쳐 역사학자들은 두 가지 명제를 정립했다. 그리스인과 로마인은 육체노동을 경멸했다는 점, 따라서 경제가 노예노동에 크게 의존했다는 점이다. 두 명제의 사례를 위대한 고대 작가들의 작품에서 쉽게 찾을 수 있지만, 이를 바탕으로 사회를 특징지을 수 있는지 의문을 제기해야 할 때다.[52]

노동에 대한 관념부터 살펴보자.[53] 당시 사람들은 호메로스의 《일리아스》와 《오디세이아Odyssey》에 나오는 전통적 전사뿐만 아니라 또 다른 자아인 농부도 존경했다. 어쨌거나 전투는 전일제 직업이 아니었다. 고대 그리스 시인 헤시오도스Hesiod는 〈노동과 나날The Works and the Days〉에서 이 이상을 아름답게 읊조렸다. 생산적 노동은 그리스인의 사고에서 핵심 가치가 있었다. 헤라클레스의 전설적 과업이 이 가치를 분명하게 표현한 예일 것이다. 그리스의 확장과 식민지 건설은 곧 확장 단계에서 집중 단계로 옮겨 갔고, 이 단계에 도시국가인 폴리스polis가 중심 역할을 했다. 도시국가에서는 농부 외의 노동자, 특히 자영 수공인과 임금노동자가 점점 더 많아졌다.

비농경 노동력이 증가하면서, 용감한 전사가 사회의 맨 위에 있던 정치적 관계를 새로운 현실에 맞추는 문제가 대두했다. 이 문제는 그 유명한 그리스 민주주의라는 발명을 낳았다. 단서를 달자면, 그리스의 모든 도시국가가 민주주의를 채택한 것은 아니다. 처음에 민주주의는 정치권력이 힘센 자의 전유물이 아니라 농장을 경영하는 모든 남성 가장에게도 속한다는 것을 의미했다. 어쨌거나 이들은 작물을 가득 심은 농장을 개인적으로 방어할 준비가 되어 있었다. 나중에 다른 남성 시민들도 정치에 참여했고 페리클레스Pericles 시대 아테네에서 가장 급진적 면모를 띠었다. 기원전 451/450년에 제정되고 기원전 403/402년에 거듭 확인된 시민법에 따라 이들은 정치 모임에 참석하고 정치적 직책을 수행하느라 잃은 소득을 보상하는 수당까지 받았다. 이 시기에 임금노동자도 민주정치에 참여할 수 있었다. 보수적 추정에 따르면 기원전 400년경 임금노동자와 그의 가솔은 전체 인구의 3분의 1 정도였다.[54]

예전의 최상층을 추종하는 많은 논쟁가는 이 변화에 실망했다. 그중 가장 재능 있는 대변인은 노동하지 않는 사람만이 공공의 선에 봉사할 수 있으며 진정으로 자유롭다고 말했다. 임금노동자는 제외되었다. 같은 맥락에서 논쟁가들은 손으로 돈을 버는 모든 사람을 가혹하게 대했고, 임금노동자를 노예와 같은 무리로 여겼다. 위대한 비극 작가 소포클레스Sophocles와 에우리피데스Euripides, 유명 철학자 플라톤과 아리스토텔레스Aristotle, 그들의 뒤를 이은 크세노폰Xenophon, 스토아 철학자와 기독교 교부들, 스콜라 철학자 모두가 노예제를 옹호하며 때로는 인종차별주의를 근거로 내세웠고(그리스인 대 미개인), 때로는 노예의 운명은 노예 자신 탓이라고(잡혔을 때 죽을 용기가 없었기 때문이라고) 비난했다. 중립적인 견유학파는 속박된 개인이라도 내적으로 자유로울 수 있다는 가능성을 열어두었다. 어쨌든 이 출발점은 노예의 인간성, 따라서 인간으로서의 권리를 인식할 가능성은 열어놓았다. 신이 모든 사람이 태어날 때 자유를 내려주었다고 인정한 사람들은 소수의 소피스트뿐이었다. 노예제를 부정한 사람도 이 학파뿐이다.

플라톤과 아리스토텔레스 등이 후대 그리스와 로마제국에, 더 후대에는 르네상스 시대에, 그리고 (고전 교육을 받은 카를 마르크스를 포함한) 서구 사상에 미친 영향력 때문에, 그리스인과 로마인은 임금노동을 업신여겼다는 견해가 널리 팽배했다. 그러나 앞서 언급한 리스와 솔리의 훌륭한 연구는 이러한 관점은 특정 맥락에서만 고려해야 하며 일반적 타당성은 없다고 증명했다.

헤시오도스가 농사를 찬양한 것과 같은 맥락에서 그리스 세계는 장인을 비롯한 노동자의 재능과 헌신을 인정하고 찬양했다. 노동을 인정하고 찬양한 사람은 극작가 아리스토파네스Aristophanes, 아이스킬로스Aeschylus와 에우리피데스, 밀레투스의 탈레스Thales 같은 철학자들, 프로타고라스Protagoras, (자연현상을 원자론으로 설명한) 데모크리토스Democritus, 소피스트 학파뿐만이 아니었다. 일부 수공인이 자신의 제품에 이름을 표시한 것에서 드러나듯 수공인도 자신을 찬양했다.[55] 화가는 유명한 아테네 화병에, 조각가는 조각상에, 메달 제작자는 메달에 서명을 남겼고, 재능이 적은 사람들도 그랬다. 여성을 포함한 모두가 직업적 자부심을 지녔다. 묘비에 여사제, 산파, 간호사, 양털 가공인처럼 대체로 엄격하게 가구 내로 한정된 직업까지 표시하기도 했다.

그런데 고대 그리스·로마 시대에 실제로 자유노동이 그렇게 많았을까? 많은 교과서에서 말하는 대로 노예노동이 지배적이지 않았을까? 자유노동은 노예노동보다 조금 앞선 시기에 지중해와 흑해 지역의 수많은 그리스 도시국가의 주요 노동 형태가 되었다. 고대 아테네의 직함을 분석하면 비농업 부문에서 1만 명의 자유 시민을 볼 수 있는데, 무자유노동자도 그만큼 많았다. 이 부문에만 170개의 다양한 직업이 언급되어 있다. 노동이 수평적으로 폭넓게 전문화하자 개인은 친척, 이웃, 가족의 범위를 벗어난 곳에서 물건과 서비스를 얻어야 했다. 수공인과 상인은 주화와 잔돈을 많이 사용했다.[56] 어느 정도까지 이들을 임금노동자로 부를 수 있느냐는 이들의 작업장이 어떻게 조직되었느냐에 달려 있다. 모두가 작업장을 소유한 소규모 수공인이었는가, 아니면 일부는 타인의 직인이나 하도급업자로 일하고 임금을 받았는가?

폴리스에 주화가 도입되기 전에는 소수의 숙련 수공인 이외의 자유노동자는 고용주를 위해 무슨 일이든 때때로 해주고 대가로 정기적인 생계유지 보조를 받았다.[57] 테테스thetes라고 불린 이들은 노예와 달리 고용주를 떠날 수 있었으나 대부분은 그럴 여지가 없었다. 그런데 화폐가 도입되자 상황이 바뀌었다. 새로운 노동관계가 가능해졌기 때문이 아니라 "머리 아프고 드물었던 것이 단순해지고 흔해졌기 때문이다." 테테스는 이제 노동자의 한 범주가 아니라 육체노동자(페네테스penetes), 하인(라트레이스latreis) 또는 용병(미스토토이misthotoi) 등의 부류로 대체되었다. 이들은 종종 하루 단위로 고용되었고,[58] 혼자서 또는 여럿이 일했으며, 임금은 일당, 프리타니prytany(1년의 10분의 1) 또는 작업 건당으로 받았다.

그리스 고전기에 임금은 도시적 현상이었으나, 보기와 달리 금전적 관계는 농촌에 더 깊은 영향을 미쳤다.[59] 그리스 농가는 모든 구성원의 기여를 바탕으로 운영되었다. 노예의 중요성은 제한적이었다. 많은 소농 가구가 노예를 두고자 했지만 비쌌기 때문에 대부분은 그럴 수 없었다. 노예 몸값은 대략 수공인의 1년 소득에 맞먹었다. 그 대신 농부는 수확을 망칠 위험을 낮추기 위해 대안을 찾았다. 예를 들어 지역의 고객이 급한 상황에 처하면 일해주고 돈을 받고, 고객으로부터 계절성 임금노동 기회를 얻었다. 가구 구성원인 소년이나 청년의 전략은 다른 곳에서 노꾼, 용병, 양치기로 임금노동을 하는 것이었다.

화폐경제가 도입되는 과정에서 해군의 노 젓는 군인이 한 역할은 아테네와 관련해 설명한 바 있다. 노꾼뿐만 아니라 용병을 위한 노동시장도 크게 성장하고 있었고, 기꺼이 일하려는 자에게는 일, 임금, 식량이 제공되었다. 아테네만이 아니었다. 추산에 따르면 그리스 세계 전체의 국가와 개인이 필요로한 노꾼은 해마다 50만~75만 명에 달했다. 용병에 대한 수요는 기원전 7세기부터 나타났고, 전쟁이 잦았던 기원전 4세기에 커졌으며, 이후로도 꾸준히 증가했다. 한 설명에 따르면 노꾼과 용병에 대한 수요는 "규모가 변하고 장소에 따라 다양해져서 확실한 형태가 없는 큰 노동시장이었으나, 그래도 전체적으로 일정한 수요를 만들었다."[60]

시간제와 전일제 모두를 포함한 임금노동은 그리스 세계만이 아니라 로마 제국에서도 일반적이었다. 잘 알려진 예는 로마 군단의 수많은 병사다. 이들은 전문 직업군인으로서 일부는 숙식으로, 일부는 현금으로 임금을 받았다. 로마 공화정 시대에 군인은 사흘에 은화 1데나리온을 벌었는데, 카이사르는 갈리아 원정에서 승리하고 돌아온 후 봉급을 이틀에 1데나리온으로 인상했다.[61]

농업 부문에도 임금노동자와 소규모 자영업자가 많아졌다. 동시에 고대 지중해와 중동 지역의 농촌에서 노예노동이 나타났지만 지역 및 시기에 따라 편차가 매우 크다.[62] 한편으로는 스파르타처럼 통화가 없는 국가도 있었다. 이곳에서는 엘리트층을 위한 일이 도시에 집중되어 있었고 헬로트helot라고 불린 노예가 모든 노동을 했다. 크레타섬과 일부 다른 지역도 비슷했다. 다른 한쪽에는 농촌 노동력에서 무자유노동이 차지하는 비중이 적은 정치체가 있었다. 경제적으로 성공한 정치체일수록 자유노동뿐만 아니라 무자유노동에 의존할 확률이 컸다. 맨 꼭대기에는 아티카 지역과 그곳의 주요 도시 아테네가 있었다. 아테네의 1천2백 개 최상층 가구는 소도시 작업장, 은광 및 농장에서 노예를 부려 많은 소득을 얻었고, 많은 자유 시민의 노동에도 의존했다. 수공인과 중간 규모의 농장은 노예를 한두 명 소유할 수 있었다. 기원전 4세기 아티카의 총인구 중 무려 3분의 1이 노예였을 가능성도 있다. 코린토스와 아이기나에도 노예 인구가 많았다. 목록은 여기서 그치지 않는다. 그리스 세계의 변방이었던 오늘날의 예멘과 에티오피아에서 번창한 경제는 수입한 노예의 노동에 의존했다.[63]

포로를 원활하게 공급받으려면 노예무역상과 노예 공급업자의 촘촘한 해양 연결망이 중요했다. 노예 공급업자 대부분은 발칸반도 동부 트라키아와 아나톨리아 프리지아의 해적과 군벌이었다. 서지중해 카르타고의 포에니에도 비슷한 연결망이 있었다. 1천 개가 넘는 폴리스로 구성된 그리스 세계에서 농사 노예, 토지 임차인, 임금노동자의 비율은 최상층(과 하위층 엘리트)이 이들을 사용하는 비용과 생산량에 따라 결정되었다.

기원전 2~기원전 1세기에 로마의 노예제가 절정기일 때 이탈리아의 노예 인구는 총인구 6백만~750만 명 중 2백만~3백만 명에 달했다. 남북전쟁이 발발하기 이전 미국 남부 인구의 32퍼센트와 비슷한 수준이다.[64] 노예는 추수기처럼 노동 수요가 정점일 때 일해주는 소농의 자유 임금노동이 없으면 존재할 수 없었다. 게다가 도시 노동인구 대부분을 차지한 자유노동자 중 다수는 노예였다가 해방된 자유민이었다. 유명한 프루멘타티오frumentatio(로마 시민을 위한 식량 가격 보조 제도) 덕분에 미숙련 피고용 노동자가 일급으로 받은 0.75데나리우스는 적지 않은 돈이었다.[65] 이 제도가 2세기 초에 곡물 외에 공짜 기름 같은 필수품으로, 270년 초에 공짜 와인으로 확대되면서 근로 동기가 줄어들기까지 했다. 그러나 로마시는 제국이 아니었다.

자유노동은 노예노동을 보완했을 뿐만 아니라 노예제를 유지하기 위해 필요한 장려책이기도 했다. 크세노폰이 적절히 표현한 것처럼 "희망은 자유민보다 노예에게 더 필요하다."[66] 이 말은 노예 해방manumissio에 대한 희망을 뜻한다. 주인은 노예의 충심 어린 노동에 보상하거나, 여성 노예와 결혼하고 싶을 때 해방시킬 수 있었다. 노예는 올바른 행실을 유지해야 했지만 때로는 저축한 돈으로 자유를 살 수도 있었다. 로마에는 페쿨리움peculium(노예가 주인에게서 받은 재산-옮긴이)과 프라이포시티오praepositio(지휘자나 감독으로 세운다는 뜻-옮긴이) 체계가 있었다.[67] 그리스와 그 이전 시대의 제도와 비슷한 이 체계에 따르면 노예, 특히 전문 직업인 출신이거나 관리 기술이 있는 노예는 주인의 허락을 받고 다른 사람을 위해 일할 수 있고, 소득 일부를 소유할 수도 있었다. 이런 식으로 해방을 위해 돈을 모으고 화폐경제에 참여할 수 있었다.

3세기부터 나타난 심층적 화폐화는 자유 임금노동이 증가했음을 시사한다. 중소 단위의 화폐 생산은 가치가 낮아진 안토니니아누스 화폐antoniniani에 한정되다가 작고 규격이 통일된 구리 주화로 확대되었다. 이러한 점에서 로마제국 말기의 서쪽 지역은 단일 통화로 구리 화폐를 사용한 중국과 비슷했다. 270년 이후 제국 동쪽의 지방 조폐국이 새로운 대규모 황실 조폐국으로 바뀌었는데, 소액 화폐 수요가 커지고 자유노동도 증가했기 때문인 듯하다. 당시에는 트라키아, 마케도니아, 갈리아의 도시가 쇠퇴하고 소아시아와 북아프리카의 도시가 번영하며 건설 산업이 번창했다. 이 소도시들에서 길드와 비슷한 수공인 협회가 결성되었다.[68]

노예는 지배적 다수는 아니었어도 고대 사회에 필수적이었고 계속 존재했다. 얼마나 필수적인지는 사회마다 달랐다. 노예제는 어디서 왔고 어떻게 발달했을까? 호메로스와 헤시오도스가 묘사한 시대에는 노예제 규모가 작았다.[69] 50명의 노예를 둔 오디세우스의 궁전은 당시 최상층이 보유한 노예의 수를 보여준다. 그러나 기원전 6세기와 기원전 5세기에 식민지가 확대되면서 많은 그리스인이 북동쪽 흑해부터 남서쪽 마르세유와 스페인까지 퍼졌고, 시칠리아와 이탈리아 남부가 새로운 식민지 개척의 중심이 되었다. 카르타고인도 같은 과정을 거쳤고, 로마인도 뒤를 따랐다.[70] 식민화의 본질, 그리고 역사학자 트레이시 릴Tracey Rihll이 말한 "바다 건너에는 원주민을 붙잡거나 죽이거나 쫓아내서 놀고 있는 땅이 많았다"라는 사실이 결국 대규모 노예제를 낳았다.

식민화가 화폐경제 확장과 민주주의 출현과 밀접하다는 릴의 이론은 흥미롭지만 추측에 근거했을 뿐이다. 어쨌거나 무자유노동을 이용하면서 그리스 자유민의 도덕성이 추락했다. 이 하이브리스hybris(계획적이고 폭력적인 굴욕)를 저지하지 않으면 그리스 도시국가는 분열할 터였다. 많은 그리스 폴리스는 참주정을 여러 번 시험한 후 독단을 막기 위해 자유민으로 구성된 민주주의를 구상했다. 릴의 말을 빌리면 "고대 그리스는 최초의 진정한 노예 사회였고, 최초의 정치적 사회였다. 우연한 일이 아니었다. 노예는 그저 고대 그리스인이 정치에 참여할 여가 시간을 제공하는 데 그치지 않았다. 더 중요하게는 노예 증가는 그리스인이 정치를 발명하도록 촉진했다."[71]

아테네에서는 노예의 비중이 크게 요동쳤다. 기원전 5세기 후반에 2만 5천 명이던 노예는 기원전 404년 펠로폰네소스전쟁이 끝났을 때 크게 줄었다가 다시 증가해 기원전 4세기 중반에 3만 명 이상이 되었고, 알렉산드로스대왕 시대에 2만 명으로 다시 줄었다. 아테네의 정치 격변뿐 아니라 자유민 아버지와 노예 어머니 사이에 태어난 아이가 아버지의 지위를 물려받는다는 규칙도 한몫했다.[72] 노예의 수는 처음에는 알렉산드로스대왕과 그의 계승자들이 일으킨 전쟁, 이후에는 카르타고와 로마의 이탈리아 정복 전쟁, 그리고 둘 사이의 전쟁(결국 카르타고가 가장 많이 잃었다)에서 나온 엄청난 포로 때문에 헬레니즘 시대에 폭증했다. 따라서 노예 가격이 하락했다.[73] 노예가 대량으로 공급되는 동시에 노동 수요도 커졌다. 로마의 소농과 수공인이 포에니전쟁 등에 불려 나갔기 때문에 대체 노동이 크게 필요해졌다. 기원전 2세기와 기원전 1세기에 로마제국이 확장한 결과 농업과 수공업(작업장이 감독하기편하고 수익성이 더 높았다), 광업과 조선업뿐만 아니라 가사 노동에서도 노예제가 절정을 맞았다. 로마든 다른 곳이든 집안일을 돕는 노예는 사회적 신분의상징이기도 했다. 군대는 노예를 전투원이 아닌 종군 일꾼으로 사용했으나전투원으로 투입해야 하는 상황이 되면 자유민으로 풀어줘야 했다.[74]

기원전 100~기원후 50년에 노예의 수는 이탈리아 인구의 30~40퍼센트에 달했지만, 제국 전체로 보면 약 6분의 1을 넘지 않았을 것이다. 엄청난 인구를 유지하려면 매년 50만 명의 새로운 노예가 필요했다.[75] 그중 절반이 조금 안 되는 수가 노예의 자손을 통해, 나머지는 새로운 노예화를 통해 충족되었다. 놀랍게도 노예가 된 사람 중 대다수는 제국 안에서 충족되었는데, 버려진 신생아들이 큰 비중을 차지했다. 이 급격한 노예화의 시대에, 특히 이전에자유민으로 살았던 경험과 기억이 있는 1세대 노예의 시대에 기원전 198~기원전 184년의 노예 반란을 시작으로 대규모 반란이 일어난 것은 자연스러운일이었다. 이탈리아 중부와 남부에서 시작해 그리스와 소아시아로 퍼져 나간 1차 노예전쟁(기원전 135~기원전 132), 2차 노예전쟁(기원전 104~기원전 101), 3차 노예전쟁(기원전 73~기원전 71)은 잘 알려진 예다. 최후이자 가장 유명한노예전쟁은 스파르타쿠스Spartacus의 난이다.[76]

스파르타쿠스는 원래 로마령 트라키아의 보조 부대에서 기병으로 복무했으나, 같은 부족인 마이디족Maidi을 공격하는 부대로 배치되자 탈영했다. 그는 곧 붙잡혔고 25세 즈음에 노예로 팔렸다. 농사에 투입되는 대부분의 노예와 달리 로마를 거쳐 카푸아에 있는 개인 검투사 경기장에 들어갔다. 그

곳에서 대중의 즐거움을 위해 상대방을 죽여야 끝나는 일대일 결투를 벌여야 했다. 기원전 73년 봄, 더 이상 참을 수 없었던 스파르타쿠스는 동료 노예 70명과 함께 검투사 경기장을 탈출해 베수비오산으로 향했다. 곧이어 다른 노예들이 합류했다. 특히 갈리아, 게르마니아, 트라키아 지방 노예들이 포도나무, 올리브, 곡식을 키우는 마을의 강제 노역을 벗어나 찾아왔고, 많은 자유민 일용 노동자도 합류했다. 스파르타쿠스는 훈련된 병사와 무기를 갖춘 군단의 진정한 장군으로 빠르게 부상했다. 군단은 전성기에 4만 명에 달했다. 2년 동안 그는 많은 로마 군단을 속이고 심지어 무찔렀지만 결국 기원전 71년 3월 말에서 4월 초에 벌어진 전투에서 전사했다. 그의 군단은 이후에도 10년 이상 소규모 접전을 지속했다. 포로에 대한 로마군의 처벌은 끔찍했다. 한번은 스파르타쿠스 군단의 6천 명을 십자가에 못 박고, 카푸아에서 로마를 잇는 아피아 가도의 2백 킬로미터에 걸쳐 전시했다.

스파르타쿠스의 목표는 제2의 한니발처럼 로마 공화정을 무릎 꿇리는 것이었다. 대체로 도망친 농촌 노예들로 구성된 그의 군단은 도시 출신 노예와 연합하지 않았다. 19세기 이후 학자들이 주장해온 내용과 달리 그의 목표는 노예제 폐지가 아니었고 계급사회 전복은 더욱 아니었다.[77] 그러나 마음속에 구시대의 평등 사회를 그린 것은 분명하다. 스파르타쿠스를 따르는 사람들은 전리품을 똑같이 분배했고, 금은보석 상인들은 주둔지에 들어올 수 없었다.[78] 이러한 맥락에서, 디오니소스를 모시는 사제인 그의 아내가 트라키아에서부터 동행했다는 사실이 눈에 띈다. 반란 노예의 문화와 디오니소스 종교에 연결 고리가 있었을 것이라는 점을 고려하면 그 의미는 더 클 수 있다.

그들의 감정과 욕망의 핵심은 가장 비천하고 소외된 계층으로부터 노예 세계로 퍼져 나갈 힘을 갖춘, 모호하지만 강력한 해방과 전복의 메시지를 바탕으로 확고해졌다. …… 이때 스파르타쿠스와 동행한 여사제는 유대감을 재확인해주었을 것이다. 스파르타쿠스처럼 여사제도 어떤 의미에서 디오니소스를 '국가의' 신으로 받드는 트라키아 출신이라는 점을 감안하면 특히 암시적으로 그래야 했다.[79]

팍스 로마나Pax Romana로 불리는 로마의 평화 시대에 이르자 노예를 구하기가 힘들어졌다. 부모가 버린 아이들이 여전히 중요한 공급원이긴 했으나, 이들을 제외하면 노예를 공급하던 원천이 말라버렸기 때문이다. 따라서 농촌 사람들이 토지를 임차하거나 소작 일을 하기 시작했다. 일부 학자에 따르면 기원후 초기에 노예 인구는 여전히 로마제국 총인구의 15~20퍼센트를 차지했다. 반면 미국의 고전학 교수 카일 하퍼Kyle Harper를 비롯한 학자들은 10~15퍼센트로 낮았고, 4세기에도 10퍼센트를 넘지 않았다고 본다.[80] 하퍼에 따르면 노예 인구는 자연적 증가 때문에 수 세기 동안 같은 수준을 유지했다.[81] 전체 노예의 3분의 1은 시장을 위해 생산하는 전문 농장에서, 3분의 2는 부유한 가문에서 일했다. 두 경우 모두 성적 서비스는 젊은 노예가 담당했다.[82] 하퍼의 결론은 노예를 쓰는 비용이 비쌌지만 임금노동자가 부족하고 임금도 높았기 때문에 어쩔 수 없이 노예제를 유지했다는 것이다. 인구가 많은 로마령 이집트는 임금노동자가 충분했기에 임금이 낮고 노예도 적었다.[83]

로마제국 말기에는 노예가 흔하지 않았고, 일하는 환경은 보다 온화했을 것이다. 그렇지만 장 앙드로Jean Andreau와 레몽 데스카Raymond Descat에 따르면[84] 전쟁과 노예사냥 때문에 4세기부터 노예가 다시 증가했다. 세력이 커지던 기독교의 영향 덕분에 아이를 노예로 삼는 관행이 크게 줄어들었음에도 불구하고 그랬다.[85] 이 새로운 종교적 흐름은 노예제를 폐지하는 데까지 나아가지 못했다.

시장경제의 직업 세습-인도

앞에서 살펴보았듯 인도는 세계 최초의 3대 화폐경제 사회 중 하나다. 중국과 그리스·로마 세계와 마찬가지로 노동조직을 고찰하는 데 중요한 특징이 있다. 남아시아는 가장 두드러지고 의식처럼 정교한 직업 세습 제도인 카스트 제도가 출현한 지역이다. 이 제도의 특징은 고도의 계급사회에서 남성의 혈통을 따라 직업이 세습된다는 것이다. 이것이 어떻게 가능했고, 언제 발달했을까? 심층적 화폐화 이전일까, 도중이었을까, 아니면 이후였을까? 후자의 가능성이 높아 보이지만 충분한 증거가 있을까?

누군가는 완전한 카스트 사회에는, 더군다나 마을 수준에는 주화 같은 교환 수단은 말할 것도 없고 시장도 필요하지 않다고 주장할 것이다. 부모의 직업이 자녀에게 이어지니 마을의 모든 사람은 자신이 무엇을 해야 하는지 잘 안다. 유일하게 조직이 필요한 일은 식량을 생산하지 않는 사람들에게 수확물을 배분하는 것이다. 이를 위한 해결책이 자즈마니 제도다.[86] 마을 수공인이 자신의 상품과 서비스를 농부에게 제공하고 대가로 마을 전체의 수확량에서 미리 정해진 몫을 받는 것이다. 한마디로 이곳의 모든 사람은 태어날 때부터 권리와 의무가 정해져 있고 시장과 교환 수단은 불필요하다. 따라서 고대 인도의 마을은 평판과 강제로 집행할 수 있는 사회적 역할에 바탕한 신용 공동체였다. 반면 외지인을 상대할 때는 달랐다. 외지인은 상품과 서비스에 대해 신용보다 현금 지급을 선호한다. 중세 카이로의 유대인 상인들에게서 비슷한 예를 볼 수 있다.[87] 유대인끼리는 상호 신용이 지배적이었고, 사망이나 상속 등 예외적인 경우에만 화폐를 사용했다. 비유대계 지역 주민은 신용과 현금 지급을 혼용했고, 인도 상인처럼 멀리서 온 교역 상대에게만 현금을 요구했다.

앞의 질문에 대한 답은 한편으로 카스트 제도(그 결과인 자즈마니 제도)가 언제 시작되었느냐에 달렸고, 다른 한편으로 인도에서 화폐화와 탈화폐화가 언제 일어났느냐에 달려 있다. 뒤에서 설명하겠지만, 심층적 화폐화는 400년경 남아시아에서 끝났다. 그렇다면 여기서 떠오르는 의문은 이것이다. 카스트 제도는 시장이 확장하던 400년 이전에 출현하는가, 아니면 시장이 위축되던 그 후에 출현했는가?[88]

그보다 이른 시기일 가능성은 낮다. 앞에서 보았듯이(75쪽, 115쪽) 하라파 문명에는 카스트 제도의 기원을 보여주는 증거나 얌나야 문명으로부터 온 '아리아인'이 카스트 제도를 무너뜨렸다는 증거가 없다. 아리아인은 기원전 2000년부터 기원전 시대가 끝나는 시기에 인도 북부로 진출한 인도유럽어족의 유목적 목축인이다. 가장 오래된 힌두교 경전 베다Vedas가 이들의 언어인 고대인도어Old Indic로 쓰였기 때문에 카스트 제도를 발명한 민족으로 오랫동안 여겨져왔다. 이들이 '발명'했을 가능성은 꽤 높지만, 더 흥미로운 질문은 이 문헌들에 나오는 카스트 규범이 얼마나 오래되었고 더 나아가 어느 계층과 관련 있느냐다. 모든 성전과 마찬가지로 베다는 특정 시기에 만들어지지 않았다. 여러 구절을 엮은 최초의 베다는 기원전 1500년, 오늘날의 아프가니스탄 동부에서 왔고, 이후의 구절들은 기원전 600년경 델리 지방에서 쓰였다.[89]

아리아인은 반유목적 이주민이었다. 경작을 알았지만 소 목축이 주요 수입원이었던 이들은 천천히 그러나 확실히 북서쪽으로부터 인도 북부 평원의 동쪽으로 긴 거리를 이동하며 많은 경작농 지역을 정복했다. 베다에 등장하는 피정복민은 다사족Dasas, 다스유족Dasyus, 수드라족Shudras으로 불렸다. 이들은 대부분 농부였지만 수렵채집인도 있었다. 당시 유라시아의 다른 지역에서 전쟁에 패하면 으레 그랬듯 이들도 노예로 전락했다. 노예는 정기적으로 사제에게 바쳐졌다. 정복전의 결과 기원전 500년경 인도 북서부에 네 개의 계급으로 구성된 사회가 출현했다. 전사(크샤트리아), 사제(브라만), 농부와 상인을 포함한 평민(바이샤), 강제 노역해야 하는 피정복민(수드라)이었다. 수드라의 대부분은 가사 노동하는 여성이었다. 이때까지는 특별할 것이 없다. 서유라시아에서 얌나야인이 이동하며 벌이던 일과 비슷했을 것이고, 카스트 제도는 존재하지 않았다. 당시 바르나varna(후대 카스트의 원류)라는 용어는 그저 색, 특히 피부색을 의미했는데, 피부가 흰 아리아인이 원주민과 자신을 구분했기 때문이다.

나중에 카스트 사회를 만든 요소, 예를 들어 상위 카스트가 최하층 카스트와 함께 먹거나 그로부터 물을 받아 마시거나 몸이 닿는 것이 금기시되는 것, 자기 카스트 이외의 사람과 혼인할 수 없는 것, 직업이 세습되는 것 등은 훨씬 후대에 천천히 정착되었다. 신분 상승을 통제하기 위한 이 과정을 두 문헌을 통해 추적할 수 있다. 첫 번째는 아소카왕(재위 기원전 268~기원전 231) 시대에 카우틸랴Kautilya(인도를 최초로 통일한 마우리아 왕조의 창시자 찬드라굽타의 재상-옮긴이)가 저술한 이상적이고 전형적인 국가 이론인 《아르타샤스

트라》로, 앞에서 만나본 바 있다. 두 번째 문헌은 《마누스므리티Manusmriti》
(150년경 완성되었고 '마누 법전'으로도 불린다)다.[90]

《아르타샤스트라》에는 아리아인을 시작으로 모든 주민을 단순하게 분류
한 기록이 있다. 주민은 네 계급의 바르나, 즉 사제인 브라만, 전사인 크샤트
리아, 현재로 따지면 상인인 바이샤, 그리고 현재로 치면 농부(때로는 국가의
지원을 받는 식민지 개척 주민)와 수공인 집단에 해당하는 수드라로 나뉜다. 각
바르나의 일원은 같은 바르나의 일원과 결혼해야 하지만, 카우틸랴는 현실적
이게도 법령을 위반한 결과 생길 수 있는 모든 가능성을 열거한다. 따라서 위
반은 드문 일이 아니었다고 추측할 수 있다. 나중에 나타난 자티jati(계급을 기
능이나 직업에 따라 분류한 것으로, 같은 카스트에도 많은 자티가 있다-옮긴이), 즉
한 카스트 내에서도 더욱 세분화된 분류는 이 문헌에 빠져 있다. 도시나 마
을의 경계 밖으로 쫓겨나 사는 비非아리아인은 이 규범을 크게 위반해서 추
방된 사람이었다. 아리아인이 동쪽과 남쪽으로 확장하며 정복한 여러 민족도
같은 취급을 받았다. 대부분 찬달라Chandala로 언급된 이들은 허가를 받으면
종종 경비대나 군인으로 배치되기도 했다. 마지막으로 외국인이 있었다.

분류는 이것으로 끝나지 않았다. 경제에 관심이 많았던 카우틸랴는 노예,
채무 담보 노동자, 세금이나 벌금을 노동으로 대신하는 무급 노동자, 임금을
받고 일하는 임시 노동자, 작업량에 따라 임금을 받는 노동자, 정기적 임금을
받고 일하는 개인, 자영업자(국가의 지원을 받는 수드라 계급의 식민지 개척민 포
함)를 구분했고, 120가지의 직업도 구분했다.[91]

여러 세기가 지나 등장한 《마누 법전》은 인구 집단을 한층 세분화하여 적
어도 61개에 이르는 카스트를 구분했다. 카스트 내혼을 강조하는 한편, 구
분을 바탕으로 선택 가능성과 처벌 집행에 차이를 두었다. 당연히 계급이 낮
을수록 더 엄격하게 처벌받았다.[92] 사회적 불평등을 제도화하려는 이 시도
는 모든 사람이 쌀, 콩, 소금, 버터, 버터기름을 받을 수 있지만, 천한 일을 하
는 사람은 신분이 높은 사람이 받는 쌀의 6분의 1, 버터기름의 절반만 받을
수 있다는 조항에 잘 드러난다. 품질에도 차이를 두었다. 풍부한 영양이 필요
한 노동자는 쌀의 겉껍질을 받았고 노예는 부스러기를 받았다.[93] "브라만은

방 다섯 개, 크샤트리아는 방 네 개, 바이샤는 방 세 개, 수드라는 방 두 개가 있는 집을 가져야 한다. …… 안방의 길이와 너비는 우월한 순서대로 달라져야 한다"라고 말한 바라하미히라Varahamihira(6세기 인도의 철학자, 천문학자, 수학자-옮긴이)의 이상을 떠올리게 한다.[94]

정복자의 논리가 힘을 잃으면 평등에 대한 수렵채집 집단의 자연적 이상을 가로막기 위해 큰 사회적 격차를 설명하는 이데올로기가 필요했다. 베다의 마지막 부분에 해당하는《우파니샤드Upanishads》에서 이 이데올로기는 영혼이 한 생을 지나 다른 생으로 간다는 믿음으로 나타난다. "영혼은 사람이 전생에 행한 바에 따라 행복의 생 또는 슬픔의 생에 다시 태어난다고 여겨졌다. 이로부터 한 생의 업이 그다음 생에 영향을 미친다는 카르마(행위) 이론이 발달했다."[95] 인간의 고苦를 설명하면서 희생자나 가해자가 어떤 상황도 바꿀 수 없고 바꿀 필요도 없다고 말하는 이론적 시도다. 대조적으로 비슈누교Vaishnavism는 수드라를 포함한 네 계급의 바르나 모두가 신에게 헌신하면 다음 생에서 최종적인 해탈을 얻을 수 있다고 가르쳤다. 인도의 역사학자 D. N. 자D. N. Jha는 헌신에 관한 설명이 바이샤와 수드라의 지지를 얻었다고 지적하며 "그 믿음은 대중이 자신의 불행을 행위 주체인 사람의 탓으로 돌리지 못하게 했고, 자신이 속한 바르나에 전통적으로 부과되는 본분을 지켜야 한다고 강조한 듯하다"라고 결론 내린다.[96]

카스트 사회가 반대 세력이 전혀 없고 막을 수도 없는 힘을 가졌던 것은 아니어서[97] 엄청난 저항에 부딪혔다.《아르타샤스트라》와《마누스므리티》는 당대의 사회 상황을 반영한다기보다 이데올로기 갈등을 유리하게 해결하려는 브라만의 시도로 보는 것이 타당하다. 이 관념의 영향력은 굽타 시대 전까지 적어도 지리적으로는 제한적이었을 것이다. 왜냐하면 먼저 북인도 서쪽으로부터 동쪽으로 퍼져 나갔고 그다음에야 북쪽으로부터 남쪽으로 퍼지면서 매우 천천히 아대륙 전역으로 퍼졌기 때문이다. 더 중요한 점은 기원전 6세기부터 자이나교와 불교 같은 저항 세력이 출현했다는 사실이다.[98] 두 종교는 원칙적으로 카스트 제도에 반대하지는 않았지만, 브라만 계급을 절대적 지도자로 여기는 사회질서와 관념에 도전하는 토론을 자극했다. 특히 처지가 어려운 사람에 대한 연민, 여성과 계급이 낮은 사람의 참여에 대한 관용, 불가촉천민도 열반에 이를 수 있다는 신념(비슈누교에 영향을 미쳤다)을 강조했다. 인상적인 점은 불교 기록에서만 제혁공을 비롯한 수공인의 정식 이름을 볼 수 있다는 사실이다. 가죽 가공을 가장 경멸적인 직업 중 하나로 여겼던 브라만의 세계관에서는 상상할 수 없는 일이었다. 자이나교는 도시인에게 맞춰져 있었고 불교는 농촌민의 필요에 맞춰져 있었다.

두 종교 모두 여러 세기 동안 많은 신도를 이끌었다. 마가다국을 서쪽의 칸다하르부터 동쪽의 벵골, 남쪽의 마이소르까지 확장해 인도 최초의 제국을 건설한 마우리아 왕조(약 기원전 321~기원전 185)의 통치자가 처음에는 자이나교로(찬드라굽타왕), 그다음에는 불교로(아소카왕) 개종한 것도 주요 원인이었다. 마우리아 왕조의 계승국으로 기원후 초기 수백 년 동안 성공을 거둔 모든 사회는 대부분 여러 사상, 철학, 종교가 융합되어 있었다. 인도-그리스 왕국, 인도-파르티아 왕국(곤도파레스왕은 기독교에 동조적이었는데, 그가 세 동방박사 중 한 명인 가스파르라는 주장이 있다), 사타바하나 왕조(기원전 50~기원후 150)와 쿠샨 왕조(127~320)가 좋은 예다. 앞에서 보았듯이 육로와 해로를 통해 특히 지중해 지역 및 페르시아만에서 번창하던 교역은 도시화, 상거래, 수공인 길드(특히 수드라층)와 긴밀했고, 심층적 화폐화와도 관계가 깊었다.[99]

이 역학 관계는 3세기, 특히 320년부터 450년까지 북부에서 힌두교가 뿌리 깊게 자리한 굽타제국 시대부터 서서히 사라졌다. 인상적인 점은 이때 구리 주화 생산이 갑작스럽게 중단되었다는 사실이다. 한동안은 이전 수백 년 동안 풍부하게 발행된 주화들로 지탱할 수 있었을 것이다.[100] 소액 화폐 발행은 중단되었지만 은화와 금화는 한동안 계속 사용되었다. 굽타 시대에 금화가 주조된 사실은 잘 알려져 있지만 그 예술성과 높은 품질에 눈이 멀어서는 안 된다. 굽타제국은 카스트 제도가 언제 강력한 돌파구를 마련했느냐는 질문에 대한 답으로 가장 적합한 듯하다. 이때 이후로 5백 년 이상 탈화폐화 시대가 이어졌기 때문이다. 탈화폐화(굽타 시대 이후에는 은화와 금화에도 적용되었다)의 영향으로 해외 무역, 도시화, 경제 전반이 쇠퇴했지만, 주목할 점은 비화폐 노동관계가 카스트 제도에 사용되었다는 사실이다.[101]

이 수백 년의 사회 변화는 유럽에서 '봉건화'라고 부르는 변화와 유사하다.[102] 이 용어에 반대하는 견해도 많지만, 분명한 사실은 사제, 수도승 또는 전사가 땅에 구속된 농노가 딸린 영지를 소유하는 현상이 지배적 원칙이 되고 있었다는 점이다. 예컨대 불교 승려는 영적인 일에 헌신하므로 다른 사람이 네 가지 필수품인 옷, 음식, 침구, 의약품을 제공해야 했다. 거대한 중앙 국가는 인도 북부와 중부에서 사라졌고[103] 직업 분화는 급격히 저조해졌다.[104] 교역의 지방화와 통합된 길드는 새로운 카스트를 만들었다. 이것은 세습 수공인이 마을 농부의 집단 수확물에서 일정한 몫을 받는 대가로 기술을 제공하는 자즈마니 제도의 돌파구가 되었을 것이다. 여성의 경제적 독립도 영향을 받았다고 D. N. 자는 말한다.

> 입법자는 여성의 재산권을 허용하지 않는 상속법을 만들고 혼인 연령을 낮춤으로써 배우자를 선택할 자유를 빼앗았다. 미혼 여성은 결혼 전에는 아버지에게, 결혼 후에는 남편에게, 과부가 되면 아들에게 의존해야 했다. 마누에 따르면 그녀는 유혹하는 여자였다.[105]

여기에는 독립적인 불교 (탁발) 비구니에 대한 억압도 한몫했을 수 있다. 브라만 힌두교에서는 본분을 다하는 아내만이 여성의 도덕적·종교적 헌신에 대한 모범이었다.[106]

급격한 사회 변화는 다른 종교에 대한 브라만의 박해가 더 심해졌다는 의미였고, 원시 불교도 위축되었다. 그 결과 300년경 불거진 커다란 갈등을 푸라나Puranas(고대 인도의 힌두교 성전-옮긴이)는 사회적 위기의 시대를 가리키는 칼리유가Kaliyuga라 불렀다. "높은 바르나와 낮은 바르나 사이에 날카로운 적대 의식이 생긴 결과, 수드라가 생산을 거부하고 바이샤가 납세를 거부했다"라는 의미다.[107]

시장의 소멸과 재등장-유럽과 인도

기원전 500년부터 유라시아 주요 지역에서 수백 년 동안 발달한, 시장을 위한 소규모 독립 생산과 임금노동을 포함한 자유노동은 그리 안정적이지 않았다. 자유노동과 무자유노동의 관계도 마찬가지였다. 앞에서 로마제국의 역사에서 노예노동의 비율이 자주 변한 현상, 고대 중국에서 국가가 백성의 노동을 동원한 정도의 차이, 인도 카스트 제도의 복잡한 초기 단계 등 여러 사례를 살펴봤다. 대략 400/500~1000/1100년에 광활한 대륙의 서쪽과 남쪽에서 이 불안정한 사례가 나타났다. 그 중심에는 비잔틴제국, 사산 왕조, 아랍의 제국들(간단히 말하면 중동 지역)이 있었고, 그리스인과 로마인의 자유노동과 무자유노동의 상호작용이 오랫동안 지속되었다.

극적 변화와 갈등이 적었던 중국은 간단히 살펴보려 한다. 한나라부터 명明나라까지의 중국사가 노동사 연구자에게 흥미롭지 않은 것이 아니라, 심층적 화폐화 수준이 크게 변하지 않았고, 변했더라도 짧은 기간에 그쳤기 때문이다. 현금-주화 체제는 중단되지 않았고, 이전 시대의 주화도 가치가 크게 변하지 않고 법정통화로 유지되었다. 송나라 때처럼 주화 생산이 증가한 시대와 명나라 때처럼 감소한 시대로 구분할 수도 있는데, 여기에는 변화한 노동 관계도 관련이 있다.[108] 소액 주화가 생산되고 중앙 국가의 힘이 약했던 시대에 중국은 거의 전적으로 세금을 내는 소규모 농가로만 구성되었다. 세금은 현금으로 계산되었지만 사람들은 옷감이나 곡식으로 납부했다.

당唐나라에 이어 등장한 송나라는 이전의 국가와 성격이 달랐다. 특히 농민의 부담을 최대한 줄이는 자애로운 유교 국가의 전통에서 예외적으로 벗어나 있었다.[109] 북방 변경 유목민의 압력을 회유하거나 무력으로 상대하기 위해 경제 개발을 촉진하고 현금으로 세금을 거두어 적극 수입을 얻었다. 중국이 산업혁명의 코앞까지 갔었다는 개념을 고찰한 경제사학 교수 켄트 덩 Kent Deng은 "사실과 다르지만 가정해본다면, 송나라가 유목민과 대치한 상태를 2백~3백 년간 더 유지했다면 중국은 자본주의 경제 국가가 되었을 수도 있다"라고 말했다. 무역과 산업, 도시가 빠르게 성장했다. 1165~1173년의 8년 만에 수도 항저우의 인구는 55만 명에서 124만 명으로 두 배 이상 늘었다. 항저우는 50년 전에 인구 1백만 명을 넘긴 카이펑 다음으로 주민 수가 1백만 명이 넘는 두 번째 도시가 되었다. 남송의 총인구는 1159년에 1,680만 명에서 1223년에 2,830만 명으로 증가했다.[110] 대도시 인구가 자영업자뿐만 아니라 많은 임금노동자로 구성되었다고 추측해도 무리는 없을 것이다.

여기서는 서유럽과 인도를 한 축으로 하고 중동 지역을 다른 한 축으로 하여 대조되는 전개 양상을 살펴볼 것이다.[111] 지표는 소액 주화 유통 상황이다. 즉, 자유노동의 지표인 심층적 화폐화다. 심층적 화폐화는 중동 지역에서 비슷하게 유지된 반면 양옆의 서유럽과 인도에서는 급격히 쇠퇴했다. 따라서 시장경제가 상대적으로 오래 유지된 중동이나 중국과 달리 서유럽과 인도의 급격한 쇠퇴가 노동조직과 관련해 어떤 의미가 있는지 살펴볼 필요가 있다.

로마의 노동관계를 계승한 비잔틴제국, 사산 왕조, 이슬람 제국

비잔틴제국(동로마제국)은 명목상뿐만 아니라 사실상 로마제국의 연장이었다.[112] 결과적으로 이 제국은 새로운 이웃이자 경쟁국인 남쪽의 이슬람 제국들과 북쪽의 슬라브계 제국들에 중요한 영향을 미쳤다. 물론 비잔틴제국이 존재한 1천 년 동안 모든 것이 그대로 유지되지는 않았다.

먼저 비잔틴제국의 연속성을 살펴보자. 노예노동은 자유노동과 더불어 유지되었다. 로마제국의 마지막 세기에서 알 수 있듯이 기독교는 노예제를 종식시키지 않았다. 그러나 이 새로운 종교는 노예를 적절하게 처우하라고 호소했고, 그리스도인의 사회societas christiana 안에서 평등한 동료 신자를 노예화하는 데 반대했다. 어찌 보면 고대 그리스·로마 시대의 시민이라는 정체성이 동료 신자라는 정체성에 자리를 내주고 있었다. 비잔틴제국과 7세기부터 등장하는 이슬람 제국 모두 이 점은 마찬가지였고, 노예제에도 특별한 영향을 미쳤다.

그 이유는 주로 비잔틴제국의 공법이 사법에 우선했기 때문이었다. 11세기 비잔틴제국 법학자들은 다음과 같이 간단히 말했다. "황제의 권력에 비하면 가장의 권위는 아무것도 아니다."[113] 이 말은 노예에 대한 황제의 힘에 관해서도 시사하는 바가 크다. 한편으로는 황제가 가족 관계와 성과 관련해 특정 요건을 요구하는 종교 공동체의 수장이기 때문이기도 했다. 기독교에서는 부부를 갈라놓을 수 없다는 일부일처제의 이상이 주인과 노예의 자유로운 성관계와 상충했고, 마찬가지로 자유민과 노예의 결혼도 신 앞에 모든 신자가 평등하다는 믿음과 조화되기 어려웠다. 교회법에 따르면 결혼은 자유민끼리만 가능했다. 만약 주인이 노예와 결혼하고 싶으면 풀어주거나 돈으로 자유를 사주어야 했다. 따라서 그들의 자녀는 자동으로 자유민이었다.[114] 이 맥락에서 유대인과 이슬람인은 기독교인 여성을 노예로 소유할 수 없었다.

고대 그리스·로마 시대 같은 추정치는 없지만 비잔틴제국의 부유한 가정이든 도시의 상업이든 농사 분야든 많은 노예가 있었다. 새로운 노예 대부분은 제국이 끊임없이 휘말리는 전쟁에서 잡은 포로였다. 특히 발칸반도의 이교도, 무슬림, 사산제국의 조로아스터교인, 그리고 때에 따라 라틴계 기독교인 같은 비(정통)기독교인이 노예가 되었다. 주목할 점은 자신과 자녀를 노예로 파는 것이 흔한 관행이었다는 사실이다. 나아가 노예제는 처벌의 형태 중 하나이기도 했다.[115]

이슬람 국가들의 노예와 노예무역은 비잔틴제국과 비슷한 점이 많지만 눈에 띄는 차이도 있다. 결혼에 대한 관점이 기독교와 크게 달랐고, 주인과 노예의 애착 관계가 다양했다.[116] 다른 한편으로 주인과 여성 노예 사이에 태어난 자녀는 자유민이었고, 따라서 그 어머니는 더 이상 매매의 대상이 될 수 없었다. 이 점은 고대 히브리 문화와 신바빌로니아법도 같았으나 로마법은 달랐다.[117] 그리스도인, 유대인, 무슬림 모두 동료 신자를 노예화하지 못했다는 점은 같지만(물론 포로는 사정이 달랐다), 무슬림은 자신을 노예로 파는 것도 금지되었다. 따라서 이슬람 세계에서는 노예를 얻으려면 전쟁이나 노예무역을 통해야 했다. 비잔틴제국이 북쪽의 노예 원천지, 특히 발칸반도를 최대한 독점하려 했기 때문에, 이슬람 제국은 전리품으로서의 노예를 제외하면 다른 공급원에 의지해야 했다. 9세기와 10세기에는 유대계 라다니야Radhaniyya 상인들이 서유럽과 중동 지역의 노예 공급에 중요한 역할을 했다.[118] 이슬람 제국이 경쟁국과 또 다른 점은 노예를 병사로 배치했다는 것이다. 9세기 전반 아바스 왕조가 처음 시행했고, 이집트 맘루크 왕조도 훗날 조직적으로 활용했다.[119]

로마제국과 마찬가지로 비잔틴제국에도 자유노동인구가 상당히 많았고, 6세기와 7세기, 그리고 9~13세기에 구리 주화가 풍부하게 생산되었다. 당시의 구리 주화는 1시간 임금에 해당하는 폴리스 청동화follis였다. 일반 국민의 명목 임금은 일당 10폴리스였던 듯하다. 직업군인과 수공인처럼 자격을 갖춘 노동자는 그보다 세 배 내지 열 배까지 벌 수 있었다. 임금노동자와 노예는 주로 도시에 몰려 있었다.[120]

원래 비잔틴제국의 주요 경쟁국은 사산제국이었다. 사산제국의 노동관계는 분명하지 않지만 비잔틴제국과 이슬람 제국들을 비교하면 명백히 다른 점이 있다. 비잔틴제국은 전쟁 포로를 노예 노역에 처하는 대신 식민지 개척자로 이용했다. 물론 포로들은 국경에서 멀리 배정된 땅에 구속되었지만 그 외에는 자유민과 같았다.[121] 또한 방대하게 발행되는 커다랗고 평평한 은화 디르함dirham으로 임금을 받는 직업 군대가 있었다. 그러나 소액 단위 은화나 동화가 심층적 화폐화를 이끌었다는 점에는 의문의 여지가 없다. 군대 밖에서는 임금노동이 그리 중요하지 않았을 것이다.[122]

결과적으로 비잔틴제국과 사산제국의 전쟁에서 크게 승리한 쪽은 아랍인이다. 처음부터 아랍인은 비잔틴제국의 혼합적 노동관계처럼 도시에 집중된 많은 노예노동과 자유 임금노동이 뒤섞인 형태를 유지했다. 여기서도 그리스·로마와 마찬가지로 이슬람 세계에 노예가 얼마나 중요했는지, 그리고 노예 사회가 존재했는지를 살펴볼 필요가 있다.[123] 아랍이 새로이 정복한 지역에도 로마제국과 비잔틴제국의 치하에서 이미 오랫동안 노예제가 존재했다. 아랍의 정복 전쟁으로 새로운 노예들이 생겼지만, 결국 이런 노동관계의 중요성은 줄어들었다. 이라크 남부 영지의 염전에서 소금 거두는 노동을 하던 잔지족Zanj의 반란과 동아프리카 출신 노예들의 집단 탈출(869~883)이 여기에 한몫한 듯하다.[124]

이때부터 노예, 특히 여성 노예는 주로 부유층 가구의 하녀로 등장한다. 그들의 배경, 지위, 직업적 분화가 얼마나 다양한지는 860년대 아바스 왕조의 수도 사마라에 관한 생생한 기록에 드러나 있다. 861년 10대 칼리프 무타와킬Mutawakkil이 암살되자 그의 노예들은 뿔뿔이 흩어졌다. 그중 한 명인 마부바Mahbuba('사랑받는 이')는 죽은 칼리프의 총애를 받았던 노예로 우드ud(유럽 류트의 시조 격인 현악기-옮긴이)를 연주하는 재능 많은 가수였다. 그녀는 결국 군사 노예인 튀르크계 군 사령관 부가 알카비르Bugha al-Kabir(이하 '남성 노예'를 뜻하는 와시프Wasif로 부른다)의 집으로 오게 되었다. 시인 알리 이븐 알잠 알사미Ali ibn al-Jahm al-Sami는 둘 사이의 일화를 다음과 같이 회고한다.

한번은 술 한잔 같이할 친구가 필요해서 [부가를] 찾아갔다. [함께 술을 마시던 중] 그가 [연주자를 가리고 있던] 커튼을 옆으로 젖히라고 하더니 가수들을 불렀다. 그들은 화려한 옷과 보석을 두르고 천천히 걸어 나왔다. 마부바는 보석이나 화려함은 전혀 없이 수수한 하얀 옷을 걸치고 나타났다. 그러더니 자리를 잡고 앉아 아무런 말도 없이 머리를 조아리고 있었다. 와시프는 마부바에게 노래를 청하였으나 그녀는 애원하며 거절했다. 그는 "하지만 제발 해주기를 부탁하오"라고 말하며 우드를 들라고 명했다. 명령에 응하는 것 외에 방법이 없다고 생각한 마부바는 우드를 연주하며 노래 구절을 즉석에서 만들어 불렀다.

어떤 인생이 내게 기쁨을 가져다줄까.
그곳에 자파르Ja'far가 없다면.
나는 군주인 그를 보았네.
피 흘리며 흙 속에 더럽혀진 그의 모습을.
비통함에 정신 잃거나 병에 걸린 모든 이들은
이미 오래전 회복되었건만
마부바는 죽음이 찾아와주기를 기다리네.
죽음이 찾아오면 망설임 없이 꽉 붙들고 무덤에 묻히리라.

[그 결과] 점점 화가 난 와시프는 그녀를 가두라 명했다. 그녀는 옥에 갇혔고, 그 것이 그녀에 대해 들은 마지막 소식이었다.[125]

9세기 이후 중동 지역에서 노예가 줄어들었다고 해서 노예의 노동조건이 개선되었다고 볼 수는 없다. 모든 가능성이 있었다. 한쪽에는 10세기에 결혼식이나 생일잔치에서 노래한 카이르완(아글라브 왕조 시기 종교, 학문, 상업의 중심지-옮긴이)의 소녀처럼 자신의 기술로 번 돈을 소유하도록 허락받은 노예가 있었다. 다른 한쪽에는 주인이 원할 때마다 자기 의사에 상관없이, 심지어는 남들이 보는 앞에서 성교해야 하는 노예도 있었다.[126]

자유노동은 농경과 생산의 지배적 노동 유형이었다. 군사적 정복을 신속하게 끝내도록 도와준 아랍 부족들은 땅으로 보상받는 대신 새로이 건설된 수비대 주둔 도시로 보내졌다. 이러한 도시로는 바스라(주민 20만 명), 쿠파(주민 14만 명), 후대에는 새로운 수도 와시트, 그 뒤를 이은 바그다드(800년경 주민 50만 명)가 있다. 사실상 목축 생활양식을 버려야 했던 그들은 이제 최저율이 1년에 2백 디르함 정도인 정기 급여와 연금 수입을 얻었다. 시간이 흐른 후에도 이 패턴은 이집트 푸스타트(올드카이로)와 알렉산드리아, 튀르크메니스탄 메르브, 그리고 제국의 다른 지역에서 되풀이되었다. 스페인 알안달루스에는 수비대가 주둔한 도시가 없었지만, 새로이 정착한 사람들은 토지 소유자가 된 듯하다.[127]

또한 하룬 알라시드Harun al-Rashid(아바스 왕조 5대 칼리프로《천일야화》에 자주 등장하는 인물-옮긴이) 치하에서는 시리아 락까 같은 산업도시들이 있었다. 이곳들의 경제도 현금에 기반했다.[128] 따라서 도시의 수많은 유리 공장, 비누 공장, 도공의 가마와 직조 공장은 자유노동자로 채워져 있었을 것이다. 핵심 지역에서는 커다란 장원이 빠르게 사라졌고 그 자리를 농장 노동자를 고용한 임차 농부들이 채웠다. 많은 농촌 소도시가 번성하고 관개수로 덕분에 경작이 집약화된 것 모두 같은 방향을 가리킨다. 법적 제도도 자유노동을 위한 여지를 제공했다.[129]

경제 호황기가 지나자 불황기가 찾아왔다. 그다음 두 세기 반 동안 소액 화폐는 자취를 감췄고 도시는 비었으며 산업은 사라지고 땅에서 나는 것에 생계를 의지했던 유목민 무리는 피고용인이 되었다. 약 1백 년간 퇴락을 피한 곳은 파티마 왕조의 이집트, 중앙아시아, 이란 동부의 변방뿐이었다. 아랍 지역의 두 번째 번영기는 1200년부터 시작되었다고 추정된다.

이제 중동 지역의 경제 호황기에 대한 이야기를 마무리하고, 중세 초기 서유럽과 북인도에서 국가와 시장이 소멸한 사건과 비교하려 한다. 그전에 고려해야 할 질문이 있다. 이슬람 세계의 여성, 특히 여성 노동자의 역할이다. 현재의 사회적 논쟁에서 매우 의미 있는 주제지만 항상 선지자의 가르침으로 돌아가고 마는 부분이기도 하다. 여성의 역할은 이슬람의 도래와 함께 변화했는가? 그랬다면 어떠한 측면에서 변화했는가?

여러 측면에서 이슬람 세계 여성 노동자의 역할은 비잔틴제국, 더 나아가 고대 그리스·로마 시대의 관행의 연속처럼 보인다. 여기서 다시 대단한 연속성, 즉 새롭지 않은 고대 전통의 통합이 드러난다.[130] 이 점만 보면 여성의 노동과 노예의 노동은 다르지 않다. 먼저 이슬람에 대한 현대의 토론에서 여성 탄압을 상징하는 베일을 이야기해보자. 이 정숙함의 상징은 고대 로마도 공식 이데올로기를 통해 똑같이 강조했다. 기원전 166년 집정관 술피키우스 갈루스Sulpicius Gallus는 아내가 어느 날 베일을 쓰지 않고 집 밖을 나섰다는 이유로 이혼했다고 한다. 그는 이렇게 말했다. "법에 따라 나의 눈만이 당신을 봐야 한다. …… 당신은 다른 자의 눈에 띄었기 때문에 의심받을 수 있고, 책임을 져야 할 수도 있다." 이러한 관점이 고대 그리스·로마 세계나 이슬람 세계 여성의 일상적 노동에 어떤 의미가 있는가? 모든 유부녀는 집 안에만 있어야 하고 집 안에서만 쓰임이 있어야 했는가?[131]

반드시 그렇지는 않았다. 실제로 이슬람은 여성의 재산권을 인정하며 쇄신을 꾀했다.[132] 여성은 독립적으로 돈을 벌 수 있었고, 그 돈을 남편이 자동으로 소유하지도 못했다. 여성의 재산권이 인정됨으로써 나타난 결과 중 하나는 여성 스스로의 신체에 대한 권리로 이어졌다. 모유 수유에 대한 당시 견해에서도 알 수 있다.

많은 법학자가 모유 수유를 보수를 받는 활동으로 인정했고, 치명적인 결과가 예상되더라도 어머니로 하여금 자녀에게 젖을 물리도록 강제할 수 없다고 판단했다는 사실은 아내의 젖이 법률상 당연한 남편의 재산이 아니며 모유를 상품으로 간주했다는 것을 의미한다. 이것은 아내의 신체와 재생산적 특질을 아내 본인의 재산이라고 보는 법적 입장의 직접적 결과다. 유모에 대한 법적 조항에서도 같은 입장을 볼 수 있다. 유모의 서비스는 공증 절차상 사실상 유일하게 여성에게 적용되는 유모 고용계약을 통해 이루어졌다. 이 계약에 따라 유모는 스스로 서비스를 제공할 권리가 있었고, 혼인 내 재산 분할 규정에 따라 임금을 남편에게 주지 않고 소유할 수 있었다. 계약서에는 남편의 서명이 필요했으나 이는 모유 수유를 위해 고용된 기간 동안 아내와 성교할 권리를 포기한다고 동의해야 했기 때문이다.[133]

여성은 고대 그리스·로마 규범에 따라 최대한 집에 있어야 하는 동시에 소유권 및 노동을 통한 취득물에 대한 권리가 있으므로 두 가지 현실 사이에서 딜레마에 처했지만, 해결책은 간단했다. 임금노동자로서의 노동을 포함해 최대한 집에서 일하는 것이다. 도시의 가내수공업인 방적, 직조, 자수 부문에서 많은 여성 노동자가 일했다. 카이로 같은 도시에서는 유대인 여성도 이 흐름을 따랐고 직물 산업에서 돈을 벌었다. 자료에 따르면 실내 활동 외에 집 밖에서 해야 하는 직업도 있었지만, 그 수는 무척 적었다. 앞에서 직업 유모를 언급했는데, 그 외에 방물장수, 의사, 산파, 주술인, 점성술사, 점쟁이, 결혼 잔치 기획가, 장례인 및 직업 상제 등도 있었다.[134]

시장 없는 서유럽과 북인도

비잔틴제국과 사산제국이 출현하던 중세 초기 서유럽과 인도에서도 노동 관계가 변화했지만 방향은 근본적으로 달랐다. 유럽 인구는 2천만 명으로 급격하게 감소했고 5백 년 동안 그 수준을 유지했다. 도시는 로마제국이 멸망

한 후 사실상 자취를 감췄고, 전염병이 창궐했을 뿐만 아니라 농촌 인구도 적어졌다.[135]

당연히 주화 유통도 고대 그리스·로마 시대와 비교하면 사실상 중단되었다.[136] 그 결과는 심각했다. "로마 통치의 종말은 소액 화폐의 종말을 의미했다. 사소한 일 같지만 중요한 결과였다. 임금노동은 신뢰할 수 있는 주화가 풍부하지 않으면 규칙적 토대 위에 존재할 수 없다." 그 상태는 5백 년 이상 이어졌고, 카롤링거 왕조 때 페니화가 출현하면서 주화가 다시 생산되었지만 중요한 변화를 가져오지 못했다. "페니의 교환 가치가 높고 대체로 잘 보존되었음을 고려하면 페니가 활발하게 유통되거나 임금 경제의 필요에 부응했다고 보기는 어렵다. …… 카롤링거 시대에 정기적 임금노동이 존재했는지는 알려지지 않았고…… 누구도 임금에 의지해 살지 않았다."[137] 이론적으로 서유럽에서 주화 발행이 중단되어도 이전 시대 주화가 계속 유통될 수 있었지만, 현실에서는 드물었다.[138]

이전까지 중요한 수입원이던 시장을 위한 임금노동과 생산이 중세 초기 서유럽에서 줄어들었으니 어느 체제가 우세해졌는지가 궁금해진다. 무자유노동, 더 자급자족적인 체제, 아니면 둘의 혼합일까? 로마 시대 이전 철기시대, 다시 말해 자급자족형 농업으로 돌아갔다는 것이 정답에 가깝다.[139] 서유럽 인구의 1~2퍼센트는 주민이 1만 명 이상인 도시 수십 곳에 살았고, 5퍼센트가 5백에서 1만 명 사이의 지역에 살았다. 이들을 제외한 대다수는 자신의 식량과 아마, 모, 가죽, 목재, 진흙 및 기타 건설 자재 같은 필수품을 생산하는 농부였다. 소는 짐 끄는 동물로 이용했다.

끝없는 전원의 자급자족형 농경으로 회귀했다고 해서 농부가 자신의 생산품 전부를 가질 수 있었던 것은 아니다. 500~1000년에 서유럽 농지의 소유 비율이 어떠했는지는 알려지지 않았다. 이 시대 말에 전체 토지의 3분의 1은 교회 땅, 3분의 1은 공유지와 귀족의 땅, 나머지 3분의 1이 자유 농지였다고 추정되므로, 이전의 수백 년 동안에도 상황이 비슷했을 수 있다. 다만 당시에는 귀족이 훨씬 적었다.[140] 모든 경작지의 3분의 2, 그중 토질이 가장 좋은 땅이 종교인 및 영주의 소유였다고 가정해보자. 그렇다면 인구의 절반 이상이 크든 작든 그들의 장단에 맞추어 살았을 것이다. 세르부스servus(라틴어로 종이라는 뜻-옮긴이)로 불린 소농은 고대의 '노예'라기보다는 '농노'로서 생산물과 시간의 일부를 종교인 및 영주에게 바칠 의무가 있으며 토지에 구속되었다. 나머지 생산량은 가솔과 함께 쓸 수 있었다. 소농은 많으면 가구 인력의 3분의 1 정도였다.[141] 영지에서 살고 일하는 소농의 의무를 바탕으로, 장원을 세습하는 권리가 카롤링거 시대부터 발달했다.

장원 제도의 중심지는 프랑스 북부와 라인란트였다. 네덜란드 북부, 독일 북부, 스칸디나비아 등 서유럽의 다른 지역에서는 장원 제도가 발달하지 않았고, 전혀 없는 곳도 있었다. 이 지역들에서는 자유민의 농업이 원칙이었다. 쟁기와 한 쌍의 동물을 가지고 큰 규모로 농사짓는 사람은 농노 한두 명을 고용할 수 있었다. 물론 작은 농가는 가족 모두의 노동에 의존했다. 사람들은 농업에 거의 투자하지 않았고, 농사는 매우 노동집약적이었기 때문에 식량을 생산하는 의무로부터 몇몇 사람을 면제해주려면 많은 사람의 노동이 필요했다. 프랑스 오툉에 있는 성 심포리아누스 참사회의 영지에는 약 1백 개 농가가 있었는데, 이 정도로는 참사회 회원 열다섯 명과 하인 두세 명을 먹여 살리기에 충분하지 않았다.[142]

도시와 시장이 없어서 로마 시대와 중세 성기盛期에 비해 시장경제가 미미했고, 노동도 전문화하지 못했다. 사실상 모두 땅 위에서 노역했을 뿐이다. 특이하고 작은 몇몇 도시를 제외하면, 노동 전문화는 로마제국 말부터 기독교가 보급되면서 세워진 수도원에서 볼 수 있었다. 그 수는 대략 수천 개였다.[143] 수도원에는 수사 또는 수녀와 평수사(노동 수사)가 거주했다. 수사나 수녀는 하루를 기도 8시간, 노동 8시간, 수면 8시간으로 나누어 보냈다. 수도원은 자급자족했지만, 유럽 경작지의 10분의 1 내지 3분의 1 정도였던 부속 장원에서 나오는 수익도 받았다. 덕분에 수사는 농사 이외의 활동을 할 수 있었다. 수도원의 규모는 다양했다. 일반적으로 수도원장 한 명과 수사 열두 명이면 수도원을 설립하기에 충분했고, 몇몇 수도원은 규모가 훨씬 컸다.

수도원 사람들이 수도원을 건축하고 유지 보수하고 꾸미는 일 외에 한 전문적 일은 책을 필사하고 채색하고 꾸미는 것이었다. 서구의 인쇄술은 중세 말에야 발명되었다. 베네딕트회 수사 앨퀸Alcuin은 다음과 같이 썼다. "성서 필사는 완벽한 일이고, 필사자는 반드시 보상받는다. 포도나무를 돌보는 것보다 필사가 낫다. 전자는 배를 채우지만 후자는 영혼을 채운다."[144] 모든 수사는 글을 읽을 수 있어야 했고, 수도원에는 일상의 기도와 전례를 위한 양피지 문서 수십 개가 있었다. 수도원은 교구 신부에게도 필사본을 공급했는데, 신부는 필사본 하나 또는 몇 개 정도로 만족해야 했다. 그다지 인상적이지 않은 이 수치는 글을 읽고 쓰는 능력이 보편화하지 않았던 현실의 한계를 보여준다. 그렇다고 해서 수사들이 게을렀던 것은 아니다. 한 명의 수사가 책 한 권을 베껴 쓰는 데 수년이 걸린다는 사실을 생각해보라. 필사는 가벼운 일이 아니었다. 스페인의 한 수사는 3개월간 꼬박 "고개를 숙인 채 온몸을 혹사하며" 필사에 매달린 끝에 970년 7월 27일 8시에 한숨을 내쉬었다.[145]

로마인 다음으로 권력을 쥔 게르만족도 노예를 두었으나, 경제가 악화하여 노예 수가 상당히 감소했다.[146] 아마도 그 때문에 782년 샤를마뉴대제가 페르덴에서 무려 4천5백 명의 색슨인을 처형했을 것이다. 다른 색슨인들이 이들을 넘겼지만, 그에게는 필요하지 않았기 때문이다.[147] 노예사냥이 확대되는 데 가장 중요한 것은 공급자의 공급이나 도덕성(의 부족)이 아니라 충분한 수요였다. 그래서 이슬람 세계의 엄청난 노예 수요를 유럽 북서부와 동유럽의 바이킹이 충족시켜준 800~1000년에 중세 유럽의 노예무역이 절정에 달했다. 남유럽에서 충돌한 이슬람 세력과 기독교 세력, 그리고 발트해 지역 '이교도'에 대한 십자군 원정도 또 다른 요인이었다. 세르부스servus와 라틴어 스클라부스sclavus 또는 아랍어 사칼리바saqaliba의 의미가 같다는 사실은 주요 노예 공급처가 슬라브어권으로 바뀌고 있었음을 보여준다.

노예가 감소한 주요 원인은 기독교 확장 같은 이데올로기적 원인보다 경제적 변화였다. 물론 노예 해방은 그리스도인에게 신실한 행위였지만 영주에게는 의무가 아니었고, 노예의 권리를 보호해줄 의무는 더더욱 없었다. 그러나 기독교인 노예를 판매하지 말라고 반대하는 주장이 점점 많아지고 있었다. 맘즈버리의 윌리엄William of Malmesbury(1095~1143년경)(평생을 맘즈버리 수도원에서 보낸 12세기 영국 연대기 편자−옮긴이)의 말을 빌려보자.

그들은 이윤을 위해 잉글랜드 전역에서 사람을 사 모아 아일랜드에 팔았고, 하녀를 농락하고 임신시킨 후 내다 팔았다. 당신이 밧줄에 줄줄이 묶인 젊은 남녀를 보았다면 절로 신음했을 것이다. 그들의 젊음과 점잖은 용모에 야만인조차 연민을 느낄 터인데, 이런 사람들이 매일 끌려 나와 팔렸다. 지독한 수치, 짐승조차 느낄 최소한의 감정도 없이 저주받을 짓을 하는 그자들의 친척은 물론 혈육까지 모두 노예로 만들어야 한다![148]

그러나 교회는 노예제를 폐지하지 않았다. 교회 노예는 오랫동안 정상적으로 유지되었고, 나중에도 독일 성직자들은 이교도 노예를 무슬림에게 파는 행위를 모른 체했다.[149]

중세 초기 남아시아의 역사는 서유럽에 비해 학계의 관심을 적게 받는다. 당시 이곳에서 발달한 노동관계는 대체로 비슷한 듯하다. 도시와 시장, 화폐 유통이 쇠퇴하면서 지방화가 심화하고 농촌 인구 대부분의 자급자족형 생계 유지 방식이 급격히 증가했다.

앞에서 4세기 북인도의 강력한 굽타 왕조에서 구리 화폐와 주화 생산이 중단되고, 이후 주화 유통까지 중단되었다가 13세기에 이슬람 술탄국이 확장하면서 부활한 모습을 살펴보았다. 한편 남인도와 실론섬의 주민들은 그보다 1~2세기 전인 10세기 촐라 왕조(9~13세기 중반 남인도를 다스린 타밀족 왕조-옮긴이) 시대에 심층적 화폐화의 부활을 경험했다.[150] 이곳은 중세 초에 주화를 발행하지 않았지만 로마의 주화(특히 은화 데나리우스)를 사용했다.

한편 석굴 사원이 많은 데칸고원의 엘로라와 비하르(불교와 자이나교의 발상지-옮긴이)를 중심으로 불교 사원과 후대의 힌두교 사원 및 자이나교 사원이 '봉건화'했다. 사원은 노동조직과 관련해 서유럽의 수도원과 비슷한 역할을 했을 것이다.[151] 많은 땅을 하사받았고, 그중 일부는 날란다Nalanda 사원처럼 학문의 중심지가 되었다. 5세기에 세워진 대학은 폭넓은 지역으로부터 학자와 학생을 끌어들였다. 7세기 중국 불교 순례자들의 여행기에 따르면 교사가 1천 명, 학생이 1만 명에 달했고 무려 9백만 권의 책을 보유했다고 한다. 이 수치를 믿지 않더라도 조각가, 화가, 건설 노동자뿐만 아니라 지적 노동자의 생산노동을 면제하기 위해 현물세를 내는 소작농이 많이 필요했던 것은 사실이다. 당시에는 국가 형성 양상이 미미했고, 특히 북부에서 그러했다. 따라서 세속 귀족에게 현물세를 내는 관행은 서유럽에 비해 적었다.[152] 무엇보다도 수많은 작은 촌락 공동체가 그대로 유지되어 카스트 제도가 발달하고 뿌리내릴 수 있었다.

인도가 동남아시아에 미친 문화·종교적 영향을 고려하면 놀라운 일이 아니다. 동남아시아의 노동관계도 비슷했을 것이다. 벼농사를 짓고 사원과 엘리트층을 위해 부분적으로 생산노동을 하며 화폐화하지 않은 농촌 사회였다.[153] 인도와 달랐던 점은 이전의 동남아시아에는 화폐 시대가 없었다는 사실이다. 카스트 제도의 역할도 인도와 달랐고 후대에는 훨씬 작아졌다. 불교의 영향이 지배적이었기 때문일 가능성이 높다. 불교는 인도의 요람에서 북쪽, 동쪽, 남동쪽 방향으로 퍼져 나갔으나, 정작 발상지에서는 힌두교에 자리를 내주었다.

앙코르의 크메르 왕국처럼 크게 성공한 정치체가 거대 건축 사업을 벌이려면 당연히 폭넓은 부역 제도가 필요했다. 노예도 필요했고, 물물교환 및 옷감 같은 교환 수단에 바탕한 시장도 필요했다. 콜럼버스 이전 아메리카 대륙의 정치체, 특히 멕시코의 아스테카를 떠올리게 하는 상황이다. 그러나 동남아시아인은 보수를 화폐로 지급하는 노동시장을 선택하지 않았다. 아메리카 대륙 사람과 달리 동남아시아인은 인도와 중국을 통해 화폐를 잘 알고 있었다. 그저 전체적으로 화폐를 사용하지 않기로 결정하고 훨씬 후대에 사용하기 시작했을 뿐이다.

노동시장 없는 국가 형성-아메리카 대륙

스페인인이 도래하기 이전 아메리카 대륙의 위대한 문화는 노동사학자에게 수수께끼로 남아 있다. 이들은 그리스 세계, 로마, 인도, 중국만큼 인상적이고 아름다운 건축물을 지을 능력이 있었지만 금속화폐를 만들지 않았다. 그렇다면 필요한 노동을 어떻게 조직했을까? 노동자는 현물로 보수를 받았을까? 노예가 노동했을까? 아니면 메소포타미아나 이집트의 공납적 재분배와 상관없이, 자급자족 농부에게 부과하는 부역 노동을 활용했을까? 군인 모집과 보수 지급, 그리고 가장 중요한 땅을 경작하는 등의 노동은 어땠을까?

오스트리아 역사학자 발터 샤이델Walter Scheidel은 콜럼버스 이전의 아메리카 대륙과 유라시아에 대한 최근의 포괄적 연구에서 다음과 같이 말한다. "국가사업을 벌이는 정부는 사업을 위해 계약을 체결하거나 강제하는 방안을 선택할 수 있다. 전자의 전략은 보통 사적 재산과 생산량에 대한 과세로 유지된다. 후자의 전략은 종종 특정 세금으로 노동을 부과하는 형태로 이루어진다." 샤이델에 따르면 노동 의무를 부과하는 쪽이 대세였고, 그리스와 로마가 건설 사업을 위해 시장 제도에 의존한 사례는 매우 예외적이었다.[154] 그럼에도 불구하고 이 장에서 다루는 시대에는 샤이델이 말하는 두 극단의 방식이 다양하게 혼재했고, 노동에 대한 강제는 그중 하나에 불과했다는 사실을 살펴보았다. 이제 콜럼버스 이전의 아메리카 대륙에서 가장 유명한 사회가 이 문제를 어떻게 다루었는지 살펴보고, 그 해결책이 앞서 언급한 지역들과 어느 정도 비슷한지 이야기할 것이다. 그럼으로써 1500년 이후 아메리카 대륙에서 노동이 차지한 의미를 통찰할 수 있을 것이다.

아메리카 대륙에는 작고 흥미로운 문명들이 많았다. 여기서는 규모가 가장 큰 잉카 문명, 마야 문명, 아스테카 문명에 초점을 맞출 것이다.[155] 내 해석이 정확하고 교환 수단의 풍부한 가용성이 임금노동을 촉진한다면, 물질문화가 고도로 발달했으나 금속화폐가 없었던 이 사회가 노동을 다르게 조직하고 보수도 다른 형태로 지급했을 것이라고 추측할 수 있다.

앞서 보았듯이 이 개념은 헝가리 인류학자 칼 폴라니가 발전시켰다. 그는 (예컨대 마셜 D. 살린스를 통해) 인류학 연구와 (특히 모지스 핀리를 통해) 고고학 및 고대 그리스·로마 연구에 큰 영향을 미쳤다.[156] 그는 영국 산업혁명 이전의 세계사에서는 호혜성이 시장 교역보다 훨씬 많은 비중을 차지했고, 많은 문명이 재분배 원칙에 토대했다고 단정했다. 모든 생산물과 노동은 신전을 위한 것이었다. 신전에서 의식을 책임지는 최상층은 이것을 주민들에게 재분배했다. 당시 사회는 계층 사회였으나 우주론적 믿음을 공유했고, 주민들은 공정하다고 인식한 배분을 통해 풍요롭고 행복한 분위기를 형성했다. 앞의 3장에서 관련 내용을 언급했다.

이 사례가 다소 안이하다고 비판하는 학자들은 재분배할 식량을 비축한 대형 창고 같은 확고한 증거가 있어야 한다는 타당한 주장을 제기해왔다. 아름다운 신전과 금속화폐의 부재를 결합한 주장에 설득되지 않은 이들은 시장에 대한 증거를 더 찾아보라고 했다. 또한 시장이 없는 잉카 문명과 시장을 사랑했던 아스테카 문명, 중간 정도의 다른 문명들의 차이를 삭막하게 대조하는 것에 대해서도 경고했다.[157] 콜럼버스 이전의 문명에 대해 충분히 주의를 받았으니 이제 검토해보자.

농경 공동체에서 공납적 재분배 사회로

아메리카 대륙에서 가장 유명한 공납적 사회는 1431~1532/1533년 안데스산맥에서 존속한 잉카제국이다. 멕시코의 마야제국이나 아스테카제국과 마찬가지로 페루의 치무 왕국(850~1450) 같은 정치체의 오랜 전통 위에 건설되었다. 내 생각이 옳다면 아메리카 대륙에서 고도로 발달한 다른 정치체도 '공납적'이라고 특징지을 수 있겠지만 이 점은 더 연구할 필요가 있다. 1492년 이후의 사건을 지칭하는 '콜럼버스와의 조우' 또는 '콜럼버스의 교환'이 일어나기 전에 중앙아메리카와 남아메리카에 존재했던 고도로 발달한 정치체들에 대한 연구는 무척 중요하다. 어쨌거나 "이 연구들은 독립적이고 유사한 사회·경제적 진화의 자연발생적 실험의 결과를 보여준다. 최대 1만 3천 년 동안 정보 전달이 불가능했던 상황에서 구세계와 신세계에서 나타난 제도적 유사성은 비슷한 문제에 대해 비슷한 해결책을 생각해낸 진정한 유사체로 봐야 한다."[158]

고고학자들은 아스테카 문명, 잉카 문명, 그리고 마야 문명과 1500년대에 존재한 기타 아메리카 사회들과 관련해 아메리카 원주민의 상형문자 기록뿐만 아니라 스페인어 기록에서 얻은 고고학적·역사적 증거를 역추적해서 기원전 제2천년기 이래 등장한 복잡한 사회를 재구성해왔다. 최근의 연구 결과 중 일부를 살펴보면 아메리카 대륙의 공납적 재분배 노동관계와 발달에 관해 많은 것을 알 수 있다.

아메리카 대륙 최초의 공납적 재분배 사회

중세 말 아메리카 대륙에서 물질적으로 가장 발달한 사회, 특히 잉카, 마야, 아스테카 정치체들을 공납적 재분배 노동관계로 특징지으면 몇 가지 의문이 떠오른다. 첫째는 일을 조직하는 방식과 노동관계가 어떻게 시작되었느냐다. 둘째는 재분배나 사회의 불평등을 정당화하거나 원만하게 처리하는 우주론적 믿음과 가치가 존재했느냐다. 의문에 답하기 위해, 이 지역에 매우 많았고 지금도 아마존강 저지대의 작은 지역에 사는 초기 수렵채집인 사회를 건너뛰고 최초의 농경 사회부터 언급하려 한다. 어쨌거나 중요한 노동관계 변화에 길을 터준 잉여물 생산은 농경 사회에 들어선 이후에야 가능했기 때문이다. 안데스산맥의 잉카와 중앙아메리카의 마야 및 아스테카 사회의 연속성과 단절을 어느 정도까지 구분할 수 있을까?

정주성과 밀접하며 생계유지의 주요 형식인 농경은 기원전 2000~기원전 1400년경 메소아메리카에서 본격적으로 발달했다. 사람들은 수렵과 더불어 화전을 일구었고, 때때로 계단식 재배도 했다. 중앙아메리카의 주요 작물은 호박과 옥수수였고 주로 사육한 동물은 개와 칠면조였다. 안데스산맥 주민들이 사육한 동물은 라마와 알파카였다. 농경이 발달하면서 비로소 촌락이 발달할 수 있었고, 여러 지역이 소도시로 바뀌었다.[159]

메소아메리카 최초로 수천 명 이상이 거주한 도시형 중심지를 형성한 문화는 멕시코만 연안의 올멕Olmecs 문화다. 기원전 1100~기원전 950년경 산로

렌소에 1만~1만 5천 명 정도가 살았다고 추정된다. 이후 치아파스 마사탄에서도 규모가 비슷한 도시가 발달했다. 노동이 대규모로 분업되었음을 암시하는데, 여기서 중요한 의문은 전 세계 수렵채집 부족과 초기 농경인 사회처럼 이 사회가 호혜적 노동관계를 바꿀 정도로 계층적이었느냐는 것이다. 학자들은 오악사카(올멕의 남쪽, 마사탄의 서쪽) 지역을 중심으로 그 과정을 깊이 연구했다.[160]

고고학자 아서 조이스Arthur Joyce가 멕시코 남부 오악사카를 분석한 결과에 따르면, 몬테알반에서 사포텍 문화가 발전하기 시작한 기원전 700년 전까지는 세습적이거나 지속적인 불평등이 없었다.[161] 그는 이 문화가 제도적 신분 세습은 없지만 불평등은 증가하는 '과도적 불평등 사회'에 가깝다고 본다. 불평등은 사제와 귀족의 역할에서 분명히 드러났다. 그들은 조이스가 사회관계의 본질로 보는 '성스런 계약'에서 중요한 역할을 했다. '종교인'은 신과 접촉해 다산과 풍요를 청하는 의식을 집행할 책임이 있었다. 중앙아메리카와 남아메리카에서는 자기 자신이나 전쟁 포로를 바치는 인신공양이 뒤섞여 나타났다. 오악사카 사람들이 농경을 도입한 시기는 기원전 7000~기원전 4000년이지만, 정주 촌락 사람들이 농경을 조직한 것은 기원전 1900~기원전 1400년이었다. '과도적 불평등' 시대에 농업 생산과 수공품 생산 규모는 가구의 수준을 넘지 않았고, 교역도 공동체나 지역 당국의 관여 없이 가구 사이에서만 이루어졌다. 대략 1천 년간 지속된 이 시대는 기원전 700년경 몬테알반의 출현과 함께 종말을 맞았다.

초기에는 새로운 도시 거주자들의 신분 차이가 뚜렷하지 않았다. 그러나 점차 귀족이 '공납이나 제물로 생산물과 노동을 동원할' 권리를 획득했고, 이 권리는 성스런 계약을 맺고 추종자들을 대신해 신께 청원할 능력을 귀족에게 부여했다.[162] 하향식 중앙집권화가 아니라 상향식 과정으로 봐야 한다.

신분은 수공 기술, 멀리 있는 연고자, 부유함, 지위와의 관계에 따라 점점 차별화되었다. 또한 사람들은 공동체의 정체성을 공공건물과 공동묘지에 새겨 넣으며 굳건히 했다. 증거에 따르면 대규모 공사와 공동체 제사 같은 협동 관행은 공동의 노력이었으며 중앙 권위의 지시에 따른 결과가 아니었다.[163]

지역 내 전쟁보다 지역 간 전쟁이 중요했고, 처음에는 귀족이 나중에는 사제가 행한 '인신공양 혁신'은 많은 전쟁 포로의 운명을 결정했다. 커지는 귀족의 힘은 당시 지배적이었던 공동체 원칙과 마찰을 빚었고, 어떤 사람들은 다른 지역으로 이주했다. 몬테알반에 남은 사람들은 2천 년간 지속된 '공납적 노동관계' 사회의 일부였다. 조이스의 말을 들어보자.

> 농촌 공동체의 구성원과 몬테알반을 연결하는 협동은 공납(아마도 잉여 작물)을 바치는 것과 더불어 기념비적 건물의 건축에 노역자 및 전사로 참여하는 방식으로 이루어졌다. 또한 평민은 스페인 정복 시대처럼 공납 중 하나로 귀족의 땅에서 일했을 수도 있다. 다만 고고학적으로 증명하기는 어렵다. 사람들은 공납과 노역의 대가로 중앙 광장에서 열리는 의식에 참여하는 혜택을 얻었다. 날로 힘을 키우는 도시 중심부의 지도자들로부터 장식 도기와 녹옥 같은 사회적 귀중품도 얻었다. 귀족은 평민들의 분쟁에 관해 판결했을 수도 있다.[164]

흥미롭게도 당시는 옥수수 조리법이 변화한 시기와 일치한다. 세라믹 불판이 도입되면서 죽으로 끓이거나 구워 먹던 옥수수를 토르티야로 쉽게 만들 수 있었다. 혁신의 원인과 결과 모두 노동과 관련 있다. 죽이나 구운 옥수수와 달리 토르티야는 운반하기 쉽고, 한번 구우면 여러 주 동안 먹을 수 있다. 따라서 공납적 노동, 군역, 의식 참여를 위해 몬테알반으로 자주 오는 주변 마을과 소도시 주민의 필요와 맞아 떨어졌다. 토르티야를 만드는 과정은 노동집약적이었기 때문에 여성의 노동이 증가했을 수도 있다. 나아가 노동 수요 증가는 가족 규모가 커지는 인구 증가를 설명할 수 있다.

한때 번영한 몬테알반은 갑작스레 종말을 맞았다. 전통적 지도층과 귀족의 긴장이 정치적 격변을 일으켰기 때문일 수도 있다. 여러 고고학자가 초기 아메리카 사회를 연구해서 큰 성과를 얻었다. 여기서는 최근에 존재해서 자료가 많이 남아 있는 세 개의 정치체를 언급하며 노동과 노동관계를 살펴보려 한다. 안데스산맥의 잉카제국, 중앙아메리카의 마야제국과 후대의 아스테카제국이다.

안데스산맥의 잉카제국[165]

잉카제국의 업적은 믿기 힘들 정도로 놀라웠다. 1532년 스페인인에게 항복하기 전까지 잉카제국은 칠레 북부와 아르헨티나부터 콜롬비아 남부까지 뻗어 있었고 주민은 1천만~1천2백만 명에 달했다. 주민들은 2천 개의 국가 시설을 잇는 4만 킬로미터의 산중 도로를 건설했다. 또한 "막대한 토지 변경 사업을 벌였다. 주목할 만한 것은 산기슭에 계단식 밭을 만들고, 서반구에서 가장 높은 빙하에서 흘러내린 물을 활용한 것이다. 땅을 고갈시키지 않고도 10만 명이 넘는 병력을 전장에 내보낼 수 있었다."[166]

14세기 중반 쿠스코를 중심지로 한 지역 국가였던 이 신생 제국은 15세기 초부터 크게 확장하기 시작했다. 물질적 유산은 제국이 매우 짧은 시간에 놀라운 성과를 달성했음을 증명한다. 이것을 어떻게 설명할 수 있을까? 다른 문화권의 모든 요소를 결합해 설명할 수 있다. 중요한 요소는 인구의 대다수를 강제하고 설득해 국가를 위해 일하게 하고 자원을 재분배했다는 점이다. 가장 중요한 것은 시장을 활용하지 않았고 화폐도 존재하지 않았다는 사실이다.[167]

노동력 동원 방식을 살펴보기 전에, 잉카제국이 모든 노동을 통제하지는 않았다는 사실을 이해할 필요가 있다. 잉카제국은 북쪽과 남쪽으로 확장하는 격변기 동안 다양한 사회를 다뤄야 했고, 정복 후에도 그만큼 다양한 정책을 시행해야 했다. 대가족은 자산이었다. 25~50세 남성 2백만 명과 그들의 가솔로 이루어진 인구의 상당수는 노동 의무를 수행해야 했다. 약 3백만~5백만 명은 다른 곳에 다시 정착하도록 보내졌다. 이들은 주로 농사일을 했다. 두 번째는 고기와 털을 얻고 짐을 나를 때 사용하는 라마, 알파카, 과나

코, 비쿠냐 등 낙타과 동물을 돌보는 일이었고, 세 번째는 옷감을 생산하는 일이었다. 일부 예속된 주민들에게는 군역 같은 특별 의무가 할당되었다.[168] 정부는 노동과 전문 기술에 대한 대가로 생계유지를 위한 물품과 시설을 제공했다.

경작지는 국가, 종교 기관, 소작농에 속한 세 종류로 구분되었다. 베르나베 코보 신부Father Bernabé Cobo(라틴아메리카에서 활동한 스페인 성직자-옮긴이)의 표현을 빌리면 다음과 같이 운영되었다.

종교 기관 경작지의 일이 끝나면 잉카제국 경작지에 즉시 씨를 뿌렸고, 재배와 수확도 똑같은 차례로 진행했다. 부족의 모든 주민이 하나의 무리를 지어 그 자리에 참석했고, 가장 중요한 추장과 총독에 이르는 주요 인사도 함께 도착했다. 그들은 가장 좋은 옷을 걸치고 상황에 따라 적절한 노래를 불렀다. 종교 기관의 밭을 경작할 때는 신을 찬양하는 노래를, 왕의 밭을 경작할 때는 왕을 찬양하는 노래를 불렀다. 세 번째 땅은 공유지로서 국가 재산이고, 마을 공동체는 사용권만 가졌다. 이 땅의 비중이 다른 땅과 같은지 더 큰지는 알 수 없으나 각 지방과 도시는 분명 주민을 먹여 살리기에 충분한 땅을 받았다. 매년 추장은 이 땅을 각 가장의 자녀와 친척의 수에 맞게 나누어 주었다. 가족이 많아지거나 적어지면 받는 땅도 늘어나거나 줄어들었다. 경작되지 않고 노는 땅이 많아도 귀족과 평민을 불문하고 모두가 가족을 부양하기에 필요한 만큼만 받았고, 그 이상 받는 경우는 없었다. …… 밭에 씨를 뿌리거나 땅을 일굴 때가 되면 다른 일을 중단했고, 세금을 내는 사람은 빠지지 않고 일에 참여했다. 전쟁이나 긴급한 상황에서 어떤 사람이 다른 일을 해야 하면 공동체의 다른 주민들은 자리를 비운 사람의 밭일을 해주었고, 이때도 자기 몫의 식량 외에는 어떠한 보상도 요청하거나 받지 않았다. 이런 식으로 모두의 땅이 경작되었다. 마을 공동체의 도움 덕분에, 자리를 비운 주민은 다른 곳에서 일을 끝낸 후 마음 편히 집으로 돌아왔다. 오랫동안 자리를 비운 후 돌아오더라도 자신이 뿌리지도 거두지도 않은 수확물이 집에 쌓여 있었기 때문이다.[169]

묘사를 살펴보면, 호혜적 가구 노동이 신전과 국가를 위한 계층적 재분배 노동과 결합했다고 볼 수 있다. 사람들을 동원할 수 있었던 이유는 잉카 사회의 핵심 토지와 관련해 농지와 물에 대한 권리를 포함한 사회적 기본 원칙이 있었기 때문이다. 다른 지역에도 비슷하게 자원을 보유하는 사회 단위가 있었는데, 페루와 볼리비아 북부의 아이유Ayllus 친족 집단이 일례다. 구성원이 수천 명에 이를 수도 있었던 아이유는 가구의 사용권을 바탕으로 자원을 이용하도록 허용했다. 집단 전체가 자원을 함께 돌보고 생산하였으나, 최상층 구성원은 다양하고 생산성 높은 공간을 사용할 수 있었다. 노동은 공동체 존속을 위해 필수적이었고, 사거나 팔 수 없었다. 뚜렷하게 혁신적이었던 잉카는 경제활동을 변화시켰다. 변화는 땅, 재산, 산출량이 확고하고 시장이 없으며 노동이 사회관계였던 맥락에서 나타났다.

잉카 이전의 안데스 사회에 존재한 호혜적 규범에 비슷한 재분배 제도가 더해졌다. 차례로 부역을 부과하는 미타mit'a(일반적으로 mita로 표기하는데, 번갈아 한다는 의미다)라는 제도였다. 이를 위해 노동이나 군역을 하는 사람을 먹이기 위한 거대 국가 창고를 전역에 건설해야 했다. 15세부터 50세 사이의 모든 사람은 자급자족 농사에 할애할 수 있는 65일을 제외하고 남는 노동시간을 국가를 위해 남겨두어야 했다. 국가는 모든 활동을 치밀하게 조직하는 동시에 정치체를 위해 일하는 사람들을 먹이고 즐겁게 해줄 책임을 졌다.[170]

잉카제국 말기에 이 제도는 부역에서 여러 사람의 전문 노동으로 바뀌었다. 예컨대 3백만~5백만 명에 이르는 식민지 재정착 주민, 최상층을 위해 농사와 가사를 포함한 종신 의무를 할당받은 개인(야나쿠나yanakuna), 가족과 아이유로부터 떨어져 국가가 엄격하게 감독하는 건물에 살면서 옷감을 만들고 옥수수 맥주를 양조하다가 국가가 인정하는 남자와 결혼해서 나가는 청소년기의 소녀(아클라쿠나aqllakuna)가 있었다.[171]

그러나 고도로 군사화한 사회에서 강제의 비중이 아무리 크더라도 잉카제국이 성공한 이유를 충분히 설명하지는 못한다. 그 효율성은 상류층의 행복에만 기여한 것이 아니었다. 국민 전체가 식량과 옷감을 더 쉽게 얻을 수 있었기에 생활수준도 좋아졌다. 나아가 위엄 있고 화려하게 장식된 도자기와 청동 장신구가 보급되어 '축전과 의복을 통해 국가 이데올로기를 확장'할 수 있었다.[172] 따라서 잉카제국을 위해 사람들이 노동한 동기를, 지배적인 태양 숭배 사상과 의식, 대중을 위한 잔치(아이를 제물로 바치는 것과 의식화한 전투가 포함된다)의 매력으로도 설명할 수 있다.[173] 그러나 식민 시대 초기에 태양 숭배가 갑작스럽게 자취를 감춘 것을 보면 이 의식의 매력은 영원하지 않았다.[174]

멕시코 남부, 과테말라, 벨리즈의 마야

스페인인이 도착했을 때 고대 마야 국가들[175]은 더 이상 존재하지 않았지만, 뒤를 이은 여러 작은 국가는 17세기까지 유지되었다. 마야의 노동관계를 분석하기 위해 마야 상형문자 기록, 고고학적 발굴 및 조사와 더불어 식민지 시대 기록도 사용할 수 있다.[176] 이트사 지역의 고대 마야 문명에서는 '가구 경제'가 고도로 계층적인 정치체로 변화했다. 생존에 필요한 기본적 노동을 제외한 모든 노동은 배수로, 도시, 신전 건설과 유지 보수를 위해 조직되었다. 배수로 건설과 유지 보수 덕분에 농업이 집약화했다.[177]

이 모든 발달은 노동관계에 어떤 의미였을까? 고대 마야는 커다란 종교의식 중심지와 농업에 기반한 '저밀도 도시성'이 결합한 국가 모델에 잘 들어맞는 듯하다. 비슷한 시기에 존재했고 규모는 훨씬 컸던, 거대 불교 사원 중심의 스리랑카와 캄보디아 정치체도 이 모델에 해당한다.[178] 많은 수확량은 물탱크, 댐, 수로처럼 중앙에서 조직한 인상적인 급수 시설의 결과였지만, 무엇보다 소농들 덕분에 가능했다. 그들은 기반시설과 종교 시설 모두를 건설하고 유지하기 위해 필요한 식량과 노동력을 제공했을 것이다.[179]

결과적으로 치첸이트사를 중심으로 한 '왕과 왕조의 고도로 전제적인' 제도는 '인구 과잉과 자원 고갈' 때문에 지속되지 못했다. 이후의 마야판 연맹 Mayapán league도 마찬가지였다. 그 대신 농경에 적게 의존하고 해양 자원에 크게 의존하는 훨씬 작은 정치체들이 나타났다. 앞 시대와 마찬가지로 인구 집중도가 5천 명에서 1만 명 사이였던 이들도 고도로 도시적이었다.[180] 마야 말기의 정치체들은 800년 이전의 초기 마야 사회의 단순한 호혜적 체제로 돌아가지 않았다. 그 대신 "고전기 마야는 비용이 많이 드는 소수 최상층을 유지하면서 통합된 반면, 후고전기 마야는 경제적 효율과 대량 소비를 강조하는 상업에 대규모로 참여한 국민들의 높아진 생활수준을 통해 통합되었을 것이다."[181]

시장경제의 출현-멕시코 중부의 아스테카

아스테카제국은 잉카와 더불어 콜럼버스 이전의 마지막 위대한 국가다. 이 제국은 북쪽의 유목 수렵인 나와틀족Nahuatl이 13세기에 멕시코 중부로 이동하면서 시작되었다. 2백 년 후 잦은 전쟁과 확장의 결과 아스테카제국과 수도 테노치티틀란이 출현했다.[182]

1519년 에르난 코르테스Hernando Cortés가 당도했을 때 아스테카제국은 아메리카 대륙에서 잉카 다음으로 컸다. 2백 년 후 멕시코 계곡의 인구가 17만 5천 명에서 92만 명으로 폭발적으로 증가하면서 인구밀도가 산업화 이전 사회로서는 매우 높은 1제곱킬로미터당 220명에 달했다. 멕시코 중앙 고원의 총인구는 3백만 내지 4백만 명으로 추정된다. 빠른 성장과 인구밀도를 보면 노동관계와 생계 수단이 궁금해진다. 14~15세기의 문명은 하나 이상의 집약적 농업에 의존했다. 아스테카는 계단식 농사, 관개, 돋움밭과 가내 텃밭 등을 활용했다. 이전의 메소아메리카 문명도 이 집약적 방식을 사용했지만 아스테카 농경의 집약도는 자연환경을 경작지로 바꿀 만큼 새로운 수준이었다.[183] 농부 대부분은 국가의 간섭 없이 일할 수 있었다. 다만 관개수로 건설과 유지 보수, 그리고 습지 내 돋움밭의 초기 경작에 당국이 관여한 것은 분명하다. 그러나 옥수수나 콩 같은 주식 생산은 "온전히 개별 농가의 수준에 맞게 조직되고 운영된 것이 확실"하다.[184] 이것이 중앙화한 기반시설을 구

축하는 데 사람들을 대규모로 동원한 잉카와 본질적으로 다른 점이다.[185]

명백한 사실은 아스테카 농가가 생산한 식량, 목화, 마게이maguey(직물에 사용되는 용설란으로 여성이 실을 잣고 직조한다),[186] 도기, (특히 흑요석으로 만든) 돌 도구, 종이나 밧줄 등이 가족만의 생계유지를 위한 물건은 아니었다는 점이다.[187] 다수는 부역 형태의 세금과 더불어 현물세로 납부되었고 시장에서도 쓰였다. 시장의 존재는 멕시코 계곡 주민의 약 30퍼센트, 또는 멕시코고원의 10퍼센트라는 상당한 규모의 도시 인구로 설명할 수 있다.[188]

아스테카 출현 이전에도 존재했던[189] 시장은 모든 물품의 교환에 필수적이었다. 수도에서는 시장이 매일 열렸고 수도 밖에서도 많은 시장이 열렸다. 다른 도시와 소도시에서는 5일장이 열렸고, 더 작은 곳에서는 드문드문 열렸다. 판매자는 상품을 생산하는 수공인과 직업적 상인이었다. 다양한 금속화폐가 일반적이었던 유라시아와 달리 이곳에서는 카카오콩이 단위가 가장 작은 '주화' 역할을 했다. 망토로 쓰이는 쿠아치틀리quachtli라는 긴 면포가 중간 가액 화폐로, 그리고 T 모양의 청동 도끼 모조품과 기타 귀중품(거위 깃펜에 담긴 사금이나 작은 주석 조각)이 가장 귀한 교환 수단으로 쓰였다. 카카오콩 한 개면 토마토 한 개, 갓 딴 가시배선인장 한 개, 타말레tamale(옥수수 반죽에 여러 재료를 넣고 익힌 멕시코 전통 요리—옮긴이) 한 개, 장작 한 묶음을 살 수 있었다. 일반 등급의 쿠아치틀리는 카카오콩 65개, 80개, 100개에 해당했고, 쿠아치틀리 20개면 평민 한 명이 테노치티틀란에서 1년 동안 먹고 살 수 있었다. 이렇게 계산하면 카카오콩 한 개는 1시간 노동의 가치에 해당할 수 있다.[190]

카카오콩은 수명이 제한적이어서 모든 재화와 용역에 쓰이지는 못했다. 어쨌든 가치 저장 수단[191]과 교환 수단이었던 이 통화의 복잡성은 발달하고 있던 화폐 제도를 보여준다. 고고학자 마이클 E. 스미스Michael E. Smith의 결론을 보자.

아스테카 경제는 고도로 상업화하고 역동적이었으나 자본주의 경제는 아니었다. 임금노동은 없었고, 제한적인 상황 이외에는 토지는 사고파는 재화가 아니었으며, 투자 기회는 포치테카pochteca(상인) 원정으로만 한정되었다. 시장 거래는 평민과 상인에게 부를 쌓을 기회였으나 어느 정도까지만이었다. 시장과 경제는 사회 계급 제도에 포함되어 있었고, 어떠한 규모의 경제적 성공도 계급 장벽을 넘을 수 없었다.[192]

세금을 내고 귀족을 위해 노역해야 하는 독립 생산자들의 노동관계를 어떻게 표현해야 할까?[193] 스미스는 다소 단호한 입장을 보인다. "이러한 불평등은 아스테카 평민들이 암울한 종살이를 하며 억압받은 농노라는 인상을 줄 수도 있다. 그러나 사실이 아니다. …… 국민의 5퍼센트인 귀족에 대한 [평민의] 의무는 일반적으로 각 가구가 교대로 1년에 몇 주 동안 노동을 제공하는 식으로 순환했다." 평민은 납세 외에도 때때로 신전이나 수로 연결망 건설, 군역도 포함하는 부역을 해야 했다. 아스테카에는 용병이 없었다. 중요한 점은 아스테카가 농사일이 별로 없는 건기에 전투 대부분을 수행했다는 사실이다. 스페인의 추정에 따르면 아스테카 군대는 4만~10만 명 정도로 규모가 컸다. 교육제도도 군역에 필요한 장정을 훈련하는 데 초점을 맞추었다. 따라서 아스테카에는 직업적 군대가 없었고, 평민들은 징집병이나 모집병이었을 것이다.[194]

귀족을 위해 노동하고 봉사해야 했던 소작농의 노동관계를 논의하면 사회역사학자 헤이스 케슬러르Gijs Kessler의 비평이 떠오른다. 그는 러시아 농노의 '무자유'를 강조하는 편파성을 비판하며, 이들이 비교적 적은 시간만 귀족을 위한 의무 노동에 썼다는 사실을 지적했다.[195] 아스테카에는 독립 생산자만 존재했고 임금노동자는 없었다.[196] 귀족 가문에서 일한 하인이 임금노동자에 가장 가깝지만, 임금이 지급되었다는 증거가 없기 때문에 이 생각은 설득력이 부족하다.[197] 반면 노예와 관련된 증거는 많다. 예컨대 소도시 아스카포트살코와 이트소칸은 노예시장이었다고 알려져 있다. 빚이나 형벌 때문에 노예가 되는 경우는 있어도 출생하면서부터 노예가 되는 경우는 없었다. 즉, 노예 신분은 세습되지 않았다. 대부분의 노예는 군주의 궁에서 일했고, 여성 노예는 특히 쿠아치틀리를 만들기 위해 실을 잣고 직물을 만들었다. 이렇게만 보면 노예가 다소 친절한 처우를 받은 듯하지만, 실제로는 족장의 사후생에 동행하기 위해 죽임을 당할 수도 있었다.[198] 실제로 아스테카의 전쟁 포로는 신을 위해 희생되는 가장 암울한 운명에 처했던 듯하다. 동시대 유라시아와 아프리카에서 노예를 재물로 보고 노동에 동원한 것과는 달랐다.[199]

지금까지 잉카, 마야, 아스테카에 중점을 두었는데, 콜럼버스 이전 아메리카의 모든 농경 사회가 '전제적'이었다고 생각해서는 안 된다. 인류학자 리처드 블랜턴Richard Blanton은 '집단 사회collective societies'로서 운영된 소규모 농사 공동체가 많았다고 주장한다. 이 구분은 다소 독단적일 수도 있지만, 트레스사포테스(기원전 400~기원후 300), 사포텍(몬테알반, 기원전 500~기원후 800), 틀락스칼라(1200~1520) 같은 메소아메리카 사회들, 심지어 테오티우아칸(100~550)도 무거운 부역보다 적정한 세금을 내는 소작 농가에 훨씬 의존했음을 기억할 필요가 있다.[200]

한 발짝 물러서서 1000년경의 세계를 바라보면, 단순한 사회부터 복잡한 사회에 이르는 다양한 사회와 그 안의 노동관계가 드러난다. 유라시아도 마찬가지인데, 이 관계는 곧 변화를 맞았다.

유럽과 인도의 노동시장

500~1000년 유라시아 여러 지역의 노동관계가 크게 달라졌지만 그다음 세기에는 차이가 적어졌다. 1500년경 유럽과 인도의 경제가 회복되었다. 대항해를 통해 제한적 세계화가 시작될 무렵 유럽, 중동 지역, 남아시아, 중국의 경제는 1천~2천 년 전만큼, 어쩌면 그때보다 더 비슷해져 있었다.

이 나라들은 농업 생산성이 증가하여 도시의 많은 인구를 먹여 살릴 수 있었고, 덕분에 도시인이 특화된 활동을 할 수 있었으며, 심층적 화폐화로 임금노동과 소규모 독립 생산이 광범위해졌고, 노예의 중요성이 더 커졌다. 또한 도시의 자유민 소규모 생산자와 임금노동자가 전문화하면서 질적 측면이 나아지고 전문 직업 단체도 조직되었다.

여기서는 유럽과 남아시아, 특히 인도의 '따라잡기'에 관심을 기울일 것이다. 이슬람과 중국은 잦은 변화를 겪긴 했지만 시장경제가 1천5백 년 동안 지속되고 있었다.[201] 또한 중세 말의 서유럽도 언급할 것이다. 근대 초 유럽이 확장하도록 해준 초석이 이때 마련되었기 때문이다. 중요한 점은 유럽 노동자들이 현실에 대한 대응을 적절하게 계획하고 있었다는 사실이다. 이 장의 초입에서 그리스·로마 및 그 동시대 국가들의 노동자를 언급하며 얼핏 살펴본 바 있다. 이제는 자영업자와 임금노동자의 전략과 전술을 살펴볼 수 있다. 따라서 노동관계와 노동시장 같은 구조와 더불어 생각하고 행동하는 노동자의 주체성이 가시적으로 드러난다.

농업경제는 유라시아 핵심 지역의 노동관계를 수렴한 근원이다. 그러므로 1000년 이후 유럽과 인도, 그리고 유라시아의 농업경제가 어떻게 발달했는지 살펴보자.

유럽의 농업 생산 증가와 도시화

유럽과 인도의 중동과 중국 따라잡기는 농업 생산량이 증가하여 식량 공급이 개선되면서 시작되었다.[202] 먼저 나타난 개선 중 하나는 900년경부터 이포제에서 집약적인 삼포제로 이행한 일이다. 삼포제 윤작은 한 경작지에 보리, 귀리, 콩과 작물 등의 봄 작물(봄에 씨를 뿌리고 여름이나 가을에 수확)을 재배하고 휴한기를 둔 다음 세 번째 기간에 주로 빵의 원료인 밀이나 호밀(가을이나 초겨울에 씨를 뿌리고 초여름에 수확) 같은 겨울 곡식을 재배하고 네 번째 기간을 휴한기로 두는 방식이다. 이후 같은 순서로 새 농사를 시작한다. 이전의 이포제 윤작에서는 봄 곡식을 첫 번째 해에 심고 두 번째 해에 휴한기를 둔 다음 세 번째 해에 겨울 곡식을 재배했다. 이포제와 삼포제 모두 토양을 회복하기 위해 휴한기가 필요했지만, 삼포제에서는 봄 작물에 콩과 작물을 추가하여 콩이 공기 중의 질소를 고정시켜 토양을 비옥하게 만드는 기능을 활용함으로써 휴한기 같은 효과를 얻을 수 있었다. 또 가축을 휴한지에 가두어 그 거름으로 땅을 비옥하게 만들 수 있었다.

삼포제는 토지 면적당 생산성을 현저히 높였다. 물론 인간과 동물의 힘을 충분히 사용한 경우에 그랬다. 귀리와 보리의 생산량이 증가하자 농부는 말에게 충분한 사료를 주고, 큰 쟁기를 끄는 일에 소 대신 말을 이용할 수 있었다. 마구, 특히 어깨줄과 발굽(소에도 사용됨)이 도입되었기에 가능한 일이었다.

덕분에 인간의 노동도 줄었다. 노예제도가 급속히 쇠퇴하고 농노제하에서 노동력이 불충분한 현상이 노동을 줄이는 도구를 발명하고 적용하도록 자극했을 것이다. 1935년 프랑스 사회사 아날학파Annales School of French social history 창립 회원 마르크 블로크Marc Bloch는 다음의 '작업 가설'을 세웠다. "[이러한] 발달의 원인은 같은 욕구가 존재했기 때문이다. 그렇다면 노예제도 쇠퇴는 그 결과일까? 결코 그렇지 않다. 아마 기술 혁명을 낳게 한 원인에 가까웠을 것이다. 말할 필요도 없지만 기술 혁명은 사회구조에 큰 영향을 미쳤다."[203]

변화한 윤작 방식에서 원인과 결과를 구분하기는 어렵지만, 몇 세기 후 파종한 곡식과 수확한 곡식의 비율인 평균 수확률이 뚜렷이 증가했다. 프랑스와 영국이 선두를 달려 1250년 이후 곡식 생산량이 60~70퍼센트 증가했고, 저지대 국가들Low Countries(북해 연안의 벨기에, 네덜란드, 룩셈부르크 지역-옮긴이)이 뒤를 따랐다. 중부 및 동부 유럽에서는 농업 집약화와 더불어 농사를 지을 가경지가 뚜렷이 확대되었다. 대부분은 땅이 부족했던 독일 북부와 네덜란드 소작농들이 숙련된 기술로 제방을 쌓고 배수해서 새로운 땅을 개척한 덕분이었다. 1300년경까지 50만 명의 개척자가 이 사업에 참여했을 것이다.[204] 뤼베크(독일 북부 발트해의 항구도시-옮긴이)는 스페인 세비야가 아메리카 식민지화를 위해 담당했던 것처럼 개척 운동의 출발점이었다. 이처럼 유리한 발전과 함께 몽골이 유라시아 중심부에서 세력을 확장하면서 훨씬 많은 은이 유통되었다. 그 결과 은이 중국, 인도, 유럽 공통의 회계 단위가 되었다. 일본 경제사학자 구로다 아키노부黑田明伸는 당시를 "최초의 은의 세기"라고 불렀다.[205]

농업에 미친 영향보다 중요한 것은, 로마제국 이후 서유럽에서 식량 생산이 최초로 증가하여 인구의 일부가 다른 활동에 종사하고 도시에 모여 살게 된 점이다. 곡물만으로는 식량이 부족했는데, 영양뿐만 아니라 다양한 식단을 위해서도 중요한 생선이 북해와 북대서양으로부터 많이 공급되어 영양가 높은 식품이 많아졌다.[206] 유럽 북서부 농촌의 농장은 대체로 크지 않았지만 농민과 영세 농민cottar은 뚜렷이 달랐다. 농민은 6만~12만 제곱미터의 소작지를 임차해 경작하고 영주를 위해 노동할 의무를 졌다. 반면 영세농인 하층민은 4만 제곱미터 미만의 땅을 경작했는데, 이 크기는 13세기 잉글랜드에서 4인 가족을 부양하기 위해 필요한 최소 규모였다. 하층민은 더 큰 농장에서 추수나 타작 같은 추가 노동을 해야 생계를 유지할 수 있었다. 프랑스 농민과 하층민의 관계도 비슷했다.[207]

인구 1만 명 이상인 유럽 도시들의 거주자는 중세 초기의 1~2퍼센트에서 중세 성기에 약 5퍼센트로, 중세 말기에는 6~7퍼센트로 증가했다. 주민이 5백 명 이상인 도시와 마을까지 포함하면 각각 6퍼센트, 8~15퍼센트, 20~25퍼센트가 된다. 플랑드르처럼 도시화한 지역은 도시 인구가 전체의 3분의 1에 이를 수도 있었다.[208] 노동 전문화도 뚜렷해졌고, 농촌 지역에서 산업이 확장하는 이른바 원시산업화proto-industrialization가 일어났다.

남아시아 시장의 부활과 도시화

당시부터 1800년 이후까지도 남아시아의 인구 발달은 미지의 영역이다. 그렇지만 1100~1500년에 '따라잡기'가 나타났다는 증거는 충분하다.[209] 성공 배경이 여전히 잘못 이해되고 있으나, 확실한 것은 인도도 1300년 이후 '최초의 은의 세기'의 긍정적 효과를 체감했다는 사실이다. 전체 인구의 최대 15퍼센트까지 차지하는 도시는 분명 새로운 현상이었고, 부활한 화폐화 역시 마찬가지였다.[210] 인도 북부의 성공적인 두 국가가 전형적인 도시와 강력한 화폐경제의 부활을 이끌었다. 델리의 술탄국(1193~1526)과 벵골의 술탄국(1205~1576)이다. 두 나라 사이에 작게 자리한 자운푸르 술탄국도 15세기에 중요한 비중을 차지했다.

델리 술탄국 같은 이슬람 국가의 성립이 노동관계에 어떤 영향을 미쳤는지는 명확하지 않다. 앞에서는 어떻게 이슬람이 여성과 관련해 새로운 노동 개념을 만들었는지, 또한 이 개념이 어떻게 기존의 사회·경제적 구조에 바탕했는지 살펴보았다. 이 점에서 상황은 그리 다르지 않았을 것이다. 그렇다면 옛것과 새로운 것을 어떻게 구분할 수 있을까? 새로운 것은 이슬람교로 개종하여 엄격한 카스트의 속박에서 완전히 또는 부분적으로 벗어날 수 있는 기회였다. 이와 관련해 개인의 개종이 집단적 개종보다 효과적이었을 것이다. 도시의 직업 집단은 개종했다고 해서 이전의 집단 규범을 자동으로 부정하진 않았기 때문이다. 따라서 이슬람화와 함께 카스트 제도가 저절로 사라지지는 않았다.[211]

어쨌든 도시 밖에서도 고용이 증가했다. 도시 주변의 농업과 원예농 때문만이 아니라 델리 주변의 수로 건설 사업의 결과이기도 했다. 또한 가난한 농촌 주민은 농사일이 적은 건기에 용병으로 일해서 수입을 보충하는 동시에 새로운 정체성을 얻을 기회도 있었다. 특히 자운푸르의 소작농이 부업을 전문으로 했다. 예를 들어 우타르프라데시 지역 이슬람인 바르하 사이드는 이렇게 말했다고 한다. "작년에 나는 직조인Jolaha이었고, 지금은 학자Shekh다. 내년에 가격이 오르면 농부Saiyad가 될 것이다."[212] 이 씨족 집단에게는 군인이라는 직업도 신분을 높이는 방법 중 하나였다. 군인은 실제로 임금노동의 가장 중요한 형태였고, 자운푸르에서만 그런 것이 아니었다. 델리 술탄국의 술탄 알라우딘 무함마드 할지Alauddin Muhammad Khalji(재위 1296~1316)는 매년 튀르크계 맘루크Mamluks(어릴 때부터 군인으로 훈련받은 노예-옮긴이) 2만 명에게 은화 1천만 탄카tanka를 썼고, 기병 90만 명에게 은화 2억 1천만 탄카를 썼다고 한다. 90만 명은 분명 과장된 수치지만 군인의 사회적 중요성을 강조하는 부분이다. 한편 여성을 위한 임금노동도 존재했다. 앞에서 언급한 술탄 치하에서는 대규모 농장을 운영하는 농부의 아내조차 무거운 납세 부담 때문에 "이슬람교 가정에서 노동해야 했다."[213]

중세 벵골의 수도 라흐나우티도 빠르게 성장했다.[214] 1300년에는 약 1.6킬로미터 길이의 시장이 있었고, 1500년에는 주민이 4만 명에 이르렀는

데, 아프가니스탄, 이란, 중국에서 온 외국인 상인도 많았다. 포르투갈에서 온 한 방문자에 따르면 이곳은 가로와 세로가 12킬로미터와 16킬로미터였고 "길과 골목이 리스본 뉴스트리트처럼 벽돌로 포장되어 있었다." 수공품과 상거래는 무기 제조인 거리, 마구 제조인 거리, 비단 및 면직물 생산자 거리 등 특정 거리에 집중되어 있었다. 벵골에는 라흐나우티 외에도 내륙의 산업 중심지인 다섯 개 소도시가 있었다. 또 국제무역이 광범위했으므로 해군을 유지했다. 농촌은 1년에 벼를 세 번이나 수확했다. 한 술탄은 조폐국이 위치한 곳이자 유명한 논농사 중심지 캄루프에 '밥그릇의 땅(물키샤울리스탄 Mulk-i-Chaulistan)'이라는 별칭을 붙였다.[215] 모로코의 유명 학자이자 탐험가 이븐 바투타Ibn Battuta는 14세기의 화폐화한 벵골의 농경 사회를 동경하며 다음과 같이 썼다.

> 세상 어디에도 여기보다 물건을 싸게 파는 나라가 없다. 이곳 시장에서 쌀이 델리보다 훨씬 저렴한 4분의 1 가격에 팔리는 것을 봤다. …… 벵골의 젖소는 은화 3디나르에 팔렸다. …… 비둘기는 열다섯 마리에 1디르함이었고, 품질이 매우 좋고 30큐빗cubit(팔꿈치에서 가운데 손가락까지의 길이에 해당하는 단위-옮긴이)으로 끊는 섬세한 면직물 한 포는 내가 보는 앞에서 2디나르에 팔렸다.[216]

노동 전문화가 분명했다는 점을 제외하면 벵골에서 지배적이었던 노동관계를 자세히 알기는 어렵다. 개오지조개껍데기가 은화의 보조 화폐로 선호되었음을 참고하면 경제가 심층적 화폐화했고 현금으로 세금을 거둔 것이 분명하다. 소작농, 수공인, 어쩌면 임금노동자도 상당히 많았다는 의미다.

당시 아대륙 남부에서 역시 잘 발달한 화폐경제에 바탕한 강력한 정치체인 힌두 왕조 촐라제국과 비자야나가르제국이 출현했다. 한동안 실론섬도 지배한 촐라제국은 몰디브, 벵골, 인도네시아 군도까지 군사 원정을 했으며 10세기부터 13세기까지 번영을 누렸다. 14세기부터는 비자야나가르제국이 어느 정도 촐라제국을 계승했다. 북쪽에서 전개된 양상을 보고 잘못 판단할 수 있지만, 사실 두 제국 모두 남아시아의 심층적 화폐화와 임금노동 부활이 반드시 외부에서 인도에 가한 외래 요소였던 것은 아니라는 사실을 보여준다.

　탄자부르가 수도였던 촐라제국은 인도 남부에 존재한 국가 중 많은 측면에서 훨씬 큰 성공을 거두었다. 국제무역이 활발했고 관개 기술로 벼농사를 짓고 대규모 신전을 건축했다.[217] 성공을 위해 필요한 일은 농부와 수공인, 그리고 남녀를 불문한 농업 노동자가 했다. 촐라제국이 인도와 실론섬에서 구리 주화를 막대하게 발행한 것은 자영업과 자유노동이 지배적 노동 형태였다는 강력한 증거다. 부역의 중요성은 부차적이었으나 노예는 확실히 존재했으며, 이들은 특히 가사를 맡았다. 노예가 되는 원인은 빚이었다. 예를 들어 기근이 들면 사람들은 마지막 수단으로 신전에 자신을 팔았다.

　경제 호황에 필요한 직업 분화는 카스트 제도 강화와 긴밀하게 이어지면서 사회계층화를 더 복잡하게 만들었다. 구체적인 예는 수공인과 농업 노동자가 이른바 오른손 집단과 왼손 집단으로 세분화한 것이다. 오른손 집단은 스스로 왼손 집단보다 우월하다고 여겼기 때문에 카스트 간에 경쟁 구도가 만들어졌다. 어쨌든 이 사회는 끊임없이 변화했다. 또한 많은 종교 분파와 종교 운동이 증명하듯 사회적 이동과 지리적 이동이 가능했다.

　수도와 나라의 이름이 같은 후대의 비자야나가르제국은 촐라제국과 경제적, 사회적, 사상적으로 비슷하다.[218] 수도의 주민이 단기간에 최소 20만 명, 많게는 50만 명으로 늘었을 정도로 도시화 수준이 눈부셨다. 그보다 규모가 작은 다른 도시들에는 1만~1만 5천 명이 살았다. 시장경제도 분명 존재했다. 확실한 수치는 없지만 소액 단위의 구리 주화가 촐라제국 못지않게 유통된 듯하다. 따라서 이 경우도 심층적 화폐화에 해당한다. 세금과 관세는 현금으로 납부해야 했고, 농부는 도시의 시장에 팔기 위해 환금작물을 많이 재배했다.

　촐라제국 시대처럼 자영 농부들로 구성된 마을 공동체는 독립적으로 일했고 자체 장부를 보유했으며 세금 징수인이 징수하는 세금을 집단적으로 관리했다. "세금은 관개 작물의 경우에는 현물로, 비관개 작물의 경우에는 현금으로 징수되었고, 그 과정에서 시장 참여가 일정하게 강제되었다. 또한 정부에 내지 않은 수확물은 마을을 위해 일하는 사람들, 특히 대장장이, 목수, 제혁공, 물지게꾼, 대금업자에게 분배되었다. 그들이 그해에 제공한 물건과 봉사에 대한 대가였다."[219] 따라서 소작농과 농부의 생산물은 호혜적 자즈마니라 할 수 있는 발루타baluta 제도와 연관이 깊었다.

도공이 사용하는 회전반, 금속 도구, 그릇 같은 장인의 상품은 가족이 운영하는 작업장에서 만들어졌고 국내외에서 팔렸다. 수많은 관개수로, 저류지, 송수로를 건설하려면 많은 손이 필요했다. 1520년경 포르투갈인 여행가 도밍고 파에스Domingo Paes는 다음과 같이 적었다. "저수지 안에서 너무 많은 사람이 일하고 있었다. 분명 1만 5천 명에서 2만 명은 되어 보였는데 개미 떼처럼 모여 있어 그들이 딛고 있는 땅을 볼 수 없었다." 이 광경은 부역 제도를 통해 인력을 모집했음을 암시한다. "저수지는 왕이 지휘관들에게 분배한 것으로, 지휘관 각각은 수하 노동자들의 일을 감독할 의무가 있었다."[220] 확장된 부역 제도에 대한 더 이상의 기록이 없는 것을 보면 이 작업은 임금노동자 고용을 대신한 일회성 대안이었을 수도 있다. 1428~1429년에 농민과 수공인이 무거운 납세 부담에 항거해 일으킨 조직적 시위는 아마도 부역을 부과하는 대신 유급 건설 노동자를 고용했다는 간접적 증거일 것이다. 어쨌든 무슬림, 나중에 추가된 포르투갈인 포병, 그리고 숲에 사는 비농민 공동체에서 모집한 이 인상적인 상비군은 현금으로 지급받았다.

1500년경의 유라시아

1500년경 유럽과 인도가 다시 무대에 등장했고, 수 세기 동안 비슷한 경제적·문화적 성과를 거둔 유라시아의 주요 정치체가 이전보다 안정적인 균형을 이룬 듯하다. 서쪽부터 동쪽으로 살펴보면, 먼저 정치적으로 분열된 서유럽, 그리고 오스만제국과 사파비제국(사파비 왕조의 시조 이스마일 1세가 건국한 페르시아 제국-옮긴이)으로 통일되던 서아시아, 거대한 술탄국들과 무굴제국, 비자야나가르제국이 등장하는 남아시아, 중국 명나라, 그리고 후대의 일본

도쿠가와 막부가 있다. 물론 정량화에는 여러 문제가 있지만 그럼에도 불구하고 약 1100~1500년의 유라시아 대도시 분포를 비교하면 균형이 분명히 드러난다. 중동 지역에 관한 문헌에 등장하는 수치는 편차가 크지만, 세계에서 가장 큰 도시들이 이 지역에 있었다는 사실은 의심의 여지가 없다. 무굴제국 인구의 12.5~15퍼센트가 도시에 살았을 수도 있다.[221]

나는 이 시기 유라시아 주요 정치체의 '안정적인 균형'을 강조하고 싶다. 이전 시대는 아랍 세계와 송나라가 이끌다가 나중에 서유럽이 주도권을 잡았다. 하지만 학자들은 절대적 기준의 측면에서 임금 수준, 평균 소득 및 기본적 경제 지표는 어떠했는지, 그리고 이러한 성과가 어떻게 가능했는지에 관해서는 어둠 속을 더듬고 있다.[222] 따라서 중세 유라시아 사회의 강점과 약점에 근본 원인이 있는지 여부에 궁금증을 품어왔다(이른바 대분기 논쟁, 273~275쪽 참고). 중요한 질문은 1500년경 정치적, 문화적으로 동등한 유라시아의 문명 중심지들 사이에서 수백 년 후에 대분기를 낳을 심오한 차이가 표면 아래에 존재했느냐다.

논쟁의 모든 범위를 여기서 다룰 수는 없지만, 비교학적 관점에서 노동과 노동관계가 담당했을 역할을 자세히 들여다볼 것이다. 많은 주요 경제사학자가 시장 교환을 규율하는 제도를 반드시 살펴봐야 한다고 말한다. 길드 같은 노동조직의 형태, 특히 숙련노동에 대한 보수, 시민이 법률제도를 이용할 가능성 등이다.[223] 몇몇 측면은 앞에서 '따라잡기'하는 유럽과 남아시아를 비교하며 살펴봤는데, 자세히 다루기 전에 일의 본질을 간략히 설명하려 한다.

중세 말의 노동 전문화와 질적 향상

앞에서 농업을 살펴보았으니 이제 다른 부문으로 관심을 돌릴 차례다. 당시까지 도시에서 가장 중요한 산업은 직물 가공이었다. 서유럽의 경우 이탈리아와 플랑드르의 도시뿐만 아니라 잉글랜드, 프랑스, 스페인에서도 모직 산업이 중요했다.[224] 13세기의 직물 가공 산업은 장인이 직인 몇과 도제를 두고 운영하는 소규모 작업장에 몰려 있었다. 이들은 '선대 제도先貸制度'를 통해 일했다. 장인이 상인으로부터 원재료를 받아 직조기로 가공한 후 작업량에 따라 임금을 받고, 상인은 만들어진 상품을 시장에서 파는 방식이다. 다른 지역 도시의 산업도 직물 가공이 대세였지만, 모직보다는 면직물과 비단에 초점이 맞춰져 있었다.

14세기 중반 유럽에 흑사병이 유행한 후 도시 수공인은 사치품 생산에 초점을 맞추었고, 직물을 대량 생산하는 일은 농촌 지역으로 옮겨 갔다. 상인 사업가는 그쪽의 비용이 더 낮다고 생각했다. 농촌 지역은 생활 비용이 낮았고 농촌 직조공은 땅도 경작했기 때문이다. 그래서 많은 경우 농촌은 도시보다 산업 임금이 낮았다. 게다가 가내 직조공들은 모여서 길드를 조직하지 않았다. 반면 사업가들은 1380년에 설립된 라벤스부르크 대형 무역회사 Grosse Ravensburger Handelsgesellschaft 같은 사업가 조직을 만들었다. 이 조직은 스위스의 여러 주에서 리넨과 퍼스티언 면직물 생산을 빠르게 조직화했다.

대규모로 일하는 장인이 소규모 장인에게 일을 넘기면서 도시 안에서도 일이 집중되기 시작했다. 이로 인해 장인 길드의 공식적 평등주의를 위반하는 사례가 많아졌고, 소규모 장인은 사실상 임금노동자가 되었다.[225] 이 현상은 식량 가격이 오르는 시기에 소규모 장인과 직인들이 은밀하게 불법 동업조합compagnonnages을 결성해 반란을 일으키는 원인이 될 수 있었다. 프랑스, 플랑드르, 잉글랜드, 이탈리아의 일부 지역에서 1378~1382년에 일어난 반란이 좋은 예다. 가장 유명한 것은 1378년 피렌체에서 모직공과 평민 및 소규모 장인들이 일으킨 치옴피Ciompi(소규모 모직 산업 종사자를 뜻하는 용어-옮긴이)의 반란이다.

직업이 전문화하기 위해서는 직업적 능력을 습득하고 전달하는 과정이 필요하다.[226] 이 과정은 공식 교육보다는 현장에서 배우는 방식으로 이루어졌다. 공식 교육은 신학자, 법률가, 의사에만 해당되었다. 규모가 작은 곳에서는 도제가 장인과 그 조수의 작품을 베꼈지만 더 큰 작업에는 더 많은 사람이 필요했다. 교회, 신전, 모스크 및 높은 건물을 건축할 때는 개별 요소들이 조화를 이룰 수 있도록 커다란 건물 부지에서 많은 사람의 일을 조율할 필요가 있었다.

물론 바벨탑처럼 수천 년 전에도 상황이 같았다고 할 수도 있지만, 이제는 중세 유라시아 지역들을 비교하기 위한 자료가 충분하다.[227] 네덜란드 사회경제사학과 교수 마르턴 프락Maarten Prak은 고딕 양식 성당, 비잔틴 양식 교회, 튀르키예와 델리의 모스크, 인도와 캄보디아의 사원, 송나라의 탑이 실제로 어떤 과정을 통해 건축되었는지를 비교했다. 공사를 위해 어떤 지식이 필요했고, 그 지식은 어떻게 전달되었을까? 실제로 그것이 문제였다. 현장에 모인 수백 명의 일꾼과 건축가는 대체로 글을 읽고 쓰지 못했으며, 직업의 속성상 일부는 경력을 쌓기 위해 전국을 떠도는 전문가였다. 따라서 그 지역 수공인과 떠돌이 수공인의 협력과 소통이 필요했다.

비교의 결과, 유라시아 여러 지역의 놀라운 유사성이 드러났다. 프락과 그의 동료 카럴 다비츠Karel Davids에 따르면 모듈형 지식이 이론적 지식을 대체할 수 있었다. 건축가들은 비례 치수를 일관성 있게 계획함으로써 지식을 전달할 수 있었다. 예를 들어 돌 자르는 사람들이 사용하는 형판形板이 이것으로부터 파생되었다. 유라시아 전역의 다양한 사회제도인 가족, 건축 조합 지부, 길드, 종교 집단, 그리고 중국의 경우에는 국가가 모듈형 지식을 집단적으로 획득하고 때로는 결합했다.

대성당을 건축할 때도 물건을 생산할 때와 마찬가지로 '지력을 써야 하는 직업, 훈련받은 기술이 필요한 여러 종류의 직업, 단순한 육체노동이 필요한 직업' 등 세 종류가 필요했다. 이 구분은 영국 건축사학자 존 하비John Harvey로부터 빌려 왔는데, 그에 따르면 훈련받은 기술이 필요한 직업은 다른 범주의 두 직업과 다른 점이 있었다.

다른 두 직업인은 일반적인 적성을 지니고 쉽게 하나의 일에서 다른 일로 전환할 수 있다. …… 그러나 직업적 훈련을 받아 특정 기술을 갖춘 사람은 생계를 유지하는 하나의 방식에 구속되는데 이것이 잦은 세력권 다툼의 요인이다. 비슷한 기술을 지닌 사람들로 구성된 수공인 집단은 생계를 위협할 수 있는 사람들에 대항해 방어적이고 때로는 공격적인 연맹을 결성한다. 같은 맥락에서, 복잡한 기술을 보유한 사람들은 일부를 기밀로 지킬 수 있는 장치를 만든다.

이 중요한 구성 요소는 결국 '행운을 불러오고 다산을 보장하며 힘을 부여해준다'는 의식에 대한 신봉과 관련 있다. 공예craft가 힘을 뜻하는 독일어 Kraft와 관련 있는 것은 우연이 아니다. 하비는 여기에 다음의 관찰을 덧붙인다.

> 부족이나 국가의 의식이 공예인과 관련된 일반적 현상은 객관적 진실이나 근본 이론의 영향을 받아서가 아니다. 따라서 초월적 의식으로부터 물질적 공예 기술이 발달했다고 믿든, 아니면 그전에 존재한 물질적 필요에서 의식이 나왔다는 물질주의적 가설을 믿든 문제의 본질과는 상관이 없다. 전자는 비물질적이지만 물질의 작용에 생명을 불어넣은 것이고, 후자는 단순히 공예 기술의 효과가 그 힘을 구성한 것이다.[228]

중세의 건축 전문가 집단에서는 이러한 맥락으로 지식이 전달되었다. 수년(중세 영국의 경우 7년)에 걸친 정식 도제 교육은 기술을 점진적으로 완성하는 하나의 방식이었다. 1300년 무렵 영국에서는 도제 등록이 의무였다. 도제 교육의 본질은 "오랫동안 개인적으로 대면하며 각각의 과정을 반복적으로 모방하고 방법이나 다른 기술의 비밀을 암기해 학습하는 것"이었다.[229] 중세 말에는 이른바 뜨내기 일꾼이 되어 다른 도시의 여러 장인 밑에서 수련 과정을 거치는 의무도 생겼다(262쪽 참고).

수공인은 어디서 일했을까? 대부분 집에서 일했다. 앞에서 보았듯이 중세 말 유럽인의 사업은 농촌이든 도시든 규모가 작았다. 큰 집단을 이루어 노동자들이 함께 일하는 작업장도 있었는데, 이 방식은 특수한 역학 관계를 낳았다. 작업장은 주로 선원과 군인, 군대와 함대에 필요한 기반시설(총 주조 공장, 부두, 밧줄 제조 공장 등)과 관련 있었다.[230] 사실 이 정도가 당시 대규모 사업의 전부였다. 오스만제국 이후에는 베네치아의 무기고가 2천~3천 명의 노동자를 둠으로써 유럽에서 가장 큰 단일 사업체가 되었다.[231] 대형 건설 및 기반시설 공사에서 일시적으로 일을 함께 한 노동자도 물론 많았다. 유럽의 대성당과 성을 건축할 때 수백 명의 일꾼이 동시에 일했다는 사실을 기억해야 한다. 예컨대 윈저성이 건축될 때 여러 주 동안 한 현장에서 5백 명이 동시에 일했고, 어떤 주에는 720명이 일했다. 이런 공사는 수년 때로는 수 세기가 걸렸고 가끔은 자금이 부족하여 완성되지 못했기 때문에 대부분은 실제로 일하는 사람이 적었다.[232]

지금까지 살펴본 유라시아 지역에서는 여러 활동을 기술적으로 조직하는 방식이 근본적으로 다르지 않았다. 그렇다고 해서 모든 것이 비슷하지는 않았다. 이 장의 끝부분에서는 이익을 보호하기 위해 노동자가 사용한 전략과 전술을 들여다볼 것이다. 여기서는 관련 제도에 관심을 기울여야 한다. 그 제도는 가구(구조와 혼인 패턴 모두 포함), 그리고 가구를 둘러싼 넓은 범위의 모든 시장 제도다. 경제사학자들은 경제제도의 질과 평균 소득수준이 연관 있다고 가정한다. 경제제도에는 자영업자와 임금노동자의 보수에 영향을 미치는 시장 제도도 포함된다. 이 관점에서 ('힘 있는 자로부터 힘없는 자를 보호'해준다고 간주되는) 성공적인 제도는 법적 체제, 그 체제가 서면 기록에 부여하는 중요성, 그리고 시민의 단체 행동 문제를 해결하는 조직을 포함한다.[233]

앞의 사례에서 보았듯, 일하는 사람은 노동조건 악화에 저항하고 현상을 유지하려고 애쓰며 개선을 위해 노력하여 개인과 집단의 이익을 보호할 수 있다. 이전 시대보다 자료가 훨씬 많은 이 시대에는 그 활동이 어떻게 나타났는지 보자. "서유럽은 중세 말부터 상대적으로 잘 발달한 기구들이 연결망을 갖추고 있었다. 이와 달리 남아시아와 동남아시아의 제도는 시장의 원활한 기능에 초점을 맞추지 않았다"라는 주장에 어느 정도 동의할 수 있는지 살펴보자. 중국의 경우 송 대에 일어난 중국사 최초의 상업 혁명과 명 대 말기에 일어난 두 번째 상업 혁명과 관련 있다. 일본의 경우에는 도쿠가와 막부와 관련 있다.[234] 다음 장에서 두 예를 이야기할 것이다. 여기서는 먼저 서유럽을 남아시아와 송나라와 비교해보자.

개인의 이익에 대한 보호와 가족

결혼과 가족 형성에 대한 기존의 기준은 노동 생활, 특히 여성의 노동에 깊은 영향을 미친다.[235] 여성은 늦게 결혼할수록 출산과 양육을 하기 전에 더 많은 경력을 쌓을 수 있다. 배우자와 나이 차이가 크면 결혼 생활에서 독립적으로 행동하기가 더 어렵다. 결혼 후 시댁에서 살면 이동의 자유는 한층 제약된다. 더 나아가 인도의 기록처럼 이 모든 것이 합쳐지면 적어도 최근 몇 세기 동안 다른 규범을 따른 다른 지역과의 차이가 커질 수 있다.

일찍이 11세기와 12세기 서유럽에서는 교황이 결혼은 부모나 제3자가 아닌 당사자의 상호 동의에 따라야 한다고 강조했다. 심지어 자녀를 강제로 혼인시키는 것을 죄로 여겼다. 이러한 인식 때문에 1348년 흑사병 유행 이후 북·서유럽에 닥친 노동력 부족 시대에 세계적으로 (현대의 독자들에게는 너무도 익숙한) 비전형적인 혼인 형태가 발달했다. 임금노동자 이야기부터 시작해 보자. 노동력이 부족해지자 임금노동자는 유리한 조건을 내세울 수 있었고, 임금도 명목상으로나 실질적으로나 뚜렷이 높아졌다. 주목할 점은 그 혜택을 영국의 농촌 여성이 남성보다 많이 받았다는 사실이다. 그전까지 농촌 여성의 임금은 남성의 절반 수준이었으나 이제는 비슷했다. 따라서 젊은 남녀는 결혼을 위해 돈을 모을 수 있었고 독립적으로 짝을 찾을 수 있었다. 북·서 유럽인들은 평균적으로 20세에 결혼했다. 과부는 종종 재혼했다. 제프리 초서의 《캔터베리 이야기The Canterbury Tales》에서 배스에서 온 여인은 다섯 번이나 결혼했다. 모든 사람이 결혼에 성공하는 것은 아니기 때문에, 베긴회 beguinage(수도 서원 없이 자발적으로 종교적 삶을 살아가는 여성 공동체–옮긴이)의 성장이 증명하듯 미혼인 사람도 많았다. 따라서 노동 소득의 결합체로서의 핵가족이 다세대 가구보다 나았다. 이것은 여성의 독립성에 유리했지만 불리한 점도 있었다. 핵가족 구성원은 생계를 꾸리는 사람 중 한두 명이 사라지면 말년에 취약해졌다. 빈곤층을 보살피기 위한 공공 및 조합 차원의 노력이 이 간극을 메우려 했다.

이런 점에서 북유럽과 남유럽이 현저히 달랐지만, 아시아와의 차이는 훨씬 컸다. 사회경제사학자 얀 라위턴 판잔던Jan Luiten van Zanden, 티너 더모르 Tine de Moor, 사라 카르미카엘Sarah Carmichael은 (서)유럽의 결혼 패턴을 아시아, 특히 중국의 결혼 패턴과 대조했다.[236] 송나라는 매우 관대했으나 명나라부터 엄격하게 적용된 유교 사상은 부계 소작농 가족의 가치를 매우 강조했다. 부모는 자녀가 무척 어릴 때 결혼을 주선했고, 많은 소녀가 어릴 적에 시부모에게 넘겨졌다. 그들은 결혼 전에도, 결혼 후에도 농가에서 노동했다. 과부가 되어도 재혼이 허용되지 않았기 때문에 그곳을 떠날 수도 없었다. 재혼은 부계 가족 입장에서 중요한 노동력을 잃어버린다는 의미였기 때문이다. 남성 가장만이 제사상의 제주를 맡을 수 있었고, 모든 것이 남성의 혈통을 잇는 데 초점이 맞춰져 있었다. 한나라의 전족 관행은 여성이 집을 벗어나 일하는 것이 불가능했음을 상징적으로 보여준다. 전족은 원래 도시 최상층의 관행이었으나 17세기부터 18세기에 농촌 지역까지 퍼졌다. 같은 맥락에서 딸의 가치가 더 낮아졌고, 한편으로 여아 영아 살해, 다른 한편으로 가문의 혈통을 이을 수 없는 경우 아들을 입양하는 관행을 낳았다.

때로는 학자들이 중국과 인도를 같은 선상에서 논의한다. 인도에서도 최근 수백 년 동안 부계 거주 혼인제도, 나이 차이가 큰 신부와 신랑, 과부 재혼 금지(브라만 과부의 경우 '사티sati'라는 분신자살도 행해졌다), 소년보다 낮은 소녀의 생존율 등이 보고되었기 때문에 그렇게 생각할 만하다. 이러한 특성이 중세 인도에서도 역할을 했는지, 그랬다면 정도는 어떠했는지, 그 특성이 최상층에서만 제한적으로 나타났는지 아니면 보편적이었는지는 의문으로 남아 있다. 어찌 되었든 앞서 언급한 촐라제국과 비자야나가르제국의 상황은 무언가 달랐음을 시사한다. 매우 집중적인 도시화, 임금노동, 폭넓은 행정력을 갖춘 마을의 독립적 관리 등 강한 사회적 역학 관계가 있었기 때문이다.

어쨌든 인도 여성은 이슬람교로 개종하거나, 포르투갈인이 온 이후에는 기독교로 개종하거나, 나중에는 시크교로 개종하는 등 다양한 방법으로 지위를 높일 수 있게 되었다. 소녀의 혼인 연령이 몇 년 정도만 높아졌고 배우자 간 나이 차이도 그만큼만 줄었지만, 새로운 종교들은 과부의 재혼을 허용했다. 또한 독립적으로 재산을 소유할 수 있는 이슬람 여성의 권리는 적어도 다른 사람의 시선에서 벗어난 집에서 생산노동을 할 권리에 중요한 영향을 미쳤다.

시대 변화와 노동자의 대응

일단 시장에 나오면 임금이 높고 좋은 일을 구하는 것이 중요하다. 수공인이라면 수수료가 높은 일을 원할 것이다. 수공인이든 임금노동자든 일을 많이 해본 사람일수록 좋은 보수를 받았다. 이른바 숙련도의 차이인데, 일반적으로 같은 업종의 숙련 수공인과 비숙련노동자의 임금 차이로 표시된다. 중세 말 북·서유럽에서도 임금이 높은 일을 구하는 것이 중요했다. 가구의 4분의 1 내지 절반이 전적으로 또는 부분적으로 임금노동에 의존했기 때문이다. 또한 "생애 주기 측면에서 노동시장의 폭은 그보다 훨씬 넓었을 수 있다. 10대와 20대 (초) 인구 중 절반을 훨씬 넘는 수가 임금노동(또는 하인, 도제 등)에 종사했다. 농촌 지역 및 영국과 저지대 국가의 도시에 사는 사람 대부분에게 임금노동은 정상적인 생애 주기의 일부였다."[237] 많은 사람이 임금노동에 의존하면서 현장 교육과 일반적 교육이 점점 더 중요해졌다. 글을 읽고 쓰는 능력과 산술 능력도 현저하게 높아졌다. 네덜란드에서는 성인 남성의 절반과 여성의 3분의 1이 이 능력을 갖췄다. 도시와 농촌은 또 다른 면에서 달랐다. 추정치에 따르면 도시 인구의 4분의 1이 글을 읽고 쓸 줄 알았던 반면, 농촌 지역에서는 20분의 1에 불과했다. 유럽 남부와 유라시아의 다른 지역은 문해력이 훨씬 낮았다. 이것은 노동자층의 성격, 기술 수준, 이동성에 심각한 결과를 가져왔다.[238]

선원들 역시 시대 변화를 행동으로 보여주었다. 13세기부터 자영업(돈을 받고 일하는 독립적 선원이나 선장 혹은 상인의 동업자)을 그만두고 일반 임금노동자가 되는 경우가 많았던 이들은 이길 수 없는 노동 분쟁이 생기면 배를 버리고 떠나는 것으로 대응했다. 이러한 현상은 지중해 지역에서 다음 결과로 나타났다.

1250~1350년의 1백 년 동안 선박 소유주 겸 선장이 선원의 임금을 보장하기 위해 노력했다는 사실은 중세 해운 활동에서 자본가와 노동자의 전통적·개인적 유대가 붕괴한 것과 밀접하다. …… 선원의 탈주는 13세기 이전에도 있었지만, 1250~1350년의 1백 년 동안 베네치아, 제노바, 피사 같은 항구에서 처음으로 심각한 문제로 대두했다. 팔레올로고 자카리아Paleologo Zaccaria(1307년부터 히오스 섬, 포카이아 및 기타 에게해 섬을 다스린 영주-옮긴이)는 14세기 초반 제노바와 비잔틴 사이에서 소규모 무역 갤리선 선단을 운영했다. [그의] 일상 업무 중 하나는 배를 버리고 도망간 선원으로부터 변상금을 받을 법적 권리를 채권추심 전문 대리인에게 파는 일이었다. 많은 배에 수백 명의 선원을 둔 팔레올로고에게 이 사업 관행은 손실을 최소화하는 가장 효율적인 방법이었다. 선금으로 임금을 받고 익명의 항구에서 사라져버리는 선원의 탈주는 계산된 도박이었다. 선원의 임금을 보장하겠다는 제안은 13세기와 14세기에 선주 겸 선장이 선원의 탈주가 줄어들기를 바라며 취할 수 있는 주요 방법 중 하나였다.[239]

흑사병은 서유럽에 다른 결혼 양식이 출현하게 했을 뿐만 아니라 노동자가 이익을 보호할 수 있는 새로운 기회를 열어주었다. 벨기에 투르네의 한 수도원장은 다음과 같이 말했다.

작년인 1349년에 사망률이 높았던 탓에 포도 재배자, 인부, 수공인 중 너무도 많은 사람이 분야와 가문을 불문하고 목숨을 잃어서 인력이 크게 부족했다. 살아남은 육체노동자 중 많은 수가 죽은 사람의 재산을 취해 부유해졌고, 나머지는 자신의 노동에 높은 가격을 매겼다.[240]

흑사병의 여파로 인력이 부족한 시대에 임금 인상에 대한 노동자의 요구는 너무도 위협적이었기 때문에, 역사상 최초로 유럽에서 국가 노동법이 제정되었다.[241] 이 법의 목적은 구걸 행위를 근절한다는 구실로 도시 및 농촌 노동자의 이동을 제한하는 것이었다. 1348년 프로방스와 1349년 영국(노동자칙령Ordinance of Labourers)이 앞장서서, 신체가 건강하면 누구나 일하도록 의무화했다. 1351년에는 영국이 노동자 법령Statutes of Labourers을 제정했다. 60세 이하로 건강하고 생계 수단이 없는 모든 남녀는 1325~1331년의 평균 임금을 제시하는 고용을 받아들여야 할 의무가 있었다. 지주나 하도급자는 관행 이상의 임금을 지급할 수 없고, 이전 고용주와의 계약을 파기한 사람을 채용할 수도 없었다. 또한 건강한데도 노동을 거부하는 비협조적인 거지에게 자선을 베푸는 것도 금지되었다.

스페인도 1349년에 아라곤에서, 1351년과 1381년에 카스티야에서 비슷한 조치를 취했다. 1381년에는 방랑하는 거지를 잡은 사람은 한 달 동안 임금을 주지 않고 일을 시킬 수 있었다. 포르투갈도 1349년부터 1401년까지 비슷한 법을 제정했다. 그중에는 이주를 막고 구걸 행위를 통제하기 위한 여권 도입, 노동자를 전통적 직업에 구속시키기 위해 1357년에 제정한 법도 있다. 프랑스, 독일 및 기타 국가가 같은 목적으로 제정한 법까지 합하면 목록이 더 길어지지만, 당시의 임금 상승 추세를 보면 이 법들은 효과가 거의 없었다. 그러나 노동의 자유로운 이동을 대대적으로 억제하는 조치들이 없었다면 임금이 더 급격하게 상승했을 수도 있다. 임금노동자와 수공인의 이동을 막기 위한 법률은 어쨌거나 서유럽에서는 거의 효과가 없었다. 11세기부터 도시의 성장과 함께 서서히 등장한 자유는 갑자기 사라지지 않았다.[242]

이익에 대한 집단적 보호

중세 말에 노동과 소득의 문제와 관련된 단체 행동은 농촌에서는 농민 봉기peasants' revolt로, 도시에서는 기아 폭동으로 나타났다. 또한 수공예 및 서비스 길드가 역사상 처음으로 광범위하게 문서로 기록되었다. 덧붙여 말하면 농민 봉기는 농민전쟁peasant wars과는 달랐다.[243] 농민전쟁은 13세기와 14세기에 네덜란드, 독일 북부, 스위스에서 대규모 농사를 짓던 농민들이 봉건 영주와 국가의 확장에 맞서 일으킨 성공적인 저항 운동이었고, 수년 동안 지속되었다. 반면 농민 봉기의 결과는 그리 좋지 않았다. 농민 봉기는 가격 침체로 인해 농민들의 소득이 감소해서 짧고 격렬하게 발생한 분출이었으며, 흑사병 때문에 인구가 급감한 결과로 봐야 한다. 가장 유명한 농민 봉기는 1358년 파리 북부에서 귀족에 대한 복수심 때문에 2만 명 이상의 희생자가 발생한 자크리의 난일 것이다. 또 다른 예는 1381년 영국 에식스와 켄트 지방에서 인두세에 반발해 일어난 와트 타일러Wat Tyler의 난이다. 덴마크, 스페인 마요르카섬, 독일에서도 폭동이 일어났다. 와트 타일러의 난 지도자 중 한 사람이자 사제였던 존 볼John Ball은 노동문제를 주요 주제로 내세웠다. 다음의 구절이 들어간 그의 설교가 유명하다. "처음에 모든 사람은 평등하게 태어났습니다. 사람을 노예로 부리는 것은 사악한 자의 부당한 처사로 시작되었고 하느님의 뜻에 반합니다. 아담이 땅을 일구고 이브가 실을 자으니 그때 누가 귀족이었겠습니까?"[244] 런던 시민들도 봉기에 가담했다. 또한 같은 시기 영국의 롤라즈Lollards(종교개혁가 존 위클리프의 가르침을 따른 사람들-옮긴이)와 체코의 후스파Hussites(종교개혁가 얀 후스의 가르침을 따른 사람들-옮긴이)에서도 시작 단계의 복음주의 요소를 볼 수 있다.

산업화 이전의 도시, 때로는 농촌 지역에서도 노동자를 조직하는 가장 중요한 형태는 단연 길드였다.[245] 고대에도 세계의 많은 지역에 있었던 길드는 도시와 함께 다시 사라졌다. 중세와 근대 초의 길드는 직업이 같거나 유사한 사람들이 모여서 만든 독립적이고 자치적인 조직으로 주요 목적은 대부분의 측면(경제, 정치, 사회, 문화, 종교)에서 공통의 이익을 증진하는 것이었다.[246] 길드의 출현과 성장에 영향을 미친 중요한 요인은 도시화, 정치 경제, 인적 자본, 사회관계 네 가지다.

첫 번째인 도시화는 명백한 요인이다. 직업이 비슷한 사람들은 농촌보다는 도시나 소도시에 모일 가능성이 더 높기 때문이다. 그럼에도 불구하고 5장에서 볼 수 있듯이 조직 모델로서의 길드는 꽤 매력적이어서 근대 초 유럽의 원시산업기 농촌 지역도 모방했다. 중세에 초지역적이고 비도시적이며 길드 비슷한 조직이 없었던 것은 아니다. 영국에는 대표적으로 1198년부터 특권을 인정받은 데번과 콘월의 주석세공인회, 그리고 포레스트오브딘의 자유광부회, 무엇보다도 자유석공회(프리메이슨Free Masons)가 있었다. 자유석공회는 나중에 스트라스부르 대성당의 석공 집회소가 창설되는 데 영감을 주었는데, 이 집회소는 '영국의 방식에 따른 자유민 석공'의 특권을 독일 황제로부터 인정받았다. 독일제국의 광부는 13세기부터 유사한 조직을 갖추었다.[247]

그렇지만 도시화만으로는 충분하지 않다. 국가의 정치 경제가 이러한 조직의 존재를 허용해야 하기 때문이다. 아나톨리아의 셀주크제국(옛 비잔틴 시대의 길드가 단절되었다), 페르시아와 이라크에도 세워진 몽골제국, 이집트 맘루크제국, 인도 무굴제국, 중국 명나라 이전의 국가에서는 그렇지 않았다. 그러나 중동에 오스만제국, 중국에 명나라, 일본에 도쿠가와 정권이 들어서면서 길드 및 유사한 조직이 결성될 수 있는 새로운 가능성이 등장했다.

인적 자본도 전제 조건이다. 이것은 직업 집단이 조직되는 순서에서 잘 드러난다. 직업 집단은 10세기 유럽의 상인을 시작으로 13세기에는 수공인, 그리고 범위는 작지만 일용직 임금노동자였던 직인의 순서로 조직되었다. 사회의 문맹률이 낮을수록 직업 집단이 조직될 가능성이 높았는데, 이탈리아 북부와 저지대 국가가 좋은 예다. 상인 및 수공인 길드의 전술과 전략은 시 정부와 협조하는 것이 원칙이었다. 시 정부에 경쟁 길드에 대한 불만을 신고할 수도 있었다. 직인의 경우에는 사정이 달랐다. 직인은 17세기 전에는 조직화되지 않았고, 길드에 기반한 산업에 종사하면서 장인의 보호를 받으며 돈을 벌었다. 그러나 항상 보호받은 것은 아니었다. 장인과 이해관계가 충돌하면, 자유에 대한 의식이 매우 높았던 이들은 자신의 힘을 보여줄 수 있었다.[248]

마지막으로, 가족적 관계의 유대감이 중요했다. 길드는 우위를 차지하기 위해 종교, 카스트, 친족 관계가 할 수 없는 기능을 해야 했다. 따라서 중세 말부터 친족 관계가 약해진 유럽 사회는 강한 카스트 관계에 바탕한 인도에 비해 길드를 결성할 기회가 더 많았다. 인도 북부와 북서부에서는 중세 말의 경제 호황으로 노동이 광범위하게 전문화하면서 직업 집단을 가리키는 새로운 명칭이 출현했다. 면을 방적하고 직조하는 새로운 전문 분야는 졸라하 Jolaha라는 집단이, 설탕 제조는 모다카Modaka 자티/카스트가, 야자즙 흑설탕 제조는 시울리Siuli 자티가 수행했다. 이들이 이후 수백 년 동안 일종의 길드나 하나의 카스트로 조직된 것은 사실이지만, 정확한 조직 시기와 조직 정도는 확실하지 않다.[249] 최초기 길드의 바탕이 직업이 아니라 출신지였던 중국은 사회 일반의 의사擬似 가족 메커니즘을 분명하게 보여준다. 상인도 같은 고향 출신이면서 먼 도시에서 활동하는 사람끼리 모여 조직을 결성했는데, 이것도 물론 의사 가족의 형태였다. 구성원은 예외 없이 남성이었고, 입주 직인과 도제를 가족처럼 대우했으며 자녀에게 하듯 절대적인 권위를 행사했다. 이 '가족 모델'에 따르면, 여성은 다른 집안에 들어가 장인을 돕는 수공인으로 일하기가 어려웠다. 따라서 여성 대부분은 남성 가장의 관할 아래 집에서만 일했다. 만약 가장이 수공인 길드의 구성원이면, 그 집안의 여성도 길드의 규율 아래 간접적으로 또는 심지어 보호를 받으며 일할 수 있었다. 그러나 전 세계적으로 공식 길드가 여성을 거의 배제했다는 사실은, 과부는 가장이 되어도 길드의 특별 허가를 받아야 남편의 직인이나 도제를 보유할 수 있고 본인은 길드 구성원이 될 수 없다는 의미였다.

※

기존 시장경제의 심층적 화폐화는 시장을 위해 일하는 자영업자와 임금노동자 모두를 포함한 자유노동의 발달에 매우 중요했다. 기원전 500년 이후 지중해 지역, 인도 북부, 중국 및 이 경로를 따른 사회의 역사가 증명하는 사실이다. 그러나 앞에서 보았듯이, 화폐화한 시장경제는 첫 1천5백 년 동안은 안정과 거리가 멀었다. 게다가 무자유노동과의 결합과 결혼·가족제도에 대한 국가의 간섭 정도 등에 따라 형태가 다양했다. 한편 남아메리카와 중앙아메리카에서 번영한 공납적 재분배 사회를 통해 화폐화하지 않은 지역의 다른 역학 관계도 살펴봤다.[250]

자료가 많이 남아 있기 때문에 노동조건과 특히 임금노동자의 개인적·집단적 전략에 대해 많은 통찰을 얻을 수 있다. 최상층의 생각과 달리, 많은 사회의 일반 노동자는 기술에 대한 즐거움과 일에 대한 자부심을 유지했다. 수수한 흰옷을 입은 마부바, 또는 사마천이나 백거이의 관찰을 떠올려보라. 협력하는 노동의 가치도 유지되었다. 또한 노예들의 생각과 행동도 알 수 있다. 그 생각과 행동은 스파르타쿠스의 난과 잔지족의 난 같은 대표적 노예 반란에서 거침없이 표현되었다. 불공정한 보수에 대한 자영업자와 임금노동자의 항의, 단체 행동과 조직은 노예화에 대한 항의와 함께, 시장 사회에 평등에 대한 보편적 이상이 존재했음(역시 최상층의 견해와 달랐다)을 증명한다.

여기서 다룬 주제들은 다음 시기인 1500~1800년의 시대에서 더 광범위하게 논의할 것이다. 당시 서유럽과 유라시아 지역에서 기초적인 단위였던 가구의 여성이 차지한 지위가 어느 정도로 달랐느냐는 문제다. 남아시아는 양질의 자료가 없기 때문에 충분한 답을 찾지 못한 상태다.

Chapter 5

노동관계의 세계화

1500~1800

 1500년 이전까지 수백 년 동안 유라시아에서 노동관계가 수렴했지만, 노동을 조직하는 방식은 전 세계적으로 크게 달랐다. 그 차이는 수백 년 동안 더욱 커졌다. 인류는 1200년경 뉴질랜드를 마지막으로 전 세계를 식민화했지만 대륙 간의 연결은 여전히 제한적이었다. 콜럼버스 이전의 아메리카 대륙은 다른 세계에 무관심했고, 북아메리카와 남아메리카의 연결도 미미했다. 인도양, 중국해, 유럽의 바다가 해운 활동으로 분주했던 것은 사실이지만, 상호 교류는 육로에 크게 의존했다. 아시아를 관통해 기나긴 여행을 한 이탈리아의 마르코 폴로Marco Polo와 모로코의 이븐 바투타가 가장 눈에 띄는 사례다. 세계적 규모로 사람, 물품, 서비스를 더 싸게 더 자주 교환할 수 있게 된 것은 유럽에서 아메리카로 간 콜럼버스의 항해, 인도로 간 바스쿠 다가마Vasco da Gama의 항해, 그들을 모방한 자들의 항해 덕분이었다.[1] 옥수수, 담배, 감자, 토마토 같은 아메리카의 여러 작물이 아프리카와 유라시아에 보급되었다. 이러한 교환은 교환 수단으로서의 은이 풍부하게 유통되었기 때문에 가능했다. 1300~1400년 유라시아 최초의 은의 세기가 지난 후 진정으로 세계적인 두 번째 은의 세기가 열렸다. 은화는 유라시아 전역에서 공통의 계산화폐로 사용되다가 1600년부터는 대륙 간에도 유통되었다.[2]

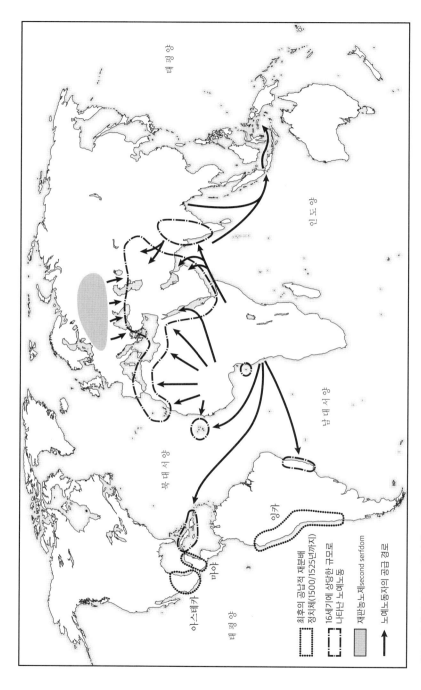

지도 5 16세기의 주요 노동관계

초기에는 세계화가 잘 진행되었지만 아메리카 대륙, 북아시아 및 중앙아시아처럼 발견자들이 새로이 정복한 지역을 '사람이 살지 않는' 땅처럼 취급한 곳에서는 일이 틀어지는 경우가 많았다.

여기서 핵심적인 질문은 세계의 서로 다른 지역의 노동관계와 노동 보수가 더 이상 독자적이지 않은 협력 관계나 대립 관계를 통해 어떻게 발달했느냐다. 유럽인들이 '위대한 발견'을 하기 전까지 아메리카 대륙, 열대 아프리카, 오세아니아 및 유라시아는 대체로 독립적이고 다소 내향적인 곳이었다. 세계와 새로이 접촉함에 따라 노동관계도 당연히 그다음 수백 년 동안 한층 수렴될 것으로 예상되었다. 그러나 이 예상은 특히 아프리카와 아메리카 대륙과 관련해서는 부분적으로만 맞았다. 3백 년 후인 1800년경 유럽은 이미 세계의 대부분을 지배했다. 그러나 유럽인은 그곳에 서구의 노동관계인 시장을 위한 자유노동을 적용하는 대신 온갖 무자유노동을 도입하곤 했다.

이 수렴과 분화의 과정은 모든 곳에서 다른 방식과 다른 속도로 진행되었다. 유럽과 아시아의 접촉은 유럽과 아메리카 및 아프리카의 수백 년간의 접촉과는 달랐다. 아시아의 부유하고 강력한 국가들은 유럽 상인을 들이되 거래 규칙을 오랫동안 직접 결정했다. 1750년경이 지나서야 유럽인은 아시아의 몇몇 지역에서 중요한 역할을 하기 시작했고 노동 방식과 노동관계에 영향을 미쳤다. 오세아니아에서는 이 현상이 훨씬 후대에 일어났다.

간단히 말해서, 본질적으로 우월한 서구가 다른 지역에 '낙승했다'는 인식과 비슷하게 현대 세계의 번영과 정치력의 불균형 문제가 '위대한 발견'의 시대에 기원했다는 단순한 투사를 경계해야 한다. 사실 상황은 다소 다르게 전개되었다. 놀랍게도 18세기 말까지 유라시아, 서유럽, 인도, 중국, 일본의 노동관계는 비슷한 방식으로 발달했다. 남성의 노동력뿐만 아니라 여성과 아이의 노동력까지 끌어들여 시장의 노동 투입량을 증가시키는 이른바 '근면혁명'이었다.[3]

당시 전 세계 인구 대부분이 살았던 유라시아의 광활한 지역에서 이렇게 노동 강도가 높아졌다는 사실은 서유럽이 1800년경부터 전 세계를 지배할 수 있을 정도로 다른 지역을 슬그머니 앞지르고 있었음을 뜻한다. 이 현상은 많은 단계를 거쳐 일어났다. 첫째, 아메리카 대륙 발견이 신속하게 대륙 정복으로 치달았다. 아스테카와 잉카의 공납적 노동관계는 완전히 뒤집혔고, 스페인과 포르투갈, 나중에는 네덜란드, 프랑스, 영국 및 다른 침략국에게 커다란 이익을 안겼다. 둘째, 서아프리카의 항구에서 유럽인에게 팔린 포로들이 아메리카 대륙의 대농장에 노예로 투입되어 강제 노동에 처해졌다. 게다가 노예에 대한 유럽의 수요는 아프리카의 공급을 더 자극했다. 이것은 아프리카와 노예에게 심각한 영향을 미쳤을 뿐만 아니라, 대농장의 수익성과 전 세계 시장에서 저렴한 아메리카 생산물을 살 기회에도 큰 영향을 미쳤다. 노예 노동은 남아시아, 특히 동남아시아에서도 증가했다. 셋째, 서유럽의 도시에서 교육수준과 문해율이 높아지면서 노동자의 질이 점차 나아졌다. 세 가지 요인은 어떻게 1750년경부터 서유럽이 단기간에 요구 조건을 아시아에 강요하고, 아시아에 경기 침체와 쇠퇴를 가져오고 기존 문제를 악화시켰는지 설명해준다. 이것이 이른바 대분기Great Divergence 논쟁이다.

이 장에서는 동서양의 유사점에 주목하면서 유라시아의 역동적 변화를 다룬다. 변화의 공통적 토대는 주로 시장을 통해 가구 간 노동관계가 조직되는 방식이었다(4장 참고). 아일랜드에서 일본까지, 필리핀에서 포르투갈까지, 노동의 산물은 가구 내에서 소비되지 않았기 때문에 판매를 위해 시장에 공급되고 거래되었다. 지배적 주체는 소규모 자영농과 수공인이었다. 또한 상당수가 자신의 노동과 서비스를 제공하고 임금을 받았다. 이전의 2천 년 동안 그러했듯이 군인, 선원, 하인과 농장 일꾼 등은 개별적으로, 그리고 농부들은 협동조합식 하도급 계약을 통해 집단적으로 서비스를 제공했다. 집단적 임금노동의 역사적 사례는 구리 채광 및 가공, 그리고 일본과 중국의 주화 발행과 관련해 살펴볼 것이다. 유라시아에서는 자유 임금노동 외에, 개인의 자유와 제약의 측면에서 노예와 농노의 무자유노동도 나타났다. 중요한 문제였지만 다른 지역에 비해 정도는 덜했다.

1500년부터 1800년 사이에 이러한 시장 사회의 노동이 크게 증가했다. 경제사학자들은 이 과정을 '노동집약적 경로'라고 부른다. 농업과 가내수공업의 가구당 생산성이 급격하게 증가했다. 남성뿐만 아니라 이제는 여성과 아이의 노동까지 동원해 시장에 팔 상품을 생산하는 데 많은 시간을 사용할 수 있었기 때문이다. 일본, 중국, 인도, 서유럽의 특정 지역에서 시작된 변화는 러시아에 이르는 거대한 대륙 전체로 확산되었다. 러시아에서는 변화가 농노제의 특징으로 나타났다. 이 선두 지역들에서 도시화와 직업적 전문화가 깊어졌다.

물론 공통적 노동집약화의 흐름은 지역에 따라 다양했다. 유럽의 경우 동유럽에 '재판농노제再版農奴制, second serfdom'가 형성되면서 동서가 분리되었다. 서유럽에도 '작은 분기Little Divergence'가 나타났다. 먼저 네덜란드가 이탈리아 북부를 앞지르고, 이후 네덜란드공화국이 네덜란드 남부를 추월했으며, 마지막으로 영국이 네덜란드공화국을 앞질렀다.[4] 가장 발전한 지역에서는 노동이 점점 더 자본집약적이 되었고, 결국 18세기 후반 영국이 질적으로 변화했다. 바로 자본집약적 산업혁명이다. 1800년 이전에는 가시적으로 드러나지 않았으므로, 이 주제는 6장에서 다루겠다.

먼저 유라시아에서 임금노동 확대와 더불어 나타난 극적인 노동집약화를 이야기하려 한다(223~250쪽). 당대의 많은 사람에게 노동집약화는 더 긴 수명을 의미했다. 그러나 이전 세기에 비해 그렇다는 것이지, 현대와 비교하면 매우 짧은 편이다. 그다음으로는 유라시아만큼 극적이지만 부정적이었던 다른 지역의 변화를 설명한다. 세계화의 영향을 대분기와 노예제와 관련지어 언급하고(273~310쪽), 동유럽과 러시아의 농노제를 살펴보며 노동집약화를 설명한다(311~321쪽). 마지막으로 1800년경의 상황을 언급할 것이다. 그 지점이 마지막 2백 년에 대한 마지막 두 장의 시작이다.

근대 초기 아시아의 노동집약 현상

먼저 아시아 문화의 중심지인 일본, 중국, 인도의 노동집약적 경로, 즉 가구 구성원이 시간을 더 효율적으로 사용하게 된 현상을 살펴보려 한다. 자유임금노동과 노동관계의 확대도 언급할 것이다.

일본 역사학자 하야미 아키라速水融의 뒤를 이은 스기하라 가오루杉原薫는 '노동집약적 경로'에 대한 다음의 시나리오를 지지한다.[5] 그는 시장경제에서 경제성장을 설명할 때 자본과 노동의 성공적인 결합뿐 아니라 두 번째 가능성도 고려해야 한다고 주장한다. 그 가능성이란 노동자가 능력을 개발(투자되는 자본의 양과 상관없다)하고 효율적으로 사용할 수 있는 정도다.[6] 1500년 이후 오랫동안 세계의 대부분을 차지한 농경사회에서 노동력 활용은 계절에 따라 민감하게 좌우된다. 바삐 일하거나 쉬거나 둘 중 하나다. 수확기에는 바쁘게 일하고, 쟁기질, 파종, 김매기를 하는 동안에는 조금 덜 바쁘고, 그 중간의 여러 시기는 농한기로 한가하다. 이 패턴은 남성과 여성이 다르다. 남성의 노동은 주로 수확이나 쟁기질을 하는 힘든 몇 주에 한정되고 다른 시기에는 풀베기를 한다. 여성은 곡식을 묶거나 땅을 파 엎는 일을 한다. 어떤 사회에서는 유제품 가공도 전형적인 여성의 일이다. 그럼에도 불구하고 전형적인 농업 사회에서는 남녀 모두 남는 시간이 많다. 연령에 따라 집단이 세분화되지만 말이다. 남는 시간은 기존 경작 방식을 다시 준비하거나 집이나 다른 곳에서 다른 활동을 하며 생산적으로 활용할 수 있다. 특히 1500년부터 1800년 사이에 유라시아의 많은 지역이 이 시간을 기존의 농업과 더불어 가내수공업, 제조업 및 서비스업 등으로 채우는 실험에 성공했다.[7] 이 실험은 노동력을 한 부문에서 다른 부문으로 빼내지 않고도 가구의 추가 소득원을 만드는 것이었다.

자작농이든 소작농이든 농가는 인력이 많았고 추가 소득이 많이 필요했다. 누가 어떤 활동을 할지, 그리고 어디서 일할지도 농가 단위 안에서 결정되었다. 따라서 이 시대에는 계절성 노동과 임시 이주 노동이 널리 발달했다.

일본 농가의 노동집약화

일본의 도쿠가와 시대는 농업 생산방식을 바꾸어 노동에 대한 의욕을 크게 진작한 좋은 예다. 사람과 물건의 국제적 이동을 엄격하게 규제하여 세계로부터 자국을 보호했던 일본은 1639년부터 중국과 네덜란드의 선박만, 그것도 소수만 입항을 허용했다. 한편 경작할 수 있는 필지를 대부분 개발했기 때문에 토지가 매우 부족했다.

목초지로 쓸 땅이 거의 없었다. 쟁기질과 운송에 사용하는 동물은 있었으나 고기, 유제품, 털 생산을 위해 사육할 땅은 거의 없었다. 따라서 일본 농업은 인력, 비료, 씨앗, 농기구로 토지의 평당 연간 작물 생산량을 높이는 데 집중했다. 가축과 울타리 같은 고정 자본 또는 토지 매각에 대한 생각은 노동집약적 기술과 노동을 흡수하는 제도가 발달하는 데 거의 아무런 역할도 하지 않았다.[8]

미국의 일본학자 토머스 C. 스미스Thomas C. Smith는 이렇게 말했다. "덧없이 흘러가는 시간을 귀하게 여겼고, 시간을 생산적으로 사용하는 것에 큰 도덕적 가치를 부여했다. 농부는 노동을 조율하고 자연의 제약을 극복하기 위해 세심한 노력을 기울였다. 일찍 성숙하는 종과 늦되는 종을 능숙하게 활용하고 골에 줄지어 이식하기, 볏짚 덮기, 효과 빠른 비료 사용하기 등의 방법을 사용했다."[9]

농가는 주식 작물을 재배하는 것 외에 다른 활동도 많이 시도했다. 한 예로 1840년경 일본 남서부의 비교적 상업화한 지역의 마을을 살펴보자.

신체 건강한 모든 사람은 농사일이 바쁘지 않을 때 소금 만드는 일을 하거나 다른 일에 고용된다. 한 농가에서 경작할 수 있는 땅의 평균 크기는 논은 고작 2.1반反(고대 일본에서 사용한 땅의 크기 단위. 1반은 약 1천 제곱미터다-옮긴이), 고지대는 0.6반에 불과하다. 지형이 평평하기 때문에 경작은 비교적 쉽다. 농사일이 없는 시기에 남성은 밧줄, 골풀 깔개 및 기타 물건을 만들고, 여성은 3월부터 8월까지 염전에서 일하고 나머지 기간에는 면직물 짜는 일만 하는데, 이때는 장작을 쪼개고 퇴비용 풀을 모으는 일(전통적으로 여성이 하는 일)도 하지 않는다.[10]

농촌에서 비농업 생산이 중요했다는 언급은 '농부'가 농업과 비농업 부문 각각에서 인구의 90퍼센트 정도였는데도 비농업 부문 생산량이 지역 총생산량의 40~50퍼센트를 차지했다는 주장에 바탕한다.[11]

　노동집약적인 경제 발전의 경로가 도쿠가와 시대에 급증한 것은 우연이 아니다. 오래 지속된 전국시대가 끝난 후 두 가지 주요 정치적 변화가 일본 노동자층에 직접적인 영향을 미쳤다. 첫째, 사무라이들이 정부의 감독을 받으며 도시에 모여 살게 되었다. 이때부터 수 세기의 평화 시대와 더불어 도시화가 가속화했다. 1600년에 주민 1만 명 이상인 도시에 사는 사람은 총인구의 3퍼센트에 불과했지만 50년 후에는 13퍼센트 이상으로 증가했고, 1700년에는 15퍼센트가 되었다. 도시 중 몇몇은 규모가 매우 컸다. 예컨대 정부가 자리한 에도(지금의 도쿄)의 주민은 1백만 명이었고, 오사카와 교토는 각각 50만 명이었으며, 주민이 10만 명인 지방 도시도 여럿이었다. 인구 규모를 달성하고 유지하는 한편 사망한 도시민을 보충하기 위해서는 농촌 인구가 지속적으로 유입되어야 했다. 그러나 당시 농촌 지역은 부유했기 때문에 꾸준히 유입되지 않았다. 이에 따라 도시화가 1750년에 11퍼센트로 다시 저조해졌다가 1900년에 15퍼센트로 회복했다.[12]

　둘째, 세금이 마을당 벼 산출량을 바탕으로 부과되었기 때문에 농가의 역할이 매우 중요해졌다.[13] 그래서 연속성이 핵심인 이른바 이에家라는 직계 가족의 특수한 형태가 나타났다. 전국적으로 토지 소유권, 사회적 신분, 그리고 가문의 성姓이 아버지에게서 장자에게, 장자가 없으면 사위나 양자에게 대물림되었다. 가문과 그 성의 연속성이 다른 무엇보다 중요했다. 가문의 원칙은 매우 중요해서 사업도 그 토대 위에 조직되었다. 원칙에 따르면 외부의 노동력이 필요해진 가장은 새로운 '가족'을 고용한다. 원칙은 특히 젊은 사람을 채용할 때 적용되었다. 일반적으로 11~14세 아이를 5, 6년 이상 도제로 고용하고 대가로 숙식과 사업을 배울 기회를 제공했기 때문에 필연적으로 영업 비밀까지 전수했다. 그런데 잘 알지 못하고 들인 사람을 어떻게 믿을 수 있었을까?

　실제로 이 문제가 심각해지는 바람에 정부가 관여하기 시작했다. 17세기 초에는 자신을 하인으로 팔거나 저당잡히는 것이 금지되었고 1665~1668년에는 고용 중개 사기꾼(지원자와 짜고 후한 선금을 받은 후 다른 고용주에게 똑같은 사기를 반복하는 사람)을 근절하기 위해 노동계약의 진정성을 담보할 목적으로 신뢰할 수 있는 보증인을 두도록 규정한 법이 도입되었다. 고용계약서에는 지원자의 아버지뿐 아니라 지원자를 아는 보증인의 서명과 인장이 들어갔다. 보증인은 지원자가 성실하게 복종할 것이라고 보증했다. 1776년 다쓰오에 있는 마루오 술과 간장 양조장에서 보증인, 아버지, 피고용인이 서명한 다음 계약서를 보자.

용역의 보증: 우리는 시게 양이 원숭이 해인 올해부터 다가오는 양의 해까지 10년 동안 귀하를 위해 일하도록 보낼 것을 약속합니다. 시게 양은 미노오쓰군 시호마타 마을에서 기산지의 딸로 태어났고, 우리는 시게 양의 가족을 오랫동안 알고 지내왔기에 보증인으로서 약속합니다. 시게 양의 종파는 전통적인 [정토진종] 혼간지파입니다. 우리는 시게 양의 사찰 교적 등록증을 가지고 있습니다. 시게 양은 금지된 기독교의 교인이 아닙니다. 만약 시게 양이 기독교인이 된다면 즉시 우리에게 알려주십시오. 시게 양은 정부의 금지를 위반하지 않을 것입니다. 더 나아가 시게 양은 무사나 낭인이 아니며 그러한 사람의 딸도 아닙니다. 만약 시게 양이 돈을 훔치고 도망가거나 일하지 않고 무단이탈하는 것은 물론이고 어떠한 문제라도 일으킨다면, 우리는 가게 주인이 어떠한 피해도 입지 않게 할 것입니다. 만약 계약 만료 시에도 시게 양이 마음에 드신다면 이 계약서를 사용해 원하시는 기간이 어느 정도든 시게 양을 쓰실 수 있습니다. 시게 양은 계약 기간 동안 다른 사람을 위한 일에 시간을 내거나 다른 사람을 위해 일하러 가지 않을 것입니다. 만약 그러한 일이 일어난다면, 시게 양은 귀하께서 적절하다고 여기시는 어떠한 조처라도 한마디 불평 없이 받아들일 것입니다.[14]

이 계약이 대형 양조장만 보호하는 것처럼 보이지만, 사실 고용주는 피고용인이 약속한 일을 하지 않으면 빈손이 되기 십상이었다. 이때 고용주는 법원이나 (만약 있다면) 길드를 통해 배상받으려 하는 대신 피고용인의 가족과 보증인과 협상했다. 대부분은 장본인이 사과하고 모든 손실을 보상한 후 다시 받아들여졌고, 이런 경우가 여러 번 반복되기도 했다. 도제 기간이 끝났고 많은 사업 비밀이 새어 나갈 수 있는 상황에서는 더 그러했다. 가문에 기반한 사업체는 정규직 직원을 해고하기도 어려웠다. 부모가 멋대로 구는 자녀를 쉽게 내치지 못하는 것과 마찬가지다.

　영구적 핵심인 가족 구성원과 장기 계약 임금노동자 외에 일급을 받는 임시 노동자도 있었다. 무척 큰 회사는 수천 명까지도 고용했는데, 이곳은 노동자들을 가족의 일원으로 간주하지 않았다. 금, 은, 구리를 채광하는 광업, 특히 일본 북부의 구리 광산을 예로 들어보자. 1686년 50개의 구리 광산에서 대략 광부 20만 명, 숯 제조자 10만 명이 일했다. 오사카의 정제소에서 노동자 1만 명이 일했고, 구리를 오사카의 용광로로, 거기서 다시 나가사키의 수출항으로 운송하는 선원도 많았다. 1700년경부터 구리의 90퍼센트가 나가사키에서 중국(60퍼센트)과 바타비아(현재의 인도네시아 자카르타 북부 도시-옮긴이)(30퍼센트)로 수출되었다.[15] 일본은 오랫동안 세계의 주요 구리 생산국이었다. 토지 측량, 배수, 강철제 채굴 도구 제작 및 제련 부문의 기술이 발전했지만, 그 외에는 남녀를 불문하고 많은 노동자가 필요했다. 광부의 부인인 여성 노동자는 아이들과 함께 광석을 부수고 분류하는 일을 했다. 1837년 벳시 광산은 노동자의 30퍼센트가 여성이었다.

　18세기에 광산에 배수 문제가 생겨 생산량이 줄어든 사건이 있었다. 배수 문제의 원인은 정부가 임금을 삭감하자 배수 노동자들이 더 이상 광산에 오지 않았기 때문이었다. 그러자 정부는 범죄자와 부랑자를 끌어 모았고, 이후에는 주변 마을의 농민을 차출했으며, 결국 대도시 주민 중 가족 등록 증서가 없는 사람을 동원했다. 더 나은 방법으로 노동 절감 기술을 혁신할 수 있었음에도 불구하고,[16] 정부가 전적으로 운영한 이 부문은 일종의 강제 노역을 추구했다. 광산 운영자는 심지어 강제 현물급여제를 실시하여, 마을에서 먼 곳에서 살고 일하는 노동자들에게 쌀을 팔 권리를 독점하기까지 했다. 운영자들은 쌀을 우대 가격에 받았기 때문에 노동자가 많을수록 회사는 더 많은 이윤을 남겼다. 따라서 노동 절감 기법을 도입할 동기가 없었다. 자유노동시장을 포기한 결과 노동집약적 생산이라는 해결책도 효과가 없었다.

정리하자면, 농업이 지배적이었던 도쿠가와 시대에 노동의 성격과 조직에서 중요한 혁신이 일어났다. 첫째, 소규모 농가의 노동이 다양해졌고, 그 결과 수확량이 크게 늘었을 뿐만 아니라 성수기에 가구 구성원이 더 많은 시간을 일하는 데 사용할 수 있었고, 전문 지식과 근로 기강이 향상했다. 둘째, 남는 시간에 비단과 면을 생산하고 실을 잣고 직물을 짜는 등 생산적으로 이용할 기회가 생겼다. 가구 구성원들은 농업과 가내수공업 생산물 중 소비하지 않은 것은 시장에 내다 팔았고, 그렇게 번 돈으로 설탕 같은 사치품을 살 수 있었다. 이러한 변화의 결과 가구가 여러 기술을 발달시켰다. 또한 일본의 임금노동은 구리광부터 현금 주화에 이르는 상품 사슬과 함께 확대되었다.

한편 농업에서는 심층적 화폐화의 역동성이 약했다. 마을은 납세 단위로 일했기 때문에 단순한 농가의 집합이 아니었다. 구로다 아키노부에 따르면 "마을은 장작을 주워 올 수 있는 공유지를 보유했다. 이러한 상황에서 인접 지역과의 유이結(농사를 위한 노동 교환)를 비롯한 다양한 노동 교환이 일본인의 생활을 지배했다. 이렇게 화합하는 분위기에서 당일 일당 지급을 위한 노동은 비사회적으로 보였을 것이라고 말해도 과장이 아니다." 그 대신 일일 노동자는 일회성이 아니라 지속적으로 고용되었다. 임금 지급은 한 달, 심지어 그 이상 미뤄질 때도 있었다.[17]

중국의 노동집약화

도쿠가와 시대의 일본은 2백 년 이상 세계 시장과 제한적으로 교류했기 때문에 엄격한 국가 시장 안에서 노동집약화했다. 노동집약화는 국제 시장 거래를 하는 지역이나 중국 양쯔강 삼각주처럼 직계가족의 노동이 덜 발달한 지역을 포함한 아시아의 다른 지역에서도 일어났다.[18] 18세기 중국의 인구는 일본과 비슷했고, 두 나라는 많은 부분이 흡사했지만 흥미로운 차이도 있었다.

　1400년부터 1800년까지 양쯔강 삼각주 동부의 강남 평야는 인구가 급격히 증가한 반면 경작지 면적은 거의 변하지 않았다.[19] 그때까지 생계에 가장 중요한 수단은 논농사였다. 논농사는 동물의 힘이 많이 필요하지 않았다. 물이 풍부한 삼각주 지역의 쟁기질이나 운송에도 동물이 반드시 필요하지는 않았다. 주민들은 고기로 돼지와 가금류를 먹었다. 이 지역의 복지 수준은 18세기 말까지 영국만큼 높았고, 중국의 다른 지역보다는 두 배 이상 높았다. 이러한 성공이 가능했던 이유는 주로 송나라부터 청나라 중기까지 논둑, 수로, 간척지, 풍차로 구동되는 장방형 양수기 등을 사용하면서 쌀 수확량이 증가했기 때문인 듯하다.[20] 두 번째는 명나라와 청나라에서 노동 분업이 시작되어 소작 농가가 농사, 가내수공업, 장사를 혼합하여 소득을 창출한 덕분이기도 하다. 가내수공업의 경우 명나라 때 특히 목화 재배와 산업이 급속히 발달했고, 어떤 농가에서는 부인들이 누에를 쳤다. 다만 비단 산업은 도시에 집중되었다.

　중국의 노동집약화는 일본과 비슷하게 농가에 집중되었지만 여러 가지가 달랐다. 예를 들어 수많은 농장이 분할되어 있었다. 전체 노동력의 반을 차지한 자작농(나머지 반은 자유 소작인)의 필지가 점점 더 작아졌고, 따라서 추가 수입이 더 많이 필요해졌다. 중국 농부는 생산물을 현금을 받고 시장에서 파는 쪽을 선호한 반면, 일본 농부는 선금을 받고 도시 상인과 거래했다. 즉, 위험이 따르는 자유와 확실성이 큰 의존의 차이다. 중국 농업 노동자들은 다리나 시장 같은 중심지에 모여 가장 많은 일당을 현금으로 제시하는 사람에게 노동을 제공하고 하루 일을 끝내자마자 임금을 받았다.[21] 중국의 일반 가정은 다른 점에서도 일본의 일반 가정과 달랐다. 성별 선택적 영아 살해 때문에 가난한 남성과 혼인할 신붓감이 부족해졌다. 생계를 유지하기에는 너무 적은 땅을 물려받은 가난한 남성들은 결국 임금노동자가 되었다. 삼각주 외부에서 농촌으로 유입되는 인구는 무시해도 될 정도로 적었다. 일반적으로 3년 치 임차료에 해당하는 보증금이 있어야 토지 임차권을 얻을 수 있었기 때문이다. 따라서 상하이 같은 대도시는 삼각주로부터 이주해 온 잉여 소작농에게 의존했다.

　주변의 농촌 지역에서 소농은 주로 벼농사를 지었고, 그 부인과 딸은 밭일을 돕는 것 외에 방직, 특히 면방직 일을 했다. 방적보다는 방직을 통한 수입이 더 많았다. 18세기 삼각주 지역은 제국 전체를 먹여 살리고 해외로 수출할 정도로 많은 양을 생산했다. 수출에 대한 의존은 나중에 약점이 되는데, 18세기 말에 중국의 다른 지방과의 경쟁이 심해졌기 때문이다.

　주변 농촌 지역이 벼를 성공적으로 재배할 뿐만 아니라 잉여 농민 아들들이 도시로 이주한 결과 도시가 다시 성장했다.[22] 도시들은 당 대부터 번성하기 시작했고, 송 대에도 계속 증가했다. 그러다가 명 초기에 쇠퇴한 후 명 말기와 청 대에 다시 시장 도시가 눈에 띄게 증가했다. 난징은 한동안 새로운 명의 수도였다. 두 차례의 도시 번성기 동안 상업 및 해운업과 더불어 종교 활동이 활발해졌다. 도시에는 사찰과 수도원이 있었고, 농촌의 신도들이 정기적으로 순례를 왔다. 백련교의 불교 운동이 가장 유명했고, 도교와 다른 종교의 성지들도 먼 곳의 순례자를 끌어들였지만 후대에 국가의 엄격한 감시를 받았다. 여기서 주목할 점은 도시가 농촌 지역에 제공한 중요 기능이다. 한편 도시와 농촌의 유대가 강해지면서 농민의 구매력, 자유 시간을 누릴 여력, 그리고 성지에서 나눠주는 소책자와 도서를 포함해 문화 교육을 위한 기회가 향상했다.

　이제 근면한 양쯔강 삼각주를 뒤로 하고 근면혁명과 관련된 기술 발달로 눈을 돌려보자. 몇몇 구체적인 예로 설명할 수 있다.[23] 첫째로 유용한 지식이 보급되었고, 둘째로 일본처럼 구리에서 주화에 이르는 상품 사슬이 형성되었다. 주화는 심층적 화폐화 사회에 필수적이었다.

　중국은 국민에게 읽고 쓰는 능력과 지식을 보급했다. 어쨌거나 8세기에 도서 인쇄술이 중국과 한국에서 발명되었다.[24] 단순한 필사보다 효율적으로 원고를 재생산하는 인쇄술이 등장한 덕분에 많은 사람에게 인쇄물이 보급되었다. 필사본이 단시간에 사라진 것은 아니지만, 특히 중국에서 많은 인쇄물이 보급되었다. 중국의 인쇄술은 납으로 알파벳 각각을 주조하기 시작한 15세기 유럽과 달리 목판에 둥근 끌로 글자를 파낸 다음 완성한 전체 페이지를 찍어내는 방식이었다. 중국의 책 생산은 송 대에 가파르게 증가했고 1600~1800년에 다시 급증했다. 나라별, 대륙별로 저작물과 발행물의 수를 비교한 도서학 학자들에 따르면 적어도 18세기까지 서유럽과 동아시아 사이에 큰 차이가 없었던 듯하다.[25]

중요한 것은 17세기에 가격이 급락하면서 많은 인쇄물이 평범한 일반 독자에게도 보급되었다는 사실이다. 유럽만이 아니라 중국에서도 책 좌판, 책 행상인, 그리고 마침내 서점까지 등장했다. 중국 남성의 30~45퍼센트, 여성의 2~10퍼센트가 천자문을 읽을 수 있었다.[26] 이 중에는 복잡한 글을 읽고 해석해 다른 사람에게 알려주는 사람도 있었다.

다른 곳과 마찬가지로, 그때까지 중국에서 가장 많이 인쇄된 책은 종교적이거나 도덕적인 글이었다. 중국 정부가 일찍이 주도한 일이었다. 기술 설명서도 등장했는데, 삽화들이 실려서 기술에 관심 있으면 누구나 읽을 수 있었다. 농경 및 직조 기술에 대한 설명서의 인기가 제일 높았다. 벼농사와 양잠에 대한 설명서는 12세기로 거슬러 올라가고, 13세기에 출판된 다른 설명서에는 목화 재배 기술이 실려 있으며, 14세기 초반의 한 설명서는 "농사와 직조에 사용되는 도구, 장비, 기계 제작을 자세히 보여주고 키, 명주실 물레, 수력 구동식 풀무와 관개 장비의 그림을 포함한 기술 도면과 도표를 부가하여 새로운 지평을 열었다."[27] 또한 건축, 기계 및 장비 제작, 하수 관리, 제염, 제지 및 인쇄, 조선술 등 다양한 분야의 기술 설명서가 출판되었다. 더 중요한 사실은 이 책들이 정기적으로 재판되었다는 점이다.

기술적 문헌의 절정은 1637년에 출판된 송응성宋應星의 《천공개물天工開物》이다.[28] 그때까지 등장한 모든 기술을 요약한 것에 저자가 전국을 여행하며 관찰한 기록을 더한 결과물이다. 책 가격이 싸진 덕분에 이 묵직한 책은 상인과 수공인을 포함한 넓은 독자층에 보급되었다. 불과 몇십 년 안에 재판을 찍었다는 사실에서 그 인기를 분명히 알 수 있다. 그러나 신기하게도 《천공개물》과 동시에 중국의 기술적 우위는 갑작스레 끝난다. 책 내용의 대부분은 나중에 일반 백과사전에 통합되었으나, 하위 분야를 제외하면 뒤를 잇는 저작물이 나오지 않았다. 게다가 17세기 초부터 훨씬 사실적인 기술 삽화가 들어간 유럽 도서의 번역본이 등장했다. 따라서 17세기와 18세기에 중국이 발달한 기술을 보유한 것은 대체로 사실이지만, 이후에는 발달이 멈춘 듯하다. 물론 예외도 있다. 1777년에 삽화와 함께 출판된 활판인쇄술 설명서가 일례다.[29]

가장 인상적인 경제적 성과는 농업의 확대였다. 그러나 중국이 많은 전쟁을 치르며 제국의 범위를 넓히고 18세기 중반에 현재의 크기에 달했다는 사실을 고려하면, 광업과 기반시설 사업도 주요 성과로 볼 수 있다. 남부에서 광업이 확대된 현상에는 평범하지 않은 배경이 있다. 수 세기 동안 중국은 주화 등을 만드는 데 필요한 구리를 일본에서 수입했는데, 18세기 초 일본은 자국의 주화 생산을 위해 구리 수출을 중단했다.[30] 따라서 중국은 윈난의 구리 광산을 확대할 수밖에 없었고, 운송이 무척 어려웠는데도 불구하고 단기간에 계획을 달성했다. 1720년대에 윈난은 일본으로부터 수입했던 양을 따라잡았고, 1740년대에는 수입량의 다섯 배 이상을 생산했으며, 1760년대에는 생산량이 이전 수입량의 열 배 이상에 이르렀다.[31] 나가사키로부터 비교적 짧은 해로를 통해 완제품인 동괴를 범선에 실어 수입하는 대신, 구리 원석을 수천 킬로미터 떨어진 남쪽 국경 지대에서 가져왔다. 당시 이 지역은 황제가 간접적으로, 실제로는 가끔 명목상으로만 다스리던 곳이었다.[32]

윈난은 금, 구리, 은, 주석 등의 광물이 풍부하고 상업을 통해 인도 및 중국의 다른 지역과 이어져 있었다. 윈난은 귀중한 비철 금속 외에도 말과 소금을 수출하고 벵골에서 개오지조개껍데기를 수입했다. 나중에 이 경로를 통해 이슬람교인들이 들어왔다. 1682년 중국은 윈난에 대한 영향력을 강화했는데, 이 지역과 국경 너머의 버마(미얀마의 옛 이름-옮긴이)와 안남(19세기 이전의 베트남-옮긴이)에 위치한 은광의 중요성 때문이었다. 윈난의 은 생산량은 아메리카 대륙으로부터 수입하던 은의 양과 비슷했을 수 있다.[33] 구리 채광도 1716~1735년에 10퍼센트 이상 많아졌다. 성장은 여기서 끝나지 않았다.[34] 주요 노동력, 자본 및 기술은 한족이 제공했고, 생산된 은의 대부분도 그쪽으로 흘러 들어갔다. 지역민은 건강에 해롭고 힘든 광산 노동을 거부했고, 심지어 묘족苗族은 1727년 예속되기 전까지 자주 반란을 일으

컸다.[35]

기술과 수송의 관점에서 구리를 광산에서 대도시 베이징의 조폐국으로 운송한 과정은 매우 인상적이다.[36] 건륭제 때(재위 1735~1796) 윈난에서 연간 산출된 구리 2천~4천 톤의 대부분은 짐꾼이 등에 지고 육로로 각각의 광산에서 여러 집합지까지, 그다음에는 쓰촨성까지, 그리고 장강, 즉 양쯔강의 루저우 항구까지 운반했다. 짐꾼과 짐 끄는 동물은 고도 3천 미터 이상의 고갯길과 1천 미터가 훨씬 넘는 악명 높은 비탈길 등 험준한 지형을 거쳐야 했다. 따라서 정부는 육상 운송을 해상 운송으로 바꾸려 했다. 그러기 위해서는 진사강처럼 양쯔강 상류에 있는 132개의 급류를 최대한 많이 없애야 했다. 1740~1748년에 이 강에서 진행된 공사는 노동일이 80만 일에 달했으나 결과는 그저 그랬다.

구리를 루저우 항구에서 하천선에 싣기 전에 먼저 정식으로 무게를 측정했는데, 가끔은 혼동을 예방하기 위해 견본의 무게를 2회씩 쟀다. 이후 구리를 여러 묶음으로 나누어 바구니에 담거나 밧줄로 묶고, 등록하고 번호를 매긴 다음 목재 꼬리표를 달았다. 하천선 15~30척으로 구성된 호송단이 6백 톤을 수송했다. 호송단은 매년 5회쯤 출항했다. 이 엄격하고 효율적인 과정은 35일이 걸렸는데, 무게를 정확히 측정하는 데 대부분의 시간이 소요되었다. 그후 양쯔강을 따라 한커우를 거쳐 이정까지, 그다음 대운하를 거쳐 베이징까지 가는 여정이 시작되었다. 호송단에는 핵심인 조타수와 선장을 비롯해 750명의 선원이 필요했다. 장강삼협長江三峽(장강 주류에 연이어 있는 세 개의 협곡-옮긴이)을 통과할 때는 길게 뻗은 구간에서 배 한 척당 30명의 노꾼이 보조했고, 노꾼들은 대략 70킬로미터마다 교체되었다. 이것을 노동생산성으로 따지면 한 명당 8백 킬로미터에 해당한다. 이들 모두는 관리와 그 부하, 서기, 군인, 감시원 등의 엄중한 감독을 받았다.[37]

가끔 지내야 하는 제사에는 잔치가 뒤따랐다. 루저우 항구에서 처음 구리의 무게를 잴 때는 돼지 머리 세 개와 작은 동물 네 마리를 바쳤고, 중간에 다른 배로 옮겨 싣기 위해 충칭의 기착지에 도착하면 대규모 하천 제사를 지냈다.

조타수, 선장, 작은 돛단배 선장과 운송 중개인, 노동자를 지켜보기 위해 호송단에 동행한 감시원까지 모두가 연회석(사원 건물 위층에 준비된 식탁)에 초대된다. 모두 합쳐 60개의 좌석이 준비된다. 또한 개인이 데려온 시종을 위해 여덟아홉 개의 중급 좌석이 마련된다. 모두에게 해초 요리와 간단한 음식이 제공되고 사원 안의 무대를 볼 수 있도록 자리가 배치된다.[38]

루저우 항구를 출발한 구리는 11개월의 여정 끝에 베이징에 도착하고, 호부와 공부가 각기 관리하는 두 곳의 조폐국에서 가공되었다.[39] 1740년대에 3천 명이 넘는 노동력이 1년에 70만~150만 꾸러미의 동전을 생산했다. 한 꾸러미에 770개의 동전이 엮였다. 세계에서 가장 큰 국가에 소액 주화를 공급하기 위해서는 대량 생산과 고도의 기술을 결합해야 했다. 이 주화는 본질적으로 불환 화폐였으므로, 대중이 다른 주화를 구분하지 못하도록 해야 했다(1830년대부터 관례가 되었다). 방법은 다음과 같았다.

주화는 수직으로 배열된 두 개의 거푸집에서 여러 묶음으로 대량 주조되었다. 거푸집은 목재 상자 안에 유기 결합재로 강화한 고운 모래를 넣어 만들었다. 50~1백 개의 '모母주화(개별적으로 만들거나 하나의 마스터 주화를 동일하게 찍어낸 것)' 패턴을 표면 위에 가볍게 누른 다음, 그 위로 두 번째 거푸집을 표면이 밑으로 가도록 올려놓는다. 그러면 모주화의 양면이 인각으로 찍힌다. 이후 두 거푸집을 뒤집고 모주화가 아래쪽 거푸집 표면에 남도록 분리한다. 그다음 새로운 거푸집을 위에 놓고 이 거푸집 쌍을 뒤집고 분리한다. 이런 식으로 한 쌍의 거푸집을 연속으로 만들 수 있다. 주화 인각 사이에 홈을 내어 잇고 중앙에 쇳물이 흐르는 길을 낸 후 거푸집 상자들을 한 쌍씩 붙인다. 이것을 미리 불에 달군 다음 쇳물을 붓는다. 그 결과 '동전 나무'가 만들어지면 동전을 분리하고 다듬는다.[40]

이 시대에 납이 포함된 비싼 청동 대신 황동을 쓰고 주화를 다듬는 기술이 향상하는 혁신이 일어났다. 제국 전역에 걸쳐 조폐국이 늘었기 때문에 이곳들에 거푸집과 원료를 공급하는 과정에서 많은 문제가 발생했다. 초반에는 주화를 소극적으로 주조했으나, 1527년부터 구리에 12.5퍼센트의 아연을 첨가한 황동으로 모든 주화를 만들었다. 이 과정에서 아연의 25퍼센트가 기화되어 소실되었다. 아연 대량 가공은 유럽보다 한참 앞선 기술이었다. 아연을 인도에서 수입했는지 중국 본토에서 채광했는지는 여전히 논쟁의 대상이다. 1620년 이후에는 중국 본토에서 채광한 것이 확실하다.

복잡한 제조 공정의 중심은 용광로였다.[41] 1730년대 베이징에는 보조 용광로를 제외한 정규 용광로가 총 75개 있었다. 50개는 공부 소속이었고 25개는 호부 소속이었다. 관계가 가까운 여남은 가문이 용광로들을 관리했다. 용광로의 수장은 조폐국 감독관으로부터 돈을 받아 수공인과 일꾼을 위한 음식과 생필품을 사고, 각각의 주조 기간이 끝나면 이들에게 중도금을 지급했다. 그 후 청구서가 결제되면 음식 값과 기타 비용을 공제한 나머지 임금이 결정되었고, 임금은 매월 또는 10회의 주조가 끝난 후 지급되었다. 노동자의 이익은 정해진 견제와 균형을 통해 보호되었다. 이들은 직접 쌀, 국수, 채소 등의 시장 가격을 조사해야 했다. 용광로 수장은 이름, 나이, 용모, 출생지별로 등록된 노동자 각각에게 조폐국 국장의 감독하에 공개적으로 임금을 지급했다. 최근 생산된 구리 주화와 혼동되지 않도록 임금은 은화로 지급해야 했다.

세무국이 제작하는 모주화는 총주화 발행량의 약 절반을 생산한 베이징의 두 조폐국만이 아니라 곳곳의 지방 조폐국을 위해서도 제작되었다. 윈난은 구리광에서 가까워서 18세기에 조폐국이 아홉 개였던 반면 다른 지방에는 하나뿐이었다. 1년에 두 번, 각 지방을 위한 새로운 마스터 주화가 베이징에서 제작되었다. 마스터 주화가 승인을 거치면 세무국이 수백 개의 모주화로 만든 후 각 조폐국으로 보냈다. 새로운 마스터 주화는 바로 이전에 사용한 것과 약간씩 달랐는데, 중앙 당국이 조폐국장을 견제하기 위한 조처였다. 당국은 조폐국장에게 이 사소한 변화를 알리지 않았다. 이 방식은 공통되고 획일적인 표준에 따른 제조를 보장했지만, 고도의 조직과 관리가 필요했다.

근대 초기 중국인의 노동에 대한 개요를 마무리하며 떠오르는 의문은, 모든 노동자가 자신의 이익을 어떻게 보호했느냐다. 개인적으로 접근했을까, 아니면 조직을 결성했을까? 앞의 개요를 보면 근대 초기 중국 노동조직의 심장은 가구였다고 할 수 있다. 유럽(214~217쪽, 260~262쪽 참고)과 달리 중국에서는 수공인 길드의 역할이 작았던 듯하다.[42] 같은 고향 출신끼리 조직한 모임은 길드와 유사하지만 특유의 성격이 더 강했다.

중국에서는 부계 가족이 농촌 가내수공업과 도시 수공 산업을 지배했다. 가족이 구성원의 이익을 대변했지만 구성원도 가족 내에서 자신의 위치를 지켜야 했다. 함께 사는 며느리에게 항상 쉬운 일은 아니었다. 존재의 기반인 기술은 부계 가족 내에서 남성의 혈연을 따라 전수되었고, 다른 마을에서 시집온 며느리는 그 과정에서 종종 배제되었다. 극단적인 예는 부모가 가족의 기술을 비밀로 지키기 위해 결혼한 딸을 친정에 머물게 하는 '혼인 연기marriage resistance' 관습이었다. 이런 관습이 있는 지역의 여성은 비단실 만드는 공장에서 실 뽑는 사람으로 일했고 때로는 다른 여자들과 함께 살기도 했다.[43]

많은 마을과 도시가 특산품을 만드는 데 전문화했고, 개별 가족보다는 지역 단체가 집단의 이익을 옹호했다. 쓰촨의 제지 산업에서 지역 특유의 집단 생산에 대한 좋은 예를 볼 수 있다.

필수적인 기술은 파트너들이 얼굴을 마주하고 표정이나 고갯짓으로 시작을 표시하기 전까지는 전부가 드러나지 않는다. 제지 공정에서는 기술의 사회적 분산이 대형 종이(97×180센티미터 또는 124×248센티미터) 생산에서 가장 두드러진다. 종이를 만들기 위해 두 명 내지 네 명이 한 조를 이루고, 느리지만 규칙적인 리듬에 따라 똑같이 움직인다. 커다란 통 주위에서 펄프 만드는 조, 대발로 종이를 뜨는 조, 솔질하는 조가 긴밀히 협력하며 연속적인 작업을 할 때도 움직임을 맞춘다. 또한 주기적으로 삶고 찌는 과정에서도 그러는데, 이때 업무를 교대하는 조 사이에 기술을 재현하는 제2의 현장이 만들어진다.[44]

앞에서 주로 협동조합식 하도급 원칙에 따라 일꾼들이 협력하는 모습을 살펴봤다.

수공인과 상인은 집단의 이익을 위해 같은 지역 출신끼리 긴밀히 협력했다. 중국에서는 같은 고향 출신이면서 도시나 다른 곳, 심지어 외국(예를 들어 자바섬)에서 활동한 전문가 집단이 특히 그러했다. 자신들의 이익을 대변한 점은 서유럽이나 일본의 길드와 비슷하지만, 19세기 이전의 '行행'은 길드에 필수적인 법적 인정을 받지 못했다. 이들의 주요 임무는 구성원의 복지와 공동체 의식이었다.[45]

동향을 중시하는 원칙은 몇몇 대규모 산업과 광업에서도 나타났다. 18세기에 수십만 명이 일했던 징더전(양쯔강 남안에 있는 도시-옮긴이)의 유명 도자기 산업에서는 열한 개의 동향회가 활동했다.[46] 윈난의 광부들도 비슷했다.[47] 베이징의 조폐국에서 일하는 노동자들은 강한 유대 관계를 바탕으로 자체도제 체제를 갖추고 용광로마다 집단적이고 약간은 독립적으로 일한 듯하다. 그러니 이들이 18세기 초에서 19세기 초에 많은 주요 파업을 조직하고 부분적으로 성공한 것은 놀라운 일이 아니다. 가장 성공적인 사례는 1741년과 1816년의 파업이다.[48] 중국 역사사회학 교수 한스 울리히 포겔Hans Ulrich Vogel 은 1741년 9월의 임금 분쟁을 다음과 같이 설명한다.

군대를 이끌고 현장에 도착한 병부 시랑 서혁덕舒赫德은 가장 먼저 조폐국을 포위했다. 그리고 앞으로 직접 나가, 관리와 대화할 차분하고 똑똑한 대표를 내보내라며 일꾼과 수공인들을 설득하려 했다. 서혁덕에 따르면 처음에는 흙무더기 뒤에 숨어 있던 일꾼과 수공인들이 저항을 그만둘 것처럼 보였으나, 결국 모두가 소리지르고 벽돌과 기와를 던지기 시작했다. 그는 이들에게 따끔한 맛을 보여주기 위해, 계속 못되고 악하게 행동하면 무력을 사용할 것이라고 말했다. 공포탄을 여러 번 발포하자 노동자와 수공인은 벽돌과 기왓장 던지기를 멈추었으나 계속 소리를 질러댔다. 나중에는 시위를 진압하기 위해 수도보병사령부 군대가 진군했다.[49]

협상 결과, 노동자가 원한 만큼은 아니지만 임금 인상에 대한 타협이 이루어졌다. 절박한 상황에서 발생하는 단체 행동보다 중요한 것은 임금 분쟁이 일어났을 때 노동자 개인이 법에 호소할 수 있는 가능성이었다. 중국사 교수 크리스틴 몰무라타Christine Moll-Murata는 18~19세기의 쓰촨에 관해 다음과 같이 말했다. "고소장과 증언에서 자신을 '개미'로 지칭해야 하는 '소인'들은 국가의 대표자가 내린 판결을 통해 현금과 그런대로 괜찮은 노동조건을 얻을 수 있다는 약간의 희망을 품었다."[50]

인도의 노동집약화와 카스트

근대 초기 일본과 중국의 도시화, 농업 생산 증가, 농사와 가내수공업이 결합한 농가의 노동집약화, 그리고 임금노동 증가 등은 동시대 인도에서도 나타났다. 여기서 중요하게 고려할 점은 두 가지다. 첫째는 앞에서 보았다시피(165~171쪽), 인도의 사회관계는 카스트 제도라는 매우 특정한 형태를 띤다는 사실이다. 둘째는 인도의 기술 지식 발달에 관한 연구가 극동지역에 비해 많지 않기 때문에 여기서 설명하는 내용이 잠정적이라는 사실이다.

분명한 것은 1100년경부터 인도에서 일어난 도시화와 심층적 화폐화 부활이 16세기에 새로운 추진력을 얻었다는 점이다.[51] 인도는 가장 성공적이었던 무굴제국의 악바르대제와 그의 뒤를 이은 초기 황제들의 치세에서, 그리고 전임자 격인 수르 왕조(인도에 세워진 아프간계 이슬람 왕조-옮긴이) 치세에서도 정치적·경제적·문화적 번영기를 구가했다. 심층적 화폐화는 당시 임금에 의존하는 인구가 크게 증가했다는 의미인데, 이 현상은 정부의 중심지 델리와 라호르뿐만 아니라 항구도시 수라트에서도 나타났다. 임금노동자의 소득도 증가하기 시작해서 1550년경부터 1650~1680년에 인도 노동자의 구매력은 중국과 서유럽 임금노동자와 비슷했다.

특히 섬유산업이 전성기를 누린 인도의 염색 비단과 면포가 세계적으로 유명했다.[52] 이 직물은 해로와 육로로 다른 아시아 지역, 유럽, 아프리카로 수출되었다. 16~18세기에는 남아시아의 직물 생산량이 전 세계 생산량의 4분의 1을 차지했다. 생산 중심지로는 인도 북서부 수라트 주변 지역, 북동부 벵골, 그리고 남동부 코로만델 등이 두드러졌다.

생산량 증가의 주역인 일반인의 소비가 어느 정도까지 증가했는지 보여주는 자료는 많지 않다. 17세기 말까지 인도 북부의 실질임금이 오른 것을 보면 소비가 증가한 듯하지만 그 이후 하락했으므로 정반대였을 수도 있다. 어쨌든 증가한 설탕 생산량은 국내에서 소비되었고 커피, 차, 아편도 일부는 국내에서 소비되었을 수 있다. 한편 사람들의 소득이 증가하면서 늘어난 자유 시간에 관해서는 많은 내용이 알려져 있다.[53] 18세기에 순례가 매우 인기를 끌었고 많은 군중이 힌두교 사원과 이슬람교 사원으로 몰려들었다. 독실한 이슬람인의 메카 순례인 하즈hajj가 가장 잘 알려진 예다. 1600년경 이슬람교를 믿는 인도인의 약 3퍼센트가 평생 적어도 한 번은 이슬람 성지로 순례를 떠났다.

그렇다면 직물, 후추, 아편, 인디고(쪽빛 염료의 원료-옮긴이), 차, 커피, 초석 등 농촌에서 산업적 규모로 생산한 수출품이 중국과 일본처럼 '노동집약화'한 결과였을까? 더 정확히 말하면, 상품 생산이 어느 정도까지 소농과 소작인 가구에 더 많은 일과 소득을 가져다주었을까? 많은 경우 답은 '그렇다'지만, 알 수 없는 경우도 있고, 확실히 그렇지 않은 경우도 있다. 사탕수수와 목화, 인디고와 양귀비 재배는 기본 곡물, 콩과 식물, 기름을 짤 수 있는 종자 재배와 병행되었는데, 그 이유는 1년 중 노동이 필요한 시기가 서로 달랐기 때문이다.[54] 또한 여성의 방적은 카스트에 따라 제한되지 않았기 때문에, 방적 일을 하는 가구 대부분의 소득이 현저하게 증가했다. 도시 인구가 증가하여 높아진 수요, 그리고 상품들에 대한 높은 국제적 수요가 농촌 가구의 노동집약화를 촉진했다.

인도 남서부의 후추, 실론섬의 계피 등 다른 수출 작물은 일반 농가가 아니라 카스트에 구속된 전문가들이 생산했다. 18세기에 화약의 필수 원재료로 쓰였고 인도 북부의 주요 수출 품목이었던 질산칼륨도 마찬가지다.[55] 카스트의 독점은 직물 생산에서도 두드러져서 부분적으로 소작농을 배제하는 결과를 낳았다. 수공인과 농민의 활동은 1천 년까지는 아니더라도 수 세기 동안 엄격히 분리되어 있었기 때문에 이들을 통합하는 것은 거의 불가능했다.[56] 1625년에 한 네덜란드 상인은 이렇게 말했다.[57]

> [인도인은] 카스트나 혈통에 따라 행동하고 일하는 방법을 안다. 모두가 부모와 조상이 해왔던 것과 똑같은 일을 해야 하기 때문이다. 목수의 아들은 목수가 되고 목수의 딸과 결혼해야 한다. 대장장이, 재단사, 제화공, 방직공도 마찬가지다. 그들은 같은 카스트와 결혼해야 하고 같은 직업을 유지해야 존경받을 수 있었다. 자신의 카스트 안에서 결혼하지 않으면 경멸당했고 불명예로운 사람으로 여겨졌다.[58]

따라서 고도로 성공적이었던 인도 직물 산업에서 방직과 후가공은 이 일만 하는 특정 카스트가 맡았다. 소작농이 추가 소득을 위해 맡지는 않았다. 18세기에 호황을 누린 벵골 비르붐의 섬유산업이 좋은 예다.[59] 이 지역 북동부는 17세기 이래 고품질 비단으로 유명했고, 약 1700년부터 면직물도 각광받았다. 직물은 벼농사를 짓고 수확량의 3분의 1을 가져갈 수 있는 소작 농부가 아니라, 힌두교의 특정 카스트 탄티Tanti와 이슬람교의 두 특정 집단 남성들이 직조했다. 이 일은 1년에 4회 선금을, 1회 잔금을 받는 카우프 시스템Kaufsystem을 통해 진행되었다.

그 지역 농부들은 원료의 일부를 재배했고 수요가 많을 때는 수입하기도 했다. 완제품의 일부도 수출되었는데, 이는 직조공이 가장 바쁜 시기는 무역선이 떠나기 직전인 3월 10일쯤의 수확철이라는 의미였다. 따라서 두 활동은 사회적 관습 때문만이 아니라 경제적 이유로도 병행할 수 없었다. 직조공은 식량을 재배하지 않고 시장에서 구입해야 했기 때문에 기근이 들면 처참한 상황에 처했다.[60]

직조공들 중 일부는 한집에 사는 사람으로부터 실을 조달했고,[61] 일부는 방적공으로부터 조달했다. 대부분 과부였던 방적공은 카스트나 교리에 상관없이 일했고, 고품질 실을 생산하면 한 달에 최대 1.75루피를 벌 수 있었다.

반면 직조공은 최대 두 배를 벌 수 있었고 여기에 한집에 사는 여성의 방적 임금을 때때로 추가할 수 있었다. 방적공을 제외한 직업들은 엄격히 분리되어 있었다. 그래서 직조공 가구들은 섬유산업이 크게 성장하는 지역으로 집단 이주하거나, 섬유산업이 빠르게 쇠퇴하는 지역에서 빠져나가기도 했다.[62]

이렇게 보면, 인도의 노동집약적 산업화는 일본과 중국 양쯔강 삼각주와 부분적으로만 다르다. 카스트 제도에도 불구하고 17~18세기에 급속하게 성장한 인도의 섬유산업이 중요한 영향을 미쳤다. 방적공이 직조공 카스트를 벗어나 고용될 기회가 많아진 결과였다. 농민의 잠재실업도 감소했는데, 쌀, 면, 설탕, 비단, 인디고와 더불어 환금작물 등을 더 집약적으로 재배한 결과였다.[63] 방적업에서 기회가 증가한 것을 제외하면, 카스트로 인한 제한은 소규모 농사와 직조 가내수공업을 병행해 가구 소득을 보충한 일본 및 중국과 대조된다.

비직조공 카스트는 목화를 재배하고 천을 직조하고 마감질하기까지 이루어지는 다양한 활동에서 유리한 점이 있었다. 천을 만들고 판매하기까지 드는 시간 중 농사일이 4분의 1, 방적이 반 이상을 차지했다. 날실을 베틀에 거는 일과 직조하는 일은 각각 10퍼센트를 차지했다. 역사학자 이언 C. 웬트Ian C. Wendt는 근대 초기 남인도 여성의 노동이 가사 노동에서 시장을 위한 생산노동으로 이행하기까지 섬유산업이 중요한 역할을 했다고 본다.[64] 농가 여성의 생산노동은 목화솜 따기, 목화씨 빼내기, 방적 등이었다. 이 노동은 밭 2만 제곱미터를 소유한 농가 소득의 41퍼센트에 기여했고, 비슷한 크기의 땅을 임차한 농가에서는 소득의 52퍼센트를 차지했다. 직조공 가구의 여성이 날실을 베틀에 거는 일에 시간제 방적 일을 더하면, 베틀을 두 기 소유한 가구에는 소득의 32퍼센트, 한 기를 소유한 가구에는 38퍼센트, 베틀을 임차한 가구에는 48퍼센트를 가져다주었다. 가장으로서 모든 소득을 혼자 벌어들이는 여성(주로 과부)도 많았다. 웬트는 다음과 같이 결론짓는다. "여성의 노동은 대부분 한 가구당 연간 5.5파고다pagoda 또는 20루피만큼 기여했는데, 이 금액은 많은 가구의 총소득의 3분의 1에서 절반 사이였다. 남성의 뒷받침을 받지 못하는 여성, 특히 과부는 방적 일로 자신과 자녀가 수수하게 먹고 살 정도의 생활비를 벌 수 있었다."

이 모든 것에서 가구 소득에 여성이 기여한 비중을 알 수 있다. 또한 노동
집약화의 일반론과 근면혁명(253~258쪽 참고)과도 잘 들어맞는다. 북인도의
한 민간 설화에는 활발하게 경제활동하는 여성의 야심이 잘 드러난다. 19세
기에 출판되었지만 훨씬 오래된 이 설화는 앞서 말한 관점과도 잘 들어맞
는다.

> 우유 짜는 한 무지렁이 여자가 머리에 응유(우유가 산이나 효소에 의해 응고된 것-
> 옮긴이) 단지를 이고 길을 가고 있었다. 터덜터덜 걸어가던 여자의 머리에 즐거운
> 생각이 떠올랐다. '난 이 응유를 팔 거야. 그 돈으로 망고를 사야지. 집에 망고가
> 좀 있으니까 다 합치면 3백 개가 넘겠지. 그중에 썩는 것도 있을 테지만 어쨌든
> 250개는 될 거야. 그 정도면 좋은 값을 받을 수 있어. 그러면 그 돈으로 디왈리 축
> 제에서 입을 녹색 사리를 사야지. 그래, 그렇지, 녹색 사리가 내 얼굴과 잘 어울릴
> 걸. 그러면! 축제 때 걸치고 자랑스럽게 밖으로 나가 한 걸음 걸을 때마다 백 번씩
> 머리 숙여 인사하며 내 화려한 옷과 장신구 그리고 아름다운 얼굴을 자랑해야
> 지.' 여자는 이 모든 화려한 것을 상상하며 우아하게 걸으려다 그만 휘청거렸고,
> 머리에 이고 있던 응유 단지가 떨어져 산산조각 나고 말았다. 그리고 자신을 위
> 해 쌓아 올린 화려한 성도 함께 사라져버렸다.[65]

이야기의 교훈은 중요하지 않다. 주목할 점은 우유 짜는 '무지렁이' 여자의
야심과 욕망이 근면성과 시장 지향에 바탕을 두었다는 사실이다. 북인도가
중국과 공유하는 부계 대가족제도에 대한 관념을 재정비하게 만드는 요소다.
사회학자 모니카 다스 굽타Monica Das Gupta는 다음과 같이 말한다.[66]

> 아들들은 땅을 동일하게 나누어 상속받는다. 다만 부모와 함께 사는 아들이
> 땅을 더 사용할 수는 있다. 아들은 아버지의 지시를 받으며 일할 때부터 재산과
> 경영권을 이전받기 시작하고, 아버지가 늙어감에 따라 경영에 대한 결정을 부분
> 적으로 맡는다. 아버지는 점차 명목상의 가장이 된다. 아들은 공동으로 땅을 경

작하다가 개별적으로 경작하게 되고 나중에는 토지 이전과 분할을 공식화한다. 이 마지막 단계는 종종 아버지 사후에 진행된다.[67]

다른 한편으로, 대규모 농사를 짓는 농부는 상속자의 수를 제한하여 농장을 최대한 그대로 유지하려 했다. 아들의 상당수는 결혼하지 않았고 "여아 영아 살해와 남성의 비혼을 통해 가구가 자체의 인구 증가를 제한했다."[68]

특히 어린 소녀와 젊은 처녀의 지위는 이런 측면에서만 취약했던 것이 아니다. 다스 굽타에 따르면 중국과 북인도 대가족의 핵심적 유대는 부모와 자식, 그리고 형제 사이 같은 부계 혈통 사이에만 존재한다. 구성원들은 부부 관계를 유대에 대한 잠재적 위협으로 여겼고, 실제로 부부 관계가 좋아지는 것을 막기 위해 "여자를 일하는 곳에 두고 하루 종일 남자로부터 분리하여 남녀가 각각 활동하는 세계를 형성했다." 따라서 북쪽의 유럽인 가족과 달리 핵심 단위는 부부가 아니라 가구였다.

여성은 다른 집안으로 시집가는 반면, 남성은 자신의 혈통으로 차세대를 이어 간다. 따라서 사회적 질서를 만드는 사람은 남성이고 여성은 주변부적 존재다. 여성은 [어린 나이에] 결혼해 남편의 집안으로 들어가고, 친정은 그녀가 결혼 후에 생산하는 것에 대한 거의 모든 권리를 포기한다. 시집에서 사는 여성의 역할은 본질적으로 생물학적이다. 즉, 아이를 낳고 일하는 것이다. 여성 개인의 사회적 측면은 중요하지 않다. 어느 여성이 아이를 낳았는가는 중요하지 않기 때문이다. 아이의 사회적 신분은 아버지가 집안에서 차지하는 위치에 따라 정해진다. …… 중국과 북인도의 부계 대가족제도의 여성은 결혼 초기에 가장 무력해진다. 최적의 가임기여서 생식에 대한 스트레스를 받고 자녀가 매우 어리고 약한 시기다. …… 또한 시집에서 자신의 몸을 돌볼 수 있는 위치가 아니기 때문에 생식의 스트레스가 훨씬 커진다.

부계 대가족에서 남성의 노동은 '집안의 일원으로 가족 사업에서 능력 이하의 일을 하거나' 다른 곳에 임시로 이주해서 번 소득을 송금하는 것이다.[69] 떠오르는 의문은 이 비관적 그림이 17~19세기 초 '노동집약화'를 거친 인구층에도 적용되는가, 그리고 자부심 강한 우유 짜는 여자의 사고방식에 초점을 맞춰야 하느냐다. 안타깝게도 연구 결과가 많지 않기 때문에 질문에 적절히 답하기는 힘들다. 다만 다스 굽타가 언급한 성별 규범이 식민 시대에 굳어졌을 가능성은 충분하다.[70]

여기서는 유라시아의 경우처럼[71] 농민이 방적을 제외한 가내수공업에 의지하지 않고 추가 소득에 대한 필요를 채운 또 다른 방법을 설명하며 마무리하겠다. 계절성 이주 노동과 다년간의 임시 이주 노동으로 제도의 경계를 확장하는 방식이다. 이러한 이주는 내부의 응집력과 규범, 가치를 유지하는 특정 직업군의 영구 이주와 다르다. 계절성 이주와 다년간의 임시 이주에서는 배경이 다른 집단이 모여 일한다. 그런데 특수한 환경에서 이 상황은 일하는 방식, 협력 상대와 조건에 대한 기존 가치를 흔들 수 있었다. 네덜란드동인도회사VOC의 선박에 탄 벵골 선원이나 일부 직업군인을 생각해보라.[72] 18세기 말 콜카타 북부 이차푸르의 화약 공장이 좋은 일례다.[73]

벵골프레지던시Bengal Presidency(벵골 지역에 있었던 영국령 행정구역-옮긴이)의 화약 제조업은 1780년대부터 영국의 전쟁 도발이 강해지면서 탄력을 받았다. 당시 영국은 마이소르의 호랑이로 불린 티푸 술탄Tipu Sultan(남인도 마이소르 왕국의 통치자-옮긴이)을 상대로 여러 군사작전을 벌였고 나중에는 프랑스(멀리 이집트까지 나갔다), 네덜란드(자바섬, 실론섬, 희망봉에서), 스페인(필리핀에서)을 상대로 동시에 전쟁을 벌였으며, 그 밖에도 다양한 적국과 싸웠다. 이 화약 공장의 노동자 수는 1797년에 약 2천5백 명으로 증가하여 당대 세계에서 가장 큰 산업 시설이 되었다. 공장장과 그 직속 부하를 빼면 감독 직원을 포함한 노동자 대부분이 인도인이었다. 우기가 끝나는 10월이 지나면 남성과 (전체 노동력의 4분의 1 내지 3분의 1이었던) 여성 노동자들이 공장에 도착했다. 이들 대부분은 서쪽으로 수백 킬로미터 떨어진 바르다만-비르붐-미드나포르 지역에서 왔고, 벵골만 건너 동쪽의 머나먼 치타공에서 온 사람도 있었다. 5월이면 노동자들은 대부분 고향으로 돌아가 이차푸르에 가을이 올 때까지 소규모 소작 농사와 가내수공업을 했다.

1787년부터 1814년까지 스코틀랜드인 존 파쿼John Farquhar에게 임대된 정부 공장에서 노동자들은 하루 24시간, 일주일 내내 교대하며 숙련노동을 했다. 벵골과 오리사의 여러 지역에서 온 남녀 노동자가 힌두인, 이슬람인 할 것 없이 뒤섞여 한 공장에서 일했다. 이들 중 일부는 문화 장벽을 극복해야 했다. 선반공turner이 대표적인 경우였다. 그들은 숯, 질산칼륨, 유황 가루를 비율에 맞게 배합하여 화약으로 변환시키는 일을 했기 때문에 가죽 재킷, 바지, 장갑, 모자 겸 마스크 등의 보호복을 의무적으로 착용해야 했다. 그러나 힌두인에게 가죽을 걸치는 것은 무척 고통스런 일이었다. 모든 사람이 잦은 화약 폭발로 불구가 되거나 죽을 위험을 감수했다. 그러나 위험은 이들을 하나로 묶어주기도 했다. 파업을 포함한 여러 번의 단체 행동으로 정식 연금을 받을 권리를 얻었기 때문이다. 1783년부터는 폭발 사고에서 살아남았으나 일할 수 없게 된 노동자, 그리고 희생자의 친척도 마지막 월급 액수에 해당하는 연금을 매월 받았다.

원래 연금 수령자는 공장에 와서 돈을 받아야 했는데, 수백 킬로미터 떨어진 지역에 사는 사람에게는 어려운 일이었다. 그런데 치타공에 사는 쿠숨디 Khoosoomdi라는 여인이 이 문제를 시정했다. 쿠숨디는 1797년 2월 21일 2번 공장에서 발생한 폭발로 미혼의 어린 아들 차마루가 사망했다는 편지를 공장장으로부터 받았다. 1년 후 쿠숨디는 연금을 신청하기 위해 이차푸르에 있는 공장장의 사무실까지 먼 걸음을 했다. 그녀는 두 가지 주요 사항에 관한 정책을 변경하도록 파쿼를 설득했다. 하나는 희생자가 미혼이었으므로 자신이 어머니로서 연금을 받을 자격이 있다는 것, 다른 하나는 앞으로 치타공에서 연금을 받을 수 있어야 한다는 것이었다. 공장장은 쿠숨디와 다른 노동자들이 "매년 치타공에서 프레지던시(이 경우는 이차푸르)까지 와서 연금을 받다 보니 위험하고 비용이 들기 때문에 정부의 선의에 불만을 품게 된다는 의견을 전했고, 앞으로 (세금)징수원이나 관리가 치타공에서 매월 연금을 지급하도록 해주실 것을 공손히 청했습니다"라고 상급자에게 보고했다. 그 결과 정책이 바뀌었고 수십 년 동안 그 방식이 지속되었다.

앞에서 보았듯이 중국이나 일본과 비교해 인도 카스트 제도가 언제나 경제 발전을 저해한 것은 아니었고 생각보다 유연했지만, 그럼에도 불구하고 노동집약화를 제약한 것은 사실이다. 카스트 제도의 긍정적 영향은 다른 곳에서 찾을 수 있다. 중국과 일본, 인도 3대 문명은 초기부터 각자의 문자와 셈법을 발달시켰지만 이것을 적용하는 면에서는 인도가 눈에 띈다. 특히 카스트에 묶인 전문 지식을 한 세대에서 다음 세대로 전수하는 측면에서 두드러진다. 정식 교육뿐 아니라 문서로 기록되지 않은 전문 역량과 기술인 '암묵적 지식'을 실무적으로 전수하는 것도 중요하다. 그 핵심은 교육의 전반적 수준과 직업교육 조직에 있다.

인도가 직업교육에서 우위를 차지했을지 몰라도 일반 교육은 그렇지 않았을 것이다. 카스트가 독점한 수공 기술은 원칙적으로 고정되어 있었다. 소년은 어릴 때부터 아버지의 기술을 모방하면서 천천히 기술에 입문했다. 의문점은 그러한 폐쇄적 체제가 어느 정도까지 혁신을 유도했느냐다. 어쨌거나 낮은 교육 수준은 혁신을 유도하지 못했다. 최근의 연구 결과가 16세기 및 17세기에도 적용된다고 전제하면,[74] 카스트 제도는 힌두교인의 교육 수준을 제한했다. 교육받을 경제적 여유가 있는 브라만의 아들은 당연히 육체노동을 하지 않았다. 평화주의적이고 채식을 실천하는 자이나교인이 되고 있던 상인인 바니언Banians(서양 상인이나 회사를 위해 일한 중개인이나 통역사-옮긴이)은 상업 교육과정을 잘 갖추고 있었지만, 브라만과 서기 카스트처럼 육체노동을 하지 않았다. 이슬람인 사이에서는 그러한 제약이 공식적으로 적용되지 않았다. 그러나 무척 발달한 국가로서는 특이하게 일반 인도인의 문해율과 산술 능력은 세계에서 가장 낮은 편이었다.

낮은 교육 수준과 저조한 도서 출판량은 지식 보급과 독서 문화의 가능성을 제한했다. 수백 년 동안 인도에는 고마와 봄베이에 있는 서구식 인쇄기 몇 대가 전부였다. 인도의 여러 언어, 그리고 무굴인과 지배층 가문의 공통어 페르시아어는 19세기까지 필사되어 매우 제한적으로 보급되었다. 페르시아어 문자가 지배적으로 사용된 것은 1727년 오스만제국이 이슬람인의 도서 인쇄를 공식적으로 금지한 조치에서 영향을 받았을 것이다.[75]

노동집약화에서 자본집약화로-근대 초기의 서유럽

아시아뿐만 아니라 유럽도 수 세기 동안 노동집약적 산업화를 성공적으로 추진했고, 이 시기가 끝날 무렵 영국은 산업혁명이라는 자본집약적 단계로 이행했다. 그 이유 하나만으로도, 또한 다른 지역과의 무역과 그 결과 때문에라도 영국 노동사를 살펴볼 필요가 있다. 먼저 서유럽의 노동집약화를 언급하고, 이른바 근면혁명과 연관 지어 살펴보자. 남아시아인과 동아시아인처럼 서유럽인들도 시간을 더 생산적으로 사용할 여력이 있었다. 농사를 효율적으로 조직하고 산업 활동을 시도했으며, 두 활동을 잘 조율했다. 또한 다양한 이주 노동을 통해 도시와 먼 지방의 노동을 연결했다.

비교적 관점에서 볼 때 해당 국가들을 모두 열거할 필요는 없다. 어쨌거나 당시 세력이 가장 강한 유럽 국가라 해도 중국의 큰 지방 규모에 불과했기 때문이다. 대신 여러 각도에서 서유럽의 노동집약화를 살펴볼 것이다. 효율성이 높아진 농업 전문화와 농촌의 이주 노동, 특히 농촌의 원시산업, 근면혁명의 결과인 상품 수요, 직업 전문화와 직업 조직 및 이주와 지식의 중심지와 관련된 서유럽의 도시화, 다년간의 임시 이주 노동 등 모든 것이 노동자층의 경험과 세계관에 미친 영향이다.

유럽 농업의 전문화

흑사병 유행 이후 서유럽 인구가 이전 수준으로 돌아오기까지는 반세기가 걸렸다. 그때부터 인구 증가 지역이 제한적으로 확장되었다. 그러나 어쨌든 인구는 계속 증가했고, 1500년부터 1800년 사이에는 농업 집약화 덕분에 두 배가 되었다. 제빵용 곡류의 수확량은 더 이상 많아지지 않았다. 그래도 근대 초기 브리튼제도와 저지대 국가에서는 집중적인 거름 사용으로 밀, 호밀, 보리, 귀리 등 네 가지 곡류의 단위면적당 평균 수확률이 두 배가 되었다. 유럽의 다른 지역은 절반 수준이었다.[76] 실질적인 이익은 다른 작물에서 나왔다.

따라서 여기서는 유제품과 육류 생산을 위한 전문화, 원예나 공예 작물 생산을 위한 지역적 전문화를 살펴보려 한다.

네덜란드공화국은 제빵용 곡류 대부분을 발트해를 통해 폴란드뿐 아니라 영국, 프랑스 및 다른 국가로부터 수입했다.[77] 그 결과 저지대 땅을 목축에 이용할 뿐 아니라 리넨의 원료 아마, 등유와 기타 기름의 원료 유채씨, 유화물감의 원료 아마씨, 붉은 염료의 원료 꼭두서니, 삼(기름등잔 심지, 밧줄, 방수포, 어망의 재료, 비누 원료), 홉(맥주 양조) 및 담배 재배에 이용할 수 있었다. 목축에서는 품종이 크게 개량되었다. 유럽 다른 지역의 우유 생산량이 8백 리터였던 것에 비해 17세기 네덜란드 프리지아 암소의 연간 생산량은 2천 리터에 달했다. 우유 생산, 우유 젓기, 치즈 만들기 등의 작업을 위해 동물 한 마리당 2.5배 많이 노동한다는 의미였다. 원예업자는 채소, 과일, 꽃(유명한 튤립은 터키가 원산지다)을 생산했는데, 처음에는 개간지에서 재배하다가 나중에 온실에서도 재배했다. 묘목은 유럽 각지로 수출했다. 모든 혁신의 성과가 좋았기 때문에, 풍차로 계속 물을 퍼내야 했지만 해수면 아래의 땅을 간척지로 개간할 가치가 있었다. 사람들은 배수와 운송을 위한 배수로와 수로도 팠다. 전문화한 간척지 농장을 위한 노동은 부분적으로 농부와 그 가구가 맡았고, 버터와 치즈 등 유제품 생산은 여성의 몫이었다. "농가는 활동을 재조직했다. 자급자족 체제에서 가구의 생계유지에 필요한 활동을 노동 일과에서 덜어버리고 다른 과제, 더 엄밀하게 농업적인 과제에 집중했다. 한마디로 전문화한 것이다. 생산 규모 증가, 목축을 주로 하는 지역의 축군畜群 규모 증가는 이러한 발달을 분명하게 보여준다."[78] 특히 소규모 농가가 사라지면서 농장의 평균 규모도 커졌다. 가장 중요한 점은 자작농이든 임차농이든 농가가 전문화하고 농업이 집약화했다는 사실이다.

플랑드르-제일란트-홀란트와 프리슬란트-흐로닝언의 무거운 점토 토양에서는 쟁기질, 씨뿌리기, 무엇보다 시간이 많이 소모되는 솎아내기, 잡초 뽑기, 추수 등을 할 상근직 일꾼이 많이 필요했다. 일꾼들은 농가에 입주해 숙식을 제공받으면서 임금을 받거나, 수요가 있을 때 일용 노동자로 일했다. 일용 노동자의 농사 기술도 상당히 발전했다. 1610년 영국 이스트미들랜즈 오컴에서는 농가 노동자를 두 가지로 구분했다. "상급 일꾼은 가장 능력 좋은 농사꾼으로, 씨뿌리기, 풀베기, 타작하기, 건초 만들기, 억새지붕 만들기, 생울타리 만들기를 할 수 있는 사람"이며 1년에 2파운드를 받았다. 반면 "하급 일꾼은 쟁기를 몰고 손수레로 운반하고 타작할 수는 있지만 씨뿌리기와 풀베기에는 능숙하지 않은 사람"으로 1파운드만 받았다.[79] 전일제 농장 일꾼만이 아니라 이주 노동자에게도 기술이 중요해졌다.

유럽 농촌의 이주 노동자

건초를 포함한 다양한 작물의 특성 때문에 1년 중 특정한 달에는 지역 노동자 외에 다른 지역에서 온 노동자도 필요했다.[80] 고도로 전문화한 농업 지대에서는 소규모 농장이 사라지면서 노동력 부족이 심각해졌다. 농업이 덜 발달한 내륙이나 산간처럼 그나마 소규모 농장이 남아 있는 지역에서도 이주 노동자들이 경작농 지대로 몰려갔다. 1800년경 북해 연안을 중심으로 남쪽의 플랑드르부터 북쪽의 브레멘에 이르는 지역까지 흘러든 이주 노동자가 최대 3만 명까지 증가했다. 이들은 매년 농번기에 고용되었고, 일이 끝나면 귀향했다가 다음 해에 다시 왔다.

북해 연안은 서유럽에서 가장 인기를 끈 지역도 아니었다. 주요 인기 지역은 잉글랜드 남동부(이스트앵글리아와 링컨셔), 파리 분지, 카스티야와 그 수도 마드리드, 카탈루냐와 프로방스 사이의 지중해 연안 지역, 북부 이탈리아 파단 평원과 중부 이탈리아였다. 북쪽의 세 지역에서는 매년 10만 명이 일했고, 남쪽의 네 지역에서는 20만 명이 일했다. 노동 규모가 거대했다는 정황은 로마를 둘러싼 평원 지역인 캄파냐디로마의 여름철에 대한 묘사에서 분명히 드러난다. "밭에서 6백~8백 명의 추수꾼을 볼 때도 드물지 않았다. 그들을 한 줄로 세우는 데도 30분이 걸린다. 가끔씩 큰소리가 나며 다음 줄이 이어받을 차례임을 알린다. 감독관 40~50명이 말을 타고 줄을 따라 다니며 노동자들을 재촉하고 그들이 최대한 땅에서 가까운 곡식대 부분을 자르는지 확인한다. 포도주, 빵, 치즈 등 먹을 것을 실은 노새가 왔다가 간다. 밤이 되면 노동자들은 밭에서 잔다."[81] 인기 지역들은 지난 수백 년 동안 1년 중 일정 시기에만 많은 일이 필요하고 고도로 전문화한 단일 재배 방식을 발달시킨 반면, 그 일을 할 농부는 거의 없었다. 운 좋게도 그럴 사람은 소규모 농사만 가능했던 주변 지역(때로는 산간 지역)에 있었다. 같은 보고서에서 중부 이탈리아에 대한 내용을 다시 살펴보자.

> 캄파냐디로마의 부유한 지주나 토지 임대인은 그 지역(트라시메노)에 대리인을 두는데, 이 대리인은 궁핍한 겨울에 사정이 안 좋은 농부에게 곡식을 앞당겨 주는 경우가 흔하다. 빚을 갚으려면 채무자는 추수 때 캄파냐디로마로 오기만 하면 된다. 이런 식으로 채무의 일부나 전부를 갚을 수 있다. 노동자 고용을 위임받은 이들은 '카포랄레caporale'로 불린다. 그들은 지주로부터 두 배 높은 일당을 받으며, 고용하는 노동자 한 명당 25프랑스프랑을 보너스로 받는다. 노동자들은 음식과 함께 하루에 총 4프랑스프랑을 받는데, 그중 절반을 지주에게 진 빚을 갚기 위해 돌려줘야 한다. 빚을 제하면 노동자는 25~30프랑스프랑을 집에 가져갈 수 있다.[82]

해안 평야의 힘든 노동과 말라리아에 걸릴 위험에도 불구하고 1800년 무렵에는 추가 임금을 벌 기회가 무척 매력적이어서 해마다 수십만 명(1세기 후에는 1백만 명)이 일주일을 걸어왔다 다시 일주일을 걸어 돌아가는 여행을 마다하지 않았다.

개별적으로 시급을 받는 농장 노동자와 달리 이주 노동자들은 집단으로 일했고 협동조합식 하도급 체제에 따라 작업량제 임금을 받았다. 이주 노동자 집단은 파단 평원의 벼농사에 고용되어 씨뿌리기, 옮겨심기, 잡초 뽑기, 추수를 맡았다. 벼의 추수기는 8월 말~10월 중순이었다. 추수는 각각 남성 여섯 명과 여성 여섯 명으로 구성된 조 단위가 맡았다. 그들은 벼를 베고 타작한 후 쌀을 가득 담은 자루를 곡식 창고에 보관했다. 임금은 수확량의 14분의 1에서 13분의 1 사이였다. 계산하면 1인당 약 2백 리터, 돈으로 환산하면 하루에 2.5프랑스프랑에 해당했다. 이들은 독립적으로 일을 조직했기 때문에 고용주는 수확철이 시작되면 밭에서 노동계약을 맺고, 수확철이 끝나면 한 번 더 나와서 작업량에 따라 임금을 지급하면 되었다. 임금은 품질 조건에 맞는 최종 생산량을 기준으로 사전에 합의되었다. 노동자들은 임금을 받아 자신들끼리 분배했다.

독일, 네덜란드, 스칸디나비아 대부분 지역의 벽돌 제조 사업을 지배한 리페데트몰트 후국(베스트팔렌)의 벽돌 제조공들은 일감 중개인에게 지급하는 노동자 1인당 요금과 공동으로 구입하는 식품 비용을 제외한 후 임금을 다음과 같이 분배했다.[83] 기술을 더 배워야 하는 미숙련 청년은 시급을 받았고, 숙련노동자는 실적급을 받았다. 가장 숙련된 벽돌공(불 조절하는 사람, 성형공, 진흙 불리는 사람)이 가장 많이 받은 반면, 숙련도가 낮은 노동자(짐 옮기는 사람, 가마 안에 벽돌 쌓는 사람, 성형 틀에서 벽돌을 빼내 말리는 사람)는 십장이 받는 금액의 절반 또는 4분의 3을 받았다. 이와 별도로 십장 겸 불 조절하는 노동자는 감독 업무에 대해 노동자 1인당 고정 금액을 받았다. 모든 노동자는 생산을 위해 효율적으로 협력해야 하는 이해관계가 있었다. 벨기에 왈롱, 영국 남서부, 이탈리아 북부에서 온 계절성 이주 벽돌공도 비슷한 협동조합식 하도급 체제로 일했다.

작업장 노동자들의 협력 못지않게 가구 구성원의 협력도 중요했다. 베스트팔렌에 관한 다음 기록은 1811년 디폴츠의 한 공무원이 작성했다. 당시 농가가 농사와 함께 가내수공업으로 리넨을 생산하고 네덜란드에서 계절성 이주 노동도 했다는 사실을 보여준다. 당시 네덜란드는 임금이 두 배였으나 생필품 가격도 두 배였다.

내가 사는 주에서 네덜란드로 오는 사람은 가진 땅이 작고 수확량이 많지 않아 임차료와 세금을 내기도 벅찬 농부들이다. 그들은 부업을 해야 하는데, 그들을 얕잡아봐서가 아니라 부업의 이득이 다른 일보다 훨씬 좋다. 그들이 밭을 비워도 전혀 문제가 되지 않는다. 네덜란드까지 온 사람들은 성 야곱 축일인 7월 25일까지 고향으로 돌아가고[이날 이후 디폴츠에서 추수가 시작된다], 고향에서 파종기가 끝나면 네덜란드로 다시 떠난다. 그런 식으로 노동자들은 건초 만드는 시기에만 고향의 농사일에서 빠지는데, 이 일은 집에 있는 여자들이 하면 된다. 네덜란드로 가는 사람은 키우는 돼지를 잡아 만든 음식을 가져가므로 생산물에서 최대한의 수익을 남길 수 있다. 특히 고려해야 할 이점이다. 중요한 점은 네덜란드로 가는 대부분의 이주 노동자는 집에서 방적하고 직조한 리넨을 가져다 중개상 없이 물건을 팔아서 최고의 가격을 받을 수 있다는 사실이다.[84]

유럽의 원시산업

중세 말부터 섬유산업이 베스트팔렌의 농촌뿐만 아니라 서유럽의 다른 지역에서도 크게 성장했다. 훗날의 산업혁명과 연관 있어서 '원시산업proto-industry'이라고 부르기도 한다. 18세기에 가장 중요한 원재료는 양모와 아마였고, 다음이 생사와 삼이었다. 생사는 부드러운 비단, 삼은 거친 천을 만드는 데 사용된다. 순면직물의 경우 유럽의 생산은 18세기 말에야 활발해졌고, 그전까지는 주로 인도에서 만들었다. 이 시대에 유럽에서 생산한 직물은 아메리카 대륙의 노예가 입는 옷에 사용되는 아마 천을 제외하면 대부분이 대륙 내에서 소비되었다. 직조뿐만 아니라 금속 및 기타 부문도 포함한[85] 유럽 농가의 산업과 농업 활동이 다양하게 결합했다. 결합하는 방식뿐 아니라 결합을 통해 노동한 남성과 여성, 어린이가 얻거나 얻지 못한 부도 다양하게 달랐다. 이 차이는 주로 정치적·제도적·자연적 조건에 달려 있었다.

'원시산업' 개념만 후대 산업혁명과 관련 있는 것은 아니다. 근대 초기 유럽의 '근면혁명'도 연관 있다. 이 개념은 가구가 노동시장에 참여하는 정도가 커지고 소비도 증가하는 것, 또는 반대로 소비가 증가함에 따라 노동시장 참여가 증가하는 것을 의미한다. 노동시장 참여와 소비 증가 모두 가구와 구성원, 일에 대해 새로이 깨달은 자기 인식의 틀 안에서 일어난다. 이 근면한 행동과 정신은 오랫동안 근대 이전의 특징으로 여겨졌던 '여가 선호', 즉 일단 먹고 살 만큼 벌면 일을 그만두었다가 돈이 필요하면 다시 일한다는 개념과 상충된다.[86] 앞에서 아시아의 근면을 노동집약화의 형태로 살펴본 바 있다. 유럽의 경우 다음에 소개하는 직조 산업의 관행에 기초하여 연대기처럼 개관하면 이 과정을 알 수 있을 것이다. 여기서는 원시산업이 진행되던 농촌과 소도시를 주로 언급하겠다.[87]

중세에 직조 산업에서 선두를 달린 북이탈리아는 16세기와 17세기 초에 네덜란드, 프랑스, 잉글랜드에 자리를 내주었다. 특히 이탈리아 대도시의 직조 산업이 정체되었다. 그러다가 1650년경 이후 소도시와 농촌을 중심으로 직조 산업이 되살아났다. 주요 원재료는 양털과 생사였고, 생산 과정에 여성이 참여하는 비중이 커졌다. 또한 주로 농촌 여성과 어린이가 겨울 동안 가내 방적과 직조로 대마포를 생산했다. 1750년 이후에는 북부의 일부 지방에서 면과 모의 생산이 전문화했다.[88]

중세 말 저지대 국가 농촌의 산업 활동은 플랑드르에 집중되었으나 공화국이 성립하면서 중심지가 네덜란드로 이동했다. 특히 1580년 이후 칼뱅교도 직조공들이 가톨릭의 반종교개혁의 영향에서 벗어나기 위해 스페인령 네덜란드를 빠져나간 것이 주요인이었다. 원래 북부의 직조 산업은 도시에 형성되었다. 레이던은 리넨 산업과 곧 주요 산업이 될 모직 산업으로 유명했다. 하를렘은 리넨으로 유명했고, 암스테르담은 마감질과 직물 국제무역의 중심지였다.[89] 중세 이래 유럽 대부분의 도시에서와 마찬가지로 직조는 길드 등의 조직에 속한 남성의 직업이었다. 방적과 더불어 빗질하기와 소면 작업 carding(덩어리 형태의 원료 섬유에서 불순물을 제거하고 평행하게 펼쳐진 개별 섬유 형태로 뽑아내는 작업-옮긴이) 등 모든 준비 활동은 주로 1인 가구의 여성 가장(주로 과부)과 미혼 성인 여성(독립적 거주 여부에 상관없음)이 담당했다. 또한 주로 고아원에서 데려온 많은 소년소녀가 방적, 소면, 꼬기 작업을 했다.

남녀 노동자는 작업량제 임금을 받은 반면, 구호민 여성과 이른바 고아원 아이들은 숙식을 제공받고 약간의 시급을 받았다. 18세기에 직조 산업이 쇠퇴하면서 남성 노동자가 모사 방적을 하던 여성 노동자의 절반을 대체했다. 그전에 모사 빗질 공정에서도 비슷한 현상이 일어났다. 이때 여성 방적공과 남성 직조공이 자연스레 부부가 되어 핵가족을 이루었다고 단정하기 쉽다.

그런 경우도 있었지만, 여성 방적공이 독립적 직업인으로서 원료를 사서 방적사를 만들고 심지어 직접 판매한 경우가 더 많았던 듯하다. 다수는 고아를 포함해 다른 사람의 자녀를 직원으로 두기도 했다. 아이는 1개월이면 방적 기술을 배울 수 있었지만, 품질 좋은 방적사를 빠르게 생산하기까지는 1, 2년이 걸렸다.

주목할 점은 적어도 레이던에서는 남녀의 작업량제 임금률이 같았고 노동생산성도 마찬가지였다는 사실이다. 그래도 일반적으로 남성 방적사가 여성 방적사보다 많이 벌었다. 남성은 주로 씨실을 뽑았고 여성은 날실을 뽑았는데, 씨실 뽑는 일의 요율이 날실 뽑는 일보다 훨씬 높았기 때문이다. 또한 대부분의 남성 방적사는 보수가 적은 리넨 산업이 아니라 의류 산업에서 일했다.[90] 소년과 소녀는 같은 일에 똑같은 작업량제 임금이 적용되었으나 성인보다 절반 내지 3분의 1 정도를 적게 받았다. 그러나 실제로는 시급으로 일하는 경우가 더 많았다. 방적공 부인과 그 자녀가 받는 임금은 남성 수공인(직조공이든 아니든)의 소득을 보충하는 필수적 추가 소득이었다. 미혼 여성이나 과부도 많았는데, 방적 일은 수수하게 생계를 유지할 수 있는 소득을 가져다주었다. 물론 건강을 유지하고 일주일에 6일간 일할 수 있는 경우, 그리고 나이가 많아지면 구호금 보조를 받을 수 있는 경우에 한해서였다. 아이들이 너무 어려서 일할 수 없는 편모 가정의 상황은 당연히 나빴다. 한마디로 방적 일의 임금은 직조나 건설 일보다 낮았다.

네덜란드공화국 동부와 남부 농촌의 산업 활동은 처음에는 도시의 직조 산업과 함께, 나중에는 이를 대신해 발달했다. 농촌의 임금이 낮았기 때문에 17세기 상인들은 직조 주문을 도시에서 농촌인 북브라반트(모직)와 트벤테(면직)로 돌렸다. 이곳의 노동 분업은 남녀 모두가 방적을 했다는 점을 제외하면 도시와 비슷했다. 생산 관계와 가족 관계도 비슷했다. 18세기에 브라반트의 모직 직조공은 직접 방적사를 사서 직물을 파는 카우프 시스템 대신 고객인 직물 상인으로부터 실을 공급받아 직물을 생산하는 선대 제도로 일했다. 심지어 실이 자신의 아내와 자녀가 같은 고객으로부터 임금을 받고 만든 제품인 경우도 있었다!

농촌의 리넨 산업이 번창하던 플랑드르 남부와 중부에서는 산업 활동과 농업을 병행할 수 있는 이점 때문에 땅이 부족해지는 현상이 나타났다. 여윳돈이 생긴 방적공과 직조공이 그 돈을 작은 땅에 투자하고 싶어도 구할 수 없는 경우도 있었다. 1800년에 기록된 다음의 글에 상황이 잘 드러난다.

마을 사람은 끊임없이 일하는 습관이 있다. 땅을 일구고 싶어 하기 때문에 열정을 가지고 일에 전념하는 한편, 농사일을 할 수 없는 시간에는 아마사와 모사를 방적하고 직조한다. 마을 주민의 다수가 이 방식으로 많은 수입을 얻었고, 일용 노동자가 아닌 농부가 되고 싶어 했다. 토지는 놀라울 정도로 분할되었다.[91]

모든 유럽 국가의 농촌 산업을 다루기는 불가능하지만 잉글랜드를 빼놓을 순 없다. 어쨌거나 후대에 산업혁명의 거점이 되기 때문이다(325~336쪽 참고). 17세기 잉글랜드 남부의 하인은 침대에 볏짚과 이불 한 장이 아니라 매트리스, 베개, 시트까지 갖추고 있었다. 17세기 말 슈롭셔 지역에서 침대 하나에 평균적으로 들어가는 시트 두 장짜리 세트 수가 세 세트에서 다섯 세트로 껑충 뛰었고, 케임브리지셔 지역 노동자는 적어도 두 세트를 갖췄다. 침대 커튼이 흔해졌고, 여유 있는 집이 창문 커튼을 다는 경우도 늘었다. 모직이나 리넨 옷을 입는 평민도 많아졌다. 주부가 만드는 리넨 의복과 지역 재단사가 만드는 모직 의복 외에 기성복이 판매되었다.[92]

이른바 새로운 직물로 불렸던 모직 생산은 무겁고 흰 브로드클로스를 만드는 코츠월드, 가볍고 내구성은 덜한 커지직이나 소모직梳毛織을 만드는 이스트앵글리아, 브로드클로스와 리넨-면을 혼방하여 퍼스티언 천을 만드는 랭커셔의 페나인산맥 중부와 요크셔 웨스트라이딩 등의 지방에 몰려 있었다. 중세 이래 모직 산업의 중심지는 도시에서 마을로 이동했다.[93] 서유럽 대부분과 마찬가지로 잉글랜드에서도 임금노동자의 비중이 높아졌으나 더 큰 변화는 여성과 아이들이 노동시장 및 가정 밖 노동에 더 많이 참여하게 된 것이었다.[94]

모직과 리넨 소비가 증가했다는 것은 방적공과 직조공뿐만 아니라 모직

의류 편물공의 고용도 크게 증가했다는 의미다. 원래 런던의 특산품이었던 시장용 편물이 페나인 데일스에서 수공예품으로 등장하면서 중심지가 트렌트 계곡으로 이동했다가, 1750년 이후 레스터와 코번트리의 농촌으로 옮겨 갔다. 리넨 산업은 노픽과 서픽의 경계 지역에서 발전했다.[95] 1750년 이후에는 많은 대중이 면을 널리 사용했다.

농촌 사람들이 주로 소규모 농업과 병행한 이 산업은 대부분[96] 조직이 다양했고 여러 활동을 결합한 형태가 많았다. 1642년 랭커셔에서 태어난 에드워드 발로Edward Barlow는 일생을 회고하면서 청춘 시절에 대해 이렇게 적었다. "이웃이 나를 필요로 하면 추수하거나 건초를 만드는 일을 도와야 했다. 때로는 탄갱에도 들어가야 했는데 우리 나라에는 광산이 많고 석탄은 매우 싸기 때문이다. 나는 이웃의 말을 끌고 가 말 위에 석탄을 한가득 싣곤 했다." 열두 살에 학교를 그만두어야 했던 그는 그 지역의 퍼스티언 직물 회사에서 표백하는 일을 했다. "힘든 직업이다. 하루 일을 마쳐도 말과 소를 돌보고 털을 빗겨주고 여물을 주는 등 가축을 돌봐야 했다. 거래가 거의 없는 겨울처럼 한가해지면 쓰레기를 버리고 울타리를 치고 도랑을 파며 다른 농사 일을 했다." 그러나 모든 일이 헛되지는 않았다. 그는 석탄을 실어 나르고 받은 돈에 대해 다음과 같이 적었다. "그래도 그 일로 옷을 샀다. 일요일에 교회에 갔는데, 전에는 멋있게 입을 만한 옷이 없어서 가지 못했었다. 아버지는 가난하고 빚에 시달려서 우리가 교회에 입고 갈 만한 옷을 사주지 못하셨다(그래서 우리는 교회에 가지 못했다). 굳이 가려면 누더기 옷을 걸쳐야 했는데, 점잖은 일이 아니었다." 여성의 새로운 산업 활동은 "가사 노동이나 농사 부업을 대체한다기보다 새로운 노동이었다. 실패로 실잣기, 손뜨개질, 레이스 만들기, 볏짚 꼬기 같은 일은 특히 나이 든 여성과 아이들의 값싼 노동을 이용할 수 있었기 때문에 19세기가 깊어질 때까지 영국 농촌에서 흔히 볼 수 있었다. 이런 일은 아이를 돌보거나 시장이나 밭까지 오가는 동안 할 수 있어서 인기가 많았다." 결국 "제조 노동을 으뜸으로 친다는 것은 모든 가족 구성원이 음식 준비, 작물 재배, 암소나 가금류, 돼지 키우는 일을 할 시간이 줄어들었다는 의미였다."[97]

이탈리아 북부, 네덜란드, 그리고 영국 일부 지역에서는 산업혁명 훨씬 이전에 특정 지역의 농촌 산업이 호황을 누렸다. 반면 유럽의 농촌 중 일부는 가내수공업이 뿌리 내리지 못했다. 왜 그랬을까? 계절성 실업이 덜했을까, 아니면 사람들이 게을렀을까? 유럽의 농촌을 지역별로 들여다보면 생계유지 활동과 전문화의 새로운 결합을 끊임없이 만난다. 어떤 농장은 대부분 곡식을, 어떤 농장은 공예 작물을 재배했다. 때때로 대규모 농장들이 서로 다른 상보적 작물을 재배해서 여러 상임 직원을 두기도 했고, 어떤 농가는 작물만 재배하면서 농번기에만 필요한 노동력을 다른 곳에서 조달했다. 또한 농업 소득을 보충하기 위해 근처의 큰 농장에서 임시 일꾼으로 일하거나 먼 곳에 이주 노동자로 나가거나 다양한 가내수공업을 하는 소작농도 있었다. 추가 소득이 없고 단순한 소규모 자급자족형 농가는 사라졌다.

예를 들기 위해 영국 남부를 살펴보자. 서쪽으로 이웃한 웨일스에서는 농부가 목축을 전문으로 했고, 여성은 가축을 돌보고 유제품을 가공할 기회가 많았다. 동쪽에서는 대형 농장의 곡식 농사가 주를 이루었다. 여성보다 남성이 많은 이곳의 피고용인은 결혼해서 독립적으로 사는 다수의 '농장 직원', 그리고 입주해서 살며 흔히 '인부'라고 불린 미혼 농장 일꾼(나중에는 애들이라고 불렸다)으로 구분되었다.[98] 인부는 대부분 14세 이상 소년과 16세 이상 소녀였는데 21세부터 성인으로 간주되었다. 먼 남동쪽, 런던 인근의 여러 자치주에서는 곡식뿐 아니라 과일, 홉 같은 공예 작물에 이르는 다양한 작물을 재배했다. 이곳 농촌 사람들도 런던과 해외에서 일감을 찾았다.

번영하는 유럽 소도시

섬유산업은 유럽 대부분의 도시에서 가장 큰 경제 분야였다.[99] 1500년 이전에도 그랬고, 근대 초기에도 마찬가지였다. 앞서 살펴보았듯이 섬유산업은 고용뿐만 아니라 폭넓은 노동 발달에도 계속 중요한 역할을 했다. 이 산업은 농촌에서 이주 노동자가 끊임없이 들어오지 않으면 성장은커녕 운영조차 불가능했다. 사람들이 에너지와 재능을 집중하면서 조직(특히 길드)의 영역과 기술 지식 및 일반 지식의 영역에서 아이디어를 활발하게 교환했다.[100] 근대 초기의 유럽 도시에서 관심을 갖고 살펴볼 측면은 두 가지다. 인구 발달, 그리고 직업적 전문화와 조직이다.

1500년부터 1800년 사이 유럽이 도시화하면서 중심지가 북부 이탈리아에서 네덜란드를 거쳐 영국으로 바뀌었다. 1500년의 유럽 대륙에는 주민 4만 명 이상인 도시가 17개에 불과했고, 절반 이상이 이탈리아에 있었다. 1800년에는 주민 7만 명 이상인 도시가 적어도 38개 이상으로 늘었다. 이 도시들은 영국제도에 집중되어 있었지만, 그래도 스페인 카디스에서 스웨덴 스톡홀름까지, 영국 글래스고에서 이탈리아 팔레르모까지 대륙 전체에 걸쳐 이전보다 균형 있게 분포했다. 도시들의 인구가 증가한 원인은 이주 때문이었다. 실제로 기존 인구를 유지하려면 이주민이 꼭 필요했다. 도시에서 태어나는 사람보다 죽는 사람이 더 많았기 때문이다.[101]

근대 초기 유럽 도시 인구의 '자연 증가율'은 마이너스였다. 위생이 불량하고 전염병 발생률이 높았기 때문이다. 도시 거주민은 하수 처리 시설이 없는 집에서 바짝 붙어 살면서 모든 위험, 특히 하수와 식수가 섞일 위험에 노출되었다. 17세기 초 도시는 이주민이 보충되지 않을 경우 매년 인구의 1퍼센트를 잃었다. 농촌이 이주민의 가장 큰 공급지였고, 1500~1800년에 유럽 전역에서 약 2천만 명이 농촌을 떠나 도시로 이주했다.[102] 그럼으로써 그들은 농사일을 뒤로하고 모든 수공예 기술의 세계로 들어갔다.

중세에 시작된 수공 기술의 전문화는 풍성한 결실을 맺었다. 일반적으로 도시가 클수록 산업 활동과 서비스가 더 다양하다. 네덜란드 황금시대 화가들의 사례가 그 시대를 잘 보여준다.[103] 이들은 이탈리아, 스페인, 프랑스의 장인들과 달리 왕실이나 종교 기관의 후원을 받지 않았고, 주문을 받아서가 아니라 시장에 내다 팔기 위해 그림을 그렸다. 어쨌거나 먹을 수도 없는 그림을 팔아서 성공하려면 빨리 전문화해야 했다. 플랑드르와 브라반트의 화가들이 이런 면에서 앞서 있었다. 꽃이나 과일 정물화 전문 화가가 있는가 하면, 도시나 바다 경치를 그리는 풍경화 전문 화가, 마을 여관에서 벌어지는 재미있는 사건의 한 장면을 그리는 화가도 있었다. 그들은 신속하게 그림을 완성하여 생계를 유지하려 했다. 1590년경 약 1백 명에 불과했던 화가는 1650년경 황금시대이자 네덜란드 회화의 절정기에 7백~8백 명으로 증가했다.

　동시대인은 이들을 수공예인으로 여겼고, 본인들도 그렇게 생각했다. 가장 뛰어난 이들로는 잘 알려진 렘브란트 하르먼스 판레인Rembrandt Harmensz van Rijn, 얀 페르메이르Jan Vemeer, 프란스 할스Frans Hals, 얀 스테인Jan Steen이 있다. 화가들 역시 수공예 길드의 의무 회원이었다. 이러한 조직은 중세에 기원을 두었으나(215~217쪽 참고) 수백 년 뒤에도 쇠퇴하지 않았다. 오히려 17세기에 경제적으로 가장 발달한 네덜란드공화국의 중간 규모 도시나 대도시에 길드가 어느 때보다 많았고 1인당 길드의 수를 따져도 가장 많았다.[104]

　길드는 회원의 생계 안정을 위해 노력하며 전통적 기능을 다했다. 길드 회원은 지방정부가 승인한 독점 덕분에 상품을 합리적 가격에 팔 수 있었다. 네덜란드의 도시들에서 수수한 유화 한 점은 하루 평균 임금에 해당하는 가격에 판매되었다. 장인이 전문 지식을 제자에게 전수하도록 장려하는 일도 길드의 기능 중 하나였다. 때때로 길드 위원회는 '장인 증명' 형식으로 전문 지식을 공식적으로 평가하며 지식 전수를 공공연하게 장려했지만, 대부분은 암묵적으로 진행되었다.[105]

　노동인구 사이에 기술이 고르게 확대되는 것은 경제 발전과 산업혁명의 성공을 위한 필수 조건이었다. 발명가 유형의 똑똑한 노동자 몇 명만으로는 충분하지 않기 때문이다. 다양한 노동 절감 기술을 고안하고 발달시키는 동시에 다른 사람이 발명한 개량품도 기꺼이 적용하는 장인이 많아야 한다.[106] 그러기 위해서는 도제제도를 통한 정식 교육이 필요하고, 문서화되지 않은 전문적 능력과 기술인 '암묵적 지식'이 제대로 전수되어야 한다. 이와 관련해서 교육의 수준과 성격, 직업교육 조직 모두가 중요하다.[107]

　많은 도시 주민이 이주민이라는 사실을 고려하면, 길드는 사회적 이동을 촉진하는 통합 기관 역할을 했다. 특히 회원의 장례와 연례 집회처럼 모두 의무적으로 참여해야 하는 의식의 관행을 유지한 것이 일례다. 이것을 바탕으로 네덜란드공화국에서 보험 제도가 발달했고, 사망뿐만 아니라 질병이나

(더 한정된 경우였지만) 노령에 대해서도 보험금을 지급했다. 암스테르담에서 보험금은 원천징수 방식이 아니라 주로 장기 고정소득형 정부 채권 같은 자본 투자의 이자에서 지급되었다. 이렇게 18세기에 노동자를 위한 상호보험 조직이 등장했다.

수공인 길드의 입회 기준은 당연히 중요했다. 여기서는 입회 자격과 성장하는 도시의 흥미로운 연결고리가 나타난다. 입회 자격은 시민권 취득과 회원비 지급에 소요되는 비용, 그리고 종교나 가족의 명성 같은 조건에 따라 달랐다. 급속하게 성장한 네덜란드 서부 도시들이 우호적인 반면, 느리게 성장한 중부와 동부의 도시들은 다소 까다로웠다. 발전이 정체된 독일 서부 도시에서는 이주민의 길드 입회가 거의 불가능했다. 많은 사람이 네덜란드로 빠져나간 요인 중 하나는 독일 서부의 악명이었다. 평균적으로 장인이 네덜란드의 길드에 입회하려면 수개월 치 임금에 해당하는 비용이 들었지만 독일 서부에서는 수년 치 임금이 필요했다. 또한 후보는 당국이 믿는 옳은 종교를 믿어야 했고, 족보를 바탕으로 가문에 사형수나 창녀 같은 '부정한' 직업인이 없다는 사실을 증명해야 했다.

잊지 말아야 할 점은 어찌 되었든 입회가 거부된 사람이 많았고, 회원과 비회원의 차이 외에도 회원끼리 심각하게 갈등할 수 있었다는 사실이다.[108] 길드가 이주민에게 개방적이었든 아니었든 상관없이 여성은 길드 회원인 남편의 사업에서 핵심을 담당하더라도 정회원이 되는 것이 거의 불가능했다. 몇몇 예외적인 네덜란드 길드가 있기는 했다.[109] 중세 말부터 시작된 관행에 따르면 도제와 하인은 정회원이 못 되었고 애초에 회원이 될 수도 없었다. 떠돌이 직인도 거부되었다. 오스만제국과 달리 서유럽에서는 유대인을 대부분 배제했고, 가톨릭 도시는 개신교인을, 개신교 도시는 가톨릭 교인을 막았다. 네덜란드공화국의 서부 도시들은 그렇지 않았다.

길드 내에서는 부유한 회원과 성공하지 못한 '형제들'이 종종 심각하게 갈등했다. 대규모 장인은 규칙과 달리 하도급업자로 행세하려 했고 소규모 장인들이 임금에 의존하도록 만들었다. '형제들'에게는 이론적으로 똑같은 기회가 주어졌지만 실제로는 동등하지 않았고, 특히 사업을 확장하는 과정에서는 전혀 그렇지 않았다. 독립적 장인이 되기까지 하염없이 기다려야 하는 분야의 조수들이 이러한 현실에 산발적으로 저항했다. 가장 잘 조직된 사례는 모자공 직인과 천 자르는 직공 직인의 저항이었다.[110] 장인 길드처럼 이들도 정기적으로 회원으로부터 박스boxes라는 기여금을 받고 복지 지원에, 때로는 파업에 사용했다. 이들이 조직적 능력을 강화할 수 있었던 것은 유럽 대부분의 지역에서 도제 수업을 마친 직인이 의무적으로 다른 곳에서 경험을 쌓아야 하는 떠돌이 제도tramping system 덕분이었다.[111] 독일에서는 이들을 철새(반더푀겔Wanderfögel)라 불렀고, 프랑스에서는 친구(콩파뇽compagnons)라 불렀으며, 영국제도에서는 여행하는 형제travelling brother라고 불렀다. 덕분에 이들은 세상 물정에 밝았고 단체를 조직하는 능력도 충분했다. 심지어 네덜란드 남부의 모자공 직인들은 파업 자금이 부족하자 전국적인 공동 박스를 조직하고 다른 나라, 특히 프랑스의 조직들과도 제휴했다. 유라시아 전역의 다양한 조직과 행동은[112] 미래의 노동조합의 토대가 되었다.

대개 '하인servant'이라 불렸던 임금노동자 집단은 길드와 도제의 범위 밖에 있었다. 도제 생활은 15~25세에 수년 동안 부모의 집을 떠나 일한다는 의미였다. 도제는 대부분 남자아이였고, 하인은 대부분 여자아이였다. 그러나 농업에서는 소년도 하인에 해당했다. 하인의 노동계약은 무척 독특했다. 입주 하인은 그 가족의 일부로 여겨졌고, 남성 가장의 권위가 법이었다. 장인과 입주 직인, 제자의 관계도 비슷했다. 부모가 막강한 힘을 행사하는 이 대용 부모-자식 관계는 일부 중세 도시들에서는 이미 붕괴한 상태였다.

일례로 네덜란드를 보자.[113] 자유 임금노동계약은 에이설강 주변 도시에서는 14세기 이후부터, 네덜란드, 플랑드르, 흐로닝언, 프리슬란트에서는 15세기 이후부터 원칙이 되었다. 사람들은 임금노동에 종사할 자유가 있었고, 양당사자가 계약 이행이나 해지를 법원에 소구訴求할 수도 있었다. 형사법이 아닌 민사법이 노동시장을 규율했다. 네덜란드공화국은 가난한 사람에게 일자리를 받아들이도록 강요하거나(19세기에만 그랬다) 임금 수준을 공식적으로 정하려 하지 않았다. 하인의 계약 위반은 심각한 위법 행위로 간주되어 감금이나 강제 노역에 처해질 수 있었지만, 실제로는 거의 일어나지 않았다. 오히려 17세기 말부터 중도 계약 해지가 쉬워졌고, 노동관계는 비개인적 인간관계의 성격을 띠었다. 17세기 법학 교수였던 윌릭 휘버르Ulrik Huber는 네덜란드 공화국에서 벌어지는 하인에 대한 태형이 "용납될 수 없고 정의에 반한다"라고 했는데, 이 말도 그 맥락에서 나왔다. 따라서 네덜란드에서 하인은 적정한 임금을 벌었고 저축도 할 수 있었다. 숙식이 해결된 미혼 입주 하인은 결혼 시장에 쉽게 들어갈 수 있었다. 이상적으로 생각하면, 18세기 암스테르담의 부유한 집안에서 일한 하녀는 미래의 신랑감(미숙련노동자로 가정해보자)이 같은 기간에 저축할 수 있는 돈의 3분의 1에서 절반 정도의 결혼 자금을 모을 수 있었다.[114] 남성이 선원이나 군인인 경우는 예외였다. 그들의 선장이나 사령관이 부모를 대신했기 때문에 20세기 들어서도, 어떤 경우는 오늘날까지도 다른 규칙이 적용되었다. 여기에는 체벌도 포함되었다.

네덜란드 외의 지역, 특히 영국과 독일의 여러 주에서는 훨씬 후대에 하인의 권리가 완전한 자유 임금 계약으로 발전했다.[115] 흑사병 유행 이후 노동력이 무척 부족해지자 제정된 노동자 칙령과 법령(1349~1351), 이것을 정교화한 기능공 규제법Statute of Artificers(1562~1563)은 잉글랜드에서 임금에 의존하는 노동자의 이동의 자유를 제한했다.[116] 가내 하인에 관한 법은 계약 위반 시 피고용인에게 형사법을 적용하고, 주인은 '온건한 체벌'을 할 수 있다고 규정했다. 토머스 스미스 경Sir Thomas Smith은 엘리자베스여왕 시대의 정치체에 관한 저서에서 다음과 같이 요약했다.

[하인은 자신의 업무를 제외한] 다른 문제에 관해 일반 남녀와 똑같이 자유롭다. [그러나 근로계약에 따라] 계약 기간 안에는 주인의 허락 없이 일을 그만두고 나갈 수 없고, 그만두려면 근로계약 만료 3개월 전까지 주인에게 통지해야 한다. 그렇지 않으면 1년을 더 일해야 하거나 게으른 부랑아로서 막대기나 채찍으로 벌을 받아야 한다. …… 따라서 농노가 필요한데 일손이 부족하므로 사람들은 자유민에게 온갖 비천한 일을 시켰으나, 이방인 노예와 농노를 사용했던 시대보다 처우가 관대하고 자유로웠고 조건은 더 평등하고 온건했다.[117]

1740년대부터 이 법들의 강제력이 약해지면서 더 많은 떠돌이 노동자가 생겼고 지역 간의 접촉도 많아졌다. 이제는 '단체 결성'을 금지하는 형법이 주류가 되었다.[118] 그럼에도 불구하고 영국의 주인(민사법 적용)과 하인(형사법 적용)의 불평등은 1875년에 와서야 고용주와 노동자법Employers and Workmen Act of 1875에 따라 공식 폐지되었다.[119]

유럽인의 임시 이주 노동-군인과 선원

지금까지 근대 초기 유럽의 노동을 특징지은 두 가지 변화를 언급했다. 첫째, 농업에서 수공업과 제조업으로 산업이 이행했고, 이 시기에 부분적으로 농촌 인구가 도시로 이주했다. 이동성은 기술 진보를 가져온 주요 요인이다. 둘째, 가구 내 생산이 시장을 위한 생산으로 이행했다. 근면혁명과 여성 및 어린이의 노동 참여가 좋은 예다. 한편 셋째 변화를 언급할 필요가 있다. 바로 임시 이주 노동인데, 앞에서 이야기한 계절성 이주만이 아닌 다년간의 임시 이주다. 주요 직업인은 군인, 선원, 떠돌이 장인, 일부 가사 노동자 등이었다. 이들의 목적은 한정된 기간 동안 다른 곳에서 일하는 것이었다. 여기서는 군인과 선원에 대해 설명하겠다.

당시 서유럽에서는 군인과 선원이 무척 중요했다. 1501~1550년, 그리고 1751~1800년 유럽의 인구는 두 배 증가한 반면 군인 수는 네 배나 증가했다. 같은 시기에 원양 항해 경험이 있는 선원도 74만 명에서 160만 명으로 두 배 증가했다.[120] 엄청난 증가는 유라시아 국가들의 크기 차이로 설명된다. 서양은 여러 국가로 나뉘어 있는 반면 동양에는 커다란 몇 개의 국가만 있을 뿐이다. 한마디로 국가가 많을수록 국경도 많고 무력 충돌 가능성도 높다. 서유럽의 국가 간 갈등은 평균 이상으로 많은 용병을 낳았고, 이들은 유럽을 누비다가 나중에는 전 세계로 퍼져 나갔다.[121] 나중에 나폴레옹 시대와 두 차례의 세계대전 동안 더 많은 남성이 군인이 되었지만 이들은 징집병이었다. 그전에 몸집을 불리던 군대는 직업군인으로 구성되었다.

이 부문에서도 특정 지역이 군인 생활에 전문화했기 때문에 스코틀랜드 출신 군인, 많은 스위스 및 독일 남부 출신 직업군인이 유럽 전역에서 활동했다. 군인은 모두 남성이었지만 여성과 어린이도 이른바 종군 민간인으로 군대를 따라다녔다. 이들은 음식뿐 아니라 군인에게 필요한 일들을 담당했다. 숫자는 1650년경까지 군인 두 명당 종군 민간인 한 명꼴로 상당히 많았다. 나중에 전문화한 지원 용역이 이 기능을 맡으면서 18세기에는 군인 20명당 종군 민간인 한 명꼴로 줄어들었지만, 그래도 종군 민간 여성의 수가 1백만 명이 넘었다.

군인의 일은 이 수백 년 동안 변화했다. 화기가 개량되고 정교한 요새가 건설되면서 전투하는 병사들 사이의 거리가 멀어졌다. 군대 규모가 커질수록 막사 안에서 전염병이 발생할 위험도 커졌다. 따라서 직업군인의 다수가 경력을 마감하는 곳은 전장도 아니고, 저축한 돈으로 멋진 결혼식을 올릴 그리운 고향도 아니었다. 이질이나 흑사병, 발진티푸스, 콜레라 때문에 혼미한 의식 속에서 신음하는 동료들 사이의 악취 나는 침대였다. 백병전에서 기동전으로의 이행은 나폴레옹 군대의 직업화에서 절정에 달했다. 적군이 보통 1분에 75보 나아간 반면, 나폴레옹은 자신의 군인들을 120보 내지 150보까지 내달리게 만들었다.[122]

군인의 노동생산성에 대한 계산은 까다롭지만, 선원의 경우에는 계산이 단순하다. 선원의 생산성은 위대한 대발견 시대에 최고치가 한 명당 최대 6톤이던 것이 17세기에 평균 12톤으로 증가했고, 150년 후에는 15~18톤까지 증가했다. 이 극적인 증가는 총인구 중 선원의 비율이 비교적 일정했는데도 유럽이 세계 대양을 정복한 이유를 설명해준다. 네덜란드는 이 점에서 선두를 달렸으나 18세기에 영국에 자리를 내주었다.[123]

직업군인과 선원의 노동시장은 다른 직업군보다 훨씬 국제적이었다. 이 현상은 네덜란드공화국에서 가장 두드러졌다. 이곳에서는 모든 군인의 절반 이상이 외국 출신이었고, 해군 및 아시아로 가는 배의 선원들도 대부분 외국 출신이었다.[124] 근거리를 항해하거나 연안에서 고기잡이하는 배는 외국인 선원의 비율이 훨씬 적었다. 고기잡이배는 사람을 태울 공간이 작아서 지역민에게 우선권이 주어졌기 때문이다.

외국인의 충성과 헌신이 의심받았다는 흔적은 없다. 이들은 자격을 갖춘 노동력으로 간주되었고, 같은 노동에 대해 같은 보수를 받았다. 심지어 네덜란드동인도회사에서 일했던 많은 독일인 선원은 네덜란드 본국인과 비슷한 직업적 기회를 얻었다. 이들의 문해력과 산술 능력이 좋은 점수를 받았다는 사실이 한 요인일 수도 있다. 네덜란드동인도회사의 독일인 선원의 생활수준은 고향의 동포보다 좋았고, 심지어 네덜란드인 동료보다도 좋았다.

그러나 이처럼 국제적이고 자유로운 노동시장은 당시 유럽에서 예외에 속했다. 덴마크, 독일 한자동맹 도시, 오스트리아령 네덜란드 같은 주변 국가뿐만 아니라 프랑스와 스페인, 그리고 주요 경쟁국 영국은 외국인 선원 채용 비율이 기껏해야 10퍼센트에 불과했고, 때로는 국민들에게 전함에서 일하라고 언론을 통해 강요했다. 발트해와 지중해 주변 국가들에서는 자유민 선원과 무자유 선원 모두를 채용했기 때문에 징집병, 기결수, 전쟁 포로, 심지어 자국은 물론이고 속국과 노예 판매 지역에서 데려온 노예 등이 일했다.

영국 선원 중 외국인의 비중이 낮았던 데는 이유가 있다. 1189~1190년의 대규모 유대인 학살, 1381년 와트 타일러의 난에서 일어난 플랑드르인 대학살, 1517년 런던에서 일어난 대규모 반외국인 폭동 이블 메이데이Evil May Day에서 알 수 있듯이 영국은 외국인을 배척하는 오랜 전통이 있었다. 1558년 프랑스에 칼레 지방을 빼앗긴 후 모든 프랑스인을 추방하는 법안이 의회에서 몇 표 차이로 무산될 정도였다. 1601년의 한 포고문은 모든 흑인을 추방하도록 명했다.[125] 16세기에 개신교 난민의 입국을 허락한 개방적 시기가 잠시 있었지만, 기본적으로 영국은 외국인을 의심했다. 1707년 스코틀랜드와 통합하기 전까지는 스코틀랜드인도 외국인에 포함되었다. 반외국인 정서는 선원에 대한 영국 상선의 제한에서도 볼 수 있다. 1651년 항해법에 따라 영국 화물선의 선원은 4분의 3이 영국인이어야 했으나, 실제 비중은 훨씬 높았던 듯하다. 영국 정부는 영국인 선장에게 외국인을 거부하라고 강요했고 선장 역시 전적으로 동의했다.

네덜란드 상선은 국제적이었을 뿐만 아니라 초대륙적이었다. 네덜란드동인도회사는 유럽의 경쟁사와 마찬가지로 유럽으로 돌아오는 배의 항해를 아시아인에게 맡기지 않았지만, 현지에서는 자사의 군대와 함선, 다른 활동에 현지인을 채용했다.[126] 현지 외국인의 도움 없이는 사업을 할 수 없었고, 다른 한편으로는 외국인을 싫어하는 정서가 없었기 때문이다. 네덜란드는 16세기에 유럽인과 아시아인이 섞인 선원들로 항해하던 포르투갈로부터 이런 관행을 배웠고, 프랑스와 잉글랜드보다 적극적으로 실천했다.[127]

주목할 점은 당시 같은 일을 하는 모든 선원은 같은 보수를 받았다는 사실이다. 유럽인이나 유라시아인 선원과 아시아인 선원의 유일한 차이는 네덜란드동인도회사가 제공하는 직업적 기회에 있었다. 아시아인은 비임관 고급 선원의 최고 계급인 갑판장 위로는 올라가지 못했다. 네덜란드 입장에서는 인종 및 종교적 편견 외에 언어 능력도 중요한 요인이었다. 고급 선원이 되려면 조타수 시험을 통과해야 했는데, 그러려면 네덜란드어 지식이 필수였다. 네덜란드어가 당시 북·서유럽 바다에서 공통어였다는 사실을 고려하면 독일인이나 스칸디나비아인과 달리 아시아인에게는 큰 장벽이었다.[128]

선원은 또 다른 이유로 노동사에 중요하다. 이들은 서로 가까운 관계를 맺을 수밖에 없기 때문에 노동조건과 환경에 불만이 생기면 단체 행동에 나서는 전통을 일찍부터 발달시켰다.[129]

일하는 사람의 경험과 세계관

서유럽의 노동관계가 변화함에 따라 노동에 대한 생각도 변화했다. 최상층이 노동자 중산층과 노동자 빈곤층을 보는 시각과 노동자층이 스스로를 보는 시각 모두가 변화했다. 중세 성기에 이미 시작된, 가구 내 노동에서 시장을 위한 노동으로의 이행은 농촌의 노동 전문화(원시산업화 포함)와 급격한 도시화로 더 복잡해졌다. 노동이 더 이상 가구 안에 있지 않고 더 공개적으로 바뀌었다. 노동의 많은 측면이 공개적으로 배치되고 연결되며 논의 대상이 되면서 사회운동의 가능성이 생겨났다.

먼저 고된 노동의 이면인 자유 시간에 대한 기다림을 살펴보자. 15세기 영국의 한 여성 방적공의 시로 보이는 〈휴일Holidays〉에 다음과 같은 구절이 나온다.

오늘을 고대해왔네.
방추, 실패, 실 꾸러미, 모두 가거라!
이 신나는 휴일을 맞아
즐겁고 행복하게 놀러 갈 거야.
방추, 실패, 실 꾸러미, 모두 가거라!
휴일이 되니 얼마나 신나는지![130]

종교개혁이 대중의 자유 시간을 제한하려 하기 이전에도 비슷한 분위기가 태동하고 있었다. 1495년 영국은 최소 노동일을 정하여 노동 기강을 주입하려 했다.[131] 유럽 대부분이 구교에서 신교로 전환하는 동안 공휴일이 급격히 줄어들었다. 그전에는 성경 말씀에 따라 주일을 신성한 날로 지냈을 뿐만 아니라 교회의 공식 절기도 주일 수만큼 많았다. 이 절기는 부활절과 성령강림절(오순절)처럼 이미 일요일로 정해진 휴일이 아니라, 크리스마스와 12월 26일(영국제도의 박싱 데이), 부활절 월요일, 성령강림절 월요일, 모든 성인의 날, 위령의 날, 성체대축일 등처럼 평일에 해당하는 날이었다. 또한 구교 국가에는 종교개혁의 영향을 받지 않은 순례 기간이 있었다.

1552년 영국 정부는 공휴일을 1년 중 27일로 제한하려 했다. 그러나 청교도혁명 당시 정부가 다시 한번 전통적 가톨릭 휴일이나 가톨릭화한 축제를 없애고 안식일 엄수를 강제하려 한 것을 보면 이때의 시도가 성공하지 못했을 수 있다.[132] 1574년 네덜란드 북부의 한 도시 도르트레히트의 교회 총회에서는 일요일만 휴일로 정해야 한다고 규정했다. 당시 상황을 이분법적으로 볼 수는 없지만, 기독교의 공식 축일 수를 줄이려는 오랜 추세가 강화된 것은 분명하다. 간단히 말해 1년 최대 노동일은 1500년경 260~265일에서 1600년 이후 15퍼센트 이상이 증가해 300일 이상이 되었다.[133] 네덜란드인에게는 일요일을 제외하면 공휴일이 고작 엿새뿐이었다.

앞의 공휴일 수 계산에서 고려하지 않은 의무를 적용하면 노동일은 더 적었다. 첫째, 장례식에 참석하는 데는 무시 못 할 시간이 걸렸다. 일요일로 잡을 수도 있는 세례식이나 결혼식과 달리 장례식은 고인이 사망한 그 주에 치러야 했다. 사망률이 높았다는 사실을 감안하면 이 의무는 일가친척과 이웃의 시간을 많이 빼앗았고, 범위를 넓히면 직업상의 동료에게도 적용되었다. 잘 알려진 사례는 유럽과 이슬람 세계의 수공인 길드일 것이다. 모든 지역 사람에게는 필요한 예를 갖춰 동료를 묻어주어야 하는 의무가 있었다. 의무를 지키지 않으면 벌금을 내야 할 수도 있었다. 거대 도시의 거대 규모의 직업군에 몸담고 있으면 장례식에 참석하느라 1년 중 여러 날을 써야 할 수도 있었다.[134]

시간을 둘러싼 이 모든 강조는 성과를 감시하고 더 노력하도록 하기 위함이었다. 시간을 더 쉽게 보낼 수 있도록 도와주는 기호품을 소비하는 경향도 증가했다. 식민지에서 생산한 설탕, 코코아, 차, 커피 같은 제품의 소비가 상류층뿐 아니라 구매 여력이 생긴 평민층에서도 증가한 사실은 노동집약화와 근면혁명으로 소득이 늘었다는 증거다. 기호품은 길고 고된 노동을 할 수 있게 해주고 참을 만하게 만든다. 독한 술은 17세기 초부터 군대와 함선의 보급품이 되었다. 인도의 우편 심부름꾼들은 아편을 피웠고, 유럽에서 힘들게 농사짓는 사람들은 현대의 맥주보다 훨씬 강한 맥주를 마셨다.[135] 맥주는 칼로리를 보충해주고 피로와 통증을 줄여주는 효과 외에 기분까지 좋아지게 만들었다. 힘든 일을 할 때 과소평가해서는 안 되는 부분이다. 일할 때 노래 부르는 것도 마찬가지다. 뱃노래를 부르는 선원들이나, 함께 노동하면서 대화하고 노래하는 노동자들을 떠올려보라.[136]

읽고 쓰는 능력이 향상되고 인쇄술이 보급된 덕분에 노동의 가치에 대한 대중 연설도 크게 많아졌다. 스페인에서처럼 계몽주의자와 가톨릭 개혁가 모두가 연설을 통해 경고하기도 했는데, 여성은 '마땅한' 자리인 집으로 돌아가 여가 시간을 방적 일로 보내야 한다는 주장도 있었다. 이들의 격렬한 주장은 얼마나 많은 여성이 집 밖의 노동시장과 상품 시장에 참여하고 있었는지를 보여준다.[137] 노동자들은 이제 대중 앞에서 의견을 표하고 지지자를 모으며 단체 행동을 할 수 있었다. 도시의 장인 모임에서 노동의 즐거움을 긍정적으로 표현한 사례가 있다. 1720년경 이름을 알 수 없는 한 프랑스인은 대패와 주인의 대화를 다음과 같이 표현했다.

작은 도구, 예쁜 대패야.
아름다운 머리와 충성스런 몸으로
일도 잘하는구나.
광포한 시대에 온전하기를 바란다.
작고 위엄 있는 도구야.
네 앞에선 일이 절로 되는구나.

주인님, 제발 저를 사용해주세요.
그러면 주인님은 왕보다 더 행복해질 거예요.
주인님 작업장 도구 중에서
제가 가장 특별하다는 걸 아시잖아요.
작업대와 받침대
자, 장붓구멍 측정기, 나무망치
모두가 저의 고귀함을 알아보고
공경하고 숭배한답니다.[138]

한쪽에서는 시장을 위해 공공장소에서 하는 일을 중요시한 반면, 다른 한쪽에는 열악한 노동조건과 보수가 존재했다. 거대한 모순은 새로운 이상과 시도를 낳았다. 앞에서 중세 말 장인들이 강력한 상인 세력에 저항한 사건인 치옴피의 난, 흑사병의 여파로 영국의 존 위클리프와 와트 타일러, 그리고 보헤미아의 얀 후스가 주도하여 일어난 농민 폭동을 살펴봤다. 그들은 〈창세기〉를 바탕으로 지상낙원에서 최초의 인간이 누린 상태에서 이념적 정당성을 얻었다. 16세기부터는 '유토피아주의자들utopians'이 한층 정교한 이론을 제시했고, 성경을 인용하지 않으면서 노동자가 중심인 새로운 세계의 윤곽을 그렸다. 유토피아주의자는 1516년에 토머스 모어Thomas More가 쓴 《유토피아 Utopia》에서 유래했다. 이 책에는 다음 구절이 등장한다.

> 귀족, 금세공인, 사채업자, 아무 일도 하지 않거나 사회에 무용한 일을 하는 사람은 호화롭고 위엄 있게 사는 반면 노동자, 짐꾼, 목수, 농부는 짐 나르는 동물도 견딜 수 없을 힘든 노동을 쉼 없이 해야 한다면, 그것이 어떻게 정의일 수 있겠는가? 그들의 일은 필수적이라 만약 그들이 없으면 어떤 사회도 1년을 버틸 수 없을 텐데, 버는 돈은 너무도 적고 삶은 너무도 비참하니, 실로 짐승의 삶이 나아 보일 지경이다.[139]

모어는 독실한 신자였으나 여기서는 성경을 언급하는 대신 사회를 위한 노동의 필요성 같은 일반적 원리를 말했다. 그는 소규모 자영업자와 임금노동자에게 노동의 결실을 더 공평하게 분배해야 한다고 주장했다. 그의 뒤를 이은 많은 유토피아주의자도 비슷하게 주장했다. 존재하지 않는 나라인 '유토피아'와 마찬가지로, 이탈리아 작가 톰마소 캄파넬라Tommaso Campanella가 쓴 《태양의 도시La città del sole》(1602)는 새로운 사회를 창조하려는 진정한 시도는 아니었다. 캄파넬라는 사회적 불평등을 해결하는 방법으로 재산 공유 공동체를 주장하며 〈사도행전〉에 나오는 오래된 개념을 이용했다. 그는 여성도 재산에 포함시켰다. 네덜란드인 피터르 코르넬리스 플록호이Pieter Cornelisz Plockhoy의 사상도 유사했지만, 그는 더 나아가 1663~1664년에 뉴네덜란드(네덜란드 서인도회사가 북아메리카 허드슨강 하구에 건설한 식민지-옮긴이)에서 공동체를 실험하며 사상을 실천했다.[140]

그림의 떡 같은 관념과 평등의 이상을 실현하려는 시도는 실패했지만 일부는 우연히 후대에 주요한 영향을 미쳤다. 더 중요한 것은 근대 초기 영국의 수평파(레벨러스Levellers)(청교도혁명 당시 의회파 중 급진파-옮긴이)와 개간파(디거스Diggers)(수평파의 좌익으로 기독교에 바탕한 공동 토지 소유 및 생산을 주장했다-옮긴이)의 운동 같은 대규모 단체 행동이다. 이 운동들이 사회 속 노동의 자리에 대한 새로운 관념을 만들어낸 것은 아니다. 그러나 소작농을 위한 토지라는 개념을 중심으로 이상을 제시했고, 지도자 제러드 윈스탠리Gerrard Winstanley는 임금노동을 공공연하게 거부했다.[141] 물론 관점이 다른 임금노동자가 점점 증가했다는 사실에는 변함이 없다. 17세기 영국의 한 무명씨는 감상적인 시에서 농사꾼의 입을 빌려 다음과 같이 말한다.

> 내가 번 모든 것을 조심스레 집으로 가져오네.
> 이 하루의 경험으로 난 알았네.
> 우리는 비록 가난하게 살지라도
> 탐욕스런 늑대를 막을 수 있음을.
>
> 나는 곡식을 베고 거두며 써레질하고 씨를 뿌리네.
> 가끔 울타리를 치고 도랑도 파러 나가네.
> 어떤 일이든 좋아, 타작하고 쟁기질하고
> 그렇게 이마에 땀 흘리면 빵을 먹을 수 있으니.
>
> 내 아내는 기꺼이 어깨에 멍에를 진다네.
> 우리는 두 마리 어린 양처럼 살아가지.
> 결코 서로에게 싸움 걸지 않고
> 열심히 일하는 개미처럼
> 궁핍해지지 않기 위해 열심히 노력하네.[142]

유럽이 세계 노동관계에 미친 영향

근대 초기 유라시아 동부, 남부, 서부에서는 노동집약화와 경제성장이 비슷하게 진행되었지만(223~273쪽 참고), '서구와 세계의 나머지 지역' 사이에서는 균열이 점점 심해졌다. 이 유사점과 균열은 '대분기', 그리고 대서양뿐 아니라 다른 곳에서도 확대된 노예화와 노예노동이라는 역사적 논쟁의 주제다. 이 장과 다음 장에서는 1500~1800년의 세계화라는 동전의 양면을 다룰 것이다. 여기서는 주로 서유럽과 아메리카 대륙의 관계, 아프리카, 남아시아를 다루고, 다음 장에서는 중앙 유럽과 동유럽을 언급하겠다.

대분기 논쟁

오랫동안 지배적이었던 서유럽의 관점에서는 당시 세계사의 윤곽을 잡기가 수월하다. 다소 확실치 않은 중세가 있지만 최근까지 서양이 더 우월하다고 여겨졌다. 어쨌거나 서양은 고대 그리스·로마와 기독교 사이에서 태어난 행운아로 계몽주의의 슬하에서 자랐고, 다른 지역에 자신의 방식을 강요했다. 세계의 다른 지역에는 불행한 일이었겠지만 결과적으로 모두에게 이익이 되었다. 행복으로 가려면 유럽을 신중하게 모방하면 된다는 것이 기본 관점이었다. 이 과장되고 우스꽝스러운 관점은 최근 중국 경제가 독자적이고 인상적으로 성장하는 덕분에 지난 20여 년 동안 힘을 잃고 있다. 서양이 실제로 항상 우월했는지, 따라서 앞으로도 계속 우월할 것인지에 대한 질문은 점점 더 피하기 어려워지고 있다. 만약 그 답이 '그렇지 않다'라면, 정확히 언제 '서양과 나머지 지역'의 경제적 격차가 커지기 시작했고, 그 원인은 무엇일까? 서양과 유라시아 동부의 커다란 격차는 비교적 최근에 발생했다. 유럽의 급진적 도약과 아시아의 후퇴에 대한 역사적 논쟁은 '대분기'라는 주제 아래 진행되고 있다.[143]

아메리카 대륙의 경우는 그렇게 보였을 수도 있지만, 이 이야기는 적자생존에 대한 이야기 그 이상이다. 그럼 아시아의 상황은 어떠했는가? 포르투갈, 네덜란드, 프랑스, 영국의 '거류지'는 어느 시점부터 아시아 국가가 참아주고 사용해준 품격 높은 교역소의 지위를 벗어났는가? 유럽 상인에 대한 중국과 일본의 '쇄국 정책'은 나약함이 아닌 힘의 표시였는가? 다시 말해 1750~1800년 이전 유럽의 세력 확장은 어느 정도까지 사실이었고, 이후의 서양과 다른 지역의 근본적인 사회적 차이를 통해 얼마나 설명할 수 있는가?

자연스럽게 떠오르는 질문은 서유럽이 일과 노동관계 조직과 관련하여 이 시기에 우위를 확립했는가, 그랬다면 어떻게 확립했는가다.[144] 전형적인 답은 두 가지다. 첫째, 유럽이 아메리카 대륙 식민지에서 값싼 무자유노동을 착취하여 헤아릴 수 없는 부를 쌓음으로써 산업혁명과 세력 확장이 가능했다는 것이다. 둘째는 유럽이 자유노동시장과 도제제도를 비롯한 우월한 경제제도를 발달시켰고, 이 제도가 인적 자본과 지리적·사회적 이동을 최적화하여 산업혁명 촉발과 전 세계 평정에 일조했고, 이후 (아메리카 원주민부터 인도아대륙 인도인, 아프리카인, 중국인에 이르는) 새로운 국민을 교육하여 이 유익한 제도를 모든 곳에 보급했다는 것이다.

많은 세부 질문도 제기되었다. 우리는 1500~1800년의 3백 년 동안 유라시아의 다른 지역에서 일어난 경제 발전에 대해 무엇을 알고 있는가? 그곳 경제는 도시화 수준을 포함해 어느 정도까지 전문화했는가? 그 결과 그곳 노동자는 어느 정도까지 노동생산성을 높였는가? 남성, 여성, 어린이의 노동력은 얼마나 효율적으로 배치되었는가? 자유노동과 무자유노동의 비율은 어떠했는가? 자신의 운명을 통제하고 향상하려 한 자유노동자에게는 어떤 기회가 있었는가? 또한 이 분석으로부터 산업혁명의 필연성, 영국을 포함한 유럽의 우월성이라는 결론이 도출되는가?

여러 질문 중 일부는 1백 년 전에 위대한 사회학자이자 역사학자 막스 베버가 웅변적으로 표현한 바 있으나, 아직까지 만족스런 답은 거의 없다. 그 이유는 주로 '서양'과 '나머지 지역'(흔히 쓰이는 이 표현도 문제의 엄청난 심각성을 암묵적으로 보여준다)에 대한 비교학적 연구가 부족하기 때문이다. 개탄스러운 일임에도 불구하고, 여전히 많은 학자가 아랑곳하지 않고 영국이나 서유럽의 거대한 성과를 강조하고 있다.[145]

대분기 논쟁이 지금까지 가르쳐준 것은 유럽이 위대한 대발견으로 내재적 우위를 점했다는 기존 전제를 더 이상 옹호할 수 없고 서유럽, 중국, 인도, 일본의 경제 성과를 유의미하게 비교하기가 매우 어렵다는 사실이다. 몇몇 학자에 따르면 산업혁명이 일어나기 전인 1650~1700년 네덜란드공화국이 있던 서유럽과 양쯔강 삼각주가 있는 중국 경제 중심지의 번영 수준은 비슷했고, 한동안 그 상태가 이어졌다. 18세기에는 양쯔강 지역 농부의 1인당 생산량이 영국을 앞질렀다. 그 농부의 아내와 다른 가족은 면방적이나 직조로 추가 소득을 얻을 기회를 중국 북부의 경쟁자, 나중에는 유럽의 경쟁자에게 빼앗겼다.[146] 다른 학자들은 이러한 해석에 동조하지 않고, 북해 지역 나라들과 비교해 중국의 핵심 지역이 악화한 시기가 적어도 1백 년 전부터 시작되었을 것이라고 생각한다.[147] 모두가 동의하는 사실은 송나라가 당시 유럽보다 훨씬 번영했고, 이후 유럽이 따라잡기 시작했다는 점, 그리고 1인당 소득 측면에서 유럽과 중국의 차이는 적어도 1800년까지는 그리 크지 않았다는 점이다.

대분기에 관해 논쟁하는 학자들은 인도 역사를 영국과 중국보다 소홀하게 여겼다. 따라서 이 지역의 대분기가 낳은 결과는 훨씬 불확실하다. 인도의 실질임금은 17세기 말부터 서유럽에 뒤처지기 시작했다. 1800년 이후 인도는 정체된 반면 유럽의 상황은 크게 나아지면서 차이가 급격하게 벌어지기 시작했다.[148] 또한 인도에서는 우발적인 재난이 더 자주 일어났다. 가장 잘 알려지고 기록이 많은 최초의 예는 1769~1770년에 벵골에서 무려 1천만 명의 희생자를 낸 대기근이다. 이전에도 식량이 부족한 시기는 있었지만 이 기근에는 비교할 수 없다. 대기근 이후인 1787~1788년에도 재난이 뒤따랐고, 그 뒤로도 많은 재난이 이어졌다.[149]

적어도 1700년경까지는 유럽의 경제적 우월성이 뚜렷하게 드러나지 않는다. 그렇다면 다른 영역에 근본적 차이가 있었을까? 대분기의 많은 요소는 노동과 관련이 적기 때문에 고려 대상에서 뺄 수 있지만, 그래도 몇몇 요소는 깊이 조사할 필요가 있다. 한 예가 다음 장에서 언급할 노동자의 기술 향상과 정부의 경제 촉진이다. 또 다른 주제는 서유럽의 노동 투입량 증가로 인한 소득 증가와 기호품 소비 증가다. 설탕, 커피, 차 및 이국적 상품 등의 기호품은 세계 다른 곳의 무자유노동자가 극히 저렴하게 생산했다.

유럽 식민주의와 무자유노동의 확대

18세기까지 유라시아 여러 지역의 노동 관행과 노동관계는 매우 비슷했다. 유럽에서 아시아로 떠나는 배가 많아진 반면 반대의 경우는 없었다. 그래도 당시에는 유럽 식민주의가 아시아의 노동에 미친 영향이 몇몇 향신료 지역을 제외하고는 매우 적었다. 한편 아메리카 대륙과 아프리카 해안 지역의 상황은 달랐다. 아메리카 대륙에서는 시장경제에 기반한 유럽식 노동관계와 계층적 재분배에 바탕한 공납적 사회가 충돌했다. 유럽인이 신속하게 무력으로 아메리카 대륙을 정복했기 때문에, 아시아에서처럼 경험과 생각이 오랫동안 동등하게 교환되지 않았다.

유럽인이 유럽의 노동 방식을 아메리카 대륙에 그대로 옮겨놓은 것은 아니다. 정복자였지만, 고도로 발달한 사회의 관행에 맞춰 많은 사안을 조정해야 했다. 게다가 구세계의 특정 노동 형식인 무자유노동을 선택적으로 들여온 반면 자유노동은 들여오지 않거나 제한적으로만 들여왔다. 1500년경에 노예가 존재했던 최초의 식민국인 포르투갈과 스페인의 노동관계 때문이기도 했다. 그 영향으로 이들의 경쟁국인 네덜란드, 영국, 프랑스, 덴마크도 카리브해의 무자유노동자와 아프리카로부터 공급받은 노예에 크게 의존했다. 모든 식민국은 근면혁명을 배경으로 급격히 증가한 전 세계적 사치품 수요에 자극받았다. 유럽은 아메리카 대륙에서 값싸게 채굴한 은으로 설탕, 커피, 차 등을 전 세계로부터 수입할 수 있었기 때문에 더 유리했다.

아메리카 대륙과 아프리카를 살펴보기 전에 해외 식민지화 사업을 처음 시작한 남·서유럽의 자유노동과 무자유노동의 관계를 짚고 넘어가자. 자영업과 임금노동이 점점 강조되며 시장을 위한 노동이 많아지던 중세 말기의 경향과 대조적으로 이곳에서는 노예노동이 재등장했다. 이슬람 국가에서는 노예노동이 사라지지 않았다. 특히 가사 노예는 상류층 사이에 항상 수요가 있었다. 14세기와 15세기에 제노바와 베네치아가 흑해와 에게해에서 세력을 확장한 후 지중해 지역 가톨릭 도시의 잘사는 주민들이 이 관행을 모방했다. 특히 러시아 남부에서 번창하는 노예무역을 활용했다. 기독교국과 이슬람교국이 전쟁을 벌이면 새로운 물량이 확보되었다. 두 종교 모두 신앙이 다른 전쟁 포로를 노예로 팔 권리가 있다고 생각했다. 기독교 진영의 레콩키스타 Reconquista(711~1492년까지 이베리아반도의 기독교도가 이슬람 세력에 빼앗겼던 국토를 회복하기 위해 벌인 운동-옮긴이)와 이슬람 진영의 오스만제국 확장을 생각해보라.[150] 1452년 교황 니콜라우스 5세는 이슬람 이교도나 기독교국의 적을 가장 높은 가격을 제시한 자에게 팔도록 포르투갈 왕에게 허락했다. 따라서 1488년 교황 인노켄티우스 8세가 포르투갈이 선물한 무어인 노예 1백 명을 감사히 받아 추기경들에게 나눠주었다는 사실은 놀라운 일이 아니다.

시장을 위한 상품 생산에 노예를 가장 많이 사용한 곳은 사탕수수 재배 농장일 것이다. 사탕수수는 원래 인도, 메소포타미아, 레반트 지역 사람들이 재배했다. 따라서 중동에서 서양으로 확대된 사탕수수 재배는 노예노동이 확대되었다는 의미였다.[151] 또한 제노바와 베네치아 같은 이탈리아 도시국가가 후원한 십자군 전사와 그 후손들이 키프로스와 크레타섬에 사탕수수 재배를 정착시켰다. 여기서부터 이 수익성 좋은 사업이 시칠리아, 발레아레스제도, 스페인 남부, 포르투갈 남부로 퍼졌고, 결국 카나리아제도를 거쳐 아메리카 대륙의 브라질, 아프리카 서쪽의 마데이라섬, 카보베르데제도, 상투메섬까지 퍼졌다.[152]

오랫동안 주로 아드리아해의 동해안, 특히 이탈리아의 흑해 식민지에서 노예 수요가 이어졌다. 심지어 기독교인이 기독교인을 팔기도 했다. 상황이 이러하니 1501년 나폴리 왕국의 카푸아가 함락된 이후 여성 노예 가격이 크게 떨어질 만도 했다. 그러나 아프리카가 가장 크고 새로운 공급원이 되었다. 한편으로 사하라 이남 지역과 직접 접촉할 수 있었기 때문이었고, 다른 한편으로 발칸반도와 러시아 남부로부터의 공급을 오스만제국이 끊었기 때문이었다.

300년경부터 로마의 조폐국으로 수출된 서아프리카의 금은 9세기부터 중세 이슬람 세력이 사하라 이남으로 확장하게 만든 촉매제였다. 사하라사막을 종단하는 교류가 활발해지면서 노예의 흐름은 북쪽을 향했고 결국 지중해의 남쪽 해안, 특히 모로코로 흘러 들어갔다. 아프리카 북서부의 항구도시를 정복한 포르투갈인과 스페인인은 모로코인을 통해 노예 공급원을 알게 되었다. 이들은 아랍인 정복자들이 훨씬 전부터 노예로 거래한 베르베르인 외에 흑인 노예도 공급했다. 이집트도 노예무역의 또 다른 종착지였다. 1250년 권력을 잡은 이 나라의 통치 세력 맘루크인은 많은 노예가 필요했고, 노예를 최정예 군사로 사용하기도 했다. 이집트 북쪽에서는 베네치아인이 러시아 남부에서 구매한 백인 노예가 공급되었고, 남쪽에서는 유목민이 서아프리카에서 튀니지와 리비아로 공급한 흑인 노예가 제노바인의 배로 공급되었다.[153]

1453년 튀르크인이 콘스탄티노플을 점령한 시기에는 대서양의 여러 섬과 지중해 서부의 흑인 노예 수요가 급격하게 증가했다. 콘스탄티노플이 점령되었다는 것은 이탈리아인의 뒤를 이어 튀르크인이 보스포루스해협을 지배한다는 의미였고, 러시아 스텝 지대의 튀르크계 몽골인 노예나 캅카스와 발칸반도의 노예가 더 이상 흘러 들어오지 못한다는 의미였다. 따라서 다른 공급원이 필요해졌다. 새로운 공급원은 아프리카였다. 포르투갈인은 아프리카 서해안뿐 아니라 남쪽 지역까지 돌아다녔다. 이탈리아인들은 노예를 사기 위해 스페인 발렌시아까지 갔다. 그곳은 모든 산업에 노예를 사용했고, '정의로운 전쟁'에서 획득한 전쟁 포로, 납치범과 해적이 붙잡은 사람, 징역형을 선고받은 무데하르Mudéjars(기독교의 지배에 복종한 지역의 이슬람교도−옮긴이)를 활발하게 거래했다. 15세기 말에는 발렌시아 노예 인구의 40퍼센트가 흑인이었는데, 바로 여기서 근대 서구 인종차별주의의 뿌리를 찾아야 한다.[154] 포르투갈과 스페인의 초기 기록에는 기니족Guinea이 최초의 흑인 노예로 언급된다. 바로 뒤에 카나리아제도 주민과 월로프족Wolof이, 이후 세레르족Sérères과 비아프라족Biafra이 노예로 끌려 왔다. 포르투갈이 가나에 엘미나성을 지은 후에는 이보족Ibo과 만딩고족Mandingo도 끌려 왔다. 주목할 점은 나중에 빠르게 아프리카 노예의 주요 종착지가 된 아메리카 대륙이 유럽인의 눈에 들어오기도 전에 이 모든 일이 일어났다는 사실이다.

12세기와 13세기에 기독교인은 십자군 국가와 라틴제국이 상징하듯 이슬람교에 일시적으로 승리했지만, 15세기에 지중해 동부의 이슬람 경쟁국으로부터 심한 압박을 받았다. 이에 따라 포르투갈과 스페인은 서쪽으로 확장해 새로운 해로를 통해 동쪽으로 가는 길을 확보하려 했다. 이 시도는 군사적 영광, 경제적 이득, 기독교 신앙 보급을 위한 모든 열망이 결합된 결과였다. 포르투갈은 마데이라섬, 아조레스제도, 카보베르데를 손에 넣으며 아프리카 서해안에서 큰 수확을 거두었다. 포르투갈과 경쟁한 스페인은 카나리아제도와 모로코의 해안 도시들을 정복했다. 스페인이 바하마를 발견하기 수십 년 전 이제도에서 벌인 일은 나중에 아메리카 대륙에서 일어나는 사건에 중요한 의미가 있다. 무인도로 여겨졌던 마데이라섬, 아조레스제도, 카보베르데와 달리 카나리아제도에는 사람이 살았다. 이들은 기독교인이나 이슬람교인이 아니라 베르베르어를 말하고 흔히 관체족Guanches으로 불리는 '정령신앙 숭배자'들이었다. 포르투갈인은 알가르베 지방으로부터 들어온 사탕수수를 마데이라섬에서 재배했고, 1452년부터 더 많은 노예노동을 이용했다. 이를 모방한 스페인인은 카나리아제도에서 관체족에게 무자유노동을 강제했다. 북아프리카에서도 이슬람인 노예를 수입했지만, 사하라 이남 아프리카에서 끌려온 흑인 노예를 가장 많이 사용했다.

이제 스페인과 포르투갈의 정복 이후 아메리카의 노동관계가 어떻게 변화했는지를 살펴보려 한다. 그다음 전 세계의 노예제를 비교하며 아프리카의 노동관계를 살펴보고, 대서양의 비극이 얼마나 독특했는지를 언급할 것이다.

아메리카 대륙의 레파르티미엔토와 엥코미엔다

아메리카 대륙에 처음 도착한 유럽인은 유럽과 전혀 다르게 노동을 조직하는 사회와 조우했다. 아메리카 대륙 주민들도 새로운 주인의 노동 관념에 크게 놀랐다.[155] 수렵채집이 지배적이던 브라질 같은 곳에서는 호혜성이 원칙이었지만 안데스 지방과 멕시코의 거대 제국에서는 공납적 재분배에 바탕한 계층 사회가 원칙이었다. 유럽의 시장경제 같은 것은 없었고, 지난 수백 년 동안 이베리아반도의 민족들이 익숙해진 재산으로서의 노예도 없었다. 잉카제국과 아스테카제국의 주민은 기존 노동관계를 최대한 유지하려 한 반면, 새로이 들어온 자들은 자신에게 유리한 요소를 채택하고 시장경제와 노예제를 도입하여 최대한의 몫을 차지하려 했다.

간과할 수 없는 점은 정복자들이 종교와 인종의 순수성에 집착했다는 사실이다. 예전에는 이베리아인도 기독교, 이슬람교, 유대교의 관용을 바탕으로 상호 개종을 인정했지만 이제는 소수자인 이슬람인과 유대인을 주기적으로 축출하고 개종자를 의심했다. 특히 다른 인종 간의 결혼을 불신했고 피의 순수성에 크게 집착했다. 아메리카 대륙의 경우 이것은 종교에 대한 면밀한 조사와 가족 구성에 대한 엄격한 규칙을 의미했다. 스페인과 포르투갈의 식민지에서는 가톨릭 결혼이 유일하게 공식적으로 인정되었다. 그러나 자유인과 무자유인 사이의, 그리고 유럽인과 원주민 또는 아프리카인 사이의 결혼은 금지되었다. 스페인령 아메리카는 독립 때까지 이 규칙을 공식적으로 유지했다. 포르투갈은 1755년에 원주민과 백인의 결혼을 허용했으나 백인과 흑인의 결혼은 허용하지 않았다.[156] 그럼에도 불구하고 '카스타castas'라 불리는 혼혈 후손이 빠르게 증가하고 하위 범주로 세밀하게 구별되었다. 이 엄격한 분류는 가족생활에 여러 영향을 미쳤고, 결국 가족 내 노동의 호혜적 분배에도 영향을 미쳤다. 대부분의 노예는 가족생활을 생각도 못 했고, 소득이 있는 카스타도 유럽인이나 비혼혈 원주민과 달리 가족생활을 하지 못하는 경우가 있었다.

두 가지 요인의 결과 이후 4백 년에 걸쳐 아메리카 대륙에 독특한 노동관계가 형성되었다. 1492년 10월 12일 콜럼버스와 그의 선원들이 처음으로 바하마의 주민을 짧게 만나 물건을 교환할 때는 노동관계가 관여되지 않았다. 그러나 스페인인과 나중에 온 포르투갈인은 백지 상태로 온 것이 아니었다. 두 나라 모두 새로이 발견한 땅의 주민에 대한 계획이 분명했고, 감히 복종하지 않는 자들을 다룬 경험도 충분히 많았다.

스페인과 카나리아제도 식민지의 노동관계를 보면 스페인인이 1494년에 원주민 사회에 공납을 강요했다는 사실은 놀랍지 않다.[157] 이 사실이 기존 노동관계에 영향을 미치지는 않았다. 그러나 두 가지 새로운 변화로 신세계에 무자유노동이 도입되었다. 첫째는 같은 해에 이교도에 대한 '정의로운 전쟁'에서 획득한 포로의 노예화다. 중요한 점은 1498년부터 국왕의 땅을 스페인 식민지 개척자 개인에게 분배(레파르티미엔토repartimiento)한 것이다. 이 땅은 세습할 수 없고 일시적이지만 평생 동안 운영할 수 있었다. 이 제도는 그 땅에 살고 있는 원주민까지 포함했으므로 그들은 노동을 제공해야 했다. 스페인 국왕은 대서양 건너의 새로운 식민지가 노예제를 도입하는 것을 금지했다. 전쟁 포로와 범죄자는 노예로 쓸 수 있었다. 그러나 레파르티미엔토에 주민의 노동을 포함시킴으로써 부역을 도입한 콜럼버스의 결정은 사실상의 노예제를 만들었다.

노동은 스페인인의 출현 이전과 이후에 성격이 달라졌다. 이전에는 의무적 노동의 산물이 국가로 흘러갔지만 이후에는 시장에서 즉시 팔렸고, 판매세가 국왕에게 주화로 지불되었다. 1503년 카리브해 지역에 토지와 주민을 분배하는 방식이 도입되었다. '위임'을 뜻하는 이 방식은 엥코미엔다encomienda로 불렸다. 철자가 약간 다른 엥코멘다르encomendar는 맡긴다는 뜻이다. 공식적으로 이 제도는 '게으름'과 '부랑 생활'을 퇴치하기 위해 만들어졌으나, 아메리카 원주민을 외부의 폭력으로부터 보호하고 가톨릭 교리와 스페인어를 가르치려는 의도도 있었다.[158]

이전의 아스테카제국 당시 스페인에서 온 정복자와 군인들은 기존 귀족 중 일부를 엥코미엔다를 담당한 인물들로 대체했지만 그 밖에는 아스테카의 행정 및 관료 제도를 유지했다.[159] 새로운 주인은 명목상의 자유 농민에게 얼마나 많은 일을 요구했을까? 스페인법상 이들은 노예도 농노도 아니었다. 당시 작업량이 엄청나게 증가했다고 추정할 만한 이유가 있다. 노동으로 세금을 거둔 도시국가 체제 알테페틀altepetl이 유지되는 동안 멕시코 계곡의 나와족Nahuas 인구는 60년 사이에 88퍼센트가 감소한 반면, 백인 인구는 크게 증가했다. 한편으로 괜찮은 흐름도 나타났다. 시장을 위한 자영업은 아스테카 통치하에서처럼 계속되었고, 19세기 중반에 멸망하기 전까지 멕시코 오악사카의 원주민 부족이 유지한 레파르티미엔토 방식의 코치닐cochineal(연지충을 원료로 하는 붉은 염료 중 하나-옮긴이) 생산처럼 확장된 경우도 있었다. 엥코미엔다-레파르티미엔토 제도는 멕시코에서 1525~1575년에 활발히 시행되었으나 결국 국왕이 폐지하고 돈과 작물로 납부하는 세금으로 바꿨다. 스페인령 아메리카의 변방에서는 이 전환이 훨씬 나중에 나타났다.

스페인령 아메리카의 다른 지역과 마찬가지로 멕시코에는 엥코미엔다-레파르티미엔토 제도 외에 레파르티미엔토 포르소소repartimiento forzoso 또는 아스테카 용어로 쿠아테퀴틀cuatequitl이라는 강제 노동이 있었다.[160] 아스테카 시대에 유래한 이 제도에서는 추장caciques이 공공사업을 위해 농민들을 소환하여 집단 노동을 시킬 수 있었다. 스페인인은 기꺼이 이 제도를 유지했고, 공공건물, 교회 건물, 도로 등을 갖춘 신도시 멕시코시티를 건설하고 부분적으로는 은을 채굴하기 위해 노동력을 이용했다. 새로운 주인에게는 도로 건설이 매우 중요했다. 멕시코에는 짐을 나르는 동물이 없었기 때문에 타메메tamemes라는 짐꾼이 이마에 거는 멜빵에 23킬로그램짜리 바구니를 달아 모든 짐을 옮겼다. 이제 짐은 더 무거워졌고 시간은 더 늘어났다. 1531년 당국이 짐꾼은 일당으로 카카오콩 1백 개(1레알real 또는 8분의 1페소peso)를 받고 자발적으로 일해야 한다고 정했지만 학대는 끝나지 않았다. 이 부역 노동의 문제점 중 하나는 노동력이 부족한 시기에 부적절하게 강요했다는 것이다. 치안판사는 대농장의 잡초 뽑기와 추수를 위해 2주 동안 노동하도록 할 수 있었다. 이 노동은 1630년에 공식적으로 폐지되었으나, 일부 지역과 광업 같은 산업 부문에서는 18세기 말까지 지속되었다.

일이 너무 힘들거나 다른 농사일과 겹칠 때, 또는 학대하는 고용주나 중개인을 만나는 경우 아메리카 원주민은 증오스런 부역을 피하려고 온갖 방법을 시도했다. 규정상 노동을 시작하기 전에 '짤랑이는 은화로 곧장' 선금을 받을 수 있다는 사실도 소용없었다.[161] 과테말라 팔린시 관리들은 사람을 충분히 동원하는 것이 얼마나 어려웠는지를 생생하게 묘사했다.

먼저 치안판사와 다른 지도자가 집집마다 찾아가 일할 차례가 된 사람을 소환하고 선금으로 2레알 은화나 4레알 은화를 준다. 사람들은 이 돈을 무척 혐오스럽게 여긴다. 종종 아무도 받으려 하지 않아 돈을 집에 놓고 오는 수밖에 없을 때도 있다. 레파르티미엔토로 지정된 날은 슬픈 장면이 펼쳐진다. 경찰을 대동한 관리들이 이웃의 위로와 동정을 받고 있는 사람들을 끌어 모은다. 여성, 어린이 할 것 없이 모든 이웃이 나와서 비난과 저주를 퍼붓고, 사랑하는 남편과 아들이 빠져나갈 방법이 없음을 깨닫고는 눈물과 끔찍한 절규를 터뜨린다. 마치 그들이 감옥이나 교수대로 끌려가는 것처럼 말이다.[162]

엥코미엔다-레파르티미엔토는 스페인령 아메리카의 많은 지역에 다양하게 존재했지만, 안데스 지방의 사례가 가장 유명하다. 페루를 정복한 스페인인은 북쪽에서 했던 나쁜 관행을 반복했고, 멕시코에서 시험했던 강제 노동을 도입했다. 그들은 잉카의 미타(부역) 체제를 따라 했는데, 해발고도 4천 미터의 황량한 땅에 위치한 엄청난 광산인 (볼리비아) 포토시에서 은을 채굴하기 위해 활용한 예가 유명하다. 1545년 스페인인이 발견한 포토시 은광은 전 세계적으로 유명해졌고, 채굴된 은의 대부분은 인도와 중국까지 흘러 들어가 은화와 은괴로 만들어졌다.[163]

잉카에서 공공사업 인력을 모집하기 위해 사용하던 미타[164]는 대체로 유지되었다. 1572년 프란시스코 데톨레도Francisco de Toledo 총독은 수은을 섞어 은을 제련하는 방식을 도입했다. 그 결과 은 생산량이 크게 증가하고 노동력 수요가 높아졌지만 지역 내 인력은 충분하지 않았다. 그는 미타 체제를 목적에 맞게 변형했다. 광산주들에게 약속하기를, 국왕에게 은 생산량의 5분의 1을 바치고 광부의 한시적 강제 노동에 대해 보상하면 충분한 노동력을 공급해주겠다고 했다. 최대 반경 3백 킬로미터 내의 17개 지방에서 약 1만 4천 명의 성인 남성과 그 가족으로 구성된 총 4만 명이 추장들의 지도 아래 징집되었다. 1600년경 티티카카호수에서 480킬로미터 떨어진 포토시까지 이주한 임시 강제 노동자들의 행렬은 다음과 같이 묘사되었다.

나는 그들을 두 번 봤는데, 분명 7천 명은 되었다. 원주민 각각은 식용으로 쓸 라마 8~10마리와 알파카 몇 마리를 데려가고, 동물의 등에 음식, 옥수수, 말린 감자를 싣는다. 또한 이곳이 상당히 춥고 그들은 땅 위에서 자기 때문에 깔개와 돗짚자리도 가져간다. 가축은 모두 3만 마리가 넘는다. …… 이들 중 2천 명 정도만 돌아온다. 나머지 5천 명 중 일부는 죽고, 산 사람은 포토시나 근처 계곡에 머무는데, 돌아오는 여정에 쓸 가축이 남지 않기 때문이다.[165]

비슷한 시기에 예수회 선교사 호세 데아코스타José de Acosta 신부가 이 노동의 성격을 생생하게 기록했다.

그들은 광산의 칠흑 같은 어둠 속에서 낮과 밤도 구별하지 못한 채 일한다. 햇빛이 안까지 들지 않기 때문에 항상 어두울 뿐만 아니라 매우 춥고 공기가 탁해서 이질적이고 사람의 몸에 맞지 않는다. 그래서 처음 들어오는 사람들은 배를 탄 것처럼 구역질한다. 나도 한 광산에서 심장이 아프고 속이 뒤틀리는 것을 경험했다. 그들은 길을 밝히기 위해 항상 초를 들고 다닌다. 일을 분담할 때 일부는 낮에 일하고 밤에 쉬고, 일부는 밤에 일하고 낮에 쉰다. 그들은 부싯돌처럼 딱딱한 광석을 철봉으로 쪼갠다. 이후 광석을 등에 지고 사다리를 올라간다. 사다리는 생가죽을 꼰 세 개의 줄에 목판을 가로대로 연결해서 만들어, 한 명이 사다리를 올라갈 때 동시에 다른 사람도 내려올 수 있다. 이 사다리는 높이가 20미터에 이르며, 각 사다리의 꼭대기와 밑바닥에 목재 층계참이 있어서 사람들이 쉴 수 있다. 오르내릴 사다리가 너무 많기 때문이다. 각각의 남성은 천으로 만든 배낭 같은 것에 25킬로그램의 은광석을 담아 등에 지고, 한 번에 세 명씩 올라간다. 맨 앞에는 촛불을 든 사람이 올라가는데, 두 손으로 사다리를 잡을 수 있게 초를 엄지손가락에 묶는다. 엄청나게 높이 올라간다. 종종 3백 미터가 넘는데, 생각만 해도 오싹할 정도로 두려운 일이다.[166]

원주민이 이 가혹한 체제에 순응한 유일한 이유는 광산주에게서 받는 시세 이하의 임금보다 더 벌 수 있었기 때문이다. 일주일 노역이 끝나면 미타에서 벗어나 자유 속에서 같은 일을 더 높은 임금을 받고 할 수 있었다.[167]

17세기 중반 이후 미타는 노동 의무에서 금전적 의무로 바뀌었다. 이 무거운 세금을 내면 먼 길을 걸어 광산으로 가는 의무를 피할 수 있었기에 많은 사람이 그쪽을 택했다. 포토시의 광산 노동은 이제 카차kajchas라고 불리는 자영업자가 주로 담당했다. 이들은 안데스 고산지대의 다른 은광에서 했던 것처럼 짐 나르는 동물을 사육해서 활용했다.[168] 무거운 세금은 1825년에 시몬 볼리바르Simon Bolivar(19세기 초 남아메리카 독립운동 지도자-옮긴이)가 폐지했다.

수천 명의 임금노동자, 은광석, 포토시의 황량한 안데스 고산지대 등의 모든 것이 거대한 상품 및 서비스 시장을 촉발했다. 광산에서는 남성이 주된 노동자였지만 새로운 시장에서는 여성이 주된 노동자였다.[169] 안데스 지대의 여성들은 신선한 음식을 팔았고, 광부에게 필수적인 코카 잎도 팔았다. 광부들은 높은 해발고도에서 몸의 원활한 기능을 돕고 식욕을 억제하기 위해 코카 잎을 씹었다. 여성들은 옥수수 맥주 치차chicha도 만들었다. 당국은 술 소비를 억제하고 아메리카 원주민과 아프리카인의 술 판매를 막고자 스페인 여성이 팔도록 하려 했지만 헛수고였다.

아스테카, 마야, 잉카 같은 거대 정치체 외에 아메리카 대륙의 다른 민족들도 농업을 발달시켰으나 분권화되어 있었다. 이들은 노동의 결실을 지역에서 재분배했다.[170] 정복자들은 다른 방식으로 접근했다. 스페인과 포르투갈의 가톨릭교도 왕들은 이 문제를 통합하는 과제를 주로 예수회와 프란치스코회 선교사들에게 위임했다. 선교사들은 식민국의 지원을 받아 기관을 설립하고 원주민의 언어를 배웠고, 원주민을 가톨릭교도로 개종시키려 했다. 그것이 전부가 아니었다. 선교사들도 원주민 추장을 통해 현물로 최저임금을 지급하면서 교회와 국가를 위해 부역하도록 강제했고, 현물세를 포함한 시장경제를 촉진했다.[171] 경제력이 약한 지역의 추장은 중개인으로서 중요한 지위를 획득했고, 새로운 법 아래에서 권력을 키웠다. 미시시피 계곡의 족장제 사회처럼 인구가 밀집한 지역에서는 식민주의자가 바꾼 경제 유형과 방식이 구체제의 방식을 대체했다. 멕시코와 안데스 지역들만큼은 아니지만 식민주의자들은 노동에 관해 많은 권력을 쥐었다.[172]

한편 호혜적 노동관계를 바꾸기 위해 수렵채집인을 길들이거나 교육하는 일은 다른 문제였다.[173] 아메리카 대륙 전체에 분산된 농경 사회를 장악하는 데는 선교사를 이용하는 방식이 잘 들어맞았지만, 비정주성 부족은 접근하기가 훨씬 어려웠다. 그렇다고 해서 선교사들이 끼어들지 않았다면 수렵 채집인이 생활 방식을 유지했을 것이라는 의미는 아니다. 오늘날의 아르헨티나 북부, 파라과이, 볼리비아 지역에 걸친 평원 그란차코에는 과이쿠루안족 Guaycuruans이 살았는데, 그들은 스페인과 처음 접촉하고 나서 150년이 흐른 18세기에 선교지에 들어가기로 했다.

과이쿠루안족은 식민지 개척자들과 만난 이후 길든 말과 가축을 사냥하기 시작했지만, 곧 이 동물을 바로 죽이지 않는 것이 큰 이득이라는 사실을 깨달았다. 이들은 동료 기독교인의 불운을 거리낌 없이 이용했던 스페인인 및 메스티소와 동물을 거래했다. 과이쿠루안족은 능란한 기마인이 되었다. 그 덕분에 더 많은 야생동물과 길든 가축을 사냥했고 사람을 포로로 잡기도 했다. 숲, 습지, 대초원에서 비정주적 또는 반유목민으로 살던 변방 부족이 순식간에 모두가 두려워하는 전사로 탈바꿈했다. 그들은 일찍부터 기독교로 개종하고 옥수수를 재배하던 정착 부족 과라니족Guaranis과 그들의 스페인인 협력자들을 경멸했다.

과이쿠루안족은 아메리카의 모든 부족이 유럽인과 처음 접촉한 이후 그 랬듯이 초기에 전염병으로 많은 인명을 잃었다. 그러나 숲에서 잡은 사슴의 가죽과 꿀 등의 수렵채집물과 더불어 약탈한 소, 말, 노새, 포로를 거래해 얻은 수익 덕분에 17세기에 인구가 증가하기 시작했다. 부족의 약탈단은 예전에는 걷거나 카누를 탄 수십 명의 보병에 불과했지만 이제는 투쿠만, 아순시온, 산타페 같은 도시를 정기적으로 공격하는 수백 명의 기마병으로 불어났다. 성공은 몰락의 시작이기도 했다. 정착민의 방어 기술이 나아진 것도 원인 중 하나였지만, 생태학적으로 과이쿠루안족이 자연 자원을 고갈시켰기 때문이다. 전통적으로 아메리카 대륙의 수렵 원주민은 생존에 필요한 만큼만 취해야 한다는 원칙을 따랐고, 사냥감 동물은 사육된 동물과 달리 영혼을 지닌다고 믿었다.

그러나 과이쿠루안족이 이러한 감각을 잃고 상업을 위해 동물을 마구잡이로 사냥한 결과, 1730년대와 1740년대에 부족 대부분이 선교 시설에 들어갈 수밖에 없었다.[174] 식물을 채집하던 여성은 정주성 농경 생활을 유연하게 받아들였지만, 전사이자 수렵인인 남성은 새로운 노동 방식에 매우 느리게 적응했다. 남성은 밭일을 피했고, 수렵하거나 가끔씩 이웃 지역으로 약탈을 나가는 것 외에는 소몰이나 대장간 일, 목수 일, 그리고 집을 짓거나 수레 만드는 일 등을 선호했다.[175] 모든 선교 시설은 소와 기타 가축, 도구, 의류 등을 지원받았기 때문에 처음에는 순조롭게 운영되었다. 기독교를 가르칠 사제도 있었고, 스페인화한 일꾼peones이 새로운 노동 방식을 가르치는 교사 역할을 했다. 한 선교 시설의 과이쿠루안족 지도자는 이 가부장적 통제를 거부하고 자신의 조건에 따라 공동체의 생산물을 외부인과 거래했다.

브라질 원주민과 식민지 개척자의 갈등의 역사는 훨씬 극적이다.[176] 흥미롭고 다양한 적응 사례도 있지만, 전체적으로 소멸의 분위기가 압도적이다. 식민지 개척자는 남쪽과 북쪽에서 사탕수수를 재배하고 중간 지대에 목장을 만들어 유럽에 공급할 가죽을 생산하기 위해 땅이 필요했다. 그들은 어떠한 수단을 써서라도 원주민으로부터 노동력을 얻으려 했고, 이 시도는 강제 노동과 노예화로 이어졌다. 이 점에서 파울리스타(상파울루의 이름을 딴 상파울루 시민), 백인, 마멜루코mameluco(백인과 원주민의 혼혈 후손-옮긴이)의 기술은 악명이 높았다. 이들은 브라질 중부와 북부에서 원주민을 잡아 오도록 고용되기도 했다. 1585년 상파울루 시의회는 노예 없는 생활을 어떻게 해나갈지 불안해했다.

이 땅은 주민이 점점 줄어드는 큰 위기에 처해 있다. 항상 노예의 섬김을 받았던 백인 주민이 이제는 원주민 노예를 둘 수 없다. 많은 질병이 퍼진 결과다. 지난 6년의 임기 동안 2천 명이 넘는 노예가 죽었다. 이 땅은 노예들 덕분에 기품 있었고, 개척민은 그들과 함께 명예롭게 일하며 생계를 유지하고 많은 소득을 올렸다.[177]

수십 년 후 '브라질 역사의 아버지'라 불리는 프레이 비센테 두살바도르 Frei Vicente do Salvador는 다음과 같이 묘사했다.

그들은 교묘하게 기만하고 추장에게 옷이나 도구 같은 선물을 주며 마을 전체를 떠들썩하게 했다. 그러나 일단 마을 사람들을 데리고 바다가 보이는 곳에 도착하면 아이를 부모로부터, 형제를 형제로부터, 심지어 남편을 아내로부터 떼어 놓았고 자기 땅에서 부려먹거나 팔았다. 노예를 산 사람은 이들이 도망가려 하거나 잘못하면 얼굴에 낙인을 찍곤 했다. 이들을 사느라 돈을 썼으니 자기 노예라고 주장했다.[178]

이런 일이 수 세기 동안 계속되었다. 많은 사람이 무장 저항하고 일부 선교사와 정부 관리가 상황을 개선하려 했지만 결국 유인이나 포획, 학살, 강제 노역, 전염병으로 인한 집단 몰살이 브라질 원주민을 멸종 직전까지 몰아갔다.

착취와 인구 감소의 결과

초기의 착취, 노예화, 대규모 인구 감소는 어떤 결과를 낳았을까? 아메리카 대륙의 주요 지역에 관해서는 하나의 답이 나온다. 16세기 말 스페인의 행정단위였던 누에바에스파냐의 멕시코 지역 농촌 인구의 절반은 마을에서 공동체 방식으로 사는 소농이었고, 절반은 스페인인과 그들의 후손이 소유한 대농장(아시엔다haciendas)에서 일했다. 1620년까지 식민지 개척자들은 멕시코 계곡의 농지 중 적어도 절반을 차지했다. 식민지 일부 지역의 소농 가구는 산업 활동에도 종사했다. 방적인과 직조인은 에콰도르 키토와 주변 지역에서 수출 상품을 생산한 덕분에 미타도 면제받았다. 임금은 북동부의 백인 정착 지구보다 낮았는데, 그 이유는 구대륙에서 찾을 수 있다. 이베리아반도의 실질임금은 영국보다 훨씬 낮았다. 그래서 잘살고 싶었던 스페인과 포르투갈의 평민들은 신세계의 남쪽에 크게 만족했고, 이 분위기가 메스티소와 원주민 부족의 임금을 결정했다.[179]

멕시코 은광의 광부는 1600년경 총 1만 명, 1750년경에는 5만~6만 명이었고, 3분의 2는 임금노동자였다. 이들은 일부는 주화로, 일부는 은광석으로 작업량제 임금을 받는 파르티도partido 방식으로 일했다. 농촌 지역에 소액 단위 주화가 부족했기 때문일 수도 있으나, 노동자들도 이 방식을 싫어하지 않았다. 오히려 고용인이 폐지하려 하자 격렬하게 저항했다. 1766년 광부들은 파추카 근처의 레알델몬테에서 폭동을 일으켰고 긴 파업 끝에 마침내 뜻을 관철시켰다. 결국 당국은 작업량제 임금이 주요 요소인 전통적 보수 지급 방식을 유지했다.[180] 포토시 광산에서 보수를 지급한 방식과 유사한 반면, 나중에 폭발적으로 증가한 콜롬비아와 브라질 금광의 노예노동과 대조된다.[181]

대부분의 임금노동자와 독립적 수공품 생산자는 도시에 살았다. 대륙 전체적으로는 식민 도시가 고르게 분포하지 않았고 자유노동과 무자유노동이 경쟁했다.[182] 포르투갈인은 나중에 브라질이 된 지역에서 큰 제국과 마주치지 않았고, 당시 이곳 농업은 서쪽 지역보다 훨씬 뒤처져 있었다. 많은 원주민이 수렵채집인이었고 일부는 자급자족식 화전농을 병행했다. 따라서 정주성 농경민인 포르투갈인, 그리고 한동안은 네덜란드인도 자기네 방식의 새로운 사회를 처음부터 건설해야 했다. 그 결과 포르투갈령 아메리카는 스페인령 아메리카에 비해 거의 도시화하지 못했다. 수도였던 살바도르데바이아나 상파울루 같은 브라질 소도시는 1690년대에 미나스제라이스 지역에서 금광과 다이아몬드광의 붐이 일기 전까지 멕시코시티, 키토, 리마, 포토시 등의 대도시와 견줄 수준이 못 되었다. 이곳에서는 자유민인 저임금 미숙련 수공인과 가사 하인들이 똑같은 노동을 하는 노예와 경쟁해야 했다. 18세기의 마지막 수십 년 동안 식민 국가는 직조 공장과 담배 공장 등의 몇몇 산업 시설을 만들었다. 1800년경 멕시코시티의 담배 공장은 약 5천 명을 고용하고 있었다. 공장 인력의 절반 이상을 차지한 여성 노동자들은 회사가 관례적인 직원 혜택을 폐지하고 노동 할당량을 늘린 데 저항해 파업을 일으켜 유명해졌다. 유럽과 아시아에서와 마찬가지로 아메리카 대륙의 자유 임금노동자들은 대체로 작은 노동 단위에서 일했다.

아메리카 대규모 농장의 노예

노예 및 다른 무자유노동자에 관해서는 라틴아메리카를 언급하며 살펴본 바 있다. 근대 초기 아메리카에서는 노예노동과 무자유노동이 널리 이용되었고, 카리브해와 브라질에서는 특히 지배적이었다. 스페인인은 이미 자국의 노예제에 익숙했지만 신세계에서는 노예 사용을 선호하지 않았다. 유일한 예외는 '정의로운 전쟁'에서 잡은 포로와 죄수였는데 그 수가 많다는 사실에 유의할 필요가 있다.[183] 1521~1524년에 적어도 2만 5천 명의 남녀가 누에바에스파냐에서 팔렸고 이후에도 많은 사람이 팔렸다. 대부분 금광에 투입된 이들이 받은 식량의 재원은 엥코미엔다로 쌓인 현물세였다. 아메리카 원주민에게 심각한 타격을 입힌 전염병이 노예에게도 타격을 주어, 노예 가격이 1527~1528년에 4~5페소에서 1536~1538년에는 50페소로 오르더니 1550년에는 2백 페소까지 급등했다.

그 결과 원주민 노예가 아프리카 출신 노예만큼 비싸졌다. 이에 따라 멕시코 식민지 개척자들이 흑인 노예를 수입했다. 1514년에 이미 흑인 노예를 도입한 히스파니올라섬에서는 흑인 인구가 백인을 초과했다.[184] 히스파니올라섬은 나중에 아이티와 도미니카공화국으로 나뉘었다. 멕시코의 아프리카 노예 수입은 1548년 원주민 노예화가 폐지된 후 확대되었다. 노예는 은광 (1600년에 약 1천 명)과 직물 공장에 투입되었다.

멕시코와 스페인령 아메리카의 대부분 지역에 아프리카 노예가 많지 않았던 반면 카리브해와 그 본토 해안(주인은 스페인인, 프랑스인, 잉글랜드인, 네덜란드인, 덴마크인 등으로 다양했다), 그리고 브라질 등은 아프리카 노예에 크게 의존했다. 카리브해 지역의 아프리카 노예는 주로 사탕수수 농장 등의 대규모 농장에서 일했다. 브라질에서는 대농장 외에도 광산을 비롯한 대부분의 지역에서 아프리카 노예가 일했다.[185]

1494년 토르데시야스조약이 체결되자 교황은 스페인과 포르투갈의 세력권을 나누었다. 포르투갈은 운 좋게 아프리카와 브라질 모두를 개발할 배타적 권리를 얻었고, 노예를 사서 부릴 수 있는 지역들을 결합했다. 스페인은 흑인 노예 조달을 포르투갈에 의존하기 시작했고, 노예를 스페인령으로 수입하려는 사람들을 위해 1518년에 정부 면허제asiento de negros를 도입했다. 면허는 개인 상인이나 상사회사가 정해진 기간 동안 정해진 수의 노예(원칙적으로 허가당 3천~5천 명)를 들여올 수 있는 독점 계약이었다. 이 면허제는 1834년에야 폐지되었다.

원주민을 가장 잔인하게 몰살한 브라질은 몇몇 특별한 조건 덕분에 당대에 가장 큰 노예 국가가 되었다. 포르투갈인은 대서양의 여러 섬에서 노예에 기반하여 농공업을 운영한 경험이 있었다. 또한 브라질은 환경이 사탕수수 재배에 알맞았고, 바다 건너 가까운 기니와 앙골라의 해안에 노예 기지가 있었다.[186] 1532년 사탕수수가 현재의 상파울루인 상비센치에 전래되었고, 1559년에 포르투갈 왕은 모든 재배 농장 주인이 콩고 출신 노예를 최대 120명까지 수입할 수 있도록 허용했다. 1570년 왕이 아메리카 원주민 노예를 사용하지 못하도록 공식적으로 금지한 조치는 아프리카에서 많은 노예를 수입하는 본격적인 계기가 되었다.

대규모 농장 경지는 사탕수수용 경지, 일꾼에게 먹일 유카yucca(용설란과의 여러해살이풀-옮긴이)나 플랜틴plantain(요리용 바나나의 일종-옮긴이) 같은 작물용 경지, 장작용 임야, 그리고 짐 끄는 동물과 육우를 키우는 초지 네 구역으로 나뉘었다. 사탕수수는 보통 1, 2년에 한 번씩 옮겨 심어야 하지만 브라질 북동부 해안에서는 기간을 최대 20년까지 늦출 수 있었다. 10개월 내지 11개월간의 1년 농사 중 가장 중요한 것은 사탕수수를 베는 일이었다. 보통 남녀 혼성으로 구성된 노동조는 주인의 호의와 특별 보상을 위해 경쟁했다. 한 조원이 사탕수수를 베면 다른 조원이 다듬고 다발로 묶어서 쌓았다. 그다음에는 소가 끄는 수레에 실어 제분소로 옮겼다. 원래는 사탕수수를 맷돌 사이에 넣어 으깼는데, 브라질은 나중에 기구를 개량하여 롤러를 세로로 세우고 소를 빔이나 물레방아에 묶어 롤러를 돌렸다. 바베이도스와 인근 섬들에서는 동력을 얻기 위해 풍차를 사용했다.

노예는 이 과정에서 얻은 사탕수수 즙을 커다란 주전자에 넣고 끓였다. 8시간의 밭일을 마친 후에도 교대로 제분소에서 일해야 했다. 모든 농장에서 중요한 또 다른 일은 밤낮으로 쉬지 않고 불이 타오르도록 장작을 베고 주워 오는 것이었다. 사탕수수를 빨리 가공하지 않으면 발효되면서 당분이 소실되기 때문이다. 제분소가 조용해지는 때는 하루를 시작한 일꾼들이 새로운 사탕수수를 실은 수레가 도착하기를 기다리는 짧은 시간뿐이었다. 사탕수수 즙을 세 번 끓여 얻은 당밀은 주전자로 원뿔형의 점토 거푸집에 부은 다음 물을 빼내고 결정화한다. 이렇게 만들어진 설탕 덩어리를 갈아 약 350킬로그램들이 상자에 각각 넣어 유럽으로 수출했다. 주요 공정과 별도로 농장에는 목수, 철공, 조리사, 과수원지기, 여성 세탁부가 필요했다. 규모가 가장 작은 재배 농장도 일꾼이 총 50명쯤 필요했고, 대부분의 농장은 수백 명에 달했다.

설탕 가격이 높았던 시기에는 노예를 구매하고 유지하는 비용을 2년 안에 회수할 수 있었고, 이윤이 적었던 시기에는 4년이 걸렸다. 주인이 노예를 조심스럽게 다루거나 아이를 기르도록 허용할 동기는 크지 않았다. 새 노예를 사면 그만이었기 때문이다. 1800년경 노예제 폐지 또는 폐지 가능성 때문에 가격이 치솟기 전까지는 이런 상황이 일반적이었다.[187]

북유럽 국가 중 처음으로 아메리카의 대규모 사탕수수 농장 사업에 뛰어든 나라는 네덜란드다.[188] 1595년 스페인 왕에 대항하여 반란을 일으킨 네덜란드인은 이베리아반도에서 청어 염장에 필요한 소금을 살 수 없게 되자 바다 건너 베네수엘라로 갔다. 네덜란드인은 모든 종류의 밀수품을 거래하면서 새로운 대륙을 파악했다. 스페인 왕은 1580~1640년에 포르투갈 왕도 겸했다. 네덜란드는 스페인 왕과 1609~1621년의 12년 휴전 협정을 체결한 후 네덜란드서인도회사를 설립했다. 이 회사는 브라질 북동부와 포르투갈령 아프리카의 전략 요충지를 정복하고 수십 년간 지켰다. 네덜란드인은 선배들의 활동을 모방하여 노예를 거래하고 부리며 설탕 농장 사업을 했다. 여기에는 네덜란드로 피신하여 다시 유대교로 개종한 포르투갈의 마라노Marrano(이베리아반도의 레콩키스타 이후 가톨릭으로 강제 개종당한 유대인-옮긴이)들이 중요한 역할을 했다. 네덜란드의 '포르투갈 출신 유대인' 중 일부는 강력한 국제무역망을 유지했고, 네덜란드가 정복한 과거의 포르투갈 영토에 큰 영향력을 행사했다. 1634년 네덜란드가 스페인으로부터 빼앗은 퀴라소섬과 몇몇 카리브해 섬도 여기에 포함된다. 1654년에 네덜란드인은 브라질에서 축출되었지만 서아프리카의 거점은 유지했고, 스페인에 노예를 수출하던 퀴라소섬이 있는 카리브해와 가이아나로 눈을 돌렸다. 가이아나의 수리남, 데메라라, 베르비체에서 노예를 이용한 대규모 농장을 새로이 시작했다.

　네덜란드인은 서아프리카에 무역 거점을 확보하고 카리브해에서 설탕 등을 위한 농장을 시작한 프랑스인과 영국인에게도 새로이 얻은 교훈을 가르쳐 주었다.[189] 북쪽에서 온 신참들은 지중해 지역의 관행과 달리 노예를 집에 두고 부리지 않았다. 그 대신 일부 영국인이 만든 특이한 노동관계가 신세계에서 중요한 역할을 했다. 영국인 식민지 개척자들은 초기부터 자국민의 노동에 의지하려 했다. 1624년 카리브해 최초의 영구 정착촌을 세인트크리스토퍼에 세웠고, 1627년에는 바베이도스에도 세웠다. 북아메리카 최초의 정착촌은 1607년 버지니아에 세웠다. 그런데 카리브해나 북아메리카에 도착한 대다수의 사람은 생계 수단이 없었다. 새로운 식민지에서는 가혹한 주인-하인법이 지배적이었다.[190] 여기에는 계약 위반에 대한 형벌도 포함되었다. 북아메리카에서는 하녀의 '혼외정사'와 '서자 임신'도 처벌했다. 더욱이 개척민들은 하나같이 식민지로 오는 뱃삯 때문에 빚더미에 올라 있었다. 빚은 선장으로부터 새로운 고용주에게 넘겨졌고 하인 고용계약서에 기록되었다. 조항의 주요 내용은 노동자가 주인에게 무급 노동을 제공하여 빚을 청산할 수 있으며, 주인은 이에 대해 병든 경우에도 숙식을 제공한다는 것이었다.

　채무와 별도로 임금노동자들은 오랫동안 주인에게 구속되었다. 1642년 버지니아는 고용계약 없이 이주해 오는 하인들에 관한 법정 계약 기간을 최초로 규정했다. 규정에 따르면 20세 이상은 4년, 12세 이상은 5년, 12세 미만은 7년 동안 주인과의 계약에 구속되었다.[191] 백인의 사망률이 극도로 높았던 카리브해 지역은 유럽에서 많은 사람이 건너왔음에도 불구하고 자유민 노동자가 매우 적었다. 반면 북아메리카의 온대나 한랭 지역에서는 많은 계약 노동자가 계약이 끝날 때까지 일하고 직업이나 주인을 택할 수 있었다. 계약 위반에 대한 미국의 형벌적 제재는 19세기 초에야 폐지되었지만, 백인 노동자와 수공 장인들은 자신과 흑인 노예의 차이를 강조하면서 구영국법에 따라 자신의 지위에 달라붙은 오명에서 벗어나려고 최선을 다했다. 그리하여 '기독교인 백인 하인을 벌거벗겨 채찍질하기' 형벌이 1705년 버지니아에서 공식적으로 금지되었다.[192]

바베이도스에서는 3~5년 계약을 맺고 건너온 많은 영국인 계약 하인이 담배와 목화를 재배하며 길고도 힘든 50년을 보낸 끝에 소작농이 되었다.[193] 이후 농업 노동은 점점 값이 싸지던 아프리카 출신 노예가 맡았다. 1640년에 노예를 유지하는 평균 비용은 25파운드였던 반면 백인 계약 노동자를 유지하는 평균 비용은 12파운드였다. 그러나 이 비용에 숙식과 의류 비용이 추가되어야 했고, 계약 만료 시에 담배와 토지로 자립 밑천을 줘야 했다. 노예가 계약 노동자보다 비싼 바베이도스에는 아무 변화도 일어나지 않았다. 그러나 1670년에 노예 한 명의 가격이 15파운드로 떨어졌고, 1683년에는 12.5파운드로 떨어졌다. 게다가 노예는 영구적 재산으로 판매할 수 있었고 유지 비용도 계약 노동자보다 저렴했다. 곧 바베이도스 곳곳에 노예를 사용하는 사탕수수 재배 농장들이 들어섰고, 작은 농장들의 희생을 대가로 농장 집중화가 일어났다.

똑같은 일이 영국의 가장 큰 속령 자메이카와 이보다 작은 리워드제도에서도 일어났다. 자메이카는 1655년 영국이 스페인으로부터 빼앗은 곳이었다. 영국인은 초기에 이곳에서 카카오콩을 재배하고 싶어 했다. 그러나 자메이카도 바베이도스처럼 대규모 사탕수수 농장들로 채워졌고, 1673년에 노예를 사용하는 농장의 수가 백인 자유민이 운영하는 농장을 추월했다. 1만 명이 안 되던 노예 수는 50년 후 8만 명 이상으로 증가한 반면, 백인의 수는 정체되었다. 자메이카의 노예 인구는 그다음 40년 동안 한층 증가하여 1760년에 17만 3천 명에 이르렀는데, 백인 인구보다 열 배 이상 많고 영국령 서인도제도 전체 노예 수의 약 절반에 해당했다. 당시 자메이카의 평균적 농장이 보유한 노예는 204명이었다. 이보다 노예가 많은 곳은 나중에 아이티가 되는 프랑스령 생도맹그섬뿐이었다. 생도맹그섬의 노예 수는 브라질의 노예 인구에 맞먹는 50만 명에 가까웠다. 쿠바의 노예 수는 1780년에 6만 5천 명으로 상대적으로 적었으나 빠르게 증가했다.[194] 브라질과 카리브해 다음으로 노예가 많은 곳은 18세기 말의 미국이었다. 1680년대 이후 미국에서는 노예가 중간 규모나 대규모 사유지의 계약 하인을 대체했다. 1790년까지 70만 명으로 증가한 노예 중 94퍼센트는 메릴랜드와 남쪽의 여러 주에서 담배, 쌀, 면화 등의 수출 작물을 재배했다. 면화는 1790년부터 재배하기 시작했다.

아메리카 대륙의 노동관계는 원주민과 아프리카 노예, 그리고 많은 사람의 큰 고통을 대가로 치른 후 극적으로 변했다. 아메리카 원주민에게는 콜럼버스 이후의 첫 1백 년이 가장 가혹한 시기였으나 시련은 거기서 끝나지 않았다. 그럼에도 불구하고 1600년경까지 소규모 소작 농부와 임금노동자의 시장을 위한 노동이 이전 노동관계를 갈음해갔다. 아프리카에서 오는 노예는 계속 증가해 18세기의 마지막 25년 동안 2백만 명이 바다를 건넜다. 이제 아메리카 대륙의 노예 수요에 대한 그림이 뚜렷해졌다. 그렇다면 공급은 어떠했을까? 아프리카에서 무슨 일이 있었길래 이러한 공급이 가능했을까?

노예 공급원이 된 아프리카

아프리카 노동사를 쓰려면 노예와 노예 수송을 언급할 수밖에 없다. 그러나 아프리카 노동사는 노예와 노예 수송보다 큰 의미가 있다. 이곳 노동사를 조망하려면 환경 요인부터 알아봐야 한다. 사하라 이남 아프리카는, 노동집약적 농경이 다양하고 산업화한 남아시아와 동남아시아의 열대 및 아열대 지역과는 대부분의 측면이 정반대다. 아프리카의 인구밀도는 다른 대륙보다 뚜렷이 낮았다. 1750년에 1제곱킬로미터당 약 네 명으로 서유럽의 6분의 1 수준이었다. 그래서 평등주의적 농경이 오랫동안 지속될 수 있었다(92~93쪽 참고). 철제 도구를 이용한 집약적 농경을 알았지만 널리 사용하지 않은 이유는 이렇다.

대부분의 땅이 불모지였을 뿐만 아니라 조금이나마 비옥한 토양도 대개 너무 얕아서 쟁기질하거나 경작을 오래 하면 토질이 쉽게 나빠졌다. …… 게다가 풍토

병인 수면병(열대 지역에서 체체파리가 옮기는 질병-옮긴이) 때문에 농장에서든 수송에든 큰 동물을 사용할 수 없었다. 따라서 사람이 유일한 운송 수단이었다. 무엇보다 1년 중 여러 달 동안 농업 생산을 위해 땅을 이용하는 것이 불가능했다. 건기가 한창일 때 할 수 있는 유용한 농사일이 없었기 때문이다.[195]

운송 문제는 무역에도 심각한 장애물이었다. 사람이 물건을 날라야 해서 장거리 사업 비용이 다른 대륙보다 비쌌고 직업 분화가 제약되었다. 따라서 아프리카 대륙이 다른 대륙에 비해 수렵채집 생활을 오래 유지한 것은 당연해 보인다. 그러나 한편으로 수렵채집이 자급자족만을 위한 생활 방식이었다고 단정해서는 안 된다. 아프리카인들은 전 세계 시장에 상아, 초를 위한 밀랍, 고무진 같은 주요 상품을 수출했다.[196]

자연 조건은 사하라 이남 지역에 세 가지 중요한 결과를 가져왔다. 첫째, 농경이 계절에 따라 분화했다. 이 시대에는 짐을 나르거나 끄는 동물이 전반적으로 부족한 건기를 제외하면 모든 사람이 노동에 동원되었다. 노동생산성도 장기적으로 상승했다. "아시아로부터 잇달아 들여온 많은 작물과 품종, 그리고 대서양 무역이 시작된 후 신세계로부터 들여온 플랜틴, 옥수수, 카사바, 카카오콩 같은 작물을 선택적으로 골라 재배한 결과였다."[197]

둘째, 3개월의 건기 동안 할 일이 없는 문제를 해결해야 했다. 농사 공동체는 보통 방적과 직조, 철 생산과 기타 수공 일을 했다. 여기서는 수렵채집에 관해 언급하지 않겠다. 1400년경 짐바브웨에서는 아프리카 시장에 공급하는 구리와 인도양 너머로 수출하는 금을 채광하는 산업이 절정기를 맞았다. 서아프리카 일부 지역도 금을 캐는 위험한 사업에 가담했다. 농업보다는 덜했겠지만 남녀의 노동이 엄밀하게 분업되어 있었고 여기서도 여성의 노동이 지배적이었다. 베냉에서는 모든 직조인이 여성이었다. 남성이 직조 일을 하는 다른 아프리카 지역의 경우 직조공 한 명은 8~15명의 여성 방적공이 없으면 제대로 일할 수 없었다. 철 생산에 종사하는 남성의 수는 적었다. 한편 철광석 제련을 위해 나무를 베는 일은 전형적인 수렵채집 남성의 몫이었다.[198]

셋째, 18~19세기에 아프리카 공동체들은 아내든 아이들이든 포로든 사람을 획득하는 데 가치를 두면서 부족해지거나 풍요로워지는 노동력에 대응했다. 1년 중 대부분은 남성의 노동력이 과잉 공급 상태였기 때문에 최상층은 잉여 노예를 북쪽과 동쪽의 노예 상인에게 팔았고, 15세기부터는 지나가는 유럽인의 배에 팔 생각도 하기 시작했다. 노예무역은 원래 일종의 부업이었지만 무척 수지맞는 장사여서 주요 사업으로 발전했다. 1700년까지만 해도 아프리카의 금에 관심을 둔 유럽인은 이제 포로에 주목했다. 이 과정은 서쪽 방향으로 가속화했고 4백 년 동안 이어졌다. 노예가 된 아프리카인이 팔리는 시장은 세 곳이었다. 앞에서 언급한 아메리카 대륙 시장, 인도까지 미치는 아랍 시장, 아프리카 내부 시장이다. 노예들은 모든 곳의 노동에 쓰였으나, 맡은 일은 달랐다.[199]

8세기 아프리카의 이슬람화가 사하라사막을 횡단하는 노예 운송이 시작된 계기는 아니었지만 어쨌든 이후 몇 세기 동안 중요한 추진력이 되었다.[200] 고대 그리스·로마 시대에 사하라사막은 지중해 지역과 열대 아프리카 사이를 가로막는 주요 장벽이었고, 교류는 주로 나일강과 홍해 경로에 국한되었다. 그러나 이슬람 세력이 세력을 넓히면서 상황이 달라졌다. 사하라사막 북쪽과 남쪽에서 이슬람 국가들이 생겨나기 시작했고, 이들 사이의 종교적·문화적 유대 관계를 바탕으로 노예무역을 포함한 무역과 순례 여행을 비롯한 운송이 활발해졌다. '정의로운 전쟁'에서 포로의 노예화를 정당화한 기독교인과 마찬가지로, 팀북투의 아마드 바바 알마수피Ahmad Baba al-Massufi(1556~1627) 같은 이슬람 학자도 노예제와 노예무역에 우호적이었다.

노예제의 근거는 이슬람교에 대한 비신앙이다. 이슬람을 믿지 않는 수단인은 기독교인, 유대인, 페르시아인, 베르베르인, 다른 누구든 막론하고 이교도와 다르지 않다. …… 다시 말해 이러한 점에서 모든 이교도는 똑같다. 포로가 된 자가 이슬람을 믿지 않는다면 법적으로 소유할 수 있으나, 자발적으로 이슬람으로 개종한 사람에게는 그럴 수 없다.

이 논리에 따라 이슬람인이 비이슬람인에게 노예를 파는 것은 엄격히 금

지되었다.[201]

　1천 년 동안 육로를 통해 아프리카에서 북쪽과 북동쪽으로 이송된 노예는 4백 년 동안 아메리카 대륙으로 실려 간 노예의 절반 이상으로 추산된다. 이 수치가 인상적일지 모르지만, 후대의 대서양 횡단 노예무역의 강도는 이것의 다섯 배였다.

　두 종착지와 노예들의 출신 지역이 크게 다른 점은 그렇다 하더라도 강도가 다른 이유는 주로 운송 경로 때문이었다. 북쪽으로 가는 아프리카 노예 대부분은 새로운 노동지까지 사막을 걸어서 건너야 했다. 에티오피아(특히 13~17세기), 소말리아, 그리고 나중에는 동아프리카 해안 지역 출신 노예만 배를 통해 아라비아, 페르시아, 인도로 이송되었다. 사하라사막 이남 지역의 이슬람화가 미친 또 다른 영향은 서아프리카의 국가 형성이었다. 최초의 가나는 말리에 흡수되었고, 말리는 가장 큰 나라인 송가이 왕국에 흡수되었다. 새로운 국가들은 남쪽의 이웃인 '이교도' 또는 정령숭배자들을 전쟁 포로로 얻었다. 포로들 중 일부는 열대림으로 피신했고, 다른 이들은 노예 신세를 피하기 위해 이슬람교로 개종했다. 어쨌거나 같은 이슬람인을 노예로 삼는 것은 금지되어 있었기 때문이다.[202]

　앞서 보았듯이 오스만제국이 진출하여 북부 노예시장이 막힌 중세 말에 아프리카 노예에 대한 수요가 증가했다. 특히 대서양 쪽으로 확산하던 지중해의 사탕수수 재배 농장에서 수요가 증가했다. 아프리카 해안을 따라 서서히 남하하던 포르투갈인은 서아프리카에 도착해서 대륙 내부의 공급망과 연결된 노예 상인들을 만났다. 그때부터 전쟁 중인 국가들은 포로를 북쪽과 남쪽 모두에 팔 수 있었다. 남쪽은 노예무역에서 점점 많은 비중을 차지했는데, 유럽인의 큰 배와 아메리카 대륙의 수요가 노예에 대한 끝없는 갈증을 유지해주었기 때문이다.

　14~17세기에 홍해와 인도양을 통해 이송된 에티오피아 및 동아프리카 출신 노예에 대한 수요는 다소 정체되었을 수도 있다. 그러나 포르투갈인이 엘미나와 상투메에 영구 정착한 서아프리카에서는 노예 수요가 증가했다. 처음에 유럽인은 주로 금에 매료되었다. 금은 전통적으로 모로코인이 독점하고

있었는데, 그들은 세네갈, 감비아, 볼타의 강 유역에서 생산된 금을 사하라사막을 통해 수입했다. 서아프리카는 금과 노예를 수출하고, 화폐로도 사용되는 막대와 고리 형태의 구리, 밝은색 천, 화폐 유통을 위한 개오지조개껍데기와 구슬 등의 많은 상품을 수입했다.[203] 대서양과 상투메프린시페 등의 아프리카 섬들, 브라질에서도 사탕수수 농장이 발달하면서 '검은 금'인 노예에 대한 수요가 금, 상아 및 아프리카의 산물에 대한 수요를 추월했다.

앞에서는 16세기를 거치면서 아프리카 노예가 무자유 아메리카 원주민을 대체하는 과정을 살펴봤다. 대서양 횡단 노예무역은 1600년 이후 극적으로 증가해 사하라사막 종단 노예무역을 앞질렀다. 포르투갈만 뛰어든 것이 아니었다. 네덜란드, 그 뒤를 이은 영국, 나중에는 프랑스와 다른 유럽 국가들도 뛰어들었다. 수 세기에 걸쳐 1,260만 명의 노예가 아프리카에서 아메리카 대륙으로 이송되었는데, 18세기에 노예가 된 사람이 그중 절반을 차지한다. 비중을 살펴보면 나중에 브라질에 추월당하는 포르투갈이 거의 절반을 차지했고, 영국이 4분의 1 이상, 프랑스가 10퍼센트 이상, 네덜란드가 5퍼센트 정도였다.[204] 다른 나라들의 비중은 미미한 편이었다. 다만 1807년에 영국이 대서양 횡단 노예무역을 금지한 후에는 가장 중요한 노예 국가 브라질과 미국이 지배적인 비중을 차지했다.

포로가 사로잡힌 순간부터 노예로 일을 시작하기까지 길고도 비자발적으로 이어지는 여정의 마지막은 놀랍도록 평온하게 진행되었다. 문서에 기록된 3만 6천 건의 대서양 횡단 항해 중 일어난 반란은 5백 건이 채 되지 않는다.[205] 아마도 많은 사람이 여러 번 탈출을 시도한 끝에 마지막 단계에 포기해버렸을 것이다. 그렇지 않은 경우에는 대부분 불행한 결말을 맞이했다. 심지어 그 시도가 집단 자살로 끝나기도 했다. 일례가 네덜란드 노예선의 70퍼센트가 있던 제일란트 지릭제이에서 온 넵투누스호Neptunus 사건이다. 이 배는 1784~1785년에 시에라리온과 가나 사이의 여러 항구에서 노예를 사들였다. 거래는 순조롭지 않았고 시간이 오래 걸렸다. 게다가 선원들은 불만에 차 있어서 노예의 사소한 항의도 가혹하게 처벌했다. 1785년 10월 17일, 자유민 아프리카인들이 카누로 노예 2백 명을 데려오고 배가 대서양을 건널 준비가 끝났을 때 노예들이 반란을 일으키고 배를 탈취했다. 선원들은 자유민 아프리카인과 함께 기회를 틈타 도망쳤다. 노예들은 자유로운 몸이 되었으나 반란 노예를 네덜란드에 되팔려는 수백 개의 아프리카 노예선 회수단의 표적이 되었다. 영국 노예선과 아프리카 자유민의 카누 수십 척이 연합하여 공격하자 반란 노예들은 화약 도화선에 불을 붙여 배 전체를 폭파했다. 대부분이 죽었고, 그들을 공격한 자들도 총 4백 명이 죽었다. 희생자 수를 보면 유럽 노예선에서 일어난 반란 중 가장 극적이었다. 노동사에서 중요한 것은 넵투누스호 선원과 반란 노예의 역할뿐 아니라 노예선 회수 대리인으로 나섰던 아프리카 자유민의 역할이다. 이 사실은 무자유노동 원칙이 얼마나 깊게 아프리카 대륙에 침투했는지를 보여준다.

대서양 횡단 노예무역은 훨씬 큰 드라마의 일부일 뿐이었다. 노예가 된 아프리카인은 대서양의 종착지 외에 중동과 인도양 쪽으로도 수출되었다. 1500~1900년에 2천만 명이 넘는 아프리카인 포로 중 약 3분의 2가 대륙을 떠나 대서양을 건너 서쪽으로 갔고, 3분의 1이 북쪽과 동쪽으로 갔다.[206] 포로로 잡힌 사람의 수는 이보다 훨씬 많았을 것이다. 대부분이 내륙에서 사하라사막을 지나 해안에 이르기까지 먼 거리를 걸어야 했기 때문이다. 몇몇 추산에 따르면 노예선에 도착하기 전에 사망한 사람이 4백만 명에 이른다.[207] 또한 많은 포로가 아프리카 대륙 내에서 사용되었다. 1850년까지 생존한 모든 포로의 3분의 1이 아프리카에 남았고, 1880년 이후에는 모든 포로가 남았다. 요약하면 1500~1900년 사하라 이남 아프리카에서 족히 3천만 명이 포획되었다. 그중 1,250만 명은 대서양 너머로, 6백만 명은 북쪽과 동쪽으로 끌려갔고, 아마도 4백만 명은 아프리카에서 나가기 전에 사망했고, 약 8백만 명은 아프리카에 남았다.

이것이 아프리카에 미친 영향은 얼마나 컸을까? 한마디로 엄청났다. 노예가 된 3천만 명뿐 아니라 포획, 감독, 이송하는 더러운 일을 한 사람들에게도 엄청난 영향을 미쳤다.[208] 영향은 지리적으로 매우 다르게 나타났는데, 내륙보다 해안 지역에서 잡힌 노예가 더 많았기 때문만은 아니다. 인구학적 영향이 가장 컸던 지역은 두 곳이다. 첫 번째는 서아프리카다. 1600년 이후 아랍의 노예 상인들이 이곳에서 북쪽으로 노예를 수출했으나 나중에 서쪽으로 수출하는 유럽인에게 추월당했다. 그래도 아랍인이 쉽게 포기하지 않았다는 점에 유의할 필요가 있다. 수백 년 동안 수백만 명의 노예가 동시에 두 방향으로 끌려갔다. 두 번째는 북쪽 로앙고와 남쪽 벵겔라 사이의 '중서아프리카'로, 루안다(280만 명), 카빈다, 말렘보 등의 주요 수출입 항구가 모인 곳이다. 가로와 세로로 직선거리가 각각 9백 킬로미터를 넘지 않는 지역에서 총 570만 명의 남녀와 어린이가 끌려갔다. 이곳은 콩고강 유역과 더불어 가장 위험한 지역이었다.[209]

수백만 명의 노예 모두 각각 고유한 사람이었다. 그중 지금도 알 수 있도록 노예 생활 이야기를 들려준 사람은 소수였다. 오늘날의 베냉에 살았던 이샤 요루바족Isha Yoruba 출신 올루알레 코솔라Oluale Kossola는 특별한 증인 중 하나다. 당시 19세였던 그는 다호메이 왕국 사람들에게 사로잡혔다. 아메리카 노예 상인에게 팔린 그는 1860년부터 미국 남북전쟁 말인 1865년까지 대규모 농장에서 강제 노동을 했다. 1927~1928년 그는 할렘 르네상스 운동 Harlem Renaissance Movement(1920년대 신흑인 운동의 한 지류로 흑인 문화를 지적, 문화적으로 재생하려 했다-옮긴이)으로 유명한 소설가 조라 닐 허스턴Zora Neale Hurston에게 자신의 이야기를 들려주었다.

동틀 무렵이었어요. 사람들은 자고 있다가 다호메이인들이 대문 부수는 소리에 깼습니다. 저는 아직 잠에서 못 깨고 누워 있었죠. 그런데 대문이 무너지는 소리가 나고 군인들이 대문을 도끼로 내리찍으면서 고함치는 소리가 들렸습니다. 저는 자리에서 벌떡 일어나 밖을 봤습니다. 엄청나게 많은 군인이 프랑스제 총과 큰 칼을 들고 있었습니다. 여자 군인도 있었는데, 큰 칼을 들고 뛰면서 소리 질렀습니다. 그들은 사람들을 잡아서 큰 칼로 목을 톱질하고는 머리를 잡고 비틀어 몸에서 뗐습니다. 오, 신이시여, 신이시여!

사람들이 너무도 빨리 죽어나갔습니다! 노인들은 집에서 도망치려고 했지만 문 앞에서 죽었고 여자 군인들이 머리를 쳐냈습니다. 오, 신이시여!

모두 정문 밖으로 달려가 관목 숲에 숨으려고 했습니다. 이해하시겠지요. 정문까지 가지 못한 사람도 있었어요. 여자 군인들이 어린아이들을 잡아서 손목을 묶었어요. 어떤 남자도 그 다호메이 여자 군인들보다 세지는 않았을 겁니다.

한 문 근처에 아무도 없는 것 같아서 저는 그쪽으로 빠져나가 숲속으로 도망치려고 했습니다. 하지만 다호메이 남자가 문 옆에 있었죠. 제가 문으로 나오자마자 그들이 저를 잡아서 손목을 묶었습니다. 저는 애원했습니다. 제발 어머니에게 돌아가게 해달라고요. 하지만 그들은 제 말을 듣지도 않았습니다. 저를 다른 사람들과 함께 묶었습니다.

우리 왕이 죽은 것을 보고 저는 도망치려고 했습니다. 어떻게든 숲까지 달려보려고 했지만 거기 다다르기 전에 군인들이 저를 붙잡았습니다. 오, 신이시여, 신이시여! 이젠 그때를 생각할 때 안 울려고 애써요. 제 눈은 이제 안 울지만 눈물은 제 안에서 항상 흘러내리고 있어요. 남자들이 저를 끌고 갈 때 저는 어머니를 불렀습니다. 가족이 어디 있는지도 몰랐어요. 그 사람들에게 제발 제 가족을 찾으러 가게 해달라고 애원했어요. 군인들은 우는 소리를 들어줄 귀 따위는 없다고 말했어요. 다호메이 왕은 우리를 잡아서 노예로 팔려고 거기에 온 겁니다. 그들은 저를 다른 사람들과 함께 묶었어요.

해가 떠오르고 있었습니다.

우리는 하루 종일 걸었어요. 해가 너무도 뜨거웠습니다!

우리가 3주 후에 도착하자 한 백인이 다호메이 사람 두 명과 함께 노예 감옥에 왔습니다. 한 사람은 다호메이의 높은 사람이었고 다른 한 사람은 다른 나라 말로 바꿔주는 사람이었습니다. 그들은 모두에게 둥그렇게 둘러서라고 했습니다. 한 동그라미에 약 10명 정도로요. 남자는 남자끼리, 여자는 여자끼리요. 백인 남자는 쳐다보고 또 쳐다봤습니다. 피부와 발과 다리와 입속까지 자세히 살펴봤어요. 그러고는…… 130명을 골랐습니다.[210]

구매자의 선호도가 결정적 요소였다면 강한 성인 남성만 아메리카의 농장으로 끌려갔을 것이다. 그러나 유럽 노예선은 아프리카 노예 상인의 공급에 의존했기 때문에 끌려간 사람 중 3분의 1이 여성이었다. 시간이 지나면서 남성 비율이 높아졌는데, 급상승한 가격과 관련 있을 것이다. 노예 가격은 1700~1750년에 두 배로 올랐고, 1750~1800년에 다시 두 배로 올랐다. 1800년대 초 노예 가격은 영국 파운드로 1700년경보다 다섯 배나 높아져 있었다.[211] 아프리카 노예 상인이 유럽과 아랍 지역의 구매자 모두에게 많은 여성과 어린이를 판 이유는 노예를 잡는 과정과 관련 있을 수 있다. 전쟁이나 기습 과정에서 남성 포로는 저항에 성공할 수도 있지만 싸우다 죽을 수도 있었다. 또한 아프리카 군대는 여성과 아이들을 이끌고 다녔기 때문에 노예 상인에게 쉬운 먹잇감이 되었다. 여성 노예는 북쪽과 동쪽 종착지의 가사 노동에서 수요가 많았고, 아프리카 대륙에서도 수요가 많았다.

한편 사하라사막 이남 지역의 노동조직은 심각한 영향을 받았다. 신체 건강한 수많은 노동자가 빠져나가 성비가 왜곡되었을 뿐만 아니라 노예제 모델이 기존 노동조직을 오염시키면서 무자유노동의 비중을 높였고, 특정 직업이 특수하게 다각화했다. 이 과정은 여러 연대기적 단계를 거쳐 일어났다.[212]

첫째는 이슬람화다. 아바스제국 농촌의 환금작물 생산, 소금 생산, 간척 사업, 그리고 가사 노동에서 노예 수요가 증가한 것과 때를 같이해 진행되었다. 9세기 후반에 이라크 한 곳에만 30만 명의 노예가 있었는데, 그중 많은 수가 아프리카인이었고 베르베르인, 튀르크인, 슬라브인도 있었다.[213] 둘째, 오스만제국은 자국의 수요를 위해 백인 노예를 보존했는데 이때 지중해 지역의 사탕수수 농장이 확산하면서 아프리카 노예 수요가 증가했다. 셋째, 아프리카 해안 지대에 유럽인이 출현함으로써 아메리카 대륙에서 대규모 농장이 발달하기 시작했다. 가격이 급등하는 동시에 공급이 증가한 1690~1740년이 결정적이었다. 마지막으로, 19세기에 유럽의 수요가 사라지고 가격이 하락하면서 동쪽과의 무역이 확장했고 아프리카 대륙 내의 노예가 증가했다. 실제로 1900년경 아프리카에 살았던 노예는 이전이나 이후와 비교해 가장 많았다. 아프리카 대륙의 무자유노동 비중은 18세기 말에 3백만~5백만 명이었지만 1백 년 후 1천만 명으로 증가했다. 사하라사막 이남 총인구의 최대 10퍼센트에서 15퍼센트까지 증가한 수치다. 이 비율은 지역에 따라 더 높을 수 있다. 19세기 서아프리카 소코토 칼리프국에 대한 추정치에 따르면 노예 인구는 사하라사막 이남 총인구의 4분의 1에서 2분의 1 사이를 오

갔다.[214]

수많은 노동자가 빠져나간 상황은 농부, 특히 정령숭배자와 '이교도'들이 노예로 잡힐까 두려워 산과 숲으로 도망치면서 더 악화했다. 숲과 산으로 도망친 사람들 중 일부는 수렵채집 생활로 돌아갔다. 노예제는 확실히 전염성이 있었다. 전쟁 포로 장사의 수익성이 좋아서만이 아니라 노예제가 납치, 사법적 노예화, 노예에 대한 세금 부과를 촉진했기 때문이다. 아프리카 국가들이 이 모든 것을 제도적으로 합법화함에 따라 여성이 주요 노동력이 되었다. 또한 많은 여성이 노예가 되면서 아프리카 '권력자' 사이에서 일부다처제가 더 인기를 얻었다. 결혼한 여성은 일부일처제에서 누리던 지위를 잃었고 기존 친족 제도는 변질되었다. 여성의 노동에는 성적 서비스도 포함되었다. 이 사실은 1850년 카노 노예시장에서 거래된 가격에서 분명하게 드러난다. 남성 노예는 개오지조개껍데기 2만 5천~3만 5천 개(10~14마리아 테레지아 탈러Maria Theresa thalers)(오스트리아의 옛 은화로 아프리카와의 무역에 사용되었다-옮긴이)였던 반면 여성 노예는 8만~10만 개(32~40마리아 테레지아 탈러)에 팔렸다. 정확히 말하면 여자아이는 개오지조개껍데기 3만 개, 약간 더 성장한 소녀는 3만~4만 개, 가슴이 생긴 소녀는 4만~10만 개, 가슴이 온전히 자란 여성은 최대 8만 개였고, 가슴이 처진 여성은 2만 개 이하, 노인 여성은 최대 1만 개였다.[215]

직업은 여러 형태로 다양해졌다.[216] 노예제도와 직접 관련된 것은 화기 사용을 포함한 전쟁 확산과 전문화였다. 1750~1807년 영국은 아프리카 상인에게 적어도 2천만 정의 총, 2만 2천 톤의 화약과 9만 1천 킬로그램의 납을 팔았다.[217] 모든 포로를 감시하며 이송해야 했으므로 마부 일자리도 생겼다. 특히 서아프리카에서는 군인과 감독자 중 많은 수가 노예였다.[218]

앞에서 보았듯이 금은 중요한 산물이었고, 이 귀중한 것을 채굴하고 운송하려면 많은 기능인이 필요했다. 그러나 수렵채집인도 아프리카의 수출산업에 필요했다. 그들은 상아를 얻기 위해 코끼리를 사냥해 도살하고 밀랍과 꿀을 채집했다. 현재 이용할 수 있는 정량적 출처 중 가장 이른 1500년경 포르투갈의 자료를 살펴보면 아프리카가 수출한 금의 양뿐만 아니라 인도로 수출한 상아의 양에 대한 인상적인 수치를 알 수 있다. 당시에도 채굴, 대규모 사냥, 해안과 육로 사이의 운송에 관련한 복잡한 물류 활동과 노동력이 존재했다.[219] 수출입품이나 25~40킬로그램의 짐을 지고 하루 25킬로미터씩 운반해주는 서비스, 강이나 정박지에서 대기하는 커다란 범선까지 카누로 짐을 옮겨주는 등의 운송 서비스도 마찬가지였다. 19세기에는 주로 조 단위로 조직된 노예노동을 바탕으로 내수 작물과 야자유, 땅콩 등 수출 작물을 재배하는 상업적 농장이 세워졌다.[220]

성별 분업 노동은 보편적 현상이지만 사하라사막 이남 지역에서 가장 뚜렷이 드러난다. 1장에서 살펴본 바 있는 수렵채집인의 분업이 농경 출현과 함께 사라지지는 않았다. 특히 1600년 이후 아프리카에서는 기나긴 대규모 노예화로 노동인구가 변화하여 남녀 노동 분업이 강해졌을 수 있다. 많은 인류학자가 아프리카 남성과 여성의 역할에 관한 일관된 체계를 기록해왔다. 제인 가이어Jane Guyer의 연구는 이 책에서 살펴본 아프리카인 노동의 많은 측면을 보여준다. 1970년대 카메룬 남부 베티족Beti의 전통적 성별 역할에 대한 관찰이다.

남성은 활동에 쓰는 시간이 많든 적든 상관없이 전쟁, 수렵, 벌목의 측면에서 생각했다. 도구는 창, 손도끼, 긴 파종기 같은 철과 목재였다. 남성의 노동은 얌 재배 말뚝과 가옥 기둥을 다룰 때처럼 베어서 쓰러뜨리고 올려서 세우는 것처럼 노골적으로 군사적이고 남근적이었다. 꼿꼿이 서서 일하고, 야자나무에 올라가 야자 즙을 받거나 열매를 따며, 추수한 밭 주위로 나무 장벽을 두르고, 얌 재배용 창고를 지었다. 남성의 환경은 숲이었다. 도구를 만들 목재와 귀중한 고기를 얻을 수 있는 곳, 사냥 장소, 밭을 개간하거나 마을 부지를 만들기 위해 정복해야 하는 지형이었다. 남성의 노동 및 소유와 밀접한 작물은 나무 작물, 임야 작물, 긴 손잡이가 달린 파내기용 막대기인 응톤nton으로 재배할 수 있는 작물이었다. 여성의 환경은 탁 트인 숲속 빈터나 사바나 같은 땅 자체였다. 여성은 밭에서 허리를 숙이고 손잡이가 짧은 호미로 일했다. 불 위로 허리를 구부린 채 토기 솥으로 요리하고, 개울에서 흙으로 둑을 쌓아 물고기를 가두며, 물 위로 허리를 구부려 물고기를 잡고, 자궁 안에 아기를 '만들었다cook.' 생산을 위해 땅 위로 허리 숙여 돌보고 모양을 만들고 달래는 것이 여성의 태도였다. 여성의 작물은 여성의 도구인 호미로 재배한 사바나 작물이었다.[221]

요약하면, 당시 아프리카는 대서양 지역을 위한 주요 노예 공급원이었다. 아프리카의 초기 경제와 노동조직에 대한 정보가 부족하지만, 조지프 콘래드Joseph Conrad가 《어둠의 심장Heart of Darkness》(1899)에서 전형적으로 묘사한 19세기의 지배적 관점처럼 이곳 방식이 원시적이라고 보는 실수를 해서는 안 된다.

그래야 하는 이유 중 하나는 압제자에 대한 포로와 노예의 저항이다. 앞에서도 노예 반란 사례를 언급했다. 대서양 항해 동안에는 저항이 드물었지만 노예들이 아메리카와 아프리카 대륙의 목적지에 도착한 후 탈출하려 시도한 이야기들을 무시할 수 없다. 실제로 탈주 노예가 일으킨 국가가 다수 출현했다. 유명한 국가는 약 1백 년 동안 지속된 브라질 페르남부쿠의 팔마레스다. 또 다른 예는 1763년에 일어난 베르비체 노예 반란이다(343쪽 참고). 또한 노예화에 대한 끝없는 저항은 1800년경 서아프리카에 이슬람교가 자리 잡은 이유 중 하나이기도 하다.[222]

전 세계의 노예제도 비교

당시 아프리카와 아메리카 대륙의 노예제도는 다른 세계의 노예제도와 어떻게 달랐을까? 사하라사막 이남 지역은 소규모 자급자족형 농경이 지배적이었으나 수많은 노예를 수출하고 아프리카 내에서 사용하는 과정을 계기로 시장경제를 채택했다. 카리브해의 여러 지역과 브라질에서는 노예가 노동관계의 주요 유형으로 자리 잡았다. 세계의 다른 곳도 많은 노예를 활용했다.

앞에서 지중해 지역, 중동, 인도도 아프리카인을 끌어와 노예로 썼다는 사실을 살펴보았다. 그런데 유라시아 전체의 상황은 어떠했을까?[223] 아프리카와 아메리카 사이의 노예무역이 미친 거대한 영향 때문에 종종 두 가지 사실이 간과된다. 첫째, 유라시아 서부, 남부, 동부의 완전히 상품화한 노동시장에도 자유민 노동자 외에 상당수의 무자유노동자가 존재했다는 사실이다. 절대치로 보면 규모가 상당했지만 인구밀도가 높은 아시아 전체로 보면 비율이 다른 대륙만큼 인상적이지는 않았다. 어쨌든 아메리카 대륙과 같은 정도는 아니더라도 아시아의 특정 지역에서는 무자유노동자의 비율이 높았다. 둘째, 중심부인 중국, 인도, 러시아 사이의 스텝 지대에서 초기부터 노예제도가 만연했다는 사실이다. 절대적 수치 면에서 대서양, 인도양, 그리고 스텝 지대의 노예무역으로 팔린 사람의 수는 1500~1800년에 각각 1천만 명 이상으로 비슷했다.

네덜란드동인도회사령의 노예에 대한 대표적 연구에 따르면 케이프 동인도회사의 노예를 포함한 총수치는 네덜란드 대서양 노예무역의 수치를 능가했고, 인도 남서부 말라바, 실론섬 해안, 바타비아 근방의 자바 북서부, 인도네시아의 일부 동쪽 섬들에서는 노예노동이 자유 임금노동과 자영업에 비해 상당한 비중을 차지했다. 동인도회사는 주요 고용주가 아니었으나, 회사 인력의 일부, 특히 중·상급 간부들이 일종의 부업으로 노예제를 촉진하고 노예를 거래하며 착취했다. 노예들은 주로 가사 노동(시장을 위한 생산과 구별하기 쉽지 않다)과 노예 임대에 쓰였다. 어떤 노예는 수마트라의 금광 같은 대규모 사업에도 투입되었다.

아시아의 다른 유럽령에 관한 연구는 드물지만, 지역 통치자는 물론이고 포르투갈인, 영국인, 프랑스인도 네덜란드인과 다를 바 없었다는 것은 의심의 여지가 없다.[224] 이유는 단순하다. 아시아에 도착한 유럽인은 예전부터 번영한 아시아 경제에 적응했는데, 그중에는 여러 무자유노동이 있었다. 특히 남인도의 카스트 제도처럼 깊은 사회적 분열은 특정 계급을 '노예화할 가능성'을 확실히 높였다. 네덜란드령 코친의 노예시장에는 가장 낮은 카스트가 압도적으로 많았고, 1844년의 자료를 보면 카스트에 따라 보상금 액수가 달랐다.[225]

인도양 세계의 노예는 지주에게 바치는 부담금을 내지 못해 빚이 누적된 사람, 부모가 전당포에 맡기고 나중에 찾아가지 않은 아이들(특히 여자아이), 납치된 사람이 대부분이었다. 이 사례는 채권 담보 전략의 하나로 자발적으로 계약하여 이루어지는 채무 노동과 구별해야 한다. 실제로 노예보다도 채무 노동으로 '노예처럼' 된 사람이 더 많았다. 그러나 채무 노동이 세습되면 노예와 구분하기가 거의 불가능했다. 빚 외에도 납치와 해적(아프리카에서 흔히 볼 수 있던 전쟁 포로의 대안)이 아시아에서 끊임없는 노예의 흐름을 만들어냈다. 1850~1870년 이전에 독립적 지위를 유지한 동남아의 술루, 아체, 보네, 발리, 롬복 같은 정치체들의 노예무역에서도 잘 드러난다. 유럽이 해양 노예무역을 폐지하자 이 지역 일부는 아프리카 대륙처럼 노예를 지역 자체에서 사용했고, 이렇게 증가한 노예는 1850년까지 50만 명에 달했다.

해양 남아시아와 해양 동남아에서 노동자가 자유를 포기한 이유 중 하나는 빚이다. 그러나 북쪽으로 눈을 돌리면 아프리카와 아메리카 상황과 비슷한 모습을 볼 수 있다. 대륙 심장부의 광대한 스텝 지대는 종종 해양에 비유되었고, 그 유명한 실크로드를 따라 초원을 가로지르는 대상隊商은 파도를 헤치며 중국, 인도, 페르시아, 오스만, 러시아 등의 제국을 이어주는 배에 비유되었다. 스텝 지대의 바깥은 수백만 노예의 근원지였는데, 그들의 종착지는 어디였을까? 때로는 경쟁하는 제국들이었고, 때로는 스텝 지대 안이었다. 계속 비유하자면 스텝 지대는 빈 공간이 아니었다. 실제로 그곳 오아시스는 노예가 노동관계의 주요 유형이었던 카리브해 섬들에 비유되었다.

노예무역과 노예와 관련해 잘 알려지지 않은 이 중심지를 이해하려면 절대치가 엄청나게 증가한 고대의 두 시기로 돌아가야 한다.[226] 첫 번째는 중세 말 몇몇 이슬람 국가가 인도를 향해 동쪽으로 확장하던 시기다. 튀르크-아프가니스탄계 가즈나 왕조(9~12세기)는 현재의 아프가니스탄을 중심으로 이란에서 인더스 계곡까지, 인도양부터 스텝 지대까지 뻗어 있었고, 군사적 성공뿐 아니라 전쟁 포로를 노예로 만든 규모 면에서도 악명이 높았다. 1014년 인도 델리 북부 도시 타네사르를 정복한 후 작성한 연대기에 따르면 "이슬람 군대가 가즈나에 20만 명의 포로와 엄청난 부를 가져와서 수도가 인도의 도시처럼 보였고, 막사의 군인 중 많은 노예를 거느리지 않거나 가난한 이가 없을 정도였다."[227] 수십 년 후 현재의 파키스탄 타네사르 서쪽 물탄에서 사로잡은 포로 10만 명도 똑같은 방식으로 수도에 들어갔다. 이후 수 세기에 걸쳐 확장한 델리 술탄국도 똑같은 패턴을 따랐고 비슷한 수의 포로가 노예가 되었다. 무굴제국 성립 과정도 마찬가지였다.

유라시아의 다른 지역과 마찬가지로 전투 중이나 이후에 살해되지 않은 포로의 '노예화 가능성'을 결정지은 것은 종교였다. 대부분의 제국과 노예 상인은 이슬람 수니파였고, 노예 상인의 많은 수가 우즈베크인이었다. 힌두교도, 이슬람 시아파, 불교도, 동방정교회 교인, 조로아스터교도는 비신앙자로서 위험에 가장 취약했다. 인도에서 압도적으로 많은 힌두교인을 상대한 이슬람 통치자는 그들에게 생명과 재산을 보장하는 지위인 딤미dhimmi를 주어야 했지만, 다툼이 이어지는 스텝의 경계 지역에서는 사정이 달랐다.

전쟁의 논리 다음에는 무역의 논리가 따른다. 북쪽으로 끌려가는 수백만 명의 인도인과 이란인 노예들은 남쪽으로 들어오는 수많은 기병용 말과 맞바꾸어졌다. 말은 스텝 지대 남쪽에서는 제대로 사육할 수 없어서 수요가 계속 높았다. 1581년 한 예수회 여행자에 따르면 펀자브인 노예무역상 사이에 회자되는 이야기 중에 "노예는 인도로부터, 말은 파르티아(고대 이란의 왕국-옮긴이)로부터"라는 말이 있었다.[228]

스텝 지대와 경계를 접한 제국의 노예는 부잣집 가사 노예, 군인, 전문 기술을 가진 장인으로 일했다. 장인 노예의 경우 인도에서는 카스트에 따라 직업이 결정되므로 이상한 일은 아니었다. 스텝 지대 노예는 다양한 미숙련노동과 직접적인 생산노동을 했다. 16세기 중앙아시아 우즈베키스탄 대지주의 대형 농장은 재배, 관개수로 유지, 가축 관리에 노예를 이용해서 번창했다. 장인은 수요가 매우 높았고, 한 정복자에서 다른 정복자로 주인이 바뀔 수 있었다. 1398년 티무르제국이 델리를 약탈하고 수천 명의 숙련 장인을 중앙아시아로 끌고 갔다. 이때 끌려간 석공들이 티무르의 수도 사마르칸트에 중앙아시아 최대의 모스크 비비 하눔Bibi Khanum을 지었다.

중앙아시아와 그 국경 지대에서 노예 수요가 이어진 이유는 나이 든 노예를 해방하던 관습 때문으로 설명할 수도 있다. 많은 세월이 지난 후 노예를 풀어주는 것은 분명 종교적으로 칭찬할 만한 행위였다. 그러나 약 50세가 된 노예를 해방하는 중앙아시아의 관습에는 덜 이타적인 동기도 있었다. 어쨌거나 노예가 그 나이가 되면 입히고 먹이는 비용에 비해 하는 일의 가치가 떨어지기 시작했다. 이러한 현실은 노예가 늙을수록 가격이 떨어지는 것에도 반영되었다.[229]

18세기에는 경제적 이유와 정치적 이유 모두로 인해 노예제도가 쇠퇴했다. 경제적 이유를 보면, 인도는 사람 대신 직물을 말과 맞바꿀 수 있었기 때문이다. 노예 공급선은 일시적으로 이란 쪽으로 이동했는데, 18세기와 19세기에 히바와 부하라의 노예시장에서 거래된 노예 대부분이 이곳으로부터 나왔다. 정치적 이유를 보면, 거대 세력인 영국과 러시아가 지배력을 확장하고 중앙아시아에서 만남에 따라 스텝 지대의 정치체들과 그 이웃의 그칠 줄 몰랐던 갈등이 서서히 멈추었다. 두 강대국은 결국 중앙아시아에서 국경을 굳혔다. 물론 러시아는 여전히 캅카스 지역에서 수십만 명의 포로를 잡았지만 '거대 게임Great Game'(중앙아시아에 대한 패권을 놓고 영국과 러시아가 벌인 전략적 경쟁과 갈등 – 옮긴이)은 끝났다.

11세기부터 19세기까지 중앙아시아와 러시아에서 최소 6백만~650만 명이 노예로 거래되었다고 추정되어왔다. 그중 4백만 명은 오스만제국으로, 40만 명은 제노바와 베네치아의 흑해 연안 항구를 통해 지중해 지역으로 끌려갔다.[230] 이 정도면 대서양의 노예 착취와 운송이 특유의 현상이 아님을 알 수 있다. 아시아, 특히 스텝 지대의 여러 지역에서도 비슷한 일이 벌어졌다. 아프리카와 카리브해의 노예제가 그토록 두드러진 이유는 아프리카의 낮은 인구밀도, 카리브해 지역과 브라질 연안 대농장 경제의 강렬함 때문이었다.

동유럽의 노동집약화

지금까지 1500년 이후의 동시적이고 본격적인 시장경제 확장과 함께 노동집약화의 두 가지 경로를 살펴보았다. 남아시아, 동남아시아, 지중해 지역의 혼합 형태를 제외하면, 한쪽에는 이미 자유노동이 존재했고 자영업자와 임금노동자의 자유노동에 토대한 유라시아 대부분 지역의 시장경제가 있었다. 다른 한쪽에는 시장경제가 없었던 아메리카 대륙과 사하라사막 이남 아프리카가 노예의 무자유노동에 토대하여 형성한 시장경제가 있었다. 앞에서 언급하지 못한 지역도 있는데, 바로 엘베강 동쪽의 유럽, 특히 러시아다. 러시아는 수 세기에 걸쳐 엄청나게 확장하여 시베리아와 중앙아시아까지 진출했다. 동유럽과 러시아에서는 이동성이 심하게 제한되었기 때문에 노동집약화가 매우 낮고 특이한 시장경제가 발달했다. 그러나 단순히 이 사회가 원시적이라거나 '동양의 전제주의'에 오염되었다고 무시해서는 안 된다. 특히 당대에 무척 역동적이었던 러시아는 노동관계가 특별하지만 단순하게 노예제 사회로 단정할 수 없다. 그렇다면 어떻게 특징지을 수 있을까?[231]

사실 노예는 러시아 인구에서 무척 작은 비중을 차지했다. 세습 노예는 하인 혹은 농노를 뜻하는 콜롭스트보kholopstvo의 10퍼센트에 지나지 않았으므로 모든 주민의 1퍼센트뿐이었다. 1725년에 폐지된 계층인 콜롭스트보는 고용주와 일정한 기간 동안 구속력 있는 고용계약을 맺는다는 점에서 '하인'에 가장 가깝다.[232] 고용주는 체벌할 권리가 있는 등 엄청난 힘을 행사할 수 있었지만, 하인은 고용주에게 빚을 진 것은 아니었다. 계약은 주인의 사망과 함께 종료되었고, 세습되지 않았다. 결혼도 허용되었다. 수 세기 동안 동쪽과 남쪽의 국경에서 계속된 전쟁으로 수많은 전쟁 포로와 수백만 명의 노예가 생긴 점을 고려하면, 러시아에 노예가 이렇게 적었다는 사실이 놀라울 수 있다. 러시아의 적국은 러시아인 전쟁 포로를 노예로 팔거나 몸값을 받고 러시아에 되팔았다. 물론 러시아와 카자크cossack(러시아 중부에서 남쪽 국경지대로 이주한 농민 집단으로 자치적 군사 공동체를 형성했다-옮긴이)도 포로를 잡았다. 그러나 적국과는 달리 러시아는 전쟁 포로로 대규모 노예시장과 노예노동을 형성하지 않았다. 러시아인은 포로의 대부분을 오스만제국에 팔았다. 18세기 말에는 타타르인과 체르케스인만 노예노동을 했다.[233]

러시아의 농노

러시아가 아시아의 물건을 서유럽으로 공급하는 통로로 중요해지던 시기에 동유럽은 서유럽에 농산물을 공급하는 주요 농업지대가 되고 있었다. 많은 농부가 주식 재배를 다른 사람에게 맡기고 전문화했다. 특히 러시아가 1703년에 상트페테르부르크를 건설하고 발트해에 항구를 확보한 후에는 아마, 삼, 타르 등도 서쪽으로 흘러들어 갔다. 가장 중요한 수출 품목인 곡식과 관련해 눈에 띄는 것은 표면적당 수확량이 매우 낮았다는 사실이다. 러시아의 '수확률', 즉 파종한 씨의 양과 수확량의 비율은 유럽의 다른 지역보다 매우 낮았고, 19세기에도 한동안 그랬다.[234] 지리적 위치와 기후 때문이었지만, 또 다른 원인은 조직과 관련 있었다. 중소 규모 자작농과 소작농을 포함한 자유민 농부가 지배적이었던 서유럽과 달리 동유럽은 귀족, 교회, 국가가 소유한 대형 및 특대형 농장이 지배적이었다. 이들은 농노로 일컬어지는 농부들의 도움으로 영지를 개발했다.

이 농부들은 16세기 말부터 단계별로 도입된 제도에 따라 자유롭게 영지를 떠날 수 없고 토지에 구속되었으며 영주에게 예속되었다. 1581년 지주들은 국왕에게 로비하여 성 게오르기 축일에 소작농이 이주할 수 있는 권리를 금지하는 데 성공했다. 그전까지 소작농은 성스런 기간의 마지막 날인 성 게오르기 축일에 영주의 땅을 떠날 수 있었고, 어느 정도 독립성을 행사했다. 1592~1593년에 더 많은 법령이 제정되었고, 1649년에 모스크바 법전(울로제니예Ulozhenie)이 만들어졌다.[235] 러시아 총인구의 90퍼센트가 이 법을 적용받았다.

역사학자들이 흔히 사용하는 용어인 '재판농노제'가 암시하는 것과 달리 농노는 노예가 아니었고, 중세 서유럽에서 볼 수 있는 농노와도 달랐다. 이유는 여러 가지다. 첫째, 러시아 농부는 토지와는 별도로 팔리는 경우처럼 권리를 짓밟히고 박탈당하기도 했으나 원칙적으로 몇몇 중요한 권리가 있었다. 실제로 농사뿐 아니라 가내수공업으로 수입의 일부 또는 전부를 버는 등 영주에 대한 의무 노동과 별도로 자신을 위해 일하는 모든 창의적인 방법을 개발한 듯하다. 둘째, 이들은 영지 일 외의 다른 활동을 할 시간이 많았다. 18세기부터 농가 구성원들은 영주의 허가를 얻고 일정한 금액을 주는 조건으로 도시에서 계절성 노동을 하거나 다른 농장에서 수확 일을 했다. 셋째, 영주가 영지 안팎의 기회를 너무 제한하면, 끝없이 확장하고 있던 제국의 새로운 지역으로 도망가는 것도 하나의 선택지였다. 이 해결책은 널리 사용되었는데, 특히 도주하는 농노 입장에서는 탈주에 대한 가혹한 처벌을 두려워할 필요가 거의 없었기 때문이다. 요약하면 근대 초기 러시아 농노제는 영지를 위한 강제적이고 비효율적인 노동과 자신의 가구를 위한 집약 노동의 결합이었다.[236]

농노는 영주에게 부역이나 이를 대신할 지대를 제공해야 했고, 둘을 병행할 수도 있었다. 부역의 절반은 농사나 짐 나르기 같은 노동이었다. 종종 농노 가족에 일할 남성이 남으면 '형제 대 형제' 원칙에 따라 한 명은 영주를 위해 의무적인 부역을 하고 다른 한 명은 가족의 땅에서 자유로이 일하는 식으로 노동을 조직했다. 19세기에는 영주를 위한 하루의 일이 끝나야 가족 땅에서 일할 수 있었고, 부역은 더 고된 일을 의미하게 되었다. 지대는 1800년경 총소득의 5분의 1 정도였지만 1850년경에 3분의 1로 증가했다. 그럼에도 불구하고 50년 동안 소득이 현저히 증가했기 때문에 농가의 순소득은 흑자였다. 부역은 모스크바 남부의 비옥한 '흑토' 지역에서 주로 시행되었다. 지대는 북쪽의 덜 비옥한 지역, 특히 모스크바와 상트페테르부르크 사이의 중앙 산업지대와 그 동쪽 지방에서 주로 시행되었다. 시간이 흐르며 지대가 부역보다 많이 활용되면서 현물성 지불은 현금성 지불로, 여기에 더해 정부에 내는 인두세인 '영혼세'로 바뀌었다.[237]

1678년에는 농노의 절반 이상이 귀족의 영지에서, 15퍼센트 이상은 교회의 땅에서, 나머지는 국가의 땅에서 일했다. 교회 영지는 특히 방대했다.

1762년 러시아의 수도원은 국내 경지의 3분의 2를 소유했고, 토지가 딸린 기독교 기관의 70퍼센트를 차지했다. 각각의 교회 영지에는 1백 명 이상의 소작농이 딸린 반면 귀족 영지 중 그 정도로 많은 소작농을 거느린 비중은 13퍼센트에 불과했다.[238] 러시아 국유지의 특징은 거대한 규모였다. 러시아 농노 다섯 명 중 네 명이 동시대의 아메리카 대륙보다 훨씬 큰 노동 단위인 2백 명 이상의 경작지에 살았고 자율 경영이 원칙이었다. 농노 대다수는 지주를 볼 일이 거의 없었기 때문에 노동관계는 훨씬 비개인적이었다. 영주가 부유할수록 영지에서 볼 일은 더 없었다. 그 대신 영주는 소작 농가 1백, 50 또는 10가구마다 관리인을 두고 책임지게 했다. 관리인도 농노였고, 후대에는 독일인 자유민이 역할을 맡기도 했다. 한 부재 지주의 지시에 따르면 관리인은 "게으른 자를 일하도록 독촉하고 누구도 빈둥거리게 두지 말며 일하지 않으려는 자에게 벌을 내리는" 역할을 맡았다.[239]

영지의 노동은 성별에 따라 엄격하게 구분되었다. "남자는 쟁기질하고 씨를 뿌리며 짐을 나르고 장작을 패며 건물을 짓고 말을 돌보았다. 여자는 건초를 긁어모으고 곡식을 거두며, 소젖을 짜고 닭을 돌보며, 여기에 더해 집에서 아이들을 돌보고 청소하며 요리, 방적, 직조 및 바느질을 했다."[240]

농노 사회와 농노 가구

농노의 결혼은 일반적인 일이었다. 특히 모스크바 남부의 비옥한 흑토 지대에서 보편적이었다.[241] 지주는 농노가 자녀를 많이 낳아 노동력을 늘리고 혼외정사를 못 하도록 하기 위해 젊을 때 교회에서 결혼하도록 장려했다. 부역 의무를 나누면 규모의 경제가 가능했기 때문에 공동 거주와 대가족이 흔했다. 모스크바와 그 북쪽의 중앙 산업 지대 가구들은 더 작고 단순했다. 지역적 차이 외에도 결혼에 대한 지주의 방침이나 규율에 따라 가구 규모와 구성이 달라졌다. 영주는 결혼을 장려할 수 있었을 뿐더러 미혼 남성에게 벌금과 세금을 부과할 수도 있었다.

러시아 농노들은 선출된 장로(스타로스타starosta) 아래에 마을 공동체를 이루며 살았고, 자율적인 관리의 폭이 상당히 넓었다.[242] 농노 대부분이 공동체를 위한 일에 시간을 쓰고 싶어 하지 않았기 때문에 언제나 나이가 제일 많은 사람이 장로가 되는 것은 아니었다. 옵시치나obshchina 또는 미르mir라고 불린 공동체는 농노를 정치적으로 대표하는 단위였다. 정부도 공식적으로 인정했고, 지대 영지의 영주는 내키지 않더라도 용인했다. 모든 성인 남성은 정기 회의에 참석할 권리가 있었다. 각 가구의 가장은 회의에서 투표할 수 있었고, 서기가 내용을 기록했다. 장로가 진행하는 회의의 목적은 지대 수금, 가족의 크기와 구성에 따른 의무 노동과 정기적 토지 재할당, 징집병 선발 등 영지의 이익을 위한 것이었다. 그러나 농노들이 처우에 대한 불만을 전하기 위해 대표를 통해 지주나 황제에게까지 수없이 청원한 사실을 감안하면 그 이상의 의미가 있었음을 알 수 있다. 황제에 대한 청원은 1767년에 공식적으로 금지되었다.

농노들이 불만 사항에 대한 시정을 요구하고 청원한 이유는 흔한 부당 대우 때문만은 아니었다. 오히려 자신들의 '권리'라고 생각하는 기존 규범을 위반한 듯한 모든 일에 관해 청원했다.[243] 농노는 '기존 절차를 뒤흔드는 모든 것을 근본적으로 의심하는 태도'를 지녔고, 영주와의 관계에서는 과거로부터의 연속성을 중요하게 여겼다. 청원이 도움이 되지 않으면 비폭력 노동 거부인 볼베니예volvenie(복수형 volveniia)에 의지했다. 청원으로 시작되는 노동 거부는 파업을 통해 공동체 마을 또는 영지 전체의 단체 시위로 이어질 수 있었다. 분쟁이 영지 내에서 해결되지 않으면 정부가 공식적으로 조사하고 종종 중재도 했다. 그래도 해결되지 않으면 항복하라고 농노를 압박하기 위해 군대를 보냈고, 심지어 지도자를 심판하는 군사법정도 열었다. 시위는 농노 수천 명이 가담한 폭동으로 변하기도 했다. 순수하게 농노만 참여한 반란은 아니었지만 17세기와 18세기에 각각 두 건씩 일어난 이 무력 분쟁이 수많은 농노를 결집했기 때문에 노동관계의 한 체제인 농노제에서 분리하여 생각할 수 없다. 1774년의 반란에는 3백만 명의 소작농이 가담했다. 지도자 에멜리얀 푸가초프Emilian Pugachev는 다음과 같이 말했다.

법령에 의거하여, 우리는 지주에게 예속되고 복종한 모든 사람에게 우리 군주의 충실한 백성이 될 권리를 부여한다. 우리는 이들에게 옛 십자가와 기도, 머리와 수염, 자유와 해방을 부여한다. 병역세, 인두세 및 기타 금전적 의무와 토지, 임야, 건초 목초지, 어장, 염전, 염수호 소유를 요구하지 않으며 지대를 요구하지 않는다. 우리는 악랄한 귀족과 뇌물받는 자와 판사로부터 탄압받는 모든 이를 해방하고, 의무와 부담으로 압박받는 모든 농민과 사람을 해방한다. …… 영지를 가진 귀족이었던 자, 우리의 힘에 대적하는 자, 제국의 질서를 어지럽히는 자, 농민을 멸망시키는 자들을 잡아 죽이고 목매달며, 그들이 기독교 정신을 어기고 농민을 다뤘던 방식대로 그들을 다루라. 적들과 악한 귀족을 멸함으로써 모두가 오랫동안 지속될 평화롭고 고요한 삶을 누릴 것이다.[244]

지주를 위해 땀 흘려 노동하는 대신 농민이 가장 많이 실천하고 많은 효과를 본 방법은 청원, 노동 거부, 가끔씩 일으키는 반란 같은 단체 행동이 아니었다. 사적인 방법, 즉 모든 가구 구성원의 노동을 최대한 동원해 지주와 별개로 영지 안이나 밖에서 일하는 것을 선택했다.

부역과 지대 의무를 제외하면 농민은 원하는 대로 노동시간을 쓸 수 있었고 그렇게 했다. 18세기 말 농노와 국유지 소작농은 국내 곡물 시장에서 대형 지주들보다 많은 곡물을 팔았고, 소작농은 대마, 아마, 담배 같은 특수 작물 판매를 사실상 독점했다. 이들은 거래에 노련하고 직조에 전문적이었다.[245] 지주들은, 영지에 대한 의무는 소홀히 하면서 자기 땅에서는 열성적으로 일하는 농노들에 대해 자주 불평했다. 한 지주는 '남몰래 자기 일을 하기' 위해 일요일에 교회를 가지 않았다는 농노들에게 벌금과 태형을 내렸다. "내 영지에서는 일요일에 일하면 안 된다"라는 것이었다.[246] 지주들은 교회에 나가고 일요일과 많은 교회 축일을 지키라고 농노에게 명했으나, 부역 노동으로 며칠을 보낸 이들은 조금이라도 시간이 남으면 자신의 작물을 돌봐야 했다.

지대 의무에 따라 조직된 영지가 독립적 노동 기회를 더 많이 제공했을 수도 있다. 사회과학사 교수 트레이시 데니슨Tracy Dennison에 따르면 중앙 산업

지대의 보샤즈니코보 영지에서는 농노 대부분이 영주에게 세금을 지불하는 대신 수공예, 상업, 소규모 제조업, 도시의 입주 노동에 종사하는 것이 허용되었다. 그 규모는 18~19세기의 여러 유사한 사례에서 노동, 토지, 재산, 자본, 소매 부문의 진정한 시장이 존재했다고 말할 수 있을 정도였다.

지대를 내는 영지의 경우, 모든 농노는 영지의 공동 경작지 중 자신에게 할당된 땅을 경작하고 지대 등의 봉건적 세금을 내야 했다. 지대는 주로 현금으로 냈지만 현물로도 지불했다. 현물 지불이란, 영지 마구간에 귀리를 납부하고 영주의 가족에게 밀과 호밀을 바치며, 공동체에 부과되는 양에 따라 각각의 일정 비율을 영지의 곡식 창고에 납품하고, 공동체 기금으로부터 보수를 받고 마을 기반시설을 유지 보수하기 위해 노동한다는 의미였다.[247]

현실에서는 많은 농노가 자기 땅을 경작하거나 수공일, 가내수공업을 하는 편이 수입 면에서 더 낫다는 사실을 깨닫고 동료 농노를 고용해 이러한 노동을 맡겼다. 가장 가난한 가구들, 특히 토지를 할당받지 못했어도 의무를 이행해야 하는 사람들은 잘사는 동료 주민을 위해 기꺼이 임금노동자가 되었다. 이런 식으로 농노제 안에 진정한 노동시장이 형성되었다.[248] 동시에 일부 농노는 내부 통행증을 지니고 다니며 외부에서 하인으로 일하는 한편, 마을이나 외부에서 다른 농노를 구해 임금을 주고 일일 노동자나 농사 하인으로 고용했다. 공동체인 미르도 도로나 교회 건설처럼 부역으로 할당된 일상 노동을 맡을 임금노동자를 고용했다.

이렇게 사회가 계층화하자 마을 주민 중 잘살게 된 사람은 돈을 모아 땅을 '구입'하기도 했다. 공식적으로 영주 이외에는 재산 소유가 불가능했으나 몇몇 영주는 상당한 대가를 받고 일부 농노의 재산권을 인정했고, '재산' 판매와 구매를 용이하게 해주었다. 이런 식으로 농노는 작업장을 세워 다른 농노를 고용할 수도 있었다. 물론 준공식적인 재산권 체제가 성공할 가능성은 지주에게 달려 있었다.[249]

농노의 이동

영지에 대한 의무를 잘 수행하는 농노는 영지 밖으로 이주할 수 있었다. 원칙적으로 영주도 반대하지 않았는데, 허가하고 통행증을 교부하여 이주민의 소득으로부터 큰 이익을 얻었기 때문이다. 1649년 모스크바 법전이 가능성을 열어놓았고 1719~1724년에 정부 법령도 통행증에 관해 규정했다. 영주의 허가를 받은 임시 이주를 오트코드니체스트보otkhodnichestvo라고 불렀다.[250] 러시아에서 농노가 지배적 노동관계인 이상, 도시의 노동시장은 이주한 오트코드니키otchodniki에게 달려 있었다. 1840년 모스크바 인구의 절반이 농노 출신 임시 이주자였고, 이들 대부분은 지대를 걷는 영지의 농노거나 국유지 소작농이었다.

시간이 흐르면서 이주 거리가 길어지고 도시로 가는 사람이 많아지자 보샤즈니코보 같은 지대 영지는 주변 지역에서 많은 사람을 들여와야 했다. 오트코드니키는 여러 하위 집단으로 구분된다. 첫째는 농노와 국유지 소작농이 대부분인 집단으로 공장 일을 했다. 둘째는 이주민인 수공인, 상인, 기타 사업가 집단으로 다수가 가내수공업으로 만든 상품과 수공품을 시장이나 행상을 통해 팔았다.

이주민 공장 노동자는 주로 남성이었다. 여성은 사실상 집안일과 가내수공 일을 떠맡았다. 이주민들은 임시 이주를 위해 혼자서 길고 힘들게 여행할 때 위험을 피하기 위해 협동조합을 뜻하는 아르텔artel'이나 젬랴체스트보zemlyachestvo 같은 노동자 단체를 만들어 집단으로 행동했다. 아르텔은 임시 노동이나 계절성 노동을 함께 구하는 농민 집단이었고, 젬랴체스트보는 도시나 사업장에 도착한 후 조직한 단체로 대부분 고정적이고 규모가 컸다.

힘든 상황이 계속되고 집단적으로든 개인적으로든 좋은 방법이 없으면 언제나 최후의 해결책이 있었다. 영주의 동의 없이 그의 손이 닿지 않는 곳으로 도망치는 것이다. 1678년까지 시베리아, 우랄 및 볼가 지역의 새로운 러시아 영토로 도망친 농노가 무려 370만 명에 달했다. 탈출은 계속되었다. 1727~1742년에는 매년 평균 2만 명이 고향을 탈출했다.[251] 1649년 모스크바 법전의 주요 목적 중 하나가 도망간 농노를 붙잡아 오는 것이었으나, 차르는 남쪽 국경 지대로 도망친 농노에 한해, 제국의 방어와 확장에 협력하면 탈출을 용인해주었다. 남쪽 국경 지대로 도망친 농노들은 타타르인이나 다른 민족과 함께 준자치적 군사 공동체인 카자크 사회로 흡수되었다.

시베리아로 도망친 농노도 처벌받지 않았다. 모피 산지로 중요한 지역이었기 때문이다.[252] 모피 교역은 몽골 왕조인 킵차크칸국과 그 속국들이 지배했지만 15세기에 킵차크칸국이 멸망한 후에는 빈자리를 모스크바 공국과 그보다 작은 이슬람계 크림칸국, 아스트라한칸국, 시비르칸국, 카잔칸국이 메웠다. 1550년 모스크바 공국이 카잔칸국을 정복하고 노브고로드를 함락하면서 모피 무역이 한층 촉진되었다. 모스크바 공국은 노브고로드, 카잔, 시비르의 뒤를 이어 품질이 다양한 모피를 공납으로 요구했다. 모피는 '부드러운 금(야삭iasak)'으로 불렸다. 그렇게 해서 수렵채집 집단의 중요한 일부가 세계경제의 일부가 되었다. 1640년 초반 브라츠크 부락민들이 러시아 관료에게 선서한 내용을 살펴보자. 이들은 "우리의 신앙을 걸고 태양, 땅, 불, 러시아의 검과 총에 걸고 맹세하며, 맹세를 어기면 신앙에 따라 태양이 나를 비추지 않을 것이고…… 땅 위를 걷지 못하고 빵을 먹지 못하며, 러시아의 검이 나를 벨 것이고 러시아의 총이 나를 죽일 것이며, 불이 우리 부락민[울루스uluses] 모두와 우리 땅을 멸할 것입니다"라며 황제에 충성을 맹세해야 했다.[253] 덫을 놓아 사냥했던 이들은 '부드러운 금'을 바치는 한 좋은 대접을 받았지만 농부가 아니었고 쉽게 소작농이 될 수도 없었다. 그래서 1649년 모스크바 법전에 위배되나 제국 확장에는 부합하는 비공식적 시베리아 이주가 그토록 중요했다. 시베리아로 집단 탈출한 많은 사람이 고향에서와 비슷하게 공동체를 이루며 살았다. 그들은 사실상 그곳의 유일한 계급인 국유지 농노가 되었다. 지대 외에도 돈과 현물(부역)로 세금을 내야 했고, 모든 것이 군사적으로 조직되었다. 농노를 둘 권리는 교회에만 있었고 귀족의 영지는 허용되지 않았다. 유일한 예외는 알타이의 풍부한 은광과 우랄 지역의 광물과 야금 시설에서 일하도록 지시받은 농민과 군인이었다.[254]

토착 수렵채집인과 도망쳐 온 농노 외에도 시베리아에는 정치적, 종교적,

형사상의 이유로 추방된 사람들과 폴란드인, 리투아니아인, 스웨덴인을 포함한 몇몇 범주의 전쟁 포로들이 살았다. 1709년 폴타바에서는 스웨덴 병사, 민간인, 여성과 아이들을 합쳐 2만 명이 포로로 잡혔다. 러시아는 1649년 모스크바 법전 이전에는 드물었던 기결수의 형사적 추방을 사법 형벌 제도로 촉진하여 쉽게 시베리아 인구를 증가시켰다.[255] 1653년의 사례를 보면 추방당한 사람은 종종 불구가 되었다. "도둑질과 강도질한 사람은 이전 법령에 따르면 사형에 처해졌을 것이나 채찍형에 처하며, 왼손에서 한 손가락을 자른 후 아내와 자식과 함께 시베리아와 그 아래의 국경 도시로 추방한다."[256] 이에 따라 러시아에서는 죄수 처형이 드물어졌다. 시베리아에 도착한 사람의 후손은 일반인과 다를 바 없었다. "추방은 군주의 형벌적 보복을 국가의 실용적 착취로 연결했다."[257]

예카테리나 2세 치하 러시아가 드네스테르부터 다게스탄에 이르는 지역의 유목민(이제 자랑스러운 노보로시야Novorossiya[새로운 러시아라는 뜻-옮긴이]로 다시 태어났다)을 복속시키자 남쪽 지방 도망자의 지위가 근본적으로 변화했다. 남부 농노들은 이른바 돈 카자크 지역Don Cossack Host으로 '도피할 권리' 대신 제국의 자유민 백성 지위를 얻었다. 이주민은 러시아에서 온 사람들뿐만 아니라 초대받아 온 독일인 개척자도 있었다.[258]

제국의 노동 체제 중 가장 끔찍한 징병제도 몇몇 의외의 측면이 있다.[259] 1650년 이후 표트르 1세는 용병제를 징병제로 전환했다. 이에 따라 러시아는 징집병 비율이 1~1.5퍼센트로 유럽에서 가장 높은 나라가 되었다. 끔찍하게도 지주는 국가에 병사를 공급할 의무가 있었고, 불행한 징집병은 고향과 영원히 작별했다. 1793년에 병역 기간이 25년으로 줄었지만 달라진 점은 거의 없었다. 다른 한편으로 징집병은 동쪽과 남쪽으로 제국을 확장하는 일에 중요하게 사용되었다. 국가는 정복한 영토를 방어하기 위해 병사들을 새로운 지역의 농부로 정착시켰고, 이 조치는 그들에게 자유를 돌려주었다.

러시아는 강력하고 거대한 국가로서 19세기를 맞이했다. 그 중심에는 법에 따라 이동의 자유를 제한받고 대지주를 위해 노동할 의무가 있는 압도적 다수의 농노, 그리고 토지에 구속되었지만 그 외에는 독립적인 시베리아와 중앙아시아의 농민 겸 군인이 있었다. 먼 서쪽 엘베강에 이르기까지 나타난, 이동성을 제약하는 여러 수단은 비슷한 점이 많아 서유럽과 동유럽을 가르는 경계를 형성했다.[260]

X

1500년까지 세계는 사람이 일하는 방식을 기준으로 여러 크고 독립적인 섬으로 나뉘어 있었다. 수렵채집인은 (아)북극 지방과 아프리카 및 남아메리카의 열대우림 속 몇몇 지역에 미미하게 남았다. 다른 곳에서는 농경이 지배적이었다. 농경은 자급자족을 넘어 잉여 생산물을 낳을 정도로 생산적이었다. 농경은 두 가지 주요 모델로 나뉘었는데, 하나는 유라시아의 시장을 통한 분배 모델이고, 다른 하나는 아메리카 대륙과 사하라 이남 아프리카 정치체의 재분배 모델이다.

이 상황은 갑작스럽게 끝났다. 이전의 메소포타미아처럼 내부에서 외부로 서서히 사라진 것이 아니라 극히 폭력적인 방식을 통해 외부에서 내부로 사라졌다. 시장 모델에서는 소작농의 자유로운 사업과 수공인의 임금노동이 지배적이었으나, 동시에 정치체 간의 갈등이 노예를 만들어냈고, 노예화는 결국 사회 전체가 노예노동에 의존하게 만들었다.

유럽의 영해가 넓어지고 분리된 섬들이 접촉하면서 전환점이 나타났다. 이어서 수렵채집 사회의 급속한 몰락, 거대한 마지막 재분배 사회의 파멸, 호혜 원칙의 후퇴, 시장경제 확장과 강화가 이어졌다. 시장경제 확장은 시장 모델 확산과 무자유노동 확대라는 두 가지 방식으로 일어났다. 무자유노동은 러시아에서는 농노제 확대의 결과로, 다른 많은 지역에서는 급격한 노예제 확대의 결과로 지배적 노동 방식이 되었다. 노예제가 가장 극심했던 곳은 카리브해와 브라질이었고, 아프리카 및 중앙아시아와 그 주변 지역도 정도가 심해졌다. 인도양에도 노예가 많았지만 총인구에서 차지하는 비중은 훨씬 작았다.

시장 모델 확대와 강화는 모든 부문에 영향을 미쳤다. 세계 인구 중 가장 많은 비중을 차지한 유라시아 농민은 농사와 가내수공업의 모든 방면에서 자신의 일을 강화했다. 러시아 농노도 제도의 제약 안에서 비슷하게 행동했다. 농가의 시장 지향성이 커지면서 남성뿐만 아니라 여성과 어린이의 노동도 증가했다. 급속도로 성장하는 소도시와 도시에서도 비슷한 현상이 일어났고, 해운과 군사 부문도 마찬가지였다. 부분적으로 세계화의 영향으로 나타난 이 현상의 배후에는 폭넓어진 소비와 생계유지 수준을 넘어 소비할 수 있는 새로운 기회라는 주요 동기가 있었다. 설탕 소비 증가뿐 아니라 차, 커피, 술, 아편 같은 흥분제와 더불어 직물과 유럽의 값싼 인쇄술에서도 당시 분위기를 엿볼 수 있다.

농가든 수공인의 작업장이든 아메리카의 농장이든 일터의 규모는 대체로 여전히 작았다. 한편으로는 군대처럼 수천 년 동안 존재해온 대규모 노동 단위가 있었고, 원양 항해 선박, 조선소, 무기고, 기타 군사 업무 현장이 많아졌다. 농노를 둔 러시아의 영지와 몇몇 카리브해 대농장도 대규모 노동 단위에 속한다. 노예와 농노는 자신의 이익을 보호하는 데 많은 제약을 받았다. 막 노예가 되어 자유로웠던 시절을 기억하는 무자유민들은 이익을 보호할 기회를 구하고 찾았다. 자유민 노동자는 정치체가 허용하는 수준으로 도시에서 협동조합을 조직하는 것이 분명한 선택지였다. 장인은 길드 외에도 다른 협회를 통해 이익을 옹호했다. 다른 협회에는 인도의 장인 카스트 조직도 포함된다. 이것이 산업혁명으로 불리는 사건이 발생하기 직전 세계의 노동과 노동관계의 모습이다. 세계의 노동과 노동관계는 이제 세계적으로 연결된 동시에 폭넓고 다양한 원칙으로 조직되었다.

19세기 초 세계의 권력 구도는 3백 년 전과 비교해 알아볼 수 없을 정도로 달라져 있었다. 1650~1700년에 분명해진 힘의 이동에서 승자는 서구였고 1800년 무렵에는 대분기가 뚜렷해져 있었다. 최근까지 서구의 우세함은 불변의 진리처럼 보였다. 이 장에서는 노동과 노동관계의 역사를 되도록 공정하게 분석하여 '위대한 대발견'과 '산업혁명' 사이의 수 세기가 그리 선형적이지 않았음을 보여주었다. 그럼에도 불구하고, 6장에서 이야기할 산업혁명 시기에서 알 수 있듯 분열은 길고 깊어질 것이었다.

문해율이 뚜렷이 높아짐에 따라 모든 종류의 일하는 사람들뿐 아니라 무자유민도 자신에 관한 이야기와 증거를 남겼다. 올루알레 코솔라와 에멜리얀 푸가초프, 넵투누스호 반란 노예의 운명을 생각해보라. 이들의 증언은 자유 박탈은 결코 당연하지 않고, 사람들이 어쩔 수 없는 현실로 쉽게 받아들이지도 않았다는 사실을 확인해준다. 자영업자나 임금노동자에 대한 부당한 처우나 불공정한 보상도 마찬가지였다. 가난을 피하거나 노동환경을 개선하기 위해 이주한 개별 가구나 집단의 전략을 많은 증언에서 확인할 수 있다. 비극적인 사고로 아들을 잃은 쿠숨디나 유럽 수공인 길드 혹은 베이징 조폐국의 파업 노동자들이 좋은 예다.

Chapter 6

산업혁명과 새로운 노동관계

1800~현재

이 장과 다음 장의 주제인 마지막 2백 년은 이전 시대보다 친숙하다. 그러나 몇 마디로 특징짓기는 힘들다. 이 시대를 특별하게 만들어주는 것은 무엇일까? 비록 단속적이었을지언정 노동관계가 전 세계적으로 수렴한 시기라는 사실일 것이다. 도시가 출현한 이래 그토록 많은 사람이 비슷한 방식으로 일을 조직한 적은 없었다. 또한 노동관계와 노동환경을 개선할 수 있을 정도로 개인적으로나 집단적으로 강렬하게 시도한 적도 없었다. 이 장의 중심 주제는 다양한 노동관계와 임금노동이 지배적 틀로 자리 잡는 과정이다. 다음 장에서는 사회에서 가장 빠르게 비중이 증가한 임금노동자의 이해관계(임금노동자에만 한정되지 않는다)와 관련하여 '할 수 있는 모든 행동'의 변화가 가져온 결과를 다룬다. 특히 새로운 단체 행동이 많이 등장했고, 국가는 이데올로기적으로는 반대하면서도 중요한 역할을 하고 있다.

지난 2백 년 동안 변화한 노동관계를 이해하기 위해서는 산업혁명을 간과할 수 없다. 산업혁명은 농업의 지배적 비중을 깸으로써 새로운 소비 수준과 양식을 만들었다. 일의 목적은 이전 시대처럼 순수한 필요의 문제가 아니라 삶의 질 향상으로 변했다.

지난 2백 년 동안 (시장 지향적인 된) 노동관계는 급격히 변화했다. 무자유노동의 비중은 크게 줄었다. 무자유노동은 1791~1804년 아이티혁명의 결과인 1807년 영국의 대서양 횡단 노예무역 폐지, 유명한 1861년 러시아 농노 해방을 비롯한 유럽의 농노제 폐지를 기점으로 쇠퇴했다. 그 움직임은 1919년 국제노동기구 창설과 1948년 세계인권선언에서 잠정적으로 완성되었다. 그러나 성공은 보장되지 않았다. 자유노동을 향한 흐름은 자주 중단되었다. 이와 관련해 이오시프 스탈린Iosif Stalin, 아돌프 히틀러Adolf Hitler, 마오쩌둥, 폴 포트Pol Pot 등의 이름이 많은 것을 말해준다. 북한의 김씨 정권도 잊지 말자. 무자유노동과 더불어 자영 노동의 비중도 속도는 훨씬 느렸지만 감소했다. 그 전까지 세계의 주요 노동자였던 수많은 소농과 장인의 중요성이 낮아진 탓이 컸다. 점점 많은 여성이 집 안팎에서 시장을 위한 노동을 시작하면서 가사 노동의 역할도 감소했다. 이 세 가지 흐름 중 자유 임금노동이 주로 도시에 집중된 생산업과 서비스업 모두를 통해 가장 많은 이득을 얻었다. 또한 자유노동의 증가는 이주의 증가를 의미했다. 임금노동자는 '행동으로 의사를 표시했고', 기회가 되면 더 나은 노동조건을 찾았으며, 직장을 잃으면 다른 곳에서 일자리를 찾았다. 새로운 일자리는 국내일 수도 해외일 수도 있었다. 이들은 연한年限 계약 노동처럼 노동조건이 가끔 악화되는 것도 받아들였다.

산업혁명 출현과 확대

산업사회 출현과 확산은 세계적인 노동관계 수렴을 가장 명백하게 보여주는 사례다. 노동력 대부분을 산업에만 투입한 나라는 없었을 테지만, 산업혁명은 농경을 시작한 이래 노동자의 역사에서 가장 중요한 변화였다.[1] 앞에서 사용한 용어를 고집하자면, 노동집약화에서 자본집약화로 이행했다. 이 현상은 18세기 영국에서 처음 나타났다. 나는 일부러 이 부분을 앞에서 다루지 않고 여기에서 이야기하기로 했다. 이 현상이 처음에는 인구의 일부에만 영향을 미쳤고 영국제도에서조차 19세기에 들어서야 분명해졌기 때문이다.

이 장에서는 산업혁명 동안 일어난 기계화의 본질, 기계화가 잉글랜드 전역과 전 세계로 확산하는 과정을 간략히 설명하고 공장으로 집중되던 산업 노동의 의미를 언급하겠다. 기계화가 수송과 농업 분야에서 차지한 부정할 수 없는 중요성도 다룰 것이다. 당시 중요한 것은 상사의 감독에 익숙하지 않은 사람들이 새로운 환경에서 생산노동을 하도록 의욕을 고취하는 방법이었다. 바로 근로 유인의 문제다.

기계화

기계화에 관한 사례는 무척 많다. 인간은 자신의 근육과 지적 능력, 그리고 동물의 근육과 능력을 더 효율적으로 활용하기 위해 도구를 만들어 사용했다. 물레와 베틀, 도공의 돌림판, 짐수레를 떠올려보라. 사람, 동물, 식물에 기반한 에너지원 외에 수력(물과 조수를 이용한 방앗간)과 풍력(범선과 풍차)도 수 세기 동안 생산에 사용되었다.

산업혁명은 장소에 구속되지 않는 증기라는 새로운 에너지원을 활용했다는 점에서 뚜렷이 구별된다. 연접봉으로 바퀴를 돌리는 증기보일러는 연료(주로 석탄)가 매장되거나 싸게 연료를 공급받을 수 있는 곳이라면 어디에서나 볼 수 있었다. 중국인도 증기의 동력을 알고 있었으나 호기심 차원이었을 뿐 경제적으로 응용하지는 않았다.[2] 증기를 최초로 산업에 적용한 곳은 땅을 깊이 팔수록 지하수가 범람해 곤란을 겪던 탄광이었다. 1712년 토머스 뉴커먼 Thomas Newcomen이 만든 증기 엔진은 많은 인력을 절약하게 해주었다. 펌프의 동력은 더 강해졌고, 많은 석탄을 채굴하면서 더 많은 증기 엔진을 구동할 수 있게 되었다. 석탄을 수송하려면 수로가 필요했기 때문에 사람들은 많은 수로를 팠다. 그다음 단계는 1769년 제임스 와트 James Watt가 특허받은 증기 엔진이었다. 이 증기 엔진은 뉴커먼의 엔진에 비해 5분의 1도 안 되는 연료를 사용했다. 또한 와트는 회전운동을 가능하게 하는 트랜스미션 메커니즘을 고안했다. 증기로 모든 종류의 기계를 구동하게 되자 가장 중요한 산업인 직조 분야의 기계가 많이 발명되었다. 리처드 아크라이트 Richard Arkwright는 와트와 같은 해에 물레방아로 추진력을 얻는 방법을 고안했다. 이에 따라 1750년부터 1800년까지 면방적사의 노동생산성이 2백 배 증가했다. 이것은 모든 산업 부문의 많은 사례 중 하나에 불과하다.

그다음 단계로 대략 1820년부터 배와 기차에 증기가 쓰였다. 여기서 유명한 발명과 혁신을 충분히 설명하기는 힘들다. 그러나 잊지 말아야 할 점이 있다. 발명과 혁신이 오랜 시행착오의 결과고, 실제로 도입되기까지 많은 시간이 걸렸으며, 옛 기술도 현저히 향상되었다는 사실이다. 예를 들어 범선은 해양 운송에서 증기선에 추월당했지만 속도는 그 어느 때보다 빨라졌다.

19세기 말과 20세기에 주로 미국과 독일을 중심으로 발명품이 등장했다. 전기는 광원과 통신(전보, 전화, 라디오, 텔레비전) 분야 외에도 전기 모터에 특별하게 쓰였다. 그 결과 소규모 산업 생산과 가정용 기구에 사용되면서 증기를 대체했다. 증기를 대체한 것은 전기만이 아니었다. 휘발유도 있었다. 1885년 카를 벤츠Carl Benz가 발표한 자동차에 이어 트럭, 버스, 장거리 대형 버스, 선박, 비행기에 휘발유 엔진이 사용되면서 전 세계 모든 곳에 가고 그곳 생산물과 인력도 접할 수 있었다. 전기 엔진과 더불어 휘발유와 디젤 엔진도 산업적으로 이용되었다. 에너지 생성 분야의 여러 발명 중 최근의 돌파구는 원자를 쪼개 에너지를 얻는 핵분열이다.

에너지 생성과 긴밀한 분야는 화학과 생명공학이다. 페인트, 제약, 고무, 합성섬유, 건축자재, 비료 등을 생각해보라. 이 모든 혁신을 보건 분야에 적용한 결과도 빼놓지 말자. 마지막으로, 사람의 작업을 자동화한 기계공학이 있다. 자동화의 마지막 단계는 최근 몇십 년 동안 진행된 디지털 혁명이다. 디지털 혁명은 나노 기술, 그리고 생산업의 필수 요소인 3D 프린팅에 적용되었다. 운송 시스템에 몰고올 변화 때문에라도 특히 중요한 일이다.

영국에서 시작되어 세계를 정복하다

어째서 산업혁명이 한 대륙에서만 일어났을까? 어째서 영국이라는 한 나라에서만 처음으로 노동집약적 경제가 자본집약적 경제로 이행했을까? 여러 세대에 걸쳐 역사학자들이 치열하게 연구했지만 결론을 내지 못했다. 유럽의 앵글로색슨 또는 잉글랜드계의 천재성이 지구의 나머지 지역 사람들보다 우월했기 때문이라는, 근본적으로 인종차별적인 주장은 한물간 생각이 되었다. 석탄 같은 원자재에서 원인을 찾는 주장이나 영국이 보유했다는 우월한 제도를 강조하는 주장도 편파적이다.

최근에는 유용한 지식의 보급을 강조하는 주장이 나왔다. 산업혁명이 실제로는 많은 분야의 작은 개선과 발명으로 이루어졌고, 개선과 발명은 일상적 기술 관행을 향상하려는 시행착오와 근면한 노력에 토대한다는 이해에서 출발한 주장이다. 이러한 통찰은 1500년부터 서유럽을 유라시아의 다른 지역과 구분 지은 하나의 특징을 가리킨다. 바로 기능인 사이에 기술과 지식을 널리 퍼뜨린 값싼 인쇄물을 이용할 수 있는 가능성이다.

비슷한 시기에 유럽의 많은 해양 지역에서 산업화의 배턴이 한 곳에서 다른 곳으로 넘어갔다. 여러 세기 동안 이 지역에는 큰 국가가 없고, 작지만 성공적인 도시형 정치체가 있었다.[3] 배턴은 베네치아 등의 이탈리아 북부 도시국가로부터 저지대 국가, 특히 여러 지방과 도시국가의 연맹인 네덜란드공화국으로 넘어갔고, 이곳으로부터 17세기 말에 부분 선출된 의회와 중앙집권적 정부를 갖춘 영국으로 넘어갔다. 산업화의 배턴이 이동했다는 것은 점점 더 커지던 국가들이 동시에 성공했다는 의미다. 릴레이에 참여한 영국은 18세기 말에 최초의 산업혁명을 시작하는 영예를 차지했다. 배턴은 미국과 독일에도 넘어갔다. 프랑스, 이탈리아, 저지대 국가들, 스위스 같은 이웃 국가들은 선두 주자들로부터 영감을 받았고 초기에 모방하는 이점을 누렸다. 이제는 중국과 인도가 비슷한 위치에서 새로운 기술 선도국이 되려 한다.

영국과 스코틀랜드 롤런드의 혁신에는 네덜란드공화국 등의 이전 주자들보다 성공적이었던 새로운 요소가 있었다. '공공의 과학'이다. 공공의 과학에는 일반 시민과 기능인뿐 아니라 '개선되고 있던' 지주도 참여했다. 대표적인 예는 당시 '문학철학협회literary and philosophical societies'로 불린 단체의 탄생이다. 새 단체들은 기계적이고 과학적인 뉴턴식 사고와 협회지, 순회 강사의 대중 강연, 그리고 모형 단계든 실용화 단계든 발명품을 감탄의 눈으로 구경할 수 있는 무대 현장을 대중화했다. 이들은 학술적 과학의 명제로 이루어진 지식과 공학의 방법적 지식의 간극을 이어주었다.[4]

지식, 구체적으로 실용적 지식이 한 나라 안에서 퍼진 방식은 앞에서 말한 모방 국가들의 성공에도 중요하게 작용했다. 1850년 이후 독일이 이뤄낸 위대한 성과인 이른바 2차 산업혁명을 설명해주는 요인이기도 하다. 독일은 양질의 (성인) 의무교육, 졸업생에게 병역 기간 단축 혜택을 주는 공업학교(게베르베슐렌Gewerbeschulen), 일종의 새로운 동업조합(이눙겐Innungen)을 활용하고 여기에 국가와 고용주들의 협력까지 더해 실용 지식을 효율적으로 전달하는 유연한 도제제도를 만들었다. 반면 영국의 기술적 지식은 작업 현장에서 '노동 귀족'의 빈틈없는 보호를 받으며 점점 폐쇄적으로 변했다. 미국 경제학자 랠프 롤런드 메이즌젤Ralf Roland Meisenzahl은 다음과 같이 날카롭게 지적했다. "자신의 기술이 쓸모없어지는 것을 바라지 않았던 나이 든 노동자들이 도제를 고용하고 가르치는 책임을 맡았기 때문에 도제들도 오래된 기술에 갇히고 말았다."[5]

노동자의 타고난 노동생산성은 유라시아 지역들 사이에 차이가 없었지만, 새로운 기술과 생산방식을 채택할 수 있는 조건은 다양했다.[6] 농촌과 도시의 근면혁명, 자유로이 이동하는 사람과 지식, 부분적으로 무자유 대규모 농장 노동에 힘입어 유럽의 특정 지역이 얻어낸 국제 해양 무역이라는 뜻밖의 횡재가 그러한 차이였다. 민족국가들은 경쟁국에 보호관세를 부과하여 이 모든 것에서 핵심적인 역할을 했다.[7] 그 결과 유라시아 양 끝에 작게 존재했던 차이가 크게 벌어졌다. 서로가 그 현상을 부채질했고, 산업혁명과 식민주의에 의해 대분기가 일어났다. 부국과 빈국의 간극, 그에 따른 노동 보수의 간극이 좁아진 계기는 훗날의 탈식민지화와 냉전 종식이었다. 이 설명은 동아시아 국가들에 잘 적용되지만 사하라 이남 아프리카에는 알맞지 않다.

각 나라가 산업혁명의 돌파구를 찾은 시기는 영국 1780~1800년경, 벨기에 1830년경, 독일 1870년경, 미국 1900년경 등인데, 이 시기를 두고 지금도 토론이 이어지고 있다. 종종 간과되는 점은 오랫동안 이 나라들의 국민 중 극히 일부만이 산업에 종사했고, 이들 중에서도 소수만이 기계화 공장에서 일했다는 사실이다. 영국을 예로 들어보자. 산업혁명은 처음에 직조 산업에만, 그것도 면화 가공에만 한정되었다. 금속 산업이 등장하고 철도망도 확장했으나, 금속 산업이 더 넓은 기반을 갖춘 것은 1840년대였다.

1851년 대영박람회와 1870년대 사이의 사반세기 동안 세계의 공장으로 불린 영국에서는 노동인구의 40퍼센트가 산업에 종사했다. 그러나 이 수치가 사상 최고치였다는 사실, 그리고 산업체가 남쪽에는 별로 없었던 반면 미들랜즈와 웨스트요크서 등의 북쪽에는 많았다는 것 등 전체적으로 불균등하게 분포했다는 사실을 유의해야 한다. 또한 산업체들 사이에도 큰 차이가 있었다. 수공예업은 런던과 성장하는 도시에서 강세를 유지했다.[8] 노동인구 중 소수만이 대형 공장과 탄광에서 일하는 양상은 다른 나라에서도 비슷했다. 이 공장들은 지리적으로 고도로 집중되는 경향이 있었다. 독일 루르 지방, 프랑스 알자스로렌 지방, 지금은 쇠락한 미국 공업지대(러스트 벨트rust belt), 그리고 러시아 우랄 지역과 돈바스 지역이 좋은 예다.

공장의 노동조직

지난 2백 년 동안 발달한 공장 노동을 어떻게 생각해야 할까? 그전의 수 세기 동안 장인은 도시에, 산업은 가내수공업 형태로 주로 농촌 지역에 집중되어 있었다. 두 경우 모두 노동과 생활의 장소는 같았다. 수력이나 풍력으로 추진력을 얻는 곳에서는 더 큰 노동 단위를 조직할 수 있었다. 금속 제련소, 소금 및 비누 제조 공장, 제당소, 직물 표백, 염색 및 날염 공장 등 열에 의존하는 산업도 마찬가지였다. 한마디로 산업혁명 이전에 대규모 자본을 투자한 회사는 이제 한 명 또는 몇십 명의 노동자만으로도 수익성 높은 사업을 할 수 있었다. 수백 명 때로는 1천 명 이상을 한곳에 모아놓은 대규모 산업 단위는 드물었고, 그나마 있는 곳도 주로 육군 및 해군의 작업장, 대포 주조 공장, 조선소 등 국유회사여서 한 나라에 몇 군데에 불과했다.

시행착오를 통해 산업화하는 과정에서는 오랫동안 다양한 조직 구조가 공존했고 종종 긴밀히 연결되어 있었다. 어쨌든 전통적이고 한가한 수공예업과 지옥 같은 공장에 대한 전형적인 대조는 오해를 부를 소지가 많다.[9]

다양한 조직 구조는 기술 발달 단계, 다양한 산업 분야 또는 지역적 차이와 깔끔하게 맞아떨어지지 않는다. 전혀 맞아떨어지지 않는다고 할 수는 없지만, 그럼에도 차이가 크다. 먼저 최종 소비자 또는 중개인을 위해 생산하는 장인이 있었다. 중개라는 두 번째 구조는 악명 높은 노동 착취 산업이 되었다. 이 산업에서 하도급업자는 물량에 따라 요금을 받은 반면, 실제로 집에서 일한 사람은 더 낮은 시급을 받았고, 때로는 작업량제 임금을 받았다. 공장이 관여하지 않은 최악의 착취 형태 중 하나다.

기계화 이전에도 성별, 나이, 기술에 따른 최적의 노동 분업을 지향한 소규모 작업장이 많았다. 1759년 웨일스의 사제이자 경제학자 겸 정치 평론가 조사이아 터커Josiah Tucker 신부는 다음과 썼다.

> 노동은 매우 적절한 비율로 할당되어…… 제조할 상품을 손에서 다른 손으로 넘기는 데 시간이 낭비되지 않고 불필요한 힘을 사용할 필요가 없다. 예를 들어 두 종류의 이점을 모두 보여주는 1천 개나 되는 버밍엄의 공장 중 하나를 보자. 남자가 엔진으로 금속 단추에 압인을 찍을 때 아이가 그 옆에 서 있다가 압인을 찍을 단추를 올려놓고, 압인이 찍히면 단추를 치운 다음 다시 새로운 단추를 올린다. 이 방식으로 일하면 한 번 찍을 때마다 멈추고 새 단추를 올릴 때보다 적어도 두 배나 많은 버튼에 압인을 찍을 수 있다. 하나의 변화만으로 시간의 80퍼센트 혹은 심지어 100퍼센트를 절약하고, 또한 새로운 아이들이 말할 수 있게 되자마자 열심히 일하는 습관을 가르칠 수 있다.[10]

기계화 작업장이 직조 산업에 등장한 것은 나중의 일이었다. 새로운 공장은 수차, 나중에는 증기보일러를 주요 동력원으로 이용했고, 하나의 건물에서 몇 명에서 수십 명, 때로는 수백 명이 일했다. 그렇다면 어느 때보다 많아진 노동자를 한 장소에서 조직하는 최선의 방법은 무엇이었을까? 중앙 지휘

계통도 하나의 모델이었지만, 공장 건물은 어느 정도 자율적인 작은 단위로 나뉘어 중간 관리층이 없는 경우가 더 많았다.

가장 흔한 조직 형태는 가내수공업 장소를 공장 건물로 옮겨 근본적으로 변형한 옛 가내수공업의 연장선이었다.[11] 공장 소유주나 사업가는 많은 방적사, 직조인 또는 기타 전문가를 작업량제 임금 방식으로 고용했고, 이들은 다시 조수나 도제를 고용해 시급을 주었다. 주로 소년, 소녀, 성인 여성이었던 공장 노동자들은 서로 친척이나 이웃일 수 있었으나, 랭커셔 볼턴처럼 빠르게 성장하는 공장 소도시에서는 사정이 달랐다. 이런 식으로 관리 문제가 탈중앙화되었다. 소수 엘리트가 많은 하층 노동자를 착취하는 관행이 퍼졌다. 앞에서 언급했고 363~365쪽에서 다룰 악명 높은 노동 착취 산업과 비슷하다. '상급 노동자'는 하급 노동자를 닦달할수록 더 많은 돈을 벌었지만, 하급 노동자들에게 돌아가는 돈은 한 푼도 늘지 않았다. 그렇게 불공정한 체제가 어떻게 그토록 오래 랭커셔의 면방적 산업 등에서 지속되었을까? 그 비밀은 하급 노동자가 지금은 자신이 혹사당하지만 언젠가 상급 방적인이나 직조인이 될 것이라는 희망을 품었다는 사실에 있다. 이 점은 수공인 도제도 비슷했지만, 이들과 달리 하급 노동자가 높은 지위에 도달할 가능성은 훨씬 낮았다.

두 번째 조직 형태는 훨씬 공정하고 경영진의 심한 간섭을 피할 수 있는 모델이었다. 공장을 여러 독립적 작업장으로 나누고, 꽤 자율적인 노동자들이 그룹별로 하위 작업을 수행하는 일종의 '사내 도급internal/inside contracting'이었다.[12] 사장은 시급에 합당하고 충분한 생산을 위해 노동자를 가까이서 감독할 부사장이나 대리인을 임명할 필요가 없었다. 대신 부품을 관리하고 한 작업장에서 다음 작업장으로 원활히 이동하도록 감독하는 일에 중점을 두었다. 이 전통적 조직 구조에는 여러 '협동조합식 하도급' 단위의 효율적 협력이 필요했다.

다양한 조직 구조는 매우 점진적으로 변화했고, 산업 부문별로 양상이 다양했다. 맨체스터에서는 1815년까지만 해도 노동자 50명 이하의 면직 공장이 많았는데, 1841년에는 1백~250명인 공장이 흔해진 반면 5백 명 이상인

공장은 거의 증가하지 않았다.[13]

노동자의 행동과 대응

여러 경제 부문의 생산성이 급격히 높아졌다고 해서 노동자들의 생활이 짧은 시간에 눈에 띄게 향상한 것은 아니다. 생활수준에 대한 논쟁에서는 아직 구체적 기준이 제시되지 않았지만 공감대가 형성되기 시작했다. 남성뿐만 아니라 엄청나게 많은 여성과 어린이를 포함한 영국 산업 노동자의 실질소득은 1820년 이전까지 거의 증가하지 않다가 이후 50년 동안 매우 느리게 증가했다. 그러나 급속도로 성장하는 산업도시에서 생활 여건이 악화되면서 그나마 적은 소득 증가마저 대부분 상쇄되었다. 기대 수명, 영아 사망률, 키 등 삶의 질을 측정하는 지표는 1870년대부터 확실히 나아졌다. 영국 역사학자 에마 그리핀Emma Griffin은 지난 2백 년에 대한 논쟁을 요약한 최근의 글에서 "근소한 실질임금 증가는 건강·수명·복지 측면에서 발생하는 높은 비용에 대한 아주 작은 보상에 불과한 듯하다"라고 말했다.[14] 여하튼 사회적 불평등이 증가했고, 공장 소유주와 노동자 사이의 불평등도 깊어졌다.[15]

산업혁명에 대한 노동자들의 반응은 복잡할 수밖에 없었다. 길고 고된 노동에 비해 빈약한 보수를 받아서만이 아니라 노동조건도 열악했다. 덜컹거리는 소음으로 대화가 불가능해진 상황을 생각해보라. 직조 산업뿐만 아니라 제재소 같은 산업에서도 수화가 필요했다. 작은 작업장 또는 규모가 더 큰 집단이더라도 야외에서 노동요를 함께 부르며 고된 노동을 달래던 것과 대조된다.[16]

작은 작업장이 큰 공장으로 바뀌고 조직 구조도 점차 변화하는 현실에 노동자들은 세 가지 유형으로 대응했다. 수용, 적응, 그리고 저항이다. 저항한 사례가 가장 잘 알려져 있지만 사실 당시에는 다소 예외적인 일이었다(개인 및 집단적 대응에 대한 내용은 412쪽 참고). 새로운 조직 구조에 대한 저항은 기계화 자체보다는 일상의 감독이 많아지고 집단의 작업량제 임금이 개

인의 시급으로 대체된 데 대한 대응이었다. 한마디로 독립성 상실이 이유였다.[17]

1760년부터 1820년까지 수많은 기계 파괴 사건이 일어났다. 일부는 폭력적이었고, 새로운 기계, 공장, 그 소유주를 보호하기 위해 무장 병력이 동원되면 치명적인 결과가 나타났다. 저항 강도는 지역에 따라 달랐고 영국 남부, 특히 남서부에서 두드러지게 격렬했다. 지역에 따라 저항과 수용이 다른 이유는 쉽게 설명할 수 없지만, 분명한 점은 대도시보다 농촌 지역 사람들이 더 강하게 저항했다는 사실이다. 예를 들어 급속히 발전하던 이주 노동자의 도시 버밍엄에서는 저항을 거의 볼 수 없었다. 러다이트 운동 형태의 가장 격렬한 저항은 1811~1812년 노팅엄셔, 더비셔, 레스터셔의 농촌 지역에서 일어났다. 저항 활동은 '하나의 작업장 문화 또는 작은 유사 농민 공동체의 개인 관계와 친족 및 기타 관계'에 기반했다. 조직력이 탄탄한 '게릴라 무리'가 한밤중에 새로운 섬유 가공 기계, 양말 짜는 기계, 동력 직기뿐만 아니라 소유주까지 공격할 수 있었던 것은 모두 입을 다물어주었기 때문이다. 덧붙여 말하면, 러다이트 운동은 영국 외에 프랑스, 독일, 스위스, 네덜란드, 멕시코 등지에서도 일어났다.[18]

저항보다 덜 영웅적이지만 일반적이고 오랫동안 성공한 대응은 적응이다. 노동자의 창의성이 두드러지게 드러나는 부분이다. 적응의 주요 목적은 혹독해진 감독하에서 사장이 용납할 수 있는 범위 안에서 행동의 자유를 최대한 유지하는 것이었다. 성공적이고 널리 사용된 방식이 앞에서 잠깐 언급한 '협동조합식 하도급'이다.[19] 이 용어는 1890년대에 페이비언주의자Fabianist(점진적으로 사회를 개혁하고 토지를 국유화하자는 이론을 따른 사회운동가-옮긴이) 데이비드 프레더릭 슐로스David Frederick Schloss가 만들었다.

협동조합식(또는 집단적) 하도급 노동자는 여러 생산 과정이나 과정 전체를 맡고, 하나의 집단으로서 최종 생산물 한 개당 보수를 받는다. 노동 공정은 집단이 조직하고, 고용주의 역할은 투입 면에서 원재료와 생산 시설 공급, 산출 면에서 최종 생산물 품질관리에 한정된다. 이 방식은 고용주에게 매우 이롭다. 노동자들이 비효율적으로 조율하고 협력하여 발생한 모든 손실은 생산량 감소와 소득 감소 형태로 집단이 감당해야 하기 때문이다. 다른 한편으로 노동자는 생산 과정에서 효율적으로 협력하고 조직할 책임을 지는 대신 고용주의 강압적 감독에서 벗어나 상당한 자율권을 행사할 수 있다. 최종 상품의 품질과 그에 따른 보수에 대한 책임을 함께 부담하므로 집단 구성원이 실수를 최소화하고 기술을 효과적으로 활용할 동기가 생긴다. 세대 안이나 세대 간의 기술은 현장 훈련을 통해 전수하고, 소득은 기술 수준에 따라 다르게 재분배한다.

하도급 단위는 보통 가족 집단을 바탕으로 조직된다. 가족이든 아니든 집단 구성은 모든 구성원의 주요 관심사였다. 가장 약한 고리가 집단 전체의 최종 결과를 결정하기 때문이다.[20] 협동조합식 하도급은 제조업 외에도 계절성 농업 노동조, 광업, 주택 건설, 공공 건설 사업, 공장 등 폭넓은 분야에서 활용되었다. 영국의 유명 철도 건설업자이자 당대 세계에서 가장 거대한 개인 고용주였을 토머스 브래시Thomas Brassey의 아들은 1872년 다음과 같이 기록했다.

> 아버지는 항상 일당을 지급하는 것보다 작업량에 가격 매기는 쪽을 선호했다. …… 작업량제 임금에는 복잡한 문제와 말썽이 따르는데도, 아버지는 일당 지급을 지는 게임으로 여겼다. 아버지는 모든 일을 최대한 하도급에 맡겼다. …… 작업량제 임금은 고용주와 노동자 모두에게 이롭다. 노동자는 더 높은 임금을 받을 수 있고, 고용주는 지급한 임금에 상응하는 생산물을 얻고 수주한 계약을 빨리 끝내서 만족스런 결과를 얻을 수 있기 때문이다.[21]

영국만의 특이한 현상은 아니었다. 지난 몇 세기 동안 서유럽, 동유럽, 인도에서 활동한 벽돌 제조 노동자 조직을 비교문화적으로 분석한 결과에 따르면 세계적으로 적용되었다. 문화끼리 직접적인 영향을 주고받지 않은 것을 보면 가족 회사 외에 산업 임금노동조직에서도 보편적인 사회심리적 메커니즘이었음을 알 수 있다. 기계 제작 공장, 인쇄 산업, 다른 많은 산업에도 적용된 이 방식은 약 1900년까지 유럽의 모든 대도시 공장에서 널리 사용되

었다.[22]

협동조합식 하도급은 가장 활발하게 사용되었을 1900년경부터 두 가지
벽에 부딪혔다. 한쪽은 과학적 경영을 앞세운 근대 기업가와 선구자고, 다른
한쪽은 근대 노동조합운동이다. 다음 장에서 노동조합을 자세히 다룰 예정
이니 여기서는 가장 유명한 고용주 중 한 사람이자 '테일러리즘Taylorism'(노동
표준화를 통해 생산 효율을 높이는 과학적 관리 기법-옮긴이)이라는 용어를 탄생시
킨 미국의 프레더릭 W. 테일러Frederick W. Taylor에 초점을 맞추겠다. 1911년 테
일러는 다음과 같은 글을 썼다.

> 면밀한 분석 끝에 다음과 같은 사실을 증명했다. 노동자를 집단 안에 몰아넣으
> 면 개인적 야심을 자극받을 때보다 효율성이 훨씬 낮아진다. 노동자가 집단으로
> 일하면 개인적인 효율성이 가장 일을 못하는 사람의 수준이나 그 수준 밑으로
> 떨어진다. 모두가 함께 일하기 때문에 기분이 고양되는 대신 좌절한다.

테일러가 말하지 않은 것은 노동자가 왜 그렇게 행동하느냐는 것이다. 이
른바 '태업'에 관한 문제다. 사실 노동자는 생산성이 높아지면 임금률이 낮아
진다는 사실을 너무도 잘 안다. "작업량제 노동에서 너무 많이 생산하는 사
람은 자기 탐욕을 채우느라 동료를 희생시키는 사람으로 보였다. 결과적으로
발생할 수밖에 없는 임금률 감소는 신경 쓰지 않고 더 많은 돈을 게걸스럽게
독차지하는 것이다. 일당을 받는 경우에도 동료의 희생을 대가로 이익을 챙
기기 위해 사장에게 아부한다."[23]

앞에서 언급한 벽돌 제조에 대한 비교역사적 연구가 보여주듯 테일러의
주장은 다소 편파적이다. 그렇지만 1900년경 이후 협동조합식 하도급이 거
의 모든 곳에서, 적어도 경제적으로 가장 발전한 나라들에서 시급 기준의 개
별 계약에 바탕한 직접 고용에 자리를 내주고 있었기 때문에(일부 건설업 분야
는 예외일 수 있다) 중요하다고 할 수 있다.

자유 임금노동을 산업적으로 경영하는 과정에서 발생한 이 새로운 단계는
앞으로 더 자세히 설명할 것이다. 여기서는 먼저 자유 임금노동 자체의 등장

을 추적할 필요가 있다. 이것은 무자유노동이 쇠퇴하면서 가능해졌다.

무자유노동의 감소

1807년 영국은 노예무역을 폐지하는 법을 통과시켰고 그 결정을 철회하지 않았다. 노예무역은 지난 2백 년 동안 노예화와 노예노동과 함께 감소하거나 사라졌다. 그 과정이 느렸고 선형적이지도 않았지만 말이다. 전 세계적인 무자유노동 쇠퇴는 부정할 수 없는 현상이다. 오늘날 무자유노동은 수천 년 전 노예제가 도입된 이래 그 어느 때보다 적을 것이다. 노예무역과 노예제는 어떻게, 그리고 왜 폐지되었을까? 노예가 사라지는 장기적 과정은 언제, 그리고 왜 문제에 부딪혔을까? 그리고 현재 상황은 어떠한가?

노예무역과 노예노동의 폐지-과정과 원인

법으로 인정되고 국가가 시행하는 제도로서의 무자유노동은 하향식과 상향식을 통해 쇠퇴했다. 지난 2백 년 동안 진행된 하향식에서는 국가가 노예무역을 폐지하고 이어서 노예노동도 폐지했다. 경제적 보상금은 해방된 노예가 아니라 노예 소유주가 받았다. 심지어 노예 본인이 보상금 일부를 지급해야 하는 경우도 많았다.[24] 또한 국가는 노동계약을 이행하는 과정에서 형벌적 제재를 못 하도록 금지했다. 상향식 폐지는 양상이 달랐다. 무자유노동이 존재하는 한 사람들은 탈주를 감행했고,[25] 가능하다면 자유를 샀다. 가이아나에서 산으로 도망친 노예나 카자크가 지배하는 변방으로 종적을 감춘 러시아 농노를 생각해보라. 앞에서 보았듯이 이들은 때때로 반란을 일으키는 단체 행동을 했다.

부분적으로 상향식 단체 행동의 영향을 받은 하향식 폐지가 더 효과적이었다는 사실을 고려하며 관련 조치를 살펴보자.[26] 고작 몇 년 사이에 세 국가

지도 6 19세기의 무자유노동과 노동 이민

주요 노예노동 지역
(1830~1850)

주요 농노제 지역(1850)

주요 이주 노동(자유민)
(1840~1890)

주요 이주 노동(계약 이주민)
(1840~1890)

가 오래된 대서양 횡단 노예무역을 억제하기로 결정했다. 1803년 덴마크는 자국민의 노예무역을 불법화했고, 1807년 3월 2일 미국 대통령 토머스 제퍼슨Thomas Jefferson은 노예 수입을 금지했다. 1807년 3월 25일 영국은 모든 국민이 아프리카 노예무역과 운송에 관여하는 것을 금지했다. 영국의 노예무역 금지법은 1814~1815년 나폴레옹을 상대로 승리한 후 해양국과 식민지국으로서 획득한 압도적 힘 덕분에 영향력이 컸다. 게다가 영국은 이 문제에 진지해서 다른 나라에도 똑같이 조처하겠다는 조약을 체결하도록 강요할 정도였다. 조약 내용은 조약 체결국 소속 선박의 화물칸을 수색할 권리, 조약을 집행하기 위한 국제 법원 설립, 남녀 노예 해방 등이었다. 해방 노예들은 시에라리온과 라이베리아의 피신처를 제공받았다.

중세와 근대 초기에 노예 사용으로 악명 높았던 몇몇 지중해 국가는 이후 노예제를 거의 실시하지 않았지만 공식적으로 폐지하지는 않았다. 18세기(어쩌면 더 오랫동안) 유럽에서 여전히 노예 비중이 높았던 나라는 포르투갈뿐이었다.[27] 1600~1761년에 1천~2천 명의 노예가 해마다 포르투갈의 항구로 들어왔다. 이 시기 후반에는 아메리카, 아시아, 아프리카에서 오는 흑인 노예의 입국이 칙령으로 금지되었다. 인도주의 때문이 아니라 수익성 높은 식민지 브라질에서 노예가 빠져나가는 것을 막기 위한 조치였다. 포르투갈에 있는 노예는 해방 대상에서 제외되었다. 1767년 백인과 흑인의 혼혈인 물라토 노예에게 칙령이 확대 적용되었다. 1773년에는 포르투갈 내 노예의 자녀, 그리고 손주를 둔 노예에게 자유가 주어졌지만 다른 모든 노예는 평생 그대로 남았다. 포르투갈 식민지에서 노예노동이 사라지기까지 많은 시간이 걸린 것은 놀랄 일이 아니다.

지중해 동쪽 끝에서는 더 느렸다.[28] 16세기 오스만제국에서는 농업 노예가 사라진 후 상류층 가정에서만 노예가 사용되었다. 유럽인 남성 노예는 여성 노예로 대체되었다. 일부는 여전히 캅카스 지역 출신이었으나 대부분은 아프리카 출신이었다. 19세기에 노예는 오스만제국 총인구의 5퍼센트를 차지했을 것이다. 19세기 중반부터는 노예의 비중이 더 작아졌다. 1854~1856년 크림전쟁 이후 오스만제국은 전쟁 포로나 적국 국민을 노예로 삼지 않았고,

1857년에 흑인 노예무역을 금지했다. 예로부터 오스만제국의 '백인 노예' 공급처였던 캅카스에서 러시아가 체르케스인에 승리하면서 많은 체르케스인 노예가 주인과 함께 튀르키예로 이주하기 시작하여 1864~1865년에 절정을 이루었다. 그로 인해 오스만제국의 노예노동이 짧은 시간 동안 증가했다. 어쨌든 노예무역은 점점 더 쇠퇴했다. 그러나 1909년 백인 노예무역을 공식적으로 폐지할 때도 오스만제국의 청년튀르크당은 노예제가 제국의 신성한 법에 따라 인정된다고 밝혔다.

영국이 대서양 횡단 경로를 봉쇄하면서[29] 아메리카 노예제의 성격이 변화하고, 아프리카 내에 노예가 많아졌다. 아프리카와 아메리카 사이의 노예무역은 성공적으로 억제되었다. 중요한 예외는 영국 순시함 남쪽에서 앙골라, 마다가스카르, 모잠비크로 이동한 브라질 노예선이다. 1840년대에 대서양을 건너 거래된 노예의 수는 43만 5천3백 명이었는데 10년 후에는 17만 9천1백 명으로 줄었고, 1861~1867년에는 5만 2천6백 명이 되었다.

노예 폐지 운동은 부정적인 결과도 촉발했다. 영국이 대서양 횡단 노예무역을 억제하자 노예무역에 이해관계가 있었던 브라질은 어떻게든 이 조치를 피해가려 했다. 실제로 오랫동안 그렇게 했다. 자유민 노동자를 고용하고 싶어 하지 않은 노예 소유주의 수요를 브라질 국내 노예무역과 기존 노예의 자연적 인구 증가만으로 충족할 수는 없었기 때문이다.

아프리카 대륙에서는 오히려 노예가 증가했다. 1900년경 나이지리아 북부 소코토 칼리프국에서는 1백만~250만 명의 노예가 주로 환금작물 재배지에서 일했고, 상류층의 과시적 소비 대상으로도 이용된 듯하다. 노예무역을 억제하려는 영국의 노력에도 불구하고, 노예가 된 아프리카인은 19세기에도 계속 수출되었다. 대서양을 건너는 불법 거래는 드물어졌지만, 사하라 사막(다르푸르가 악명 높은 노예 약탈국이 되었다), 홍해, 인도양을 건너는 무역은 증가했다. 북쪽과 동쪽으로 향하는 무역은 1900년에야 서서히 중단되었다. 동시에 세계 다른 곳에서도 대서양 횡단 노예무역이 성공적으로 중단되었다.

노예무역뿐 아니라 노예제와 노예노동에 대한 투쟁도 일어났다. 이 움직임 역시 영국을 중심으로 나타났다. 1833년 영국 의회는 동인도회사령을 제외한 자국의 모든 식민지에서 노예제를 폐지한다는 법안을 통과시켰다. 1843년에는 동인도회사령의 노예제가 폐지되었고 인도 트라방코르처럼 동인도회사가 직접 지배하지 않은 지역에서는 1855년에 폐지되었다.[30] 다른 식민주의 국가들도 선례를 따랐다. 1848년에 프랑스가, 1863년에 네덜란드가, 1886년에 쿠바를 주요 식민지로 둔 스페인이 노예제를 폐지했다. 그러나 핵심 독립국가들은 노예제 폐지에 늦게 동참했다. 미국은 노예제를 폐지하기까지 피비린내 나는 전쟁을 벌여야 했고, 1861~1865년 남북전쟁에서 60만 명의 사상자가 발생했다. 이후에도 꼬박 1백 년 동안 미국 남부 시민들은 노예 출신 시민과 그 후손이 시민권을 향유할 수 없도록 방해했다. 또한 노예제 폐지의 여파 속에서 노동조합이 부정적인 역할을 했고, 훗날 W. E. B. 듀보이스 W. E. B. Du Bois와 마틴 루서 킹Martin Luther King Jr.을 비롯한 흑인 지도자는 이들을 비판했다.[31] 브라질은 1888년에야 노예제를 폐지했다. 가장 나중에 노예제를 폐지한 나라는 1942년의 에티오피아와 1981년의 모리타니다.[32]

중앙 유럽과 동유럽의 농노제 폐지도 이 연대기적 패턴에 부합한다.[33] 프랑스혁명의 여파로 많은 나라가 농노제를 폐지했다. 대표적으로 프로이센과 폴란드(1807), 러시아 발트해 지방(1816~1819), 독일 뷔르템베르크(1817), 그리고 바이에른(1818)이 있다. 그러나 다른 나라들은 반세기 혹은 그 이상을 기다려야 했다. 오스트리아는 1848년, 헝가리는 1853년, 러시아는 1861년에 농노를 해방했다. 루마니아는 1864년에 뒤를 따랐다. 러시아에서는 1861년 농노 해방법으로 소작농의 약 50퍼센트, 남성 인구의 40퍼센트를 차지했던 1천 1백만 농노가 해방되었다. 그러나 수십 년 동안 많은 사람이 여전히 원하는 곳으로 이주할 수 없었고, 마을 공동체 미르에 묶여 있었다. 미르는 농노의 이전 주인에게 후한 보상금을 집단적으로 지급할 책임이 있었다.

앞에서 언급한 나라들은 노예 소유권을 포함한 사적 재산을 신성불가침으로 여겼기 때문에 갈등을 겪었다. 해결책은 공공 자금으로 노예의 전 주인에게 보상하는 것이었다. 정부는 원활한 이행을 위해 이전 노예 주인에게 여러 해의 시간을 주고 해방 노예를 '도제'로 쓸 수 있도록 허용했다. 이 조치는 해방 노예가 숙식과 의료 및 생활 유지에 대한 대가로 여러 해 동안 전 주인을 위해 일해야 한다는 의미였다. 해방 노예 대부분은 도제 기간이 끝나면 머물지 않기로 결정했다. 그래서 많은 농장주가 자기 땅을 분할해 해방 노예에게 임대하거나 소작인으로 상대해야 했다. 해방 노예들은 노동계약 상대로 이전 주인이 아닌 사람을 선호했다.[34]

농장 주인의 대안 중 하나는 계약직 노동자를 고용하는 것이었다. 계약으로 구속하고 형벌적 제재를 가할 수 있는 노동자를 여러 해 동안 일하게 하는 방법이었다. 그렇게 해서 수천만 명의 '쿨리coolies(막노동꾼)'가 중국, 인도, 자바, 일본, 몇몇 태평양 섬(카나카)을 떠나 수천 킬로미터 떨어진 미국, 가이아나, 모리셔스, 실론섬, 인도 남부, 아삼, 말레이반도, 수마트라, 오스트레일리아 같은 곳에 이르렀다. 그들은 예전에 일하러 온 유럽 노동자들처럼(293~294쪽 참고) 뱃삯을 위해 모집인에게 빚을 졌고, 모집인은 그 빚을 대규모 농장 주인에게 넘겼다. 쿨리들은 자유를 되찾기까지 오랜 세월 동안 일해야 했고, 자유로워지면 고향으로 돌아가거나 미국을 제2의 조국으로 삼고 소작농으로 정착했다. 무자유노동은 제1차 세계대전 무렵 영국과 다른 식민국들이 노동계약서를 폐지할 때까지, 즉 노예제 폐지 이후에도 약 1백 년 이상 도제와 계약 노동 형태로 그늘을 드리웠다. 미국 법학자 터바이어스 배링턴 울프Tobias Barrington Wolff는 합법적 무자유노동의 마지막 형태를 이렇게 특징짓는다. "사법적 범주가 달랐다. 사람에 대한 재산권은 채무 이행을 강제할 수 있는 채권자의 일반적 권리로 대체되었다. 그러나 대체로 결과는 같았다. 가난한 (흑인) 노동자를 투옥하겠다고 위협하며 노동을 강제하는 데 국가의 강압적 권력이 활용되었다."[35] 미국에 대한 이 논평은 유사한 모집 제도를 시행한 많은 지역의 상황을 보여준다.

오랜 시간이 필요했던 노예무역과 노예노동의 폐지는 결코 자명하거나 단순한 과정이 아니었다. 그렇다면 누가 폐지를 주도했고 그 동기는 무엇이었을까.[36] 답은 두 가지다. 둘은 협력 관계가 아니었고 심지어 서로를 지지하지도 않았다. 첫 번째는 반란과 혁명으로 목표를 달성하려 한 아메리카 대륙의 노예고, 두 번째는 영국의 일반 시민, 특히 노동자다.

노예의 탈주와 반란은 카리브해와 브라질에서 종종 일어났다. 가장 인상적인 사건은 1763년 2월 27일에 시작해 1년 이상 가이아나의 베르비체강을 따라 지속된 반란이다. 그러나 반란에 참여한 노예들은 불화를 일으켰고, 유럽 군대, 아메리카 원주민 협력자, 주인에게 충성하거나 저항을 포기한 흑인 노예로 구성된 연합군이 이들을 진압했다.[37] 도피와 저항은 노예제 종식으로 이어지지 않다가 마침내 아이티혁명이 일어났다. 1791년 히스파니올라섬의 프랑스령으로 현재 아이티가 된 생도맹그섬 대농장에서 투생 루베르튀르Toussaint Louverture가 이끄는 노예들이 봉기했다. 1794년 프랑스 국민공회는 섬의 노예를 포함한 모든 주민의 자유를 공식화했다. 그러나 노예제가 성공적으로 폐지된 것은 아니었다. 유럽인의 반대, 유럽인과 아프리카인의 혼혈 후손(유색 자유인gens de couleur)인 노예 소유주의 반격, 영국의 침공, 1794년의 프랑스 법령을 번복하려 한 나폴레옹 군대의 침공이 많은 피를 뿌렸고, 섬사람들은 1804년에야 독립했다. 이로써 매우 비싼 대가를 치르긴 했지만 대서양 횡단 노예무역이 시작된 이래 최초로 아프리카인 노예와 그 후손이 한 나라 안에서 해방을 쟁취했다.

다른 노예제 폐지주의자는 주로, 그리고 다소 의외로 영국에서 나타났다. 이들은 집요하고 광범위한 운동으로 목표를 달성한 민중 운동의 초기 사례를 제시했다. 참여자들의 동기는 모든 인간이 본질적으로 평등하다는 원칙을 바탕으로 기독교나 인도주의의 영향을 받은 계몽주의 정신부터 경제적 경쟁을 위한 절대적 '자유' 시장을 지지하는 주장에 이르기까지 가지각색이었다. 후자의 경우 자유무역 옹호자 외에도 영국의 초기 노동자계급과 노동조합운동을 잊어서는 안 된다. 영국노예무역폐지협회British Society for the Abolition of the Slave Trade(1787~1792)는 학계와 전문직뿐만 아니라 '주인을 모시지 않는 개인'의 이상을 굳게 믿고 식민지로도 확장하고자 했던 사무원과 장인들로부터 폭넓은 지지를 받았다. 전국 수십만 명의 청원자 중 2만 명이 주민 7만 5천 명의 산업도시 맨체스터에 살았다.[38]

이 운동은 나폴레옹전쟁 이후 특히 가이아나 데메라라와 자메이카에서 일어난 반란에 자극받아 되살아났다. 이 반란들은 노예제완화및점진적폐지

협회Society for Mitigating and Gradually Abolishing the State of Slavery(1823), 그리고 즉각적인 식민지 노예 해방을 요구하며 1천2백 개 지부를 결성한 노예제반대협회 Anti-Slavery Society(1830)가 조직했다. 이제 식민지 노예는 영국 내의 임금노동자 착취와 직접 연결된 문제로 여겨졌다. 1830년 노예제 반대 운동가 리처드 오슬러Richard Oastler는 〈요크셔 노예Yorkshire Slavery〉라는 글에서 어린이와 여성을 혹사시키는 공장 소유주들을 규탄했다.[39] 1831년 버뮤다의 메리 프린스 Mary Prince(버뮤다의 아프리카계 노예 가정에서 태어난 후 탈출하여 영국 런던에서 살면서 노예 경험을 담은 《메리 프린스의 역사History of Mary Prince》를 썼다–옮긴이)는 노예노동과 임금노동의 차이에 관한 신랄한 글을 썼다.

나는 노예였습니다. 노예로서의 경험이 있고 다른 노예에게서 들은 말이 있기 때문에 노예가 어떻게 느끼는지 압니다. 노예가 꽤 만족해하고 해방되고 싶어 하지 않는다고 말하는 사람은 무식하거나 거짓말하는 것입니다. 나는 노예가 그렇게 말하는 것을 들어본 적이 없습니다. …… 그래서 그들은 노예 없이는 아무것도 할 수 없다고 말합니다. 하지만 영국인처럼 하지 못할 이유는 무엇입니까? 여기 영국에서는 사악한 사람들에게 잡힌 경우가 아니면 노예가 없고 채찍이나 형벌도 없습니다. 그들이 영국에서 열심히 일하게 해주십시오. 그것이 노예보다 훨씬 좋습니다. 나쁜 사장을 만나면 경고하고 다른 사장에게 고용되면 됩니다. 자유가 있으니까요. 우리가 원하는 것은 바로 그것입니다. 우리는 정당한 대우를 받고 영국 하인처럼 정당한 임금을 받고 안식일을 어기지 않아도 되도록 정당한 시간이 주어진다면, 일이 힘들어도 괘념치 않습니다. 그들은 우리에게 그렇게 하지 않으려 합니다.[40]

영국과 식민지의 노예를 공정하고 적절하게 처우할 것을 요구하는 운동은 특히 노동자와 여성의 지지를 받았다. 1831년 버밍엄여성흑인후원협회 Birmingham Ladies Negro's Friend Society는 노예를 즉각 해방하라고 요구하는 데 앞장섰다.[41]

여러 해 동안 의회를 통해 개혁하고 폐지하는 데 성공한 노예제 폐지론자,

정치 개혁가, 개신교 부흥 운동가와 영국 노동계급 운동은 각자의 길을 갔다. 노동조합은 계약 위반을 형벌로 제재하는 제도를 폐지하기 위한 결사 및 파업의 자유처럼 기본적인 법적 권리를 위해 투쟁해야 했다(443쪽 참고). 계몽주의로부터 영감을 얻은 노예제 폐지론은 대중 운동은 아니었지만 국제적으로 확대되었다. 1815년 빈 회의도 노예무역 폐지를 재촉했으나, 제재 방안을 수립하지는 못했다. 러시아의 농노제 폐지와 미국의 노예제 폐지 이후 서반구에는 브라질과 스페인의 쿠바 식민지만 주요 노예 국가로 남았다. 노예제 반대 운동가들은 아프리카로 눈을 돌렸다.

유럽이 남긴 노예제의 유산은 아프리카에서 곧 잊혔다. 선교사이자 탐험가 데이비드 리빙스턴David Livingstone 같은 인물은 노예 희생자의 대륙이 아니라 노예를 만드는 독재자의 대륙으로 아프리카를 묘사했다. 그리고 아프리카 통치자들과 중동의 이슬람인 노예 상인에게 비난의 화살을 돌렸다.[42] 이 인식은 서구 열강의 아프리카 분할과, 아프리카인을 다양한 기독교인으로 개종시키는 선교 사업을 정당화하는 근거가 되었다. 1867년, 1884년, 1890년에 파리, 베를린, 브뤼셀에서 열린 회담은 아프리카에 관한 불법 거래에 초점을 맞추어 기존 식민국과 신흥 식민국이 노예제와 무자유노동을 향후 수십 년간 유지할 여지를 남겼다. 이것이 유럽 인도주의 운동이 1918년 이후 새로운 세계 질서가 탄생할 때까지 아시아와 태평양 지역에서 지속된 무자유노동과 일부 억압적인 계약 노동에 관심을 두지 않은 이유 중 하나일 수도 있다.[43]

국제연맹LN은 국가 간의 양자 혹은 다자 간 협정을 중시한 지난 세기의 관행을 유지하며 세계적인 정치적 합의를 이끌어내려고 했다. 19세기에 성경에서 선별 인용된 구절이 '기독교 열강Powers of Christendom'에 영감을 주었고 기독교국은 '문명'과 동의어로 여겨졌다. 모두가 동의한 것은 아니다. 1840년 한 영국 외교관은 이스탄불 주재 영국 대사가 오스만제국에 노예무역을 중단하라고 제안한 일을 다음과 같이 논평했다. "그의 제안에 사람들은 미소를 띠면서도 무척 놀랍다는 반응을 보였다. 튀르크인들은 우리의 과학, 예술, 무기가 자신들보다 우월할지 몰라도 우리의 지혜나 도덕성이 자신들보다 위대하다고 생각하지는 않는다."[44] 노예제 외에 이제 부역도 표적이 되었다. 전통적으로 부역은 화폐화가 미비한 식민지 같은 사회에서 현물성 간접세 기능을 했다. 만약 식민국이 국민에게 수출 작물을 재배하도록 강요하면서 적은 보수만 준다면 부역은 일종의 무자유노동이 될 수 있었다. 제2차 세계대전 이후 독립국은 부역을 현금 세금으로 대체하여 무자유노동에 종지부를 찍었다.[45]

최근까지도 가정의 무자유노동은 대부분 눈에 띄지 않았다. 인도네시아와 인도차이나 등에서 유럽인 남성 개척자와 식민지 여성 주민이 결혼하지 않고 함께 사는 수많은 '국제 커플' 사례를 생각해보라. 대부분 남성은 여성과 자녀를 떠나기로 결심한 후에는 이들을 보살피지 않았다. 남성이 떠나면 여성은 자신의 마을로 돌아가야 했다. 1910년 베트남 하이퐁에서 작성된 기록에 잘 드러난다.

프랑스에서는 이웃 여자를 농락한 농부나 노동자는 배상금을 낸다. 지위를 이용해 어리거나 가난한 여자를 학대하는 남자는 의무적 채무를 진다. 그러나 피부색이나 인종의 열등함에 대한 고려를 차치하고, 이 나라에 발을 디딘 젊은 프랑스 남자와 종종 그에게 바쳐지는 순진한 베트남 여자의 사회적 관계는 그렇지 않다.[46]

제1차 세계대전 이후 과학, 무기, 경제가 우월했던 북대서양 국가들은 자유노동에 대한 생각을 다른 국가들에 강요할 수 있었다. 1920년 국제연맹 회원국들은 "자국, 그리고 자국과 상업 및 산업적 관계를 맺는 모든 국가에서 남녀와 어린이를 위해 공정하고 인도적인 노동조건을 확보하고 유지"하기로 약속했다. 식민지와 사방에 남아 있던 '위임통치령'에 관한 내용이었다. 서구 식민국들은 "토착민 보존을 위해 힘쓰고 정신적 안녕과 물질적 행복을 위한 여건 개선을 감독"해야 했다. 또한 "모든 노예제, 육로와 해로를 통한 노예무역을 완전히 억제하기 위해 노력"하기로 했다.[47] 이 안건은 새로이 설립된 국제노동기구의 과제 중 하나가 되었다. 국제 노동조합운동의 영향력 덕분에 무자유노동 억제와 노동운동이 다시 연결되었다. 이 상황은 1945년부터 국제연맹의 뒤를 이은 국제연합UN의 지원 아래 이어질 것이었다.

지난 2백 년 동안 무자유노동은 부정할 수 없이 줄고 있다. 그러나 확실하게 사라지지 않은 데는 두 가지 이유가 있다. 첫째, 같은 시기에 가끔씩 심각한 퇴보가 나타났다. '현대사회'에서조차 자유민 재노예화가 가능할 뿐만 아니라 거대한 규모로 그럴 수도 있음을 보여주는 사실이다. 스탈린 통치하의 러시아, 히틀러 집권하의 독일과 그 보호령, 마오쩌둥 치하의 중국, 규모는 작지만 폴 포트하의 캄보디아와 오늘날의 북한 등을 생각해보라.[48] 둘째, 기록으로 남지 않은 ('불법') 무자유노동은 결코 근절된 적이 없다. 따라서 면밀하게 주의할 필요가 있다.

무자유노동의 일시적 부활–시기와 원인

무자유노동은 많은 전쟁 포로가 강제 노동을 해야 했던 시기에 되살아났다.[49] 특히 제1·2차 세계대전 동안 독일은 한쪽은 참전 중인 남성 노동인구, 다른 쪽은 노동 부족이라는 두 전선 사이에 갇혀 있었다. 프랑스는 식민지 노동자를 대거 채용했고 영국은 여성 노동력에 더 의존한 반면 독일은 전쟁 포로를 활용했다. 1918년 적어도 2백만 명이 넘는 포로가 독일제국을 위해 강제 노동했다. 전쟁 발발 이전에 이주 노동자로 온 50만 명 이상의 폴란드 노동자도 적국에 동조적이라고 간주되어 강제로 머물며 일해야 했다.

제2차 세계대전의 양상도 비슷했지만 규모가 훨씬 컸다.[50] 독일 정부가 이탈리아, 유고슬라비아, 헝가리, 불가리아, 네덜란드 정부와 맺은 협약 때문에 전쟁 발발 전에도 많은 외국인이 독일에서 일하고 있었다. 그 수는 1938년에 37만 5천 명에 달했다. 폴란드를 점령한 독일은 1백만 명의 폴란드 노동자, 특히 폴란드 소녀들을 독일에서 강제 노동에 투입한다는 목표를 세웠다. 서쪽에서 전쟁을 시작한 후에는 다른 나라 사람들을 모집하여 1941년 늦여름에 민간인 노동자가 210만 명에 달했다. 이외에도 프랑스인과 폴란드인이 대부분인 120만 명의 전쟁 포로가 나치 독일에서 일했다. 나치는 심각한 노동 부족 문제를 해결한 듯했고, 노르웨이·네덜란드·벨기에 포로 대부분을 돌려보낼 수 있다고 생각했다. 따라서 이후 벌인 소련과의 전쟁에서는 포로를 잡는 데 관심을 두지 않았다. 독일이 잡은 전쟁 포로 570만 명 중 약 330만 명이 사망했는데, 대부분의 원인은 전쟁 초기의 기아와 질병이었다.

오래지 않아 독일은 가혹하게 전쟁 포로를 방치한 방침을 후회했다. 1942년 초 전쟁이 예상보다 훨씬 길어질 것이 분명해지면서 노동력 부족이 다시 한번 문제가 되었다. 많은 독일 보호령 주민이 강제 노동에 처해졌고 강제수용소 수감자도 동원되었다. 1944년 전시 산업에 배치된 10만 명이 넘는 헝가리계 유대인은 잠시나마 가스실행을 피했다. 1944년 10월 독일은 전쟁 포로 2백만 명을 포함한 26개국 출신 노동자 8백만 명을 강제 노동에 이용했다. 모두 합하면 독일 총노동력의 3분의 1이다. 민간인 포로가 패배한 군인보다 훨씬 많았다. 민간인 포로 중 열등 인종으로 분류된 러시아인, 폴란드인, 기타 유대인과 집시 등의 운명은 가혹했다. 이 꼬리표가 붙으면 생존할 가능성이 거의 없었다.

포로와 강제 노동은 대부분의 전쟁에서 발생했다. 독일의 사례는 일본 같은 거대 전쟁 국가나 내전으로 얼룩진 미국과 중국으로 쉽게 확대될 수도 있었다. 소련에서는 전쟁 포로와 민간인 포로의 무자유노동이 종전과 함께 끝나지 않았다. 소련에서 가장 큰 포로 집단은 폴란드인 약 1백만 명과 패전국 독일의 병사들이었다. 이들은 1950년대 중반에야 고국으로 돌아갔다.[51]

많은 국가가 전시에 일시적인 무자유노동으로 돌아갔지만 스탈린 시대의 러시아, 나치 독일, 마오쩌둥 집권하의 중국 사례는 구조적 회귀로 봐야 한다. 러시아혁명과 러시아내전 이후 볼셰비키는 시장 없는 대안 경제를 조직하려 했다. 시장 대신 당국黨國, party-state(당이 곧 국가인 체제-옮긴이)이 유일한 고용주로서 이성적으로 계획하고 과학적으로 경영하며, 노동 의욕이 충만한 노동자위원회와 결합하면 모두를 위한 복지를 이룩할 수 있다고 믿었다.[52]

이 유토피아를 건설하는 오랜 시간 동안 스탈린은 인내심을 잃었고, 장인, 소작인, 노동자의 선택의 자유를 빼앗는 여러 조처를 강행했다. 1930년

10월 '즉각적인 실업자 고용'에 관한 법령에 따라 실업수당 지급이 중단되었고, 노동을 거부하는 수당 신청자는 공공 직업소개소 명단에서 제명되었다. 1938년에는 공장 관리인이 노동자에 대해 모든 권한을 쥐는 인기 없는 작업 일지가 도입되었다. 1년 후에는 노동자가 한 직장에 고용된 기간에 따라 사회보장권이 좌우되었다. 1940년 6월 '노동자와 피고용인의 자진 사퇴 금지'에 대한 법률이 공포되었고, 무단결근은 범죄가 되었다.

1960년대까지 이어진 이 모든 조처에는 당연히 거대한 집행 기관이 필요했다. 제정러시아 시대의 정치범 수용소를 확장한 굴라크Gulag(강제 노동 수용소)가 만들어졌다. 이 악명 높은 시설은 알렉산드르 솔제니친Aleksandr Solzhenitsyn의 소설로 유명해졌다. 굴라크와 강제 노역 지구에는 정치범과 반체제 인사 외에도 훈육하기 힘든 시민들이 수감되었다. 추정에 따르면 1938~1950년에 약 7백만 명 이상이 소련 전역의 건설 사업, 광업, 벌목업 현장에서 강제 노동을 했다. 이 나라 비농업 노동력의 20퍼센트를 넘는 규모다. 또한 스탈린은 정권에 필요하다고 생각하면 일부 소수민족 집단을 강제 이주 및 정착시켰다. 한편 앞에서 언급했듯이 수백만의 전쟁 포로가 제2차 세계대전 이후에도 오랫동안 남아 있었다.

독일의 히틀러도 집권 후 영토를 확장하기로 결정하고 전쟁을 준비하며 스탈린과 같은 전철을 밟았다.[53] 먼저 정적을 수감하기 위해 교도소를 개조했고, 노동력을 당국의 이익에 맞춰 활용했다. 집단수용소의 강제 노동이 모든 계획의 주춧돌이 되었다. 여기서는 집단수용소가 유대인과 기타 '열등' 인종 말살에서 맡은 역할에 대한 설명을 보류하고, 무자유노동의 역사에서 차지한 위치를 다루려 한다.

스탈린이 전임자들의 정치를 기반으로 자신의 정치를 구축했듯이, 히틀러도 바이마르공화국 정치를 활용했다.[54] 어떤 면에서 바이마르공화국은 소련보다 더했다. 1924년 도입된 실업수당에 관한 법률은 혜택을 받는 사람의 노동 의무를 강화했다. 이른바 '노동을 통한 복지'였다. 1927년 이후에는 실업수당을 청구하면 국가기관이 직장을 배정했다. 이 방침은 젊은 층과 미혼자에게 많이 적용되었다. 1930년대 초 의회는 의무 노동제를 두고 뜨겁게 논쟁했지만 나치 집권 이후 잠잠해졌다. 나치는 이 계획을 신속하게 채택했고, 1934년에는 의무 근로자가 독일 총노동력의 10퍼센트를 차지했다.

1930년대 핀란드, 이탈리아, 프랑스뿐만 아니라 중앙 유럽과 동유럽의 많은 나라가 바이마르식 의무 노동제를 따랐다. 1933년 미국 프랭클린 루스벨트 대통령이 뉴딜 정책의 일환으로 도입한 시민자연보호단Civilian Conservation Corps도 비슷한 점이 많다(물론 다른 점도 많다). 1938년의 스페인과 1946년의 프랑스처럼 관련 조항을 헌법에 포함한 국가도 있다. 그러나 완전한 체제를 갖춘 무자유노동을 강요한 국가는 소련과 독일뿐이었다. 이들의 체제를 구성한 요소는 세 가지였다. 첫째는 '일반' 노동자의 이동을 제한하는 조치 확대, 둘째는 전쟁 포로와 점령지 주민의 강제 노동, 셋째는 자국과 점령지 인구층 중 원치 않는 집단에 대한 공포정치, 몰살, 노예화다.

독일은 전쟁을 준비하면서 완전고용에 이른 결과 무자유노동력 비중이 줄었다가 1938년부터 다시 증가해 1945년 패전할 무렵에는 40퍼센트 이상에 달했다. 규모가 막대한 외국인 노동자를 포로로 잡았기 때문인데, 앞에서 보았듯이 그 수는 2백만 명의 전쟁 포로보다도 많았다. 전쟁 동안 나치 친위대가 이 거대한 사업을 담당했다. 이들은 노예를 직접 부렸을 뿐만 아니라 무기 산업이나 군사 산업 부문의 국유기업 및 사기업에 임대했다. 이게파르벤I. G. Farben(독일의 화학공업 기업-옮긴이)이 아우슈비츠 수용소에, 지멘스가 라벤스브뤼크 수용소(주로 여성을 수용했던 독일 동부의 강제수용소-옮긴이)에 정착했다.[55]

중국 공산당은 제2차 세계대전의 여파와 내전의 결과로 1949년에 집권했다. 중국 공산당은 자매 격인 소련 공산당이 30년 전에 경험한 것과 비슷한 문제에 봉착했다. 중국은 '밀월' 기간을 5년도 채우지 않고 노동 할당에 대한 엄격한 정책을 신속하게 도입했다. 이전 세기에 개인이나 가족이 결정하던 이주 노동이 종지부를 찍었다. 중국의 정책은 두 가지 목표를 추구했다. 국민 대다수가 생활 터전에서 이주하지 못하도록 막는 동시에 노동자를 강제로 재배치하는 것이었다.[56]

1955년 유명한 가구 등록(후커우戶口) 제도가 시행되었다. 수 세기 동안 내려온 중국의 호적과 소련의 작업일지 체제를 소련의 자문을 받아 결합한 제도다. 모든 개인은 거주지 등록을 하고, 자신의 직장(단웨이單位)에 머물러야 했다. 단웨이는 수당과 교육을 포함한 사회적 권리와 정치적 권리를 부여했다. 발급받기 어려운 이주 허가증 없이 거처와 직장을 바꾸는 행위는 금지되었다. 농한기의 계절성 이주 노동을 막기 위해 농촌 간부단은 토양 개선, 물 관리 및 공공사업을 촉진하는 부역 노동을 부과하여 농민을 마을에 붙잡아두었다. 1960년에는 이 체제가 확대되어, 기차표, 버스표, 배표를 사려면 반드시 공식 여행증이 필요했다.

다른 한편 중국은 인민공화국 초기부터 노동자를 강제 이주시켰다. 1950년대 수백만 명의 실업자가 대도시에서 추방되었다. 1950~1957년에 베이징에서 130만 명이 쫓겨났다. 인민공화국은 수립 초기부터 도시민의 고용과 복지만 책임졌다. 기근이 들면 예외였지만, 농촌 주민은 집단 생산조로 구성된 자급자족형 마을에서 알아서 먹고 살아야 했다. 국가는 비농업 도시 노동자와 공무원에게만 곡물을 배급했다. 농민들은 이 배급을 '가뭄이든 홍수든 상관없이 보장되는 수확'이라고 불렀다. 한마디로 "국가의 계산에 따르면 농민은 자가 소비를 위해 곡물을 생산하므로 국가로부터 공급받을 필요가 거의 없었다."[57]

대약진운동과 문화혁명이 1950년대의 이주 금지 정책을 무의미하게 만들었을 수도 있으나, 개인이 생활을 향상하기 위해 새로운 고용주나 직장을 찾아 이주하는 것은 이기적 행동이므로 비난받아야 한다는 원칙은 굳게 유지되었다. 이른바 대중의 자유와 대조되는 분위기였다. 1958년 중국 공공안보부 장관은 대중의 자유를 다음과 같이 능수능란하게 표현했다.

당연히 몇몇 제한은 자기만 생각하고 국가와 집단에 무엇이 유익한지는 조금도 고려하지 않으며 무조건 이주하는 소수에게 영향을 미칩니다. 그 사람들은 실제로 모순이 있다고 생각합니다. 그러나 그들이 생각하는 모순은 거주의 자유나 이동의 자유를 절대 제한하지 않습니다. 헌법이 규율하는 자유는 무정부주의적이지 않은 교도된 자유이기 때문입니다. 폭넓은 대중을 위한 자유이지 몇몇 '개인'을 위한 절대적 자유가 아닙니다. 만약 몇몇 개인에게 절대적 자유를 허락하여 국가와 집단의 이익을 고려하지 않고 맹목적으로 이주하게 하면 어떻게 될까요? 전체 계획에 따라 일을 배치하고 사회주의 재건 계획을 실행할 정책을 제대로 집행할 수 없을 것입니다.[58]

노동자에게 자유를 허락하지 않은 두 번째 예는 '3선 건설三線建設'(동부를 1선, 중부를 2선, 서부를 3선으로 정하고 동부와 중부의 군수공장을 서부로 이전하는 사업-옮긴이)을 통해 알 수 있다. 1950년대 말 소련과 냉각기를 겪은 중국은 핵심 산업을 내륙의 먼 산간 지방으로 분산하기로 했다. 세 번째 예는 당과 체제에 저항하는 듯하거나 실제로 저항하는 사람을 집단 수용하고 탄압하여 중국식 굴라크를 만든 것이다.[59] 네 번째는 마오쩌둥의 문화혁명 동안 시행된 강제 이주다. 도시에서 태어나 자란 젊은이들은 농사와 육체노동이라는 '실제' 세계에서 일하며 재교육받았다. 이른바 '상산하향 운동上山下鄕運動'이었다. 1966~1976년의 10년 동안 자그마치 1천7백만 명이 운동에 참여했다. 10년 후 이 사회공학적 시도는 캄보디아의 폴 포트, 북한의 김일성 정권에도 영감을 주었다. 북한에는 지금까지도 영감을 주고 있다. 가구 등록 제도는 훨씬 오래 살아남았지만, 1980년대 이후부터 노동관계가 바뀌었고 많은 무자유노동이 자취를 감췄다.[60]

이 사례들의 공통점은 임금노동자가 자신의 위치를 지키거나 처지를 개선하기 위해 직업을 바꾸고 단체를 조직하며 고용주와 국가에 항의할 수 있는 자유를 빼앗겼다는 사실이다. '진정한' 노동자를 해방하고 노동자의 조건을 개선하겠다고 약속한 국가 이데올로기를 공유한 것도 공통점이다. 안타깝게도 모든 사례에서 조건에 맞지 않는 사람은 즉시 적으로 몰리고 고통받았다. 현대판 중세 부랑자 금지법으로 볼 수 있는 (일하지 않으려 하는) 실업자를 엄격하게 다루는 조치부터 시작해 작업일지를 거쳐 완전한 이동 금지가 신속하게 전개되었다.

역설적이게도 20세기 자유노동의 엄청난 반전은 노동자의 낙원을 만든다는 기치 아래 일어났다. 그래서 이 제도들이 몇십 년 이상을 넘기지 못했을지도 모른다. 단, 북한이 불길한 예외이긴 하다. 주목할 점은 1960년대부터 소련과 미국이 소비자로서의 노동자를 만족시키기 위해 경쟁했고, 1980년대부터 중국도 동참했다는 사실이다. 러시아의 경우 공산 체제가 붕괴하며 효과적이고 적절한 대안 없이 끝났다. 중국은 이 제도를 수정하기만 했을 뿐 폐지하지 않았다. 다만 중국인의 생활수준은 꾸준히 상승하고 있다.

사라지지 않은 무자유노동

현대에도 노예노동과 가련한 피해자가 존재하지만 역사적 측면에서 무자유노동은 주변적 현상이 되었다. 대서양 횡단 노예무역의 역사를 연구한 캐나다의 데이비드 엘티스David Eltis는 다음과 같이 말한다. "두 달에 걸친 대서양 횡단 항해 끝에 노예선 화물칸에서 나오는 노예 중 노동자 학대에 대한 현대적 논의들이 규정하는 노예노동과 노예무역의 정의에 동의할 사람이 있을까? 나는 매우 회의적이다."[61] 동시에 우리는 2백 년에 걸쳐 여러 국가와 국제 조직이 단결하여 무자유노동을 근절하기 위해 노력했는데도 어째서 여전히 인신매매가 존재하고 강제 성매매와 채무 노동이 많은지를 자문해야 한다. 이것은 세 가지 측면에서 설명할 수 있다. 첫째, 죄수의 강제 노동이 계속 합법화되고, 이들이 투옥될 가능성도 불평등했다. 둘째, 노예제가 폐지된 후 사회규범 또는 카스트를 비롯해 널리 인정되던 불평등한 규범이 실질적으로 변화하는 데 상당한 시간이 걸렸다. 셋째, '밀입국'한 이민자로서 가사 노동을 하는 '불법' 노동자들이 쉽게 착취당했다.[62] 모든 것을 아우르지는 못하더라도 자세히 살펴볼 필요가 있다.

군 복무와 마찬가지로 범죄자 투옥은 자유노동 원칙에 대한 위반은 아니지만 특정 상황에서는 그렇게 될 수 있다. 모든 현대사회에는 법을 어긴 행위 때문에 단기나 장기로 갇혀 있는 사람이 있기 마련이다. 모든 범죄자를 즉결 사형하지 않는 사회는 교도소가 필요하다. 그러나 총인구 대비 수감자 수는 국가마다 크게 다르다. 수감자가 많을수록 노동에 처해질 가능성도 커진다. 전체 노동력의 상당 비중을 수감자가 차지하는 경우도 있다.

앞에서 독재 정권이 죄수에게 노동을 시키는 정책이 일시적으로 급증한 현상을 살펴본 바 있다. 여기에 러시아 굴라크 이전의 역사를 추가할 수 있다. 17세기부터 차르는 죄수를 시베리아로 보냈다. 1850년 이전에는 죄수가 연간 수천 명이었지만, 19세기 말에는 죄수의 아내와 자녀를 제외하고도 1만 명이 넘을 정도로 증가했다. 1885년 이들 중 15퍼센트는 중노동에 처해진 기결수, 27퍼센트는 강제 이주된 식민지 개척민, 37퍼센트는 '전반적으로 나쁜 행실 때문에 마을 공동체에서 추방된 자', 17퍼센트는 부랑자, 4퍼센트는 정치적·종교적 망명자로 분류되었다.[63]

이제 독재국가가 아닌 '정상적인' 나라의 수감자가 평균 이상으로 많거나 노동조건이 가혹했던 사례를 살펴보자. 미국 독립전쟁 이전에 영국 교도소는 약 5만 명의 재소자를 메릴랜드와 버지니아 같은 식민지로 쏟아냈다. 스코틀랜드도 수천 명을 보냈다. 미국 독립선언 이후 유배길이 막히자 말레이시아 페낭섬에 이어 오스트레일리아가 기결수를 위한 주요 식민지가 되었다. 1788~1868년에 약 16만 명이 오스트레일리아로 가는 배에 태워졌다. 영국은 이러한 추세가 절정일 때 매년 자국 시민 2천 명을 추방했다.[64]

프랑스는 죄수를 갤리선에 태우거나 외국으로 추방하기 전에 해군 조병창의 '바뉴bagnes(물에 떠 있는 일종의 감옥)'에서 중노동을 시키는 오랜 전통이 있었다.[65] 1848년 6월 봉기를 진압한 루이 나폴레옹Louis Napoleon은 6천 명 이상의 죄수를 알제리로 보냈으나 대부분 되돌아왔다. 이것은 몇 년 후 프랑스령 가이아나에 만든 죄수 유형지에 비하면 어린애 장난에 불과했다. 1938년까지 약 5만 2천 명의 죄수와 1만 5천6백 명의 추방자가 대서양을 건넜다. 알프레드 드레퓌스Alfred Dreyfus가 수감된 감옥으로 유명한 이 유형지는 1945년에야 폐쇄되었다. 프랑스는 오스트레일리아를 선례로 삼아 가이아나에 이어 태평양 지역에 두 번째 유형지를 건설했다. 1864~1896년 뉴칼레도니아는 파리코뮌 지지자가 다수인 2만 명의 죄수와 1만 명의 추방자를 맞았다. 1889~1939년에 북아프리카 보병 대대로 보낸 수천 명, 더 넓게는 프랑스령 인도차이나 등 식민지에서, 그리고 프랑스 식민지들 사이에서 이루어진 추방까지 고려하면 약 10만 명의 강제 추방이라는 그림이 완성된다.

이 모든 투옥과 부역은 과거의 일일 수도 있다. 그러나 많은 수감자 덕분에 악명 높은 몇몇 국가가 있는데 그중에서도 최고는 미국이다. 오늘날까지 미국에서 투옥이 갖는 특별한 의미, 특히 수감자 다수가 소수민족이라는 사실은 과거 노예제의 장기적 유산으로 설명할 수 있다. 1863년 노예제 폐지 이후 아프리카계 미국인은 엄청나게 높아진 투옥 위험을 감수해야 했다. 남부 여러 주의 감옥에서는 백인 기결수가 거의 사라졌다. 반면 감옥들의 수용력은 극적으로 높아졌을 뿐만 아니라 수감자 중 아프리카계 미국인이 90~95퍼센트를 차지했다.[66] 이들은 고된 노동을 하며 공공사업에 동원되었다. 또한 1870년대부터 1890년대까지 앨라배마와 테네시의 철광과 석탄광, 조지아 남부와 플로리다 북부의 테레빈유 산업 같은 업계와 광산에 임대되었다. 상황이 이러니 1880년대 남부 감옥의 수감자 평균 사망률은 북부에 비해 약 세 배나 높았다.[67]

남아시아는 무자유노동이 끈질기게 살아남은 또 다른 악명 높은 사례를 보여준다. 영국이 19세기 중반 식민지의 노예제와 노예무역을 폐지했지만, 여러 추정 자료에 따르면 오늘날까지도 수백만, 어쩌면 1천만 명이 넘는 원주민이 어떠한 권리도 없이 고용주 겸 채권자를 위해 일한다.[68] 터바이어스 배링턴 울프가 설명한 아메리카 대륙의 경우(342쪽)처럼 단순히 빚을 갚을 수 없는 사람들의 문제가 아니라, 근본적인 면에서 노동자/채무자보다 계층이 높은 고용주/채권자의 문제다. 그들의 선조 역시 경제적 간극의 양 진영에서 불평등한 관계를 유지했다. 당시에는 일반적 관습으로 인정되었다 하더라도 이제 더 이상 법적으로 인정되지 않는다. 인도는 하층 카스트에 속한 국민을 위해 차별 철폐 조처를 취하고 있지만 제한적 성공에 그치고 있다.[69]

앞의 노동 관행은 시간이 지나며 줄어들었을 수는 있지만 여전히 남아 있다. B. R. 암베드카르B. R. Ambedkar 같은 정치인과 사회 개혁 운동가들의 수많은 개혁에도 불구하고 인도에서 무자유노동이 사라지지 않는 이유는 여전히 전통 규범과 관습에 뿌리 박고 있기 때문이다. 잊지 말아야 할 점은 무자유노동으로 이익을 얻는 고용주, 그리고 양심의 가책을 느끼지 않고 문제 해결에 나서지도 않는 상류층과 별개로 무자유노동자 자신도 무자유 상태가 유지되는 데 부정적인 역할을 할 수 있다는 사실이다. 네덜란드 사회학자 얀 브레만Jan Breman은 인도 구자라트의 하인 겸 농장 채무 일꾼(할리halis)에 대한 연구에서, 수고에 대한 보상으로 장기적 자유보다 단기적 이득을 선호하는 모습을 관찰했다.

할리가 자신의 종속 관계를 끊기 위해 노력하지 않았을 가능성이 매우 크다. 그가 강제로 일한다는 사실은, 주인에게 빚지고 있는 하인은 주인 곁을 떠날 수 없다는 조건으로 유추할 수 있다. 그러나 빚의 성격이 다소 허무맹랑해서 채무 노예 기간이 적절하다고 할 수 없다. 할리가 받는 최저 수준의 보수를 고려하면 채무 상환은 그저 이론적이고, 당사자들은 채무를 상환할 가능성을 생각하지 않았다. …… [주인은] 그가 빚이 얼마인지 기억하지 못하는 것을 잘 알고 있었기 때문에 할리의 빚을 합리적인 수준으로 유지하려 했다. 한편 할리는 빚을 최대한 늘리기 위해 노력했고 기회가 될 때마다 주인으로부터 무언가를 얻어내려 했다.[70]

한때 모리타니처럼 노예제가 성행했거나 노동자가 카스트 제도에 따라 종속된 지역에서만 무자유노동관계가 이어지는 것은 아니다.[71] 카스트 제도나 노예제의 유산이 없더라도 가족의 적절한 보호를 받지 못하는 외부인과 아이들은 취약한 처지에 놓인다. 현대 유럽과 북아메리카처럼 가장 강력한 노동법을 갖춘 대륙에서도 마찬가지다. 미국과 유럽연합이라는 희망의 땅에 들어가려 하는 '밀입국자들'과 그 과정에서 발생하는 수천 명의 희생자를 생각해보라. 또한 친척, 열악한 기관이나 교구 목사가 치워버리고 싶어 하는 고아와 '부도덕한 소녀들' 등도 생각해보라. 근래에는 네덜란드와 다른 지역에서 수녀들이 운영하는 로마가톨릭 수녀원이 아이들에게 강제 노동을 시킨 사건으로 소란이 일기도 했다. 1765~1996년 아일랜드에서는 3만 명 이상의 소녀가 세탁 같은 노동에 강제로 투입되었다.[72]

자영업의 쇠퇴

2백 년 전에는 노동인구의 대다수가 시장을 위한 자영 노동으로 생계를 유지했다. 시장이 충분히 발달하지 않은 태평양 제도와 사하라 이남 아프리카를 제외하면 이 현상이 세계의 모든 지역에 적용되었다. 자영업과 더불어 노예 및 다른 형태의 무자유노동, 그리고 임금노동도 중요한 비중을 차지했다. 희생자의 피해를 하찮게 보는 것은 아니지만, 현재는 임금노동이 큰 비중을 차지하는 한편 무자유노동은 훨씬 줄었다. 자영업의 상대적 중요성이 급격히 낮아진 이유 중 하나는 전 세계 식량 생산에서 소규모 자작농이 담당하는 비중이 감소했기 때문이다.

노동 기계화가 더 빨라지는 현실을 보면, 자유 시장을 옹호하든 반대하든 소규모 자작농, 장인, 상점 주인, 행상 등의 감소는 분명하고 피할 수 없는 결과인 듯하다. 자유 시장 옹호자는 대규모 농업과 산업에 과감히 자본을 투자했고, 공산주의자도 마찬가지였다. 1957년 초 마오쩌둥은 중국 농부의 운명이 영원히 확정되었다고 믿었다. 당시 중국 총인구 6억 명 중 산업 노동자는 1천2백만 명에 불과했지만 이 '위대한 조타수'는 소수에 모든 패를 걸었다.

수는 적지만 그들만이 미래가 있다. …… 미래의 농가는 기계화하고 농민은 농업 노동자로 변신할 것이다. …… 농업 협동조합을 통한 소유 제도는 몇십 년만 지나면 공장처럼 변할 것이다. 즉, 농업 공장이 될 것이다. 공장에서는 옥수수, 기장, 쌀, 고구마, 땅콩, 대두를 심는다. 부르주아 역시 노동자가 될 것이다. 현재 수억 명의 농부와 수공인이 이미 집단농장의 농부가 되었다. 그들은 국가의 농부, 기계를 사용하는 농업 노동자가 될 것이다.[73]

'위대한 지도자'의 예측은 빗나갔다. 중국 소농은 여전히 건재하고, 세계적으로도 자영 노동자는 많은 사람의 생각보다 회복탄력성이 높다. 상대적 비중 감소는 부정할 수 없지만 느리고 단속적이었다. 서유럽은 임금에 대한 의

존과 자영 노동 사이에 중요한 연령 요인이 있다.

> 19세기 말까지 노동자 대부분의 생애는 임금노동으로 구조화하지 않았다. 임금노동은 생애 초기 단계에만 관련 있었다. 사람들 대부분은 약 30세부터 자영농민, 수공인이나 상인의 위치를 확립하려 했다. …… 40~49세 자영업자나 고용주의 수는 임금노동자와 같았고, 50세 이후에는 수가 현저히 많았다.[74]

소작농과 소규모 자작농

앞에서 소농이 자기 농장에서 농사를 집약화하고, 다른 사람을 위한 가내수공업과 임금노동으로 소득을 보완하는 모습을 살펴보았다. 가족의 식량 대부분을 충당하는 동시에 시장을 위한 식량도 생산하는 유형의 가구 경제는 수천 년의 중국 역사, 근대 초기의 일본, 동남아시아의 고원 관개 벼농사, 멕시코의 치남파chinampa(호수나 늪지에 인공적으로 만든 경작지-옮긴이) 농사, 저지대 국가의 농사에 대한 많은 자료로 확인될뿐더러 일반적 현상이기도 하다.[75] 19세기 중반부터 미국에서, 이후 다른 부유한 나라에서 일어난 농경의 대규모 기계화 때문에 전 세계적으로 힘든 상황에서도 건재하게 버티고 있는 소농의 존재를 잊기 쉽다.

강조하건대 이것은 상대적 쇠퇴일 뿐 절대적 쇠퇴는 아니다. 현재 전 세계 농부는 25억 명이고, 지금처럼 농부가 많았던 적이 없기 때문이다. 전 세계 5억 7천만 농가 중 자그마치 85퍼센트가 0.02제곱킬로미터 미만의 땅을 경작하며 소농으로 정의된다. 그렇지만 지금도 세계 식량의 대부분을 공급한다.[76]

인구 밀집도가 높은 지역의 소농은 도시에서 임금노동으로 소득을 보충하거나 땅이 충분한 지역으로 이주하지 않는 한 농장을 넓힐 만한 여지가 없었고, 지금도 그렇다. 따라서 이들의 첫 번째 선택지는 다음과 같은 집약화다.

본포本圃(수확할 때까지 재배하는 밭-옮긴이)를 거의 또는 전혀 묵히지 않고 많은 연간 수확량이나 복합 작물 수확을 얻는 것이다. 그러려면 밭 갈기, 작물 다각화와 윤작, 축산, 비료, 관개, 배수, 계단식 농업 등으로 토양의 비옥함을 되살리거나 유지해야 한다. 내가 말하는 것은 호박색으로 일렁이는 곡식의 물결이 아니라 밭과 과수원, 논, 낙농장, 치남파다. 땅은 객관적으로 부족한 재화고, 단위면적당 농업 생산량은 상대적으로 높고 지속 가능하다. 밭은 영구적이고, 일에는 기술과 비교적 긴 시간이 필요하며, 자주 결정해야 하고, 농가의 가족은 토지와 산물에 대해 지속적인 권리가 있다.[77]

자영 농장에 대한 집중이 공유지 경작을 소홀히 하는 방향으로 나아가지는 않았다.

제2차 세계대전 이후 수십 년 동안 스위스 발레주 퇴르벨이라는 알프스 마을에서 나타난 현상은 '기술이 규모를 대체하는' 사회의 좋은 예다.[78] 이곳 소농은 시장에 내다 팔 낙농 상품을 집중적으로 생산한다. 긴 겨울에는 여름에 거둔 건초를 소에게 먹인다. 또한 가을에 파종한 호밀밭을 살피고 임시로 돌담을 쌓아 경사지의 밭을 보호한다. 가장 가파르고 작은 구역은 감자나 잠두콩 재배를 위해 밭 갈기를 해준다. "경사진 밭의 침식을 막기 위해 스위스 농부는 매해 봄마다 경사지 맨 아래에서 퍼낸 흙을 바구니에 담아 꼭대기까지 나른다. 순무와 양배추를 심을 작은 채소밭은 돋움텃밭에 괭이질과 갈퀴질이 잘된 흙을 채워서 만든다. 돌이 많은 강 옆의 경사지에는 가장 넓은 계단식 밭을 일구고 손 도구로 포도밭을 가꾼다."[79] 땅을 비옥하게 유지하려면 사료작물 두 종류를 수확하는 동시에 방목에도 충분한 양을 확보하기 위해 주의를 기울여야 한다. 관개기술 덕분에 2천 미터나 되는 높은 곳에도 초지를 만들 수 있다. 이 관개 시스템은 공유지 경작에 참여하는 모든 농부의 초지에 '성수聖水'를 똑같이 나누는 방식으로 유지된다.

농가 구성원의 활동을 조직하고 개인 재산과 공유 재산이 공존하는 형태는 다른 곳에서도 많이 볼 수 있다. 나이지리아 중부 조스고원의 코퍄르족 Kofyar을 살펴보자. 이들은 고구마, 참마 덩이줄기, 기장, 수수를 좁은 땅에서 재배하는 기막힌 방법을 찾아냈다. 농사를 위해 물을 가둘 이랑과 물웅덩이, 고구마를 심을 흙무더기, 참마를 심을 원뿔형 흙더미를 끊임없이 만들고 보수한다.

　코퍄르족의 농경에서 가장 독특한 요소는 비옥한 토양을 만들고 복구하는 방법일 것이다. 이들은 자연, 밭, 가정, 가축으로부터 나온 유기물을 옮기고 퇴비를 모아 비옥함과 토양의 구조를 유지한다. 9개월간의 재배 기간 동안 코퍄르족은 둥그런 초가 오두막들이 모여 있는 농가 입구에 직경 3.5~4.5미터의 원형으로 돌담 울타리를 만들고 안에 염소를 가둔다. 말뚝에 염소를 한 마리씩 묶고 마을 주위의 휴한지에서 깎은 풀을 먹이고, 건기의 끝에 관목 숲이 불탄 후에는 사료용으로 미리 자른 나뭇잎을 먹인다. …… 일상에서 여자나 어린아이는 주로 염소 사료를 모으고 개울에서 식수를 길어 온다. 가축을 평소 먹는 양 이상으로 먹이면 1년 동안 1~2미터 깊이의 퇴비층이 쌓이고, 염소를 밤에 가두는 외양간에도 똥과 오줌이 쌓인다. 3월에 비가 내리기 직전에 거름을 퍼내고 바구니에 담아 근처 농가 밭에 무더기로 쌓아놓는다. 농가 가족도 여기에 배설물을 버린다. 재배 철에는 잡초를 파서 엎고 수숫대를 이랑 밑에 질서정연하게 묻는다. 모든 전통 농장은 입구 가까이에 작은 오두막이 있는데, 요리 후에 나오는 재를 이곳에 보관한다. 관목 숲에서 가져온 장작과 수숫대를 재에 섞고 몇 움큼씩 땅콩 작물에 뿌려준다.[80]

　스위스 마을과 마찬가지로 코퍄르족 소농도 남녀 구성원의 모든 노동력을 동원하는 개인 가구다.[81] 또한 때때로 추가 인력을 고용하고, 더 중요하게는 다른 사람과 함께 공동체 일에도 정기적으로 참여한다. 농가는 기장, 수수 또는 얌 재배에 필요한 모든 일을 혼자 할 수 없으면 '맥주 파티'를 연다. 여성은 나중에 도와줄 40~80명의 이웃을 대접하기 충분한 기장 맥주를 농한기에 발효해둔다. 이웃들은 때로 북 치는 사람을 옆에 두고 한 집단으로서 해야 할 일을 하고 맥주를 대접받는다. 다음번에는 다른 가구가 이웃으로부터 도움을 기대한다.[82] 대부분의 가구는 더 공식적인 맥주 파티를 위한 농사와 소규모 가구 노동을 할 뿐 아니라 5~20명으로 구성된 노동 교환 집단에 속한다. 집단 구성원은 서로의 밭에서 일해주고 그에 상응하는 노동으로 되돌려 받는다.

마지막으로, 자작농에게 자아 정체성이 얼마나 중요한지 잊지 말자. 일하는 과정을 자신이 통제할 수 있다는 사실은 소외 감정을 막아주거나 적어도 줄여준다. 프랑스의 소규모 포도 재배자의 자랑스런 고집이나 자신이 '나 자신의 주인'이라고 느끼는 것에서 잘 드러난다.[83] 소규모 자작농이 성공할 수 있는 이유는 가족의 농사와 집안일을 동시에 할 수 있고, 수공인, 상인, 임금 노동자로서 시간제로 일할 여유가 생기면 농장 밖의 노동을 결합해 소득을 보충할 수 있기 때문이다.

20세기가 깊어질 때까지도 꺾이지 않은 소규모 자작농의 고집, 소규모 기계화와 소규모 생태 농업 같은 최근의 자극에도 불구하고 전 세계 농업경제는 규모의 경제에 지배받고 있다.[84] 유럽의 공유지 분할, 그 뒤를 이은 기계화, 국가가 지원하는 녹색혁명 모두가 역할을 했다. 대규모 농장은 오랫동안 임시·영구 임금노동자를 고용해왔으나 최근에는 전일제 농장 노동자가 많이 사라졌다. 그러나 소농은 노동인구에서 차지하는 비중이 급격히 줄었음에도 결코 사라지지 않았다.

수공업, 소매업 및 서비스

근대 소작농의 소멸이 불가피하다는 말은 사실이 아니다. 수공예업과 기타 산업, 상업, 서비스 분야의 소상공인에게도 해당되지 않는다. 지난 몇 세기 동안 대기업이 출현한 것은 명백한 사실이지만, 소규모 자작농과 마찬가지로 수공예업의 회복탄력성도 크다.

영국, 미국과 여러 나라의 산업혁명 동안 사람들은 장인이 자기 기술과 함께 사라질 것이라고 걱정했다. 소농에 관해서는 그런 걱정이 없었다. 장인은 중세 대성당 같은 서구 문명뿐 아니라 타지마할을 비롯한 이슬람교와 힌두교의 빛나는 건축 성과들과도 직결되어 있었다. 박람회에서 지난 세기 또는 먼 나라의 '옛' 공예가 근대의 대규모 산업과 나란히 전시되었다. 런던 빅토리아앤드앨버트박물관Victoria and Albert Museum[85]과 펜실베이니아주 도일스타운 머서박물관Mercer Museum(미국 고고학자이자 유물 수집가 헨리 채프먼 머서Henry Chapman Mercer가 세운 박물관–옮긴이)의 토대이기도 하다.[86] 수공업이 쇠퇴한 원인은 기계와의 경쟁 외에도, 장인이 도제에게 기술을 전수하던 길드가 19세기에 유럽 및 이웃 국가에서 쇠퇴했기 때문으로 여겨졌다(260~261쪽 참고).

그러나 공식 길드 없이도 도제제도는 오랫동안 이어지고 있고, 오늘날에도 독일 등은 많은 전통을 유지하고 있다.[87] 이 도제제도는 부분적으로 의무적인 대학 졸업장과 함께 지적 전문직에 적용된다. 정부가 인정하는 엄격한 입회 요건과 함께 폐쇄적인 직업적 질서를 모든 곳에 형성한다. 서비스 품질을 우선시한다는 명목하에 시장 원칙에 대한 억제를 정당화한다. 따라서 제화공, 목수, 상점의 활동과 설립은 전 세계적으로 매우 자유로운 반면 의사, 치과 의사 및 (준)의료인이나 공증인의 활동은 거의 모든 곳에서 심한 저항을 받는다. 특히 이민자들이 가장 큰 피해를 본다. 세계 많은 도시의 자영 택시 운전처럼 비공식적 폐쇄 시장도 존재한다.

지역 시장과 국내 시장 독점은 독자적 전문직이 유지되도록 촉진한다. 디젤 엔진과 전기 엔진, 최근에는 컴퓨터도 한몫했다. 더 이상 대규모 투자에 의존하지 않는 기계화와 자동화는 수요가 높은 대도시에서 극도의 전문화를 낳았다. 한편으로는 동시에 폭넓은 전문 지식의 결핍이라는 위험도 발생했다. 대영박람회에 대해 파리의 노동자들이 작성한 1861년 보고서를 보자.

숄 디자이너는 노동자 여덟 명의 일을 나눈다. 첫 번째 디자인을 그리는 노동자, 초벌 도면을 그리는 노동자, 도면을 확대해 카드에 옮기는 노동자, 디자인에서 주요 선을 골라내는 노동자, 전체 윤곽을 확인하는 노동자, 세부 사항을 그려 넣는 노동자, 세부 사항을 카드에 옮기는 노동자, 그것을 채우는 노동자였다. 도제들은 고도로 숙련되지만 자기 분야의 8분의 1만 알게 된다.[88]

작업 분업은 개별 작업장뿐만 아니라 노동자들이 인근에 마련한 여러 작업장 사이에서도 일어났다. 여기까지 보면 중세 도시에 도시 수공인이 등장한 이래 별반 달라진 것이 없는 듯하다. 그때도 하도급으로 수공인의 일이 분화했고 수공인의 독립성도 낮아졌다. 그러나 실제로는 다르다. 1850년 이후 북대서양의 주요 대도시에서 장인은 독립성을 잃었고, 극단적인 경우 노동 착취 산업에 독립성을 빼앗겼다. 장인은 계속 증가했으나 특히 의류 및 신발 산업에서 중간상인에게 의존하게 되었다. 중간상인은 반가공 제품을 공급하고 때로는 도구와 비용도 지급하는 대신 정확한 규격에 맞춰 생산하라고 요구했다. 이 과정은 1886~1897년 찰스 부스Charles Booth(영국의 제조업자, 통계학자이자 사회운동가-옮긴이)와 그의 동료가 편찬한 17권 분량의 《런던 시민의 삶과 노동Life and Labour of the People in London》에 정확하게 묘사되어 있다.

부스에 따르면 자영업자는 몇몇 하청인이나 임금노동자를 고용하든 하지 않든 수가 증가했다.

이 작은 산업 단위는 옛 형태가 살아남은 것일 수도 있지만 항상 그렇지는 않다. 경쟁이 가장 심한 산업 분야 업체들이 생존을 위해 투쟁하며 택한 경우가 더 많다. 런던은 의심의 여지 없이 소사업체들의 본거지다. 가장 큰 근대 도시인 런던의 상황이 이렇다면 뉴욕과 멜버른, 파리와 베를린도 마찬가지일 것이다.[89]

공동 편찬자 중 한 사람인 어니스트 해리 에이브스Ernest Harry Aves는 큰 생산 단위 대 작은 생산 단위, 직접 고용 대 하도급, 시급 대 작업량제 급여에 대한 선호를 하나의 일반적 이론으로 설명할 수는 없다고 생각했지만, 관찰에 기반한 유용한 논평을 많이 남겼다. 그중 두 가지를 길게 인용하겠다. 첫 번째는 임금노동과 자영업 사이의 이동에 관한 내용이다.

'자기' 사업을 시작하는 데 무척 적은 자본만 필요하면 당사자가 부를 쌓기가 매우 유리하다. 예를 들어 가구를 제작하는 목수는, 부족하고 불안할지언정 2파운드나 3파운드만 쥐고도 사업을 시작할 수 있다. …… 다른 결정적 요인은 시장의 성격에서 찾을 수 있다. 업계 성격상 자본이 거의 필요하지 않고 시장이 크며 수요는 꽤 꾸준하고 구매자에 대한 접근성도 좋다면, 또한 관행상 주문으로 구매하거나 우연히 현금을 주고 생산자로부터 구매하는 것 모두 가능하면 소규모 자영업자는 시장에서 기회를 찾을 것이다. 시장의 가장 큰 부문은 도매업이다. 즉, 해당 자영업자는 소비자에게 직접 판매할 상품이 아닌 '사업체를 위해' 상품을 생산한다. 그러나 자영업자가 기반을 다지도록 해준 '그 사업체'에 관한 지식은 본인이 임금노동자였을 때 얻은 정보를 다소 염치없이 사용한 결과인 경우가 많다. 예를 들어 철사 세공 사업을 하는 자영업자가 예전에 자신이 일했던 사업체의 고객에게 접근해 훨씬 낮은 가격을 제안하기도 한다. 그러면 자영업자가 주문을 따내거나, 아니면 고객이 다른 곳에서 더 낮은 단가를 제안받았다고 원래 거래하던 사업체에 알려준다. 그 사업체는 다시 직원들에게 새로운 경쟁자가 나타났다고 말하고, 결국 가격과 임금이 지속적으로 낮아지는 추세가 나타난다. 이러한 방식이 '재'주문 가격을 지속적으로 하락시키는 주요 원인이다. 한편 한 철사 세공사(임금노동자)의 말을 빌리면, 결국 사업에 성공하지 못한 자영업자는 "다시 직장에 들어가고, 본인과 비슷한 무리 때문에 생긴 저임금과 열악해진 노동조건을 저주한다."[90]

또한 에이브스는 자영업 사장과 직원의 노동관계를 예리하게 관찰했다.

모든 사정이 같다면, 소형 업체 고용주는 자사 직원에게 더 힘든 조건을 부과하는 경향이 대형 업체 고용주보다 크다. 자주 그렇지는 않더라도 말이다. 이유는 멀리서 찾지 않아도 된다. 소형 업체 사장은 직접 사업장에서 일하는 경우가 많기 때문이다. 직원과 함께 일하는 사장은 자신의 열의를 기준으로 다른 사람의 태도를 평가하는 경향이 있다. 사실 총생산량에 대한 직원들의 관심은 사장보다 클 수 없다. 사장은 몇몇 노동자와 친근한 관계를 유지하기도 하지만, 자본은 적고 사업적 이해관계는 집중되어 있기 때문에 결과적으로 직원은 운영 분야가 많은 대형 업체와 비교해, 사장에게 이익을 안겨주는 에너지를 가장 직접적이고 명백하게 제공하는 생산도구의 성격을 더 강하게 띤다. 직원의 노동에 대한 사장의 관심은 통제의 강제력과 강도에 반영된다.[91]

에이브스에 따르면 소형 업체와 노동 착취 업체의 치열한 경쟁은 "싼 것을 원하는 대중의 요구에 부응할 의무감을 생산자 스스로 느끼게 할 정도로 뚜렷했다. 야누스의 얼굴을 한 경제적 우상이다. 한쪽으로는 안락한 생활을 위해 생산하면서, 다른 한쪽으로는 사람들 대부분이 맹목적으로 숭배하는 사당을 만들어 많은 사람의 삶을 제물로 바쳤고 지금도 바치고 있다."[92]

생산량 측면에서 대기업과 임금노동은 20세기의 지배적 형태가 되었다. 앞에서 보았듯이 러시아와 중국처럼 강제적인 경우도 있지만, 대부분의 나라에서는 제조업과 운송업 규모가 커진 결과였다. 동시에 몇몇 부문에서 노동 착취 관행과 그렇지 않은 관행의 차이가 커졌다. 자영업자가 당면한 이 문제들은 정치적 결과를 불렀다. 러시아혁명, 그리고 이 혁명이 자영업자층의 불만에 대처하지 못했던 무능력에서 잘 드러난다. 서구의 사회민주주의도 독립적 소규모 생산자의 생계유지에 일관된 비전을 제시하지 못한 것은 마찬가지다. 1950년대 중반 프랑스가 임금노동자를 우대하고 소상공인을 차별한 일은 보수적이고 반유대인적인 푸자드 운동Poujadist movement(중소 상공업자에 대한 불공평한 과세에 대항해 피에르 푸자드가 일으킨 반의회주의적 급진 운동-옮긴이)의 촉매가 되었다.[93]

자영업의 귀환

몇십 년 전까지만 해도 독립 생산이 쇠퇴하는 현상에 관해서는 논쟁의 여지가 없었다. 그러나 1970년대 경제 위기로 인해 사람들은 계획적인 규모의 경제에 대한 생각과 관행에 의문을 품기 시작했다. 많은 해고 노동자는 생계를 유지하기 위해 영세 사업자가 되어야 했다. 또한 자유 기업의 이상을 가장 중시하는 신자유주의가 급속히 부상하면서 노동조직 관련 법률과 규정에 많은 영향을 미쳤다(460~461쪽 참고). 20세기 초에 휘발유와 전기 엔진이 소기업 활동을 촉진했듯, 1백 년 후에는 서비스 부문 위주이긴 해도 컴퓨터가 그 역할을 담당했다. 부분적으로 소형 소매업체가 온라인 판매업체로 대체된 것처럼, 어느 정도 자영업 형태가 바뀌는 계기가 되었다. 3D 프린팅의 발전도 또 다른 단계를 예고하고 있다.

일하는 여성과 가사 노동

일하는 여성의 위치는 의학 발달 덕분에 근본적으로 변화했다. 북대서양의 특혜받은 국가를 비롯한 몇몇 지역을 제외하면, 19세기 중반까지 여성은 아이를 많이 낳았지만 아이 대부분이 유아기에 사망했다. 당시 여성들은 (아직) 살아 있는 다른 아이들을 희생하고 아기를 보살필 여력이 없었다.[94] 가족 규모는 작았지만 이들은 생애의 대부분을 임신한 채 보냈다. 결혼한 여성은 살아남은 아이들을 보살피고 음식 준비와 기타 집안일 외에도 집 안팎의 생산노동을 담당했다. 대부분은 가족이 먹을 식량을 생산하기 위해 농가에서 하는 활동이었다. 그런데 상황이 단계별로 바뀌기 시작했다.

1500년경부터 이미 유라시아 여성은 근면혁명의 일환으로 시장을 위한 생산노동에 더 많이 참여하고 있었다. 한동안 방적은 여성이 새로이 맡은 노동 중 가장 중요한 일이었다. 이것이 보편적으로 이상적인 모습이었다. 다른 한편으로 이 시대의 여성은 집 밖에서도 활발하게 활동했다. 18세기의 스페인이 좋은 예다.[95] 이곳에서 자녀 양육은 부모만의 일이 아니라 공동체 모두의 일이었다. 예컨대 이른바 '마을 모델'에 따라 나이가 더 많은 아이가 어린아이를 돌보았다.

일하는 여성의 '근면성'은 수백 년 동안 점점 증가했지만 이 인구통계학적 '모델'은 거의 영향을 받지 않았다. 여성의 결혼 연령, 배우자와의 나이 차이, 자녀를 보살피는 정도만 영향을 받았다. 여성은 늦게 결혼할수록 사회에서 오랫동안 독립적 경력을 쌓을 수 있었다. 또한 남편과의 나이 차이가 적을수

록 일의 종류와 강도를 직접 결정할 가능성도 더 컸다.[96]

　두 번째 단계는 19세기에 예방 백신이 개발되고 위생이 개선되는 등 의학이 발달하여 가능해졌다. 의학 발달로 많은 아기가 살아남았고, 따라서 집안일도 증가했다. 계산에 따르면 "아기 한 명당 한 달에 약 열흘 치의 가사 노동이 증가"했다.[97] 이 커다란 인구학적 변화는 도시에서 먼저 일어났는데, 도시는 위생 수준이 최악이었기 때문에 의학 발달로 얻는 이득도 가장 컸다. 또한 경제가 번영하면서 지역사회 교육이 곳곳에서 시작되었다. 어머니 입장에서는 다른 사람에게 자녀 보육을 부분적으로 맡길 수 있었고, 자녀가 일을 시작하는 나이가 훨씬 늦춰지므로 양육 노동이 더 많아졌다.

　또다시 1백 년이 흐른 뒤인 1960년 미국식품의약국FDA이 알약 형태의 효과적인 산아제한 방법을 승인했다. 이른바 20세기의 가장 효과적인 발명품인 피임약은 10년 만에 전 세계로 퍼졌고, 몇몇 정부는 폭발적 인구 증가를 막기 위한 선전에 이용했다. 여성의 노동은 이중으로 영향을 받았다. 여성의 임신 빈도는 낮아졌지만 다른 한편으로는 자녀 수가 적다 보니, 교육이 사회적 성공의 관문이 된 현실에서 양육에 드는 감정적·물질적 비용이 크게 높아졌다.

　세 가지 변화를 배경으로, 결혼한 여성이 집 밖에서 하던 노동이 시장을 위한 생산노동으로 크게 변화한 지점을 찾을 필요가 있다. 무급 가사 및 교육 노동은 오늘날까지도 결혼한 여성과 어머니의 주요 임무다.

산업혁명부터 인구학적 변화까지

　근면혁명의 비밀 중 하나는 여성이 집안일 외에 집 안팎에서 농사와 산업 노동을 결합할 수 있었다는 점이다. 그러나 산업 노동이 농장과 수공인의 작업장에서 중앙 동력식 공장으로 옮겨 감에 따라 결합 관계는 천천히 그러나 확실히 깨졌다. 영국에서 가장 먼저 일어난 변화는 서유럽과 북아메리카, 그리고 나중에 다른 곳으로 번졌다. 특히 가내수공업 단계에 남성보다 여성이 더 많은 일을 하던 섬유산업이 변화했다.[98] 섬유산업이 금속가공 같은 산업혁명의 다른 상징보다 비중이 높았다는 사실을 고려하면 산업혁명의 첫 1백 년 동안 섬유 공장에 여성과 어린이가 많았다고 해도 크게 틀리지 않을 것이다. 이 현상은 단순히 새로운 장소인 공장으로 이동하여 전통을 유지하는 차원의 문제가 아니었다. 일반적으로 농업과 산업에서 여성의 임금은 남성의 절반에서 3분의 2 수준이었으나, 확장하는 산업에서는 여성의 평균 일급이 더 높아질 수 있었다.

여성, 특히 결혼한 여성은 새로운 상황에서 두 주요 업무를 어떻게 병행했을까? 남성과 사회는 어떻게 반응했을까? 자녀 수가 증가했다는 것은 산업혁명 초기에 많은 아이가 생산적 쓰임새를 갖추자마자 미숙련노동자로 공장에 배치되었다는 의미다. 이것은 어머니의 육아 부담을 덜어주었고, 동시에 가구의 소득이 증가했다. 여성은 가사 서비스에서도 많은 일을 찾았고, 그 결과 가사 서비스가 여성화했다. 중산층이 증가하면서 가사 서비스에 대한 수요도 증가하고 있었다. 유럽뿐 아니라 다른 곳도 마찬가지였다. 1900년경 인도의 주요 대도시 인구의 15~20퍼센트가 가사 하인이었고, 이 부문은 더 여성화하고 있었다. 그에 따라 이 직업의 지위와 보수가 평가절하되었다. 이런 직업을 하찮게 보는 경향은 하층 카스트와 가사 서비스의 연관성이 강했기 때문이기도 했다.[99]

7장에서 살펴보겠지만, 산업혁명과 기업가가 기계화를 통해 여성과 아동을 고용해 끊임없이 비용을 낮추려 한 경향은 반발을 불렀다. 더 이상 경쟁할 수 없었던 자영업 장인들이 기계화를 저지하려 했고, 나중에는 조합을 만들어 독점을 형성하고 미숙련노동자, 특히 여성과 아동과의 불공정한 경쟁을 없애 소득을 늘리려 했다. 부르주아층도 아동노동 착취, 야간 노동, 집안일을 소홀히 하는 여공에 대해 항의했다. 이에 따라 아내가 가사와 양육에 헌신할 수 있도록 충분한 돈을 벌 능력을 갖춘 가정적인 남성에 대한 이상이 형성되었다.

인구통계학적 변화에서 피임약까지-남성 가장의 전성기

한동안은 남성과 여성 모두 과중한 부담에 시달렸다. 1855년 런던 베스널 그린에서 태어난 레이턴 부인이 어린 시절을 단편적으로 회고한 다음 이야기는 많은 것을 알려준다.

나는 일곱 번째 아이였어요. 내 뒤로 일곱 명이 더 태어나서 형제자매가 14명이었죠. 어머니는 완벽한 노예였어요. 대체로 임신해 있거나 아기에게 젖을 먹이는 모습이었죠. …… 아버지는 교육을 잘 받은 분이었고 정부 일 때문에 오전 10시부터 오후 4시까지 일하셨어요. 아버지는 직위 때문에 같은 임금을 받는 일반 근로자들은 신경 쓸 필요 없는 품위를 유지해야 했어요. 항상 멋진 검은색 양복과 실크 모자를 쓰고 일하러 가셨어요. …… 아버지는 여유 시간에 재단 일을 배워서 아는 사람들을 위해 일해주고 가족이 먹는 채소를 기르면서 적은 봉급을 보충하셨어요. 아버지는 일요일 아침 예배에 빠지지 않는 신실한 교인이셨어요. 교회에 가실 때면 항상 우리 형제자매 중 여러 명을 데리고 가서 어머니를 쉬게 해주셨죠. 정치 쪽으로 아버지는 보수당원이셨지만 항상 너그러우셨어요. 어느 정도까지는 좋은 남편이자 좋은 아버지셨지만, 가족 전체에 대한 책임은 어머니 몫이었어요. 우리 모두에게 인생의 길을 열어준 분은 어머니였어요. 가족은 늘어나는데 아버지 봉급은 변하지 않으니, 우리를 먹이고 입히기 위해 어머니가 돈을 벌어야 했어요. 목사님 아내분이 어머니를 매우 좋아해서, 아기를 낳거나 아플 때면 어머니에게 간호를 맡기셨어요. 목사관에 아기가 태어날 때마다 큰언니는 집에 있어야 했고, 우리는 하루에 서너 번씩 교대로 동생을 목사관으로 데려가 젖을 빨게 했어요. 왜냐하면 어머니가 한창 아기에게 모유를 줘야 할 때 목사님 아내도 아기를 낳았거든요. 어머니가 목사관에 가고 없으면, 아버지가 아침에 나가기 전에 우리가 하루 동안 먹을 음식을 나누어주셨어요.[100]

가족이 늘면서 가사 의무도 늘었다. 뿐만 아니라 차이가 다양하더라도 경제적 여유도 늘어서 집이 더 좋아졌기 때문에, 하인이나 일꾼을 쓰기 힘든 가정은 온갖 집안일을 더 해야 했다. 이웃이나 근처에 사는 친척은 도움이 되어주어야 했다. 이 현상은 20세기에 사람들이 건강하게 나이 들 수 있게 되면서 가능해졌다. 필요성이 커진 할머니는 모든 것을 하나로 이어주는 존재였다. 특히 제1·2차 세계대전 후의 소련 사회에서 절실하게 필요해졌다.

물론 가정은 남성 가장과 전업주부라는 중산층의 호사스런 이상을 감당할 여유가 있어야 했다. 전형적인 모습을 1880년대 네덜란드 섬유산업의 중심 도시 틸뷔르흐에 거주한 한 엔지니어의 표현에서 찾을 수 있다.

> 어린 여공은 좋은 주부가 될 수 없다. 남성 노동자가 제대로 된 집안에서 5, 6년 집안일을 해서 살림하는 방법을 아는 소녀와 결혼한다면 정말 운이 좋은 경우다. 그러나 살림이라곤 전혀 모르는 여공 소녀와 결혼하면, 퇴근하고 들어온 집안은 엉망진창일 것이고, 결국 술 마시러 나가서 자신을 망칠 것이다. 여자는 큰 역할을 하므로 공장에서 일하지 말아야 한다.[101]

서유럽 노동계급 가족이 이상을 실현할 가능성이 커진 계기는 19세기 말부터 잘 훈련된 노동자의 실질임금이 증가하면서부터다.[102] 노동조합에 가입하여 좋은 보수를 받는 남성 노동자는 그제서야 부인에게 일하러 갈 필요가 없다고 자랑스럽게 선언할 수 있었다. 부인이 집을 잘 정돈하고 자녀들을 '잘 씻기고 빗질도 해주며' 부모보다 나은 삶을 누리기 위해 학교에 가도록 해줄 수 있었다. 남성 가장과 여성 주부에 관한 이데올로기가 강하게 자리 잡았고, 여성의 노동은 대중의 삶에서 사라졌다. 물론 여성의 생산노동이 필요한 빈곤 노동계급 가족의 현실이 변한 것은 아니었다. 이들에게는 노동 착취 산업의 확장과 하녀에 대한 수요가 좋은 기회였다. 가난한 농부와 농업 노동자도 마찬가지였다.

남성 가장이 증가하는 추세는 때때로 중단되기도 했고, 제1·2차 세계대전과 그 여파로 노동력이 부족했을 때처럼 일시적으로 반전되기도 했다. 징병제가 있는 나라에서는 건강한 모든 남성이 전쟁에 동원되었기 때문에, 경제가 계속 돌아가게 하는 것이 중요한 문제로 대두했다. 폭탄, 수류탄, 군복 같은 군수품이 끊임없이 필요한 전선 뒤의 군수산업뿐 아니라 농장, 공장, 사무실의 문제이기도 했다. 독일 같은 나라는 제1차 세계대전 때 전쟁 포로를 노동에 동원했고, 제2차 세계대전 때는 강제 노동자도 사용했다. 프랑스에서는 식민지 노동자들이, 영국과 미국에서는 주로 여성이 주요 노동자였다. 영국의 노동조합은 '기술 수준 저하'를 이유로 전쟁이 끝나면 여성을 부엌으로 되돌려 보낸다는 조건하에서만 협력하려 했다.

여성의 대규모 노동시장 참여가 예외적이고 일시적이었다 하더라도 제1차 세계대전 이후 여성 참정권이 도입되었을 뿐만 아니라, 제2차 세계대전 때는 수많은 여성이 대규모로 일함으로써 장기적 효과를 불러왔다. 제2차 세계대전 당시 정부는 조선업 및 기타 중공업에 여성을 끌어들이기 위해 대중적인 노래와 포스터를 동원하여 선전했다. 캐나다는 총 공장의 로니Ronni the Bren Gun Girl를, 미국은 리벳공 로지Rosie the Riveter를 내세워 홍보했다.[103] 독일 나치는 예전까지만 해도 많은 협동조합주의 국가처럼 이데올로기를 지탱하는 하나의 기둥으로서 여성 임금노동을 억제하려 했고 퇴사를 조건으로 '결혼 융자'를 제공하는 제도도 시행했지만 전쟁 말기에는 입장을 굽힐 수밖에 없었다.[104]

극단적인 남성 인력 부족은 제1차 세계대전 이후에도 긴 내전을 치른 러시아에서 나타났다. 그 후에도 볼셰비키 국가 이데올로기가 생산력 있는 모든 시민과 집단화한 가족의 노동을 요구했으므로 여성 노동자에 대한 필요가 이어졌다.[105] 다른 유럽 국가나 북아메리카와 달리 러시아에서는 여성이 다시 전업주부가 되어 노동에서 빠져나가는 일이 없었다. 전후 중앙 유럽과 동유럽의 공산주의 국가들도 여성 인력을 적극 동원했다. 독일민주공화국(동독)에서는 여성의 노동 참여율이 1960년부터 1971년까지 64퍼센트에서 80퍼센트로 증가한 반면, 독일연방공화국(서독)에서는 같은 기간 동안 40.9퍼센트에서 37.6퍼센트로 감소했다.[106]

소련은 산아제한에도 앞장섰지만 참여율은 기복이 있었다. 인공유산은 1920년부터 1935년까지 합법이었고, 이후 집단화, 기근, '대조국전쟁'(제2차 세계대전 동안 동부전선에서 나치 독일과 소련이 벌인 독소전쟁–옮긴이)으로 인구가 대량 손실되며 노동력 공백이 나타나자 1955년부터 1968년까지 중단되었다. 많은 여성이 낙태에 의존한 사실은 어머니와 아기에게 필요한 거의 모든 것이 부족했던 현실의 탓이 컸다. 1945년부터 베를린장벽이 붕괴할 때까지 소련의 영향권에 있던 동유럽의 양상도 같았다.

1979년 중국은 사회공학의 주요 제도로 한 자녀 정책을 실시해 인구를 제한하려 했다. 이 정책은 첫 번째 자녀를 낳은 후 자궁에 피임기구를 삽입하고 두 번째 아이를 낳으면 불임수술을 하는 방식으로 시행되었다. 그 결과 생산 노동에 참여하는 여성이 현저하게 증가했다.

지난 반세기-맞벌이 부부, 한 부모, 독신 여성

1960년부터 서유럽과 북아메리카에 빠르게 퍼진 경구 피임약은 산아제한을 위한 가장 대중적이고 효과적인 방법이 되었다. 로마가톨릭 교회의 저항에도 불구하고 출산율이 급격히 감소했고, 여성의 노동시장 진출과 독립성을 크게 자극했다. 하버드대학교 경제학과 교수 클로디아 골딘Claudia Goldin이 1960년대와 1970년대의 '조용한 혁명quiet revolution'이라고 부른 이 혁명은 조기 결혼과 정체성 혼돈을 종식시킨 강한 주체로서의 여성에게 큰 지평을 열어주었다. 많은 여성이 결혼 후 자신의 성을 유지했고, 자신이 받은 정식 교육과 관련된 직업을 꿈꿀 수 있었다.[107] 한편으로 이혼과 이른바 연속 일처다부 현상이 증가하여 여성이 독립적인 소득을 찾아야 할 필요성이 커졌다.

어머니가 가정에서 맡는 의무의 중심은 집안일이 아니라 훨씬 적어진 자녀를 양육하는 일로 옮겨 갔고, 자녀가 더 좋은 교육을 받게 하기 위해 많은 노력이 필요해졌다.[108] 이것이 가능했던 이유는 수도, 전기, 수세식 화장실 같은 시설과 전기세탁기, 진공청소기, 냉장고, 식기세척기, 전자레인지 같은 '해방의 도구'가 보급된 덕분이었다.[109]

양육에 대한 큰 관심에도 불구하고, 가정과 (특히 중산층) 전업주부에 대한 사회적 규범은 이제 붕괴했다. 초기의 동기를 여기저기서 볼 수 있다.[110] 19세기 말부터 1920년대 초까지 미국과 몇몇 서유럽 국가에서 여공 외에 교사와 사무원 같은 전문 직업에서 독립적인 여성 노동자 집단이 등장했다. 그러나 당시에는 집 밖에서 일하는 유부녀에 대한 부정적인 시선이 강했기 때문에 대부분은 결혼과 동시에 직장을 떠났다. 그러다가 결혼한 여성의 노동에 대한 제한이 1930년대부터 1950년대 사이에 느슨해졌다. 그전까지 여성 교사와 사무원은 결혼 금지 규정에 따라 결혼과 동시에 퇴직해야 했고, 결혼한 여성은 채용되지 못했는데, 이 규정이 철폐되었기 때문이다. 단순히 전쟁의 여파 때문만은 아니었다. 이제 일부 직업군에서 시간제 노동을 할 수도 있었다. 1950년대부터 1970년대 사이에는 중년 기혼 여성이 자녀 양육을 위해 그만둔 일을 다시 시작하면서 노동시장에 재진입했다.

1970년대에 부유한 서구가 제2차 세계대전 이래 처음으로 경제 위기를 맞으면서 자녀가 적은 맞벌이 부부가 일반적 현상이 되었다.[111] 그러나 이혼 증가를 감안하면 전 세계 가구의 10~25퍼센트가 아버지 없는 여성 가장 가구고, 비율은 점점 증가하고 있다. 보츠와나, 스와질란드, 바베이도스, 그레나다에서는 자녀가 있는 가정의 40퍼센트는 아버지가 없다. 덧붙여 말하면, 아버지가 가구 소득과 가정의 기능에 언제나 기여한다고 할 수는 없기 때문에 과테말라, 케냐, 말라위 등의 경우처럼 편모 가정 아이들이 양부모 가정에서 보다 잘 먹고 자랄 수도 있다.[112] 고정된 남편이 없는 여성에게 한 가지 해결책은 아프리카와 카리브해 지역, 그리고 유럽과 북아메리카의 도시 빈곤층에서 볼 수 있는 연속적 일처다부 현상이다.[113]

근래 수십 년 사이의 중국만큼 많은 여성 노동력이 가정경제에서 노동시장으로 이행한 나라도 없다. 주요 도시로 이주한 노동자 중에는 수천만 명의 소녀가 포함되어 있다. 그중 한 사람으로 1974년 후난성에서 태어난 춘밍은 부모의 바람을 저버리고 18세의 나이에 광둥성으로 갔다. 그녀의 일기와 편지에서 중국의 옛 모습과 새로운 모습 모두를 읽을 수 있다. 1994년 3월 29일자 일기에서 중국의 새로운 모습을 보자.

오늘 우리는 월급을 받았다. 나는 365위안을 받았다. 50위안으로 빚을 갚고 나니 3백 위안이 남는다. 나는 시계나 옷 같은 물건을 사고 싶다. 그럼 남는 돈이 있을까? 여름이 왔는데 입을 옷이 없다. 시계도 사야 한다. 시계가 없으면 시간을 잘 활용할 수 없다. 집에 돈을 보내는 건 더 힘들어질 것이다. 다음 달에 급여를 받으면 속기 비서 통신대학에 등록할 거다. 대학 졸업장을 받아야 한다. 한 달에 고작 2백, 3백 위안이나 벌자고 광둥까지 온 게 아니다. 여기는 잠깐 머무는 곳일 뿐이다. 내가 영원히 살 곳이 절대 아니다. 아무도 나를 이해하지 못할 테고, 나도 다른 사람의 이해 따위 필요 없다. 그저 내 길을 갈 뿐, 다른 사람들은 맘대로 떠들라지![114]

춘밍은 자신이 일하는 플라스틱 성형 부서 이후의 경력을 생각하는 한편, 옛 세계를 떠올리며 글을 못 읽는 어머니에게 편지를 쓴다.

엄마, 엄마를 위해 스웨터를 떴어요. 스웨터를 뜨지 않았다면 그 시간에 많은 책을 읽을 수도 있었을 거예요. 하지만 엄마, 가끔씩 전 생각해요. 그토록 읽고 싶은 책들도 던져버리고 그냥 말 잘 듣는 딸, 효성 깊은 딸이 되는 게 낫지 않을까 하고요. 엄마, 엄마를 향한 내 사랑으로 한 올 한 올 이 스웨터를 떴어요.

기혼 여성의 노동에서 일어난 큰 변화는 미혼이거나 자녀 없는 여성에게는 부분적으로만 적용되었다. 이들이 주로 친척 집에 살면서 가사 의무를 담당한 것이 하나의 이유다. 한편 여성의 노동이 변화함에 따라 여성과 남성이 집안일을 동등하게 부담하게 된 것은 아니었다. 소득수준과 직업적 기회의 측면에서는 여전히 남성이 여성보다 유리했다. 여전히 여성이 직업 생활과 자녀 양육 및 가사 노동을 병행했기 때문이다. 다만 (나이 들었지만 정정한) 조부모와 전문 보육 및 탁아 시설이 여성의 일을 상당히 줄여주긴 했다. 여성에게 불리한 급여와 경력의 차이는 몇몇 국가에서 여성이 시간제 노동을 할 때 더 뚜렷하게 나타난다. 다른 곳에서는 임신과 출산휴가가 여성의 경력에 부정적인 영향을 미치는데, 정부가 제도를 지원하는데도 그렇다.[115] 근래에는 이 세계적 경향이 흥미롭게 반전되기도 한다. 인도에서는 가족의 사회적 지위가 높아지면 전업주부로 지낼 수 있기 때문에 충분한 교육을 받은 여성이 노동시장에서 빠져나간다. 문화적 이상이자, 점점 더 힌두트바Hindutva(힌두 민족주의의 중심 이데올로기-옮긴이)에 가까워지고 있는 정치적 이상이기도 하다.[116]

자유 임금노동의 증가

이전 시대에는 임금노동자가 소수였고, 대부분은 직업 생활 초기에 돈을 받고 일해주는 젊은 남녀였다. 주로 입주형이었던 가사 하인, 장인 밑에서 일하는 직인, 큰 노동 단위로 일하는 선원, 군인이 이 범주에 속한다. 또한 영속적인 기반에서 행정 책임을 맡은 공무원이 있었고, 화약 공장, 무기고, 조폐국 등 대형 국유회사에서 일하는 임금노동자도 있었다.

임금노동자와 노동시간 증가

임금노동자와 노동시간 모두 19세기에 증가했다. 부가 증가하면서 더 많은 하인과 직인이 생겼고, 부르주아의 구매력도 특히 서유럽에서 높아졌다. 운송, 특히 증기선 운송이 증가하면서 선원도 늘었다. 무엇보다도 국가가 직간접적으로 고용한 임금노동자가 무척 많았다. 천천히 확대되는 공무 서비스, 징병제하에서도 필요한 직업군인, 그리고 국가가 독점해가는 철도와 우편 서비스를 생각해보라.

그러나 임금노동이 가장 크게 증가한 부문은 원래 제조업 분야였다. 제조산업 고용주는 주로 자영 소농이나 수공인 출신을 직원으로 채용했지만 직인이나 노예, 농노 출신도 뽑았다(375~395쪽 참고). 나중에는 가사 노동 대신 임금노동을 택한 여성도 채용했다. 덧붙여 말하면, 자영업에서 임금노동으로의 이행은 대부분 순조로웠다. 대부분은 소작인 경험이 있거나 선대 제도로 원재료, 기계, 유통을 책임지는 사업가를 위해 집에서 직조나 방적을 하고 작업량에 따라 주급을 받은 사람이었다.

때로는 임금노동으로의 이행이 집단적 노동관계에서 개별적 노동관계로의 이행을 뜻했다. 1905년 앵글로-페르시아(이후 앵글로-이란) 석유회사는 시추를 준비하는 과정에서 이란 남서부의 바흐티아리족 노동자를 채용했다.[117] 회사는 부족 대변자와 합의하여 연간 총 2천 파운드를 지급하는 대신 시추 현장을 보호해줄 80명의 경비원을 공급받기로 했다. 경비원은 1년에 1백 토만toman(페르시아 금화 단위-옮긴이), 즉 35와 4분의 1파운드와 말 사료를 받기로 했다. 그러나 바흐티아리족 상급자들이 석유회사의 돈을 중간에서 가로챘고, 불쌍한 경비원들은 '다른 수단'으로 필요한 물자를 해결해야 했다. 이들은 1909년에야 경비 대장으로부터 직접 임금을 받기 시작했다. 이 제도적 장애물 외에 부족의 옛 협약과 상관없이 실물시장을 만들어야 하는 문제도 있었다. 석유회사의 말을 빌리면 "유목민 생활에서 구할 수 없는 상품과 안락함을 구입할 수 있는 기회가 주어지지 않으면 임금 자체는 노동자를 붙잡아두는 데 거의 효과가 없었다. 돈을 주는 것만으로는 부족했다. 돈을 쓰는 방법도 제공해야 했다." 지난 2백 년 동안 자영 노동자가 많았던 농업과 수공예업이 제조업으로 이행하는 것과 나란히 임금노동으로의 이행도 빨라졌다. 1950년에는 농업에 종사하는 사람이 세계 인구의 3분의 2(주로 소규모 자영농)였지만 오늘날에는 3분의 1에 불과하다.[118] 또한 제조업 일자리 외에도 상업, 운송, 서비스 등 '3차' 산업에서 더 많은 일자리가 생겼다.

점점 더 많은 사람이 중간 관리자의 유무에 상관없이 고용주를 위해 삶의 많은 시간 동안 일하기 시작했다. 앞에서 보았듯이 노동시간은 16세기 종교개혁 이후 특히 네덜란드에서 점점 증가했다. 18세기에는 더 심각하고 광범위한 요인이 여가 시간을 공격했다.[119] 1754년 오스트리아 여제 마리아 테레지아가 교황의 허락하에 격렬한 반대를 무릅쓰고 24개의 가톨릭 축일을 폐지했다. 그해 4월 23일 성 게오르기우스의 날 오전 11시에 빈의 상점 주인들이 문을 열도록 하기 위해 기마경찰이 출동해야 했다.

영국은 특별한 법률도 없이 노동 일수가 현저하게 길어졌다. 1830년경 영국에서 생계를 유지하려면 하루 평균 11시간씩 3백 일 이상을 일해야 했다. 1년 동안 3천3백 시간 일한다는 의미였다. 회복을 위해 쉴 수 있는 시간은 일요일과 크리스마스, 부활절, 성령강림절을 합쳐 7일에 한정되었다. 1760년에 런던 2천3백 시간, 영국 북부 2천8백 시간이던 것이 1800년에는 런던 3천3백 시간, 영국 북부 3천 시간으로 크게 증가한 것이다. 수도와 북부 지방의 노동시간 차이가 크게 줄어든 이유는 런던 남성들이 주말의 피로에서 회복하기 위해 한 주의 첫날을 쉬던 '성 월요일St Monday' 관행이 1750~1800년에 사라졌기 때문이다. 북부 지방에서는 이미 1760년에 이 관행이 미미해져 있었고, 1800년부터 1830년 사이에는 많은 종교·정치적 축제가 사라졌다. 런던의 종교·정치적 축제는 분명 그전에 사라졌을 것이다. 이 반세기 동안 사람들은 아침에 더 일찍 일을 시작했고 하루 노동시간이 30분 더 길어졌다. 1800년경에는 평균적으로 아침 7시부터 저녁 7시까지 일했고, 그 사이에 1시간 내지 1시간 반의 휴식 시간이 있었다.

놀라운 사실은 기계화 공장이 출현하기 훨씬 전인 1800년 이전에 이미 노동시간이 증가했다는 점이다. 기계화 공장이 영국에 대규모로 출현한 시기는 1860년대였다. 공장 노동자들에게 노동시간 증가는 깨어 있는 시간의 대부분을 고용주의 뜻에 종속된다는 의미였다. 빠르게 증가하던 하인, 특히 주인이나 안주인과 함께 사는 하인에게는 한층 강하게 적용되었다.

7장에서 살펴보겠지만, 공장 가동 시간은 19세기 중반부터 감소했다. 처음에는 천천히 감소하다가 제1차 세계대전부터는 단계적으로 빠르게 감소했다. 1920년경 영국에서 생계를 유지하려면 평균 2천4백 시간을 일해야 했지만 2000년경에는 1천7백 시간으로 줄었다.

임금에 대한 의존도는 실업이 점점 더 가시화되었음을 의미했다. 노동자는 더 이상 자신을 단순히 새로운 일감을 찾는 자영업자로 여기지 않았고, 남들도 그렇게 보지 않았기 때문이다. 이 초기 형태의 실업은 때때로 수공인 길드와 관련된 경우를 제외하고는 기록되지 않았다. 이제 실업자는 고용주가 결정한 결과 소득을 잃은 임금 의존자였고, 해결책을 내놓을 책임은 정부가 지게 되었다(433~434쪽 참고).

임금노동 증가의 영향

임금노동으로의 대규모 이행은 일주일 중 많은 시간을 집이 아닌 직장, 공장, 사무실에서 다른 사람을 위해 일한다는 의미만은 아니었다. 수십, 수백, 때로는 수천 명(중국에서는 수만 명까지)의 다른 사람과 함께 일한다는 의미이기도 했다. 1900년 이후 사람들은 집의 익숙한 공간과 조건이 아닌 다른 장소와 다른 조건에서 혼자 일하지 않는 쪽을 택했다. 우리는 끊임없이 돌아가는 기계에 손가락이나 손이 잘려 나가는 장면과 어둡고 탁한 실내 공간을 흔히 떠올린다. 그러나 열악한 조건 대부분은 가내수공업에서도 그만큼 흔했고, 어쩌면 더 심했다.

더 나아가 규모의 증가는 특히 화학 산업에서 산업재해가 일어날 잠재성이 커졌다는 의미이기도 했다. 근래에는 기본적으로 폭발 위험이 있고 때로는 수십 명이 죽거나 불구가 되었던 화약 공장 같은 곳에서 많은 산업재해가 발생했다. 최악의 사고는 인도 보팔에서 일어난 사고일 것이다.[120] 1984년 12월 2일 이 도시의 유니언 카바이드Union Carbide 살충제 공장에서 40톤 이상의 메틸이소시아네이트 가스가 누출되어 며칠 동안 약 1만 명이 죽었고 이후 20년간 1만 5천~2만 명이 조기 사망했다.

중앙 집중식 작업장에서 하는 임금노동이 정착할 수 있었던 이유는 제조 및 운송 회사가 주요 동력을 사용했기 때문이다. 이로 인해 큰 회사들이 운송 중심지로 모여들고 급속한 도시화가 진행되어 도시 노동자는 농사를 병행할 기회를 점점 더 잃었다. 기계화의 역사에서 제임스 와트, 토머스 에디슨, 굴리엘모 마르코니 같은 유명 발명가들이 대부분의 관심을 차지하는 반면 육군, 해군, 큰 정부 부처, 조폐국, 해군 통제부나 화약 공장과 같은 국유회사를 통해 국가가 이끈 혁신은 쉽게 잊힌다.

미국에서는 도구와 동력뿐만 아니라 노동자도 진지한 연구의 대상이 되었다.[121] 컴퓨터의 '아버지'인 영국인 찰스 배비지Charles Babbage가 최초로 연구한 사람으로 꼽히지만, 가장 유명한 사람은 의문의 여지 없이 그다음 세대 학자 프레더릭 W. 테일러다. 산업 활동에 필요한 시간을 체계적으로 검토한 그의 연구는 '과학적 경영', 인체공학, '휴먼팩터' 기법, 그리고 경제와 관련해 '노동경제학', '노동(산업)관계' 또는 '맨파워 경제'에서 절정을 이루었다. 테일러를 비롯해 그와 생각이 비슷한 사람들은 겸손의 미덕도 모르는지 이러한 접근을 "유일한 최고의 방법"이라고 불렀다.[122] 모두가 동의한 것은 아니다. 덴마크 출신으로 경험 많은 도구 제작가이자 미국노동총연맹의 정부 무기고 및 해군 통제부 피고용 기계운전자 대표 넬스 피터 알리파스Nels Peter Alifas는 근로 의욕이 충만하고 책임감 있는 노동자들이 왜 그의 작업 시간 연구에 반대하는지를 테일러에게 직접 설명했다.

노동자가 경제적 어려움 없이 고용주의 압박을 피할 수 있었던 이유는 노동자가 정확히 무엇을 할 수 있는지 고용주가 몰랐기 때문입니다. 노동자가 자기 생각에 적당한 속도로 일할 시간을 확보할 수 있는 유일한 방법은 정확히 어느 정도 시간이 필요한지를 고용주가 모르게 하는 것이지요. 미국 국민은 이만큼만 빠르게 일하고 싶다고 말할 권리가 있습니다. 우리는 최고 속도로 일하고 싶지 않습니다. 수월하게 일할 수 있는 속도로 일하고 싶습니다. 평생 얼마나 많이 일할 수 있는지 보기 위해 태어난 게 아니니까요. 우리는 노동으로 삶을 보조하기 위해 노동량을 조절하려 합니다. 사람들은 직장이 가까우면 걸어서 출근하는 게 보통입니다. 그런데 어떤 사람이 직장까지 뛰어가면 출근 시간이 3분의 1로 짧아진다는 사실을 발견했다고 합시다. 발견 자체에는 사람들이 아무런 반대도 하지 않겠지만, 뛰어서 출근하라는 명령을 받게 되면 그 사실을 발견하는 것을 반대할 수 있는 것이지요.[123]

프랭크 벙커 길브레스와 그의 아내 릴리언 몰러 길브레스Lillian Moller Gilbreth의 동작 연구는 테일러의 연구의 연장선상에 있지만 부분적으로 반대되는 입장도 있다. 프랭크 벙커 길브레스는 1911년 《동작 연구Motion Study》에서 벽돌공의 움직임, 벽돌공과 벽돌 나르는 인부의 협력 작업을 분석했다. 특히 그는 벽을 쌓아 올릴 때 쓰이는 비계(높은 곳에서 일할 수 있도록 설치한 임시 가설물-옮긴이)의 높이(벽돌공 머리 위로 61센티미터)와 벽돌과 시멘트가 놓이는 비계 상부 플랫폼의 높이(벽돌공 머리 위로 91.5센티미터, 즉 벽돌 맨 위층보다 30.5센티미터 위)는 벽돌공이 몸을 곧추 세워 일하게 해주므로 노동생산성을 훨씬 높인다는 것을 발견했다. 길브레스는 "과학적 동작 연구를 활용하면 노동자의 생산성이 두 배로 증가할 수 있고 세 배 이상 증가할 수도 있다"라고 자랑했다.[124] 노동생산성 증가는 고용주에게는 비용 감소를, 작업량제로 고용된 벽돌공에게는 임금 인상의 효과를 가져다 줄 것이다.

테일러와 달리 길브레스 부부는 이 결과가 누구에게나 적용되지는 않는다는 사실을 깨달았다. 1인당 생산량이 극도로 높아지면 '모든 조합원이 실업자가 될'까 봐 노동조합이 두려워한다는 사실도 알았다. 노조는 생산성 증가가 전체 비용을 감소시킨다는 사실을 잘 알았고 반대하지도 않았지만 노동조직이 대가를 치르는 것은 원치 않았다. 정확한 작업량제 임금률과 전문 기술에 대한 접근성을 감시하는 쪽이 더 안전한 전략이라고 봤다.[125] 13명의 자녀를 둔 릴리언 몰러 길브레스는 과학적 경영 방식을 가사에도 적용했다. 그의 유명한 《실용적인 주방Kitchen Practical》은 전기 및 가스 기기를 구비한 현대적 부엌 설계와 과학적 경영 방식을 기반으로 "유급 노동을 위한 시간을 확보하고 남성도 집안일에 참여할 수 있게 하며 가정 생활과 근로 생활 모두 비슷하게 관리 기술과 실행이 필요한 영역이라는 사실을 증명"하려는 책이었다.[126]

과학적 경영 주창자들은 실제로 이론을 적용했고 더 나아가 헨리 포드 Henry Ford 같은 기업가는 현실적으로 개발했다. 미국인들은 이 아이디어를 전 세계로 퍼뜨렸고 거의 모든 곳이, 나중에는 적대국도 열렬히 받아들였다.[127] 몇몇 국가에서는 과학적 경영에 관한 국립학교가 세워졌고, 프랑스에서는 사회주의자들이 이러한 학교에서 적극적인 역할을 했다. 소련에서도 큰 인기를 끌었다는 사실은 유명하다. 레닌, 트로츠키, 스탈린은 과학적 경영을 지지했다. 실제로 레닌은 1918년 일간지 《프라우다Pravda》에 실린 연설문에서 테일러주의를 "부르주아적 착취의 세련된 잔혹함에 여러 귀중한 과학적 성과를" 혼합한 체계로 특징지으면서 "러시아도 테일러 시스템을 연구하고 가르쳐야 하며 체계적으로 시도하고 적응시켜야 한다"라고 말했다.[128] 무솔리니의 이탈리아와 히틀러의 독일에서도 마찬가지였다. 히틀러는 헨리 포드를 지목해 칭찬하기까지 했다.

노동과학, 작업치료사, 사내 의사, 개인 문제 및 인력을 관리하는 부서의 출현도 같은 맥락에서 일어났다.[129] 고용주는 근로자가 개별적으로나 집단적으로나 최대한 효율적으로 일하도록 만드는 동시에 최고의 근로자를 선별하여 회사에 묶어두려고 노력했다. 대기업들은 사내 승진 경로를 마련했다. 정부는 효율성 부문에서 그랬던 것처럼 군대 계급 제도로 모범을 보이며, 훌륭한 병사를 비임관 장교로 진급시켰다. 서구의 많은 나라 직원의 평균 재직 기간이 10년이라는 사실을 감안하면 현대 고용주들은 잘하고 있는 것이다. 평균 재직 기간이 10년이라는 것은 직원이 근로 생활 중 두어 번만 고용주를 바꾼다는 의미다. 그러나 회사에 대한 헌신도는 나라마다 다르다. 직원의 헌신도는 일본이 제일 강하고 그다음이 프랑스와 네덜란드인 반면 미국, 캐나다, 오스트레일리아는 훨씬 낮아 평균 재직 기간이 7년 정도다. 미국의 경우 공장 감독이 직원 고용과 해고를 맡았던 종래의 방식이 바뀌기까지 오랜 시간이 걸렸다. 과학적 경영, 복지 정책과 직업교육의 영향을 받은 거대 산업계는 제1·2차 세계대전을 거치면서 인력(나중에 '인사' 또는 HR) 부서를 두었다. 그 동기는 두 가지였다. 노동조합에 선수를 치는 동시에 노동조합의 요구를 수용하기 위해서였다.[130]

임금노동자의 자율성

산업 노동자가 겪은 가장 큰 변화는 더 이상 집에서 자기 방식대로 일할 수 없게 되었다는 점이다. 그 대신 매일 공장과 사무실에서 다른 사람의 명령에 따라 일해야 했다. 심지어 근무시간 시행과 표준화, 초기의 근무시간 확대 등으로 일하는 시간을 마음대로 결정할 수 없었다.[131] 변화 속도는 나라마다 달랐다. 영국의 공장은 시간 엄수 규칙에 따라 제시간에 출근하지 않은 노동자에게 문을 열어주지 않았다. 1915년 랭커셔 프레스턴의 한 실 감는 여공은 노동조합에 다음과 같이 신고했다. "월요일 아침에 출근해서 공장 문턱에 발을 막 들여놓았는데 갑자기 문이 꽝 닫히면서 제 발이 문틈에 끼고 말았습니다. 손으로 문을 밀어서 열고 들어갔더니 거기에 서 있던 매니저가 '나가세요. 당신은 못 들어갑니다'라고 말했습니다." 지각한 노동자가 들어오지 못하게 문을 잠그는 것을 단순한 권위의 표시로 해석해서는 안 된다. 비싼 벌금을 매겨도 같거나 더 좋은 효과를 낼 수 있기 때문이다. 문을 잠그는 조치는 영국 공장 사장과 노동자가 서로의 관계를 인식하는 과정에서 나온 논리적 결과로 보인다. "빗장을 걸어 잠그는 행위는 규칙을 어긴 사람의 노동력에 대한 권리를 주장한 것이 아니라, 납품 기한 엄수 의무를 소홀히 해서 마땅히 대금 지불을 유예해도 되는 과거 선대 제도의 하도급업자처럼 대우한 것이었다. 즉, 결과물 입수를 두고 벌이는 갈등이었다."[132]

반면 19세기 독일의 섬유 공장 대부분은 근로 시작과 종료 시간을 고정하지 않았다. 지각은 노동을 거부하는 행위로 간주했고, 벌금을 부과해 균형을 맞추었다. 1812년에 이미 라인강 하류 지방인 뒤렌의 양모 산업 노동자들은 분 단위 시간기록계로 출근을 신고해야 했다. 20세기가 시작되기 직전 독일 방직 공장들은 출퇴근 시간기록계를 더 폭넓게 활용했다. 다른 한편으로 일단 출근한 노동자는 그때부터 노동 현장에서 계속 근로 중인 것으로 간주되었다. 노동자들은 커피를 내리고 옷을 갈아입고 재료가 도착하기를 기다리고 급여를 받을 때까지 기다리는 시간(1906년 묀헨글라트바흐의 공장 노동자들은 급여를 자신의 기계 앞으로 가져와달라고 요청했다)도 여기에 포함된다고 주장했다. 이 주장을 관철한 독일 노동자는 휴가 급여를 요구하는 첫걸음을 내디뎠다.[133]

시간기록계는 노동이 중앙 집중화한 모든 곳에서 중요해졌다. 공장이 출현하기 이전에도 비슷한 예가 있었다. 1516년 네덜란드 레이던의 공장은 천을 다듬는 축융공縮絨工 조수들을 감독하기 위해 시계탑을 세웠고, 암스테르담의 동인도회사 조선소는 노동자 1천1백 명을 감독하기 위해 중앙 정문 위에 업무 시계를 걸어놓았다.[134] 전형적인 영국 공장들도 크고 똑똑히 볼 수 있는 시계를 걸어놓았고, 이 아이디어 역시 식민지로 전파되었다. 1850년 인도 북부 루르키의 작업장에 갠지스 운하 건설을 위한 시계탑이 세워졌다. 공사 감독 프로비 T. 코틀리Proby T. Cautley는 시계탑을 다음과 같이 평가했다. "이 시계탑은 규칙적인 출근에 필수적인 물건이다. 탑 꼭대기의 깃대는 깃발의 오르내림을 통해 루르키와 마헤와르 사이의 현장에서 노동조가 모이고 해산하는 시간을 조율한다."[135] 전형적인 영국 공장은 이보다 훨씬 강하게 통제했다. 공장 대부분이 과거에 요새로 지어진 곳이어서 문지기가 모든 출입을 통제하는 중앙 정문이 있고, 중앙 안마당을 통과해야 공장 내 모든 공간으로 갈 수 있기 때문이었다. 1843년에 나이츠브리지의 천 직조 공장을 방문한 한 사람은 공장의 원형 건물을 보고 이렇게 말했다. "높이 솟은 건물 꼭대기에는 사방에 창문이 달린 자그마한 정사각형 방이 있었는데, 그곳에서 모든 방향을 넓게 볼 수 있었다." 1850년 이후 기계가 커지고 1890년대에 강철 대들보와 새로운 하중 지지 기법이 도입되면서, 공장은 더 쉽게 감독할 수 있는 대형 작업장을 지었다.[136]

공장 노동자에 대한 새로운 분위기는 품질 불량과 잡담을 이유로 부과한 벌금에서 뚜렷하게 드러났다. 고용주가 용인하지 않는 모든 행동 때문에 임금이 깎일 수 있었다. 영국과 독일 노동자는 자신을 정의하는 방식이 달랐으므로 벌금에 반응하는 방식도 달랐다. 영국 직조공들은 이런 조처를 강력히 거부했다. 그들이 보기에 노동자와 사장은 계약관계이므로 노동자는 최종 생산물의 품질에만 책임을 지면 되었다. 따라서 벌금을 부적절한 노동 착취로 간주했다. 1890년 요크셔의 한 여성 직조공의 말을 빌리면 "사장은 4페니짜리 시가를 엄청나게 많이 피웁니다. 지난주 두 번 납부한 작업량 벌금은 결국 시가값이었어요." 반면 독일 공장 노동자들은 벌금 원칙을 거부하지 않았지만 타당성과 액수에 관해 끊임없이 협상했다.[137]

이 과정을 통해 지배적 급여 체계가 (집단적이든 아니든) 작업량제 급여에서 개인의 시급으로, 집단 계약에서 개별 계약으로 이동했다. 모두 중앙 집중화한 직장과 직접적인 감독의 영향력 아래에서 진행되었다. 고용주는 (적어도 자기가 보기에) 직원 개개인을 잘 감시할수록 임금의 타당성을 더 확신할 수 있었다. 물론 그러려면 감독과 행정을 담당하는 두터운 중간층이 있어야 했다. 특히 미국인 고용주들이 주요 혁신을 생각해냈다.

어떻게 노동자에게 동기를 부여할까?

독립성을 잃은 공장 노동자의 현실은 당연히 근로 의욕에 큰 영향을 미쳤다. 돈을 벌기 위해 다른 사람이 시키는 대로 일하는 것과 자신의 최선 또는 전력을 다해 일하는 것은 별개의 문제다. 해방 노예 대부분이 임금노동자보다 소작농이나 자영업 수공인이 된 것은 자연스런 결과다. 더 이상 지시받고 싶지 않았기 때문이다.

자영업에서 임금노동으로의 이행과 근로 의욕 변화를 이해하기 위해서는 먼저 생계유지 외에 무엇이 자영업자에게 최선을 다하도록 동기를 부여하느냐고 질문해야 한다. 답은 바로 일의 즐거움과 직업적 자부심이다. 그리고 경쟁은 특히 젊은이들에게 직업적 자부심과 관련해 고유의 역할을 한다. 이 현실은 어느 정도까지 임금노동자에게 영향을 미칠까?

틸리 부자에 따르면 고용주가 사용할 수 있는 인센티브는 세 종류다. 보상('조건부 보상금 제공'), 헌신('연대 호소'), 그리고 강압('해를 가하겠다는 위협')이다.[138] 분석적으로 구분했지만 유형 사이에는 강한 상호 관계가 있다. 틸리 부자는 위협은 종종 조건부 보상이 취소될 가능성과 관련되고, 장기적 위협과 보상은 차츰 연대에 관한 호소로 변할 수 있다고 말한다. "하루의 노동에 충실하면 정당한 하루 급여를 받을 수 있다"라든지 "일을 잘하면 가족의 이름에 영예가 된다" 같은 말 뒤에는 "하루 일을 제대로 못하면 해고될 거야"나 "일을 못하면 네 부모님이 알게 될걸" 같은 암묵적 위협이 숨어 있다.[139] 노예 주인이나 집단 수용소 감독관은 강압적 수단을 사용할 수 있지만 채찍만으로는 많은 성과를 거둘 수 없다. 그렇기 때문에 약간 좋은 음식을 주고 온갖 작은 특혜를 허락함으로써 더 많은 노동을 하게 만들기도 한다. 가끔은 어깨를 두드리거나 칭찬할 수도 있을 것이다. 한편 자유 임금노동자를 둔 고용주는 임금으로 근로 의욕을 고취하려 하지만 그 외에도 많은 방법을 사용할 수 있다. 궁극적으로 고용주에게는, 비록 해고권뿐이지만 합법적 범위 안에서 사용할 수 있는 강압적 수단이 있다.

세 가지 유형이 혼합된 예를 남아프리카의 킴벌리 다이아몬드 광산에서 찾을 수 있다. 드비어스 콘솔리데이티드De Beers Consolidated 광산 회사는 정부로부터 임대받은 수백 명의 기결수를 폐쇄형 작업장에 배치한 적이 있다. 경영진이 보기에는 결과가 긍정적이었다. 기결수 노동자는 자유 임금노동자에 비해 통솔이 잘되었고, 비용이 덜 들고 규모의 경제를 통해 유지비가 쌌으며, 다른 임금노동자를 고용할 때보다 다이아몬드 도난을 더 쉽게 방지할 수 있었다. 1889년 드비어스는 자본집약적 생산을 위해 광부를 단결시키고자 (죄수가 아닌) 1만 명의 자유민 아프리카 광부 모두를 폐쇄형 작업장에 투입하기로 결정했다. 미국에서 온 이민자였던 총책임자 가드너 윌리엄스는 주주들에게 이 방식의 이점을 설명했다. "토착민 노동자들은 폐쇄형 작업장에 수용되지 않은 노동자보다 훨씬 좋은 시설에서 더 좋은 음식을 먹고, 유럽 광부보다도 높은 급여를 받습니다. 질병이나 부상 때문에 일할 수 없는 사람은 건물 옆의 회사 병원에서 무료로 치료받습니다. 이전의 개방된 환경보다 사고도 적게 일어납니다."[140] 이제 임금노동자와 관련된 세 가지의 근로 동기 고취 방식을 자세히 살펴보자.

보상

시간당 임금 지급은 개인의 업무 수행을 감시할 필요가 크다는 의미이기도 하다. 노동자의 업무 수행을 시급 외에 어떤 방식으로 평가할 수 있을까? 앞에서 보았듯이, 대량 고용주는 작업량제 급여를 통한 노동생산성 촉진이 아닌 시간제 작업이라는 답을 내놓았다. 결론적으로 과학적 경영은 좀

좁혀진 감독으로 나타났다. 통제와 관련해, 산업화한 나라들 사이에는 큰 차이가 있었다. 1980년 관리자(행정 및 관리직 노동자) 한 명당 사무직·서비스직·생산직 노동자의 수가 미국, 영국, 캐나다, 오스트레일리아는 5~10명이었고, 스웨덴을 제외한 스칸디나비아 국가, 오스트리아, 벨기에, 프랑스, 일본은 12~19명이었으며, 일부 유럽 국가는 22~28명이었다. '관리 범위'의 차이는, 이웃 국가인 노르웨이와 스웨덴의 경우에서 알 수 있듯 작업량제와 시간제의 차이로 설명할 수 없다. 두 나라 모두 전체 노동시간의 60퍼센트에 작업량제 임금이 지급되었는데, 노르웨이의 전국적 관리 범위는 매니저 한 명당 생산직 노동자 11.4명이었던 반면 스웨덴은 25명으로 두 배 넘게 많았다.[141]

작업량제 급여의 감독 비용이 더 낮다면 왜 시간제 급여보다 많이 사용되지 않았을까? 원인 중 하나는 노동조합의 저항이었고, 더 중요한 요인은 임금률 삭감에 대한 노동자의 우려일 것이다. 노동자는 생산성을 최대 이하로 유지하기를 선호하는 한편, 임금률 삭감 위협에 대해서는 두 가지 강력한 무기가 있다. 첫째, 의도적으로 생산을 지연할 수 있다. 둘째, 노동자는 "임금률을 낮춘 사람에게 내려지는 제재를 피하고자 하는 욕구가 있다. 이런 노동자는 동료들에게 외면당해 경영진에게 함께 일하기 힘든 사람이라는 인상을 주거나, 최악의 경우 동료 노동자들에게 물리적 공격을 받을 수 있다."[142]

노동 보수 및 시간제와 작업량제 임금의 장단점에 대한 토론에서 노동자는 보통 현금을 지급받는다고 가정된다. 특히 제조업 분야에서 그렇지만, 노동자의 성과를 위해 가끔씩 흥분제를 지급하기도 했다. 19세기 북반구에서는 종종 진이나 보드카처럼 독한 술을 보너스로 지급했다. 20세기에는 합성 물질도 나왔다. 이것을 군인에게 보급한 극단적인 예도 있다. 독일군은 1940년 5월에 네덜란드, 벨기에, 프랑스를 침공하고 이후 독소전쟁을 벌이면서 페르비틴Pervitin이라는 약물(필로폰 계열 각성제로 메타암페타민 가루와 효과가 같다-옮긴이)을 대량으로 사용했다. 기습 공격에 배치된 전차 대원과 보병은 48시간 동안 자지 않기도 했다.[143] 베트남전쟁의 미군 정도는 아니지만 고된 일에 종사하는 트럭 운전수나 성노동자 등은 독한 술과 약물을 많이 찾는다.

개별 성과에 따른 보상은 노동생산성에 긍정적 효과를 미칠 수 있다. 그러나 곧 언급할 러시아의 충성 진작 체제처럼 통제를 벗어난 경쟁을 낳을 수도 있었다. 텍사스에 본사를 둔 에너지 회사 엔론Enron이 악명 높은 일례다. 경제학자 밀턴 프리드먼Milton Friedman, 그리고 생물학자 리처드 도킨스Richard Dawkins와 그의 《이기적 유전자The Selfish Gene》로부터 영감을 얻은 CEO 제프 스킬링Jeff Sklling은 과도하게 치열한 사내 경쟁을 선동했다. 그는 나중에 감옥에 갔다. 네덜란드 영장류학자이자 생태학자 프란스 데발은 이 사건이 진화생물학을 잘못 해석한 예라고 말한다.

스킬링은 '랭크 앤드 앵크Rank & Yank'라는 동료 심사 위원회를 만들었다. 이 절차에 따라 최고의 직원(1)부터 최악의 직원(5)까지 등급을 매기고 5등급을 받은 직원들을 해고했다. 매년 직원의 20퍼센트를 잘랐고 심지어 그들의 사진을 회사 웹사이트에 올려 굴욕감을 주었다. 이들은 먼저 '시베리아'로 보내졌다. 2주 동안 회사 안에서 다른 직위를 찾아야 한다는 의미였다. 그렇게 하지 않는 직원은 내보냈다. 스킬링이 만든 위원회의 기저 논리는 인간에게는 탐욕과 공포라는 두 가지 근본적 동기만 존재한다는 것이다. 이 논리는 스스로 실현되는 예언이 되었다. 사람들이 엔론에서 살아남기 위해 기꺼이 다른 사람의 목을 자르려 했기 때문에, 회사 안에서는 끔찍한 부정을, 회사 밖에서는 가혹한 착취를 저지르는 분위기가 형성되었다. 이것이 결국 2001년 엔론이 붕괴한 원인이다.[144]

헌신

헌신을 장려하고 얻어내는 방법은 많지만 꼭 고용주가 해야 하는 것은 아니다. 예를 들어 집단으로 일할 때 노동요를 함께 부르면 노동에 내재된 즐거움을 쉽게 느낄 수 있다. 길브레스는 군가와 응원가에 대한 비유에서 다음과 같이 말한다. "특정 노동에서 노동자가 함께 부르는 노래, 리듬에 맞춘 십장의 구호, 착암공들의 거친 제창 소리 등은 음악과 리듬의 운동 자극 효과와 더불어 단결 효과를 낳는다."[145] 또한 그는 축음기로 음악을 들려주고 큰소리로 책을 읽어주는 것도 '조용한 노동'에 매우 효과적이라며, 멕시코의 담배 포장 노동자들에게 책을 읽어주는 독일인을 예로 들었다.

직접적인 보상이 따르지 않는 외부적 동기 강화의 좋은 예는 군대다. 군대는 가끔 어깨를 토닥여주는 것이 영원한 견장과 훈장 역할을 하는 일터다. 훈장은 전장이나 막사에서 멀리 떨어진 곳에서도 주어진다. 19세기 러시아는 농노에게 동기를 부여하기가 어려워지자 민간인에게도 훈장을 수여했다. 제정 시대의 전통은 공산주의 치하에서 확장되었다. 공산주의자들은 한편으로 이상주의적인 이유에서, 다른 한편으로 순수한 경제적 이유에서 무제한으로 개인적 보상을 할 수 없었다.[146] 덧붙여 말하면 공산주의 지도자들도 해외 일로 손이 묶여 있지 않을 때는 근로자에게 동기를 부여하는 데 관심을 보였다. 앞서 다뤘다시피 레닌은 테일러주의를 긍정적으로 평가하고 동경했다. 한편 이탈리아는 도폴라보로Dopolavoro(이탈리아 파시즘 정권의 국영 여가 시설 네트워크-옮긴이)를, 독일은 크라프트 두르히 프로이데Kraft durch Freude(기쁨을 통한 힘이라는 의미로, 나치 독일의 국영 여가 조직-옮긴이) 같은 대규모 조직을 만들었다.

첫 5개년 계획 기간 동안 소련은 사회주의적으로 경쟁하는 개인의 작업량에 따른 보수, 보너스, 주택, '부족 물자' 제공, 교육 기관, 요양원 같은 혜택을 통해 노동생산성을 자극했다. 거기까지는 좋았는데, 물질적 보상 외에도 공장 구내식당에 꽃으로 장식한 특별 테이블을 놓아주는 식으로 헌신한 노동자를 예우했고, 가장 훌륭한 성과를 낸 노동자에게 소브나르콤Sovnarkom(인민위원평의회) 국가 훈장, 노동 적기 훈장, 가장 높은 영예인 레닌 훈장을 수여했다. 훈장 수훈자는 전국 일간지 《프라우다》에 이름이 게재됨으로써 다른 사람의 모범이 되었다.

1935년 9월 1일 국제 청년의 날을 기념하기 위해 알렉세이 G. 스타하노프Aleksei G. Stakhanov와 두 조수가 돈바스 석탄 지대 중앙 이르미노 광산의 기준 생산량을 초과 달성하는 도전에 나섰다. 8월 31일 밤 10시부터 시작한 스타하노프는 자신의 근무시간대인 6시간 동안 잭해머로 석탄 102톤을 캐냈다.

기준 생산량의 14배가 넘는 양이었다. 광산의 신문 편집자가 채탄 막장에 미리 와 있는 등 철저히 준비된 일이었다. 스타하노프는 노력에 대한 대가로 평소 임금인 23~30루블 대신 2백 루블을 벌었지만 이것은 사소한 시작에 불과했다. 성과를 올린 직후인 오전 6시에 소집된 공산당 지역 위원회 특별 회의에서 위원들은 그의 기록이 세계 최고의 생산성 기록이라고 선포했다. 미국 역사학자 루이스 H. 시걸바움Lewis H. Siegelbaum은 저서 《스타하노프 운동 Stakhanovism》에서 이 놀라운 회의를 다음과 같이 요약한다.

스타하노프의 이름을 광부의 명예의 전당에 눈에 띄게 전시하기로 했다. 그에게 한 달 치 급여에 해당하는 보너스를 지급하고, 그와 그의 가족에게 기술직 직원에게 분양되는 아파트를 제공하며, 아파트에 전화기와 '필요하고 편안한 모든 가구'를 설치하게 했다. 광부 조합이 스타하노프와 그의 아내에게 영화관 티켓과 지역 노동자 클럽의 라이브 공연 티켓을 지급하고 리조트 자리를 내주게 했다. 지역당, 노동조합, 관리직 지도자들이 의무적으로 참석하는, 채탄부를 위한 특별 회의를 열어 스타하노프가 연설하게 하고, 부문별로 가장 잘 모방한 노동자를 뽑는 경연을 개최하기로 했다. 또한 "스타하노프와 그의 기록을 비방하는 사람"은 "당 위원회가 절대 용납할 수 없는 인민의 적으로 간주한다는 사실을 경고하기로 했다."[147]

이 유명한 사례는 스타하노프의 개인적 성취보다 모방을 촉진하려는 분명한 목적 아래 상부가 어떻게 헌신을 조직했는지를 명확하게 보여준다. 《프라우다》가 (오르조니키제 지방 중공업 대표 인민위원의 부추김을 받아) 기사를 내기 시작하자 전국적 운동이 벌어졌다. 2주도 안 되어 '스타하노프 운동'이라는 신조어가 생겨났고 '기록광' 열풍이 전국을 휩쓸며 1935년 11월 절정에 달했다. 이미 상을 받은 노동자들 사이에 1920년대 말의 특별 작업대와 비슷한 스타하노프 여단이 생겨났다. 뒤를 이어 스타하노프주의자 총연합이, 그리고 지도적 스타하노프주의자들이 가르치는 현장 교육과정인 스타하노프 학교가 세워졌다. 이 운동은 특히 청년층의 많은 관심을 끌었지만 여성 스타하노프주의자는 적었다.

내게 어머니와 아내가 있다고 합시다. 어머니는 연세가 많아서 콜호즈kolhoz(소
련의 집단농장-옮긴이)에서 일하지 못하지만 집에서 일하며 아이들을 돌볼 수 있
습니다. 그럼 저와 제 아내가 노동일을 모두 투입할 수 있기 때문에 스타하노프주
의자가 될 수 있습니다. 결혼해서 아내가 있고 자식도 여럿 있지만 할머니가 집에
없다면 여러분의 아내는 일을 많이 할 수 없을 겁니다. 하지만 제 아내는 집에서
어머니 도움을 받을 수 있으니, 스타하노프주의자가 되어 새끼 돼지를 얻을 수 있
죠.[148]

최초의 여성 트랙터 작업대 대장 파샤 안젤리나처럼 스타하노프주의자가
된 여성은 유명 인사가 되었다. 스타하노프 여단에 대한 헌신은 그녀가 흥얼
거린 차스투쉬카chastúshka(박자가 빠르고 우스운 생활 속요)에서 잘 드러난다.

오, 감사해요, 친애하는 레닌 님.
오, 감사해요, 친애하는 스탈린 님.
오, 감사해요, 거듭 감사해요.
소비에트의 힘을 만들어주셔서요.
엄마, 나를 위해 바느질해주세요.
멋진 빨간색 옥양목 드레스를 만들어주세요.
스타하노프주의자와 함께 산책할래요.
뒤떨어진 사람하고는 가고 싶지 않아요.

이러니 콤소몰Komsomol(소련의 청년 정치 조직-옮긴이) 10차 회의에서 1백 명
넘는 사람이 자신을 둘러싸고 악수하고 재킷을 잡아당겼다고 그녀가 불평할
만했다.[149]

이러한 기록광 현상이 가져올 수 있는 큰 위험은 임금률 급락이다. 작업
량제 임금 체계에서 생산량 목표가 초과 달성되면 관리자는 기준 생산량을

높인다. 경험 많은 노동자가 가장 두려워하는 일이다. 그들은 협동조합적 집단 안에서 소득을 나누면서 장기적으로 지속 가능한 속도로 협동하며 일하고 싶어 했다. 그러나 기록광 현상은 열성이 지나친 노동자와 나머지 노동자의 갈등을 고조시키는 것 외에 관리자에게도 위험했다. 지속적으로 기록이 깨진다는 것은 이전에 설정한 기준이 너무 낮았음을 증명했기 때문이다. 많은 사람이 태업 혐의를 쓰고 해고되거나 더 심하게는 투옥되고 심지어 처형되었다. 오래지 않아 '뒤떨어진' 노동자와 관리자 모두가 무차별적이고 심각한 박해의 희생자가 되었다. 이 일화가 보여준 혼돈은 1917년부터 1918년까지 지휘자 없는 악단을 시도했던 혁명적 페르심판스 오케스트라Persimfans Orchestra에 비유되기도 했다.[150]

경쟁 촉진은 공산주의 체제에만 국한된 현상이 아니다. 미국의 길브레스도 노동생산성을 촉진하기 위해 이른바 벽돌공 팀이 운동경기처럼 경쟁하도록 권장했다. 또한 더 많은 사람이 경쟁에 관심을 갖도록 국적별로 팀을 나누어 비계 발판을 배정하는 방법을 제안했다. 이 방법이 불가능하면 키 큰 사람과 키 작은 사람을 다른 발판에 세우거나, 미혼남과 유부남을 대결시키거나, 벽돌을 하나씩 집는 동시에 모르타르를 발라 벽돌을 쌓는pick and dip 동부식 벽돌공과, 모르타르를 넓게 바르고 여러 벽돌을 한꺼번에 쌓는string-motar 서부식 벽돌공을 경쟁하게 하는 방법도 있었다.[151] 그는 팀원 사이의 사회적 결속력을 강조했다. 그는 이것을 '신념'의 공통성이라고 불렀는데, 여기서 신념이란 종교, 국적 등을 포함하며 한마디로 노동자 사이에 또는 노동자와 십장, 감독자 및 고용인 사이의 공감대로 작용할 수 있는 모든 것이었다. "노동자, 십장, 고용주 사이에 공감대가 형성되면 십장이나 고용주의 지시가 더 잘 먹힌다는 것은 기정사실이다." 그는 더 나아가 이렇게 설명한다. "벽돌공의 동작은 교회의 담을 쌓을 때와 이교도 성전의 담을 쌓을 때 크게 달라진다." 헌신을 증진하기 위한 러시아의 시도는 극단적이고 과도했지만, 어깨를 툭툭 두드려주는 행위와 격려는 보편적이진 않더라도 훨씬 흔한 방법이다. 이 방법은 19세기 말부터 흔한 관행이었던 '내부 노동시장'이 존재하는 큰 회사에서 내부 승진 형태로 응용되었다. 고용주는 노동자를 외부 노동시장에서 채용하는 대신, 유망하다고 평가하는 자사 직원에게 내부의 빈자리를 채우게 했다.[152] 실제로 대기업에서는 동일한 한 회사 안에서 입사부터 은퇴까지의 경력이 이어지는 경우가 많았다.

강압

노동생산성과 품질을 높이는 세 가지 방법 중 강압은 임금노동자에게 가장 적게 사용되지만 결코 하찮지 않다. 강압의 가능성은 무자유노동에서와 마찬가지로 법적 규제와 집행 가능성에 달려 있다. 임금노동은 세 가지 형태로 구별할 수 있다. 첫째는 고용인이 상주 직원에게 거의 절대적인 권위를 행사하는 관계, 둘째는 형사법을 통해 노동계약 준수를 강제할 수 있는 관계, 셋째는 민사 법원의 중재가 필요한 계약관계다. 앞의 두 관계는 지난 2백 년 동안 완전히 사라지지는 않았더라도 대부분 쇠퇴했다. 아래에서는 세 형태의 임금노동 발달에 관해 앞에서 언급하지 않은 부분을 간략하게 설명한다.

상주 직원은 자식이 아버지에게 복종하는 것처럼 고용주에게 복종해야 한다는 생각은 모든 노동이 시장이 아닌 가구 내에서 조직되었던 시대의 산물이다. 가구는 자녀가 다른 곳에서 경력을 쌓을 수 있도록 서로 자녀를 교환할 수 있었고, 아이가 머무는 집의 가장의 권위를 의문시하지 않았다. 지난 2백 년 동안 주로 입주식 도제와 관련해 나타난 이 관계는 도제로 들어갈 아이의 급여와 교육과정에 대해 부모나 후견인이 사장과 합의한 계약을 바탕으로 했다. 그러나 이런 교육과정이 별로 필요치 않는 하인에 대해서도 이 원칙이 오랫동안 유지되었다. 독일에서 하인 체벌이 얼마나 늦게 폐지되었는가를 생각해보라.[153]

군대의 병사와 상관의, 또는 선박의 수병과 사관의 노동관계는 이러한 노동관계의 변형이라 할 수 있다. 선상의 사관이 내리는 기합 또는 전시가 아닐 때도 선포될 수 있는 계엄령에서 이 노동관계의 자취를 볼 수 있다.[154] 앞에서 보았듯이 유럽과 유럽 의존 지역에서 형법을 통해 노동계약을 강제할 수 있다고 보는 관점은 14세기 이후 흑사병의 여파로 노동력이 부족했던 시대에 나타났다. 이러한 관점은 19세기까지도 사라지지 않았다.

노동계약은 일반 계약에 속하고 노동계약 위반은 최대한 적절한 합의로 해결해야 하며 이것이 불가능할 때 민사 법원을 통해 해결해야 한다는 대안적 견해는 로마 시대로 거슬러 올라간다. 그러나 이 관점은 프랑스혁명 이후에야 유럽 대륙의 대부분 지역에 적용되었다. 19세기 말부터는 앵글로색슨의 형사법적 접근 방식이 다른 지역에서도 폐기되었다. 노동계약에 대한 민사법적 접근 방식을 우선시하고 강압적 요소를 근로 유인책의 범위 내로 제한하는 일은 시행착오를 거쳐야 했다. 앞에서 보았듯이 특히 제1·2차 세계대전 시기에 정부의 종류를 불문하고 모두가 다시 한번 노동의 자유를 제약하려 했다. 특히 러시아와 독일이 작업일지, 실업자 강제 고용, 노동시간 강제 연장, 사회보장제도 거부, 궁극적으로 강제 노동을 통해 자국은 물론 점령국이나 보호령 국민의 자유를 제약했다. 러시아는 1938~1939년 제정한 법에서, 인민법원의 영역이었던 계약 위반을 다시 중요한 형사상 범죄로 규정했다.[155]

노동자의 이동성

근로 유인책의 역사에서 볼 수 있듯이, 임금노동자의 자유는 상사를 바꿀 수 있는 가능성에서 가장 잘 드러난다. 이 자유에는 집이나 행정구역을 바꾸는 이주가 따를 수 있지만, 꼭 그럴 필요는 없다. 공장과 대형 회사들이 규모가 큰 지역으로 몰리는 덕분에 거주 지역 안에서 고용주를 바꿀 기회가 생겼고, 교통 발달 덕분에 출퇴근할 수 있는 거리로 직장을 옮길 기회가 점점 많아졌다.

그러나 19세기와 20세기의 수천만 노동자에게 노동관계의 변화는 주로 자유 임금노동으로의 전환(무자유노동자의 이동성에 대해서는 341~342쪽 참고)

과 지리적 이동을 의미했다. 지리적 이동은 직장을 바꾼 임금노동자의 경우도 마찬가지였다. 임금노동자는 더 나은 고용조건을 찾기 위해 행동으로 의사를 표현하거나, 직장을 잃으면 다른 곳에서 새 직장을 찾았다. 이동성과 이주가 결국 성공했는가는 물론 다른 문제다. 이와 관련해, 계약직 노동자의 경우와 마찬가지로 일시적 고용조건 악화가 받아들여질 수 있었다. 그러나 사람들이 직장을 떠나는 이유는 가지각색이었고, 모든 사람이 쇠락한 공업지대에서처럼 대량 해고와 대량 실업으로 직장을 떠나는 것은 아니다.

5장에서 살펴본 바와 같이 근대 초기 유라시아 곳곳에서 상당한 수준에 달했던 이동성은 19세기 후반기에 두 배로 증가했고, 20세기 전반에는 세 배까지 증가했다가 이후에 현저히 감소했다.[156] 1840년대부터 증기선의 비용과 위험이 낮아져 많은 유럽인이 아메리카 대륙으로 이주했다는 사실을 고려하면 놀랄 일은 아니다. 많이 알려지지 않았지만, 남아시아와 만주 식민지에서 온 '막노동꾼(쿨리)'의 이주도 중요했다. 동아시아에서는 중국, 일본, 한국이 문호를 개방하면서 대규모 이주가 가능해졌다. 이 세 가지 영구적 대규모 이주 물결과 더 많은 소규모 이주 외에도, 대부분이 프랑스혁명 이후 징집된 병사들이 일시적으로 다년간 이주하기도 했다. 장거리 대규모 이동보다 중요한 것은 자영농이 산업과 서비스 부문의 임금노동자로 전환하도록 촉진한 도시화다. 도시화는 서유럽에서 이르게는 1800년부터, 미국에서는 약간 늦게 탄력을 받았다. 1890년 두 지역의 도시화 수준을 인구 1만 명당 도시 주민의 비율로 살펴보면 30퍼센트로, 세계의 도시화 수준인 13퍼센트에 비해 높았다. 이 모든 것이 20세기 전반에 이동성이 사상 최고로 높았던 이유를 설명해준다. 제1차 세계대전 이후, 그리고 21세기 초에 유럽과 미국은 일시적 고립으로 회귀했다. 일시적 이주의 중간 형태는, 순수하게 노동만이 목적인 이주노동자를 한시적으로 허용하는 것이다. 이들에게는 자국민이 누리는 모든 권리가 보류된다. 이런 일은 어디서나 발생하지만 특히 걸프 국가들이 악명 높다.[157]

세계 다른 지역의 이동성은 유럽과 북아메리카보다 늦게 가속화했고, 중국에서는 1970년대부터 이동성이 빨라졌다. 중국은 여러 차례 국가 차원에서 인구 이동을 금지하고 노동자를 특정 프로젝트에 배치하는 실험을 했는데, 그 후 몇십 년 동안 엄청난 노동자가 동부 해안 지방으로 이주했다. 그러나 걸프 국가와 마찬가지로 이주민들의 기본적 사회적 권리는 인정되지 않았다. 중국계 미국 언론인 레슬리 T. 창Leslie T. Chang은 그들 중 많은 '여공'을 탁월하게 묘사했다. 짧게 민이라고 불리는 루칭민이라는 여공의 예를 보자. 허난성 농촌 출신인 민은 2003년 16세 때 1천 킬로미터를 이동해 광둥성의 한 공장에 취직했다.

루칭민이 태어난 마을의 주민들은 성씨가 거의 같았다. 마을의 90개 가구는 작은 땅뙈기에 벼, 유채, 목화 농사를 지었다. 민의 가족은 2천 제곱미터 남짓한 땅에 농사를 지었고, 추수한 양은 가족이 먹고 아주 조금 남을 정도에 불과했다. 민의 미래는 민이 아이였을 때 이미 정해진 듯했다. 가족은 반드시 아들이 있어야 한다는 농촌 생활의 원칙을 중심으로 하는 삶이었다. 민의 어머니는 딸 넷을 낳고 나서야 마침내 사내아이를 낳았다. 정부가 한 자녀 정책을 시행하던 시절이었지만, 농촌 대부분의 지역에서는 집행력이 느슨했다. 그러나 1980년대에 경제가 개방되고 생활비가 증가하면서 자녀가 다섯인 상황은 무거운 경제적 부담이 되었다. 차녀였던 민은 그 짐의 많은 부분을 감당했다. 1990년대 말 민의 부모는 아이들 교육을 위해 맞벌이를 해야 했다. 아버지는 해안가의 한 신발 공장에서 일했지만 건강이 좋지 않아 일을 그만두어야 했다. 나중에 민의 어머니가 1년 동안 일을 나갔다. 민은 근처 읍에 있는 중학교에서 기숙생활을 했지만 주말마다 집에 와서 아버지와 어린 동생들을 위해 음식을 만들고 세탁을 했다. 마을의 젊은이는 대부분 집을 떠나고 없었다. 민이 아직 중학생일 때, 언니인 귀민이 둥관의 한 공장으로 일하러 떠났다. 귀민은 2003년에 구정을 맞아 집에 왔다가 떠나면서 민을 데리고 갔다. 민은 학교를 졸업하려면 아직 한 학기가 남았지만 학비를 아끼고 구직 활동에 뛰어들고 싶었다. 기차를 타본 적도, 공장을 본 적도 없었던 민은 집을 떠나게 되어 신났다.[158]

　지난 2백 년을 다룬 장의 제목을 '산업혁명과 새로운 노동관계'로 정한 이유는, 전 세계적으로 1900년까지 집요하게 남아 있었고 오늘날에도 가끔 불거지는 무자유노동과 독립적 생산 및 가구 내 노동을 포함한 다른 노동관계를 제치고 자유 임금노동이 주류가 되고 있기 때문이다. 또한 주로 지난 세기 동안 아기나 취학아동, 연금 수령자 등 비노동인구의 사회적 중요성도 높아졌다. 이에 관해서는 7장에서 이야기할 것이다.

　노동관계의 주요 변화는 이른바 산업혁명의 결과로 커다란 추진력을 얻었다. 점점 더 많은 노동자가 집에서 자신의 계획에 따라 농사나 수공 일을 할 수 없게 되었고, 대신 큰 노동 단위에서 다른 사람과 함께 다른 노동자, 사장 또는 관리자의 직접적인 감독을 받으며 일하게 되었다. 따라서 계획에 따라 열심히 일할 근로 동기를 고취하는 일은 고용주나 점점 많아지는 고용주 보조, 관리자가 해결해야 할 몫이 되었다.

　대부분 지위만 다를 뿐 똑같은 임금노동자인 관리자들은 노동을 최적화하기 위해 어떤 유인책을 조합하느냐는 문제에 부딪힌다. 임금을 통한 보상이 선호되는 듯해서 그 비중이 높았지만, 헌신과 강압도 근로 유인책의 일부로 섞여 있었다. (고대 노동사에서 관심을 거의 독차지했던) 강압만 사용하는 대신 유인책을 혼합해야 한다는 사실은 과거의 가구 내 노동보다 훨씬 큰 단위로 협력해야 하는 노동자의 역할과 영향력을 증명한다. 이제는 남녀 노동자뿐 아니라 아동노동자의 증언까지도 풍부하게 접할 수 있다. 이에 관해서는 다음 장에서 자세히 다룰 것이다. 그들은 자의식이 있고 자기 일을 자랑스러워하는 동시에 자신이 더 나은 대우를 받을 자격이 있다고 확신한다. 노예 출신인 메리 프린스, 레이턴 부인, 춘밍, 루칭민, 의기양양한 파샤 안젤리나를 생각해보라. 여기에 부스, 에이브스, 알리파스 같은 동조적인 관찰자들, 네팅처럼 공감하는 학자를 더해보라. 그리고 브래시, 테일러, 길브레스 같은 사람들을 비롯해 흥미롭게도 레닌과 마오쩌둥까지 합세한 반대 진영도 잊지 말자.

이 장에서 언급한 노동자층의 행동과 감정은 이 장과 시대가 같은 다음 장의 뼈대다. 다음 장에서는 임금노동자가 강력한 고용주에 대항해 자기 위치를 지키기 위해 기울이는 노력을 따라갈 것이다. 이 활동은 진공 상태가 아니라 국가 체제 안에서 이루어진다. 국가는 노동시장을 규율하며 극도의 방관부터 극도의 중앙집권적 조직에 이르는 다양한 역할을 맡는다. 제2차 세계대전 이후의 복지국가는 이 극단 사이 어딘가에 있다.

Chapter 7

변화하는 노동의 의미

1800~현재

앞 장에서 설명한 지난 2백 년간의 주요 노동관계 변화는 많은 결과를 낳았다. 가구 내 노동이 가구 외 노동으로 크게 바뀌었고, 노동과 노동관계를 공적으로 조율할 필요도 커졌다. 변화는 세 가지 측면에서 중요한 영향을 미쳤다. 첫째, 삶에서 노동과 자유 시간이 갖는 의미가 변화했다(399~412쪽). 둘째, 점점 더 지배적인 임금노동자 집단이 다른 자체 조직을 갖추었다(412~436쪽). 셋째, 노동법과 규정이 지속적으로 개정되었다(436~461쪽). 이 세 가지 의미가 이 장의 초점이다.

무자유노동이 자유노동으로, 그리고 자영업이 임금노동으로 변화하면서 일의 의미도 변화했고, 사람들이 다른 활동을 할 시간이 증가했다. 육체노동은 지난 세기에 덜 힘든 기계화 노동과 정신노동으로 이행했는데, 이 요인도 변화에 기여했다. 자영업과 임금노동의 소득은 천천히 그러나 확실히 증가했고, 그와 함께 자유 시간과 소비의 기회도 증가했다. 삶은 더 이상 눈물의 계곡이 아니었다. 다시 말해 소수의 운 좋은 사람만이 아닌 더 많은 사람이 삶을 향상할 수 있게 되었다. 교육에 투자할 가치가 커지면서 아이들의 삶이 더 중요해졌다. 아이들은 더 오래 학교에 다님에 따라 더 늦은 나이에 일을 시작했다.[1] 점점 더 많은 사람이 일할 수 없거나 심지어 일할 필요가 없는 삶의 단계에 이르렀다. 여가가 처음에는 부유한 국가에서 시작해 근래에는 다른 많은 나라에서도 더욱 중요해졌다.

이러한 변화와 이동은 저절로 일어나지 않았다. 다양한 노동자 집단, 특히 임금노동자가 개인적 노력과 자주적 조직 결성을 통해 크게 기여했다. 처음에는 자영 수공인와 그 조수의 자주적 조직 결성, 그리고 노동자 파업을 비롯한 '자발적' 단체 행동을 토대로 노동운동이 전개되었고, 그중에서도 특히 노동조합이 발달했다. 운동을 촉진한 핵심 요인은 국가 간, 그리고 나중에는 전 세계적인 아이디어와 경험의 교류였다.

단체 행동과 조직은 고용주-피고용인 관계에 국한되지 않았다. 이러한 주요 변화 때문에 노동법과 규칙이 끊임없이 수정되었다. 규칙은 부모, 자녀, 노예 사이에 적용되던 가구 내 규칙에서 공적인 규칙으로 변했고, 지역적 성격이 전국적으로, 더 나아가 국제적으로 변화했다. 고용계약과 보수, 직업소개, 노동자의 집회 및 결사의 권리, 노동조건과 사회보장에 대한 입법이 점점 더 많은 노동자의 삶을 결정하고 있다.

노동과 관련된 입법의 증가, 꾸준한 민주화의 흐름은 노동시장과 노동관계에 대한 규칙을 결정하는 국가의 역할을 강화했다. 이로부터 다양한 복지국가가 출현하였으나, 근래의 역사에서 알 수 있듯 여기에도 해결해야 할 중요한 도전 과제가 있다.

일과 여가

지난 2백 년 동안 무자유노동이 자유노동으로, 자영업자가 임금노동자로 이행한 장기적 변화는 노동에 대한 인식과 노동 유형에 중요한 영향을 미쳤다. 앞의 여러 장에서 엘리트층이 드러낸 노동 비하와 경멸 때문에 우리는 노동자, 그중에서도 도시 수공인의 긍정적인 목소리를 쉽게 잊는 경향이 있다. 이제는 일에 대한 긍정적 인식이 훨씬 많아졌다. 중농주의자는 농경과 농사를 가장 높이 평가했다. 스코틀랜드 경제학자이자 철학자 애덤 스미스

Adam Smith도 "농부와 농촌 노동자의 노동은 분명 상인, 기능공, 제조업자의 노동보다 생산적이다"라고 생각했지만, 그다음 문장인 "그러나 한 계층의 생산이 우월하다고 해서 다른 계층이 초라하거나 비생산적인 것은 아니다"[2]에서는 지배적이었던 중농주의에 반박한 듯하다. 19세기에 산업 노동 대 농사 노동의 대결 구도는 빠르게 해소되었으나, 도덕적 이유에서 기계화, 탈숙련화, 도시화를 반대하는 흐름은 오래 지속되었고 어떤 면에서는 오늘날까지 살아남았다.

노동은 애덤 스미스와 정치경제학자 데이비드 리카도David Ricardo의 시대부터 생산성의 근원으로 여겨졌고, 특히 카를 마르크스 이후 가치의 유일한 원천으로 여겨졌다. 공산주의, 사회주의, 기독교, 국가사회주의, 파시스트의 선전 활동 모두가 노동을 칭송했다. 더 나아가 최근 몇 세기에는 정치적 스펙트럼 전체에 걸쳐 사회의 토대로 받아들여졌다. 강한 신념에서 나왔다기보다 보통선거가 노동계급을 만들었다는 사실의 필연적 결과였다. 노동계급은 중요한 생산자이자 소비자로서 역사상 처음으로 주요 정치 세력으로 인식되었다.

직업 전문화와 노동생산성 향상도 큰 영향을 미쳤다. 세계 인구는 1800년에 10억 명에서 1925년에 20억 명, 1975년에 40억 명, 2000년에 60억 명으로 폭증했고, 2025년에는 80억 명이 될 것으로 예측된다. 속도는 느리지만 20세기에 대다수 노동자의 생활수준이 상승했다. 기대 수명이 높아졌고 노동시간이 줄었으며 사회적·지리적 이동을 통해 사회적 지위를 높일 가능성이 생기면서 아동 교육에 대한 투자를 자극했다.[3]

결과적으로, 일이 우리 삶에서 차지하는 비중은 점점 줄어들고 있다. 부모와 조부모 시대와 비교해 요즘 사람들 대부분은 근로 생활을 늦게 시작하고 노동일과 노동시간도 더 적으며, 점점 많은 수가 더 오랜 시간을 연금 수령자로 살아간다. 따라서 지난 2백 년 동안 세계 여러 지역의 노동자들 사이에서 노동시간과 자유 시간, 그리고 둘의 균형이 어떻게 발달해왔는지를 면밀히 살펴볼 필요가 있다.

늘어지는 근로 생활

일반적으로 과거의 아이들은 현장에서 조금씩 배우며 가족의 경제활동에 가능한 한 일찍 참여했다. 세계 인구의 대부분이 그랬고, 정규 교육은 필요하지 않았다. 20년 전 인류학자 바버라 폴락Barbara Polak은 말리의 밤바라족 Bambara 아이들이 겪는 과정을 다음과 같이 묘사했다.

[수확기에] 세 살 된 다올레는 덩굴손에 달린 콩을 따기 시작한다. 뚜껑에 콩 한 줌을 채우고 나면 흥미가 떨어진다. 콩이 담긴 뚜껑을 땅에 아무렇게나 놓아두고 다른 관심거리를 찾아 나선다. 다섯 살 난 수말라는 어른들이 아직 수확하지 않은 구석을 찾아서 조롱박 바가지로 한가득 콩을 딴다. [아이는] 30분 이상 이 일을 계속 한다. 열한 살 된 파세는 아침부터 콩 따기에 여념이 없다. 아버지와 성인이 된 형만큼 빠르게 일하고 그들이 쉴 때 자기도 쉰다. 파세는 콩을 따는 일에 능숙하다. 심지어 어린 동생들이 하는 일을 감독하고 가끔씩 동생이 어느 정도 일했는지 확인한다.[4]

이런 모습은 의무교육을 효율적으로 관리하지 않는 나라의 소규모 자영업자나 빈곤층에서 지금도 볼 수 있지만, 지난 150년 동안 드문 현상이 되었다. 이 변화는 어떻게 일어났을까?[5]

아동의 노동이 집을 벗어나는 때부터 살펴봐야 한다. 처음에 아동노동은 주로 가족적 배경에서 일어났다. 공장이나 광산으로 일하러 가는 가장은 필요한 수만큼 가족 구성원을 데리고 갔다. 이에 따라 아동노동은 제3자의 간접적 감독을 받았고, 새로운 공장 산업을 비판하는 사람들의 눈에 훨씬 잘 띄었다. 이 현상은 고용계약이 개인화되고 공장 사장이 아이들을 직접 고용하면서 한층 강화되었다.

그 결과 아동노동을 제한하는 법률이 제정되었고 동시에 의무교육을 홍보하는 운동이 일어났다. 그 시작은 1802년 영국의 공장법Factory Act이었다. 이 법은 직조 공장의 극빈층 도제의 노동시간을 하루 최대 12시간으로 제한했다. 뒤를 이어 더 효과적이고 광범위한 1833년 공장법이 제정되었다. 이런 제한적 법률의 효과는 대체로 미미했다. 특히 감독관이 심각하게 부족하고 벌금이 우스울 정도로 낮아서 고용주와 부모가 법 집행을 조직적으로 회피할 수 있었기 때문이었다.

19세기 중반 프로이센이 시행한 무료 의무 전일제 학교교육 등은 분명 효과가 더 좋았다. 이러한 정책이 시행된 결정적 이유는 19세기 말에 성인의 실질임금이 상승하면서 부모가 자녀를 이용한 소득 보충을 자제할 수 있었기 때문이다.[6] 1900년에 이르면 대부분의 서유럽 국가가 12세 또는 14세까지 의무교육을 시행했다. 그래도 농가나 상점 같은 가족 사업에서 일어나는 아동노동을 막지는 못했다. 많은 아이가 여전히 등교 전과 방과후, 방학 동안 가족 사업을 위해 일했는데, 때때로 가을의 감자 수확철에 일할 수 있도록 학교가 방학 시기를 조정하기도 했다.

다른 한편으로는 필요에 의해 또는 우리가 도무지 이해할 수 없는 이익 계산을 바탕으로, 어떤 부모들이 계속 법률을 어기거나 넘어섰다. 부모가 모집인과 짜고 아이를 소년병이나 매춘 소녀로 내모는 것이 극단적인 일례다. 물론 가장 취약한 사람은 가족의 보호를 받지 못하는 아이들이었고, 이들의 사망률은 극도로 높았다. 많은 여성이 출산 시에 사망했고, 어머니를 잃은 아이들은 고아원에 맡겨져 강제로 노동하게 될 위험이 있었다. 백인이 정착한 식민지에서 값싼 아동노동에 대한 수요가 많았다는 사실을 생각해보라. 버지니아가 아직 영국 식민지였을 때 런던의 길거리 아이들 중 많은 수가 그곳으로 보내졌다. 후대인 미국 서부의 '개척 시대' 당시 자녀가 없던 개척민들은 많은 노동력이 필요했다. 이에 따라 1929년에 약 20만 명에 달하는 동부 도시의 고아원 아이들이 '고아 열차'에 태워져 서부와 중서부의 가정으로 보내졌다.[7] 그러나 가장 극단적인 예는 주로 부모 없는 아동을 소년병으로 만들어 착취하는 행위다. 특히 아프리카와 아시아의 다수 국가에서 저질러지고 있다.[8]

임금노동과 전일제 학교교육 병행이 가능하다 해도(예를 들어 영국 직조 산업의 전성기에는 오전에 일하고 오후에 학교에 가는 경우가 흔했다), 문맹률과 학교

출석에 대한 통계가 주는 교훈은 분명하다.[9] 예전에는 인도 브라만과 카야스타Kayastha(신으로부터 인간의 선행을 기록하라는 사명을 받은 서기 계급-옮긴이)처럼 카스트 집단을 이루는 엘리트 계층만 자녀를 학교에 보내 근로 생활을 늦출 수 있는 수단과 야심이 있었지만, 노동 전문화와 생활수준 향상 덕분에 이러한 관행이 많은 인구층으로 확대되었다. 1800년에 전 세계적으로 기본 교육을 받은 사람은 15세 이상 인구의 10분의 1이었으나, 1900년에는 3분의 1, 1950년에는 2분의 1로 증가했고, 오늘날은 80퍼센트 이상이다. 이러한 성과는 세계적으로 매우 불균등하다. 사하라 이남 아프리카와 남아시아, 동남아시아는 다른 지역보다 뒤처져 있다.[10] 또한 지리적·시대적 다양성은 부양 비율 같은 단순한 요인으로도 설명할 수 있다. 예를 들어 "아동노동은 아동이 인구에서 차지하는 비중이 높은 경제에서는 분명 정상적이다."[11]

현대에는 사람들이 일을 시작하는 나이가 현저하게 높아졌다. 19세기 중반 전 세계적으로 아이들이 학교를 다니는 기간은 평균 1년이었던 반면, 1910년에는 2년, 1950년에는 3년 이상, 그리고 오늘날에는 평균 8년으로 증가했다. 여기서도 앞서 언급한 지역들은 여전히 뒤처져 있다.[12] 사람들은 예전에는 7세나 그 이전에 시작하던 노동을 이제는 15세 이후쯤에 시작한다.

노동시간과 노동일

노동자가 근로 시간을 결정할 수 있으면 가구의 노동(농번기와 농한기 포함), 가족 구성원에 대한 보살핌, 시장을 위한 자영 노동의 경계가 유동적일 수 있다. 그럼에도 모든 농경 사회는 의무적으로 안식일을 지키는 유대교, 기독교, 이슬람교 전통처럼 고정된 날에 쉬는 방식이나 정기적 축제인 쿰브 멜라Kumbh Mela(성스러운 강이 흐르는 네 곳의 성지에서 각각 12년을 주기로 열리는 힌두교 축제-옮긴이) 등을 포함한 힌두교 전통으로 공공의 휴식 기간을 공식화했다. 성인 축일을 축제로 정하고 기념함으로써 두 방식을 혼합할 수도 있었다. 개인은 핫즈 같은 순례 여행을 위해 수일, 수개월 심지어 수년을 쉬었다.

이러한 관습과 관례는 종교적 신념에 바탕했지만 불변하는 것은 아니었다. 유럽은 종교개혁의 일환으로 종교적 성격의 공휴일을 제한했고 연간 노동일이 크게 증가했다. 지난 2백 년에 걸친 노동시간의 역사는 이보다 역동적이다. 임금노동 발전은 고용주에게 노동시간을 전례 없이 연장할 기회를 주었다. 길어진 노동시간은 조직적 노동운동의 반격으로 차츰 줄어들다가 20세기 마지막 분기에 사상 최저치로 낮아졌고, 이때부터 노동시간은 안정되거나 다시 약간 증가하는 듯했다. 노동조직은 임금노동자를 위한 연간 휴일 개념을 제안했다. 제2차 세계대전 이후 서구의 소득이 상승한 덕분에 이 아이디어는 실현될 수 있었고 자영업자와 사회도 매력적으로 여겼다. 나중에는 다른 나라들도 모방했다.

종교개혁으로 시작된 노동일 증가는 영국의 산업혁명 동안에도 지속되었다. 노동일이 증가하는 경향은 영국은행Bank of England의 휴무일 수에서 확인할 수 있다. 1761년에는 47일이었는데, 1808년에 44일, 1825년에는 40일, 이후 급속하게 줄어 1830년에는 18일이 되었다. 1834년에 은행이 영업하지 않은 날은 성 금요일, 크리스마스, 5월 1일, 11월 1일로 4일에 불과했다. 박싱 데이Boxing Day(과거 영주가 주민에게 크리스마스 다음 날 선물을 주던 관습에서 유래한 날-옮긴이)는 영국에서 대체로 지켜지지 않았다. 1871년에야 법에 의해 박싱 데이, 부활절 월요일과 8월의 첫 월요일이 공휴일에 추가되었다. 이러한 법은 국교회가 있는 영국에 특히 혁명적이었다. 이 휴일이 더 이상 종교적 축제일이 아닌 여가를 즐기는 날(특히 박싱 데이)이 되었기 때문이다. 노동일이 증가하는 강한 흐름이 산업혁명의 요람에서 역전된 셈이다.[13]

공휴일 수보다 중요한 것은 물론 노동시간이다. 초기 산업화에서 가장 잘 알려진 결과는 여성과 어린이의 고된 노동과 더불어 공장 임금노동자의 노동시간이 연장된 현상이다. 노동자들은 자유로운 일요일의 숙취를 잠으로 해소하며 성 월요일에 무단결근하는 방식으로 대응하기도 했다. 어떤 사장은 성실한 노동자에 한해 용납하기도 했다.

성 월요일 무단결근보다 구조적인 해결책은 최대 노동시간을 제한하기 위해 도입된 입법 조치였다.[14] 악명 높던 하루 12시간 노동과 이보다도 길었던 19세기 공장 노동자의 노동시간은 처음에는 여성과 어린아이부터 시작해 나중에는 남성에게 확대되며 단계별로 제한되고 감소했다. 처음에는 오스트레일리아와 뉴질랜드처럼 백인이 정착한 일부 식민지에서 시행되었고 나중에 북대서양 지역, 혁명적인 러시아, 그리고 다른 나라들이 뒤를 이었다. 중요한 첫 단계는 하루 8시간 노동이 확립되며 완성되었다. 제1차 세계대전이 사납게 요동치며 끝나고 있던 시기에 많은 나라가 시행했다. 몇 년 후 서유럽의 중요 산업 부문에서는 일주일에 45시간 대신 48시간 노동이 주류가 되었다.[15]

수십 년 동안 8시간 노동일을 옹호했던 노동운동가들은 5월 노동절 기념식 등에서 성과를 자랑했다. 1936년에 주 40시간 노동을 과감히 도입한 프랑스의 사회주의자 총리 레옹 블룸Léon Blum은 가끔 파리 교외 거리를 오래 산책하면 형형색색의 옷을 입은 노동자 부부가 2인용 자전거나 오토바이를 타고 자연스럽고 소박하게 여유를 즐기는 모습을 본다고 감정에 북받쳐 말했다. 펍에서 즐길 시간이나 가족과 함께 보낼 시간이 많아진 것만이 아니라 "미래에 대한 전망을 찾았고, 희망을 찾았다"라고 그는 말했다.[16]

결과적으로 1936년 프랑스가 도입한 급진적 노동시간 감소는 지속 가능하지 못했으나 이 이상은 다른 곳에서 현실이 되었다. 미국은 1940년에, 많은 유럽 국가들은 전후 재건 이후에 토요일을 휴일로 정하고 총 40시간을 최대 노동시간으로 하는 주 5일 근무제를 채택했다. 2000년에 프랑스는 최대 노동시간을 35시간으로 줄였다. 이 수치는 초과근무시간(생산직 근로자)과 휴일(사무직 근로자)이 계산되기 시작하는 경계로 봐야 한다.

노동시간은 유급휴가 도입과 함께 또 한 번 감소했다. 1일, 1주, 1년 각각의 노동시간이 감소한 세 가지 정책의 누적 효과는 20세기의 마지막 몇십 년 동안 가장 뚜렷하게 드러났다. 세계에서 가장 번영한 국가 중 하나인 독일의 1년 중 노동시간은 1870년에 3천~3천5백 시간에서 2005년에 1천5백 시간으로 감소했다.[17]

그러나 평균 시간을 단순하게 계산해서는 안 된다. 농사는 농번기와 농한기의 차이가 크고, 수확철에 노동자들은 새벽 동틀 때부터 눈앞의 손이 안 보일 정도로 어두워질 때까지 고된 노동을 한다. 이 시간은 길고도 한가한 농한기, 특히 북쪽 지방의 겨울철이 상쇄한다. 몸에 많은 부담을 주는 야간 노동도 크게 증가했다. 밝고 값싼 조명이 없었던 초기에는 이례적인 경우에만 야간 노동을 했다. 제빵 일이 잘 알려진 예외였다. 그러나 인공조명이 보편화되면서 야간 노동과 24시간 교대 근무가 급격히 증가했고, 오랜 금기가 있는 곳에서도 때때로 이러한 현상이 나타났다.[18] 야간 노동 반대도 처음에는 사회적 입법의 한 측면이었으나, 오랫동안 조용한 상태다.

1950년대와 1960년대 북대서양 지역 노동시간이 감소한 결정적인 원인은 경제성장이었다. 노동자는 이제 더 적은 시간 일하고 더 많은 것을 살 수 있었다. 대략 1980년대부터 노동자와 그 배우자는 구매력을 유지하기 위해 더 많은 시간 동안 일해야 했다. 1970년대까지 1인당 노동시간은 평균 1년에 1천9백~2천 시간이었다. 이후 나라별로 달라지기 시작해서, 오늘날 프랑스와 독일은 1천4백~1천5백 시간, 영국은 1천7백 시간, 미국은 1천8백 시간이다. 서유럽의 노동시간 감소는 주당 근무일이 줄고 휴가가 길어진 결과다.[19] 일본은 극단적인 초과근무 때문에 노동시간이 훨씬 길고, 그로 인해 노동자의 건강에 온갖 부정적인 영향이 나타났다.[20] 북대서양 국가의 많은 노동자에게 노동은 오랫동안 필요하기는 하지만 예외적인 일이었고 여가 시간이 삶의 원칙이자 목적이었으나, 이제 그 추는 다시 반대쪽으로 방향을 바꾼 듯했다.

동시에 많은 사람이 노동을 유일하지는 않아도 주된 부의 근원으로 여기면서 새로운 구분이 생겨났다. 교육의 역할이 커짐에 따라 화이트칼라는 점점 존경받게 된 반면 블루칼라는 육체적이고 하찮은 직업으로 여겨지게 되었다. 이러한 전개는 전통적으로 노동력이 부족했던 미국이나 다른 백인 정착 식민지보다 유럽과 아시아에서 훨씬 뚜렷했다.[21]

노동시간 감소가 임금노동자, 특히 중간 및 대규모 기업에서 일하는 노동자와 항상 관련 있다는 사실을 간과해서는 안 된다. 몇몇 주요 부문은 여기서 제외되었다. 그중 하나가 급속히 성장하는 하인 노동자 부문이다. 이들은 밤낮으로 일할 준비가 되어 있어야 했고 일요일에 고작 몇 시간 쉬는 것으로 만족해야 했다. 뚜렷하지는 않아도 노동 착취 산업의 자영업자의 노동시간도 감소했다.

이처럼 초기에는 노동시간이 증가했다가 결국 감소하는 경향은 부유한 나라 너머에서도 볼 수 있다. 다만 그 정도가 약했고 시작도 많이 늦었다. 최근까지도 메워질 것 같지 않게 커지는 부국과 빈국의 격차 때문에 우리는 가난한 나라에서도 노동시간이 줄고 여가 시간이 느는 분명한 변화가 나타났다는 사실을 잊곤 한다. 점점 인기를 더해가는 핫즈 같은 성지 순례가 일례다.

이슬람교인의 메카와 메디나 성지 순례는 19세기에 쇠퇴했다가 정기적이고 값싼 증기선 연결 편이 생기면서 다시 활발해졌다. 순례자는 제2차 세계대전 이후 증가해 1950년에 10만 명에서 1974년에 1백만 명으로 늘었고 1985년에 3백만 명이 되었다. 당시 이슬람 움마ummah(이슬람 신앙 공동체-옮긴이)의 총인구가 7억 5천만 명이었다는 사실을 감안하고 평균수명을 50세로 가정하면 20퍼센트가 일생에 한 번 순례 여행을 한 셈이다.[22] 그중에는 성지를 한 번 이상 다녀온 사람도 있기 때문에 수치는 아마 더 낮을 것이다. 그래도 이슬람교도가 순례 여행에 쓴 시간을 과소평가해서는 안 된다. 첫째, 순례자를 불러들이는 성지가 더 많았고, 둘째, 순례 여행에 든 시간도 길었기 때문이다.

제2차 세계대전 이전 매년 핫즈에 참여한 순례자는 대략 30만 명이었던 반면 1937년에는 25만 명의 이슬람교인이 세네갈의 성지를 방문했고, 수십만 명이 나일강 삼각주의 성지를 찾았으며, 약 10만 명이 알제리의 성지로 순례를 갔다. 이런 식으로 메카 외 성지 중 이슬람 시아파에 가장 중요한 여섯 곳(네 곳은 현재의 이라크에 있다)을 열거할 수 있지만, 역사적 관련 통계를 수집하기가 무척 어렵다.[23]

성지 순례는 오랜 시간이 걸렸다. 바닷길을 선택한 인도인 순례자는 3월에 출발해 9월에 돌아왔다. 집에서 항구까지 멀지 않아 육로 여행에 많은 시간을 쓰지 않아도 되었던 사람들은 반년간 집을 떠나 있었다. 증기선이 도입되고 나서야 순례 기간이 몇 달로 줄어들었고, 20세기 말에는 비행기가 몇 주로 줄여주었다. 그전까지는 다마스쿠스에서 출발하는 육로 여정은 총 3개월

이 걸렸고, 카이로에서 출발하는 여정은 5개월이 걸렸다.[24]

지금까지 신실한 이슬람교도의 삶에서 성지 순례가 차지하는 중요성을 고찰했다. 핫즈를 경제활동과 병행할 수 있기는 하지만, 엄격한 의미에서 순례 여행 기간은 노동과 구별해야 하는 여가 시간이면서 동시에 레저 시간으로 특징지을 수도 없는 시간이다. 앞의 〈들어가며〉에서 언급한, "역할을 수행해야 지위와 큰 만족감을 얻을 수 있다. 그 노력을 통해 느끼는 만족감은 레저 활동에서 얻는 만족감만큼 클 수 있다"라는 넬스 앤더슨의 의무(비노동 의무 활동)의 범위와 깔끔하게 맞아 떨어진다. 다른 종교의 성지 순례도 마찬가지다. 그럼에도 불구하고 순례가 사람들이 일할 수 없는 시간에 미치는 영향은 크지 않아 보인다. 이슬람 세계의 총인구가 핫즈에 사용하는 시간은 1년에 평균 며칠의 노동일 정도일 가능성이 높다.[25] 일반적으로 평생에 한 번 긴 성지 순례를 하는 경우는 1년에 평균적으로 하루 정도가 '손실'되고, 그보다 짧은 순례를 평생에 걸쳐 여러 번 하거나 1년에 한 번씩 하는 경우는 며칠이, 그리고 장례식에 가는 경우는 일주일 정도가 손실된다.

마지막으로, 가족 사업의 무급 노동, 전형적인 양육이나 가사 노동 같은 가정 내의 노동시간은 가정 밖의 노동시간 규제에 거의 영향을 받지 않았다는 사실을 잊지 말자.[26]

퇴직

비교적 최근까지도 기대 수명 증가는 사람들이 더 많은 세월 동안 일할 수 있다는 것을 의미했다. 특히 지난 세기에 기대 수명이 크게 증가하여 이제는 많은 사람이 은퇴 이후 또 다른 삶을 누릴 수 있다. 평균 기대 수명이 70세가 넘는 곳이면 대부분의 사람에게 적용된다. 교육과 마찬가지로 이 현상은 세계 각지에서 다양한 시기에 일어났다. 서유럽과 그 파생국들은 1950년대, 동아시아는 1980년대, 라틴아메리카와 카리브해 지역은 1990년대, 그리고 다른 지역 대부분에서는 2000년 이후에 가능해졌고, 현재 사하라 이남 아프리

카만 뒤처져 있다.[27]

19세기 말까지 대부분의 부유한 국가에는 65세 이상의 유급 노동자가 많았던 반면 50년이 지난 후에는 소수가 되었고, 20세기 말의 후반에는 60~64세, 심지어 55~59세에 해당하는 연령층도 소수가 되었다.[28] 연금제도가 전국적으로 도입된 덕분이었다. 연금제도는 (원칙적으로 수공인이며 때로는 배우자를 포함한) 소규모 직업군(5장 261쪽 참고)의 상호 연금제를 통해 수백 년 동안 쌓인 경험을 바탕으로 나타났다. 이와 동시에 은퇴에 대한 긍정적 인식이 자리를 잡았다. 1972년과 1984년에 은퇴한 파리의 두 노동자 집단에 대한 연구는 이러한 변화를 보여준다.

집단의 연령이 낮을수록 은퇴에 대한 시각도 긍정적이었다. 이들은 은퇴를 휴식, 가족과의 시간, 하고 싶었던 유용한 활동을 할 수 있는 시간으로 보거나 사회적·지적·여가 활동을 더 많이 할 수 있는 인생의 새로운 단계로 인식했다. 1970년대 중반부터 1980년대 사이에 '조기' 퇴직, 즉 60세 정도에 퇴직하는 경향이 점점 더 사회적으로 받아들여졌을 뿐만 아니라 새로운 기준이 되었다. 장년 경제활동 인구의 대다수가 은퇴를 삶의 긍정적인 한 단계로 보았다.[29]

그런데 근래 몇십 년 사이에 반대되는 움직임이 시작되었다. 많은 나라의 연금제도에 큰 비용이 들기 때문에 은퇴 연령이 다시 높아지고 있다. 경제활동 인구와 비경제활동 인구의 비율이 바람직하지 않게 바뀐 인구학적 이유 외에도 정부의 연금제 기여분이 줄어들고 있는 현실도 원인 중 하나다.[30] 또한 숫자가 증가하고 있는, 연금 없는 자영업자에게 조기 은퇴는 노인복지 정책의 쇠퇴에 비추어 볼 때 매력적이지도 현실적이지도 않다.

노동시간과 자유 시간의 균형

이러한 움직임의 결과, 여가 시간과 노동의 의미에 대한 인식이 변화했다.

여가 시간과 노동 모두가 더 중요해졌다. 자유 시간은 자신이 벌어들인 임금을 즐길 수 있게, 다시 말해 소비할 수 있게 해주기 때문에 매우 소중하지만, 다른 한편으로 그것을 위해 힘든 일을 해야 한다. 이미 1884년에 스코틀랜드 사업가로 나중에 의회 의원이 된 알렉산더 와일리Alexander Wylie는 산업계의 동료 사장과 경제학자들이 겉으로만 그럴싸한 논리로 긴 노동시간과 사회적 불평등을 정당화한다고 비난했다. 와일리는 결국 빈곤 노동자도 그의 사장만큼이나 사치품을 향한 욕망의 희생자라고 주장했다.[31] 노동자들이 건강한 음식을 먹고 자녀 교육에 투자하며 비상시를 대비해 소비자 협동조합, 상호보험, 주택금융조합을 통해 저축하는 대신 술, 담배, 너무 많은 사탕을 사 먹느라 임금 수준에 맞지 않게 지출한다는 말이었다.

그 몇 년 전 카를 마르크스의 크리올 사위 폴 라파르그Paul Lafargue는 열정적이면서 냉소적인 《게으를 권리Le droit à la paresse》를 저술했다. 이 소책자에서 그가 옹호한 권리는 자유 시간을 가질 수 있는 권리로서의 게으름이 아니었다. 그가 보기에 그러한 자유 시간은 앞 세기의 성공적인 기계화로 쉽게 얻을 수 있었다. 기도문을 읊는 듯한 어조로 그는 노동자의 탈진에 반대하는 장황한 비난을 다음의 호소로 마무리한다. "오, 게으름이여, 우리의 기나긴 비참을 불쌍히 여기소서! 오, 게으름이여, 예술과 고귀한 미덕의 어머니여, 인간의 고뇌에 위안이 되어주소서!"[32] 부르주아는 노동자가 생산한 것을 소비하는 대신 노동자에게 더 많은 임금을 지급함으로써 일하는 시간을 줄이게 해주어야 한다고 그는 주장했다. 와일리보다 낙관적이었던 라파르그는 노동자의 선택은 명백하다고 생각했다. 반면 부르주아는 계속 고집을 부리면 폭식과 음주, 탐욕과 퇴폐적인 생활 때문에 무너질 것이라고 믿었다.

이 호소의 미래주의적 반향을 1921년 러시아 화가 카지미르 말레비치Kazimir Malevich가 쓴 〈인류의 진정한 진리로서의 게으름Laziness as the Real Truth of Mankind〉의 한 구절에서 찾을 수 있다. "과거에 일어난 모든 일은 사람이 한 일뿐이었다. 현재 사람은 더 이상 혼자가 아니라 기계와 더불어 산다. 미래에는 기계나 기계와 비슷한 것만 남을 것이다."[33] 이런 식의 예측이 난무한 한 세기가 지난 현재, 기계가 인간을 대체하여 노동이 종식되는 일은 일어나지 않았다. 결론적으로 우리는 더 좋은 것을 더 많이 소비하고 싶어 하기 때문에 여전히 일한다. 좋은 것에는 특히 비용이 높은 의료 서비스도 해당된다. 틸리 부자는 1995년에 40개국 성인을 인터뷰한 연구에서 이 모순을 지적했다. 응답자들은 다음 두 문장 중 하나를 선택하라는 요청을 받았다. 첫 번째는 "일이 중요하다. 레저 시간은 일을 더 잘할 수 있도록 충전하는 시간이다"였고, 두 번째는 "레저 시간이 중요하다. 일의 목적은 인생을 즐기고 좋아하는 활동을 하는 레저 시간을 위한 것이다"였다. 응답은 나라에 따라 매우 다양했다. 브라질, 필리핀, 사우디아라비아에서는 응답자의 약 3분의 2가 레저보다 일을 중요하게 평가한 반면 체코공화국, 덴마크, 영국에서는 절반 이상이 레저를 우선순위에 놓았다.

틸리 부자의 연구에서 특히 의외인 점은 태도와 행동의 반전 관계였다. 이들은 다음과 같은 결론을 내렸다.

> 일 자체를 중요하게 평가하는 사람일수록 일하는 시간이 짧고, 일을 많이 하는 사람일수록 일의 중요성을 낮게 평가한다. 왜 그럴까? 국가가 부유해지면 두 가지 일이 발생하기 때문이다. 한편으로 생활수준이 높아지고 소비는 점점 더 상품화되어 일반적으로 받아들여질 만한 수준으로 살려면 추가 노동을 해야 한다. 다른 한편으로 사람들은 다른 사람을 위해 일하므로, 일 자체에 대한 헌신도는 낮다. 따라서 나라가 부유해질수록 그 국민은 일은 더 하는 반면 일을 덜 좋아하게 된다.[34]

적어도 항상 지위가 높은 유급 노동에 들어맞는 말이고 연금 수령자가 어떤 식으로든 경제활동을 계속하려 하는 동기를 설명한다. 동시에 저소득과 별개로 노동력에 포함되지 않는 사람들, 특히 실업자 문제를 부각한다. 1960년대에 한 영국인 광부 출신 실업자는 노동과 여가에 대한 양면적 감정을 잘 표현했다. "솔직히 일은 싫습니다. 물론 똑같이 진심으로 일이 좋다고 말할 수도 있습니다. 일을 좋아하는 사람을 만난 적이 없어요. 정확하게 말하면, 나 같은 사람이 일이라고 생각하는 것을 좋아하는 사람을 만난 적이 없다고 해야겠죠. 사실 우리가 이렇게 말하는 것은 일이 아닌 것 같습니다. 일 자체가 아니라 일이 암시하는 의미죠." 일이 암시하는 의미에 대해 또 다른 실업자는 이렇게 말한다. "[일하는 동안에는] 지역사회에서 한몫하고 있다는 느낌이 들죠. 아침에 나가서 9시부터 저녁 6시까지 일하고 얼마의 돈을 집으로 가져오는 건 괜찮잖아요. 폐품처럼 밀쳐지거나 쓸모없는 사람 취급을 받지 않으니까요. 그런 취급을 받느니 차라리 죽는 게 낫죠."[35]

이익 도모-개인과 집단

일하는 사람은 누구나 노동환경과 보수가 열악해질까 봐 걱정한다. 대부분은 적어도 현재 상태를 유지하려 하고, 가능하면 이전 조건이나 다른 사람에 비해 더 좋은 상태를 원할 것이다. 이러한 이익의 도모는 혼자서 할 수도 있지만, 가정 밖이나 특정 상황에서는 집단적으로도 일어난다(이전 시대에 관해서는 4장과 5장 참고).[36] 임금노동자의 개인적 전략은 먼저 고용주과 그 대리인에게 초점을 맞출 것이다. 자영업자의 경우 초점을 고객에게 맞춘다. 두 경우 모두 목적은 가장 유리한 계약적 의무 관계를 맺고 지속하는 것이다. 그전에 교육을 받거나 정략결혼 같은 가구의 다른 전략을 사용할 수 있다.

서로 관련이 없다면 자영업자, 직원, 고용주의 집단 전략은 첫째, 처지가 같은 동료와의 동맹이고, 둘째, 효과적인 여론 조성이다. 지난 2백 년 동안 집단 전략은 지역적 움직임에서 전국적 움직임으로, 심지어 국제적이고 전 세계적인 움직임으로 이행했다. 경제학자 앨버트 허시먼Albert Hirschman의 유명한 분류에 따르면 두 가지 전략 모두에서 취할 수 있는 선택지는 현상을 유지하기 위한 행동인 충성, 개선을 위한 노력인 항의, 아무것도 효과가 없으면 공개적으로나 비밀리에 상황을 회피하거나 우회하는 이탈이다.

개인적 전략 전술과 집단적 전략 전술에 대한 구분이 둘 사이에 존재하는, 개인의 삶과 국가 차원의 강한 연관성을 부정하는 것은 아니다. 미국, 캐나다, 오스트레일리아 같은 이민 국가에 도착한 이민자들은 처음에는 개인의 향상을 우선시했기 때문에 유럽의 모국에서보다 훨씬 오래 일했다. 유럽에서는 노동조합과 정당의 단체 행동, 특히 휴일 증가에 따라 노동시간이 줄었다 (404~405쪽 참고).[37]

노동자 개인의 전략

장인의 도제, 소규모 자영업체의 하인, 임금노동자의 개인 전략으로는 사장이나 동료와 좋은 관계를 구축하기 위한 전략, 지속적으로 배우려는 시도, 이주 노동 등이 있다. 구체적으로 상상해보자. 1900년에 아버지를 일찍 여의고 열 살의 나이에 노동시장에 들어온 영국의 한 소년 노동자는 이미 어떻게 할지 계획이 있었다. 아니, 적어도 어머니가 이미 계획을 짜놓았다. "나는 어머니의 손에 이끌려 샐퍼드에 있는 허조그라는 유명 중고 옷가게에 갔다. 코트, 바지, 셔츠, 양말과 신발을 4실링 6펜스에 맞췄는데, 당시 꽤 큰 액수였다. 그다음 월요일 아침 어머니는 나를 데리고 '일자리를 찾으러' 갔는데, 많은 시간이 걸리지는 않았다."[38] 사장에게 좋은 인상을 주는 것뿐만 아니라 동료와의 관계도 중요했다. 앞에서 언급한 독일 리페데트몰트의 벽돌공 노동조 사례에서 모든 구성원이 생산을 위한 효율적 협력에 직접적인 이해관계가 있었음을 살펴본 바 있다(252쪽). 그저 함께 효율적으로 일하기만 하면 되는 것이 아니었다. 그들은 음식, 여가 시간, 그리고 필요할 땐 쌍둥이 유아 침대를 공유했기 때문에 사교술도 중요했다. 한마디로 모든 것을 밤낮으로 함께했다. 매년 바쁜 철이 시작되기 전에 노동조는 개인의 평판을 바탕으로 새로이 편성되었다. 최고의 노동자는 노동조 책임자가 될 수 있었다.[39]

두 사례에서 알 수 있듯이, 일을 구하는 방식이 이미 이후의 상호 관계를 결정한다. 직업소개소나 상업적 채용 기관에 들어가본 적도 없는 사람이 있는 반면 자주 찾는 사람도 있다. 예전에는 신문의 구인 광고를 봤다면, 요즘은 소셜 미디어가 구직 활동의 첫 단추다.[40] 실제로 직장을 얻는 방법은 매우 개인적인 방법부터 익명으로 이뤄지는 방식까지 다양하다. 벨기에 겐트 지방

면방적사의 아들 폴 데비테Pol de Witte를 예로 들어보자. "1857년 12월의 어느 날 밤 폴의 아버지가 집에 돌아와 쓰레기 실을 줍는 남자아이가 일을 그만두었다고 말하며 이제부터는 아들을 데리고 나가겠다고 선언했다. 그러면 쓰레기 실 줍는 아이에게 주었던 3프랑을 절약하고 아들도 일을 배울 수 있다는 두 가지 이점이 있었다. 폴은 당시 9세였다. 폴의 어머니와 폴이 거세게 저항했지만 폴은 결국 다음 날 아침부터 일을 시작했다."⁴¹ 직장이나 도제 자리를 구하기 위해, (특정 직업을 얻을 목적으로) 학교에 들어가기 위해, 또는 다른 회사의 다른 직위로 옮기거나 (큰) 회사 내에서 부서를 바꾸기 위해 개인적 중개가 이용되곤 한다. 같은 직장에서 부서를 바꾸기 위해서는 이른바 내부 노동시장이 존재해야 하는데, 이러한 시장은 철도 회사처럼 큰 회사뿐만 아니라 육군, 해군, 교회 같은 대형 기관에도 있다.⁴²

개인적 성격이 옅은 구직 방법은 길드, 콩파뇨나주compagnonnage(미숙련 직인을 위한 장인 직업훈련 네트워크-옮긴이), 노동조합, 고용주 협회 같은 직업 네트워크로 일자리를 소개받는 방식이다. 본질적으로 상업적 및 공공 채용 서비스나 직업소개소의 활동은 익명으로 이루어진다. 19세기 유럽에서는 길드를 통한 중개가 쇠퇴하고 부분적으로 유사한 구조가 자리 잡았다. 예컨대 프랑스 중·남부에서는 약 20만 명의 콩파뇽(직인)이 가맹 게스트하우스를 옮겨다니며 직업을 소개받고 필요하면 여비도 지급받는 프랑스 일주tour de France에 올랐다.⁴³ 유사한 구조가 독일어권에도 있었고, 어떤 면에서는 지금까지도 존재한다. 20세기에는 공공 직업소개소가 주로 실업급여를 지급하는 역할로 중요해졌다. 근래 수십 년 동안에는 상업적 직업소개소가 다시 상승세에 있다.⁴⁴

협동조합원인 노동자는 독립적으로 직업적 결정을 내린 반면, 개별적으로 취업한 노동자는 상사와 사장에게 의존적이었다. 21세기 초 뉴델리의 한 금속 연마 공장에서는 매우 성적인 농담을 주고받는 능력이 동료와 상사 사이에서 살아남기 위해 필요한 사회적 기술이었다.

서로 무안하게 하거나 웃기기 위한 방법으로 남성 성기를 만지고 붙잡고 드러내는 놀이에서 극도의 즐거움을 느낀다. 근무조 일이 끝나면 노동자들은 1인용 변소와 그 옆의 작은 목욕실로 우르르 몰려간다. 그 좁은 공간에서 실수로 자신의 손가락, 팔꿈치, 무릎으로 남의 눈을 찌르지 않도록 조심하면서, 회사가 제공하는 연마성 비누로 달라붙은 먼지와 때를 벗겨야 한다. 욕실에 들어가서는 자신의 팬티를 계속 확인해야 한다. 들어갈 때는 모두가 팬티를 입고 있지만 주의하지 않으면 다른 사람이 속옷을 무릎까지 끌어내릴 수 있고, 그러면 그 운 나쁜 사람이 한심하게 팬티를 끌어올리는 동안 시끌벅적한 웃음보가 터진다.[45]

이 공장의 직공장도 소란스러운 장난에 가담했고, 일신이 편하려면 동성애적 서비스를 하면 된다는 식의 암시적 농담도 오갔다.[46] 상사와 사장의 환심을 사는 극단적인 예일 수 있으나, 일을 잘하거나 잘하는 것처럼 보임으로써 상사와 좋은 관계를 유지하는 것이 얼마나 중요한지 드러난다. 앞에서 살펴본 중국의 여공 춘밍은 그 중요성을 재빨리 간파했고, 대가를 치르긴 했어도 지위를 향상할 수 있었다.[47] 1996년 3월 26일 자 일기에 춘밍은 다음과 같이 썼다. "이번에 승진하면서 인간의 다양한 모습을 경험했다. 나를 위해 환호해주는 사람, 부러워하는 사람, 축하해주는 사람, 행운을 빌어주는 사람, 시기하는 사람, 받아들이지 못하는 사람 등. 나를 시기하는 사람은 내 앞을 가로막는 장애물로 여기고 옆으로 차버리며 계속 전진할 것이다. 그들은 앞으로 시기할 일이 더 많을 것이다!" 중국계 미국 언론인 레슬리 T. 창은 다음과 같이 말한다. "춘밍은 생물학자가 표본을 검사하듯 공장 상사들을 자세히 관찰했다. 그녀는 인사부 부장이 연설할 때 너무 긴장해서 손을 떤다는 것을 알았다. 신년 초에 한 작업 현장 관리자가 그녀를 무시했는데도 춘밍은 대담하게 신년 인사를 건넸다. 그러자 관리자는 따뜻하게 대답하며 그녀에게 중국의 전통적인 빨간 선물 봉투에 10위안을 넣어서 주었다." 춘밍은 일기에서 다음과 같이 경험을 성찰한다. "이 일에서 한 가지 배운 게 있다. 항상 다가가기 어려운 사람처럼 보이더라도 실제로는 그렇지 않을 수도 있다는 사실이다. 내가 먼저 다가가기 쉬운 사람이 될 필요가 있다." 또한 춘밍은 교육과정을 수강하며 자신의 위치를 지키고 향상했다. 교육을 받지 않으면 승진이 불가능했다. 훌륭한 장인이 되려면 원칙적으로 입주생으로서 오랜 도제 기간을 거쳐야 했다. 공장 노동자들은 그렇게까지 하지 않아도 되었지만, 더 많은 것을 성취하고 싶은 사람은 저녁 수업을 들었다. 안정적인 노동력과 효율적인 내부 노동시장에 관심이 많은 큰 회사들은 수업을 제공하고 때로는 수업료를 지원했다. 대기업은 이런 지원 혜택으로 유명하다. 일본의 '샐러리맨' 현상을 설명해주는 하나의 비밀이기도 하다. 전 세계적으로 공무원 일부, 특히 군인도 비슷한 지원을 받는다.[48] 지난 세기의 일반적 직업훈련은 젊은 층을 위한 교양·전문교육 확대, 그리고 노동자 대부분에게 제공하는 부수적이지만 정기적인 단기 재교육이었다.

노동자의 개인적 이익 도모는 고용주의 행동에 거울처럼 반영된다. 노동자가 사장을 선택하듯이 그 반대의 경우도 마찬가지다. 많은 공장 사장, 특히 안정적이고 믿을 수 있는 노동력을 중요시하고 이상주의적 동기를 품었던 사장은 이익 최대화를 목표로 하면서도 근로자 복지에 여러 방식으로 투자하면 성공할 수 있다고 생각했다. 1873년 네덜란드 기계 제작 회사 사장 샤를 테오도르 스토르크Charles Theodoor Stork는 1백 번째 증기 엔진 납품식에 맞춰 직원 5백, 6백 명을 데벤테르의 증권거래소로 초청했다. '각자의 접시, 유리잔, 와인 반병'이 놓인 긴 테이블 앞에 앉은 직원들은 스토르크가 그 지방 방언으로 설명하는 노동관계관을 들었다.

[제조업체 사장은] 펜과 머리로 일하지만 손으로 하는 일보다 힘들고 종종 여러분이 모르는 일도 걱정해야 합니다. [사장과 노동자가] 적대 관계라고 생각하는 사람이 있는데, 그 생각은 정말 틀렸습니다. 모든 것이 정상적이라면 우리는 서로를 좋은 친구처럼 대해야 합니다. 노동자는 사장이 자신을 좋게 생각한다는 사실을 믿어야 하고, 성실하고 사려 깊은 노동자를 기계가 아니라 하나님이 창조한 이웃으로 여긴다는 사실을 믿어야 합니다.[49]

또한 스토르크는 자신이 수행 성과에 따라 임금을 차등 지급하는 이유를 분명히 설명하는데, 헤이그 정부가 그렇게 하라고 지시했기 때문은 아니었다.

근면하고 주의 깊고 일을 잘 아는 사람은 누구나 보상받습니다. 그것이 모든 곳에 적용되는 선한 법입니다. 나라의 법을 만드는 신사들이 헤이그에 모여서 만든 법이 아니라, 근면하고 주의 깊은 사람이 게으르고 적응하려 하지 않는 사람보다 잘살게 될 것이라고 말하는 법입니다. 이것은 우리 주님의 법이고, 그래서 선한 법인 것입니다!

나라마다 정도는 달라도 이런 예가 많다. 거의 예외 없이 주식회사가 아닌 가족 기업을 운영한 스토르크 같은 고용주들은 높은 임금을 지급하고 깨끗한 노동환경, 교육, 주택, 공원 같은 혜택을 제공하기도 했다. 이들은 사회적 갈등을 피하고 예방하려고 노력했을 뿐만 아니라, 동료들이 자신의 예를 보고 따라주기를 바라고 심지어 정부를 위한 기준을 설정하여 더 넓은 사회에서 자신의 역할을 만들어냈다. 네덜란드 철강회사 코닝클레이커 호호번스Koninklijke Hoogovens 초대 이사 돌프 케슬러Dolf Kessler는 이렇게 말했다. "우리는 항상 사회의 입법가보다 한 발 앞서 있어야 합니다." 2007년 호호번스를 인수한 인도 타타 철강회사Tata Iron and Steel Company도 어느 정도 같은 원칙을 공유하고 있다.[50]

또한 공장주와 경영진의 태도도 바뀌기 쉽다.[51] 이들의 태도는 스토르크 같은 가부장적 유형에서, 제2차 세계대전 이후 판매자 중심이 된 시장에서 생산 능력을 우선시하여 노동자 및 그 조직과 좋은 관계를 유지하려 하는 교육 수준 높은 엔지니어 유형으로 변화했다. 1965~1990년의 생산 과잉 시대에 회사의 권력이 (실제 생산은 수많은 하도급업자에게 맡기기를 좋아하는) 세일즈 및 마케팅 관리자의 손에 있었던 구매자 중심의 시장을 거쳐, 비지니스 관리자와 금융 전문가가 상표를 통한 유통 채널 장악에 의존하는 시대에 도달했다. 이 주제와 관련해 중요한 점은 노사 간의 개인적 연결고리가 매우 약해졌다는 사실이다. 게다가 노동자 조직의 견제력이 없는 상황에서 누진세가 완화되면서 임원의 보수가 폭발적으로 높아졌다.[52] 임금에 의존하는 노동자의 전략도 개인적으로나 집단적으로 변해야 한다는 사실이 분명해졌다.

노동자가 자신의 상황을 개선할 수 없다면 새로운 직장을 찾는 것이 새로운 기회가 된다. 이직을 '개인적 파업'이라고 부르기도 하는데, 적절한 표현이라 할 수 있다.[53] 물론 성공 가능성은 노동 수요의 전체 흐름과 구체적 상황에 따라 달라진다. 이직률이 가장 높은 분야는 저숙련 임시 노동과 일반 노동이다. 미국의 이민 전성기의 사례가 좋은 예다. 결과적으로 임금노동자의 개인적 전략은 순수하게 방어적 목적인 경우가 많다. 자영업자는 사업이 부실해지거나 파산하는 경우 연속해서 새로운 사업을 시작하는 방식을 활용한다.

지리적 이동성과 그 결과인 사회적 이동성은 1840년경부터 가장 두드러졌다. 도시화와 국제 이주가 가장 분명한 예다.[54] 도시화는 나폴레옹전쟁 이후의 서유럽에서, 반세기 후의 러시아에서, 그리고 20세기 아시아에서 급격히 증가했다. 오랫동안 중요한 위치를 차지했던 국제 이주는 증기선이 해상 여객 운송 비용을, 철도가 육상 운송 비용을 크게 줄이면서 급증했다. 이러한 발달이 촉진한 극적인 이주 물결의 예는 북아메리카 및 남아메리카로 이주한 유럽인, 아메리카·오세아니아·아시아의 사탕수수 재배 농장과 다른 열대 대농원으로 이주한 남아시아와 다른 지역의 연한 계약 노동자, 북동쪽으로 이주한 중국 남부의 농부와 농업 노동자다. 1840년부터 1940년까지 4천만~5천만 명이 비슷한 규모로 이주했다. 선원의 이주, 그리고 다수의 식민 전쟁 및 제1·2차 세계대전을 비롯한 전쟁의 여파로 일어난 군인의 이주는 말할 것도 없다.

소농에서 공장 노동자로, 농촌에서 도시로, 한 대륙에서 다른 대륙으로 전환하는 단계가 얼마나 크고 극적이었든, 변화는 (앞에서 언급한 바흐티아리 유목민처럼) 갑작스럽다기보다 점진적으로 진행되었다. 예를 들어 남성이 먼저 일을 찾아 다른 지방으로 가서 자리를 잡으면 고향의 누이, 친구 등을 불러오는 식이다. 시골 노동자가 먼저 작은 읍으로 이주했다가 나중에 더 큰 도시로 이주하기도 했다. 러시아 농노와 그 후손도 마찬가지였다.[55] 18세기에 이미 그들 중 일부는 1년 중 의무 노동에 빠져도 되는 시기에 도시 산업체에서 일할 기회가 있었고, 1861년에 농노제가 폐지되자 이 관행을 굳혔다. 토지 재분배 이후 러시아의 많은 지역에서는 도시 노동과 이주 노동으로 얻는 추가 소득이 필수적이었다.

　지난 수 세기 동안의 노동관계 변화는 충성, 항의, 이탈 사이에서 선택한 수많은 개인적 결정이 모여 만들어진 결과다. 일반적으로 사람들은 작은 농장이나 수공 사업체를 접고 지리적·직업적 이동을 통해 같은 지역이나 이웃 지역 또는 해외 공장에서 일하기로 결정했다. 주로 소규모 자영업의 희생에 바탕하여(357~365쪽 참고) 지난 2백 년 동안 중요해진 임금노동 때문에 개인 행동, 단체 행동, 그리고 조직도 이러한 방향으로 발전했다. 이것은 자영업자가 임금노동자와 나란히 집단의 목소리를 내기 시작한 것과 관련 있다. 이러한 점에서, 우발적인 단체 행동과 상호공제조합이나 노동조합 등의 상설 조직을 구분할 필요가 있다.

우연한 집단 행동

　앞에서는 상설 조직이 없는 임금노동자 집단의 파업을 포함한 몇몇 주요 단체 행동 형식을 살펴보았다. 흔히 '즉흥적' 파업이라고 부르는데, 나는 '우연한'이라는 표현을 선호한다. 또한 노예화한 사람들, 장인, 상점 주인이나 소상인이 폭동과 다른 저항을 일으켰다. 형식 중 일부는 중요성을 잃기는 했지만 완전히 사라지지는 않았다. 먼저 상설 조직 밖의 단체 행동을 살펴보자. 사보타주, 집단 이탈, 샤리바리charivari(소란을 피우며 항의하는 퍼레이드-옮긴이), 청원, 소비자 보이콧, 마지막으로 파업이다.[56] 행동 목록 중 무엇을 선택하고 무엇을 섞어서 사용할지는 당국의 태도에 달려 있었다. 사유재산 파괴 같은 불법행위나 파업이 위법으로 선포된 경우에는 기밀 보호가 가장 중요했다.[57] 땅이 있어서 다른 곳에서 소득을 얻을 수 있었던 자영업자보다 순수하게 임금노동만 하는 노동자가 종종 더 불리했다.

　사보타주는 산업혁명 초기에 기계 파괴 운동이 영국과 프랑스를 휩쓸 때도 나타났다(334쪽). 집단 이탈과 마찬가지로 사보타주는 산업혁명보다 훨씬 오래되었다(175쪽, 9세기 잔지족의 반란 참고).[58] 1840년대 인도 북부 루르키

인근 지역의 갠지스 운하 공사에 고용된 벽돌 성형 계절 노동자들이 12.5퍼센트의 작업량제 급여율 삭감을 막기 위해 여러 방법을 함께 사용한 사례가 있다.[59] 1천 명 이상의 벽돌 성형공은 지역과 카스트에 따라 생산조별로 단합하여 먼저 집단 이탈을 시도했다. 갈등의 깊은 원인을 이해하지 못한 영국의 엔지니어 간부는 다음과 같이 보고했다.

> 그들 모두 함께 하루의 노동량을 회피하거나 (최근 삭감된 급여보다) 더 높은 급여를 우려내려 하면서 벽돌 제조에 관련된 모든 사람에게 큰 불안을 안겼습니다. 한 성형공에게 강압적으로 일을 시키려 하거나 한 사람이나 여러 사람의 결과물에서 품질이나 수량 문제가 발견되어도 팀 전체가 한꺼번에 일을 그만둡니다. 우리가 아무리 말리고 항의해도 성형 틀을 들고 숙소로 가버립니다. 이런 행동이 루르키에서 일주일에 두 번은 일어났습니다.[60]

갈등의 다음 단계에 벽돌 성형공들은 독점을 위협하는 새로운 기계를 계속 파괴했고 임금 삭감을 뒤집기 위해 새로운 시도를 했다. 모든 것이 소용이 없자, 짚으로 만들어진 루르키의 공공사업부 창고에 불을 질렀다. 엔지니어들은 불이 분명 방화라고 확신했지만 범인을 잡을 수는 없었다. 엔지니어 중 한 사람은 다음과 같이 말했다. "이 고의적인 기물 파괴는 성형공들이 현재 받고 있는 임금률에 불만이 있어서 일어났다. 아마도 불만 있는 노동자들이 지도자들에게 분통을 터뜨릴 구멍을 찾고 적극 가담했을 것이다. 나머지는 이러한 행동을 용인했거나 어떠한 적극적 조치도 취하지 않았을 것이다."[61] 흥미롭게도 성형공들이 결국 승리했다. 총생산 비용을 최대 25퍼센트까지 줄이고 싶었던 엔지니어들은 단기적으로 16퍼센트 절감에 성공했지만, 한 엔지니어의 말대로 "끝없는 골칫거리"를 상대해야 하는 대가를 치러야 했다. 더 중요한 점은 장기적으로 임금률이 줄지 않았고 벽돌 기계는 더 이상 작동하지 않았으며 벽돌은 다시 손으로 만들어졌다는 사실이다.

공동체의 규칙을 어긴 사람에게 공개적으로 모욕을 주는 샤리바리 또는 '당나귀 타기donkey ride'는 여성을 임신시켜놓고 결혼 약속을 어기는 남성, 나이 차가 너무 큰 부부, 아내를 구타한 자에 대한 처벌로 잘 알려져 있다. 이것도 노사 갈등에 이용되었다. 직원의 불만을 산 사장과 파업 파괴자는 때때로 이런 방식으로 다루어졌다. 사람들은 명예가 실추된 자를 장대 위나 손수레에 태우고 귀에 거슬리는 '거친 음악'을 연주하며 거리를 돌아다녔다.[62]

청원은 정치체에서 공식적 권리가 없는 사람들을 위한 안전 밸브로 볼 수 있지만, 상황 악화를 막는 정도의 역할만 했다. 모든 비민주주의 사회가 청원을 정부의 필수 도구로 활용했는데, 실제 역사는 무척 오래되었을 수도 있다. 많은 사람이 노동과 관련된 수많은 불만을 이 방식으로 표했다(5장 참고).[63]

소비자 보이콧은 일반적으로 가격이나 정치적 사안에 대한 불만을 표출하는 수단이다. 후자의 경우 아파르트헤이트를 시행하던 남아프리카공화국의 아웃스팬Outspan 오렌지 수입을 반대한 운동이 좋은 예다.[64] 아웃스팬 보이콧은 '보이콧'이라는 단어 자체와 마찬가지로 노동문제와도 분명한 연관이 있다. 보이콧 관행의 역사는 훨씬 오래되었지만, 단어는 아일랜드 마요 카운티의 퇴역 육군 대위였던 찰스 커닝엄 보이콧Charles Cunningham Boycott에서 유래했다. 커닝엄은 1880년 임차인들이 정한 임대료를 거부한 결과 이들의 격렬한 항의에 부딪혔다. 임금노동자가 이 무기를 사용한 예는 런던의 이스트엔드 지역에서 찾을 수 있다. 1904년 제빵사들은 노동시간과 노동조건을 개선하기 위해 파업에 나섰다. 이들의 요구에 동의한 고용주들은 상품에 붙일 조합 라벨을 받았지만, 그렇지 않은 고용주들은 보이콧의 대상이 되었다. 장을 보는 여성들이 결정적인 역할을 했다. "파업이 시작되고 며칠 후, 소규모 장인 제빵사들이 상품에 조합 라벨을 붙이기 시작했다. 유대인 여자들이 그렇지 않은 빵은 사지 않으려 했기 때문이었다. 식료품점은 빵을 비축해놓는 것이 관행이었다. 여자들은 먼저 다른 식품을 산 다음 빵을 달라고 했다. 식료품점 주인은 팔리지 않은 빵이 너무 많아지자 즉시 조합 소속 제빵사로 공급업자를 바꾸었다. 조합의 요구를 모든 고용주가 수용하기까지는 오랜 시간이 걸리지 않았다."[65]

조직을 갖추지 않은 소비자가 조합이 조직한 파업을 지원하여 성공을 거둔 사례다. 그러나 사람들이 흔히 생각하는 것과 달리 과거에(어쩌면 현재도)

파업을 노동조합이 개시하지 않은 경우도 많았다.[66] 앞에서 많은 예를 살펴보았다(245~246쪽의 이차푸르 화약 공장의 예도 참고하라). 이제 사례를 열거하기보다 파업하는 노동자가 당면하는 몇몇 딜레마를 간단히 살펴보려 한다. 노동자는 일을 중단하거나 속도를 늦춰 고용주에게 피해를 입힘으로써 고용주가 요구를 받아들이도록 압력을 가한다. 정치적 이유나 한 나라의 정치체제에 반대하는 의미로 외국 상품에 대해 불매 운동을 할 때처럼 비경제적인 요구가 아니면, 파업 노동자는 공장을 떠나거나 문을 닫아 걸거나 점유할 수 있다. 미리 고지한 짧은 시간 동안 파업하거나(기습 파업), 무기한 파업을 시도할 수도 있다. 한 시설만 폐쇄할 수도 있고 한 사업체나 부문의 모든 시설을 동시에 폐쇄할 수도 있으며 많은 회사를 부추겨 잠깐의 조업 정지를 이어서 할 수도 있다(파상 파업). 물론 결과는 임금이 끊긴 노동자의 인내심과 판매 소득이 없어진 고용주의 인내심에 따라 결정된다. 역사적으로 지금까지 엄청나게 일어난 파업은 결과가 정해져 있지 않다는 사실을 보여준다. 고용주는 노동자보다 훨씬 부유하지만, 노동자는 저축한 돈을 포함해 모금이나 파업 기금 형식으로 연대하여 단합을 유지하는 한 방어력이 없지 않다. 노동자의 단합은 고용주가 파업 파괴자를 고용하는 경우에 가장 어려워진다. 파업 파괴자는 피켓 라인 앞에서 경찰의 적극적인 지원을 받는다.

중앙 집중화한 직장이 등장하고 증가하면서 파업을 조직하고 성공할 가능성이 훨씬 높아졌다. 스코틀랜드 의사이자 《제조업의 철학The Philosophy of Manufactures》(1835)의 저자 앤드루 유어Andrew Ure는 영국의 원시산업기 직조 노동자들이 "전국의 넓은 지역에 흩어져" 있고 "일감과 임금을 놓고 경쟁하는 사이"였기 때문에 "함께 무언가를 도모하거나 고용주에게 효과적으로 저항"하지 못했다고 말했다.[67] 곧 살펴보겠지만 그가 틀렸다. 19세기 후반부터 노동자들이 집중되고 국가 경제가 연결되면서 초국가적 갈등이 깊어졌다.[68] 이 현상은 제1·2차 세계대전 이후 몇 년간 두드러지게 뚜렷했는데, 세계의 다른 지역에서는 그 사이의 탈식민지화 시대에 다른 파업 물결이 나타났다. 앞에서 보았듯이, 이 물결은 노동자의 지위에 매우 중요한 영향을 미쳤다.

최근 몇십 년 동안은 패턴이 모호해졌다. 부유한 '핵심 국가'는 무기로서의 파업의 효과를 회의적으로 보는 반면, 1990년대 후반부터 중국 동부와 남부에서는 단체 행동이 증가하고 있다.[69] 주로 소작농 출신의 젊은 이주 노동자 층이 주도하는 이 파업은 정의상 노동조합이 조직한 파업은 아니다. 노동조합은 파업 노동자, 지배적 관여자인 정부, 고용주 사이에서 중재하는 역할만 한다.

일례를 보자. 2005년 여름 중국 다롄 개발 지구의 18개 회사에서 2만 명의 노동자가 파업에 들어갔다.[70] 한국 회사 한 곳을 제외한 모두가 일본 회사인 이 공장들은 봉급을 인상했고, 단기 계약과 조립 라인 속도 증가 등의 여러 관행을 폐지했다. 그러나 1982년에 중국 정부가 1975년 및 1978년의 헌법에서 보장했던 파업의 자유를 폐지했다는 사실을 고려하면, 파업 노동자들의 성공은 자명한 결과가 아니다. 다른 한편으로 중국 인민대표대회는 1990년에 '국제 노동 기준 이행을 촉진하기 위한 3자 협의'를 요구하는 국제 노동기구 협약 144호를 비준했다. 그러나 현실적으로 중국 노조는 정부에 전적으로 의존하기 때문에 이 협약을 실행하기가 매우 어렵다. 다롄의 노동자들은 파업을 시작하기 불과 몇 시간 전에 노동조합을 피할 수 있었다. 한 회사에서는 "아침에 누군가가 노조 사무실 문 밑으로 파업 의사를 밝히는 메모 한 장을 슬며시 밀어 넣었는데, 그러고 나서 4시간 후에 파업에 들어갔다." 다른 회사에서는 노조 간부단이 "파업에 참여하지 말라고 노동자들을 설득하러 기숙사를 돌아다녔지만 기숙사는 이미 텅 비어 있었다. 알고 보니 노조 간부단이 오니 '피하라'는 휴대전화 메시지가 노동자들에게 발송되었다."[71]

노동자를 위한 조직

길드와 그 유사 조직은 1800년 이후 대부분의 나라에서 자취를 감췄지만 현재까지도 완전히 사라지지는 않았다. 의사 협회처럼 고도의 기술을 갖춘 전문가의 폐쇄적 전국 조직을 예로 들 수 있다.[72] 이 오랜 조직 형태 (260~262쪽)와 단체 행동이라는 수단으로부터 부분적인 영감을 받아 협동조합, 상호공제조합, 노동조합을 비롯한 새로운 조직이 등장했다. 어느 나라에서 어느 시기에 이런 조직이 출현하는가는 단체를 결성할 수 있는 법적 가능성에 달려 있다.

상호공제조합과 협동조합

상호부조는 19세기에 새로이 출현한 현상은 아니다. 지난 5백 년 동안 수공인 길드는 예우를 갖춘 장례, 질병, 고령 및 크고 작은 사고 등에 드는 비용을 마련하기 위해 정교한 상호 원조 제도를 발달시켰다. 주로 수공인 장인에 관련된 전통이었지만 직인 길드나 유사 조직, 특히 몇 년이 지나도 장인이 될 가능성이 적은 직종에서 모방했다.

일반적인 상호부조 외에 상호보험이나 상호공제를 통해 돈이 필요한 회원에게 돌아가며 지급하는 방식도 있었다.[73] 이른바 로스카Rotating Savings and Credit Association, ROSCA(함께 저축 및 대출을 하기 위해 한시적으로 모인 집단. 오늘날의 P2P 금융과 P2P 대출이 결합한 성격을 띠었다-옮긴이)라고 불린 이 방식은 1960년경 모리셔스의 인도인 이주 노동자들이 사용한 다음의 사이클cycle 또는 시트sheet와 같은 기능을 했다.

남자든 여자든 한 사람이 친구와 이웃을 불러 모임을 만든다. 10명이 모였고 한 사람당 10루피씩 낸다고 치자. 그다음엔 제비뽑기를 해서 이긴 사람이 1백 루피를 가져간다. 때로는 모임을 조직한 사람이 자동으로 첫 '공동 기금'을 가져간다. 그다음 달이 되면 다시 10루피씩 내고 다음에 당첨된 회원이 1백 루피를 가져간다. 이런 식으로 모든 회원이 1백 루피씩 가져갈 때까지 10개월 동안 진행한다.[74]

또 다른 상호부조는 '맥주 파티'(360쪽)에서 살펴봤듯이 한 집단 안에서 혜택을 분배하는 것이다.

대부분의 로스카는 수익이 있든 없든 상호공제조합이나 협동조합과 달리 신뢰에 바탕하고 최소한의 관리만 필요했다. 이러한 특징 때문에 로스카나 이와 유사한 조직은 노동조합이 등한시한 이주 노동자의 인기를 얻었다. 상호보험에는 장기적인 시간이 필요하다. 의무 회원제인 길드가 이 점에 들어맞았다. 노동조합은 노동자의 가입을 법적으로 강제할 수 없었지만 부유한 국가에서 이 모델을 성공적으로 모방했고, 이후 복지국가가 기능의 대부분 또는 전부를 이어받았다.[75] 정도는 조금 약하지만, 경영진이 설립한 기업 기금, 상업적 기금 또는 의사 기금도 비슷한 역할을 했다. 담보물이 없는 빈곤층은 사채 때문에 채권자에게 의존하고 극단적인 경우 평생 채권자에게 구속되기도 했는데, 이런 점에서 상호공제조합은 사채의 유용한 대안이었다.

로마제국 시대와 중세 및 근대 초기 길드에 대한 기록에도 등장하는 상호공제조합은 임금노동 확대와 함께 빠르게 보급되었다. 한 도시의 동종 업계 노동자들이 회원으로 가입한 상호공제조합은 여러 기능을 담당하는 경우가 많았다. 상호보험 외에도 회원을 위해 말쑥한 차림으로 참석할 의무가 있는 장례를 치러주는 식으로 사교와 회원 간의 존경을 북돋웠다. 경제적으로는 소비자 협동조합 기능도 했다. 청원과 이따금의 파업으로 이익을 적극 옹호할 필요성이 시급해지면서 많은 조합이 노동조합으로 발전했다. 그러나 노동조합은 금지되는 경우가 종종 있었기 때문에 그러한 곳에서는 공제조합이 대안이 되었다. 주목할 만한 점은 상호공제조합은 빈민 구제 기능도 담당했기 때문에 금지된 적이 거의 없었다는 사실이다. 예를 들어 영국에서 상호공제조합은 일반적으로 '우애협회'로 불렸고 일찍이 1793년부터 인정되었다. 반면 노동조합은 1867년까지도 많은 장애에 직면해 있었다.

생산자 협동조합은 조합원에게 경영 참여권을 주고 이윤을 공유하는 민주적 조직이다.[76] 19세기 중반 수공인들이 잠시 결성했던 이 조직은 소작농과 농부 사이에서는 훨씬 제한적으로, 따라서 훨씬 성공적으로 이어졌다. 수공인들은 실업에 대처하거나 중개 단계를 없애기 위해 개인 단위의 생산 대신 공동 생산방식을 택할 수 있었다. 원재료, 도구, 기계를 공동으로 구매하고 수공품을 공동으로 판매하면 그럴 수 있었다. 가장 어려운 일은 결국 판매였다. 근면한 노동관을 추구하고 과도한 이윤 추구를 지양했는데도 불구하고 이 형식의 조합은 크게 성공하지 못했다.

서유럽 소농 사이에서 성공적이었던 것은 생산수단 공동 구매, 그리고 신용조합을 통한 저렴한 신용대출이었다. 19세기 독일의 사회개혁가로 자조 정신을 설파한 프리드리히 빌헬름 라이파이젠Friedrich Wilhelm Raiffeisen이 설립한 은행이 잘 알려진 사례다. 대부분의 유럽 국가와 다른 나라들도 그의 사상을 모방했다. 조합원의 저축을 모아 장기 저리 대출을 제공하던 초기 프로젝트는 나중에 씨앗과 비료, 기계류 같은 운영 자원을 공동 구매하고 수확물을 공동 저장하며 가장 유리한 시기에 상인의 중개 없이 공동 판매하는 방식으로 발전했다.

노동조합

장인 길드의 목적은 지역별 수공 자영업자의 이익을 옹호하는 것이었고, 상호공제조합의 목적은 대부분 노동자인 조합원의 개인적 위험을 줄여주는 것이었다. 노동조합은 일반적으로 임금 수준과 노동조건에 영향력을 행사하고 싶은 노동자들을 규합한다. 이러한 차이에도 불구하고, 18세기와 19세기의 전 세계 초창기 노동조합들은 선배 격인 길드 등의 장인 단체들로부터 많은 전술, 전략, 의식을 차용했고, 오랫동안 비슷한 단체 행동을 전개했다. 이 시기를 적절하게도 노동운동의 '장인 단계artisanal phase'라고 부른다.[77] 20세기 이전에 선배 격인 조직보다 노동조합이 많았던 곳은 서유럽의 몇몇 국가뿐이었다.[78]

노동조합이 기능할 수 있도록 해준 법적 체계는 뒤에서 설명할 것이다(436~438쪽). 여기서는 19세기의 끝 무렵에야 대부분의 국가가 노동조합을 허용했다는 사실만 기억하면 충분하다. 충분한 권리를 쟁취하기 전에는 노동조합이 폭력을 포함한 불법행위에 의지할 가능성이 훨씬 컸다. 1820~1860년대 맨체스터와 그 주변 지역의 벽돌공 조직은 고용주가 벽돌을 지역 밖에서 기존 가격 이하로 판매하는 것을 막기 위해 조합원만 고용하는 클로즈드숍 closed-shop 체제를 구축하려 했다. 그들의 목표는 공장 소유주가 조합원을 고용하고 벽돌 성형에 대한 작업량제 임금을 공정하게 지급하며, 필요한 경우 선불금을 지급하고 벽돌 성형이 불가능한 겨울철에는 점토 파내는 일에 고용하도록 강제하는 것이었다. 노조의 규칙에 동의할 생각이 없는 고용주에 대해서는 파업을 벌였고, 효과가 없으면 폭력도 불사했다. 성형 점토에 바늘이나 유리 조각을 몰래 넣거나 덜 구워진 벽돌을 부수거나 작업장을 불태우거나 공장에서 쓰는 말의 뒷다리 힘줄을 면도날로 잘랐다. 한 조합원의 말에서 알 수 있듯이 가끔은 문제가 더 악화되었다. "사장이 노조의 규칙을 위반하면 그에게 경고할 대표단이 임명되었고, 대표단이 경고한 후에도 규칙을 따르지 않거나 요청에 부응하지 않으면 총회가 소집되었다. 총회에서 이 사안을 논의한 우리는 한 방법만 남았다고 결정했다. 비조합원의 눈에는 불법으로 보일 방법이었다."[79] 이후 폭행, 독살 시도, 야간 방화, 총격 등이 일어났다. 심지어 1862년에는 순경이 살해되어 가해자들이 법정에서 유죄 판결을 받았고 그중 한 명이 처형되었다.

점점 더 많은 직인이 자신이 독립 장인이 되기 힘들다는 사실을 깨달으면서 기존 직인 조직을 발전시켜 노동조합을 시작했다. 이미 공장에서 일하는 사람들도 마찬가지였다. 랭커셔에서 뮬mule 정방기를 다루는 방적인이 조수를 직접 고용하고 훈련시킨 것을 보면 그들이 구체적인 작업량제 임금, 불황기의 노동시간 단축, 해고 시의 연공서열 규칙, 조정 절차 등에 대해 고용주와 합의하여 초기부터 노동 공급을 통제하고 업계를 효과적으로 노조화했음을 알 수 있다.[80] 초기의 많은 노동조합은 네덜란드 사회주의 노동조합운동의 요람에 있었던 다이아몬드 가공인 자영업자들과 같은 소규모 독립 수공인들도 단합시켰다.[81]

노동조합은 노조를 제한하던 법률이 폐지되면서 커질 수 있었다. 어디서나 토대는 동일한 업종이나 분야의 노동자 조직이었다. 서유럽 노동조합과 그 유사 조직은 1848년 전까지 수십 년 동안 첫 확산세를 보였다. 1848년에 노동문제보다 심각한 문제로 인해 발발한 혁명은 대부분 실망스럽게 끝났고 노동 활동도 소강기를 맞았다. 노동 활동은 40년 후에야 주로 사회주의의 기치 아래 다시 활기를 띠기 시작했다.[82] 이 시기에 서유럽에 전국 연맹을 결성하려는 시도가 성공했다. 처음에 업종별로 시작된 연맹은 이후 모든 경제 부문을 아우르며 많은 노동자를 규합했다.

또한 이 시기에 노사 관계의 본질에 관한 이데올로기가 성숙했다. 기본적인 입장은 두 가지였다. 첫 번째는 (주로 기독교) 노조원의 입장으로, 협력이 전진을 위한 최선의 방법이고 공개적 충돌은 예외적인 상황에만 필요하다고 생각했다.[83] 두 번째는 무정부주의자, 생디칼리스트Syndicalist(사업체를 내부 구성원이 소유하고 경영해야 한다고 믿는 사람들-옮긴이), 사회주의자들의 입장이다. 이들은 고용주와 노동자는 뚜렷이 다른 '계급'이어서 원칙적으로 이해관계가 상반되므로 계급투쟁이 필연적이라고 믿었다. 혁명적 생디칼리스트는 지속적인 게릴라전으로 '계급 전쟁'을 해야 한다고 선전한 반면 사회주의자는 노동조합 외에 정당도 조직하여 국가의 힘에도 의존하려 했다. 투표권이 노동자와 소규모 독립 생산자에게도 확대되면서 정치적 기회를 활용하려는 노동운동의 가능성이 높아졌다. 운동가들은 선거에 참여하고 승리하여 일단 권력을 쥐면 노동시장을 지배하는 규칙을 민주적으로 바꿀 수 있다고 믿었기 때문에 스스로를 사회민주주의자라고 불렀다. 20세기 초반에 사회주의로부터 분리해 나간 공산주의의 목표는 정부를 무력으로 장악하는 것이었다. 실제로 공산주의자들은 1919년 헝가리에서 일어난 133일간의 혁명 등 짧은 기간 동안, 또는 러시아에서는 70년 이상, 그리고 오늘날까지 공산당이 정권을 잡고 있는 중국에서는 더 오랫동안 목표 달성에 성공했다.

노사 간 이해관계 충돌의 본질에 대한 서로 다른 해석은 다른 형태의 조직과 치열한 경쟁을 낳았다. 노동조합주의의 초기 단계에는 동종 업계 노동자가 서로 다른 이데올로기 노선을 따라 노조를 조직할 가능성이 극히 적었으나 나중에는 전국적이고 국제적인 원칙이 되었다. 반대로 전국 조직은 이데올로기적 입장을 분명히 할 것을 지역 조직에 강요할 수 있었다. 무정부주의자와 생디칼리스트 노동조합은 제2차 세계대전 이전에 남유럽과 라틴아메리카에서 중요한 역할을 했다. 이데올로기 대립과 경쟁 의식은 노동조합주의를 분열시켰다. 멕시코에서는 1910년 혁명 이래 쟁취한 광범위한 노동권을 바탕으로 노동자 단체가 활발하게 조직되었고, 1940년에는 직조업 노동자들이 425개 지역 조합과 8개 전국 연맹에 가입한 상태였다.[84]

냉전이 깊어지자 공산주의와 사회주의 노동조합의 주요 경쟁자들이 출현했다. 사회주의 노동조합은 가톨릭 및 개신교 노동조합이 중요한 역할을 한 몇몇 나라에서 그들의 전술을 종종 모방했다. 제2차 세계대전 이후 사회민주주의자들이 계급투쟁의 신조를 '사회적 시장경제'의 신조(독일에서는 라인란트 모델이라고 불렀다)로 대체했기 때문에 가능해진 일이었다.[85] 미국노동연맹AFL 같은 노동조합도 점점 더 비정치적이 되었다.

이전의 길드나 상호공제조합 등과 마찬가지로 전 세계적 노동조합주의도 모방을 통해 발달하고 전파되었다. 이 점에서 이주 노동자, 특히 선원들이 중요한 역할을 했다. 백인 정착 식민지 외에 열대 식민지에서도 노동자가 다른 열대 식민지 노동자를 모방하기도 했고, 그 밖에 하향식으로도 주장이 전파되었다. 그 형식은 선교사의 열성을 지닌 공산주의 조직, 사회주의 조직, 기독교 조직, 전국 조직, 다국적 조직, 그리고 사회주의·공산주의 인터내셔널 같은 초국가적 조직 등으로 다양했다. 또한 교황 레오 13세가 발표한 회칙 〈노동 헌장Rerum Novarum〉과 발표 40주년을 기념해 교황 비오 11세가 발표한 회칙 〈40주년(콰드라제시모 안노Quadragesimo Anno)〉(1931)처럼 종교적 영감에 바탕한 운동일 수도 있었다.

목표를 위해 다양한 전략을 활용하고 많은 전술을 구사하는 노동조합주의의 핵심은 단체 노동협약을 목표로 하는, 임금과 노동조건에 관한 단체교섭이다. 그러기 위해서는 상당한 외교술이 필요하지만 궁극적 교섭 수단인 파업으로 위협할 수도 있었다. 결국 위협을 가하면, 노조의 의지를 관철하는 한편 조합원을 통제할 수 있는 노동조합의 능력이 궁극적인 시험대에 오른다. 노동조합이 고용주에게 노조 가입을 고용조건으로 정하도록 강요할 수 있다면 '클로즈드숍' 체제라고 할 수 있다.[86] 수공인 길드가 실행했던 방식이다. 실제로 클로즈드숍 체제는 19세기 유럽과 더 근래에는 영국 숙련 수공인 사이에 인기가 있었고 성공적으로 실행되었다.

노동자의 단결은 당연히 고용주의 단결을 자극했다. 종래에 경쟁 관계였던 고용주들은 단체 행동과 노동자들의 압력에 맞서는 하나의 전략으로서 단체교섭을 시도했고, 어느 쪽을 편들지 선택하도록 지방정부나 중앙정부를 압박했다. 오랫동안 정치인과 고용주는 대체로 같은 계층에 속했기 때문에 노동자보다 고용주가 자신의 조건을 실현할 가능성이 훨씬 컸다. 전략 중에는 공장이나 회사에 기반한 노동조합을 만들어 노동자가 통제하는 노조와 경쟁하게 하는 방법도 있었다.

　　고용주가 조직한 노동조합을 황색노조라고 부른다. 이보다 극단적인 것은 황견계약을 강요하는 방법으로, 특히 제1·2차 세계대전 사이에 미국에서 널리 사용되었다. 그러나 뉴딜 정책의 새로운 제도 덕분에 노동조합은 이후 수십 년 동안 꽃을 피웠다. 클로즈드숍 체제와 상극인 황견계약은 "노동자가 고용조건으로 고용 기간 동안 노동조합에 가입하지 않거나, 노동조합 가입에 따른 정식 권리인 단체교섭이나 파업 같은 특정 활동에 가담하지 않겠다고 약속하는 것이다."[87] 전후 일본과 한국에서도 어용노조를 조직한 고용주와 노동자가 격렬하게 갈등했다. 심지어 한국 조선업의 여러 노조원은 노조의 독립성을 지키고 분쟁에서 이기기 위한 마지막 시도로 자살하기도 했다. 그중 한진중공업의 한 직원(금속노조 한진중공업지회 김주익 지회장-옮긴이)은 2003년 6월 11일부터 10월 17일까지 부산 부두의 지상 35미터 높이에 있는 85번 크레인을 점거하고 농성을 벌였다. 그는 유서에 다음과 같이 적었다.

　　경영진은 지금 자신들이 빼 든 칼에 묻힐 피를 원하는 것 같다. 그래, 당신들이 나의 목숨을 원한다면 기꺼이 제물로 바치겠다. 하지만 이 투쟁은 반드시 승리해야만 한다. 잘못은 자신들이 저질러놓고 적반하장으로 우리에게 손해배상 가압류에 고소 고발에 구속에 해고까지. 노동조합을 식물 노조로, 노동자를 식물인간으로 만들려는 노무 정책을 이 투쟁을 통해 바꿔내지 못하면 우리 모두는 벼랑 아래로 떨어지고 말 것이다. 그렇기 때문에 어떤 일이 있더라도 승리할 때까지 이번 투쟁은 계속되어야 할 것이다. 그동안 부족한 나를 믿고 함께해준 모든 동지에게 고맙고 또 미안할 따름이다.[88]

하나 또는 여러 지역의 공장 소유주를 상대하는 지역 노조들의 협력은 전국 연맹으로 발전했다. 전국 연맹의 목표는 적어도 임금 수준이 지역별로 크게 다르지 않도록 하는 전국적 차원의 단체교섭이었다.[89] 이런 식으로 특정 노동자 집단에서 노동 및 급여 조건을 두고 벌이는 경쟁을 없앨 수 있었다. 그다음 단계는 경제권 공유, 사업 결정 및 전략 구상에 직원도 참여하도록 하는 회사 차원의 '사회적 소유'였다. 스칸디나비아 국가와 독일이 복지국가의 번영기 동안 이 모델을 모범적으로 시행했다.[90]

지난 2백 년 동안 이 모든 협상의 결과로 노조가 발달하고 성공한 나라의 임금노동자들은 여러 이유로 노조가 성공하지 못한 나라에 비해 위치가 훨씬 높아졌다. 한 나라 안의 특정 부문에서도 같은 결과가 나타났는데, 인도가 가장 뚜렷한 예다. 인도 노동조합과 단체교섭은 전체 임금노동자의 7~8퍼센트만 차지하는 '공식' 부문에 한정된다. 임금과 사회보장은 '비공식'이나 '비조직화' 부문보다 공식 부문이 훨씬 높다.[91]

제1·2차 세계대전 이후의 전 세계적 파업 물결은 노동조합화 성공과 노조 조직률과 어느 정도 맞물려 있었다. 노조 가입률과 조직률은 1950년대와 1960년대에 가장 높았으나 성공은 오래 가지 못했고, 지난 반세기 동안 전 세계적으로 감소하고 있다. 이유는 다양하다. 경제 부문과 산업 분야에 따라 다르지만, 주된 요인은 정치 구조 변화와 세계화, 노조 간부의 직업화에 따른 일반 조합원과의 괴리, 회사의 불연속성과 그로 인한 조합의 전문성과 전통 상실, 부유한 나라의 산업 중심이 제조업에서 서비스업으로 이행한 결과 증가한 노동력의 이질성과 임시직[92] 등이다(자세한 내용은 463쪽 참고).

조직의 성공에 따른 불가피한 결과로 노조 간부는 전일제 유급 직원으로 직업화했고, 내부 관계는 더 익명화되었다. 특히 단체교섭은 노조 간부와 일반 조합원의 내부 갈등을 불러일으킬 수 있었다. 어쨌거나 고용주든 노조든 양측 협상자는 합의 기간 동안 계약 내용을 준수하도록 내부를 확실히 통제할 수 있어야 한다. 직업 노조 간부에게 불만이 있는 일반 조합원은 더 나은 계약 조건을 위해 이른바 '살쾡이 파업wildcat strikes'(노조 지도부가 인정하지 않은 비공식적 파업-옮긴이)을 벌일 수도 있다.[93]

부유한 나라에서 노동조합이 쇠퇴한 이유 중 하나는 기업이 공장과 광산을 폐업하고 저임금 국가로 이전한 탓도 있다. 1969~1976년에 미국에서 약 10만 개의 제조 공장이 문을 닫으면서 2,230만 개의 일자리가 사라졌다.[94] 가수 브루스 스프링스틴Bruce Springsteen은 1984년 〈마이 홈타운My Hometown〉에서 한 직조 공장의 폐업을 노래하며 깊은 좌절감을 표현했다. 영국 노동운동가인 싱어송라이터 이완 매콜Ewan MacColl도 1960년 〈마이너스 와이프Miner's Wife〉에서 영국 석탄 광부의 현실을 통탄했다. 이러한 문제는 북대서양 정치에서 중요한 과제로 남아 있다.

물론 새로운 일자리는 끊임없이 창출되고 있다. 요점은 노조 조직이 탄탄했던 구시대 공장들이 수 세대에 걸쳐 쌓은 경험이 사라졌다는 사실이다. 예를 들어 영국 정부의 탄광 폐쇄에 대항해 아서 스카길Arthur Scargill이 1년 동안 강행한 전국탄광노조 파업 같은 절박한 방어적 단체 행동 속에서 상실되었다. 다른 나라의 새로운 공장에서는 임금노동자와 경영진이 권력관계와 관련해 새로운 학습 과정을 거의 처음부터 다시 시작해야 했다. 게다가 공장이 하도급 업체로 아웃소싱함에 따라 임금노동자는 노조 경험을 쌓을 만큼 회사 생활을 오래 하기가 어려워졌다.

노동조합이 쇠퇴한 또 다른 이유는 1960년대부터 이들 국가에서 노동력이 이질적으로 변했기 때문이다.[95] 예를 들어 미국에서는 여성, 이민자, 아프리카계 미국인이 토착 백인 남성이 지배적이었던 영역에 진입했다.[96] 백인 남성들의 노조는 임금이 삭감될까 봐 경계했고, 새로운 노동자 집단이 더 열악한 노동조건에도 만족하리라고 의심했다. 이러한 태도는 전쟁 이전에 고용주가 이민자를 파업 파괴자로 이용했던 경향 때문에 더 악화했다. 새로운 집단을 문화적 외국인으로 인식하고 배척하는 경향은 노조를 약하게 만들었다. 해고 수당과 관련해 연공서열을 옹호한 노조의 주장은 장기 근속한 조합원에게 유리한 반면 젊은 층과 다른 외부인을 소외시켰다.

전통적 노조 입장에서는 이민자, 소수민족, 여성 노동자를 적극 받아들이기가 쉽지 않았다. 오스트리아 사회민주당원 아돌프 브라운Adolf Braun은 1914년 다음과 같이 말했다.

남성 노동자는 정해진 시간에 일을 시작하고 끝내고 쉬는 반면 여성 노동자의 근무시간은 매우 자주, 심지어 원칙이라고 할 수 있을 정도로 무제한이다. 여성이 공장에서 정해진 일을 마치고 집으로 돌아오면 몇 배나 많은 일들이 기다리고 있다. 대부분 청소, 옷 입히기, 요리 등 남편과 자녀, 세들어 사는 사람, 하숙인 등을 위한 일이다. 퇴근 후 집에 오는 길, 회의가 끝난 후 어둡고 먼 길을 걸어 집으로 오는 것은 남성 노동자에게는 문제가 아니지만 여성 노동자에게는 문제가된다. 이것이 바로 여성 노동자가 산별 노조 회원이 되어도 남성 노동자보다 적극 참여하기 어려운 이유다.[97]

물론 구조적 이유 외에 정치체제도 중요하다. 노조 가입률은 집권 정당의 성격, 정당이 고용주 및 노동자와 협력하는 정도에 따라 국가마다 크게 다르다. 정부 내 좌익 정치인의 존재, 실업수당에 대한 노조의 관여, 노조화가 가능한 산업의 노동력 규모가 이 차이를 설명한다. 1980년경 노조 가입률이 가장 높았던 나라는 스웨덴, 덴마크, 핀란드였다(80퍼센트 이상). 아이슬란드, 벨기에, 아일랜드, 노르웨이, 오스트리아와 오스트레일리아는 50~79퍼센트였고 영국, 캐나다, 이탈리아, 스위스, 서독, 네덜란드, 일본은 20~49퍼센트에 불과했으며, 가입률이 가장 낮은 국가는 미국과 프랑스로 20퍼센트 미만이었다.[98] 때로는 더 특이한 상황이 국가 간 차이를 설명해준다. 프랑스의 노조 가입률은 변동이 심한데, 파업이 없을 때는 노동자들이 탈퇴했다가 갈등이 깊어지면 다시 가입하기가 쉽기 때문이다.

이 수치는 또한 국가정책이 어떻게 노조의 수명에 영향을 미치는지를 보여준다.[99] 스칸디나비아처럼 중요한(특히 실업수당과 관련한) 집행 기능을 노조에 위임하는 복지국가는 자연스럽게 노조 가입률이 높다. 그렇지 않은 서유럽 대부분의 국가는 수치가 훨씬 낮다. 특히 단체협약의 일반적 구속력이 노조에 가입하려는 의욕을 저해한다. 일례로 네덜란드에서는 무임승차자든 충성스럽고 회원비를 꼬박꼬박 내는 조합원이든 똑같이 노조로부터 매력적인 제안을 받기 때문이다. 근래 몇십 년 동안에는 하도급, 임시직 직원 알선 기관, 복잡한 급여 체계가 확대되면서 1850~1980년 노동 현장의 지배적 형태였던 공장에서보다 노조의 일이 훨씬 어려워졌다.

여기에 국가까지 노조를 방해하거나 억압하면 노조 가입률은 더 낮아진다. 독재 체제는 독립적 조직으로서의 노조를 금지했고 여전히 금지하고 있다. 금지되지 않더라도 이탈리아 파시즘 정권과 독일 국가사회주의의 협동조합주의 방식(국가가 고용주와 노동자의 협동을 강제했다), 또는 스탈린주의 소련의 공산주의에서처럼 노조가 국가에 포섭되었다. 최근 라틴아메리카, 유럽 및 아랍 국가의 군사정권은 노조를 폐지하고 간부와 조합원을 투옥하거나, 엄격한 통제를 받는 어용노조를 만들었다. 새로운 중앙집권적 지도부 아래에서도 어용노조(황색노조)는 하나의 문화적 역할을 하겠지만 노동관계를 공동으로 결정하는 노조의 본질적인 독립적 기능을 수행할 수는 없다.[100]

미국의 낮은 노조 가입률은 다른 나라에서 나타나는 많은 구조적 요인 외에도 인종차별과 여러 차례의 저지, 방해, 억압의 결과다.[101] 미국의 노동조합주의는 경험 있는 이민자들과 19세기 후반의 노동 기사단Knights of Labor(1869년 창립되어 농부, 상점 주인, 노동자들 사이에 협동조합을 전파했다)의 성공적인 활동 덕분에 일찍 시작되었다. 고용주는 종종 행정 당국과 긴밀히 협조하며 법적 대응, 스파이 행위, 폭력, 테러를 포함한 심각한 방법으로 대처했다. 가장 악명 높은 예는 홈스테드의 카네기 제철소에서 일어난 1892년 파업일 것이다. 당시 제철소를 관리하던 헨리 클레이 프릭Henry Clay Frick은 핑커톤 전미탐정사무소의 무장 경호원 3백 명을 불렀고, 노조 진압에 실패하자 펜실베이니아 민병대 8천 명을 더 불렀다. 그들은 95일 동안 머물면서 파업 파괴자의 도움을 받아 프릭의 승리를 얻어냈다. 노동자 투쟁 사례는 제1차 세계대전부터 1930년대까지 노조의 권리를 와그너법Wagner Act(뉴딜 정책의 일환으로 제정된 전국 노동관계법-옮긴이)(1935)이 확인하고 확대한 시기에 많아졌다. 그러나 이 성과 중 다수가 1947년 태프트-하틀리법Taft-Hartley Act(노동조합의 부당노동행위로부터 사용자를 보호하는 규정을 담고 있다-옮긴이)과 이후의 매카시즘(1950년대에 일어난 반공 운동-옮긴이)으로 위축되었다. 한때 강력했던 노동운동은 이제 숙련노동자가 작업 현장에서 벌이는 행위로 축소되었다.

나는 여기서 노동조합 국제주의의 역사를 되풀이하지는 않을 것이다. 그 대신 특정 측면을 언급하려 한다. 노동조합 국제주의가 노동법규, 즉 노동조건에 관해 국경을 초월해 전 세계적으로 미친 영향력이다. 노동에 관한 여러 국제 협력 중 가장 성공적인 사례는 1919년에 창설된 국제노동기구다.[102] 이 기구는 노동자 간의 초국가적이고 국제적인 협력의 오랜 전통 위에 설립되었다. 그 시작은 프랑스의 콩파뇨나주 또는 독일의 반더브루셴Wanderburschen처럼 도시를 이으며 순회하는 직인을 위한 조직이었다. 19세기에는 선원처럼 국경을 넘나드는 이주 노동자들이 다른 조직 형태를 만들었다(이주 노동자와 선원에 대해서는 264~267쪽 참고). 이러한 협력의 목적은 외국에서 파업 파괴자가 들어오는 것을 막고(1901~1904년 스페인 갈리시아와 포르투갈 북부에서 성공적으로 실행되었다) 국가 간 동종 산업 노동자의 경쟁을 줄이는 것이었다. 협력은 다소 방어적이었지만, 다른 나라에서 동일한 다국적기업을 위해 일하는 노동자들이 서로에게서 배우는 기회가 되었다. 예를 들어 1990년대에 국제금속공연맹IMF은 5백 곳이 넘는 회사의 파일을 관리했다.[103]

많은 '인터내셔널'이 유명하지만 그 효과는 회원의 사기를 진작하는 정도에서 조직된 혁명까지 다양하다. 런던에 기반한 만국민주우애회Democratic Friends of All Nations(1844~1848/1853) 같은 몇몇 단체에 이어 설립된 제1인터내셔널(1864~1876, 정식 명칭은 국제노동자협회International Working Men's Association)은 규모가 작았다. 제2인터내셔널(1889~1916)은 세계 각국에 많은 회원을 두었고 훨씬 오래 지속되었다. 그러나 많은 사안에서 깊이 분열했는데, 사상뿐만 아니라(사회주의 대 무정부주의) 1904년과 1907년 노동자 대회의 국제 이주 노동에 대한 논의에서 분명히 드러났듯 현실적 문제에서도 분열했다. 국제적 연대라는 드높은 이상에도 불구하고 백인 정착 식민지의 성공적인 노조와 노동당은 '유색인'의 자유로운 이주를 정면으로 반대했다. 더 나아가 식민지 주민에 대한 인종차별주의가 노동운동에 만연했다. 이러한 현상은 20세기 들어서도 한참 동안, 심지어 노동운동이 탈식민지화를 옹호한 이후까지도 지속되었다.[104] 1914년의 운명적인 여름에 바라본 유럽 각국 노동조직의 연대는 이전에 생각했던 것보다 훨씬 피상적이었다.

노동조합과 정당이 '인터내셔널'을 통해 단결한 반면 1903년에 북대서양 사회주의 노동조합원들이 전국노동조합연맹사무국Secretariat of National Trade Union Confederation을 별개로 설립했다. 1913년 이 단체는 국제노동조합연맹International Federation of Trade Unions, IFTU으로 이름을 바꾸었고, 1949년에 국제자유노동조합연맹International Confederation of Free Trade Unions, ICFTU으로 이어졌다. 이 단체들은 유사한 생디칼리스트, 기독교인, 공산주의 전국노동조합연맹들과 경쟁했다.

특정 산업 부문 노조들이 모였든, 이데올로기를 공유하는 모든 회원제 조직이 모였든 상관 없이 이 모든 국제조직의 목표는 여론에 영향을 미치는 것이었고, 많은 조직이 정부에 직접 호소했다. 제1차 세계대전 이후 창설된 국제연맹과 이후의 국제연합이 이러한 시도의 초점이 되었다. 베르사유 조약의 일환으로 1919년에 설립된 국제노동기구는 "평화는 사회정의에 기초할 때만 정착될 수 있다"라고 선언했다. '러시아의 오랜 그늘'에서 벗어나고 싶었던 주요 정치인들이 국제 노동조합운동의 유용성에 설득된 것도 도움이 되었다.[105] 노동조합과 달리 국제노동기구는 파업을 교섭 수단으로 사용할 수 없지만 창설 후 한 달 만에 워싱턴협약을 통해 민주적으로 하루 8시간 노동, 주당 48시간 노동 등의 기준에 대한 법률을 채택하자고 회원국들을 설득하기 시작했다.[106] 노예노동과 노예무역에 대한 조처도 주요 성과 중 하나다.

일과 국가

노동관계 변화, 관련자들의 개인적·집단적 전략(두 유형 모두 '즉흥적' 전략과 상설 조직을 통한 전략 포함)의 변화로 인해 지난 2백 년 동안 사회의 성격이 급격하게 바뀌었다. 주로 가구 중심이던 노동이 공공의 영역으로 옮겨 가면서 더 많은 규칙이 필요해졌다. 노동 관련 법률과 규정도 끊임없이 조정되어야 했다.[107] 지방정부를 희생한 대가로 민족국가가 지배적인 위치에 올랐다. 결국 국가 법률과 규정도 노예무역과 노예제 폐지 운동 등의 국제 협약과 다국적 협약으로 이행했다. 나라마다 국립 법률 학교가 등장하고 민주화하는 과정이 달랐기 때문에 법률과 규정이 크게 달랐고, 그 결과 나무만 보고 숲을 보지 못하는 경우도 많다.

이 거대한 다양성 속에서도 앵글로색슨 계열과 유럽 대륙 계열의 두 전통이 두드러진다. 앵글로색슨 계열의 전통에서 법은 두 종류로 구분된다. 하나는 1349년으로 거슬러 올라가 정부와 민중의 대표가 결정한 성문법에 바탕하여 지금까지도 유의미한 노동법규다. 다른 하나는 16세기 말로 거슬러 올라가 법리를 바탕으로 판사들이 내리는 판결로 성립하고 훨씬 비중이 높은 보통법이다.[108] 프랑스혁명 이후 유럽 대륙에서는 체계적으로 성문화된 국가법이 이전 지방법과 지방법에 바탕한 법원의 판례를 갈음했다. 헌법과 더불어 민법, 형법, 상법전, 노동법전, 군사법전 등의 개별 법전이 국가법을 수호했다. 영국의 식민지는 처음에는 모국의 체계를 따랐고, 나중에 미국과 오스트레일리아를 비롯한 여러 나라가 여기에 유럽 대륙의 성문법 모델을 결합했다. 이 변화는 자영업자 소송인, (개인과 집단 모두인) 임금노동자, 고용주, 이들 각각의 법적 자문(규모가 큰 노조는 법률 부서를 갖추고 있다)에 중대한 의미가 있다.

그럼에도 불구하고 지난 2백 년 동안 북대서양 국가와 그 파생 국가들, 그리고 지난 반세기 동안 넓어지는 반경에서 하나의 거대한 물결이 일었다. 앙시앵레짐(구체제)의 규제와 (가구, 영지, 길드 등의) 조합화가 19세기 전반의 탈규제와 탈조합화를 거쳐 그다음 세기에 재규제화와 재조합화로 갔다가, 20세기 말부터 탈규제와 탈조합화가 반복되는 현상이다.[109] 2008년 금융 위기에서 생겨난 진자가 이제 코로나 대유행의 영향 속에서 반대쪽으로 움직일 수도 있다. 얼마나 오래 지속될지는 모르지만 말이다.

탈조합화에서 가구와 관련해 주목할 만한 점은 19세기 말부터 가구가 재조합화하지 않았다는 사실이다. 가장 작은 노동 단위로서의 가구는 확실하게 힘을 잃었다. 이 모든 것은 가구 내 노동, 자영업자, 임금노동자에게 어떤 결과를 가져다 주었을까? 6장에서 다뤘듯이, 가구와 자영업자에 비해 비중이 높아지고 있는 임금노동자 집단이 가장 많은 관심을 받을 것이다. 앞에서 무자유노동에 관한 법률을 간략하게 다루었으므로 여기서는 생략하겠다.

처음에 주로 가구 안에서 정해진 노동관계, 즉 가장과 배우자, 다른 성인과 아이들, 그리고 노예의 관계는 공적 법률과 규정에 따라 바뀌었다. 특히 아동노동에 대한 논쟁에서 명백히 드러난다. 국가는 가정에서 부모의 법적 권한이자 의무인 양육을 대신할 수 있는가? 19세기에는 답이 자명하지 않았다. 1877~1878년 아동노동 보호 법률에 대한 논쟁에서 벨기에의 한 의회 의원은 다음과 같이 단호하게 반대했다.

> 노동자는 또한 아버지이기도 합니다. 국가는 국민을 위해 치유 기술이나 약을 만드는 기술 같은 특정 직업을 규율할 수 있습니다. 국가는 곤충을 잡아먹는 새가 죽임을 당하지 않도록, 집에서 기르는 동물이 학대받지 않도록 보호할 수 있습니다. 그러나 국가가 우리 자신을 건드리지 않고는 절대 손댈 수 없는 하나의 존재가 있습니다. 바로 영혼의 모든 가닥으로 하나로 묶여 있는 우리의 아이입니다.[110]

세기가 바뀔 무렵 이 논쟁은 보호법에 유리한 쪽으로 기울었다. 그러나 아내, 그리고 아내의 노동과 수입에 대한 남편의 권한이 축소되기까지는 한 세기를 더 기다려야 했다.

한편 교육이 개인뿐 아니라 국가 경제 전체에 도움이 된다는 견해에 대해서는 논란이 적었다.[111] 19세기 미국에서는 초등교육이 성공하여 노동생산성이 높아졌다. 물론 구대륙에서 건너온 젊고 야심 찬 이민자 코호트의 효과를 과소평가할 수 없다. 영국의 노동생산성이 상승한 시기는 1900년경이었고, 프랑스와 독일은 그보다 늦었다. 프랑스와 독일은 제1·2차 세계대전의 파괴적인 여파로 1960년대에야 영국을 추월했고, 1980년대에 미국의 노동생산성을 따라잡으면서 제너럴모터스, 포드, 크라이슬러의 나라 미국을 제치고 선두로 나섰다.

상황이 이렇게 전개된 원인은 교육 때문이었다. 미국은 1945년경 중등 보통교육을 달성하기 직전까지 갔고 이후에도 고등교육을 확대했으나, 우수한 대학을 사립화함에 따라 대학 문턱이 높아지면서 결국 일본의 일반 교육 수준에 밀리고 말았다. 미국의 초등교육 및 중등교육 부문에 존재하는 차이는 보통 수준인 반면(영국은 차이가 더 적다), 1980년대와 1990년대 이래 미국의 돈 많은 사립대학과 공립대학의 교육은 격차가 크다.

일본은 일반 기술을 강조하는 전국적이고 폭넓은 교육제도 덕분에 미국의 관리자 모델에 대한 대안을 발달시킬 수 있었다. 일본 기업들은 생산 현장에서 발생하는 문제를 감지하고 즉시 수정할 수 있는 현장 노동자의 능력을 믿을 수 있었고 기꺼이 믿으려 했다. 캐나다 경제학자 윌리엄 래조닉William Lazonick은 미국 관리자는 숙련된 현장 노동자의 독립적 판단을 위협으로 보는 경향이 있는 반면 일본 관리자는 기꺼워한다고 말했다. 이것이 (이민자가 극히 적다는 사실과 더불어) 일본의 성공적인 수출산업에서 '샐러리맨', 즉 회사에 온전히 헌신하며 평생 고용이 보장된 정규직 노동자가 나타날 수 있었던 요인이다. 일본 노동법은 이 모델을 수용했다. 그러나 여기에 한 가지 단서가 붙는다는 것을 잊지 말아야 한다. 19세기 영국 성인 남성 직조 노동자의 성공에서 여성과 아이들이 배제되었던 것처럼, 일본 여성도 대체로 '부차적 노동력'으로 기능했다.[112]

여러 나라 정부가 수 세기에 걸쳐 상업적 관행을 규제하는 경험을 쌓는 동안 자영업자는 크게 변화하지 않았다. 나라에 따라 길드의 독점이 폐지되면서 시장에서 계약하고 경쟁할 자유가 모든 개인에게 공평하게 주어진 듯했지만 그렇게 간단하지는 않았다. 예를 들어 공유지를 분배받을 기회를 자주 놓쳤던 소농을 생각해보라. 또한 토지 임대, 사업장 대여, 고리대금업 방지와 관련해 여전히 조직해야 할 것이 많았다.[113]

이제 가장 많이 변화한 범주인 임금노동자를 다시 살펴보자. 역사적으로는 이들을 3단계로 구분할 수 있다. 먼저 1800년경 협동조합적 질서가 붕괴하고 순수한 시장 질서가 들어서면서 노동계약이 신성시된 단계, 그다음으로 19세기 동안 노동자들이 더 형평성 있는 노동계약을 맺고 단결권과 파업권을 획득하려 한 단계(443쪽 참고), 마지막으로, 20세기에 복지국가 형태로 국가가 노사와 나란히 적극적인 역할을 담당하기 시작한 단계다. 복지국가의 역할이 부분적으로 약해진 20세기 말 이후도 이 단계에 포함된다.

협동조합주의와 시장

모든 성인 남성 시민의 자유와 평등을 선포한 프랑스혁명은 영지와 조합이 부과한 모든 제약으로부터 사람을 해방시키고자 했다.[114] 1791년 3월 길드 폐지의 토대가 된 심의에서 조사 위원을 맡았던 알라르데d'Allarde에 따르면 "일할 수 있는 능력은 사람의 가장 중요한 권리 중 하나다. 이 권리는 그의 재산이고 의심의 여지 없이 법규에 따라 무효화할 수 없는 가장 중요하고 신성한 재산이다." 그러나 인쇄공, 목수, 편자공이 새로이 획득한 정치적 집회결사의 자유를 이용해 임금 삭감에 저항하자 알라르데의 동료 의원 르 샤플리에르Le Chapelier는 진정한 자유를 가능케 하는 높은 임금이 필요하다고 인정하면서도, "노동임금을 인상하려는 노동자 조직과 임금을 삭감하려는 사업가 조직"을 금지해야 한다는 급진적인 주장을 펼쳤다. 그는 자신의 모순적 견해를 다음과 같이 설명한다.

> 집회의 권리는 당연히 모든 시민에게 인정되어야 하지만, 특정 직업을 가진 시민들이 공통 이익을 주장하는 모임을 허용해서는 안 된다. 국가는 더 이상 조합이 아니며, 오로지 남는 것은 각 개인의 사적 이익과 공공의 이익뿐이다. 더 이상 그 누구도 시민을 소외시키고 중개를 목적으로 하거나 조합 정신을 명분으로 하는 운동을 벌일 수 없다. 우리는 노동시간에 대한 개인 간의 자유로운 합의 원칙을 복구해야 한다. 노동자 각각은 고용주와 맺은 합의를 이행할 책임이 있다.[115]

프랑스혁명의 원칙에 바탕하지는 않았으나 19세기 앵글로색슨계 전통도 고용주와 피고용인의 관계를 두 개인이 일정 시간 동안 서비스를 제공하고 그 대금을 지급하기로 합의한 계약의 가장 기초적인 원칙으로 축소하려

했다. 1875년 영국 판사 조지 제슬 경Sir George Jessel의 말을 빌리면 두 개인은 "성년이 되었고 계약 내용을 이해할 수 있으며 자유롭고 자발적으로 계약하는" 사람이다.[116] 30년 후 뉴욕주가 제빵사의 최대 노동시간을 규정한 것이 헌법상의 권한을 넘어선 행위인가와 관련해 미국 대법원의 페컴Peckham 판사도 판결에서 동일한 원칙을 비슷하게 표현했다. 그는 국가의 간섭은 "공공의 안전, 건강, 윤리, 복지"를 위한 경우만으로 엄격하게 제한되어야 한다고 말하는 한편 이렇게도 언급했다.

깨끗하고 건강에 좋은 빵은 제빵사가 하루에 10시간만 일하든 일주일에 60시간만 일하든 시간과 아무런 상관이 없다. 우리 법관들이 판단할 때, 제빵사가 일할 수 있는 시간과 빵의 건강상의 품질 사이에 연관성을 발견하기란 사실상 불가능하다. 하나의 계층으로서 제빵사의 지능이나 능력이 다른 직업인이나 육체노동자와 동등하지 않다고 볼 근거도 없고, 국가가 그들의 판단과 행위의 독립성에 간섭하고 보호하지 않으면 자신의 권리를 주장하고 돌볼 수 없다고 볼 근거도 없다. 어떤 의미에서도 제빵사는 국가의 피보호자가 아니다.[117]

공정한 시장을 위한 노력

그러나 현실에서 임금노동자와 고용주는 전혀 동등하지 않았다. 엄격하게 공식적인 이유에서도 동등하지 않았고, 특히 앵글로색슨 전통에서는 더더욱 그렇지 않았다. 1867년까지도 영국 노동자는 계약을 위반하면 형사처벌을 받아야 했는데 고용인에게는 적용되지 않았다! 이것은 노동조합의 단체 행동에 심각한 장애물이었다. 1844년에 영국 북부 석탄 지대에서 일어난 대파업에서 예를 볼 수 있다.

노섬버랜드 소재 래드클리프 탄광의 인력 알선인들은 나이 든 탄갱부를 대체할 콘월 지방 출신 광부 32명을 거짓말로 속이고 데려와 12개월 동안 하루에

4실링씩 주고 일하게 했다. 한 달이 지나고 감독관이 이들에게 통 한 개당 4페니를 준다고 하자 네 명을 제외한 모두가 도주했다. 도망친 콘월 남자들을 잡아 오는 데 현상금 50파운드가 걸렸다. 뉴캐슬 경찰이 범인 추적대와 함께 도망자 중 네 명을 잡아서 마차에 싣고 앰블로 왔다. 그 불쌍한 사람들은 월요일 밤부터 간혀 있다가 화요일 밤에 탈출을 시도해 성공했다. 처음에 함께 탈출했던 다른 사람들은 노스실즈 경찰에 의해 체포되었다. 그들을 앤머스를 지나 애닉으로 호송하기 위해 경찰대와 특별 경찰관을 태운 증기 보트가 파견되었다.[118]

이러한 장애물에도 불구하고, 영국 산업의 중심인 방직업 노조는 자신들에게는 결사 금지법이 존재하지 않는다는 듯 고용주와의 특이한 합의에 성공했다.

대조적으로 프랑스의 민법(1781조)은 계약 위반에 대한 형사적 처벌을 규정하지 않았다. 다만 고용주의 말만 진실로 인정하고, 노동자가 법원 심리에 증인을 부를 권리를 인정하지 않았다.[119] 또 다른 측면에서도 프랑스와 이를 모방한 많은 유럽 대륙 국가의 노동자는 영국해협 건너의 형제 국가보다 많은 자유를 누렸다. 영국에서 돈을 갚지 못한 채무자는 엄격하게 기소되었고, 채무자 전용 감옥에 투옥되거나 북아메리카 혹은 오스트레일리아로 유배되었다(354쪽 참고).[120] 이와 달리 프랑스와 다수의 유럽 대륙 국가는 채무를 형사 범죄가 아닌 상업적인 문제로 정의했다. 노동자는 이전 고용주의 추천 기록이 나열된 근로 허가증인 고용 장부livret ouvrier를 의무적으로 지녀야 했다. 1749년 앙시앵레짐에서 도입된 고용 장부는 1803년에 재도입되면서 새로운 기능이 추가되었다. 한편 시장市長은 고용 장부 발부와 등록에 책임을 졌고, 장부를 지니지 않은 노동자는 부랑자로 체포되고 형을 선고받았다. 다른 한편으로 "보통법은 고용주가 경제적 압력을 행사하여 빚을 갚지 못한 노동자를 계속 고용할 수 있게 허용했고, 고용 장부는 한 고용주에서 다른 고용주에게 채권이 넘어가는 것을 허용했다. 새로운 고용주가 이전의 고용주에게 채무를 상환할 책임을 지는 대신 노동자의 미래 임금에서 최대 8분의 1까지 공제할 수 있다는 의미였다." 이 체제는 노동 재판소의 성공적인 중재에서 증명되듯 꽤 잘 운영되었다.[121] 고용 장부 관련 법은 1890년에 폐지되었다.

프랑스는 19세기 전반에 중재와 조정을 잘 처리했고, 앵글로색슨 전통처럼 계약 위반을 형사적으로 처벌하지 않았지만 순수한 시장 제도가 성립하기에는 충분치 않았다. 유명 언어학자 야콥 그림Jacob Grimm과 빌헬름 그림 Wilhelm Grimm 형제가 편찬한 독일어 사전에 따르면 Gewerbefreiheit(상업의 자유)는 Gewerbefrechheit(상업의 뻔뻔함)가 시작되는 지점에서 끝나야 한다.[122] 만병통치약으로서의 중재와 조정에 대한 희망이 시들하던 19세기 중반 이후 무역의 뻔뻔함에 대한 민감성이 높아졌다. 영국의 차티스트 운동 Chartism(1836~1848년 영국 노동자계급이 일으킨 전국적 선거권 획득 투쟁-옮긴이) 과 프랑스와 독일의 1848년 혁명에서 장인과 노동자가 맡았던 역할을 생각해보라. 이제는 파업을 무기로 하는 단체 행동으로 자체 교섭권을 강화하기 위한 노동자의 조합 결성권이 초점이 되었다.

19세기 후반부터 많은 나라의 노동자들이 노동조합을 결성할 법적 권리를 획득했다. 이전에는 영국 같은 몇몇 나라에서만 노조 결성이 법적으로 가능했고, 영국에서조차 단체 행동이 엄격한 제한을 받았다.[123] 1799~1800년의 결사 금지법은 조정과 중재를 선전하고 노동쟁의를 위법 행위로 규정했지만 임금과 노동조건 향상을 위한 노동자의 평화적 단체 결성은 허용했다. 1825년에 단체 조직에 대한 제한이 폐지되었으나, 1867년까지도 노동자들은 계약 위반에 대해 형사 처벌을 받았다. 이는 노동조합의 단체 행동에 심각한 장애물이었다. 동업조합이 있었던 프랑스에서는 1860년대에 많은 노조가 용인되었으나 합법화된 시기는 1884년이었다.[124] 다른 많은 유럽 국가가 이 원칙을 모방했다. 노동자들이 임금 관련 단체 행동을 할 수 있는 노조를 설립할 법적 권리를 확보하고 제한적 법률을 영국이나 프랑스의 노선에 따라 폐지하는 데 19세기 대부분이 걸렸다.

결국 대부분의 유럽 국가가 노조의 권리를 만장일치로 선언했지만, 모든 곳에서 그런 것은 아니었다. 미국에서는 헌법상 권리인 단결권과 페컴 판사의 판결 같은 적대적 판결 사이에 골치 아픈 긴장이 이어졌다. 심지어 1935년 프랭클린 루스벨트 대통령 집권 당시 미국 헌법 수정 1조와 13조에 근거하여 제정된 전국 노동관계법NLRA(와그너법이라고도 부름)조차 이를 중단시키지 못했다.[125] 유럽 국가들이 훨씬 나중에 관련 권리를 식민지에 도입한 것도 놀라운 일은 아니다.[126] 공산주의 국가를 비롯해 다른 많은 나라에서는 국가의 정치적 색깔에 상관없이 노조가 금지되거나 포섭되어 무력해졌다.

국가의 노동시장 개입

19세기 후반부터 국가는 재규제와 재조합화에서 더 중요한 역할을 했다. 또한 국가는 입법과 법 집행 측면에서 독립적 주체가 되었다. 사실 군인, 선원, 공무원의 고용주로서 국가는 오랫동안 그러한 역할을 담당해왔지만, 기업이 국영화하고 공산국가에서 사적 생산수단의 소유를 폐지하면서 역할이 더 중요해졌다. 복지국가에서는 급격히 증가한 세제 수입이 새로운 과제를 수행할 공무원의 활동을 촉진하는 데 부분적으로 사용되었다.[127] 국가의 새로운 역할의 목적은 노동시장의 불평등에 대응하는 것이었다. 그 이면에는 방어적 보수주의(독일의 비스마르크와 교황의 회칙), 사회민주주의적 합의, 노동자의 권리를 강화하려는 급진적 시도에 이르는 다양하고 중첩되는 정치적 배경이 자리했다.

형식 측면에서 국가 개입은 조정이나 중재의 연속과 확대로 볼 수 있다. 조정과 중재는 미국과 영국에서는 자발적으로, 캐나다, 오스트레일리아, 뉴질랜드에서는 강제적으로 이루어진다.[128] 국가는 이익을 스스로 지킬 능력이 없다고 여겨지는 사람들에 대한 보호와 관련하여 개입한다. 먼저 아동과 여성이 대상이 되었고, 여러 공장법과 그에 수반된 국영 사찰단이 보여주듯이 나중에는 산업 노동자들도 포함되었다. 모범 사례(물론 정치적 신조에 따라 다르게 정의된다)를 시험하고 모방하는 국제적 움직임도 일어났다. 일본 공장법(1911)과 중국 노동조합법(1924)이 유명한 예다.[129] 중요한 점은 인도의 예처럼 어떤 노동자가 포함되고 포함되지 않는가의 문제다. 인도에서는 '비공식 부문' 임금 노동자 대다수가 국가의 보호를 받지 못한다.

20세기 국가는 전통적으로 지방정부가 하던 역할을 이어받아 국민, 특히 임금노동자의 복지를 도모하고 노동법을 통해 노동자의 삶을 더 많이 결정했다. 차별화한 과세를 통한 소득 정책과 빈민 구제를 훨씬 넘어선 일이었다.

복지국가는 어떤 해결책을 시도했을까? 극히 위험하다고 여겼던 사회주의에 대한 대안을 제시하기 위해서라도 모든 산업국가는 공장의 안전과 노동시간을 규제하려 했다. 보험 문제에도 진지하게 개입하려 했다. 앞에서 보았듯이, 분쟁이 생기면 조정(가끔은 특별 법원의 조정)하려 했고, 그다음 단계에는 노동시장 중개, 최저임금 결정, 빈민 구제와 별개인 실업수당 지급 등을 통해 개입했다.[130]

이제 몇몇 중요한 노동자 보험, 특히 제1차 세계대전 이전의 산업재해, 질병, 실업에 관한 보험에 초점을 맞추려 한다. 전 세계가 어떤 식으로든 모방한 노동자 보험의 두 주요 형태는 영국과 독일에서 발달했다.[131]

노동자 보험-영국과 독일의 모델

영국은 오랫동안 일종의 상호보험을 통한 '자조'를 강조했다. 질병과 사고로 일시적으로 일할 수 없게 된 노동자는 대부분 고용주와 상관없는 공제조합이 조직한 상호보험의 도움을 받았다. 영국은 공제조합이 제공하는 서비스의 품질을 높이기 위해 조합 등록제를 시도했다. 프로이센과 1871년 이후의 독일제국도 자조에 의지하긴 했으나, 의무적이고 보험 수혜자도 보험료를 분담하는 국영 보험으로 바꾸었다. 그 이유는 길드 독점을 폐지하고 자유로운 도시 이주를 허용하는 상업의 자유를 (영국보다 훨씬 늦게) 도입하면서 사회보장제도의 일부를 대체할 필요가 커졌기 때문이다. 첫째, 1842년의 프로이센의 새로운 빈민 구제법이 하인, 직인 및 수공인을 포함해 정기적 고용 관계에 있는 모든 프로이센 국민에게 적용되었다. 둘째, 1845년의 영업 조례 Gewerbeordnung가 지역의 직종별 직인 펀드 가입 의무를 다시 부과할 수 있는 권한을 지방정부에 주었다. 또한 프로이센은 1854년부터 1865년 사이에 채굴 독점권을 폐지할 때도 광원조합의 폐질 보험에 대한 의무 가입 정책을 유지했다. 16세기로 거슬러 올라가는 이 보험은 탄광 소유주와 노동자 모두가 자금을 조달했다. 이러한 입법은 국가가 주도하는 의무보험의 선례가 되었다. 사고 및 질병 보험에 대한 영국과 독일의 접근을 비교하면 흥미롭겠지만[132] 여기서는 실업 보험에 집중하겠다.

실업급여와 일자리 소개

실업 보험은 제한된 기간 동안 길드와 상호공제조합이 제공하는 보험 중 가장 오래되었지만 가장 까다로웠다.[133] 그 이유는 회원 모두가 동일한 업종에 종사하므로 회원들이 동시에 영향을 받을 수 있고, 업종이 혼합된 조직도 경기가 침체되면 극복하기 힘든 어려움에 처하기 때문이다. 따라서 실업 보험이 존재해도 지급에 항상 많은 제한이 따랐고, 대부분 일정 기간이 지난 후에 단기간 동안 지급되었다. 그 대안은 빈민 구제였으나, 구제는 대부분 일시적 실업자가 공공사업처럼 유용한 일에 참여하는 대가(따라서 '점잖은')로 시행되었다. 영국 장관 조지프 체임벌린Joseph Chamberlain이 1886년에 말한 대로 "저임금의 합리적인 일자리를 제공하면 부랑자와 극빈자를 매우 엄격하게 대할 권한을 쥘 수 있다."[134] 공공사업 해결책은 지역에서 많은 장애물에 부딪혔다.

여기서도 19세기 후반 독일과 영국 국가 사회정책의 중요한 차이를 발견할 수 있다. 독일의 실업 보험은 소수 도시에만 존재했던 반면 영국은 1911년 국민 보험법National Insurance Act에 실업에 대한 의무보험 규정을 두었다. 성공적으로 산업화한 두 근대국가가 왜 이렇게 다르냐는 의문이 다시 한번 떠오른다.

1911년 영국이 내놓은 해결책은 주로 건설과 건축처럼 실업이 발생하기 쉬운 부문의 정규직 노동자가 매주 의무적으로 보험료를 내는 것이었다. 노동자 38퍼센트, 고용주 38퍼센트, 정부 24퍼센트였다. 보험금은 실업 일주일 후에, 1년에 최장 15주까지만 지급되었다. 파업으로 인한 실업은 제외되었다.

한편 국가는 노조가 조직한 자발적 실업 보험에 보조금을 지원했다. 제1차 세계대전 이후 장기적 대량 고용으로 인해 1921년에 모든 부문으로 확대되었고, 정액 보험이던 것이 부양가족 수당을 포함하는 보험으로 전환되었다.

독일은 다른 유럽 국가와 마찬가지로 이른바 겐트 시스템Ghent System(노조가 실업 보험을 관리하는 시스템-옮긴이)이 우세했다. 따라서 지역 보조금만이 지역 노조에 지급되었다. 이 시스템으로 보조금을 받는 노조는 전체 자금 중 파업으로 소득을 상실한 조합원에게 보상금으로 지출할 실업 기금을 별도로 떼어놓아야 했다. 독일의 지역별 직업소개소는 영국보다 훨씬 오랜 전통을 지녔다. 직업소개소는 1869년부터 1900년까지 정부의 통제를 받지 않았으나 나중에 투명성 제고를 위해 운영 허가를 받아야 했다. 점점 더 많은 노조가 실업급여를 일괄적으로 제공하면서, 노조도 직업소개 시장의 일부를 점유하려 했다. 1903년에는 비영리 소개가 직업소개 중 30퍼센트를 차지했다. 고용주가 관리하는 사설 직업소개는 당연히 노동운동가와 기타 비판적인 노동자를 블랙리스트에 올렸다.

1904~1905년 독일의 공공 직업소개소는 216개였던 반면 영국은 21개에 불과했다. 독일이 이 부분에서 성공한 부분적 이유는 노조가 1911년부터 겐트 시스템에 따라 보조금을 지급받는 실업 보험을 채택했기 때문이었다. 집행을 맡은 지방정부는 분담금을 자선 기부금에 부분적으로 의존하다가 공공 기금의 비중을 점점 늘려갔다. 분담금 때문에 보험금은 정해진 최대 기간 동안 50퍼센트가 증가했다. 고용주 조직과 노동자 조직의 구성원들이 동등하게 참여해 직업소개소를 경영했기 때문에 실업이 진정 비자발적인 결과인지 판단할 수 있었다. 사실 직업소개소 경영진은 숙련된 노동자를 선호했는데, 숙련노동자의 노조가 실업 보험 기금을 훨씬 성공적으로 운영할 수 있었기 때문이다. 어떤 면에서는 이것이 특정 분야의 노동자들이 규합하는 데 도움이 되었다. 정치적으로 독일 도시들이 겐트 시스템을 수용한 일은 독일 복지 정책이 근본적으로 변화하고 노조를 "사회문제 규제에 참여하는 적법한 주체"로 인정했음을 알리는 신호였다.[135]

그럼에도 불구하고 이 변화는 독일의 소수 도시와 도시 노동력에 한정되었다. 사회주의자, 노조, 노조 지지자들이 시정부를 상대로 노동자 실업 기금 지원의 장점을 설득할 수 있는 힘을 갖추어야 했기 때문이다. 벨기에의 겐트에서는 그러했지만, 독일 대부분의 도시에서는 정치적 다수가 노동자 조직에 비우호적이었다. 따라서 "조직된 노동력이 정치체제의 일부로 사실상 통합된" 영국의 해결책이 더 성공할 수 있었다.[136] 영국에 비해 노동력의 일부만 노조화되어 있었던 독일은 그렇지 못했다.

복지국가 출현

지금까지 살펴본 모든 조치와 입법은 좋게 보면 시장 기능을 개선하거나 최적화하는 제도고, 나쁘게 보면 불공정한 제도에 대한 임시방편이다. 후자를 신봉한 사람들은 (대형) 고용주를 제거하여 시장의 전부 또는 대부분을 없애려 했다. 그러나 공산주의 국가에도 질병, 고령, 기타 생애 주기에 따른 문제가 존재하므로 여기도 보험을 최선의 해결책으로 받아들였다. 다만 기금은 노동자 본인이 자발적으로나 강제적으로 납부하는 대신 일반 과세를 통해 조달했다.

다른 국가들은 복지국가 개념이 생기기도 전에 국가 긴급 사태에 대비해 실용적 방법을 준비하고 있었다. 이들은 더 많은 임금노동자를 직접 고용하는 방법을 택했다. 많은 국가가 징병제를 도입하기 전에 직업 군대를 유지한 경험 덕분에 관리 기술을 갖추고 있었다. 징병제 집행에도 관료적인 관리 기술이 많이 필요했다. 19세기와 20세기에 식민지로 인력을 공급하던 민족국가의 수행 과제가 계속 확대되었던 것도 이러한 사실을 반영했다.

앞에서 살펴본 사회적 입법은 단체 행동의 결과인 동시에 개별 투표의 결과다.[137] 참정권과 투표권이 국민 대부분에게 확대되면서 국가는 더 이상 백성이 아닌 시민의 노동에 더 많이, 더 복잡하게 개입할 수밖에 없었다. 나아가 그들에게 더 나은 노동환경과 소득을 제공하는 것이 최선이라는 주장을 중요시하고 최고의 세상을 약속했다. 그렇게 다양한 복지국가가 등장했다.

이 약속은 특히 제1·2차 세계대전 동안과 이후 주요 흐름이 되었다. 국가는 말할 수 없는 희생을 감수한 시민들의 운명을 개선하여 모든 고통이 무위로 돌아가지 않게 하려 했다.

노동자 유권자 대다수와 이들에게 공약을 제시하고 당선된 공직자가 서로에게 거는 기대는 지난 세기의 큰 특징인 정치적 갈등을 낳았다. 고용주는 수가 적기 때문에라도 로비스트가 될 수밖에 없었으나, 이 일은 그들이 원래 열정적으로 해온 역할이었다. 이미 제1차 세계대전 이전에 철강업 재벌 중심의 독일 산업가중앙협회는 다가오는 폭풍을 감지했다. 1911년 화이트칼라 보험에 대한 법이 제정된 후 이 협회의 주요 인사 알렉산더 틸레Alexander Tille는 다음과 같이 말했다.

> 이 입법 조치는 궁핍을 개선하기 위한 것도, 국력을 유지하기 위한 것도 아니다. 이른바 사회정책으로 배려해주기를 원하는 유권자들의 마음을 배려한 것뿐이다. 이것이 독일의 관행이 되어서 특정 국민층이 쾌적하게 살고 싶다고 할 때마다 정부가 만족시켜줄 법을 만든다면, 머지 않아 우리는 사회주의 국가에서 살게 될 것이다.[138]

이 예측은 그가 생각하거나 두려워했던 것보다 빨리 사실로 판명되었지만 그는 의회민주주의와 관련하여 고용주 조직의 회복탄력성에 대해 너무 비관적이었다. 이 회복탄력성은 역사가 계속 증명하고 있다.

대부분의 나라는 복지국가를 선언한 적도, 폐지한 적도 없다. 하나의 예외는, 복지국가라는 용어를 사용하지는 않지만 독재 정당이 처음부터 유토피아를 약속하며 정권을 장악한 경우다. 러시아혁명과 이를 모방한 혁명이 가장 유명하다. 두 세계대전 사이에 존재했던 협동조합주의 정권도 해당된다. 이들은 (희생양을 제외한) 모두를 위한 더 큰 행복과 안녕을 우선시하며 의회민주주의를 무용지물로 만들었다.

복지국가는 갑자기 무에서 출현하지 않았다. 19세기에 부상하던 민족주의는 국민의 노동력에 많은 관심을 두고 조국을 위해 효율적으로 사용하고

자 했다. 그 집행에 대한 우려는 나중에 뒤따랐다. 일본에서 좋은 예를 찾아볼 수 있다. 1911년부터 젊은 여성 방직 노동자를 위한 간단한 교과서《여공독본Girls' Reader》에 '국가를 위한 노동'의 필요성에 관한 글이 실렸다.

여러분 모두가 아침부터 밤까지 능력을 최대한 발휘해 일한다면 국가에 대해 이보다 더 큰 충성은 없습니다. 여러분이 일하지 않고 집에서 게으르게 지낸다면 일본은 점점 더 가난해질 것입니다. 따라서 국가를 위해 온 힘으로 일하여 세계에서 가장 위대한 나라로 만드세요. 여러분의 나이가 몇 살이든, 쉬지 않고 고생하시는 아버지와 어머니에게 짐이 되고 싶지 않을 것입니다. 여러분 자신을 위해, 가족을 위해, 조국을 위해 마음과 영혼을 노동에 바치세요.[139]

제1차 세계대전은 소득과 복지를 보장하려는 의회민주주의를 처음으로 크게 자극했다. 의회민주주의가 이때서야 완전히 성숙한 것은 우연이 아니다. 소득과 복지는 더 이상 사회불안을 예방하기 위한 수단이나 구제책이 아니라 국가 구원에 헌신한 모든 사람, 사실상 모든 노동자, 특히 임금노동자와 자영업자를 위한 보편적 권리였다. 임금에 의존하는 노동자들에 대한 우려는 주로 대량 실업을 방지하는 정책으로 나타났다. 대량 실업은 가장 큰 위협이었다. 단기적으로는 시위, 최악의 경우 상점 약탈 사태가 일어날 수 있었고, 장기적으로는 선거에서 유권자의 처벌로 집권 정당이 바뀔 가능성이 있기 때문이었다.

핵심 산업국들은 이미 전쟁 발발 직전에 입법안을 통과시키고 있었다. 법집행이 나라 간에 얼마나 달랐든, 일반적 경향은 전국적으로 통일하여 복지를 규정하고, 극단적 빈곤을 타파하는 동시에 의무적 보험 가입을 강화해 임금노동자의 빈곤을 줄이는 것이었다. 이 경향은 나중에 적극적인 노동시장 정책이 되었다. 그러기 위해서는 실업을 발견할 수 있어야 했다. 지금은 이상하게 들리겠지만, 1890년대까지 '실업'이라는 단어는 거의 사용되지 않았다. 1891년 프랑스의 인구조사에서는 누군가를 실업자로 등록할 방법이 없었고, 1896년 인구조사에서 처음으로 가능해졌다. 이제 자발적 실업자와 진정한 실업자가 명백히 구분되었다.[140] 65세 이상은 경제활동 인구로 간주되지 않아 실업자에 포함되지 않았다.

통계학자들이 실업을 구조적 현상으로 인식한 계기는 19세기의 마지막 몇십 년 동안의 경기순환에서 규칙을 발견하면서부터다. 발견 내용은 1919년 영국 빈민법 왕립위원회의 소수파 의견서에 반영되었다. 전통적으로 이 위원회는 임시 실업에 관심을 보였으나, 의견서는 큰 반감을 사던 종래의 지역 차원 빈민 구제 제도를 버리고 대안으로 중앙정부 부처가 경기 조정형 사업을 계약하는 방안을 제안했다. 이 사업에 고용한 노동자에게는 통상 임금 수준의 보수를 지급해야 했다. 또한 사업 자금을 조달하는 문제와 관련해 불황기에 충분히 사용되지 않은 자본을 빌려 사용하고 호황기에 상환하는 방법을 제안했다.[141]

19세기를 끝낸 제1차 세계대전은 빈곤와 실업에 대한 끝없는 공식·비공식 보고서와 함께 새로운 시대를 가져왔다. 전쟁 동안의 주요 변화의 원인은 두 가지다. 첫째는 노동시장을 포함한 국가 경제에 국가가 강하게 개입했다는 점이다. 이때 고용주의 주도권이 많이 약해졌다.[142] 둘째는 혁명의 위협이 만연한 결과 전쟁의 고통에 대한 대가로 사회보장을 요구하는 노동자의 주장을 진지하게 받아들여야 했다는 점이다.

제1차 세계대전이 몇몇 주요 전투로 이루어진 하나의 군사작전을 넘어섰음을 인식한 정부는 노동시장을 비롯한 국가의 자원을 더 많이 동원해야 했다. 노동력 대부분은 병역에 투입되었으나 돌아오지 못했다. 약 1천6백만 명의 전투원이 사망하거나 전사했고, 2천만 명이 부상을 입었다. 증가한 생산 목표를 맞추기 위해 여성을 포함한 많은 사람(371~372쪽 참고)이 군수산업 등의 노동시장에 차출되거나 심지어 강제로 투입되었다.

전쟁 이후 혁명의 시기에 정부는 1848년 프랑스혁명가들의 주장에 공명하며 시민의 유급 노동권을 선포하기 시작했다. 독일 최초의 민주주의 헌법인 1919년 8월의 바이마르 헌법은 163조에 다음과 같이 규정했다. "모든 독일 국민에게는 유급 노동으로 생계를 유지할 기회가 있다. 적절한 일자리를 얻지 못한 국민에 한해 기본 생계에 대한 지원이 제공된다."[143] 패전국에서만 노동자가 권리를 주장한 것은 아니다. 1919년 3월 영국 로이드 조지Lloyd George 내각은 제대군인의 실업을 우려하여, 1914년에 포기한 금본위제를 되살리지 않기로 했다. 영국 역사상 최초로 실업 문제가 영국은행과 재무성의 의견보다 정치적 우위를 차지했다. 앞에서 보았듯이 많은 나라가 유도한 실업 의무보험과 국가의 직업소개소가 밀접하게 뒤얽혔다. 1911년 영국은 두 제도의 결합을 실험했고, 1921년에 세계 최초로 직업소개소와 이어지고 사실상 전 국민에게 적용되는 의무 실업 보험 제도를 도입했다. 스웨덴 같은 나라들은 정부가 실업 보험을 다루고 고용주와 노조가 직업소개에 협력하는 이원 체제를 발달시켰다.

1930년대의 대공황은 노동시장을 조정하는 방법에 대한 논쟁을 다시 뜨겁게 달구었다. 독일은 정치의 우위를 고수한 반면 영국은 시장의 원리를 이해하는 데 중점을 두었다. 이제는 널리 받아들여진 1909년의 소수파 의견서와 경제학자 윌리엄 베버리지William Beveridge의 영향력 있는 저서 《실업: 산업의 문제Unemployment: A Problem of Industry》(1930)의 결론이 길잡이가 되었다. 존 메이너드 케인스John Maynard Keynes와 협력한 베버리지는 실업은 노동시장의 수요와 공급을 일치시키는 하나의 경제문제 이상도 이하도 아니라고 생각했다.[144] 이러한 지적 이해를 바탕으로 1930년대 자유당 내각은 다시 금본위제를 버리고, 경쟁력과 고용 기회에 우호적인 환율 정책과 보호무역주의를 시행했다. 이 정책은 직업 안정과 '국가 공익성'이 강한 경기 조정형 사업, 무엇보다도 경기순환 업종 노동자를 위한 국민 보험 제도를 촉진하여 실업 문제 완화에 일조했다.

중앙 유럽, 동유럽, 남유럽 국가 대부분은 경제보다 정치 우위에 편중된 방법을 채택했다. 독일의 해답은 국가의 완전한 노동시장 규제였다. 히틀러가 정권을 잡기 훨씬 전부터 보편적 노동 권리가 아닌 보편적 노동 의무가 출발점이 되었다. 사실 새로운 상황에 비추어 강력한 노동시장 정책, 심지어 독재적인 조치까지 널리 받아들여졌다. 1934년 제네바협약에서 국제노동기구 임원 해럴드 버틀러Harold Butler는 이탈리아가 미국, 소련, 독일과 함께 새로운 경제를 창조하고 있다고 주저 없이 말했다. 그는 이탈리아가 "개인주의에 바탕한 경제 이론을 버리고 협동조합주의 체제 건설"에서 이룬 진보에 찬사를 보냈다. 이 말이 놀라운 이유는 그때까지 이탈리아 산업의 실업률이 1929년보다 2.5배나 높았기 때문이다. 이탈리아 파시스트의 정책 대부분은 새롭지 않았다. 그러나 그들이 국제적으로 인정받은 사실은 노동정책에 대한 이데올로기적 접근에 대공황이 얼마나 깊은 영향을 미쳤는지를 보여준다.[145]

제2차 세계대전은 1930년대에 중앙집권화한 나라뿐만 아니라 영국 같은 나라도 정부의 개입을 급속히 확대하고 강화하는 단초가 되었고, 그 정도는 제1차 세계대전 때보다 훨씬 컸다. 런던은 전쟁 자금을 조달하고 (제1차 세계대전 당시 큰 문제였던) 인플레이션을 억제하기 위해 개인의 지출을 낮게 유지하는 재정 정책을 폈다. 국가 예산과 국가 회계를 통합하는 이 혁명적 케인스식 정책은 전후 수십 년 동안 이어졌다. 1942년부터는 영국 노동병역부가 포괄적인 인력 계획을 조직했다. 정부 관료 중 경제학자가 많아지고 사회문제를 해결하는 방법 중 하나로 이성적 사고에 대한 신뢰가 커지면서(전후 재건 시기에 나타난 현상이기도 하다) 재무부는 중심적 역할을 잃었다. 베버리지와 케인스 같은 자유당원이 보수당원이나 노동당원보다 더 큰 영향력을 발휘했다. 이들은 사유재산을 위협하지 않는 범위에서 기존 경제체제를 개혁하려 했다.

1944년의 고용정책 백서는 실업을 마찰적 실업, 구조적 실업, 일반 실업으로 구분하고 고용 '증가와 안정'을 호소했다. 베버리지는 같은 해에 《자유 사회의 완전고용Full Employment in a Free Society》이라는 강령적 문헌을 출판했다. 그는 민간 투자는 지속하되 공공 부문에서 정부 계획이 강한 역할을 담당해야 한다고 주장했다. 이러한 생각은 영국뿐만 아니라 유럽 전역의 정치에 깊은 영향을 미쳤다. 두 거대 사회·정치체제의 경쟁이 심해지자 서유럽의 정부들은 사회·경제정책을 근본적으로 바꾸어 노동자의 주장에 호응해야 한다는 확신을 제1차 세계대전 이후보다도 강하게 굳혔다.

주목할 점은 1950년대에 냉전이 가속화하는 동안 상상을 초월한 경제성장이 가능하다고 증명되자 서유럽에서 복지국가가 표준이 되었다는 사실이다. 학문적 통찰과 정치적 의지가 결합해 사회를 '만드는' 해결책을 낳은 듯했다. 케인스 경제정책의 결과인 낙관주의는 마이클 스튜어트Michael Stewart 의 《케인스와 그 이후Keynes and After》에 잘 드러나 있다. 많은 사람이 읽은 이 펭귄 문고본은 1969년 발간된 후 여러 차례 재판을 찍고 많은 언어로 번역되었다. 책에서 윌슨 노동당 정부의 수석 고문이었던 스튜어트는 다음과 같이 기쁘게 말한다.

> 대량 실업은 제2차 세계대전으로 종식되었습니다. 그리고 결코 되풀이되지 않았습니다. 1945년의 암울한 예측에도 불구하고 영국은 30년 이상 완전고용을 누리고 있습니다. 이 엄청난 변화의 원인은 다양하지만 무엇보다도 중요한 것이 있습니다. 바로 존 메이너드 케인스가 저술한《고용, 이자 및 화폐에 관한 일반 이론 The General Theory of EmploymentInterest and Money》입니다.[146]

이 시대는 국제 협약을 특히 강조했다. 유럽의 각 정부는 국제 협약이 복지국가를 위해 필수적이라고 여겼다. 이런 협약만이 한 나라가 다른 나라에 의해 위기에 휩쓸려 예측 불가능한 결과를 맞이하는 것을 방지할 수 있다고 생각했다. 영국은 1940년대 말과 1950년대 초에 특히 국제연합 경제사회이사회ECOSOC를 통해 이러한 협약을 적극 추진하였으나 미국의 반대로 성과를 내지 못했다. 결국 설립이 무산된 국제무역기구ITO와 단명한 브레턴우즈협정 Bretton Woods Agreement(IMF와 세계은행 설립을 내용으로 하는 협정-옮긴이) 이후에는 관세 및 무역에 관한 일반 협정GATT만 유일하게 남았다. 1940년대 케인스학파의 이상과는 거리가 멀다.

복지국가는 1970년대 세계경제 위기 이후 큰 도전을 받았다. 복지국가의 모험담을 이어가기 전에, 복지국가의 공산주의식 변형과 민주주의식 변형의 경쟁이 유럽과 다른 지역에서 어떻게 전개되었는지 살펴보자.[147]

공산주의 진영에서 노동자층의 공정한 소득을 보장하기 위해 최초로 급진적 조처를 취한 나라는 소련이다.[148] 소련은 고용주의 이윤을 줄이고 프랑스 혁명의 평등의 이상을 열렬히 받아들임으로써 노동자의 지상낙원을 건설할 수 있다고 믿었다. 그러나 현실은 달랐다. 객관적으로 소련은 1950년대까지도 혹독한 기후 환경에서 살아가는 농경 사회였다. 캐나다도 마찬가지였지만, 소련은 1914년부터 1945년까지 약 30년 동안 두 번의 세계대전과 오랜 내전이란 대재앙을 겪었다는 점이 달랐다. 소련 지도부도 이 사실을 잘 알았다. 따라서 진정한 공산주의 천국(공산주의 방식의 복지국가)으로 들어가기 전에 인내하며 '사회주의'라는 과도기를 거칠 필요가 있다고 대중에게 설파했다.

소련 지도부는 과도기적 '사회주의'하에서도 낮은 생산성과 저조한 산업화라는 경제문제를 극복하기 위한 근로 유인책으로 임금 격차가 필요하다고 생각했다. 1875년에 마르크스가 저술한《고타 강령 비판Kritik des Gothaer Programms》을 참조한 것이다. 마르크스에 따르면 첫 번째 단계에는 재화가 아직 희소하므로 최종 목표를 이루기 위해 노동 유인책이 추가로 필요하다. 그 목표는 공산주의 사회다. 풍요로울 뿐만 아니라 각자의 능력에 따라 일하고 각자의 필요에 따라 분배받는 사회다. 레닌은 자신이 구입한 이 책 초판(1890~1891)의 여백에 "일하지 않는 자 먹지도 말라"라는 성경 구절을 적었다. 똑같은 맥락에서 스탈린은 혁명 이전부터 존재했고 대숙청 이전인 1930년대 초반까지도 영향력 있던 노동조합의 평등주의를 단호하게 '프티 부르주아petit bourgeois'라고 불렀다. 1960년대 말과 1970년대까지도 소련 경제학자들은 '과도한 평등'은 사회주의 사회의 목표인 공산주의 건설을 위협할 것이라고 말했다.[149]

공산주의 이상과 1918~1977년의 여러 헌법을 통해 공표된 복지권,[150] 그리고 역경 속에서 혁명적인 근대 산업국가로 탈바꿈하려는 현실 사이의 어색한 괴리가 소련식 복지국가의 특성을 결정했다. 소련은 인민의 요구를 만족시키기 위해 무료로 지급하는 서비스, 특히 7세부터 17~18세까지의 교육(일부 유치원 무료, 대학생 수업료 무료 및 장학금 지급)과 의료 서비스, 그리고 정부 보조가로 제공되는 나머지 상품과 서비스를 구분했다.

원칙적으로 생산수단의 주인인 국가는 사람들이 식료품을 사고 집세를 낼 수 있도록 하기 위해 모든 재화와 서비스를 처리하고 집단별로 돈을 지급했다. 여기에는 연금과 질병 수당, 출산 수당, 아동 수당 등이 포함되었다(1930년 이후에는 실업수당이 사라졌다). 임금은 당연히 현금으로 지급되었다.

1950년대와 1960년대에는 지불 능력이 있는 사람보다 '필요한' 사람에게 많은 상품이 분배될 것이라는 희망이 일었다. 니키타 흐루쇼프Nikita Khrushchyov 버전의 복지국가를 제시한 1961년 공산당 강령은 진정한 공산주의가 빵, 주택, 도시 교통, 공장 매점에서의 식사 같은 것들에 적용될 것이라고 주장했다. 이 주장은 실현되지 못했다.[151]

현실은 가혹했다. 스탈린은 집단농장의 구성원이 된 소농 계급이 스스로 먹고 살 수 있으리라는 생각을 버려야 했다. 완전고용 상태의 공무원이 많았기 때문에 산업재해 희생자와 전시 사고 희생자(1941년부터)에게 장애인 연금만 지급되었다. 다른 모든 궁핍한 사람들은 빈둥거렸고 노동을 거부했다. 소련은 1960년대에야 이런 방식이 유지될 수 없다고 인정했다. 상당수가 공식적 빈곤층으로 전락했기 때문이다. 1965년 총인구 2억 3천만 명 중 적어도 약 5천만 명의 공무원과 그 가족, 여기에 3천만 명의 집단농장원이 빈곤선 이하 수준으로 살았다.[152]

이러한 사실은 1965~1990년에 1인당 실질소득이 두 배로 증가했다는 점을 고려해도 소련식 복지국가의 극적인 실패를 보여준다.[153] 다행히 국민의 창의성 덕분에 현실이 완전히 절망적이지만은 않았다. 이들은 창의적으로 규칙을 회피하며 가구 차원에서 생활수준을 개선했다. 이러한 가구에서는 함께 사는 할머니가 없어서는 안 될 중심이었다.[154] 암울한 국가 복지에 대한 보상으로 번창하는 바부슈카babushka(러시아어로 할머니라는 뜻-옮긴이) 가구 복지였다. 1970년대와 1980년대에 사회정책이 실패하면서 국가의 허세에 대한 민중의 회의가 만연했다. 자유에 대한 억압은 차치하고, 계획경제 대신 시장 도입을 추진한 페레스트로이카perestroika(미하일 고르바초프 서기장이 추진한 사회주의 개혁 정책-옮긴이)는 자연스런 수순에 따른 결과였다.

공산주의와 자본주의 세계관의 경쟁은 러시아혁명 이후 한층 가열되었다. 양 진영은 경제적·정치적 수단으로 서로를 전복하려 했고, 복지 급여에서 확연히 드러나는 물질적 성공의 매력도 중요한 역할을 했다. 모스크바에 본부를 둔 코민테른(공산주의 인터내셔널)의 엄격한 통제하에 전 세계 공산당은 '진정으로 존재하는 사회주의'의 미덕을 선전했다. 스탈린은 1936년 헌법과 관련하여 "소련 노동계급은 인류 역사상 전례 없이 착취에서 해방된 완전히 새로운 노동계급이다"라고 선언했다.[155]

제1·2차 세계대전 동안 경쟁은 서구 열강의 식민지에서 뚜렷하게 드러났다. 당시 식민국의 복지 제도가 막 도입된 이곳들은 전체적으로 성과가 좋지 않았다. 개화한 식민주의를 열렬하게 따르는 자본주의 지지자조차 교육과 의료 분야의 무기력을 인정할 수밖에 없던 상황에서 공산주의자는 러시아가 제공하는 무료교육과 의료 서비스를 자랑했다.

전쟁 이후 동쪽의 중국, 서쪽의 동유럽, 중앙 유럽, 발칸반도로 확장하는 공산주의의 매력을 홍보하는 흐름이 순풍을 받았고, 식민주의자가 권력을 포기하기 주저했던 지역까지 영향을 미쳤다. 서로 다른 복지 정책에 대한 선전이 냉전에 중심적 역할을 했다.[156] 중국과 러시아의 포스터에 등장하는 행복한 노동자의 모습은 물질적 측면에서 실제 소득에 대한 사실을 가렸다. 그러나 더 중요한 점은 전쟁 이전에 그랬던 것처럼, 공산주의는 무료교육과 무료 의료 서비스(심한 인구 감소로 보아 의료 부문의 성과는 매우 저조했을 것임에도 불구하고)를 약속했고, 노동할 권리와 더불어 교육에서의 성별 격차 조기 종식과 사회적 불평등 감소도 약속했다는 사실이다. 앙골라, 모잠비크, 베트남보다 카스트로가 이끈 쿠바가 이 약속을 적용한 좋은 예다.

서구의 복지국가 이상도 폭넓은 지지를 받았다. 우울한 긴축정책 속에서 이 사실이 종종 잊혔을 뿐이다. 많은 군사정권과 독재 정권이 무너진 1980년대와 1990년대의 민주화 물결 속에서 시민운동은 노동에 대한 더 나은 보수와 안정적인 삶을 모색했다.[157] 아르헨티나와 브라질, 그리고 한국과 타이완이 좋은 예다. 한국에서는 1986~1987년 총파업(구로 동맹파업으로 시작된 민주화 운동 시기-옮긴이)이 결정적 역할을 한 시민운동에 의해 40년간의 독재정치가 종식되었다. 노동자와 노조, 그리고 개혁주의 엘리트들이 단합하여 민주주의, 소득 재분배, 사회복지를 동시에 요구했다.[158]

특히 1997년 아시아 금융 위기와 2008년 세계 금융 위기 직후 뒤따른 신자유주의 시장 개혁 속에서도 이 성과의 많은 부분이 살아남았다. 한국이 1988년부터 도입한 사회보장제도 가운데 특히 노령연금 부문이 뒷걸음질 쳤지만, 국민건강보험 제도는 여전히 자랑스럽게 자리를 지키고 있다. 브라질과 아르헨티나가 이룩한 복지 성과는 2000년대 초반에 큰 타격을 입었다.

소련이 해체된 후 공산주의식 복지국가의 주역은 이제 중국뿐이다. 중국은 인상적인 경제성장 수치를 실현했고, 최근에는 아시아와 아프리카의 빈곤 국가에 엄청나게 투자했다. 근래 중국은 서구 세계와 마찬가지로 더 이상 복지 성과에 자부심을 드러내지 않는 듯하다. 해외 투자와 경제성장을 새로운 슬로건으로 부각했고, 그 수혜자나 다른 나라들은 중국의 다른 목표에 대해서는 아는 바가 없다. 공산주의식 복지 확대는 확실히 사라지고 그 자리를 새로운 실크로드가 대체한 듯하다.[159]

흔들리는 복지국가

복지국가의 위기를 가장 크게 겪은 곳은 최초로 복지국가를 이룩한 나라였다. 1985년 마거릿 대처Margaret Thatcher가 이끄는 영국 보수당 정부는《고용: 국가의 당면 과제Employment: The Challenge for the Nation》라는 백서를 발간했다. 중심 내용은 정부는 그저 민간 기업이 번창할 수 있는 환경을 만들어주기만 하면 된다는 것이었다. 이 백서가 1944년의 백서와 주요하게 다른 부분은 복지에 대한 정부의 책임을 거부한 점이었다. 이제 정부의 유일한 과제는 "국가의 노력을 위한 틀을 마련하는 것"이었다.[160] 국가는 1944년 백서에서처럼 노동 수요 쪽에 집중할 것이 아니라 청년층을 교육하고 더 나은 경영과 임금 억제를 선전하며 폭넓은 '규제 완화' 정책으로 공급 쪽에 노력을 집중해야 했다.

1944년 백서와 1985년 백서는 국제적 관점이 놀랍도록 다르다. 1985년 백서는 국제 협력에 대한 내용이 없고 국가정책만을 다뤘으며 "외국에서 일어나는 일은 전적으로 외인성 사건으로서 정부의 통제를 벗어난 것으로 간주"했다. 그전 40년에 걸친 영국의 쇠퇴를 반영하는 동시에 '성공과 업적에 대한 인식이 소멸점 수준으로 줄었다'는 사실을 반영하는 것 같았다.

북대서양의 모든 국가에서 규제가 완화되고 복지국가에 대한 목소리가 줄어드는 것은 분명하지만 미국, 영국, 그리고 유럽 대륙에는 상당한 차이가 있다. 미국에서는 로널드 레이건Ronald Reagan 정부 이전까지 오랫동안 백인 남성 특권층의 가장과 다른 임금노동자가 뚜렷하게 달랐다. 1960년 미국의 사회 참여 지식인 폴 굿맨Paul Goodman은 특이하고 도발적인 문장으로 '사회 밖'에 소외된 미국 빈곤 노동층(흑인, 푸에르토리코인, 멕시코인, 이민 농장 노동자 등)을 한쪽으로는 공장 노동자와, 다른 한쪽으로는 다음 사람들과 비교했다.

구식인 사람, 괴짜, 범죄자, 재능 있는 사람, 심각한 사람, 남자와 여자, 불로소득자, 프리랜서 등의 거대한 무리. 그 각양각색의 구성원들은 전문점을 운영하거나 다른 전문 서비스를 제공하거나 가르치거나 은행을 털거나 조경을 하면서 다양하게 조직 주위를 맴돌지만 좀처럼 섞일 수 없다. 왜냐하면 그들은 승진하거나, 기금 보조금을 타내거나, 노조를 통해 자신을 보호하거나, 합법적으로 횡령하면서 그 사실을 무심코 입 밖에 내지 않거나, 뜬금없지만 어색하지 않게 눈물을 흘리거나 웃어댈 때 사람들이 흔히 쓰는 방법을 모르기 때문이다.[161]

노동생산성 증가와 밀접한 소득 불평등이 서유럽보다 미국에서 훨씬 큰 이유는 연방 최저임금 하락으로 설명할 수 있다. 1950년대와 1960년대에 세계에서 가장 높았던 미국의 최저임금은 1970년대와 1980년대 이래 30퍼센트 하락했다.[162]

유럽 국가들은 레이건과 대처의 신자유주의에 대항하면서 어느 정도까지는 사회적 시장경제인 '라인 경제 모델Rhine Economic Model'[163]을 옹호했다. 사회정의 대 효율성, 타협/합의/협력 대 대치와 경쟁, 장기적 안정성 대 단기적 결과에 초점을 맞춘 역동성과 변화의 대결이었다. 또한 정부에 대한 태도, 즉 상대하기 어려워도 반드시 필요한 파트너로 정부를 인식하고 정부와 경제 주체의 상호 의존성을 인정하는 태도와, 정부를 신중하게 거리를 두어야 하는 상대로 보는 태도의 차이였다. 놀라운 점은 독일이 1989년 이후 동독과 서독의 통일 과정에서 겪은 큰 어려움에도 불구하고 라인란트 경제 원칙을 고수했다는 사실이다. 그리고 유럽 이외의 복지국가 쇠퇴에 대해서도 지나치게 비관적으로만 말할 필요는 없다. 한국과 타이완의 사례를 다시 생각해보라. 중국 역시 특별한 관심을 받을 만하고 최근의 인도도 마찬가지다.

　그렇다고 해서 유럽 대륙이 전혀 변화하지 않은 것은 아니다. 복지국가는 2008년 심각한 금융 위기 이후 원래의 주장에서 약간 후퇴했다. 그 결과는 깊어진 사회적 불평등이다. 프랑스 경제학자 토마 피케티Thomas Piketty는 국민소득 중 노동자가 차지하는 비중이 낮아진 것을 예로 들며 이 점을 날카롭게 지적했다.[164] 분명히 말하면, 지난 40년 동안 임금 바닥층에서 소득이 정체되어서라기보다는 주로 임금 격차가 증가했기 때문이다. 피케티는 휴대전화와 기타 전자 기기가 널리 보급되었음에도 불구하고 미국의 경우 '하위 50퍼센트 소득층에 속한' 가구가 실제로 쓸 수 있는 소득은 이 시기 동안 거의 증가하지 않았다고 본다. 게다가 이 현실은 유럽 대륙뿐만 아니라 영국과 (예상했겠지만) 미국의 노동생산성이 급격히 증가[165]했음에도 나타난 결과다. 불평등 확대의 이면에는 어쩌면 더 중요한 현상이 숨어 있을지도 모른다. 바로 북대서양 국가의 사회적 이동성 정체다. 20세기 전반에 이곳 노동자들은 수 세대 동안 향상된 생활수준에 익숙해진 반면, 사회적 이동성은 분명히 둔화되었다. 미국의 쇠락한 공업지대 노동자처럼 많은 사람의 사회적 이동성이 근래 수십 년 사이에 그저 사라져버렸다. 많은 노동자와 소규모 독립 생산자는 자신과 후손이 더 나아질 수 있다는 희망을 잃어버렸다.

　여러 번 언급했듯이, 1980년부터 미국과 영국을 포함한 수많은 나라가 정반대의 사회·경제정책을 채택했다. 민주주의 국가의 많은 임금노동자가 (영국 노동당, 미국 민주당 등) 사회민주주의 정당에 등을 돌렸기 때문에 정책에 대한 유권자의 지지도 충분했다. 피케티에 따르면 사회주의·공산주의·사회민주주의 정당이 노동자의 표를 잃은 것은 전후 수십 년 동안 뚜렷이 확대된 교육과 사회적 이동성의 상승과 맞물려 일어난 '교육적 분열의 반전'과 관련 있다. "교육 혜택을 덜 받은 계층은 좌익 정당이 수수하게 교육받은 사람보다 새로운 교육 혜택을 받은 계층에 우호적이라고 믿게 되었다." 프랑스에서는 "좌익 정당을 지지한 사람들은 1956년에 좌익 정당에 투표한 교육 수준 낮은 노동자의 자녀나 손주들이었다. 대학에 진학한 이들은 고급 학위를 취득한 경우도 많았다." 피케티에 따르면 프랑스만의 현상이 아니다.[166]

국가 내의 소득 불평등 심화는 전 세계적 현상이 되고 있다. 동시에 세계 여러 나라의 경제 성과의 차이가 줄고 있다. 이전에는 급속히 부상하는 중국 때문에, 이제는 정치체제가 다른 인도가 가세하면서부터다.

※

앞에서 1500~1800년에 임금노동이 확장된 역사를 살펴보았다. 당시만 해도 드물었던 임금노동은 대체로 작은 도시 밖에 살았던 소작농이 주로 추가 소득을 올리기 위해 했다. 1800년 이후 임금노동은 점점 소득의 유일한 원천이 되었고, 현재도 세계 인구의 대다수가 임금노동으로 생계를 유지한다. 임금노동 출현은 일하는 방식뿐 아니라 일하는 인간으로서의 이해관계를 개별적으로나 집단적으로, 그리고 정치체제 안에서 보호하는 방식에 많은 영향을 미쳤다.

임금노동은 처음에 남성 가장 이데올로기 현상을 일으켰지만, 모든 노동자가 가장이 될 수 있는 근래에 쇠퇴하고 있다. 또한 아파르트헤이트 및 이분법적 사고방식과 더불어 수평적 협력, 직업적 자부심, 공정한 노동관계에 대한 규범이 전 세계적으로 출현했다. 주류 학설인 틸레의 주장이나 라파르그와 말레비치의 극단적 주장을 생각해보라. 그리고 이 장에서 만난 단체 행동 사례들도 잊지 말자. 마지막으로, 원칙을 집행하는 과정에 얼마나 문제가 있었든 간에 국제노동기구와 국제연합의 설립 원칙도 잊지 말자.

산업화, 효율성, 임금노동의 긴밀한 관계는 노동시간과 여가 시간의 비율을 바꾸었다. 이전에는 깨어 있는 시간의 대부분을 일하는 데 썼지만, 지난 세기에는 여가와 교육이 그 자리를 차지했다. 주목할 점은 '북반구 선진국'에서 이러한 움직임이 몇십 년 전에 멈춘 반면 '남반구 개발도상국'과 특히 중국에서는 근래 수십 년 동안 중단되지 않았다는 사실이다. 가정을 분석 단위로 보면 '북반구 선진국' 맞벌이 부부의 노동시간이 다시 증가했다. 그러나 시간당 실질 보상은 몇십 년 동안 정체된 듯하다. 1950년대와 1960년대에 표준이었던 복지와 공평한 분배를 수반하는 경제성장은 끝났다.[167]

많은 가구가 더 많은 시간을 노동에 사용하면서 주로 부유한 북대서양과 그 주변 국가에서 소비가 증가했지만 기후변화(이 책의 범위를 벗어나는 주제라 다루지 않는다)를 비롯한 환경 파괴를 대가로 치러야 했다. 약간 과장해 말하면 부유한 노동자일수록 돈 쓸 시간이 없다. 그리고 1차 산업혁명, 2차 산업혁명, (제러미 리프킨Jeremy Rifkin의 표현을 빌린) 3차 산업혁명이 지나갔음에도 일자리 수는 줄어들지 않았다.

임금노동자가 이익을 보호하는 방법은 자영업자의 방법과 다르다. 자영업자는 오늘날까지도 주로 가구의 힘에 의존한다. 임금노동자는 지리적 이동과 사회적 이동성이 중요한 비중을 차지하는 개인적 전략 외에 이른바 단체 행동 레퍼토리를 발전시켰다. 노동조합주의가 즉시 머릿속에 떠오르지만, 역사적으로 다양한 단체 행동과 조직이 등장했다. 개인적 전략과 집단적 전략의 균형은 지속적으로 변하고 있다. 제1·2차 세계대전이 끝난 후 노동조합주의는 한동안 성공적인 시기를 보냈으나, 이제 그 시대가 끝났고 노동조합은 분명 곤경에 처해 있다.

전형적인 단체 행동이 성공하여 전 세계적으로 다양한 복지국가가 나타났다. 공통점은 노동시장 중재자와 복지 제공자로서의 국가의 역할이 커진다는 사실이다. 이것은 민주주의의 필수 요소가 되었다.

그렇다면 어떤 영향이 어느 정도까지, 얼마나 오래 미칠까? 이 책을 마무리하는 다음의 전망 편에서 장기적 관점으로 노동의 성격을 고찰하고 이 문제를 살펴보자.

전망

노동에 대한, 시간과 공간을 가로지르는 이야기의 끝에 이르니 하나의 질문이 떠오른다. 이 이야기가 과연 앞으로 노동이 어떻게 조직되고 실행될지 말해주느냐다. 역사 기록은 인류 집단의 미래를 더욱 잘 통제하는 방법에 관해 무엇을 시사하는가? 물론 지난 수백 년 동안의 분수령 덕분에 대략적인 기준선을 구분할 수는 있다. 예를 들어 (증기력에 의한 기계화로 산업국가에서 농업의 중요성이 쇠퇴한) '대전환', (1970년경부터 시작되어 서비스업이 제조업보다 우세해진 한편 국가는 시장에 대한 통제를 완화한) '두 번째 대전환', 그리고 우리가 현재 살고 있는 로봇화 대전환의 시대로 나눌 수 있다.[1] 그러나 노동의 역사를 자세히 들여다보면, 지난 수 세기 동안 부유한 국가가 경험한 일에 토대하여 지나치게 단순한 이 단층선들을 의심의 눈으로 살펴야 함을 알 수 있다. 이 책의 궤적을 통해 분명해진 네 가지 주요 요소를 언급하며 마무리하겠다.

내가 지나치게 단순한 예측에 유보적인 이유는 이 책에서 언급한 주요 발달 모두가 어김없이 예상치 못한 반응을 불러일으켰기 때문이다. 출현했다고 해서 사라지지 않는 것은 아니다. 기원전 500~기원후 500년에 1천 년 동안 서유럽과 인도에서 기능했던 시장경제가 갑자기 5백 년 이상 자취를 감춘 사실을 생각해보라. 또 다른 예는 시장경제에서 무자유노동이 증가했다가 쇠퇴한 후 다시 증가한 현상이다. 19세기에 노예제를 폐지하고 규제한 이후 베르사유조약으로 노동자의 기본권을 확립했음에도 러시아, 독일, 일본, 중국 같은 주요 국가가 일시적으로 무자유노동으로 퇴보한 것이 불과 얼마 전이다. 가정주부의 노동시장 진출은 여러 차례 중단되었고, 복지국가의 이상을 수용하는 정도도 자주 달라졌다. 근래 몇십 년 동안 부유한 국가에서 나타난 노동 보수와 (유연화와 불안정화 등의 개념으로 요약할 수 있는) 직업 안정성 정체도 일종의 반작용으로 볼 수 있다.[2] 같은 맥락에서, 최근 코로나바이러스 대유행으로 기업과 노동자에게 투입된 케인스식의 막대한 국가적 지원은 예전이었다면 생각할 수 없었던 일이다.

둘째, 앞의 예들이 가리키고 있는 변화의 반작용과 그 강도는 예측하기 쉽지 않다. 적어도 대규모 임금 삭감 때문에 일어나는 파업처럼 예측할 수 있는 수준이 아니다. 노동운동이 출현해 1백 년 전에 절정을 이뤘던 때와, 노동조건 개선을 위한 성공적인 단체 행동이 드문 현재의 상반된 모습을 비교해보라. 이 모든 일이 일어나는 동안에도 가장 부유한 국민과 나머지 국민 사이의 부의 격차가 수십 년 동안 커지고 있다. '전형적인' 사회적 대항 운동의 견제도 없이 증가하는 사회적 불평등은 새로워 보인다. 그러나 두 차례의 세계대전 사이에 '이민 배척주의자들(종종 포퓰리스트로도 불린다)'이 벌인 이민자 배척 운동이 제공한 감정적 보상과 오늘날의 감정적 보상은 똑같다.

셋째, 디지털화의 영향으로 지난 수십 년간 국가들의 번영 수준과 소비 패턴이 전 세계적으로 수렴되었고 노동에 대한 보상도 비슷해졌다. 간단히 말해, 마침내 중국인이 잘살게 된 반면 유럽인과 미국인(특히 백인 남성)은 정지 또는 심지어 일보 후퇴했다. 역사적으로 비슷했던 사례가 없는 진정으로 세계화한 세계의 새로운 일면이다. 더 나아가 우리는 재등장한 대항 운동을 목도하고 있다. 생산 기지를 저임금 국가로 이전하는 '오프쇼어링offshoring'이 북대서양 국가의 로봇화와 중국의 인건비 상승으로 인해 다시 한번 반전을 촉발하고 있다. 이른바 본국 회귀인 리쇼어링reshoring이다. 중국은 가만있지 않고 진지하게 공장 자동화를 추진하고 있다. 고령화 사회로 접어들기 직전인 나라로서 당연한 일이다. 일본과 한국은 이미 고령화 시대에 접어들었다.[3]

네 번째는 중요도가 결코 작지 않은 세계화다. 대부분의 국가에 세계화란 국가 차원의 민주적 의사 결정이 침식된다는 의미다. 자본은 국가 내에서 합의한 게임의 규칙에서 벗어나고 있다. 게다가 비공식 경제가 증가하여 노동력까지 빠져나가고 있다. 여기서 말하는 비공식 경제는 '사회적으로 (불법 경제와 대비되는 의미에서) 합법적인 유급 노동이지만, 당국에 신고할 의무가 있음에도 세금, 사회보장 및 노동법상의 목적으로 신고하지 않거나 숨기거나 등록하지 않은 노동'이다. 자본이 국가와의 계약을 취소하는 곳에서 노동은 쓰라린 이득을 얻는다. 유럽연합의 민간 부문 총노동 투입량 중 약 10퍼센트는 비공식 부문에 있으며, 총부가가치GVA의 14.3퍼센트를 차지한다(폴란드, 루마니아, 리투아니아의 25퍼센트부터 독일의 7퍼센트까지 다양하다). 유럽을 벗어나면 수치가 훨씬 인상적이다. 개발도상국 36개국을 조사한 결과에 따르면 비농업 부문 노동자의 약 60퍼센트가 비공식 경제에 고용되었다.[4]

이러한 관점에서 세계화는 북대서양 국가에서는 국가 사회계약의 해지를 의미하고, 국가 사회계약이 오래전에 약해진 곳에서는 더 이상 추구하지 않음을 의미한다. 대기업은 인건비를 포함한 생산비가 낮고 세율도 낮은 나라를 선택하고, 증가한 이윤을 최고 경영진과 주주에게 지급한다. 노동자는 최대한 유연하게 배치된다. 주요 기법 중 하나는 채용 대행 기관이 처리하는 서비스 아웃소싱이다. 유럽 노조들과 인터내셔널의 힘의 균형 변화를 생각해보라. 미국 노조는 거의 역할을 하지 않는다. 따라서 피해를 입었다고 느끼는 많은 노동자의 사고방식과 정치적 선호도 변화한다. 이런 집단에서 보호무역주의와 국제 이주 노동 제한이 최선의 해결책이라는 희망이 점점 높아지고 있다.

역사적 구분선을 추적하기가 쉽지 않거나 불가능하다면, 우리가 노동자로서 현재 어디에 있느냐는 통찰을 얻기 위해 하나의 대안 전략을 제안하겠다. 먼저 근래의 연구 문헌에서 점점 많은 지지를 얻고 있는 여러 시나리오를 간략히 설명하려 한다. 그리고 인류 노동사가 낳은 주요 상수들의 측면에서 검토 결과를 고려할 것이다. 왜냐하면 그것들 역시 존재하기 때문이다.

현재 미래에 대한 많은 시나리오가 회자되고 있지만, 대부분 노동과 관런 없거나 간접적으로만 연관 있다.[5] 그러나 다음 다섯 가지는 주목할 만하다.

첫째, 현재 지배적인 시장경제('자본주의')는 그것을 시행하는 곳이 민주적 사회인가에 상관없이 지속 불가능하다.[6] 근거가 가장 충분한 분석은 네덜란드 역사학자 바스 판바벌의 연구다. 그는 역사적 논거를 토대로 현 시장경제가 내부 약점 때문에 돌이킬 수 없이 붕괴할 것이라고 본다. 다른 학자들은 자유노동이 증가하고 보수도 점점 나아진 지난 세기는 역사적으로 예외적이었고 앞으로도 그럴 것이라고 생각한다.

둘째, 시장경제는 부유한 국가에서 깊어지고 있는 사회적 불평등을 보더라도 심각한 곤경에 처해 있다. 이 불평등은 물론 급속히 줄고 있는 국가 간 불평등과는 다르다.[7] 7장에서 설명한 바와 같이 부유한 국가, 특히 미국은 노동 보수가 너무도 낮은 수준으로 떨어져서 경제적으로 불안정한 노동자들에게 공적부조를 제공해야 할 정도가 되었다. 따라서 직원에게 저임금을 지급하는 고용주를 납세자들이 보조하는 꼴이 되었다.[8] 피케티는 특히 노동임금 하락을 저지하기 위해 강력한 누진과세를 복구하도록 요구하는 단체 행동과 사회정치적 연대가 민주주의 국가에서 나타나지 않는 사실에 의아해한다. 피케티와 영국의 개발학 교수 가이 스탠딩Guy Standing 등은 좌익의 정치적 무력증이 우익 정체성 정치인들에게 기회를 부여하고 잠재적 피해자들을 만들 위험을 경고한다.[9]

지금까지 너무 비관적이었는데, 낙관주의자들도 있다.

셋째, 현 체제의 위기를 인정하는 한편 국가의 개입을 통한 '자본주의'의 쇄신력을 믿는 낙관주의가 우세하다. 민주주의 국가의 정책 입안자와 학계 모두가 취하는 주류 입장이다.[10] 지금까지 시장경제는 국가의 보호 아래 번창해왔으며(미국도 포함된다), 시장과 국가의 조합이 가장 강한 결과를 낳는다는 인식이 강해지고 있다. 예를 들어 컴퓨터에 능숙한 인력을 원하는 노동시장과, 교육 수준이나 기술 적응력이 낮은 노동자 사이의 수요와 공급의 부조화를 정부가 나서서 제거하거나 적어도 완화하려는 노력에서 증명된다.

넷째, 아무런 문제도 보지 못하는 완강한 신자유주의자들이 있다. 그들에게는 기회만 보인다. 2008년의 금융 위기와 2020년의 코로나 사태가 빚은 심각한 경제 위기에도 불구하고 이들은 임금노동자가 사라질 것이라고 믿으며, 사업체를 가진 사업가이자 전문가로서 항상 기회를 탐색하는 새로운 인류에 믿음을 건다. 게다가 이 미래의 자영 노동자 영웅은 이동성이 무척 높아서 전 세계로 새로운 도전거리를 찾아 나설 것이다.[11]

다섯째, 낙관론자든 비관론자든 상관없이 과학기술에 기대하는 사람이 있다.[12] 이 책과 관련해 가장 중요한 결과는 로봇화다. 과학기술의 가속에 수반해 노동시간과 여가 시간의 균형이 전례 없이 변화할 것이다. 낙관주의자는 여가 시간을 늘려줄 것이라고 환영하는 반면, 비관주의자는 대량 실업과 더 급격한 구매력 감소, 수요 감소를 두려워한다. 덧붙이자면, 로봇화는 자업자득의 곤란한 상황에 봉착할 것이고, 이 점에서 고령화하는 노동인구가 도움이 될 것이다. 낙관론인지 비관론인지 특징짓기 쉽지 않은 다른 전망은 로봇화의 원동력인 대규모 다국적기업과 관련 있다. 대부분의 국가는 국제 독점 기업들에 저항하는 듯 보이지만 중국을 제외하면 애플, IBM, 마이크로소프트 같은 거대 기업의 상대가 되지 않는다. 이 테크 기업들은 점점 더 대중의 취향을 결정한다. 그 궁극적인 결과로 일하는 시민도 획일적으로 차려 놓은 상을 받아먹기만 하는 손님에 불과한 존재로 추락한다. '빵과 서커스' 사회(고대 로마의 우민 정책에 관한 시인 유베날리스의 표현-옮긴이), 유발 하라리 Yuval Harari가 말하는 '쇼핑의 시대', 그리고 올더스 헉슬리의 《멋진 신세계》(1932)다.[13]

노동의 역사에 대한 이 조망은 미래에 대해 무엇을 말해줄 수 있을까? 하나의 시나리오가 확실히 옳거나 그르다고 주장할 수는 없지만, 노동의 미래와 관련해 많은 지지를 받는 예측을 고찰할 수는 있다. 그 예측들은 '자본주의의 종말', 불평등 심화, 노동과 소득 분배에 관한 '자유' 시장의 역할, 그리고 로봇화의 영향이다.

자본주의는 종말을 맞을까

바스 판바벌이 흥미롭고 탁월하게 기술한 지난 1천 년의 역사는 바그다드의 아바스 칼리프국에서 미합중국에 이르는 주요 시장경제, 즉 경제적 '자본주의' 선구자들이 수 세기 후 필연적으로 문제에 봉착했고 결국 배턴을 넘겨줘야 했다는 사실을 설득력 있게 보여준다. 권력 이양translatio imperii은 부정할 수 없이 역사적으로 되풀이된다. 여기서 주목할 점은 최고의 지위를 잃었다는 부분이 아니라, 대부분의 경우 '패자'의 상황이 장기적으로 그다지 나쁘게 끝나지 않았다는 사실이다. 체제는 그렇게까지 자기 파괴적이지 않았다. 예를 들어 네덜란드는 이미 오래전에 황금시대가 지났지만 오늘날에도 번영을 구가하고 있다. 이탈리아 북부, 네덜란드 남부, 영국이 그러했고, 현재 동아시아와의 경쟁에서 밀리고 있는 미국도 마찬가지다.[14] 그렇다면 예측할 수 있는 미래에 권력 이양이 계속 이어지지 않을 이유가 있을까?

판바벌은 물론 이 점을 생각했다. 그는 과거에는 패자가 예전만 못하더라도 회복할 수 있었으리라는 점을 부정하지 않지만, 구식 제국의 생존 자체가 불가능하고 깊이 세계화한 오늘날의 세상에서는 더 이상 그럴 수 없다고 본다. 설득력 있는 주장일까? 먼저 중국을 생각해보자. 이 중앙 통제식 시장경제의 약점이 무엇이든, 분명 중국은 세계화와 전 세계 자본가의 압력에 굴복하지 않고 있다. 앞에서 일부 노동사학자가 제기한 자유 임금노동의 예외적 성격은 어떠한가? 중요한 질문은 근래 수십 년 동안 여러 노동력 부문에서 나타난 불안정화가 미래에 대한 추정에 그대로 적용할 만큼 충분히 넓고 깊은가의 여부다.

사회 불평등은 더 깊어질까

다음으로 1970년대와 1980년대 이래 부유한 나라에서 소득 양극화가 심각해지고 있다는 피케티의 반박할 수 없는 주장을 살펴보자. 1970~1980년대 이전에는 임금노동자의 소득이 증가했다. 그러나 이후에는 정체된 반면 상위층의 소득은 급증했다.

이야기는 여기서 끝나지 않는다. 노동 소득은 정체되었지만, 일반인의 다른 형태의 소득은 7장에서 본 것처럼 장기적으로 증가했다(448~461쪽). 레이건과 대처가 오랫동안 준비한 이데올로기적 승리의 행진에 의해 북대서양 국가에서 소득 양극화가 심화된 것은 사실이다. 그러나 역설적이게도 세금을 통해 사회보장 지출과 이전 지출移轉支出이 주택 수당, 세액공제, 육아 수당, 국민 보험 제도 형식으로 증가했다는 사실을 간과해서는 안 된다. 영국 정치학자 피터 슬로먼Peter Sloman이 이 사실을 증명하면서 "신자유주의 시대에 복지 비용이 증가하는 모순"이라고 불렀다.[15] 자녀가 있으며 경제활동을 하는 성인의 소득 중 고용주가 아닌 정부에 의해 또는 정부를 통해 지급되는 혜택의 비중이 크게 변했다. 정부를 통한 혜택은 현금 수당 형식이 줄고 사회보장, 주택 보조, 양질의 무료교육 또는 국립 교육 등의 형식이 늘고 있다. 21세기가 시작될 즈음의 영국에서는 "가구 소득 불균형의 심화를 대개 과세 및 보조금 제도가 완화했다"는 의미다.[16] 노동자가 고용주(와 단체 행동) 대신 정부 관리에게 의존하게 되었을뿐더러 가구 재정에 정부가 직접 관여하게 되었다. 이러한 보조에는 '자산 및 수입'을 기준으로 한 심사가 필요한데, (점점 더 디지털화하는) 심사는 광범위한 영향을 미칠 수 있고 구성원의 독립성을 훼손할 수 있다.

이러한 흐름은 예상할 수 있는 대로 좌익 정치인의 지지를 받는다. 브라질 대통령 룰라가 2003년에 도입한 가족 수당Programa Bolsa Familia이 일례다. 그러나 우익 경제학자와 정치인 중 일부도 국민기본소득제를 통한 재분배를 찬성한다. 가장 유명한 예는 자유 시장의 지적 투사 밀턴 프리드먼이다. 그는 이미 제2차 세계대전 당시 음의 소득세Negative Income Tax(저소득층에 일정 수준의 보조금을 지급하고 소득 증가에 따라 지급액을 줄이는 모형-옮긴이)를 구상하기 시작했다.[17] 그가 보기에 두 방식의 차이는 분담금의 수준과 정부의 통제 집행이다. 그러나 두 경우 모두 노동과 급여의 괴리가 명백히 커지고 고용주의 책임이 정부로 이전된다.

노동사의 맥락에서 국내에서 깊어지는 부의 격차는 제도적으로나 이데올로기적으로 불평등하게 고정된 노동에 대한 인식과 보상이 수 세기 동안 이어진 결과로 보일 수 있다. 분명 자기과시자의 전통적 자화자찬과 임금노동 비하 이데올로기에 대한 보편적 지지와는 별개의 일이다. 또한 높은 보수는 노력과 선천적 재능의 결과라는 현재 널리 퍼지는 믿음과도 모순된다.

노예제, 계급 구조 또는 인종차별과 아파르트헤이트 같은 제도적 불평등이 지배했던 사회들은 대대로 가장 무거운 책임을 진 것처럼 보인다. 그렇다고 유럽을 포함한 다른 지역이 떳떳하다는 의미는 아니다. 인도는 1947년 독립 이후 헌법을 통해 빈곤한 계층의 사회적 기회를 증진하려 했다. 최하층 천민으로 태어난 암베드카르가 1950년 제정에 참여한 이 헌법은 '유보 조항'을 통해 차별 철폐를 도모하였으나,[18] 이러한 노력에도 불구하고 근래 인도 내의 불평등은 극단적으로 심화되었다. 또한 인도는 베버리지식의 복지국가를 건설하고자 노력했지만, 보호받는 '공식' 부문과 보호받지 못하는 '비공식' 부문의 깊은 골은 여전하다.[19] 미국에서도 제임스 볼드윈James Baldwin, 마틴 루서 킹, 맬컴 엑스Malcolm X 등이 호소했던 차별 철폐 조처는 바랐던 결과를 도출하기까지 갈 길이 멀다. 최근의 블랙 라이브스 매터Black Lives Matter(흑인에 대한 과도한 공권력 사용에 항의하는 비폭력 시민운동–옮긴이) 역시 이 점을 부각한다. 또한 아파르트헤이트 이후의 남아프리카 공화국과 130년 전 폐지된 노예제의 유산이 여전히 남아 있는 브라질을 생각해보라. 물론 가장 두드러진 예는 겉으로 표방하는 바와 달리 불평등에 우호적인 가치가 고질적으로 우세한 아랍 세계 산유국들이다.[20]

지금까지는 시민(특히 남성)의 핵심층이 노동권과 공정한 보상을 받을 최소한의 권리를 나눠 가졌다. 그러나 우리(성인 남성)와 그들(나머지 사람들) 사이의 차이는 거기서 끝나지 않는다. 지리적 이동성이 큰 세계에서는 더 그렇다. 어느 나라든 핵심층이 누리는 법적 혜택을 누리지 못하는 주변층 사람들이 있다. 주로 합법적으로 고용된 외국인 노동자인 이들은 유럽연합 안에서조차 적은 권리를 누리고, 걸프 국가와 사우디아라비아에서는 훨씬 더 적은 권리를 누린다.[21] 마지막으로, 선거권이 없는 불법 이민자가 있다. 주변층의 극단적 형태는 어떤 보수도 받지 못한 채 소수층인 열등 인종으로 취급받고 착취 당하는 사람들이다. 제2차 세계대전에서 그러한 사례가 많이 나타났다. 안타 깝게도 미래에는 그런 일이 없으리라고 장담할 수 없다.[22]

그렇다면 논리적인 후속 질문은 지난 세기와 비교해 깊어지는 부의 격차 앞에서 왜 단체 행동이 그토록 드물어졌느냐다. 사실 단체 행동이 전무했던 것은 아니다. 일례로 한국의 격렬한 투쟁을 기억하라. 인도에서도 하층 카스 트와 관련해 여성에 대한 차별 철폐 조처가 부분적으로 성공했고, 적어도 차 별 철폐에 대한 약속은 여전히 유효하다.[23]

강력하고 집단적인 반대 운동이 없는 이유는 한 세기에 걸친 단체 행동의 결과 북대서양 국가의 최하층민이 (앞서 언급한 정부의 이전 지출 덕분에) 평균적 으로 적정한 수준의 번영을 누리기 때문이라고 설명할 수도 있을 것이다. 그 러나 불평등은 여전히 만연해 있으며, 내 생각을 보태자면 미미한 대항 운동 은 불평등이 빈곤층에 미친 심리적 영향의 결과일 수 있다. 다시 말해, 그 에 너지가 사회적 불평등이라는 실제 문제에서 타인을 배척하는 쪽으로 방향을 틀었기 때문이다. 이민자와 소수자에 대한 포퓰리스트적 두려움이 팽배하다 는 사실에서 확인할 수 있다(464쪽 참고).[24]

시장은 분배 문제를 해결할까

물론 해결할 것이라고 보는 것이 시장을 통한 노동과 소득의 분배에 대한 신자유주의의 보편적 전망이다. 이미 한 세기나 된 비전이지만 여전히 강하 게 유지되고 있다. 과거에는 그렇지 않았다. 영국이 네덜란드공화국, 나중에 는 미국을 희생시키며 시행한 강력한 보호무역주의와 중상주의 정책이 오랜 산업혁명 기간 동안 보여주었듯이 말이다. 역사를 보면 몇몇 국가가 시장의 힘을 성공적으로 제한하여 최대의 이익을 가져간 예들로 가득하다. 이것은 예외라기보다 원칙이다. 시장의 축복을 낙관하고 '자유' 시장의 노동과 소득 분배만 신봉하는 신자유주의자들은 역사의 교훈뿐만 아니라 현 시대의 시나리오도 잘못 이해하고 있다. 이 시나리오에서 소기업가들이 지배하는 이상적인 세계가 실현될 가능성은 매우 낮다.

최근의 코로나바이러스 위기는 크고 분명하게 알려준다. 부유한 국가의 경우 위기의 가장 큰 희생자는 소규모 사업주와 프리랜서다. 정부가 이들을 확실한 붕괴로부터 구하기 위해 어마어마한 자금을 투입했는데도 그렇다.[25] 전 세계적으로 보호받지 못하는 이주 노동자의 전망도 마찬가지로 암울하다. 이들은 정규 계약을 맺고 단체로 조직된 임금노동자와 특히 대조된다. 그러나 임금노동자의 위치도 팬데믹의 여파로 발생하는 세계경제 위기 속에서 장기적으로 위협받을 것이다.

역설적이게도 노동시장의 하단에서 경쟁이 증가하는 반면, 최상부에서는 쇠퇴하고 있다. 중국과 인도를 제외하면, 식품 산업은 전 세계적으로 유니레버, 바이엘, 프록터앤드갬블이 지배하고, 에너지 부문은 필립스, 지멘스, 제너럴일렉트릭이, 항공 산업은 보잉과 에어버스가 지배하고 있다.[26] 대기업의 노동력이 크게 감소한 사실과 모순되어 보인다. 네덜란드의 전자제품 대기업 필립스는 1974년에 직원 수가 약 50만 명에 달했으나 현재는 3만 7천 명이다. 회사가 위기에 처했거나 상품의 수요가 없어서가 아니다. 또한 회사가 각각 5만 명의 직원을 둔 열 개의 작은 단위로 쪼개진 것도 아니다.

이러한 전개는 하도급 확대와 깊은 관련이 있다. 시내 중심가의 상점을 급속하게 대체하고 있는 고속도로 변의 거대 유통 센터처럼 많은 임금노동자가 함께 일하는 곳에서 나타나는 이러한 현상은 끝없는 하도급뿐만 아니라 급여 지급 구조의 결과이기도 하다. 미국의 경제학자 데이비드 웨일David Weil은 다음을 비롯한 많은 예를 보여준다.

캘리포니아 남부의 한 적재 시설에서 일하는 한 요원은 사업체에 임시직 노동자를 공급하는 프리미어 웨어하우징 벤처 LLCPWV라는 회사로부터 급여를 받는다. 급여 산정 기준은 그와 다른 요원들이 트럭 한 대에 짐을 전부 싣는 데 소요된 총시간이다. PWV는 월마트를 위해 물류 센터들을 관리하는 전국 물류 및 화물 운송 회사 슈나이더 로지스틱스로부터 짐을 다 실은 트럭 수에 따라 결제를 받는다. 월마트는 슈나이더가 따라야 하는 가격, 시간 요건, 수행 기준을 정한다. 슈나이더는 이 가격과 기준, 이윤 목표를 토대로, 자사에 노동자를 공급하는 PWV 및 다른 브로커와의 계약을 구성한다.[27]

이 모든 상황은 낮은 시급, 많은 초과근무시간으로 이어지고 작업 현장 노동자들은 극도로 분열한다. 앞의 예에 나오는 노동자들의 교대 근무는 예외적인 경우다. 임시직 채용 대행 기관에 고용된 노동자는 급여 지급 회사를 통해 임금을 받지만 다국적기업의 기준을 따라야 할 의무가 있는 반면, 다국적기업은 많은 중개자를 통해 전체 과정을 감독만 할 뿐이다. 이것은 소외를 넘어 고립이다. 뒤에서 자세히 설명하겠다.

로봇화는 새로운 유토피아를 약속할까

자동화는 이미 수 세기의 역사를 지니고 있다. 자동화의 현대판인 로봇화와 디지털화는 어디서나 흔히 볼 수 있지만, 일에 미치는 영향이 명백해 보이더라도 판단하기가 훨씬 어렵다.[28] 기계화로 인한 노동시간 감소는 이미 150년 전에 약속되었다. 영국의 유명 철학자 버트런드 러셀Bertrand Russel은 1918년《자유로 가는 길Proposed Roads to Freedom》에서 "과학의 도움으로 인류 공동체는 하루에 4시간만 노동하며 쾌적하게 살 수 있을 것이다"라고 했다. 또한 달변가 제임스 리빙스턴James Livingston이 2016년에 출판한 저서의 자신만만한 제목《노 모어 워크: 왜 완전고용은 옳지 않은 생각인가No More Work: Why Full Employment is Bad Idea》를 생각해보라.[29]

러셀과 리빙스턴이 언급한 북대서양 세계의 노동시간이 급격히 감소한 것은 사실이지만, 놀랍게도 주당 노동시간은 이미 반세기 이상 가장 한 명당 약 40시간, 한 가구당 60~80시간에서 더 이상 진전되지 않았다. 자동화의 결실은 점점 더 세련되어가는 저가 상품으로 나타날 뿐 많은 여가 시간을 가져오지는 않고 있다. 어째서 그럴까? 그 답은 직업 구조에서 끝없이 많아지는 중

개인에서 찾을 수 있다. 직접 생산자는 감소하고 있는 반면, 상품이 소비자에게 닿을 때까지 거치는 중개인의 수가 훨씬 많기 때문이다.

이유는 다양하다. 가장 중요한 것은 길고 복잡한 생산망을 갖추고 익명화되는 세상에서 소비자, 소비자단체, 정부, (세계보건기구나 통상조약 감시자 등의) 국제 협력 기구가 통제와 안전을 필요로 하기 때문이다. 달리 말해, 공평한 경쟁의 장을 만들기 위한 세계적 노력 때문이다. 여기서 자세하고 체계적으로 설명할 여지는 없지만, 캘리포니아의 기술 칼럼니스트 파라드 만주Farhad Manjou의 정신이 번쩍 들게 하는 말에 유의할 필요가 있다. 약사의 아들인 파라드는 "약사들이 고용되는 유일한 이유는 약을 조제하려면 약사가 현장에 있어야 한다고 법이 정해놓았기 때문이다"라고 말한다.[30] 또한 법조인, 특히 영미법 계통 법률 전문가의 급증,[31] 그리고 디지털화의 뒷면인 사이버 범죄를 탐지하고 맞서 싸우며 예방하는 전문가의 급증을 생각해보라. 골똘히 생각을 쥐어짤 필요 없이, 더 복잡한 조율이 필요한 노동 유연화, 번아웃 및 업무 관련 스트레스와의 싸움을 생각해보라. 컴퓨터 시대의 평생교육에도 마찬가지로 적용된다. 모든 사람이 시대에 발맞추기 위해 끊임없이 새로운 기술을 배워야 한다면, 디지털 지원 전문가를 포함해 '새로운 기술을 가르쳐주는 사람'이 더 많이 필요하다.

민간 부문이든 공공 부문이든, 임금노동자든 고용된 프리랜서든 더 많은 조사관, 관리자, 감독관, 감사관의 감사관의 감사관 등이 끝없이 필요한 것 같다. 어느 쪽이든 지금까지는 옛 일자리가 사라지는 속도보다 빠르게 새로운 일자리가 생기고 있다. 고령화하고 있는 북대서양 국가들과 일본, 한국, 그리고 곧 고령화 국가가 될 중국은 더 많은 유급 돌봄 노동자가 필요할 것이다. 모두 사실이지만, 직관에 반하는 현상의 끝없는 확산에 대해 깊이 있는 설명을 제시하려 한다. 바로 인간은 근본적으로 노동을 필요로 하는 존재라는 것이다.

노동-오랜 역사적 구분선

이제 한 걸음 물러나 노동의 전체 역사에 대한 탐험에서 무엇을 발견했는지 살펴보자. 세 가지 중요한 요소가 눈에 띈다.

사회적 의미를 부여하는 일

우리는 일을 통해 관계를 맺는다. 사람은 (벌거벗은 호모에코노미쿠스와 마찬가지로) 분명 필요해서 일하지만, 동시에 일이 자긍심을 만들고 다른 사람으로부터 인정받기 때문에도 일한다는 사실을 이 책에서 다양하게 이야기했다.[32] 자긍심과 타인의 인정은 여가 시간이 아무리 많아도 얻을 수 없는 것이다. 독일계 미국인 철학자 한나 아렌트Hannah Arendt는 다음과 같이 또렷하게 표현했다. "노동의 축복은, 생활 수단이 생산되면 곧 소비되듯이 노력과 만족감이 긴밀하게 연결되어 있다는 것이다. 건강한 몸에 즐거움이 수반되듯 행복은 과정 자체에 수반된다. 고통스런 피로와 기분 좋은 회복이 정해진 순환을 벗어난 곳에서는 행복이 지속되지 않는다."[33] 그녀의 미국인 제자 리처드 세넷Richard Sennett은 이 이론을 창의적으로 발전시켰으나 윌리엄 모리스William Morris와 존 러스킨John Ruskin을 참조함으로써 '실용주의'로 축소했다. 학자의 주장으로는 드물게도, 일은 손으로 한다는 이야기였다. "물건을 만드는 기술은 타인과의 관계에 영향을 미칠 수 있는 경험의 기술에 통찰을 제공한다. 물건을 만드는 어려움과 가능성 모두 인간관계를 형성하는 데도 적용된다."[34] 두 사람의 관찰은 데이비드 리스먼David Riesman이 《고독한 군중The Lonely Crowd: A Study of the Changing American Character》(1950)에서 말한 개념에 잘 들어맞는다. "사람은 스스로 충분한 자격이 있다고 느껴야 한다. 직업을 갖고 물건을 소비하며 삶을 영위하는 것만으로는 부족하다. 해체된 노동이 여가에 지우는 부담은 너무 커서 감당할 수 없다. 여가 자체는 노동을 구원할 수 없고 노동과 함께 무너질 뿐이다. 대부분의 사람에게 여가는 노동이 의미

있을 때만 함께 의미가 있다."[35] 보수 수준과 별개로 노동에 대한 욕구는 미국의 젊은 세대가 변화하는 계약에 놀랍게 잘 적응하는 원인을 설명해줄 수 있다. 이 현상을 증명한 사회학자 베스 A. 루빈Beth A. Rubin은 미국의 젊은 세대는 일을 계속할 수 있는 한, 그리고 참여할 수 있는 한 어떤 직장이나 부서도 고려할 것이라고 말했다. 대공황 당시의 실업자들에 관해서도 똑같은 결론이 나온 바 있다.[36]

공감과 협력

직업은 자긍심뿐만 아니라 타인의 인정을 얻기 위한 활동이라는 이유 때문에 가정 같은 작은 공동체에서든 작업장, 사무실, 공장에서든 협력이 필수적이다. 인류가 인류이기 이전부터 존재한 가장 오래된 욕구는 함께 일하고 협력하는 것이다. 다시 영장류학자 프란스 데발의 말을 인용하면 공감은 "근접성, 유사성, 친숙함을 바탕으로 자란다. 공감이 결국 집단 내 협력을 촉진한다는 점을 고려하면 전적으로 논리적이다." 또한 "신뢰가 결핍된 현대의 기업 환경과 대조된다. 현대 환경은 문제를 일으키고, 최근에는 많은 사람의 저축을 증발시켜 큰 불행을 초래했다."[37] 많은 사례를 통해 우리가 알고 있듯이 신뢰 부족의 원인 중 하나는 경영진과 실제 노동하는 사람들 사이의 기나긴 구분선이다. 이 점에서는 노동자가 임금노동자든 고독한 프리랜서든 상관이 없다.

코로나바이러스 팬데믹이 발발한 이래 우리 모두는 거대한 실험의학과 사회과학의 실험실에 살고 있다. 많은 사람들, 심지어 유리한 노동계약을 맺고 있는 사람들마저 신뢰 부족을 깊이 체험했다는 의미다. 조직행동론자 지안피에로 페트리글리에리Gianpiero Petriglieri는 디지털 자원을 통한 재택근무에 감사해하며, 1백 년도 더 지난 이 시점에 다시 한번 집을 직장으로 만듦으로써('노동 착취 산업'의 학대가 떠오른다) 우리가 '좀비'가 되어가고 있다고 말한다. "대면 방식에 익숙한 직업인들은 암묵적 처리를 위해 사용했던 미묘한 신호를 잃어버린다. 그 익숙한 신호를 대신하는 새로운 신호를 찾기 위해 정신을 혹사해야 한다."[38] (팬데믹 때문이든 아니든) 업무상 해야 하는 화상 통화와 회의가 매우 피곤하고 심지어 진이 빠지는 이유가 이것이다. 결론적으로, 협력에는 물리적 대면이 필요하다.

공정성이 필요한 이유

유사 이래 공유해온 평등주의에 따라 주어지는 몫보다 더 많이 가져가려 하는 사람들이 있다는 사실을 우리는 알고 있다. 또한 '자기과시자'가 아무 대가 없이 그렇게 하지 않고, 상징에 그칠지언정 공동체에 보답해야 한다는 사실도 알고 있다. 사회적 불평등에는 사회심리적 한계가 있다.[39] 2008년 금융 위기 당시 은행 임원에게 지급된 보너스와 각종 혜택에 대한 대중의 도덕적 분노가 일례다. 또한 최근 코로나바이러스와의 싸움의 일선에 선 보건의료인의 급여를 올리라는 목소리가 많은 나라에서 나타났다. 평등주의는 특히 노력의 측면에서 개인의 차이에 대한 인정과 연결되어 있다. 피케티에 따르면 우리는 "인류의 평등에 대한 분명한 비전이 필요하다. 특히 지식과 열망과 관련하여 개인 간의 여러 정당한 차이와, 사회·경제적 자원이 배치되는 방식을 결정하는 이러한 차이의 중요성을 인식하는 비전이다. 이상적인 사회·경제조직은 인류의 부를 구성하는 열망, 지식, 재능, 기술의 다양성을 존중해야 한다." 바로 이 비전의 결핍이 소련 붕괴를 가져온 주요 요인 중 하나였다.[40] 사람들은 (남성 집단 또는 여성 집단을 의미할 수도 있는) 자신의 집단 안에서 공정과 평등주의, 그리고 개인의 열망 실현을 동시에 추구한다.

이 책에서 두 가지 목표를 조화시키는 두 가지 사회·정치적 해결책을 언급했다. 재분배적 신정국가, 그리고 소득 평준화를 지향하는 복지국가와 (유라시아 전역에 2천 년 이상의 기록이 남아 있는 '공정한 가격'을 추구한) 그 전신들이다.[41] 다양한 신정국가는 평등주의를 위로부터 아래로 규율하고, 강력한 정당화 이데올로기로 인간의 열망과 희망을 조정한다. 이런 식으로 널리 공유되는 우주적·사회적 비전을 이끄는 통치자 겸 사제로서 소수 엘리트층이 정당화된다. 고대 이집트와 콜럼버스 이전의 문명을 떠올려보라. 또한 소련 같은 '이상 국가'나 카스트 제도도 떠올려보라.[42] 충분한 재분배를 보장할 수 있는 한 (현재의 우리가 어떻게 보든 간에) 이런 나라들은 수 세기 심지어 수천 년 동안 유지될 수 있다.[43]

복지국가는 다수의 생계 안정을 보장하면서 자기과시자를 제한적으로 용인하는 조합 중 가장 유리한 조합이다. 또한 우리 사회를 구조화하는 명백한 평등주의의 영향을 받은 시도다.[44] 그러나 역사를 보면 지금까지 이러한 조합은 쉽게 위협받았고, 수명은 몇십 년에 불과했다.[45] 실현 가능성은 미지수지만 국제적으로 조율된 신중한 재정 개혁에 대한 최근의 제안은 이 점을 지적하고 있다.

여기에 역사적 경고 조항을 덧붙여야 한다. 공정성을 향한 노력은 거의 필연적으로 '우리 또는 다른 사람들'이라는 이분법적 사고방식으로 이어진다. 우리 쪽 사람들에 대해서는 공정성을 요구하는 반면, 다른 사람들에 대해서는 취업뿐 아니라 노동조건과 보수 측면에서도 쉽게 예외를 만든다. 여기서 '다른 사람들'은 노예나 하층 카스트부터 모든 '외국인'까지 다양할 수 있다. 한 세기 반 전 러시아, 미국, 브라질, 아랍 국가 등에서 법으로 규율한 노예제와 농노제에 토대한 공식적 불평등 체제뿐 아니라 넬슨 만델라Nelson Mandela 이전 남아프리카공화국, 걸프 국가, 사우디아라비아 등 노동인구의 상당 부분을 배제하거나 아파르트헤이트를 시행한 모든 체제, 그리고 민주국가에서도 나타났다.

특히 '우리'를 위한 공정성이 사라짐에 따라 민주국가의 이분법적 사고방식에서 '다른 사람들'을 배제하는 경향이 커진다. 2000년 이래 국가적·민족적·종교적 정체성 보호를 명분으로 삼은 퇴행적 움직임인 이른바 '사회적 이민 배척주의자의 함정'이 두드러지면서 수많은 희생자를 낳았다.[46] 궁극적으로 그 반대의 경우도 가능하다. '우리의' 노동에 대한 보상이 공정해질수록 이것을 민주적으로 다른 사람과 공유하고자 하는 기꺼움도 더 커진다. 따라서 공정성이 한층 중요해진다.

근래에도 공정하고 지속 가능한 사회를 위한 새로운 제안이 활발히 제시되고 있다. 코로나바이러스 대유행의 영향으로 인간의 전 세계적 의존성에 대한 인식이 높아진 결과이기도 하다. 제안 중에는 플랫폼 협동조합과 '공유지'형 노동조직 같은 상향식이 있고, 생산의 사회적·환경적 영향을 온전히 반영하여 비용을 산정하고 누진세를 강화하는 하향식이 있다.

✕

미래의 사회조직에 대한 모든 선택은 우리보다 앞서 살고 앞의 장들에서 만난 수백만 노동자의 경험으로 형성된다. 그들은 인류 역사의 98퍼센트 이상을 차지하는 긴 세월 동안 작은 수렵채집인 무리를 이루었다. 약 1만 년 전부터는 점점 농가로 발전했다. 가구들의 협력은 도시의 노동 전문화를 낳았고, 도시는 도시국가, 마침내 영토 국가로 발전했다. 그들은 한참 후까지도 신정국가의 공납적 재분배에 토대했고, 약 2천5백 년 전부터 시장이 이를 대체했다. 여기서 강조할 점은 상품 시장뿐만 아니라 노동·용역 시장도 최근의 현상이 아니라는 사실이다. 1500년 이래 주류가 된 시장은 지난 수십 년 동안 (가정 밖) 경제를 구조화하는 방식 중 유일한 해법이었다.[47]

우리는 미래의 일하는 삶의 형태를 세계적 차원에서 결정할 수 있는 새로운 기회를 맞이하고 있다. 우리가 인류로서 지나온 기나긴 과거는 그 과정에서 잊지 말아야 할 세 가지 원칙을 강하게 시사한다. 바로 노동의 역사에서 알 수 있는 일의 의미, 협력, 공정성이다.

주註

일의 역사에 대한 짧은 글

1   Lourens & Lucassen 1992 참조.

2   Weber 1909, 55–73, 181–182. 이 토론에 대한 좋은 요약은 Ehmer & Lis 2009, 9–10; Lis 2009, 57; Lis & Soly 2012을 참고하라. (영향력 있는 Lis & Soly 2012에 관해서는 *TSEG*, 11[2014], 55–174에 나오는 토론을 참고하라.) 고대 그리스·로마의 경우 Loomis 1998; Van der Spek 2004; Migeotte 2009, 2–3, 173–178; Von Reden 2010, 8–11; Feinman & Garraty 2010; W.V. Harris 2011, 특히 ch. 12; Andreau & Descat 2011, 91–94; Temin 2012; J.M. Hall 2014; Zuiderhoek 2015; Erdkamp 2015; Launaro 2015; J. Lucassen 2014a; J. Lucassen 2014b; J. Lucassen 2018a; J. Lucassen 2018b도 참조하라.

3   Van der Linden 1989, ch. 8.

4   마르크스 이후의 발달 과정에 대한 놀라운 지적 족보에 대해서는 Van der Linden 1989, 235–260을 참고하라.

5   Chayanov 1966(Dennison 2011, 12–17 참조); Polanyi 1944, 특히 43–44(Wagner–Hasel 2003, 148–149 참조).

6   Polanyi 1944, 43–44에서 애덤 스미스에 대한 비평으로 부분적으로 다루고 있다. 인류학계와 고고학계의 논쟁에 대해서는 다음을 참조하라. Maurer 2006; Feinman & Garraty 2010; Peebles 2010; Haselgrove & Krmnicek 2012.

7   J. Lucassen 2018a. 또한 다음을 참고하라. W.V. Harris 2011, chs 1, 11과 12; Lipartito 2016.

8   Van Bavel 2016, 272–273. 그의 접근 방식은 누구보다도 영향력 있는 이매뉴얼 월러스틴이 제기한 유럽의 독자성과 차이가 있다. Feinman & Garraty 2010, 176; J. Lucassen 2018a를 참고하라.

9   Milanovic 2019, 2, 12; De Vito, Schiel & Van Rossum 2020, 6; Neal & Williamson 2014와 비교하라(그들은 '자본주의'를 '사적 재산권, 계약관계, 수요와 공급이 지배하는 시장 사이에 일어나며 정부가 지원하는 상호작용'으로 정의한다. Jursa 2014a, 27 참고). 시장경제의 역사에 대해서는 Van der Spek, Van Leeuwen & Van Zanden 2015를 참고하라. 최초의 (그러나 무산된) 본격적인 시장경제는 메소포타미아 남부에서 기원전 6세기에 존재했을 수 있다. 이 시장경제는 "장기적인 면에서 [⋯⋯] 초기 이슬람 시대 이라크의 이례적인 경제 번영의 초석을 깔았다"(Jursa 2014a, 39). 따라서 Van Bavel 2016과 연결된다.

10 Kocka 2018; Safley & Rosenband 2019; Harari 2014; Beckert 2015('전쟁 자본주

480

의', 1600–1800/1850); Manning 2020; Lazonick 1990; Piketty 2019; Versieren & De Munck 2019. 물론 대부분의 저자는 여기서 주장하는 것보다 미묘한 입장을 취한다. Kocka & Van der Linden 2016과 비교하라. 이 문제를 해결하는 방법은(Manning 2020, 191의 제안에 따른 것이기도 함) 역사적 연구의 확산일 것이다. 본보기가 되는 연구인 Soly 2021은 구체적인 "개인 노동자" 또는 무역, 금융, 생산(이 경우 당시 서구 세계의 경제 중심지였던 1490~1565년의 안트베르펜)에서 나타난 "자본의 작용"의 영향력을 다룬다.

11 De Vries & Van der Woude 1997.

12 이에 대한 탁월한 비평은 Chalcraft 2005를 참고하라. 중국을 어느 정도까지 '자본주의' 국가로 부를 수 있거나 불러야 하느냐는 토론에서 이와 관련된 문제가 한 역할을 담당한다. 예를 들어 Rosefielde & Leightner 2018, 22, 58; Piketty 2019, 606–636; Milanovic 2019, 87–91을 참고하라.

13 인정하건대 Harari 2014와 Manning 2020은 이 문제를 정면으로 다루지 않은 듯하다.

14 D.M. Lewis 2018, 99 인용.

15 Arendt 1958, 79 참조.

16 계보 출처: J. Lucassen 2006b; Eggebrecht et al. 1980; Castel 1995.

17 Bücher 1919(5th edn). 그에 대해서는 Wagner–Hasel 2011; Spittler 2010와 Backhaus 2000에 대한 기고문을 참고하라. 뷔허(Bücher)의 연구는 당시 구할 수 있었던 전 세계 노동사 관련 2차 문헌에 대한 폭넓은 이해를 바탕으로 한다. 가장 최근에 나온 개요서조차 범위가 (서)유럽에 한정되었다는 사실을 감안할 때 그의 성과는 더욱 놀랍다.

18 Veblen 1914; Arendt 1958. 또한 Tilgher 1977과 Budd 2011을 참고하라.

19 노동사의 발달에 대해서는 다음의 문헌을 참조하라. Van der Linden & J. Lucassen 1999; Heerma van Voss & Van der Linden 2002; J. Lucassen 2006a; J. Lucassen 2018a; Van der Linden 2008; Van der Linden & L. Lucassen 2012; De Vito 2013; Hofmeester & Van der Linden 2018; Bosma & Hofmeester 2018; Eckert & Van der Linden 2018; De Vito, Schiel & Van Rossum 2020. 노동에 대한 더 일반적인 역사서를 쓰기 위한 본인의 약간 한정적인 초기 연구는 J. Lucassen 2000(유럽에 한정)과 J. Lucassen 2013을 참고하라. 최근 Graeber & Wengrow 2021는 특히 북아메리카와 관련해 훨씬 새로운 고고학적·인류학적 증거를 요약했다(또한 급진적으로 재해석했다). 이 연구는 노동의 역사(특히 무자유 노동의 증가와 쇠퇴)와 어느 정도 관련 있지만 이 책의 페이퍼백 판에서 충분히 다룰 수는 없다. 따라서 그들이 다룬 다른 사회들은 가끔씩만 언급할 것이다.

20 가장 인상적인 저서는 Lis & Soly 2012(고대 그리스·로마 시대부터)이며, 나도 이 저서에 폭넓게 의지하고 있다. 그다음으로 Komlosy 2018(13세기부터); Simonton & Montenach 2019(1권은 고대 그리스·로마 시대, 1권은 중세, 4권은 그 이후의 시대를 다룬다); Cockshott 2019가 있다. Shryock & Smail 2011은 역사의 더 이른 시점에서 시작해야 한다고 주장하고, 아프리카 연구자 Ehret 2016과 Suzman 2017; Suzman 2020도 마찬가지다. 세계경제사에 대해서는 Roy & Riello 2019를 참고하라. 세계사에 대해서는 Beckert & Sachsenmaier 2018을 참고하라.

21 Netting 1993, 1; Linares 1997. 이와 유사한 방법으로 M.E. Smith 2012a를 참조하라.

22 Safley 2019를 참조하라. Segalen 1983과 Thomas 2009는 좋은 사례를 보여준다.

23 몇몇 중요한 예외가 있다. '자본주의자'와 '근대' 개념의 분석적 가치에 대해 내가 간략하게 살펴본 부분을 참고하라. 인류학, 고고학, 역사학의 관련성(1장), 신석기혁명이 불평등에 미친 영향(2장), '근대주의자'와 '원시주의자'의 논쟁(4장), 화폐와 노동관계의 관련성(4장), 산업혁명의 영향(6장), 그리고 수백 년 전부터 현재에 이르는 무자유노동의 확대(6장)를 참조하라.

들어가며

1 그들은 연구의 대상을 중세(말) 이후 자본주의 시대로 제한한다(Charles Tilly 1981, chs 7-9; Van der Linden 2009 참조). 일과 노동을 정의하는 사려 깊은 시도의 초기 예는 Jevons 1879, 181-227; Jevons 1905, 71-119에서 볼 수 있다.

2 Tilly & Tilly 1998, 22-23의 정의는 국제노동기구의 정의에 잘 들어맞는다. Van der Linden & Lucassen 1999, 8-9를 참조하라. 정의에 관한 문제와 일과 노동의 차이에 대한 문제는 다음의 문헌들을 참고하라. Conze 1972; Sahlins 1972, 81; S.L. Kaplan & Koepp 1986; Pahl 1988; Applebaum 1992; Thomas 1999; Kocka & Offe 2000; McCreery 2000, 3-4; Ehmer, Grebing & Gutschner 2002; Weeks 2011; Budd 2011; Graeber 2019.

3 Van der Linden 1997b, 519 참조.

4 Tilly & Tilly 1998, 23-24. '사용할 수 있음'에 대한 다른 해석으로 Applebaum 1992; Budd 2011; Ulin 2002를 참조하라.

5 Zürcher 2013.

6 Tilly & Tilly 1998을 샅샅이 읽어도 레저, 휴가/휴일, 주말 또는 연금과 같은 개념을 확실히 찾을 수 없다.

7 이러한 전 세계적 전망은 이른바 시간-예산 연구를 바탕으로 한다. 이 연구는 개체(동물 또는 인간)가 상호 배제적 활동에 할애하는 시간을 의미한다. Anderson 1961, 102-107.

8 Anderson 1961, 39.

9 Anderson 1961, 40.

10 Anderson 1961, 42-49; Thomas 1999, 256-257을 참조하라.

11 이 책에 사용한 '노동관계'의 본질적인 개념에 대해서는 Hofmeester et al. 2015을 참고하라. 이 책은 경영진과 노조원 사이의 관계(단체교섭)에 강조를 둔, 주로 근대 북아메리카의 '산업 관계' 연구보다 훨씬 폭넓은 내용을 다룬다. Budd 2011, 1-2를 참고하라.

12 '노동 사이클'에 따라 수입을 한데 모으는 것에 대해서는 Lucassen 1987과 Lucassen 2000을 참조하라. 가구 내의 불평등에 대해서는 Bras 2014를 참조하라. 이것은 또한 '조합 내 갈등(cooperative conflict)'이라고도 불린다(Sen 1989). 가구 내 노예에 대해서는 Culbertson 2011a; Tenney 2011; Muaze 2016을 참조하라. 세네갈의 동일 가구 내 남편과 아내의 별도 예산에 관해서는 Moya 2017을 참고하라. 중국 문화권의 가구 이데올로기에 대해서는 Rosefielde & Leightner 2018, ch. 9를 참고하라.

13 '적응 전략(coping strategies)'이라고도 한다. Engelen 2002; Kok 2002.

14 Feinman & Garraty 2010.

15 Netting 1993, 특히 17ff(마르크스와 차야노프), 64(불필요한 이분법) 참조.

16 이것은 《국제 노동관계 1500-2000》에 관해 IISH-Collab에서 제시한 정의다.
    Hofmeester et al. 2015를 참고하라.

17 Tilly & Tilly 1998, 73-75, 87, 350-358 참고.

18 Lourens & Lucassen 1999; Kessler & Lucassen 2013, 302-304 참고.

19 덧붙여 말하면 특히 389쪽과 395쪽에서 설명했듯이 고용주와 피고용인 사이의 협력도
    분명 가능하다.

20 Price & Feinman 2012; K. Davids 2013a의 삼각 구도(국가와 시장뿐만 아니라 종교도 포함)
    도 참고하라.

21 Manning 2013; Lucassen & Lucassen 2014.

22 De Zwart & Van Zanden 2018.

1장 | 일하는 인간(70만 년~1만 2천 년 전)

1   Gilbreth 1911, 76. 또 다른 흥미로운 유사성에 대해서는 Backhaus 2000, 165를 참고하
    라.

2   나는 (Reich 2018처럼) '현생인류'라는 표현을 사용하는 반면, 다른 사람들은 '호모사피
    엔스' 또는 '해부학적 현생인류(AMH)'라는 표현을 쓴다. Shryock & Smail 2011, ch. 3;
    Hatfield 2013, 8-10을 참조하라. 다른 저자들은 최초의 현생인류가 30만 년 내지 20만
    년 전으로 거슬러 올라간다고 말하지만(Manning 2020, ch. 2 참조), 나는 이 차이가 여기에
    서 제기되는 주장들과 아무런 관련이 없다고 생각한다.

3   Hrdy 2009, 205-208.

4   De Waal 2005; Hrdy 2009; Hatfield & Pittman 2013(Hatfield 2013 포함). 놀랍게도
    Suzma 2020은 이런 사고방식을 채택하지 않는다. Diamond 1992에 따르면 3백만 년 전
    침팬지와 보노보는 각자의 길을 갔다(다이아몬드식의 비교는 비인간 영장류가 그 이후 크게 진
    화하지 않았다는 비현실적인 주장을 암묵적으로 내포한다. 이에 대한 비평은 Roebroeks 2010을 참
    조하라).

5   Hrdy 2009, 116-118.

6   Hrdy 2009, 164-167. 그녀는 대부분의 경우 남성만이 참여하는 수렵은 성공하지 않는다
    는 사실에 주목한다.

7   De Waal 1996, Pagel 2012 참조; Hatfield & Pittman 2013.

8   Milton 1992, 37; De Waal 1996.

9   R.B. Lee & Daly 2004; Suzman 2017; Suzman 2020.

10 Hrdy 2009, 79; Lancy 2015, 123-125.

11 이 통찰에 대해 Wil Roebroeks에게 감사한다. 또한 (이 책 하드커버 판의) 62ff를 참조하라.

12 Pagel 2012, 6; Hawke 2000 참조; Coxworth et al. 2015.

13 Hrdy 2009, 85-95; Kaare & Woodburn 2004 참조; Aiello 2007, 20; Shryock,

Trautmann & Gamble 2011, 39.

14 Morgan 2015; Pagel 2012, 278-280. 언어가 언제 어떻게 발생했는가 하는 골치 아픈 문제에 대해서는 다음의 문헌들을 참조하라. Shryock & Smail 2011; Hatfield & Pittman 2013; Villa & Roebroeks 2014; Manning 2020.

15 Aiello 2007.

16 Aiello 2007, 23. 네안데르탈인에 관해서는 Mussi 2007을 참고하라.

17 Kaplan et al. 2007. 도제 기간에 대해서는 아래의 '실제의 수렵 및 채집' 문단을 참조하라.

18 Nunn 2018.

19 E.A. Smith et al. 2010.

20 내 생각에는 모계 거주가 대행부모의 발달에 필수적이었다는 허디(Hrdy)의 증명하기 어려운 가설(Hrdy 2009, 143-145, 151-152, 171-173, 180-194)은 여기서 불필요하다고 본다. 다음의 문헌을 참조하라. Trautmann, Feeley-Harnik & Mitani 2011, 166, 172.

21 선사시대에 대한 역사기록학: Barnard 2004; Graeme Barker 2006, 4-17. 비교론적 방법의 발달과 인류학의 역할: Kelly 1995, 1-37, 43, 49, 345-348; Adovasio, Soffer & Page 2007을 참조하라. 얼마나 많은 실수가 나오든 비교론적 방법은 이 책과 같은 역사적 분석에 필수적이다.

22 데발은 표트르 크로폿킨(Pyotr Kropotkin)(《상호부조론(Mutual Aid)》[1902]: '그것에 대해 어렴풋이 알았던' 사람, 《빵의 쟁취(The Conquest of Bread)》[1906])과 특히 로버트 러들로 트리버스(Robert Ludlow Trivers)와 입장을 같이한다. 로버트 트리버스는 존 롤스의 이론과 연관된 접근 방식인 호혜적 이타주의 이론의 창시자다. '만인의 만인에 대한 싸움(Hobbes, Huxley, Durkheim)'과 루소로부터 크로폿킨에 이르는 호혜주의 사이의 상반되는 이론적 전통에 대해서는 다음의 문헌을 참고하라. R.B. Lee & Daly 2004, 1; Kelly 1995, 1; Graeme Barker 2006, 44. 폴라니는 '호혜성'을 '대칭성'과 관련지어 말한다(Polanyi 1944, chs 4-6; Polanyi, Arensberg & Pearson 1957; Dalton 1971).

23 단서는 Ames 2010에 잘 정리되어 있다. 에임스(Ames)는 인간은 소규모 사회에서도 불평등과 평등주의 모두를 보일 수 있다는 점을 강조하는 한편, 위신을 세우기 위한 경쟁이 억압될 때 인간은 '일을 더 잘하고 지속할 가능성이 더 클' 수 있다는 사실을 인정한다(37).

24 De Waal 2009, 20-21; Nystrom 2005 참조.

25 다음의 두 문헌을 참조하라. Hatfield 2013, 13-14(인류는 이중의 상속, 즉 유전적 상속과 문화적 상속에서 이득을 얻는다); Trautmann, Feeley-Harnik & Mitani 2011(인류의 진화적 성공은-부분적으로 서로 다른 유인원 종과 공유하는-친족 인정, 근친상간 회피, 암수쌍 간의 결속력, 세대의 중첩 등의 특성을 토대로 한다).

26 De Waal 2005, ch. 6; De Waal 2009, ch. 7; Mithen 2003, 506을 참조하라.

27 Pagel 2012.

28 Roebroeks 2007의 기고문을 보라(특히 Anwar et al. 2007, 235-240; Leonard et al. 2007, 35). Roebroeks 2010; Erlandson 2010; Pawley 2010; Shryock & Smail 2011; Langergraber et al. 2012; Hatfield 2013; Villa & Roebroeks 2014. Reich 2018 xxi에 나오는 그의 경고에 주목하라. "이 분야는 너무 빠르게 움직이고 있다. 이 책이 독자들에게 닿을 쯤에 이 책이 설명하는 몇몇 발전은 이미 대체되었거나 반박당했을 수 있다."

29 Pagel 2012, 33–35; Hatfield 2013.

30 M.P. Richards 2007, 231; Binford 2007을 참조하라.

31 Earle, Gamble & Poinar 2011; Heckenberger & Neves 2009 참조; Bar-Yosef & Wang 2012; Manning 2013; Manning 2020.

32 R.B. Lee & Daly 2004, 466–467; Mithen 2003, 10 참조. 인구밀도에 대해서는 Kelly 1995, 221–232를 참고하라. 또한 Hrdy 2009, 26; De Waal 2009, 23; Klein Goldewijk 2011; Pagel 2012을 참고하라.

33 Reich 2018, 특히 88, 156–157, 197, 202의 지도들을 참고하라.

34 A.B. Smith 2004; Binford 2007, 196–204 참조; Guthrie 2007, 160; Roebroeks 2010, 31–35. 네안데르탈인과 현생인류 사이의 큰 유사성에 대해서는 Villa & Roebroeks 2014를 참고하라.

35 다른 기술에 대해서는 Joordens et al. 2014를 참조하라. 초기 사람족의 도구에 대한 더 자세한 사항은 Suzman 2020, ch. 3을 참고하라.

36 Kelly 1995, ch. 3; Graeme Barker 2006, 60–62.

37 Schrire 2009; Sahlins 1972, 8–9 참조. 이런 종류의 비교는 이제 '상호 의존성 모델'에 속한다(Kelly 1995, 24–33). 이 모델은 수렵채집인들과 농경 이웃 또는 원예농 이웃 간의 다양한 상호 의존성을 인정한다.

38 R.B. Lee & Daly 2004, xiii, 1–3. 나는 일반적으로 CEHG 저자 수십 명을 일일이 이름으로 언급하는 대신 CEHG로만 지칭할 것이다. 다만 중요하고 명백한 아이디어와 관련된 경우는 예외다. Sahlins 1972, 48을 참조하라.

39 R.B. Lee & Daly 2004, 3; Schrire 2009.

40 R.B. Lee & Daly 2004, 175–187, 215–219, 231ff.; Dewar & Richard 2012, 505; Suzman 2017; Suzman 2020 참조.

41 Kelly 1995, 24–33. 균형 잡힌 개요는 Rival 2004a를 참고하라. 또한 Schrire 2009를 참고하라.

42 R.B. Lee & Daly 2004, 3–4; Graeme Barker 2006, 42–44 참조.

43 Kelly 1995, 162–203, 185 인용. Suzman 2017, ch. 3 참조.

44 Sterelny 2013, 315–318.

45 Liebenberg 2006. 다큐멘터리 〈위대한 춤(The Great Dance)〉에서 이 수렵 방식은 1998년과 2001년에 촬영되었다. Suzman 2017, 274, ch. 12 참조.

46 Kehoe 2004, 37–39; Mithen 2003, 288–291 참조; Graeme Barker 2006, 66–69, 237–238 참조.

47 Shnirelman 2004b, 149. 유사한 경우인 R.B Lee & Daly 2004, 158–159도 참조하라.

48 동물의 학습(자극 강화)과 인간의 학습(장시간에 걸쳐 더 복잡하고 정교해지는 사회적 학습)의 차이에 대해서는 다음을 참조하라. Pagel 2012, 38–45; Hatfield 2013, 13–19.

49 Binford 2007, 198; Lancy 2015 참조.

50 MacDonald 2007a; MacDonald 2007b.

51 Scherjon et al. 2015; Suzman 2017; Suzman 2020.

52 Reich 2018, 26–27.

53 그 이후 사건에 대한 연대 추정의 대부분은 아직까지 논쟁의 대상이다. 여기에서 나는 Patrick Manning 2020, Patrick Manning 2023, Patrick Manning 2024의 특별히 폭넓은 학제 간 연구가 제공하는 통찰을 주로 따른다(미발간된 저서를 인용하도록 허락해준 저자에게 감사드린다). 위대한 대도약에 대해서는 Stiner et al. 2011; Hatfield & Pittman 2013; Manning 2020, 특히 77-78, 88, 104, 125-127(새로운 단체로서의 '작업장')을 참고하라. 중국에 대해서는 Bar-Yosef & Wang 2012를 참고하라.

54 Roebroeks 2014; Shryock & Smail 2011 참조; Ehret 2016, 47; Pagel 2012, 59-68(그는 이 도약을 10만 년 동안 '무작위적 표류' 속에서 소규모 인구 집단이 정보를 잃어버리고 그로 인해 문화적 발달 속도가 느려졌다가 마침내 인구가 증가했기 때문으로 본다. 비평적 주석은 Vaesen et al. 2016; Hatfield & Pittman 2013을 참고하라).

55 Mithen 2003, 31, 518 fn. 7; A.B. Smith 2004; Graeme Barker 2006, 31; Binford 2007, 197-199; Guthrie 2007; Zeder 2012, 172; K. Brown et al. 2012; Germonpré et al. 2014; Ehret 2016, ch. 2; Suzman 2017, ch. 8; Manning 2020.

56 Kelly 1995, 31-32, 117-120; Graeme Barker 2006, 47-49 참조.

57 Mithen 2003, 371-380.

58 Bar-Yosef & Wang 2012, 330.

59 R.B. Lee & Daly 2004, 327, 329; McConvell 2010, 169ff.. 손잡이가 달린 도구는 이미 네안데르탈인 때부터 존재했다. Roebroeks 2010, 31-35를 참고하라.

60 Rival 2004a, 80-81.

61 Shnirelman 2004b, 131. 오늘날에도 여전히 수렵채집인으로 살아가는 사람들 역시 가만히 있기만 하는 것은 아니다. 북극 지역에서 상업적으로 활동하는 어로인이나 덫 놓는 사냥꾼을 예로 들 수 있다.

62 E.g. Gurven & Hill 2009.

63 Endicott 2004, 412; Mithen 2003, 131-132 참조; Kelly 1995, 297-301; MacDonald 2007b, 396.

64 Sterelny 2013, 319-323.

65 예를 들면 R.B. Lee & Daly 2004.

66 Toussaint 2004, 340; 불의 사용과 음식 조리는 150만 년 전에 사람속과 함께 시작되었다 (Leonard et al. 2007, 37-38; Roebroeks 2010, 34 참조).

67 Tonkinson 2004, 344-345.

68 R.B. Lee & Daly 2004, 337, 350, 354.

69 R.B. Lee & Daly 2004, 205-209; Suzman 2017; Suzman 2020 참조.

70 Ichikawa 2004; '피그미' 대신 '바트와'를 선호하는 것에 대해서는 Ehret 2016, 48을 참고하라.

71 Vidal 2004.

72 이 과제 분업은 북극 지역에서는 나타나지 않는다. R.B. Lee & Daly 2004, 138-139.

73 각각 Griffin & Griffin 2004; Ehret 2016, 399; Haas et al. 2020.

74 Peterson 2002.

75 Roosevelt 2004, 88; Haas et al. 2020. 어로 생활을 한 남자와 여자 모두에서 나타나는

근래의 유사성에 대해서는 R.B. Lee & Daly 2004, 299-301을 참고하라.

76   Villotte & Knüsel 2014.

77   여기서도 연대 추정은 논쟁 대상이다. Hrdy 2009, 276; Shryock & Smail 2011, 73; Pagel 2012, 258-262; Manning 2020, 68. 의복이 인류의 체모가 적은 것의 원인인지 결과인지는 아직까지 불분명하다. 둘 다 가능하기 때문이다. 또한 아르헨티나 티에라 델 푸에고의 야마나 부족에서 볼 수 있듯이, 몸에 지방을 문질러 바르고 서로 가까이 붙어서 자고 불을 피우는 것도 추위에 대항할 수 있는 전략이기 때문이기도 하다.

78   Hansell 2008.

79   Scherjon et al. 2015.

80   Adovasio, Soffer & Page 2007, 177-191, 212-215; Shryock & Smail 2011, 73 참조.

81   Tonkinson 2004, 344-345.

82   Sahlins 1972, 10-12, 28-32.

83   Sahlins 1972, 19, 38-39; Roebroeks 2014.

84   Clottes 2002, 6; González-Sainz et al. 2013.

85   Powell, Shennan & Thomas 2009; Vaesen et al. 2016. 그러나 인구통계학적 주장을 너무 쉽게 아무데나 사용하는 것은 경계해야 한다.

86   Manning 2020, 125-127.

87   Feinman & Garraty 2010.

88   Tonkinson 2004, 344-345.

89   R.B. Lee & Daly 2004, 238.

90   Pandya 2004, 245.

91   R.B. Lee & Daly 2004, 206; Sahlins 1972(살린스[Sahlins]에 관하여는 Kelly 1995; Suzman 2017; Suzman 2020 참고).

92   Hrdy 2009, 22-23, 26.

93   Kelly 1995, 14-23(브루스 윈터홀더[Bruce Winterhalder] 인용).

94   Kelly 1995, 20, 346-347.

95   Sahlins 1972, 53; Lancy 2015.

96   Hrdy 2009, 299.

97   Hrdy 2009, 268-269, 298.

98   Eaton & Eaton 2004, 450.

99   R.B. Lee & Daly 2004, 95; Suzman 2017; Suzman 2020은 부분적으로 그가 남자의 노동을 강조하기 때문에 수렵채집인의 노동시간을 현저히 적게 보고하고 있다.

100   Lancy 2015, 30, 66-70.

101   R.B. Lee & Daly 2004, 196.

102   Arcand 2004, 98.

103   Eaton & Eaton 2004, 450, 452.

104   Kelly 1995, 21에서 좋은 개요를 볼 수 있다. 또한 다음의 문헌을 참고하라. Sahlins 1972, 14-24; Eaton & Eaton 2004, 450; R.B. Lee & Daly 2004, 95, 196; Suzman 2017; Suzman 2020.

105 Hrdy 2009, 143-152, 171-194 참조.

106 수렵채집인의 돌봄 노동에는 한계가 있었다. 그들로서는 움직이지 못하는 피부양자를 부양할 수 없었기 때문에 영아살해와 노인살해가 빈번하게 일어났다. Sahlins 1972; Hrdy 2009.

107 Yetish et al. 2015. 더 나아가 수렵채집인 중에서 (심지어 잠자고 있는) 아기를 돌보는 일은 밤새 계속된다. Hrdy 2009, 145-147.

108 Sahlins 1972, 19, 23, 35-36.

109 Hrdy 2009, 91.

110 Nystrom 2005, 36; Suzman 2020, 99 참조.

111 사회적 의무 활동/레저에 대한 이 흥미로운 해석은 빌 루브룩스(Wil Roebroeks)의 이론에 기댔다.

112 Sahlins 1972, 64.

113 이 아이디어는 새로운 것은 아니다. 루이스 헨리 모건(Lewis Henry Morgan)은 미국 토착 원주민의 삶의 방식을 '생활 속 공산주의'라고 부르기도 했다. 이것은 1881년 마르크스, 특히 1884년에 엥겔스에게 큰 영감을 주어 '원시적 공산주의'라는 용어가 탄생했다. Graeme Barker 2006, 54-55; Kelly 1995, 29-33; Flannery & Marcus 2012 참조. 수렵채집인의 사회적 조직을 재해석하려는 폭넓은 시도에 대해서는 Graeber & Wengrow 2021을 참고하라.

114 Rival 2004a, 81-82; Mithen 2003, 126.

115 Dunbar 2007, 97; Anwar et al. 2007, 246-249.

116 Dunbar 2007, 93, 96; Manning 2020; Suzman 2020 참조.

117 Kelly 1995, 209-213에서 켈리(Kelly)는 '마법의 숫자 500과 25'가 생각보다 더 많은 변형을 보여준다고 설명한다. Mithen 2003, 129, 529, 주석 13.

118 Dunbar 2007, 98-99.

119 Dunbar 2007, 102.

120 Kelly 1995, 10-14, 270-292.

121 Hrdy 2009, 271-272, 286-288; Kelly 1995, 270-272 .

122 De Knijff 2010, 51-52. 이 모계 거주는 모든 영장류에게 특유한 현상은 아니다. Langergraber et al. 2012.

123 무엇보다 수렵채집인 아버지와 농경인 아버지 사이의 비교는 Hrdy 2009, 143-152, 171-194를 참고하라. 신부의 값에 대해서는 Kelly 1995, 277-289를 참고하라.

124 R.B. Lee & Daly 2004, 5, 27, 32-34; Kelly 1995, 288-292, 302-308; Mithen 2003, 298.

125 Kelly 1995, 277의 June Helm 인용.

2장 | 노동 분업과 농경(기원전 10000~기원전 5000)

1 Hoffman 2009; Manning 2020; Suzman 2020.

2   Graeme Barker 2006; Whittle & Cummings 2007; Shryock & Smail 2011; Vanhaute 2021; 지배적인 해석들에 대한 Graeber & Wengrow 2021의 폭넓은 비평.

3   Mithen 2003; Graeme Barker 2006; Stiner et al. 2011; Manning 2020.

4   Stiner et al. 2011, 250–253; Sterelny 2013, 317 참조.

5   언어학의 역할에 대해서는 다음 문헌을 참고하라. Price and Bar-Yosef 2011; Flannery & Marcus 2012; Ehret 2010; Ehret 2016.

6   R.B. Lee & Daly 2004, 466–467; Graeme Barker 2006, 398–401은 훨씬 조심스럽게 추정한다.

7   Graeme Barker 2006, ch. 2.

8   Rival 2004a; Graeber & Wengrow 2021은 수렵채집으로 회귀할 이 가능성을 강조한다.

9   McConvell 2010, 178; R.B. Lee & Daly 2004, 39; A.B. Smith 2004, 388.

10 Zeder 2011; Netting 1993, 28–29 참조.

11 Graeme Barker 2006; Price & Bar-Yosef 2011; Zeder 2011; Zeder 2012; Whitehouse & Kirleis 2014; Manning 2020; Suzman 2020; Whittle & Cummings 2007 참조; Gifford-Gonzales & Hanotte 2011.

12 Heckenberger & Neves 2009, 253에서는 이것을 '식물 및 동물 관리'라고 부른다. 이전의 간행물들에서는 종종 '경종적 방제(耕種的 防除, cultural control)'라고 불렀다.

13 Zeder 2012, 171–181; Gifford-Gonzales & Hanotte 2011 참조.

14 Graeme Barker 2006, 145.

15 Gifford-Gonzales & Hanotte 2011, 3.

16 Price & Bar-Yosef 2011; Zeder 2011; Zeder 2012; H. Xiang et al. 2014; Whitehouse & Kirleis 2014; Shelach-Lavi 2015; Ehret 2016.

17 Zeder 2011.

18 Zeder 2012, 177–178; Diamond 1998, 159, 169.

19 Graeme Barker 2006, 404–405; Anthony 2007, 462–463 참조.

20 Diamond 1998, 97ff; Ehret 2016은 다른 저자들보다 연대를 훨씬 이른 시점으로 추정한다.

21 Ehret 2016, 35–37, 51–52에 따르면 아프리카 품종이었다.

22 Roosevelt 2004, 89–90; Graeme Barker 2006, ch. 7 참조; Mithen 2003, ch. 2; Prestes Carneiro et al. 2019.

23 Gifford-Gonzales 2013.

24 Reich 2018, 100, 150–151; Ehret 2016.

25 Reich 2018, 96. 이 때문에 푸른 눈, 어두운 피부색, 어두운 머리털색을 지닌 기존의 유럽 수렵채집인들이 갈색 눈, 밝은 피부색, 어두운 머리털색을 지닌 이주민 농경인과 뒤섞였다. 그 결과 푸른 눈, 밝은 피부색, 금발을 지닌 북유럽인이 나타났다.

26 Mithen 2003, ch. 43; Gifford-Gonzales & Hanotte 2011; Gifford-Gonzales 2013.

27 Roullier et al. 2013.

28 Gifford-Gonzales & Hanotte 2011; Gifford-Gonzales 2013; Ehret 2016; Fourshey, Gonzales & Saidi 2018.

29 Heckenberger & Neves 2009; Anthony 2007 참조; Manning 2020.

30 Klein Goldewijk 2011.

31 Amin 2005, 112–124, 290–319(1870~1880년경의 인도에 관한 부분); Hommel 1969, 41–81(1900~1920년경의 중국에 관한 부분).

32 Hommel 1969, 42–44.

33 Graeme Barker 2006, 356–357, 368.

34 Thomas 1999, 333(1290년경 영국의 보통법에 대해 라틴어로 쓰인 논문 〈플레타[Fleta]〉에서 인용).

35 Anthony 2007, 72.

36 Amin 2005, 291–293, 297.

37 Amin 2005, 292.

38 Amin 2005, 297.

39 Thomas 1999, 335(1715~1720년 알렉산더 포프[Alexander Pope] 번역).

40 J. Lucassen 1987, 52–58; Lambrecht 2019.

41 Khazanov 1994, 19.

42 Zeder 2012, 174.

43 Khazanov 1994, 19–25. 그가 말하는 것은 완전히 정착한 농부들이 가축 사육에 전적으로 또는 대부분 의존하는 현대의 낙농업은 아니다.

44 Khazanov 1994, 24; Mithen 2003, 77–78 참조; Diamond 1998, ch. 9.

45 Cross 2001.

46 Adovasio, Soffer & Page 2007, 269.

47 Lancy 2015.

48 Diamond 1998, 105, 98.

49 Eaton & Eaton 2004.

50 Lancy 2015, 101.

51 Lancy 2015, 109.

52 Anthony 2007, 155에 나오는 단서에 주목하라. 사육화된 동물은 가족이 종축을 먹게 놓아두느니 차라리 가족이 굶어죽게 할 정도로 윤리·도덕적으로 헌신적인 사람들만 사육할 수 있다. 종자와 종축은 먹지 않고 반드시 보존해야 한다. 그렇지 않으면 그다음 해에 어떠한 작물과 새끼 동물도 나오지 않을 것이다.

53 Eaton & Eaton 2004, 450–451; Sahlins 1972 참조; Roosevelt 2004, 88–89; Shryock & Smail 2011, 72, 74.

54 Lancy 2015, 31, 85–87, 304–325.

55 Hrdy 2009, 274–275; De Knijff 2010, 49–50; Gronenborn 2007, 80–84; Bentley 2007; Kok 2010, 218–31ff. 참조; 타이의 신석기 혁명에서 모계거주의 존속에 관해서는 Bentley 2007, 129, fn. 2를 참고하라.

56 Lancy 2015, 141–144.

57 Hayden & Villeneuve 2012, 100–103.

58 Sterelny 2013, 313–315; Henrich, Boyd & Richerson 2012; Lancy 2015, 85–87; Ehret

2010, 138 참조; De Knijff 2010, 49-50.

59 Hrdy 2009는 5만 년 전의 혁신에 대한 재러드 다이아몬드의 '위대한 대도약(great leap forward)'의 영향을 받았음을 인정한다.

60 Delêtre, McKey & Hodkinson 2011.

61 Bradley 2007; 중국에 관해서는 Shelach-Lavi 2015, 70-86, 97-98 참고.

62 Matthews 2003, 78; Peterson 2002 참조; Graeme Barker 2006.

63 Adovasio, Soffer & Page 2007, 247-249, 268-269; Peterson 2002 참고.

64 Sahlins 1972, 41ff.; Diamond 1998, 10-106; Mithen 2003, 165-166, 495; Hrdy 2009, 299; Lancy 2015, 268-269; 이는 Suzman 2020의 주요 주제다.

65 Mithen 2003, 58-59, 83-84; K.-C. Chang 1999, 46.

66 앞으로는 가구를 하나의 단위로 지칭하려 한다. 이 가구 단위 안에서 (우리가 방금 본) 노동 분업뿐만 아니라 권력의 분산(Costin 2001, 275 참고)에도 차이가 있다는 사실을 알고 있다.

67 Costin 2001, 276. 농업 혁명의 연대 측정과 마찬가지로, 최초의 공예의 연대 측정에 대해서도 현재 토론이 이루어지고 있다. Ehret 2016; Manning 2020을 참고하라.

68 3장 참고.

69 Bellwood 2013, 148; 아프리카의 경우 Ehret 2016, 60-61.

70 Graeme Barker 2006, ch. 4. 이 점에서 중국에 대한 분명한 그림은 나타나지 않는다. 같은 책 ch. 6 참고; Shelach-Lavi 2015, chs 3과 4.

71 Shelach-Lavi 2015, 71.

72 Shelach-Lavi 2015, 108-109, 122. 또한 Manning 2024는 초기 공동체의 농부들이 밭을 새로 만들고 수확하기 위해 협력이 필요했다는 사실을 지적한다.

73 Shelach-Lavi 2015, 87; 유럽의 경우 Graeme Barker 2006, 357-364 참고; Gronenborn 2007, 77-84; Africa의 경우 Ehret 2016, 57-59 참고.

74 Graeme Barker 2006, 131-132, 159-160.

75 Costin 2001, 286; McCorriston 1997 참조; Ehret 2016; Manning 2020.

76 Hoffman 2009, 146(그는 심지어 '상업적 수렵'에 대해서도 말한다); Schrire 2009 참조.

77 Bentley 2007.

78 Ehret 2010, 382-383.

79 R.B. Lee & Daly 2004, 276, 280.

80 Rival 2004a, 81-82.

81 Hayden & Villeneuve 2012, 95-96, 99; Flannery & Marcus 2012 참조; Manning 2020.

82 Borgerhoff Mulder 2009; E.A. Smith et al. 2010; 가축은 토지보다 전용하기가 더 쉽다. Shryock & Smail 2011, 257 참고.

83 Kelly 1995, 221-232; Ingold 2004, 400 참조.

84 De Waal 2009, 161.

85 Kelly 1995, 203; Graeme Barker 2006, 56-57, 70.

86 Drennan, Peterson & Fox 2010; Feinman 2012

87 Ehret 2016; Fourshey, Gonzales & Saidi 2018. 이는 또 다른 아프리카 연구자인

Suzman 2020과 대조된다.

88 Price & Bar-Yosef 2012, 161.

89 Aldenderfer 2012, 78; Hayden & Villeneuve 2012 참조.

90 Aldenderfer 2012, 86.

91 Aldenderfer 2012, 88; Hayden & Villeneuve 2012, 132 참조.

92 Shryock & Smail 2011, 64-65.

93 Mithen 2003, 506.

3장 | 자연에서 국가로(기원전 5000~기원전 500)

1 Peterson 2002, 125.

2 이 용어에 대해서는 Matthews 2003, ch. 3; Wengrow 2006, 151-153을 참고하라. 그러나 사회적 복잡성의 증대는 물질적 단순화와 긴밀한 관련이 있을 수 있다. 이 장에서 언급한 사회들에 대한 새로운 많은 해석들을 Graeber & Wengrow 2021에서 볼 수 있다.

3 더 나아가 농부들이 다시 수렵채집인으로 진화하는 일도 가끔씩 있었다. Diamond 1998, 53-57, 63-65.

4 서론에서 설명한 국제 노동관계의 분류 연결망을 참고하라.

5 Wengrow 2006, 23-26.

6 Bellwood 2013, chs 6, 7, 9.

7 최대 폭 200킬로미터의 해협 횡단을 포함하는, 현생인류의 첫 확산에 관한 항해 초기 역사에 대해서는 Manning 2020을 참고하라.

8 Bellwood 2013, 146-148.

9 Reich 2018, 199-204; Ehret 2016 참조; Manning 2020.

10 Wengrow 2006, 148-150; Gifford-Gonzales 2013.

11 Bellwood 2013, chs 6, 8, 9.

12 Bellwood 2013, 131, 147.

13 Bellwood 2013, 143, 150.

14 유럽의 경우 De Grooth 2005; G. Cooney 2007, 558-561; Bentley 2007, 125 ff. 참조; Gronenborn 2007, 77-79.

15 Killick & Fenn 2012, 562; 아프리카에서 구리와 철은 더 평등주의적인 배경에서 사용되었다(Ehret 2016).

16 Killick & Fenn 2012, 563; Anthony 2007 참조.

17 Killick & Fenn 2012, 567 인용; E.W. Herbert 1984; E.W. Herbert 1993.

18 Nash 2005.

19 Anthony 2007, 200-224.

20 Anthony 2007, 127, 174-177, 321-327; 이집트-수단에 대해서는 Wengrow 2006, 17-19, 25; Romer 2012, 8-10을 참고하라.

21 Anthony 2007, 222 인용; 인도유럽어족의 기원과 분포에 대한 최근의 이론에 관해서는

Reich 2018; Manning 2020을 참고하라.

22 유당 내성에 대해서는 다음 문헌을 참고하라. Khazanov 1994, 96; Pagel 2012, 263–264; De Knijff 2010.

23 Anthony 2007, 67, 72, 277–279, 382–405, 425의 견해를 따랐다.

24 Khazanov 1994, xxxi–iii, 15ff., 122(그들의 경제는 비자급자족적이고, 많은 경우 나는 심지어 그것을 반[反]자급자족적이라고 본다).

25 Khazanov 1994, 44–59, 65–69, 89–122의 견해를 따랐다.

26 Khazanov 1994, 99; Diamond 1998, 390–391 참조; Mithen 2003, ch. 51.

27 Khazanov 1994, 55. 그 시인은 율리안 투빔(Julian Tuwim)(1894~1953)이었다.

28 Wengrow 2006, 59–71.

29 Khazanov 1994, 63–65, 106–111; Wengrow 2006; Ehret 2016.

30 Khazanov 1994, 59–63, 102–106; Atabaki 2013.

31 Khazanov 1994, 123, 152; Atabaki 2013, 165; 목축의 원시화에 대한 비평은 Wengrow 2006, 63–65를 참고하라.

32 Khazanov 1994, 126–127, 143–144(부계혈통주의도 유목민 사이에서 지배적이지만, 그 전에 모계혈통주의였을 수도 있다. 투아레그 부족은 여전히 모계혈통주의를 유지하고 있다.)

33 Khazanov 1994, 130ff.

34 Anthony 2007, 321–322.

35 Shelach–Lavi 2015, 250.

36 I.J.N. Thorpe 2005; Parker Pearson 2005; Pagel 2012, 88–98 참조.

37 Reich 2018. 라이히(Reich)는 마리야 김부티에네(Marija Gimbutas)로부터 큰 영감을 받았다.

38 Reich 2018, 98–114, 234–241.

39 Reich 2018, 237–241; Seaford 2020 참조.

40 Diamond 1998, 277, 286; Hayden & Villeneuve 2012, 129 참조. 기후와 환경의 변화로 인해 경쟁할 수밖에 없었던 수렵채집에 대해서는 Keeley 2014를 참고하라.

41 Keeley 2014, 30.

42 Khazanov 1994, 160–162, 181, 278–282.

43 Hårde 2005 참조; Fontijn 2005, 152 참조; Kristiansen 2012; Hrdy 2009, 29–30, 169, 274; De Waal 2009, 22–24.

44 Diamond 1998, 141–142.

45 Leick 2002, xvii, 48; Matthews 2003, 109–110; Mithen 2003; K.–C. Chang 1999; R.P. Wright 2010; Beaujard 2019.

46 Leick 2002, 43–48, 77–78; Matthews 2003, 98–99; Wengrow 2006, 36–38, 76–83, 135–137; R.P. Wright 2010, 160–166, 183–187, 222–223.

47 Leick 2002, 22–23, 69.

48 Leick 2002, 52; Van de Mieroop 2007, 55–59 참조.

49 이 개념은 칼 폴라니(1886~1964)를 통해 유명해졌다. Polanyi 1944, chs 4–6; Polanyi, Arensberg & Pearson 1957; Dalton 1971. 폴라니가 '중심성' 있는 '재분배'라고 부른 것

을 막스 베버는 '라이투르기(Leiturgie)'(고대 서양에서 국민이 국가에 대해 지는 일반적인 의무 – 옮긴이)라고 불렀다. Weber 1909, 80–91, 181; Weber 1976, 153, 211, 818.

50 Schmandt–Besserat 1992; Van de Mieroop 2007, 28–35 참조.

51 Schmandt–Besserat 1992, 150–153, 161–163, 189.

52 Schmandt–Besserat 1992, 179–183.

53 Leick 2002, 137.

54 Anthony 2007, 283–284; Van de Mieroop 2007, 202–203, 220–222 참조.

55 R.P. Wright 2010, 205–206; Kenoyer 2008; Wade 2017; Seaford 2020, 18 참조.

56 Shelach–Lavi 2015, 특히 chs 7, 8; Underhill 2013 기고문 참조. 이전에 하나라가 존재 했다는 전통적인 주장(예: K.–C. Chang 1999)은 고고학적으로 증명할 수 없다.

57 Liu, Zhai & Chen 2013.

58 Shelach–Lavi 2015, 131–132, 155–156, 188, 224; He 2013; Xu 2013.

59 Shelach–Lavi 2015, 156; He 2013, 266; Liu, Zhai & Chen 2013, 286. 언급된 모든 종교 가 동일한 언어를 사용하지는 않았다는 사실에 유의하라(Bellwood 2013).

60 Sinopoli 2001, 441–444에 나타난 제국의 정의를 참조하라. "민족과 문화의 구성이 다양 하고 커다란 국가…… 제국적 통합의 주요 목표 및 결과는 생활 수단과 다른 자원(사람의 노동력 포함)의 형태로 부를 추출하는 것이다." 내가 강조하는 바다.

61 Wengrow 2006, chs 2–5; Beaujard 2019 참조.

62 Leick 2002, 52–53, 76–80, 158–160.

63 Van de Mieroop 2007, 78–84.

64 Van de Mieroop 2007, 233–236; Fernández–Armesto & Smail 2011, 144.

65 Kelder 2010; Fischer 2007(다만 Garlan 1995, 3–35는 이 사회의 노예 특성을 강조한다); Garcia–Ventura 2018 참조; 후대 아프리카의 유사한 정치체에 대해서는 Monroe 2013을 참조하라.

66 Leick 2002, 145.

67 Leick 2002, ch. 4; Van de Mieroop 2007, 64–73; Matthews 2003, chs 4–5는 그보다 1천 년 전에 왜 우루크가 이 영광을 누린 후보였는지에 대한 주장을 제기한다. Van der Spek 2008, 33–39 참조. Van de Mieroop 2007, 45, 51은 정치적으로 분열된 도시국가 들의 초기왕조시대(Early Dynastic Period, 기원전 2900~기원전 2350)에 대해 말한다.

68 Van de Mieroop 2007, 143–148, 182–183, 230–233; Anthony 2007 참조; Shelach– Lavi 2015, 257.

69 Leick 2002, 95; Van de Mieroop 2007, 231 참조.

70 Rotman 2009, 19, 26, 211("Servi autem ex eo appellati sunt, quod imperatores captivos vendere iubent ac per hoc servare nec occidere solent").

71 Parker Pearson & Thorpe 2005; T. Taylor 2005, 232는 물을 마실 수 있는 권리가 당연 하게 여겨지듯이 선사시대에 강제 노동이 존재했다고 주장함으로써 문제에 대한 관점을 근본적으로 뒤집었다.

72 Van de Mieroop 2007, 233; Gelb 1972 참조; Culbertson 2011a; Culbertson 2011b; Tenney 2011; Kleber 2018; D.M. Lewis 2018; Beaujard 2019.

73 Leick 2002, 187. Asher−Greve 1997에 따르면 군사화는 남녀 차이의 강조라는 매우 다른 결과를 가져왔을 수 있다.

74 Jursa 2010; Van de Mieroop 2007; Matthews 2003, 182−188; Oka & Kusimba 2008. 교역의 기원은 훨씬 오래되었다. 고고학적 발견에 따르면 교역은 이미 인류 선사시대의 최초기 단계에 발생했다. 이때 수렵채집 집단들은 많은 교류 없이, 때로는 물리적으로 만나지 않고도 희귀한 물건을 교환했다('침묵의 물물교환'에 대해서는 Wicks 1992, 12를 참고하라).

75 Barber 1994, ch. 7.

76 Leick 2002, 124−125. (반드시?) 은으로 지급해야 했던 가장 이른 예로 그녀가 제시하는 연대는 기원전 2250년경이다(같은 책, 99). Heymans 2018도 참고하라.

77 Adams 2006, 158−167.

78 Van de Mieroop 2007, 93−94, 115.

79 Scheidel 2009, 438−440. 고대 이집트와 비교하면 꽤 우호적인 대우다. 가장 높은 곡식 임금은 기원전 6세기에 기록된 메소포타미아의 9.6~14.4리터다(또한 Jursa 2014b, 179를 참고하라).

80 Leick 2002, 203, 205; Matthews 2003, 120−122; Van de Mieroop 2007, 94−103.

81 Leick 2002, 164(정확한 날짜 없음).

82 Dandamaev 2009; Jursa 2010; Van der Spek 1998; Van der Spek 2008; Pirngruber 2012, 20−26 참조.

83 Dandamaev 2009; Jursa 2010; Van der Spek et al. 2018. 주화가 아닌 화폐에 대해서는 Heymans 2018을 참고하라.

84 Jursa 2010, 261−263, 680. 여기에는 벽돌을 성형하고 불에 구웠다는 언급은 없지만, 나는 이후 시대에 손으로 벽돌을 만들었을 때의 생산량 수치로부터 이를 추론했다(다음 문헌을 참고하라. Lourens & Lucassen 1999; Kessler & Lucassen 2013; W.P. Campbell 2003, 30−37).

85 Jursa 2010, 662−663.

86 주로 Romer 2012; Romer 2017에 토대를 두고 있다. 이 문헌에 나오는 인명의 철자를 나도 대부분 따른다. Donadoni 1997 참조; Wengrow 2006; Wilkinson 2010.

87 Romer 2012, 70; Brewer 2007 참조; K.M. Cooney 2007, 162.

88 Brewer 2007; Bleiberg 2007; Moreno García 2008; K.M. Cooney 2007 참조. 쿠니(Cooney)는 '혼합 경제'에 대해 말한다.

89 Wengrow 2006, 특히 33−40, 263−268.

90 Wengrow 2006, 158−164; Romer 2012, 64−71.

91 Romer 2012, 169; Bleiberg 2007, 182.

92 Romer 2012, ch. 6. 114에서 그는 Wengrow 2006에 대해 비판적이다.

93 Moreno García 2008.

94 Kelder 2010; Moreno García 2008 참조; Hayden & Villeneuve 2012.

95 Fernández−Armesto & Smail 2011, 144; Romer 2017, 133−139.

96 al−Nubi 1997; Spalinger 2007; K.M. Cooney 2007, 164; Moreno García 2008, 119, fn. 59.

97 Kelder 2010, 117ff.

98   Romer 2012, xxxv; Romer 2017, 134.

99   Kelder 2010, 63–64, 82–83(사자[使者]를 통해 교환되는 귀중품에는 엘리트 병사와 항해 기술이 있는 선원도 포함될 수 있었다. Leick 2002, 95, 99 참조).

100   Moreno García 2008, 110, 144.

101   Brewer 2007, 145; Katary 2007 참조.

102   Caminos 1997, 16–17.

103   Ockinga 2007, 253–254.

104   Romer 2012, 325–327.

105   Moreno García 2008, 118; Brewer 2007, 134 참조; 여성의 노동에 대해서는 다음을 참고하라. Feucht 1997; Stevens & Eccleston 2007.

106   Romer 2012, 276–285, 309–313, 319–320, 357, 363, 381. 항구와 해양 노동에 대해서는 다음을 참고하라. Romer 2017, 259–272, 478–480, 379–414.

107   Romer 2012, 192; Romer 2017, 135–136.

108   Exell & Naunton 2007, 94–97; K.M. Cooney 2007, 168–173.

109   K.M. Cooney 2007, 171.

110   K.M. Cooney 2007, 170; Valbelle 1997, 39–40, 44. 이것과 훨씬 적게 남은 양이 농부들에게 돌아갔음을 참조하라.

111   Romer 2017, 497.

112   Loprieno 1997.

113   Moreno García 2008, 123–142. 채무 노동에 대해서는 118쪽과 136쪽을 참고하라. Romer 2017, 492 참조.

114   Von Reden 2007; Bleiberg 2007, 181–183; Moreno García 2008, 112–114, 146–149; Romer 2017, 136–137; Heymans 2018.

115   Shelach-Lavi 2015, 196–197, 217–220, 242–246; Yuan 2013 참조; Jing et al. 2013.

116   Shelach-Lavi 2015, 222–223.

117   Shelach-Lavi 2015, 224–225, 255. 노예로서의 전쟁 포로의 노동력은 분명 고려되지 않았다는 점에 주목하라. Yuan 2013 참조; Jing et al. 2013.

118   Shelach-Lavi 2015, 226, 269–305.

4장 | 시장을 위한 노동(기원전 500~기원후 1500)

1   Kirch 2010; Pagel 2012, 36–37; Roullier et al. 2013; Reich 2018, 199–204.

2   이는 또한 원거리 물물교환의 가능성, 이에 따라 얍(Yap)과 같은 일부 섬에서 일종의 채집 생활과 흥미로운 화폐 체제로 돌아갈 수도 있는 가능성을 의미했다. Gillilland 1975 참고.

3   Khazanov 1994, 41–44, 111–115.

4   J. Lucassen 2007a(서문); J. Lucassen 2014b; J. Lucassen 2018a; Mooring, Van Leeuwen & Van der Spek 2018; Maurer 2006 참조; Haselgrove & Krmnicek 2012; J.M Hall 2014, 275–281; Seaford 2020. Kuroda 2020은 화폐의 역사에 대한 최고의 입문서다.

5 Seaford 2020(이탤릭체로 표시된 61쪽 인용문); Kuroda 2020, 41, 145, 202–203 참조.

6 Haselgrove & Krmnicek 2012; Aubet 2001, 138–143 참조; Leick 2002, 99, 125; Kuroda 2020. Heymans 2018은 '작은 은 조각'을 모은 형태의 소액 화폐에 대해 말하지만 임금 지급과 관련해서는 아니다. 그럼에도 불구하고 Jursa 2020은 이 관련성에 대해 확신한다.

7 P. Spufford 2008.

8 H.S. Kim 2001; H.S. Kim 2002.

9 Cohen 1992, xiv, 22(fn. 92); Garlan 1995, 77; Schaps 2004, 156; J.M Hall 2014, 277(가장 작은 아테네 은화는 5세기경의 무게 0.044그램 또는 16분의 1오볼인 은화로 표준 일일 '최저임금'의 48분의 1이었다); D.M. Lewis 2018, 40, 43. 중량이 가벼운 은 조각에 대해서는 Jursa 2010을 참고하라. 메소포타미아의 길었던 기원전 6세기의 화폐화에 대해서는 Jursa 2014a, 33과 Jursa 2015, 356–360을 참고하라. 후대에 대해서는 Van der Spek 2014, 205–206, 224를 참고하라. 나는 이러한 바빌론의 심층적 화폐화와 그에 따른 임금노동 확장을 이후 그리스 세계에서 일어난 발달의 초기 단계로 보는 편이다.

10 J. Lucassen 2007a, 서문(Garlan 1995; Cohen 2002; Burke 1992의 주장을 따름).

11 Loomis 1998, 257; Trevett 2001, 25; Ashton 2001, 92–94.

12 J. Lucassen 2007a, 서문, 23.

13 Gabrielsen 1994, ch. 5의 주장을 따름.

14 Gabrielsen 1994, 124.

15 Von Reden 2007; Von Reden 2010. 노예제는 프톨레마이오스 왕조에서도 특히 생산 부문에서 이차적으로만 중요한 존재로 남았다(131~136). 로마 시대에 대해서는 다음을 참고하라. Howgego 1992; Van Heesch 2007; Verboven 2009.

16 Von Reden 2007, ch. 2, 303–304.

17 Von Reden 2007, 60–65(남성에 대한 연간 염세는 1.5드라크마[9오볼, 72초코이]였고, 여성의 경우 1드라크마였다).

18 Von Reden 2007, 81(중이집트 대부분의 지역에서 인구의 60퍼센트는 경작자였고, 40퍼센트는 부분적으로 농사짓는 농부였다).

19 Von Reden 2007, 148.

20 Von Reden 2007, 138(인용), 147–148. 더 장기적인 임금과 소득의 극적인 하락(Scheidel 2020, 453; Brewer 2007, 144 참조)과 관련해 Von Reden 2020, ch. 6에서는 기원전 2세기의 더 급격했던 가격 변동과 달리 기원전 3세기에는 가격이 안정되고 높은 수준의 내부 시장 통합이 이루어졌음을 강조한다(같은 책, 154).

21 Rowlandson 2001; Harper 2015; Erdkamp 2015.

22 Rathbone 1991; Bagnall 1993 참조.

23 Launaro 2015, 177.

24 Witzel 2006, 460–462.

25 Thapar 2002; Chakrabarti 2006(그와 동시에 무자유노동도 존재했다).

26 Bopearachchi 2015, I, 82–92. 인도의 시글로이는 페르시아의 (완전히 다른 종류인) 시글로이보다 은의 함량이 낮았다. 다음의 문헌을 참조하라. J. Lucassen 2007a, 28–29;

Bhandare 2006; Shrimali 2019.

27 Kautilya 1992; Chakrabarti 2006 참조; Jha 2018.

28 Bhandare 2006, 97.

29 H.P. Ray 2006; Majumdar 2015. 인도양에서의 교역에 대해서는 다음을 참고하라. Seland 2014; Mathew 2015; Boussac, Salles & Yon 2018.

30 Wang 2004, 9-16; J. Lucassen 2007a, 29-32; Scheidel 2009, 137-143; Haselgrove & Krmnicek 2012, 239-240; Thierry 1997; Thierry 2015; B. Yang 2019 참고.

31 Thierry 2015.

32 중국에서 개오지 조개껍데기가 화폐로 기능한 것과 관련해 종종 많은 오해가 생겼기 때문에 일부 학자는 개오지 조개껍데기가 화폐로 사용된 연대를 너무 이르게 예측하는 경향이 있다(예: Harari 2014, 197-198). 그러나 상나라 초기의 무덤에서 발견된 개오지 조개껍데기는 Yuan 2013, 337에서 주장하는 대로 아무런 화폐적 기능이 없었다. 다음을 참고하라. Jing et al. 2013; Shelach-Lavi 2015; B. Yang 2019.

33 Pines et al. 2014, 320(로빈 D.S. 예이츠[Robin D.S. Yates]를 인용한 6장의 각주). 기원전 221년 전에는 가난해서 부담금을 낼 수 없는 사람은 정부를 위해 일해서 그 돈을 갚을 수 있었다. 음식을 받는 사람은 하루에 현금 6냥을 받고, 음식을 받지 않는 사람은 8냥을 받았다. 여기서 암묵적으로 알 수 있는 사실은 하루의 식량 배급량을 임금의 4분의 1 가격으로 조달할 수 있었다는 것인데, 이는 진나라의 징집병이 현금 임금을 받지 않았다는 Scheidel의 주장(2009, 182)과 모순된다.

34 Thierry 2015, 442.

35 Pines in Pines et al. 2014, 234.

36 Pines et al. 2014; Falkenhausen 2006 참조; Shelach-Lavi 2015, ch. 11.

37 Barbieri-Low 2007, 7-9 참조.

38 Pines et al., 2014, 19-28; Falkenhausen 2006, 417 참조.

39 Shelach-Lavi in Pines et al. 2014, 131.

40 Pines et al. 2014, 27(서문), 223(로빈 D.S. 예이츠의 장), 310 각주 18(기드온 셸라흐라비[Gideon Shelach-Lavi]의 장); Barbieri-Low 2007, 10, 212ff.

41 마야 제국의 붕괴와 비교하라. Shelach-Lavi 2015, 121, 132-133, 308.

42 Shelach-Lavi 2015, 137-138; M.E. Lewis 2015, 286-294.

43 Wang 2007, 67.

44 Scheidel 2009, 11, 199.

45 Scheidel 2009, 4, 19, 76; M.E. Lewis 2015, 286-294.

46 Barbieri-Low 2007, 43(버튼 왓슨[Burton Watson] 옮김).

47 Thomas 2009, 533-534(아서 웨일리[Arthur Waley] 옮김[1919]).

48 Barbieri-Low 2007, 254, 256.

49 Barbieri-Low 2007, 26-29; Lis & Soly 2012; Jursa 2015 참조. 이후 시대의 중국 장인에 대해서는 Moll-Murata 2018을 참고하라.

50 Barbieri-Low 2007, 27.

51 Barbieri-Low 2007, 18.

52 Banaji 2016, 14는 로마(후기)의 경제를 '전(前)자본주의적'이라기보다 '원(原)근대적 (proto–modern)'으로 특징짓는다. '근대적'과 '자본주의'란 용어에 대한 나의 견해는 서론을 참고하라.

53 Lis & Soly 2012는 그리스인들이 노동에 대해 갖고 있던 경멸감에 대한 기존의 이론(예: Arendt 1958, ch. 3)을 뒤집는다. Budd 2011; Hofmeester 2018; 중국의 경우 Barbieri–Low 2007, 36–66 참고.

54 Lis & Soly 2012, 28.

55 Lis & Soly 2012, 48–51.

56 E.M. Harris 2002, 70–73; Vélissaroupolos–Karakostas 2002, 134–135; Kyrtatas 2002, 144–145; D.M. Lewis 2018.

57 Schaps 2004, 153–174(153의 인용); J.M. Hall 2014, 214–221, 262–268은 놀랍게도 기원전 500년 이전의 소작인, 임금노동자, 채무 노예를 '무자유 지위의 다양한 계층'으로 특징짓는다.

58 Cohen 1992, 61(아테네에서 일급 지급을 선호한 것은 '시민이 지속적으로 다른 사람의 통제하에 노동하는 것을 금지하는 사회적 가치'와 관련 있었을 수도 있다), 70–73.

59 Gallant 1991; D.M. Lewis 2018(루이스[Lewis]는 때때로 동료들의[예: Garlan 1995; Andreau & Descat 2011]의 견해에 강하게 반대한다); Zurback 2014.

60 Gallant 1991, 134(엄격히 말해서 이 인용은 노군에 관한 내용이지만, 텍스트의 뒷부분에 나오는 용병에 대한 내용과도 일치한다).

61 Van Heesch 2007; Verboven 2009.

62 D.M. Lewis 2018에 따름; Garnsey 1998 참조; Temin 2012; Erdkamp 2015; Launaro 2015.

63 Hrdy 2009, 275 참조; Ehret 2010, 131–135; Rotman 2009, 57, 198.

64 Kolchin 1987, 53; D.M. Lewis 2018, 281, fn. 45 참조.

65 W.V. Harris 2011, 38 참조.

66 Andreau & Descat 2011, 88.

67 Andreau & Descat 2011, 82–91, 107–108, 149–156.

68 Verboven 2011; Garnsey 1998, 77–87, 154–162, 특히 86 참고; Launaro 2015, 177; Erdkamp 2015, 31–32; Banaji 2016.

69 Rihll 1996; Andreau & Descat 2011; D.M. Lewis 2018.

70 이 연대에 대해서는 Van Dommelen 2012을 참고하라. 식민지화는 이미 기원전 10세기에 소규모로 시작되었다. 대부분의 저자와 마찬가지로 Rihll 1996은 그 절정기를 기원전 8~기원전 6세기로 잡는다.

71 Rihll 1996, 111; D.M. Lewis 2018.

72 Garlan 1995, 71–73; Rihll 1996; Schaps 2004; Jameson 2002, 171.

73 Garlan 1995, 40, 61.

74 Andreau & Descat 2011, 120–128.

75 Andreau & Descat 2011, 46–65. 로마의 노예 무역과 관련해 또한 W.V. Harris 2011, ch. 3을 참고하라.

76 Schiavone 2013; Andreau & Descat 2011, 141–149 참조; W.V. Harris 2011, 286. 그리 스 세계에서의 노예 반란에 대해서는 D.M. Lewis 2018을 참고하라.

77 Schiavone 2013, 97–103. 니사의 그레고리(Gregory of Nissa)(4세기)는 폐지를 호소하는 쪽으로 가장 많이 나아간 고전기 저자였으나 그조차도 실제로 폐지를 요구하지는 않았다. Andreau & Descat 2011, 136, 169.

78 Schiavone 2013, 41–44, 59–61, 116–117.

79 Schiavone 2013, 27–28, 68–69(69의 인용), 74; Andreau & Descat 2011, 144.

80 Andreau & Descat 2011, 14, 41–52; Harper 2011, 38–60. W.V. Harris 2011, 61 참고. 기원전 400년경과 기원전 350~기원전 310년경 아테네의 경우, Garlan 1995, 61–66, 72–73은 이 수치를 두 배로 예측한다. 이는 훨씬 짧은 기간에 전쟁으로 인한 엄청난 공급이 나타났기 때문으로 설명할 수 있다. 아테네의 자유노동에 대해서는 Migeotte 2009, 93을 참고하라.

81 Harper 2011, 67–91. W.V. Harris 2011, 62–75, 88–103과 대조적이다.

82 Harper 2011, 59–60. 따라서 로마 사회의 상위 1.365퍼센트가 하위 5퍼센트를 소유 했다. 노예의 주요 성적 기능에 대해서는 같은 책 6장을 참고하라.

83 Harper 2011, 150–151, 157–158, 162–179; Rotman 2009, 114–116 참조; J. Lucassen 2013, annex 1.

84 Andreau & Descat 2011, 158.

85 다른 한편으로 부모는 자녀의 노동을 25년 동안 임대하도록 허용되었다. Andreau & Descat 2011, 162. 기독교가 이것을 완화하는 데 영향을 미쳤다는 생각에 대한 비판적 견해는 H. Barker 2019를 참조하라. 그녀는 그러한 생각을 "기독교의 개선 이야기"라고 부른다.

86 Sharma 2014.

87 Stillman 1973.

88 나는 다른 카스트 사회에 대해서는 논의하지 않을 것이다. 다른 카스트 사회는 아프리카 (Ehret 2016, 218–226)와 태평양 지역, 특히 하와이(Flannery & Marcus 2012, 332–348)에서 도 발견된다. Barbieri–Low 2007, 56–63에 따르면 기원전 300~기원후 200년까지 중국 장인들은 적어도 어느 정도 사회적 상승이 가능했던 것으로 보인다. 즉, 직업이 카스트에 구속되지는 않았다.

89 Jha 2018, 2020. 별도로 말하지 않는 한 나는 그의 해석을 따른다. 그의 해석은 다모다르 다르마난다 코삼비(Damodar Dharmanand Kosambi)와 R.S. 샤르마(R.S. Sharma)로부터 큰 영감을 받았다. 다음을 참조하라. Thapar 2002; H.P. Ray 2003; Boivin 2005; Chakravarti 2006; Parasher–Sen 2006; Witzel 2006; Stein 2010; Olivelle & Davis 2018. Seaford 2020, 213–216은 카스트 제도가 만개한 연대를 너무 이른 시기로 잡는다. 인도로의 이주에 대한 최근의 연대 추정에 대해서는 Reich 2018, ch. 6을 참고하라.

90 Klass 2020, 21–25.

91 Kautilya 1992, 33–53, 69, 88–89, 446–455; Thapar 2002, 62–68, 122–125, 154 참조.

92 Jha 2018; Witzel 2006, 482–483 참조; Olivelle & Davis 2018. 영국인들은《마누 법

전》을 훨씬 이후인 18세기 말에, 선택에 대한 힌두교의 성스러운 법(샤스트라)으로 받아들였다.

93 Fernández-Armesto & Smail 2011, 145.

94 Jha 2018, 160.

95 Jha 2018, 59-60.

96 Jha 2018, 161-162.

97 Witzel 2006 참고.

98 Thapar 2002, 164-173; H.P. Ray 2003, 특히 245ff.; Falk 2006; Parasher-Sen 2006, 441-444; Witzel 2006.

99 H.P. Ray 2003, 165-187; Kearny 2004, 31-55; Tomber 2008. 길드에 대해서는 Subbarayalu 2015를 참고하라(로마와 관련해서는 Verboven 2011을 참조하라).

100 Jain 1995, 136-138; S.R. Goyal 1995; Sharma 2014; Wicks 1992, ch. 3 참고; Shankar Goyal 1998; Thapar 2002, 460-461. Shrimali 2002는 Deyell 1990(많은 찬사를 받은 연구다. Subrahmanyam 1994, 11-15)의 주요 주장을 설득력 있게 반박한다. 다음을 참조하라. Deyell 2017; Shrimali 2019.

101 지금까지 유전학자들이 찾아낸 강한 족내혼 중 가장 오래된 것은 2천~3천 년 전 안드라프라데시 지역의 바이샤 계급(Reich 2018, 144)과 1천~1천5백 년 전 구자라트의 파텔 씨족이다(Pemberton et al. 2012). 다음을 참조하라. Chaubey et al. 2006; Bittles 2005. 만약 족내혼이 하향식으로 사회 전체에 확산되었다고 본다면, 이는 내가 카스트와 탈화폐화의 동시 돌파 시기로 잡은 연대와 일치할 수 있다.

102 이에 대한 다른 의견은 Stein 2010, 106-108 참고.

103 그와 함께 12세기까지 아르타샤스트라 같은 정치경제적 텍스트도 포함된다. Pollock 2005, 63-64(Kautilya 1992, 823 참조) 참고. 남쪽에서의 더 큰 연속성에 대해서는 H.P. Ray 2006을 참고하라.

104 Jha 2018, 128, 159; H.P. Ray 2003, 224.

105 Jha 2018, 130-131(인용), 155; Stein 2010, 87-90; Falk 2006, 147-153; Jamison 2006. 그 시대의 여성 노동, 즉 방적 및 방직 임금노동, 매춘(국영 윤락가), 입주 하인, 노예 등에 관해서는 Kautilya 1992, 69-70를 참조하라. Shrimali 2019, 186은 기원후 초기에 추방 계급이나 수드라 계급의 하녀에게 50카르샤파나가 지급되었다고 인용한다.

106 Jamison 2006, 204-209.

107 Thapar 2002, 462-466; Jha 2018, 130, 153(인용), 161; Sharma 2014; Habib 2004.

108 J. Lucassen 2005, 430-432; M.E. Lewis 2015; Deng 2015; Guanglin 2015.

109 Deng 2015, 326(에릭 존스[Eric Jones] 인용). 그는 이 측면에서 송 대를 청 말기와 비교한다. 놀라운 점은 정확히 이 두 시대 모두에서, 그리고 당대에 거의 독점적으로 다양한 주화가 만들어졌다는 사실이다. 이로써 중국은 짧은 시간 동안 여러 액면가가 존재하는 화폐 체제가 두 번 있었던 셈이다.

110 Deng 2015, 326; M.E. Lewis 2015, 302 참고.

111 650년 이후 에티오피아의 화폐 통용 폐지에 관해서는 Ehret 2016, 201-207, 283 참고.

112 Banaji 2016; Rio 2020.

113 Rotman 2009, 176, 179(인용).

114 Rotman 2009, 32, 41, 121; Rio 2020, 136–141, 225–230 참조; H. Barker 2019.

115 Rotman 2009, 173–176.

116 T. Taylor 2005에 따르면 이 노예들 중에는 상당수의 성 노예가 포함되었다. 그들은 이송 중에 그리고 매매 이후에도 착취당했다. 아랍인 연대기 작자들(920년대에 볼가강을 따라 바그다드에서 카잔까지 여행한 유명한 이븐 파들란 같은 사람)이 노예 소녀와 노예 소년을 가리킬 때 사용한 단어 자리예(jariyeh)와 굴람(ghulam)은 뚜렷한 성적 의미를 함축하고 있다. H. Barker 2019 참조.

117 Rotman 2009, 159.

118 Rotman 2009, 57–81; Ott 2015 참조; T. Taylor 2005, 229–230.

119 Zürcher 2013; Chatterjee & Eaton 2006; H. Barker 2019.

120 Laiou 2002와 C. Morrison 2002를 따른 J. Lucassen 2007a, 38–39; C. Morrison & Cheynet 2002; Rotman 2009, 95–107, 198–200.

121 Rotman 2009, 33–34, 36, 44.

122 Heidemann 2010, 53–54.

123 Shatzmiller 1994, 38–40; Shatzmiller 2007, 150; Heidemann 1998, 2006, 2007, 2009a, 2009b, 2010, 2011을 더 자세히 논의한 Heidemann 2015 참조.

124 Kennedy 2015, 401; Van Bavel 2016, 84–85.

125 Gordon 2011, 73–74; Toledano 2011 참조. 하얀색은 상복의 색이다.

126 Shatzmiller 2007, 98–99, 159–160.

127 Kennedy 2015, 391–397; Hofmeester 2018 참조.

128 Heidemann 2006.

129 Nasr 1985; Udovitch 1961; J. Lucassen 2013.

130 Kennedy 2015, 390ff 참조.

131 Sebeta 1997, 535. 그리스에 대해서는 Barber 1994, 273–283을 참고하라. 이슬람 세계의 유대인에 대해서는 Hofmeester 2011, 146; H. Barker 2019를 참고하라.

132 Shatzmiller 1994; Shatzmiller 2007(101의 인용).

133 Shatzmiller 2007, 129.

134 Hofmeester 2011, 151.

135 Russell 1972; Verhulst 1999; Buringh 2011, 71–75, 78, 290. 로마제국에 대해서는 Scheidel 2009, 11을 참고하라.

136 J. Lucassen 2007a, 40. Bloch 1954, 11–33과 P. Spufford 1988로부터 많은 영향을 받았다.

137 Epstein 1991, 28–38.

138 Hodges & Cherry 1983, 141.

139 그 성격에 관해서는 De Hingh 2000 참고.

140 Buringh 2011, 432; Rio 2020.

141 Slicher van Bath 1963a; Rio 2020, 135는 가구 내 노예가 강경한 형태의 무자유노동 관행을 낳았을 가능성이 높다는 것을 보여준다.

142 Slicher van Bath 1963a, 49; Slicher van Bath 1963b; Slicher van Bath 1963c.

143 Buringh 2011, 77-94.

144 Buringh 2011, 81.

145 Buringh 2011, 347.

146 Wyatt 2011와 Rio 2020 참고. 그들은 고대 그리스·로마 시대 이후 노예제(특히 여성 노예)가 유럽에서 사라지지 않았고(분명 폐지되지 않았다) 전쟁 포로의 노예화도 사라지지 않았다는 사실을 지적한다. 또한 157~159쪽도 참고하라.

147 McKitterick 2008, 104; Harper 2011, 497-509 참조.

148 Rio 2020, 33.

149 Arnoux 2012; Toledano 2011; H. Barker 2019.

150 J. Lucassen 2014b. Deyell 1990의 주장, 즉 기원후 500~10000년경에 은화가 사라지고 그 자리를 가치가 낮은 주화가 메웠다는 주장은 설득력이 없다. Shrimali 2002; Shrimali 2019 참고. 뱅골에서 소액 화폐로 개오지 조개껍데기가 활발히 사용된 연대를 추정하기는 어렵지만, 그 존재는 14세기 이래 뱅골에(B. Yang 2019), 그리고 19세기까지 오리사와 비하르에 확실히 기록으로 남아 있다.

151 Thapar 2002, 344-345; H.P. Ray 1986, 82-89; Fletcher 2012. 인도의 필사본 생산에 대해서는 Buringh 2011, 104-105, 150-151, 156-157을 참고하라.

152 Thapar 2002, chs 9-10.

153 Wicks 1992; Coe 2003; Lieberman 2003; Scheidel 2015a; 1300년 이후 화폐로서의 개오지 조개껍데기에 대해서는 B. Yang 2019를 참고하라.

154 Scheidel 2015a; Monson & Scheidel 2015; 더 미묘한 접근 방식에 대해서는 Barbieri-Low 2007, 254-256을 참고하라.

155 다채로운 개요는 Mann 2006을 참고하라. 콜럼버스 이전 사회들에 대한 포괄적인 토론(고대 이집트와의 비교도 포함)에 대해서는 Graeber & Wengrow 2021을 참고하라.

156 Feinman & Garraty 2010. Maurer 2006과 Peebles 2010도 참고하라. 마우러(Maurer)는 폴라니의 저작을 '우리'가 잃어버린 세계에 대한 교훈적 이야기를 곁들인 이국적 관행에 대한 개요서로 평가한다.

157 Feinman & Garraty 2010, 175. 마야에 관해서는 Pines et al. 2014, 308 참조. Diamond 1998, 53-63 참조.

158 Scheidel 2015a, 2. 노동과 노동관계의 역사와 관련해, 아프리카에 대한 초기 정보는 아메리카 대륙에 비해 여전히 드물다. Kusimba 2008 참고; Monroe 2013; Ehret 2016.

159 M.E. Smith 2012b, 31; Joyce 2010, 51-53, 66-83; Kolata 2013, 123.

160 Lau 2013.

161 Joyce 2010.

162 Joyce 2010, 111.

163 Joyce 2010, 116, 142.

164 Joyce 2010, 147-148.

165 주로 D'Altroy 2002; D'Altroy 2015; Kolata 2013; La Lone 1982; La Lone 2000; Morris 2008을 토대로 했다. 더 이른 문명에 대해서는 Kolata 1993; Lau 2013을 참고하라.

166 D'Altroy 2015, 31; D'Altroy 2002, ch. 9.

167 Kolata 2013, 139-145.

168 D'Altroy 2002, ch. 9, 특히 207. "항복한 자는 관대하게 처우한다는 것이 일반적인 원칙이 었다." 잉카 이전의 여러 전시 정치체들이 택한 다른 방식에 대해서는 Lau 2013, ch. 4를 참고하라.

169 Kolata 2013, 101-102에서 인용.

170 D'Altroy 2002; D'Altroy 2015; Kolata 1993, 205-242는 안데스의 티와나쿠 문명(약 500~1000년)은 농업 생산의 사회적 조직 측면에서 잉카와 많은 특징을 공유했다고 주장 한다.

171 D'Altroy 2002, chs 8-9; D'Altroy 2015, 49, 54; Morris 2008, 310-312; Gil Montero 2011; Kolata 2013, 92-96, 110.

172 Earle & Smith 2012, 277-278.

173 Morris 2008, 309-310; D'Altroy 2002, ch. 7; Kolata 2013, ch. 5.

174 D'Altroy 2002, 176, 286 참고.

175 고전기는 250~800/1000년, 수도는 티칼. 후대의 수도는 치첸이트사(약 800/850~ 1100/1200년)과 마야판(약 1100/1200~1441년).

176 Demarest 2004; M.E. Smith 2012a, 14-15; Canuto et al. 2018.

177 Andrews 1993, 54; Canuto et al. 2018. Demarest 2004는 그러한 결론을 내리기를 주저 한다.

178 Fletcher 2012; Pyburn 2008(Netting 1993과 Stone, Netting & Stone 1990으로부터 큰 영감을 받았다).

179 Andrews 1993, 49-52.

180 Andrews 1993, 48-49; Canuto et al. 2018은 700/800년경 중앙 마야 저지대의 총 인 구가 약 1천만 명이었다고 추산한다. 즉, 1제곱킬로미터당 약 100명꼴이다. Demarest 2004를 참조하라.

181 Andrews 1993, 59(W. L. Rathje 인용).

182 M.E. Smith 2012b; M.E. Smith 2015; 더 이른 시대와의 연속성에 대해서는 Hirth 2008을 참고하라.

183 M.E. Smith 2012b, 69 참고; Earle & Smith 2012 참고.

184 M.E. Smith 2012b, 77.

185 Earle & Smith 2012, 240-241은 영토 보호적 국가인 잉카와 패권국 성향의 아스테카의 국가 재정 체제를 대조한다. 국가 재정을 위해 잉카는 주요 산물을 동원하는 전략(staple finance)을 사용했고, 아스테카는 생산과 조달 및 강한 상업화 전략(wealth finance)을 사용 했다. '패권'을 다르게 사용한 예는 Kolata 2013을 참고하라.

186 Sinopoli 2001, 456; Joyce 2010, 50은 이것이 여성 노동의 수요와 가치를 진작했고, 공납 증가 요구에 대한 저항에서 여성이 앞에 나서게 만들었다고 말한다. Beckert 2015, 15.

187 M.E. Smith 2012b, 81.

188 M.E. Smith 2012b, 94-107(모든 사치품 수공예인과 많은 실용품 수공인이 도시에 살았다. 그중 일부는 일종의 길드를 조직했다).

189 Earle & Smith 2012, 264.

190 M.E. Smith 2012b, 111, 116-119, 125, 170; Giraldez 2012, 152.

191 Giraldez 2012, 154.

192 M.E. Smith 2012b, 126.

193 M.E. Smith 2012b, 134 인용.

194 M.E. Smith 2012b, 52, 61, 130-134, 142-143, 154, 161-163, 321; M.E. Smith 2015, 73, 102-104.

195 Kessler 2012; 5장 참고.

196 그러나 Giraldez, 2012, 154와 개인 서신에서는 짐꾼과 다른 토착민 노동자들이 이런 관행을 모르고 있었다면 어떻게 1518년에 스페인인들에게 카카오 콩으로 보수를 지급해달라고 요구했겠느냐는 의문을 제기한다.

197 M.E. Smith 2012b, 134, 136, 145-146.

198 M.E. Smith 2012b, 112, 116, 125, 141-142, 161, 212, 214, 225; D'Altroy 2002, 172(주로 어린이와 청소년을 제물로 바친 잉카의 인신공양 때보다 더 많은 희생자가 나왔다); Berdan 2014, 190-191.

199 M.E. Smith 2012b, 154, 161, 210, 222-225; Joyce 2010, 50, 62 참조.

200 Wade 2017.

201 Guanglin 2015.

202 Slicher van Bath 1963a; Slicher van Bath 1963b; Slicher van Bath 1963c; Arnoux 2012.

203 Bloch 1967, 176-182, 182 인용; Arnoux 2012. 그는 또한 십일조의 재분배 효과를 강조하는데, 십일조는 성직자에게 수입을 만들어주었을 뿐만 아니라 마을의 빈곤층과 장애인의 생존을 가능하게 해주었다. Beck, Bernardi & Feller 2014.

204 Scammell 1981, 40-47.

205 Kuroda 2020, ch. 6.

206 Hoffmann 2001.

207 Lis & Soly 1979, 1-8, 14-16; Arnoux 2012 참조.

208 Buringh 2011, 84, 290-291은 도서 생산의 증가에 의해 확인된다. 도서 생산은 물론 이제 수도원을 벗어나 상업적으로도 이루어졌다; 같은 책, 348-358, 427-440.

209 Guha 2001; Lardinois 2002; Krishnan 2014.

210 Chandra 2014; Grewal 2014; Hussain 2003.

211 Moosvi 2011.

212 Kolff 1990, 10, 18-19(18 인용), 58. 졸라하, 즉 직조인은 가장 낮은 카스트로 여겨진 반면, 시크는 공동체 내에서 학자와 종교적 기능을 대표했다. 무자유노동에 대해서는 Levi 2002; Hussain 2014, 114-116을 참고하라.

213 J. Lucassen 2014b, 30(Deyell 1990을 따름); Kulke & Rothermund 1990, 168-181 참조; Subrahmanyam 1994; Habib 1994(여성에 대한 인용은 103); J.F. Richards 1994.

214 Hussain 2003, 특히 ch. 8; Wicks 1992, ch. 3 참조; 목화에 대해서는 Beckert 2015을 참고하라.

215 Hussain 2003, 260.

216 Wicks 1992, 104; 개오지 조개껍데기 화폐에 대해서는 B. Yang 2019를 참고하라.

217 K. Hall 1994; Thapar 2002, ch. 11, 특히 임금노동에 관해서는 378; Ramaswamy 2004, 2011.

218 Sinopoli & Morrison 1995; Sinopoli 2001; K.D. Morrison & Sinopoli 2006; Appadurai 1974 참조.

219 Sinopoli & Morrison 1995, 91.

220 Sinopoli & Morrison 1995; Kulke & Rothermund 1990, 193-196은 비자야나가르 제국을 '군사적 봉건제'의 일례로 특징짓는 것에 대한 버튼 스타인(Burton Stein)의 비평에 동의한다.

221 Chandra 2014; K. Davids & Lucassen 1995; Shatzmiller 1994, 55-68; Van Bavel 2016.

222 이 수준을 측정하고 비교하는 시도에 대해서는 다음 문헌을 참고하라. De Matos & Lucassen 2019; De Zwart & Lucassen 2020.

223 Van Zanden 2008; Van der Spek, Van Leeuwen & Van Zanden 2015.

224 Lis & Soly 1979, ch. 2; Cohn 2007; Van Nederveen Meerkerk 2008; Riello & Roy 2009; Beckert 2015; Van Bavel 2016.

225 Lis & Soly 1994; Harvey 1975, 38-39.

226 Prak & Wallis 2020.

227 Prak 2013; K. Davids 2013b 참조; Harvey 1975; Erlande-Brandenburg 1995, 80-85; Ramaswamy 2004.

228 Harvey 1975, 8-18(8과 9의 인용); Victor 2019.

229 Harvey 1975, ch. 3(48의 인용); Victor 2019.

230 Zürcher 2013.

231 Scammell 1981, 132; Ágoston 2005; J. Lucassen 2012a; J. Lucassen 2012b.

232 Harvey 1975, 71; Erlande-Brandenburg 1995.

233 Van Zanden 2008, 337, 351.

234 Van Zanden 2008, 337, 349.

235 Van Zanden, De Moor & Carmichael 2019; 그러나 Segalen 1983은 서유럽이 예컨대 인도와 그리 많이 다르지 않았다고 주장한다.

236 Van Zanden, De Moor & Carmichael 2019, 24, 27, 39, 42, 46, 53, 56, 233-243.

237 Van Zanden 2008(348의 인용); Van Zanden, De Moor & Carmichael 2019.

238 Buringh 2011; 이후 시대에 관해서는 M. Spufford 1995를 참고하라.

239 Jackson 1989, 특히 627-628; K. Davids 1994 참조.

240 Blockmans 1980, 845-846; Beck, Bernardi & Feller 2014 참조.

241 Lis & Soly 1979, 48-52; Harvey 1975, 39-40; Cohn 2007; Humphries & Weisdorf 2019. 이것은 또한 유럽에서 (그전까지 경제 및 노동정책을 맡았던) 도시가 아닌 국가가 이 문제에 관여하게 되었음을 보여주는 최초의 예이기도 하다. 다음의 문헌을 참고하라. Brady 1991, 137; Prak 2018.

242 Cohn 2007; Dumolyn 2017.

243 Slicher van Bath 1963a, 189–194; Lis & Soly 1979, 52는 또한 랑그도크, 라인란트, 스페인, 보헤미아, 스칸디나비아에 대해서도 언급한다.

244 Slicher van Bath 1963a, 192; Arnoux 2012, chs 6–7 참조.

245 5b와 6c, 7b 참고; 진나라의 경우 Pines et al. 2014 참고; 초기 시대의 경우 Verboven 2011 참조; Subbarayalu 2015.

246 J. Lucassen, De Moor & Van Zanden 2008.

247 Harvey 1975, 24; Lis, Lucassen & Soly 1994.

248 Sonenscher 1989; Lis & Soly 1994; Knotter 2018, ch. 1.

249 Hussain 2003, 264–265; Mazumdar 1969.

250 여기에 아프리카 열대지방의 규모가 작은 모계 혈통 정치체를 추가할 수도 있다(이 지역은 500/1000년 이후 점점 더 부계 혈통화되고 불평등해지고 있었다. 71쪽도 참고하라. 사헬 지역 또한 1000년경부터 사하라사막 종단 교류의 영향으로 변화했다. Ehret 2016과 Green 2019를 참고하라). 어쩌면 지역 농촌 차원의 인도 자즈마니 체제도 추가할 수 있다.

5장 | 노동관계의 세계화(1500~1800)

1 Abu–Lughod 1989; Vogel 2013; Deng 2011; Van Dyke 2005; Kirch 2010; Roullier et al. 2013; De Zwart & Van Zanden 2018; Manning 2020.

2 Kuroda 2020.

3 De Vries 1994; De Vries 2008; De Vries 2013. 최근이지만 그다지 인상적이지 않은 비평으로 Safley 2019를 참고하라.

4 K. Davids & Lucassen 1995; Van Bavel 2016.

5 Sugihara 2013. 내가 보기에 De Vries 2013, 80은 서유럽과 아시아의 차이를 과장한다.

6 Sugihara 2013, 20–21.

7 Sugihara 2013, 59.

8 Sugihara 2013, 25. 따라서 간척할 공간만 있었다. L. Lucassen, Saito & Shimada 2014, 372–374 참고. 1600년부터 1750년까지 경작 가능한 땅의 총 면적은 40퍼센트 증가했다. 그 대부분이 1690년 이전에 강바닥, 작은 만, 연안 지대, 습지 등을 논으로 전환한 것이었다. 이러한 논에는 물에 잠겨 있는 조건을 매우 잘 견디는 참파 품종의 벼(일본인 대부분의 입맛에 맞지 않았지만 중국에서 수입되었다)가 재배되었다.

9 Sugihara 2013, 27, 202; Matsuura 2016.

10 Sugihara 2013, 26(1반~4분의 1에이커)(약 1,012제곱미터 – 옮긴이); Beckert 2015와 비교하라.

11 Nagata 2005, 6.

12 L. Lucassen, Saito & Shimada 2014, 385–387.

13 Nagata 2005; Fauve–Chamoux & Ochiai 1998.

14 Nagata 2005, 141.

15 Izawa 2013, 19; Shimada 2006, 45–56, 94–101, 143–149 참조; Nagase–Reimer

2013; N. Kim & Nagase-Reimer 2013; Nagase-Reimer 2016. 유의: 이 노동자의 수에 문제가 있어 보인다. Imai 2016, 12–14는 1713년 베시 광산(당시 전국 생산량의 4분의 1을 차지함)의 노동자는 기껏해야 2,825명(목탄 제조자 6백 명 포함)이었다고 한다. 다만 (13쪽과 각주 2에서) 두 곳의 장소를 추가하는데, 이곳의 노동자의 수는 정확하지 않다.

16 Mathias 2013, 303.

17 Kuroda 2020, 34.

18 Pomeranz 2013; Kuroda 2020 참조. Huang 1990 참조.

19 Li Bozhong 2003, 142–147.

20 Li Bozhong 2003, 173.

21 Kuroda 2020, 32–34.

22 Von Glahn 2003; Li Bozhong 2003; Deng 2011; Deng 2015; Guanglin 2015.

23 Huang 1990, chs 3, 8.

24 Moll-Murata 2018, chs 7–8; Moll-Murata 2008a, ch. 3.3; K. Davids 2013a, ch. 2; Van Zanden 2013.

25 Moll-Murata 2018, 250–253; K. Davids 2013a, 70–71; Van Zanden 2013과 O'Brien 2021은 이에 동의하지 않는다.

26 이것은 인구 중 최고 지식인층보다 훨씬 큰 비중을 차지한다. 이 최고 지식인층은 원칙적으로 직업을 얻고자 하는 모든 사람에게 개방된 시험제도의 산물인 지식인들로 구성되어 있었다. 이들은 학위를 얻어 나중에 공직에서 경력을 쌓을 수 있었다(Moll-Murata 2018, 256–259).

27 K. Davids 2013a, 120; 미묘한 차이에 대해서는 K. Davids 2013b 참고.

28 K. Davids, 2013a, 138–142.

29 Moll-Murata 2018, 222–224, 277–278.

30 Shiuh-Feng 2016.

31 다음 문헌의 표들을 함께 참조하면 알 수 있다. Shiuh-Feng 2016, 115–117; Lin 2015, 163–164, 169–170.

32 Vogel 2013, ch. 3.

33 Y. Yang 2013.

34 Shiuh-Feng 2016, 89–94; Kuroda 2020 참고.

35 중국 한족과 다른 민족 사이의 첫 접촉에 대한 색다른 관점으로 Giersch 2001을 참고하라.

36 Dieball & Rosner 2013; Lan 2013; Shiuh-Feng 2016. 이 구리 중 소량이 원난 자체의 조폐국으로 갔다.

37 이 수치는 바다로 나가는 선박과 비교해 낮다. J. Lucassen & Unger 2011을 참고하라.

38 N. Kim 2013, 182.

39 Wang et al. 2005; Moll-Murata, Jianze & Vogel 2005, 특히 Vogel 2005 참고.

40 Wang et al. 2005, 5.

41 Vogel 2005; Burger 2005; Lin 2015; Jin & Vogel 2015.

42 Moll-Murata 2008b; Moll-Murata 2013; Pomeranz 2013.

43 Pomeranz 2013, 118-119; Moll-Murata 2018, 271-272. Birge 2003, 240에 따르면 여성의 지위는 원대부터 악화되었다. 명대부터 딸이 신부 지참금의 일부로 토지를 받는 경우가 드물어졌고 과부의 절개는 가문과 공동체의 미덕을 증명하는 시험대가 되었다.

44 Pomeranz 2013, 119.

45 따라서 그들은 더 큰 규모의 상인과 비슷하다. 이 상인들은 종종 가족 간의 연을 바탕으로 길드를 벗어나 많은 도시에서 단체를 조직하고 상호 교류했다. Gelderblom 2013을 참고하라.

46 Moll-Murata 2013, 257.

47 Y. Yang 2013, 99ff.

48 Vogel 2005.

49 Vogel 2005, 411.

50 Moll-Murata 2015, 276.

51 Vanina 2004; Moosvi 2011; Mukherjee 2013; Beckert 2015; 임금에 관해서는 De Zwart & Lucassen 2020 참고; De Matos & Lucassen 2019.

52 Parthasarathi 2001; Parthasarathi 2011; Riello & Roy 2009; I. Ray 2011; Sukumar Bhattacharya 1969, 172ff.

53 Mukherjee 2013, ch. 3; Pearson 1994, 51ff.; 중국에 대해서는 K. Davids 2013a, 125ff 참고.

54 R. Datta 2000; 18세기 후반과 19세기에 대해서는 다음을 참고하라. Van Schendel 1992, 3-8; Buchanan 1986a; Buchanan 1986b; Amin 2005, 211-219, 289-346, 332-336.

55 초석에 관해서는 Jacobs 2000, 96-100 참고; Buchanan 1986a, 549-555; Colebrooke 1884, 110-115; Sukumar Bhattacharya 1969, 141-145; 인디고에 관해서는 Van Santen 2001; Van Schendel 2012 참고.

56 Roy 2013, 113. 궁핍한 농부나 먼 타향에서 온 농사 일꾼만이 공장 노동자로 고용되었다. 그들은 아마도 여유 시간이 충분했을 것이다. 어쨌든 1940년대까지만 해도 인도 남성의 1년 평균 노동 일수는 182일에 불과했다. Pomeranz 2000, 212-215, 146-148 참조.

57 Caland 1929, 74; Van Santen 2001 참조. 그럼에도 불구하고 카스트 사이의 이동은 가능했다. 이 점을 강조하는 학자로 Colebrooke 1884, 104-107; Vanina 2004, ch. 4(특히 125); Parthasarathi 2011, 59-60 등이 있다. 내가 강하게 받은 인상에 따르면 이는 동종 직업 내 결혼의 원칙과 규범을 오히려 확인해주는 예외로 보인다. 또한 Manzar 2021, 355-357, 364-374도 참고하라.

58 옛 네덜란드어로 쓰인 이것을 번역한 에트 판 데르 플리스트(Ed van der Vlist)에게 감사드린다.

59 R.K. Gupta 1984, 150-160; Sukumar Bhattacharya 1969, 173-184. 남인도의 목화 노동자에 대해서는 Parthasarathi 2001; Parthasarathi 2011을 참고하라.

60 R. Datta 2000, 185-213, 294-304 참고.

61 Manzar 2021, 71ff. 남인도에 대해 Parthasarathi 2001, 13은 가족 수가 적은 면 직조인은 선금으로 받은 돈으로 시장에서 구입한 방적사를 직조에 맞게 준비시키기 위해 노동자('쿨리')를 고용했을 수 있다고 주장한다. Wendt 2009를 참고하라.

62 R.K. Gupta 1984, 212, fn. 50; Parthasarathi 2001, 11-14, 29-32, 119-120 참조; Subramanian 2009; Ramaswamy 2014.

63 R. Datta 2000; Parthasarathi 2011 참조; Beckert 2015.

64 Wendt 2009, 211(인용), 212. 인도 서부의 카스트 사이에 존재했던 더 강한 직종 분업에 대해서는 Subramanian 2009, 257-260을 참고하라.

65 Amin 2005, 360. 우화 6편은 1873년 힌두어로 초판이 발행되었다. 17세기에 지어진 시 〈구자르족 소 치는 남자의 아내(Raghavan 2017, 98)〉와의 유사성에 유의하라. 프랑스어 판은 적어도 1240년으로 거슬러 올라간다(Arnoux 2012, 286-287. 그는 산스크리트 설화집 판차탄트라를 그 기원으로 추정한다). 여성에 대해서는 Moosvi 2011을 참고하라.

66 Das Gupta 1998. 비록 그녀의 실증적 증거는 현 시대와 인도 내에 존재하는 다양한 가족 구조(Parthasarathi 2011, 73-75)에 적용되지는 않지만, 나는 여기서 그녀의 관찰을 활용할 수 있다고 본다.

67 Das Gupta 1998, 446-447.

68 Das Gupta 1998, 451-453.

69 Das Gupta 1998, 450-459의 모든 인용.

70 Denault 2009.

71 Roy 2013.

72 Van Rossum 2014; 직조인의 집단적 폐쇄형 이주에 대해서는 Ramaswamy 2014를 참고하라.

73 J. Lucassen 2012a; J. Lucassen 2012b; 회사와 공장 규모에 대해서는 다음을 참고하라. Pollard 1965; Huberman 1996.

74 Bellenoit 2017; Sugihara 2013, 29-30 참조. "또한 동아시아 핵심 지역이 남아시아 지역에 비해 대중의 문해율에 더 많은 가치를 두었을 수 있다." Studer 2015, 33 참조.

75 Van Zanden 2013, 326-328, 339-340. 유의: 아랍 세계에서 필사본 생산의 절정기는 800~1200년이었다. 따라서 훨씬 더 이르다. Buringh 2011 참고.

76 Slicher van Bath 1963b; Slicher van Bath 1963c; 영국의 경우 Muldrew 2011 참고.

77 Bieleman 1992; De Vries 1974 참조; J. Lucassen 1987.

78 De Vries 1974, 136-137.

79 Muldrew 2011, 19.

80 J. Lucassen 1987. 1500년 이후 계절성 이주 노동자에 대한 근래의 개요에 대해서는 Lucassen & Lucassen 2014을 참고하라.

81 J. Lucassen 1987, 117(원본은 1812/1813년 12월에서 1월); Lambrecht 2019 참조.

82 J. Lucassen 1987, 118.

83 Kessler & Lucassen 2013.

84 J. Lucassen 1987, 96.

85 Ebeling & Mager 1997.

86 De Vries 1994; De Vries 2008; De Vries 2013. 이 개념에 대한 충실한 토론은 Muldrew 2011, 14-17을 참고하라.

87 Ogilvie & Cerman 1996; Ebeling & Mager 1997; Beckert 2015.

88 Fontana, Panciera & Riello 2010, 277-285; Belfanti 1996 참조.

89 Van Nederveen Meerkerk 2006; Van Nederveen Meerkerk 2007; Van Nederveen Meerkerk 2008; Van Nederveen Meerkerk 2010.

90 Van Nederveen Meerkerk 2007, 289-290.

91 Vandenbroeke 1996, 104-105.

92 M. Spufford 1984, 110-134; M. Spufford 2000; Muldrew 2011, 특히 ch. 4 참조; Thomas 2009, ch. 4; Humphries & Weisdorf 2019는 잉글랜드에서의 소득 효과를 보여 준다.

93 Holderness 1976, 86-92; Hudson 1996.

94 Lancy 2015, 17를 토대로 함(더 많은 탁아); De Moor & Van Zanden 2006, ch. 5; Van Zanden, De Moor & Carmichael 2019; 부계 가구 안팎의 가구 전략에 대해서는 Cashmere 1996; Bourke 1994를 참고하라.

95 Holderness 1976, 86-92; Hudson 1996; M. Spufford 1984; M. Spufford 2000.

96 Snell 1985, ch. 6; Van Nederveen Meerkerk 2007 참조; Lis & Soly 1997.

97 Hudson 1996, 64와 65에서 인용. King 1997(요크셔의 웨스트라이딩에 대한 연구)은 이 과정에서 가족들은 매우 가까웠고 계속 이 관계를 유지했다는 사실을 지적한다. 여성은 평균 22세의 어린 나이에 결혼했고 남편과의 나이 차는 기껏해야 한두 살이었다. 따라서 대부분의 경우 부모는 아직 살아 있었고, 필요할 때 (이유기가 빨랐는데, 이는 생산노동이 우선순위를 차지했다는 것을 시사한다) 도움을 주었다. 요약하면 그는 친밀한 관계의 원시산업기 촌락 공동체를 설명하고 있다.

98 Snell 1985 83-84; Muldrew 2011, 18-28 참조; J. Lucassen 1987, 264-267.

99 유럽 이외의 길드는 Prak 2018, ch. 11 참고.

100 Prak 2018; Prak & Wallis 2020.

101 K. Davids & Lucassen 1995, 서문; Lucassen & Lucassen 2010, 19-32; De Vries 1984 참조; Prak 2018.

102 Lucassen & Lucassen 2010, 32. 여기서 나는 주로 농촌 지역에서 일어난 전쟁의 잦은 참상 같은 인구 배출 요인은 무시했다.

103 Prak 2008; Bok 1994; De Vries & Van der Woude 1997, 342-343.

104 Reininghaus 2000; Van der Linden & Price 2000; Prak, Lis, Lucassen & Soly 2006; J. Lucassen, De Moor & Van Zanden 2008; Epstein & Prak 2008; Teulings 2019; Prak & Wallis 2020.

105 Epstein & Prak 2008; K. Davids 2013b.

106 Mokyr 2015.

107 Prak & Wallis 2020; K. Davids 2013a, 138. 유럽은 필사본과 인쇄물을 통한 기술 정보 유통에서 중국을 따라잡은 후 명·청 제국과 비교할 수 없이 깊은 변화 과정을 거쳤다.

108 Ogilvie, 2007은 길드의 부정적인 면을 매우 날카롭게 지적한다. Sarasúa 1997과 비교하라. 이 주장은 최근 Prak & Wallis 2020에서 비판적으로 검토되었다.

109 Schmidt 2009; Van Nederveen Meerkerk 2006; Van Nederveen Meerkerk 2010.

110 Knotter 2018, ch. 1.

111 Dobson 1980; Barret & Gurgand 1980; Truant 1994; Reith 2008.

112 De Moor, Lucassen & Van Zanden 2008; Prak 2018, ch. 11.

113 J. Lucassen 1995, 382-383; Carlson 1994, 94-95 참조.

114 Boter 2016.

115 Hay & Craven 2004; Pesante 2009; Deakin & Wilkinson 2005.

116 Steinfeld 1991; Humphries & Weisdorf 2019; 스코틀랜드의 무자유노동의 형태에 대해
서는 Whatley 1995a; Whatley 1995b를 참고하라.

117 Steinfeld 1991, 98; Pesante 2009; G.R. Rubin 2000 참조.

118 J. Lucassen 1995, 398.

119 Hay & Craven 2004, 116. 1918년 이전 독일 농장 하인의 열등한 지위에 대해서는
Biernacki 1995, 309를 참고하라.

120 Lucassen & Lucassen 2010. 안타깝게도 남아시아와 동남아시아에 관련된 추정치는
없다.

121 Lucassen & Lucassen 2014, 서문, 44-45.

122 더 나아가, 속도를 높이기 위해 보급품도 폐지했다. 다음을 참고하라. Rieksen 2020;
Zürcher 2013.

123 J. Lucassen & Unger 2011.

124 Van Lottum, Lucassen & Heerma van Voss 2011; Van Rossum 2014.

125 Van Lottum, Lucassen & Heerma van Voss 2011, 332-333.

126 Van Rossum 2014, 79-80, 95-97.

127 Van Rossum 2014, 80-88.

128 Van Rossum 2014, 281-287.

129 Rediker 1987, 2014; Van Rossum 2014; Jaffer 2015.

130 Thomas 1999, 256-257(브라이언 스톤의 중세 영어 번역본).

131 Cross 2001, 502; Humphries & Weisdorf 2019; 중세 직조 산업에서 이미 시도된 노동시
간 통제에 대해서는 Stabel 2014를 참고하라. 다른 산업 부문에 대해서는 다음 문헌을 참
고하라. Victor 2019, 134, 145; Versieren & De Munck 2019, 80-81.

132 Cross 2001, 502.

133 De Vries & Van der Woude 1997, 615-617; Noordegraaf 1985, 58-59.

134 Prak 2018; Teulings 2019.

135 Nanzar 2021, 53, 184; Muldrew 2011; 근대 초기 유럽의 기호품에 대해서는 Roessingh
1976, 73-98도 참고하라.

136 C.A. Davids 1980; Rieksen 2020.

137 Sarasúa 1997

138 Barret & Gurgand 1980, 196; Amelang 2009 참조. 도구 숭배에 대해서는 Manzar
2021, 360-361을 참고하라.

139 More 1995, 243.

140 Looijesteijn 2009; Looijesteijn 2011.

141 Thompson 1968, 24-26; Skipp 1978, 105-107; Thomas 1999, 535.

142 Thomas 1999, 145-146.

143 Pomeranz 2000; Parthasarathi 2011; Vries 2013이 그 추동력을 제공했다. 그 책에 대한 토론은 *TSEG* 12(2015)를 참고하라; Studer 2015; 근래에 (Pomeranz 본인을 포함한) 많은 학자들의 연구를 Roy & Riello 2019에서 볼 수 있다; O'Brien 2021.

144 물론 이것들만이 유일한 요인은 아니다. 논쟁의 대부분은 예를 들어 석탄의 이용 가능성과 관련 있다. 상당히 포괄적인 개요는 Goldstone 2015, 19에서 Vries 2013에 대한 리뷰를 참고하라. 그의 리스트에 있는 요인 중 하나는 노동으로, "풍부함/희소성, 집약화/근면성, 임금, 품질 또는 인적 자본"의 측면에서 기술되어 있다. 인적 자본 요인에 대한 흥미로운 비교론적 토론에 대해서는 Prak 2018을 참고하라.

145 그 점을 제외하면 탁월한 연구인 Humphries & Weisdorf 2019, 2883; Prak & Wallis 2020, 309, 315도 여기에 포함된다. Prak 2018은 훨씬 더 신중하다.

146 Goldstone 2015; Beckert 2015.

147 O'Brien & Deng 2015.

148 De Zwart & Lucassen 2020.

149 R. Datta 2000, chs 5-6. Mukherjee 2013은 곡물 무역에 대해 더 우호적인 그림을 보여준다.

150 Verlinden 1991; Walvin 2006; H. Barker 2019; Rio 2020.

151 Phillips 1991; Hofmeester & Lucassen 2020.

152 Verlinden 1955; Verlinden 1977; Verlinden 1991; Phillips 1991; Walvin 2006; Eltis & Richardson 2010; Ehret 2016; Green 2019.

153 H. Barker 2019; Verlinden 1991, 71; Scammell 1981, 106-108; Green 2019; 몰디브의 개오지 조개껍데기가 지중해를 거쳐 아프리카 사하라사막 이남 지역으로 동시에 수출된 것에 대해서는 B. Yang 2019을 참고하라.

154 Blumenthal 2009; 인종적 범주로서의 흑인에 대해서는 H. Barker 2019도 참고하라. 이슬람 세계에서 일어난 이 인종적 이데올로기의 확산에 대해서는 Manning 2020, 175를 참고하라.

155 Berthe 1991; McCreery 2000; Semo 1993 참조; M.E. Smith 2012a.

156 McCreery 2000, 94.

157 M.E. Smith 2012a; Allen, Murphy & Schneider 2012 참조.

158 McCreery 2000, 22-26; Berthe 1991 참조.

159 M.E. Smith 2012a, 291-292.

160 '레파르티미엔토 포르소소(repartimiento forzoso)'는 Berthe 1991, 104에 나오는 용어다.

161 McCreery 2000, 39.

162 McCreery 2000, 49.

163 Barragán Romano 2016; Barragán Romano 2018; Cole 1985 참조; McCreery 2000, 31-33, 41-43; Mangan 2005; Gil Montero 2011.

164 Cole 1985, 1; Romano 2016; Romano 2018에 따르면 케추아어와 아이마라어로 '미타(mita)'는 차례로 일한다는 뜻이다.

165 Gil Montero 2011, 309.

166 Cole 1985, 24; Mangan 2005, 26−27 참조.

167 Barragán Romano 2018.

168 여기서는 Gil Montero 2011와 Barragán Romano 2018의 주장을 함께 적용했다.

169 Mangan 2005.

170 예를 들어 오늘날 플로리다 북부와 조지아 남부에 해당하는 티무쿠아(Timucua)에 대해서
는 Milanich 1996, 134−136, 173−176을 참고하라.

171 Milanich 1996, 190−195.

172 Milanich 1996, 137, 160−166; Hemming 1984.

173 Saeger 2000; Hemming 1984, 538 참조.

174 Saeger 2000, 138−140.

175 Saeger 2000, 65−76.

176 Hemming 1984를 토대로 함; 가이아나에 대해서는 Kars 2020을 참조하라.

177 Hemming 1984, 506.

178 Hemming 1984, 517.

179 Allen, Murphy & Schneider 2012, 887. 여기에 채무노동제(peonaje)와 현물급여제(truck
system, 고용주나 그의 친척이 운영하는 가게에서 물건을 사야 할 의무)의 폐해가 추가되었으나,
특히 식민 시대 이후에 대해서는 McCreery 2000, 64−65; Semo 1993, 156−157을 참고
하라.

180 McCreery 2000, 63, 65−67; Semo 1993, 88−89.

181 McCreery 2000, 56−60; Hemming 1984, 536−539.

182 McCreery 2000, ch. 3.

183 Berthe 1991; H. Klein 1986 참조.

184 McCreery 2000, 25−27.

185 Mauze 2016에서 브라질의 가사 노예에 관한 부분. 페루에서 포토시 광산 이후 부의 증가
와 함께 아프리카 노예의 수도 증가했다. 그들은 카르타헤나(현재 콜롬비아에 위치)와 포르
토벨로(현재 파나마에 위치) 항구에서 배에 실린 다음 지협을 건너 운송된 후 다시 리마의
통관항인 카야오로 실려 갔다. 다음을 참고하라. H. Klein 1986, 28−35; Green 2019.

186 Moya Pons 2007, 16, 22−25, 57−63, 71−72; McCreery 2000, 48−54; Bosma 2019 참
조.

187 McCreery 2000, 53.

188 Moya Pons 2007, 39−47, 57−63; Emmer 2000; Ribeiro da Silva 2012; Meuwese 2012.

189 Moya Pons 2007, 50−74, 86−94.

190 Galenson 1981; Galenson 1989.

191 Tomlins 2004, 120; Bailyn 1988.

192 Tomlins 2004, 122.

193 Moya Pons 2007, 68; Galenson 1986 참조.

194 Moya Pons 2007, 67; H. Klein 1999, 32−46; Galenson 1989.

195 Austin 2013, 203(인용); Green 2019는 밀도를 더 높게 추정한다; Ehret 2016. 아프리카의
금속 도구 사용에 대해서는 E.W. Herbert 1984, 1993; Schmidt 1997을 참고하라.

196 Thomaz 2014; Ehret 2016.

197 Austin 2013, 203.

198 E.W. Herbert 1984; Austin 2013; Thomaz 2014; Ehret 2016; Green 2019. 아프리카의 계절적 변동에 관해서는 Hurston 2018 참고.

199 Manning 1990; H. Klein 1999; Lovejoy 2000; Lovejoy 2005; Lovejoy 2011; Walvin 2006; Eltis & Richardson 2010; Toledano 2011; Green 2019.

200 아프리카 흑인 노예가 다른 노예보다 선호되지 않았던 고대 그리스·로마 시대의 노예제에 대해서는 134~142쪽을 참고하라. 아프리카 노예를 포함한 노예 수요는 이라크의 아바스 칼리프국 시대에 현저하게 증가했다(Van Bavel 2016, 68-71; Gordon 2011).

201 Lovejoy 2011, 43.

202 Lovejoy 2005, 19-33; Green 2019.

203 E.W. Herbert 1984, 113-123; Hogendorn & Johnson 1986; Beckert 2015; Green 2019; B. Yang 2019; Kuroda 2020.

204 Eltis & Richardson 2010, 23. 이 수치는 새로운 연구 때문에 여전히 조금씩 바뀌고 있다. Candido 2013; Paesie 2010; Van Rossum & Fatah-Black 2012 참고.

205 Paesie 2016; 아시아의 경우 Van Rossum 2015b, 19-20, 36 참조.

206 Eltis & Richardson 2010, 5; Lovejoy 2005, 15; Toledano 2011 참조.

207 Manning 1990, 171.

208 Green 2019; D.M. Lewis 2018, 271 참조.

209 Eltis & Richardson 2010, 136-153; Candido 2013 참고; 노예 포획에 관여한 포르투갈 어권 사람들과 포르투갈계 아프리카인에 대해서는 Candido 2013을 참고하라.

210 Hurston 2018. 나는 탁월한 2019년 네덜란드어-영어 판본(94-98, 108)을 사용했다.

211 Eltis & Richardson 2010, 159-166. 가격에 대해서는 H. Klein 1999, 110을 참고하라.

212 Manning 1990.

213 Van Bavel 2016, 68-70. Gordon 2011 참조.

214 Manning 1990, 170-171; H. Klein 1999, 126-127.

215 Manning 1990, 97-98, 113-123, 130-133; Lovejoy 2005, 3, 81-152, 355-384.

216 Candido 2013, 171-175 참조.

217 Lovejoy 2000, 109.

218 Lovejoy 2005, 17-19.

219 Thomaz 2014, 77-80, 84-87.

220 무르구(murgu, 노예가 독립적으로 임금노동을 할 권리를 주인으로부터 얻기 위해 내는 돈)와 우리 (wuri, 장사할 수 있는 권리를 주인으로부터 얻기 위해 하루 수입의 10분의 1의 비율로 내는 돈)에 대 한 토론을 포함하여 Lovejoy 2005, 206-226을 참고하라.

221 E.W. Herbert 1993, 222-223 인용.

222 Green 2019.

223 Vink 2003; Van Rossum 2014; Van Rossum 2015a; Van Rossum 2015b; Van Rossum 2021a; Van Rossum 2021b; Mbeki & Van Rossum 2016; Brandon, Frykman & Røge 2019; Van Rossum et al. 2020; Van Rossum & Tosun 2021.

224 Singha 1998, 154-158; Chatterjee 1999, 특히 ch. 1; Chatterjee & Eaton 2006; Levi 2002, 278-279; G. Campbell 2011; G. Campbell 2012; Clarence-Smith 2015; G. Campbell & Stanziani 2015; Van Rossum et al. 2020; Van Rossum 2021b.

225 Saradamoni 1973; Reid 1998, 129-136; Reid 1999, 181-216; Vink 2003, 149-151, 156-157.

226 Kolff 1990, 10-15; Levi 2002; Stanziani 2014; G. Campbell 2011, 54-61. 절정기는 기원전 200~기원후 200년, 800~1300년, 1780~1910년이었다. 그는 2천 년 동안 (19세기 동아프리카에서 끌려온 150만 명을 포함해) 총수치가 대서양 횡단 노예무역에 관련된 1천2백만 명을 훨씬 초과했다고 추정한다. 여기에 아마도 더 중요할 수 있는 '힌두교 인도와 유교 극동 지역'의 육로 무역도 추가해야 한다. 1841년 인도의 노예 수는 8백만~9백만 명에 달했다.

227 Levi 2002, 281.

228 Levi 2002, 280; Kolff 1990, 11.

229 Levi 2002, 287.

230 Stanziani 2014, 88; Toledano 2011 참조; H. Barker 2019.

231 Kolchin 1987; Dennison 2011; Stanziani 2014.

232 Stanziani 2014, 61-72.

233 Stanziani 2014, 85.

234 Slicher van Bath 1963a, 280-282, 330; Kolchin 1987, 152; Dennison 2011, 35-36. 이것은 콩, 삼, 아마씨와 같은 작물에도 적용되었다.

235 Gentes 2008, 26.

236 Stanziani 2014, 55-56.

237 Kolchin 1987, 69, 151.

238 Kolchin 1987, 27, 39; Stanziani 2014, 120-121. 유의: 성직자의 토지는 1764년 러시아에서, 1785년 우크라이나에서 세속화되었다.

239 Kolchin 1987, 57, 62, 73(인용).

240 Kolchin 1987, 217.

241 Kolchin 1987, 73-75, 108, 212-217; Dennison 2011, 62-67, 87-92.

242 Kolchin 1987, 200-207; Dennison 2011, 93-131; 종교적 영향에 대해서는 Budd 2011, 22를 참고하라.

243 Kolchin 1987, 특히 chs 5와 6; Dennison 2011, 42-43.

244 Kolchin 1987, 249-250. 여기서 '옛 십자가(old cross)'는 러시아 정교회 분리파(라스콜니크, Old Believers)의 반대 운동을 말한다.

245 Kolchin 1987, 334-343.

246 Kolchin 1987, 74(인용), 108, 224.

247 Dennison 2011, 230.

248 Dennison 2011, 149-180.

249 Dennison 2011, 132-148; 잘사는 일부 농노들은 영주의 허락을 받아 토지와 재산처럼 다른 농노를 살 수 있었다. 원칙적으로 이 관행은 군대를 위한 대체 징집병을 찾는 것이 목

적이었다(Dennison 2011, 169-171).

250 Kolchin 1987, 335-340; Gorshkov 2000; Moon 2002; Dennison 2011, 166, 171-178.

251 Stanziani 2014, 56; Kolchin 1987, 28-30, 279. 시베리아의 경우 1678년에 사유 농노는 전혀 없었고, 1719년에는 인구의 3.4퍼센트였다. 다른 농노들은 국가 농노였다. Kivelson 2007을 참고하라.

252 Kivelson 2007; Boeck 2007; Znamenski 2007; Gentes 2008.

253 Kivelson 2007, 35.

254 Gentes 2008, 101-103; 스코틀랜드 광부의 지위에 대해서는 Whatley 1995a와 1995b를 참고하라.

255 Gentes 2008, 48-57.

256 Gentes 2008, 50.

257 Gentes 2008, 57.

258 Boeck 2007; Kessler 2014; Sunderland 2014.

259 Zürcher 2013; Kolchin 1987, 282-283.

260 Dennison & Ogilvie 2007.

6장 | 산업혁명과 새로운 노동관계(1800~현재)

1 경제사회사에서 산업혁명만큼 광범위하게 다뤄진 주제는 없다. 예: Pollard 1965; Lazonick 1990; Huberman 1996; Voth 2000; Rider & Thompson 2000; MacRaild & Martin 2000; Berg 2005; Allen 2009; Van Zanden 2009; Horn, Rosenband & Smith 2010; E. Griffin 2010; Stearns 2015; Greif, Kiesling & Nye 2015; Beckert 2015; Roy & Riello 2019.

2 Pomeranz 2000, 63-68; Deane 1969; Berg 2005; Broadberry, Fremdling & Solar 2010. 방적에 대한 수치는 Deane 1969, 87이 출처다.

3 K. Davids & Lucassen 1995.

4 Mokyr 2002; K. Davids 2013a; K. Davids 2013b; Prak & Wallis 2020 참조.

5 Meisenzahl 2015, 330.

6 Kessler & Lucassen 2013.

7 Magnusson 2009; Broadberry, Fremdling & Solar 2010; Beckert 2015; Wong 2016.

8 J. Lucassen 2021.

9 Berg 2005; Schloss 1898; Schloss 1902(성에 관하여는 W. Brown & Trevor 2014 참고); Pollard 1965; Jacoby 1985; Lazonick 1990; Huberman 1996.

10 Berg 2005, 204. 유의: 이 인용문은 냉소적인 의도로 쓰인 것은 아니다.

11 Lazonick 1990; Huberman 1996.

12 Knotter 2018, 22-23; Pollard 1965, 51ff; Jacoby 1985; Lazonick 1990; Huberman 1996.

13 Berg 2005, 198.

14 E. Griffin 2010, 160; Humphries & Weisdorf 2019.

15 Jones 2015, 404 참조.

16 Meissner, Philpott & Philpott 1975; Manzar 2021, 262−263. 대화와 노래가 불가능했던 노동(중공업 그리고 지적 노동이 집중적으로 필요한 곳)과 그것이 가능했던 노동, 그리고 대화가 필요했던 노동(미용업이나 소매업)을 구분해서 볼 수 있다.

17 Berg 2005, 192, 253−254, 282−283; Kessler & Lucassen 2013, 285−286 참조.

18 Geary 1981; J. Lucassen 2006c; Horn 2010; Beckert 2015.

19 여기서는 Kessler & Lucassen 2013, 262−263을 면밀히 따른다. Pollard 1965; Shlomowitz 1979; Lourens & Lucassen 1999; J. Lucassen 2013; J. Lucassen 2021; Berg 2005. 자유의 제한을 조건으로 하는 하도급에 대해서는 Whatley 1995a와 1995b를 참고하라.

20 Lourens & Lucassen 2015; Lourens & Lucassen 2017; Versieren & De Munck 2019 참조.

21 Lourens & Lucassen 2015; Lourens & Lucassen 2017, 23(1872년 3판의 《On Work and Wages》인용).

22 Kessler & Lucassen 2013; Pollard 1965; Lazonick 1990 참조.

23 F.W. Taylor 1911, 72; Kuromiya 1991 참조. 테일러(Taylor)는 본인이 노동조의 십장이었다. Kanigel 2005, 147, 162−167(163 인용).

24 Piketty 2019, ch. 6.

25 Kolchin 1987, 7, 37, 245−246; 아프리카에 관해서는 Lovejoy 2005, 207−226 참조.

26 Van der Linden 2011a; Brass & Van der Linden 1997; Hurston 2018과 앞의 두 권의 여러 다양한 장을 참고하라.

27 Verlinden 1977, 1020−1046. 포르투갈에 대해서는 다음을 참고하라. Boxer 1969, 265−266; Godinho 1992, 19−20. 서아프리카의 포르투갈계 제국에 대해서는 다음을 참고하라. Kloosterboer 1960, 67−78; Green 2019.

28 Toledano 2011; Erdem 1996; Hofmeester & Lucassen 2020; Nieboer 1910, 136−137 참조.

29 마다가스카르를 출입하는 유럽인 이전 및 유럽인의 노예 운송에 대해서는 Dewar & Richard 2012, 506−507을 참고하라. 아메리카 대륙에 대한 영향에 대해서는 Heuman & Burnard 2011, chs 6−8을 참고하라. 아프리카에 대해서는 Pallaver 2014; Green 2019를 참고하라.

30 Saradamoni 1974; Baak 1997; Singh 2014.

31 Beckert 2015; Piketty 2019, chs 6과 15; Greenhouse 2019.

32 네덜란드령 동인도제도에 대해서는 다음을 참고하라. Baay 2015; Van Rossum 2015a; Van Rossum 2015b; Van Rossum & Tosun 2021. 그 연속된 긴 과정에 대해서는 Kloosterboer 1960을 참고하라. 에티오피아에 대해서는 Fernyhough 2010을 참고하라.

33 Blum 1978; Kolchin 1987, 특히 에필로그; Burds 1991; 특히 Dennison 2011, 231−233.

34 Espada Lima 2009.

35 Van der Linden 2011b, 29 인용.

36 Blackburn 1988; Blackburn 2011.

37 Kars 2020; Dewulf 2018; 또한 팔마레스 폭동(275쪽)도 보라. 케랄라처럼 노예가 카스트 제도와 긴밀하게 연결된 지역에서는 노예의 반항이 별로 없었다는 점을 염두에 둘 필요가 있다. Saradamoni 1974.

38 Blackburn 1988, 144. 이 세기 후반에 쿠바의 노동운동이 비슷한 역할을 했다. Casanovas 1997를 참고하라.

39 Blackburn 1988, 440–441.

40 Blackburn 1988, 443.

41 Blackburn 1988, 444.

42 Eckert 2011, 351; Seibert 2011.

43 Zimmermann 2011을 따른다.

44 Zimmermann 2011, 470; '법, 신학 지도층(울라마[ulema])'의 반대에 대해 Zilfi 2010, 특히 220–226을 참고하라.

45 Van der Linden & Rodríguez García 2016. 한국의 경우 Miller 2007을 참고하라. 네덜란드령 동인도제도에서의 강제 재배에 대해서는 Breman 1989; Van Rossum 2021a를 참고하라. 일반적으로 징병제 자체는 자유노동의 원칙 위반으로 여겨지지 않지만, 일정한 상황(예를 들어 3년에 걸친 장기전이 될 경우)에서는 그렇게 될 수 있다.

46 Piketty 2019, 290–291.

47 Zimmermann 2011, 481, 488; 노예제를 반대하는 국제 협약에 대해서는 Bales 2005, 40–68을 참고하라.

48 Breuker & Van Gardingen 2018.

49 Bade 2000, 232–245, 287–292; Roth 1997; Westerhoff 2012.

50 U. Herbert 1990, ch. 4.

51 U. Herbert 1990. 일본의 경우는 Palmer 2016을 참고하라. 중국에서 패배한 국민당 군인에 대해서는 Cheng & Selden 1994, 648을 참고하라. Kay & Miles 1992에 따르면 전후 영국에서 예를 들어 발트3국 출신의 일부 '유럽인 자원 노동자'들은 수상쩍게도 무자유노동자처럼 보였다.

52 Kössler 1997를 따름; Van der Linden 1997a; Piketty 2019, ch. 12.

53 Roth 1997.

54 Homburg 1987; Patel 2005.

55 Mason 1966; 제2차 세계대전 당시 독일과 일본의 유사성에 대해서는 Boldorf & Okazaki 2015를 참고하라.

56 Cheng & Selden 1994; Shen 2014; J. Li 2016; Piketty 2019, ch. 12; Netting 1993, 109ff., 232ff 참조.

57 Cheng & Selden 1994, 660.

58 Cheng & Selden 1994. 위대한 대도약에 의해 초래된 기근에 대해서는 Dikötter 2010을 참고하라.

59 Frankopan 2019, 103–106.

60 한국의 경우는 Breuker & Van Gardingen 2018을 참고하라.

61 Eltis 2011, 139; Budd 2011, ch. 2; Van der Linden & Rodríguez García 2016; Kotiswaran 2017.

62 Kotiswaran 2017.

63 Kennan 1891, vol. I, 255; vol. II, 458.

64 Coldham 1992; Bailyn 1988; E. Richards 1996. 후대의 부랑자 단속법에 대해서는 McCreery 1997을 참고하라.

65 Pierre 1991. 다른 식민 열강도 이와 비슷한 죄수 유형지를 두었다. 예를 들어 네덜란드는 1926년부터 1942년까지 보판디굴(Boven-Digoel, 뉴기니)을 죄수 유형지로 사용했다.

66 Santiago-Valles 2016, 89-90; Piketty 2019, 581-582.

67 Pizzolato 2016. 흑인 노예가 장기적으로 미국에 미친 부정적인 영향에 대해서는 다음을 참고하라. Angelo 1997; Krissman 1997; Hurston 2018. 브라질에 미친 영향(특히 아마조나스의 채무 노동)에 대해서는 다음을 참고하라. Bales 1999; Bales 2005.

68 Molfenter 2016; Breman 1996; Olsen 1997; Baak 1997; Bales 1999; G. Campbell & Stanziani 2015.

69 Drèze & Sen 2013; Piketty 2019, 345-361.

70 Van der Linden 2016, 321 인용(브레만[Breman]은 가끔 이것을 '새로운 노예'라고 부른다); Singh 2014.

71 가나의 경우 Akurang-Parry 2010을 참고하라. 노예 폐지 운동의 전통을 지속하고 있는 NGO에 대해서는 Bales 2005를 참고하라.

72 Costello et al. 2015.

73 Cheng & Selden 1994, 652.

74 Ehmer 1996, 65. 또한 가족 사업 운영에 관한 신뢰 문제에 대해서는 Seabright 2014, chs 10과 12를 참고하라.

75 Stone, Netting & Stone 1990; Netting 1993; Blum 1978; Vanhaute & Cottyn 2017.

76 Vanhaute & Cottyn 2017, 3; Segalen 1983 참조.

77 Netting 1993, 3.

78 Netting 1993, 34-41; 프랑스의 경우 Segalen 1983 참조.

79 Netting 1993, 35.

80 Netting 1993, 31-32.

81 이는 보이는 것처럼 명백하지 않을 수 있다. 이웃하는 이슬람계 하우사족(Hausa)처럼 문화적 규범상 여성의 생산노동이 금지되는 경우도 종종 있기 때문이다(Stone, Netting & Stone 1990, 11).

82 Netting 1993, 73; Stone, Netting & Stone 1990.

83 Ulin 2002.

84 네팅(Netting)(1993, 321)은 다음과 같이 예측했다. "그러나 아시아의 거대한 관개 지대처럼 전통적으로 집약 생산을 하고 조밀하게 정착된 지역은 계속해서 소규모 자작농의 보루로 남을 것이고, 아프리카와 라틴아메리카에서 인구 압력이 점점 높아지는 지역도 점차 그 방향으로 나아갈 수 있다." Vanhaute 2021과 비교하라.

85 Barringer 2005; Crossick 1997b, 1-15.

86 그는 또한 Hommel 1969(초판: 1937)의 배후 인물이었고, 디트로이트에 위치한 헨리 포드의 미국혁신박물관(Museum of American Innovation)에 영감을 준 인물이기도 하다. 덧붙여 말하면 이 박물관은 산업혁명을 찬미했다.

87 Crossick 1997a; Haupt 2002; De Moor, Lucassen & Van Zanden 2008.

88 Bourillon 1997, 229.

89 Booth 1904, 57-58.

90 Booth 1904, 113-114.

91 Booth 1904, 117-118.

92 Booth 1904, 119; Schloss 1898; W. Brown & Trevor 2014 참조.

93 Piketty 2019, 591-595, 771-772, 789.

94 에콰도르의 슈아르족(Shuar)에 대한 연구를 바탕으로 한 Hagen & Barrett 2007을 참고하라.

95 Sarasúa 1997.

96 이것은 '여성의 힘'의 측면에서의 역사적 차이를 설명하게 위해 De Moor & Van Zanden 2006에서 제시된 주요 변수들이다. 다른 변수에 대해서는 Brinton 2001을 참고하라.

97 Lancy 2015, 155; 여성의 농사 노동에 대해서는 Segalen 1983을 참고하라.

98 Berg 2005, ch. 7; E. Griffin 2010, ch. 5; 일본의 경우 Tsurumi 1990 참고.

99 Berg 2005, 137; Sinha, Varma & Jha 2019; Sinha & Varma 2019.

100 Davies 1977, 1-8; 프랑스의 경우 Segalen 1983 참조.

101 Boter 2017, 80-81. 그러나 많은 여성이 가구 노동과 외부에서의 유급 노동을 성공적으로 결합했고, 실직하면 공장에 돌아가기를 간절히 원했다(예를 들어 Jahoda, Lazarsfeld & Zeisel 1973, 74-77을 참고하라).

102 MacRaild & Martin 2000, 26-27; Boter 2017; Van der Vleuten 2016.

103 De Moor & Van Zanden 2006, 45-47; Heald 2019.

104 Wulff 1987; Tonioli & Piva 1988.

105 Siegelbaum 1988, 217-223.

106 Daniel 1989, 42-44.

107 Lancy 2015; Segalen 1983, ch. 7과 결론.

108 Boter 2017; Brinton 2001; Van der Vleuten 2016.

109 Goldin 2006, 5; Heald 2019.

110 Goldin 2006, 3-8.

111 산유국은 중요한 예외다. 많은 수가 이슬람 국가라서가 아니라 국민의 소득이 높기 때문이다. Ross 2008 참고.

112 Hrdy 2009, 167. 유의: 이것은 새로운 현상은 아니다. 잉글랜드에서는 1574~1821년까지 가구의 4분의 1 이상이 1인 가장 가구였는데, 그중 과부가 12.9퍼센트(Berg 2005, 157)였다. Hahn 2002 참조.

113 Hrdy 2009, 171.

114 L.T. Chang 2009, 51-53. 남성 노동자의 이야기에 대해서는 Pun & Lu 2010을 참고하라. 또한 Chow & Xu 2001; S. Li & Sato 2006를 참고하라.

115 《이코노미스트(The Economist)》 2011년 11월 26일 자 특별판을 참고하라.

116 *The Economist*, 7 July 2018.

117 Atabaki 2013(168 인용).

118 Vanhaute & Cottyn 2017, 3. 오늘날 농경인의 96퍼센트가 소농이고, 남반구 개발도상국 농부의 85퍼센트가 약 0.02제곱킬로미터 미만의 땅에서 경작한다.

119 Voth 2000.

120 J. Lucassen 2012b; Broughton 2005.

121 Jacoby 1985; Kanigel 2005; Wood & Wood 2003; Suzman 2020, ch. 13.

122 Wood & Wood 2003, 441, 629(1910년 루이스 뎀비츠 브랜다이스[Louis Dembitz Brandeis]가, 1911년에 에드워드 모트 울리[Edward Mott Woolley]가 기술했다); Lazonick 1990 참조.

123 Kanigel 2005, 520-521.

124 Gilbreth 1911, 83, 92-93 인용.

125 Gilbreth 1911, 62-63, 71-72.

126 Graham 1999; Englander 2003, 234-235; Heald 2019, ch. 9. 고용주가 자신을 '기업의 아버지'로 보고, 복지 직원을 '기업의 아이들'을 보살피는 '기업의 어머니'로 보는 기업의 복지에 대해서는 Mandell 2002를 참고하라.

127 Kanigel 2005, 486-550; Schneider 2003. 대농장 노예 관리가 이 후대의 발달에 미친 영향에 대해서는 Van der Linden 2010을 참고하라.

128 Kanigel 2005, 525; Siegelbaum 1988, 1-2 참조.

129 Gilbreth 1911; Jacoby 1985.

130 Kohli 2000, 378(1980년, 1985년, 1990년, 1995년의 수치); Lazonick 1990.

131 Zijdeman 2010; Netting 1993, 특히 76-77.

132 Biernacki 1995, 105-121, 106과 111의 인용(또한 359를 참고하라. 그들이 마치 본인이 소규모 재화 생산자인 것처럼 이윤을 위해 직조기를 책임지고 관리했다는 주장); Budd 2011, 50-52.

133 Biernacki 1995, 367, 375-376.

134 J. Lucassen 2006d.

135 J. Lucassen 2007b, 77-79.

136 Biernacki 1995, 134-140.

137 Biernacki 1995, 425-431(426 인용).

138 Tilly & Tilly 1998, 74; Van der Linden & Lucassen 2001; Budd 2011; 영국의 경우 Pollard 1965를 참고하라. 헌신에 초점을 맞추는 일반적인 관리 기법에 대해서는 Amabile & Kramer 2011을 참고하라; 역사적으로 결정되는 문화적 차이에 대해서는 Alam 1985를 참고하라.

139 Tilly & Tilly 1998, 74.

140 Turrell 1987, 149-163, 158의 인용. 임금 수준에 대한 다른 견해는 170-171을 참고하라.

141 J. Lucassen 2001, 13-14; Tilly & Tilly 1998, 205.

142 J. Lucassen 2001, 13-14; Van der Linden 2008, 180-181, 185-186; Meyer 2019.

143 Ohler 2015.

144 De Waal 2009, 38-39, 211.

145 Gilbreth 1911, 48–49; 의사소통의 감정적 수단으로서 춤과 운동의 효과에 대한 McNeill 1995를 참조하라.

146 Siegelbaum 1988; Benvenuti 1989; G.R. Barker 1955 참조.

147 Siegelbaum 1988, 71–72.

148 Siegelbaum 1988, 172.

149 Siegelbaum 1988, 182, 230–231.

150 Benvenuti 1989, 46.

151 Gilbreth 1911, 15–16; 2개의 벽돌 쌓기 방식에 대한 설명은 78쪽에 나온다.

152 Tilly & Tilly 1998, 217–227.

153 Wierling 1987.

154 Zürcher 2013. 또한 킴벌리의 폐쇄형 건물(Turrell 1987)과 일본 견직산업의 합숙소도 생각해보라(Tsurumi 1990).

155 Siegelbaum 1988, 204–205; Brass & Van der Linden 1997, 354.

156 Lucassen & Lucassen 2014, pp. 31ff.. 여기서는 유라시아의 여러 지역을 비교하기 위해 문화 간 이주율(CCMRs: 14–16)을 사용한다. 이 연구에서 다른 대륙과 비슷한 데이터는 나오지 않는다; Manning 2020.

157 Kotiswaran 2017; Röschenthaler & Jedlowski 2017.

158 L.T. Chang 2009. 9–10 인용.

7장 | 변화하는 노동의 의미(1800~현재)

1 Lancy 2015; Van der Vleuten 2016; Heywood 2018.

2 Adam Smith 1812, 535, 편찬자 J.R. McCulloch가 803–804(주석 218–219)에 언급한 내용 참조; Schumpeter 1972, 629–631; 보다 일반적인 내용은 Lis & Soly 2012 참고.

3 Van Zanden et al. 2014.

4 Lancy 2015, 269 인용. 중요한 내용은 유지하며 본문을 약간 줄였다.

5 Cunningham 1995; Cunningham and Viazzo 1996; Cunningham 2000; Rahikainen 2004; Goose and Honeyman 2012; Heywood 2018.

6 Van der Vleuten 2016; B. van Leeuwen & Van Leeuwen–Li 2014.

7 Lancy 2015, 282, 384–393.

8 Huynh, D'Costa & Lee–Koo 2015.

9 Goose & Honeyman 2012, 18.

10 B. van Leeuwen & Van Leeuwen–Li 2014; 다른 유형의 식민지화의 영향에 대해서는 B. Gupta 2018을 참고하라.

11 Goose & Honeyman 2012, 4–5.

12 B. van Leeuwen & Van Leeuwen–Li 2014; Drèze & Sen 2013.

13 Pimlott 1976, 81, 145–146; Bailey 1978 참조; Suzman 2020.

14 Cross 1988; Cross 1989; Hennock 2007; Huberman & Minns 2007.

15 Karsten 1990도 역사적 내용을 잘 언급했다; Heerma van Voss 1994.

16 Lafargue 1969, 78의 편저자 서문에서 인용.

17 Huberman & Minns 2007; Ehmer 2009a 참조; McBee 2019.

18 19세기 남아프리카의 줄루인들은 어두울 때 밖에 있는 것을 두려워했다(Atkins 1993, 91-92).

19 Piketty 2019, 515-516.

20 Yamauchi et al. 2017; Suzman 2020, ch. 14(다른 나라들도 언급된다).

21 J. Lucassen 2000, 8-9.

22 Pearson 1994, 51-58. 최근 수십 년간 물류 문제로 인해 수치가 많이 바뀌었고, 이전의 인상적인 증가세는 지속되지 못한 것으로 보인다.

23 Pearson 1994, 37-38.

24 Pearson 1994, 134-135, 149-150.

25 먼저 순례 여행의 증가와 순례 여행 기간 단축이 효과를 상쇄한다고 가정하고, 그에 따라 1600년경 순례자의 평균 근로 생활 햇수가 35년이라고 가정하면, 이는 순례자에게 5개월 또는 125일의 노동일이 빠진다는 것을 의미했다. 1년에 평균 4일의 노동일에 해당한다. 이는 전체 이슬람교도에게 1년에 1일 미만을 의미했다.

26 Antonopoulos & Hirway 2010.

27 Zijdeman & Ribeiro da Silva 2014.

28 Ehmer 2009a; Ehmer 2009b; Hennock 2007, chs 10-11, 191-192. 독일은 1889년 법에서 노령과 폐질에 대한 조항을 합했다. 폐질 보험금으로 지출된 총액은 건강한 75세 이상의 연금 수령자에게 지출된 총액을 크게 뛰어넘었다.

29 Ehmer 2009a, 132.

30 M.H.D. van Leeuwen 2016, 220-221; Hu & Manning 2010.

31 Wylie 1884, 53-54.

32 Lafargue 1969, 123, 136. 같은 소책자에서 그는 이주민의 협동조합식 하도급을 비난했다. 왜냐하면 그러한 노동자들은 프랑스의 오베르뉴인이든, 영국의 스코틀랜드인이든, 스페인의 갈리시아인이든, 독일의 포메라니아인이든, 아시아의 중국인이든 "노동이 필수 불가결한 존재인 인종"으로 "일 자체를 위해 일하기를 좋아하는" 바보 같은 일꾼이었기 때문이다. Arendt 1958, 87-90 참조.

33 J. Lucassen 2013, 32의 네덜란드어 번역문에서 인용.

34 Tilly & Tilly 1998, 114.

35 Burnett 1994, 189, 295-296쪽의 인용; S. Li & Sato 2006 참조; Ehlert 2016.

36 여기서는 1850년경의 임금노동자와 관련해 이 주제를 다루었지만, 이 주제는 훨씬 광범위하다. 최근의 다음 문헌들을 참고하라. Brandon, Frykman & Røge 2019; Lis, Lucassen & Soly 1994 참조; A. Bhattacharya 2017.

37 Hirschman 1970; Huberman & Minns 2007; Jacoby 1985; Lazonick 1990, chs 4-6; Huberman 1996(지역적 차원에서 언급한다).

38 Rose 2012, 301; T. Wright 1867.

39 Lourens & Lucassen 2015; Lourens & Lucassen 2017. Seabright 2004, 198-201에 언

급된 '동류(同類) 매칭(assortative matching)' 메커니즘과 비교하라. 연대에 대해서는 De Waal 2009와 Rosenblatt 2006을 참고하라. 영장류 사이의 공정하고 공평한 보수와 경쟁에 대해서는 De Waal 2009, 185-186, 195-197, 229ff를 참고하라.

40 J. Lucassen 2000, 43-55. 직업 경력에 대해서는 Mitch, Brown & Van Leeuwen 2004를 참고하라. 중재에 대해서는 Wadauer, Buchner & Mejstrik 2015를 참고하라.

41 Scholliers 1996, 110-115.

42 Tilly & Tilly 1998; Wadauer, Buchner & Mejstrik 2015.

43 Truant 1994; Haupt 2002.

44 '바디 쇼핑(body shopping)'으로 알려진, 해외에서 일하는 인도 IT 전문가들의 노동 중개 방식에 대해서는 B. Xiang 2007을 참고하라.

45 Ramaswami 2007, quotation on 208.

46 해양 영역에 대한 예는 Van Rossum 2014를 참고하라. 또한 미투(#MeToo) 논쟁의 틀 안에서 여성의 주체성(의 부족)에 대해서도 생각해보라.

47 L.T. Chang 2009, 58-59; Chow & Xu 2001 참조; S. Li & Sato 2006.

48 Tilly & Tilly 1998, 216-227. 또한 앞에서(370쪽) 언급한 일본의 과도한 초과근무에 대해서도 생각해보라.

49 Löbker 2018, 70; De Gier 2016 참조.

50 Bouwens et al. 2018(48 인용); Hennock 2007, 339-340 참조. 1870년대 이후 인도 타타 철강회사의 사회정책에 대한 상반된 견해들과 관련하여 더 전통적 입장인 Laila 1981과 더 비판적인 입장인 Mamkoottam 1982을 비교하라. S.B. Datta 1986; Bahl 1995.

51 이 부분에 대한 Chris Teulings의 제안에 감사한다. Milanovic 2019, 25 참조; Suzman 2020, 352-359 참조.

52 Piketty 2019, 421-422, 533; Milanovic 2019.

53 Jacoby 1985, 32, 137. 기원전 6세기의 초기 사례에 대해서는 Jursa 2015, 364를 참고하라.

54 Lucassen & Lucassen 2014 참고. J. Lucassen 2000, 26-40, 65-67; Manning 2013; Manning 2020.

55 Stanziani 2008; Stanziani 2009a; Dennison 2011. 브라질의 해방 노예 출신 자유민에 대해서는 Espada Lima 2009를 참고하라.

56 물론 그러한 형식은 개인(예: 노예의 도주)뿐만 아니라 파업이나 청원처럼 조직에 의해서도 사용될 수 있다. Atkins 1993은 19세기 남아프리카에서 다양한 형식을 효과적으로 조합한 예를 제시한다. Brandon, Frykman & Røge 2019는 자유민 및 무자유민 노동자, 그리고 그 사이의 모든 사람이 모든 형태로 나타낸 행동에 대해 탁월한 개요를 제공한다. 1554년 안트베르펜에서 부수적인 단체 행동과 상설 조직이 결합한 초기 예에 대해서는 Soly 2021, 212-226의 자세한 분석을 참고하라.

57 Rediker 1987, 238-240 참조.

58 폭력과 사보타주에 대해서는 Van der Linden 2008, 174-175, 181-182를 참고하라; 집단 이탈에 대해서는 175-178을 참고하라. 퇴거(uytgang) 형태의 집단 이탈에 대해서는 Dekker 1990, 387-391을 참고하라; 생산 지연 전술이나 태업과 관련해서는 351과 384를 참고하라.

59 J. Lucassen 2006c, 545-551.

60 J. Lucassen 2007b, 70.

61 J. Lucassen 2007b, 74.

62 Van der Linden 2008, 175, 197; Biernacki 1995, 438-441.

63 Van der Linden 2008, 175, 211, 253; Heerma van Voss 2002; M.B. Smith 2012, 393-394, 397 참조.

64 Van der Linden 2008, 211-215.

65 Van der Linden 2008, 215.

66 Van der Linden 2008, 179-207.

67 Van der Linden 2008, 190 인용.

68 Van der Linden 2008, 298-312.

69 Chen 2010; Pun & Lu 2010; K. Chang & Cooke 2015; L.T. Chang 2009 참조.

70 중국의 노사 갈등에 대한 정확한 통계를 구할 수는 없다. 중재를 통한 노동 분쟁이 2000년에 13만 5천 건에서 2005년 31만 4천 건으로 증가했고, 2003년에는 관련된 직원 수가 80만 1,042명이었다(Pun & Lu 2010, 509).

71 Chen 2010, 114. 후커우 체제가 농촌 출신 이주민의 도시 정착을 심하게 제한했기 때문에 기숙사가 필요하다. Shen 2014를 참고하라.

72 (영국, 이탈리아 북부, 프랑스와 비교한) 독일 길드의 생존과 그 일부 기능에 대해서는 다음을 참고하라. Biernacki 1995, ch. 6; Van der Linden 2008, 224.

73 Van der Linden 2008, 84-90; Moya 2017 참조.

74 Van der Linden 2008, 85 인용.

75 M.H.D. van Leeuwen 2016; Van der Linden 2008, 91-94, 109-131.

76 Van der Linden 2008, 151-169. 농부들의 조직 구성에 대해서는 Vanhaute 2021, chs 6과 7을 참고하라.

77 이 표현은 Lenger 1991이 만든 것이다. 산업화 이전 시대와의 연속성에 대해서는 Epstein & Prak 2008, 서문을 참고하라.

78 Boch 1989; J. Lucassen 2006b; J. Lucassen 2006c; Christensen 2010; Knotter 2018(특히 ch. 3); 이슬람 세계에 대해서는 R. Klein 2000을 참고하라.

79 J. Lucassen 2006c, 528-533, 531 인용.

80 Huberman 1996; Christensen 2010. 이 수공 기술 통제 모델은 영국이 미국식의 대안적 경영 기법을 채택하지 못하게 하였다(Lazonick 1990).

81 Van der Linden 2008, 220; Knotter 2018.

82 Biernacki 1995, ch. 9; Huberman 1996; Van der Linden & Rojahn 1990 참조.

83 Biernacki 1995, 423-425; Van der Linden 2008, 226-227; Heerma van Voss, Pasture & De Maeyer 2005; W. Thorpe 1989; Van der Linden & Thorpe 1990.

84 Christensen 2010, 765.

85 독일 사회민주당(SPD)은 1959년 바트고데스베르크에서 열린 회의에서 '사람을 생각하는 자본주의'를 받아들였다. Reinhardt 2014를 참고하라.

86 Van der Linden 2008, 225, 232-233, 251; 또한 도제를 위한 클로즈드숍에 대해서는

Biernacki 1995, 286–287을 참고하라.

87 Van der Linden 2008, 227–232, 240; Jacoby 1985 참조; Lazonick 1990. 협상 과정을 방해하려 하는 협잡꾼(racketeer) 같은 제3자가 고용주와 노동자 모두로부터 돈을 갈취하는 경우도 있었다. 이러한 관행은 노조를 부패시키고 노조의 명예를 더럽힐 수 있었다 (Witwer 2009; Greenhouse 2019).

88 Shin 2017, 632. 손해배상: 경영진은 이 파업을 불법으로 규정짓고 이로 인해 발생한 손해에 대해 파업 노동자 각각이 배상해야 할 것이라고 위협했다. 최근 노조의 주요 역할에 대해서는 C.-S. Lee 2016을 참고하라.

89 긍정적 영향과 부정적 영향에 대해 Van der Linden 2008, 254–257을 참고하라. 또한 Deakin & Wilkinson 2005도 참고하라.

90 Piketty 2019, chs 11, 17.

91 Sabyasachi Bhattacharya & Lucassen 2005. 조선업에 대해서는 Fahimuddin Pasha 2017을 참고하라; 벽돌 제조에 대해서는 J. Lucassen 2006c를 참고하라; 남아시아의 노조에 대해서는 Candland 2001을 참고하라.

92 Benner 2002; Benner 2003 참조.

93 Van der Linden 2008, 247–257; Greenhouse 2019.

94 Perchard 2019, 78. 단체로서의 노동조합의 '적합성'에 대해서는 Manning 2020, 214–221, 229를 참고하라.

95 August 2019 참조; Tilly & Tilly 1998, ch. 9; Penninx & Roosblad 2000; Pizzolato 2004; Marino, Roosblad & Penninx 2017.

96 예컨대 미국의 직조 산업에 대해서는 Blewitt 2010, 552, 555를 참고하라. 미국 남부에서 일자리, 노동시장, 노동조합은 인종적으로 분리되어 있었다(Van der Linden & Lucassen 1995; Greenhouse 2019). 아프리카계 미국인은 특히 제2차 세계대전 중에 적극적으로 조합 활동에 참여하고 전쟁 중과 전후에 유럽에서 얻은 체험을 바탕으로 점진적인 변화에 기여했다. 세계대전 중 여성 노동의 참여에 위협감을 느꼈던 노조에 대해서는 Heald 2019를 참고하라.

97 Van der Linden 2008, 245–246 인용.

98 Tilly & Tilly 1998, 246–250; 미국의 경우에 관해서는 Jacoby 1985; Greenhouse 2019 참고.

99 Knotter 2018; Greenhouse 2019.

100 인도에 관해서는 Tharoor 2018, 190–191; Van der Linden 2008, 223 참고.

101 Tilly & Tilly 1998, 249–253; Jacoby 1985 참조; Montgomery 1987; Montgomery 1993; Lazonick 1990; Van der Linden & Lucassen 1995; Blewitt 2010; Greenhouse 2019; Jaffe 2021은 미국의 노조화에 대한 여러 새로운 상향식 시도에 대해 기술한다.

102 Van der Linden 2008, ch. 12; Van Holthoon & Van der Linden 1988 참조; Knotter 2018.

103 Van der Linden 2008, 264.

104 Weill 1987; Van Holthoon & Van der Linden 1988 참조; Van der Linden & Lucassen 1995.

105 Van der Linden 2008, 263.

106 Cross 1988; Cross 1989; Heerma van Voss 1988.

107 Steinmetz 2000; Van der Linden & Price 2000. Tomka 2004 참조; Frank 2010; Fineman & Fineman 2018.

108 Deakin & Wilkinson 2005, xi–xxiii은 이 측면에서 잉글랜드와 웨일스에서 여전히 효력 있는 규정들에 대해 빈틈없는 개요를 제공한다(별개의 판례법을 둔 스코틀랜드는 포함하지 않았다. G.R. Rubin 2000, 292–293 참조). 이 개요는 1598년부터 2004년까지의 판례 249건, 103개의 법규(그중 21개는 1349~1597년에, 82개는 1598~2002년에 제정된 것이다)를 수록하고 있다. 이와 유사한 수록을 Fineman & Fineman 2018, 392–398에서도 볼 수 있다.

109 Piketty 2014; Piketty 2019. 따라서 자연스럽게 그가 제시한 수치적 입증이 활발한 논쟁의 대상이 되었다. 그러나 내가 보기에 이는 이 획기적인 연구로부터 내가 결론을 도출한 방식에 어떠한 영향도 미치지 않는다. 또한 Segal 2020은 자신의 개인적 소비를 위해 특히 모든 종류의 가사 하인을 비롯해 다른 사람의 노동을 살 여력이 있는 소득 상위층의 '노동에 대한 권리'로 인해 불평등이 점점 증가하고 있음을 지적한다. 내가 보기에 이것은 전쟁 이전 시대로의 회귀다.

110 Simitis 2000, 189.

111 Piketty 2019, 528–547에 따랐다.

112 Lazonick 1990, 284ff.

113 영국의 인클로저(enclosures)에 대해서는 특히 Snell 1985를 참고하라. 지주와 소작인, 고리대금과 융자에 대해서는 Steinmetz 2000, chs 13–20을 참고하라.

114 Simitis 2000, 186–187; Hennock 2007; Rimlinger 1971 참조; Van der Linden 1996; M.H.D. van Leeuwen 2016.

115 Olszak 2000, 141–142.

116 Simitis 2000, 191.

117 Simitis 2000, 181–182. Zietlow 2018, 67–68 참조.

118 Steinfeld 2001, 11–12; Steinfeld 2009 참조; Frank 2010.

119 Cottereau 2000, 208–212.

120 Johnson 2000; White 2016.

121 Lis & Soly 2012, 499, 504–506; Delsalle 1993; Steinfeld 2001, 243–246; Cottereau 2000, 208–212; Horn 2010.

122 Simitis 2000, 186.

123 Thompson 1968; Pelling 1976; Dobson 1980, 121–122; Rule 1988; G.R. Rubin 2000; Hay 2004; Frank 2010.

124 Olszak 2000, 145.

125 Van Wezel Stone 2000; Zietlow 2018; Greenhouse 2019.

126 식민지에 대해서는 Steinfeld 2001, 246–249를 참고하라. 미국에 대해서는 253–314를 참고하라.

127 Piketty 2019, 367–368.

128 Van der Linden & Price 2000.

129 Garon 2000; Shieh 2000.

130 민간 부문과 국가의 빈민 구제에 대해서는 Hennock 2007, chs 1-2를 참고하라; 최저임금에 대해서는 Piketty 2019, 530-533을 참고하라.

131 Hennock 2007.

132 Kocka 1980; Kocka 1981; Bichler 1997; Veraghtert & Widdershoven 2002; Hennock 2007; M.H.D. van Leeuwen 2016.

133 Hennock 2007, chs 16-17.

134 Hennock 2007, 295. 1885년에 그는 농사 노동자에게 '3에이커(1.2헥타르)와 암소 1마리'를 줘야 한다고 주장했다.

135 Hennock 2007, 320(따라서 원[原]협동조합주의[proto-corporatism]라고도 불린다).

136 Hennock 2007, 328. 후대의 전개에 대해서는 M.H.D. van Leeuwen 2016; Ehlert 2016을 참고하라. 중국의 경우 Li & Sato 2006을 참고하라.

137 Steinfeld 2009; Greenhouse 2019.

138 Hennock 2007, 287.

139 Tsurumi 1990, 94; 이것은 후대의 '샐러리맨' 현상에 기여하였다(위 참조).

140 Eichengreen & Hatton 1988, 5; Burnett 1994.

141 Tomlinson 1987, 6; Sloman 2019.

142 Fitzgerald 1988.

143 Lins 1923, 825.

144 Renwick 2017; Rimlinger 1971.

145 Tonioli & Piva 1988, 241.

146 Tomlinson 1987, 106; Sloman 2019는 이것이 결코 한 사람이 이룩한 것이 아니라는 사실을 보여준다.

147 나는 파시스트, 민족주의자 및 기타 협동조합주의자 모델들과의 경쟁에 대해 기술하지 않으려 하는데, 그 이유는 이것이 훨씬 짧은 시대에만 해당하기 때문이다. 협동조합주의자 실험은 주요 모델 국가들에서 고작 10, 20년 정도만 존속했다. 스페인의 프랑코와 특히 포르투갈의 살라자르의 에스타도 노보는 더 오래 지속되었다. 이 나라는 또한 식민지 정책 때문에 중요하다. 게다가 일본은 유럽이 식민지에서 내세운 복지, 예를 들어 인도네시아에서 네덜란드가 내세운 복지와 경쟁했다.

148 M.B. Smith 2012; M.B. Smith 2015a; M.B. Smith 2015b; McAuley 1991; Rimlinger 1971; Madison 1968; Cook 1993; Tomka 2004; Piketty 2019, 578-606; Milanovic 2019.

149 McAuley 1991, 195. 1936년 헌법 제12조, '일하려 하지 않는 자는 먹을 수 없다'와 비교하라. 이 조항은 데살로니가후서 3장에서 사도 바울이 한 말과 비슷하다(Kloosterboer 1960, 174).

150 M.B. Smith 2012; Cook 1993.

151 McAuley 1991, 193, 204; M.B. Smith 2012, 395-397.

152 McAuley 1991, 197.

153 McAuley 1991, 203-204. 사회소비기금(SCF) 중 실지출에 대한 그의 재구성에 따른 것;

Cook 1993. 다른 공산주의 국가에 대해서는 Tomka 2004; Candland & Sil 2001을 참고하라.

154 Kessler 2008. 게다가 1970년대 말까지, 연금 수급권자의 4분의 1만이 고령 연금을 받았고, 그 액수는 극히 낮았다. McAuley 1991, 205-206; M.B. Smith 2012, 392, 397-398 참조.

155 M.B. Smith 2012, 389.

156 M.B. Smith 2012, 394-397; Tomka 2004.

157 C.-S. Lee 2016. 더 폭넓은 비교(다만 기간은 1945~1980년에 한정된다)는 Haggard & Kaufman 2008에서 찾을 수 있다.

158 Song 2009. Van der Linden & Price 2000 참조.

159 Chow & Xu 2001; S. Li & Sato 2006; Dillon 2015; Frankopan 2019.

160 이것과 그다음에 이어지는 인용들에 대해서는 Tomlinson 1987, 163-165를 참고하라; Piketty 2019; 영국의 경우는 Sloman 2019, 네덜란드의 경우는 Heijne & Noten 2020을 참고하라.

161 Goodman 1960, 특히 59-63. 그는 미국 사회에서의 지위를 3개로 구분한다. 바로 빈곤층, 조직, 독립인이다.

162 Piketty 2019, 531; Milanovic 2019.

163 Albert 1993. Candland & Sil 2001 참조; Fellman et al. 2008; Piketty 2019.

164 Piketty 2014; Piketty 2019; Greer et al. 2017 참조; Williams 2019; Sloman 2019.

165 주요 수치의 출처는 다음과 같다. Piketty 2019, 21-23, 260-261, 419-423, 492-493, 525-527.

166 Piketty 2019, chs 14와 15, 755 인용. 1950~1980년대의 '계급차별적 분열'은 1990~2000년대에 '정체성주의적 분열'로 바뀌었다(958); Milanovic 2019, 56-66.

167 McBee 2019, 166-172는 또한 노동량이 계속 증가했고, 따라서 1970년대 이래 부의 증가는 전혀 없었다는 사실을 분명히 보여준다.

전망

1 폴라니의 용어를 빌렸다. 이 분류는 Baldwin 2019에 나온다.

2 J. Lucassen 2013, 25-31; Feinman 2012; Standing 2016; Piketty 2014; Piketty 2019; Williams 2019; Sloman 2019; Heijne & Noten 2020; Manning 2020.

3 Ford 2017; Frankopan 2019.

4 Williams 2019, 111, 115. 국제노동기구는 무기력하게 방관하는 것처럼 보인다.

5 특히 제3차 세계대전을 포함하는 주요 군사적 갈등, 더 중요하게는 기후변화에 대한 시나리오들이 있다(Manning 2020). 사람들은 여기에 소비자로서만이 아닌 생산자로서 기여하며, 이것이 노동운동에 영향을 미친다(Fitzpatrick 2017). Graeber & Wengrow 2021은 완전히 다른 입장을 취한다. 그들은 낙관적이지만, 그 낙관은 자본주의의 재생력(거의 언급하지 않는 개념이다)에 대해서가 아니라 (역사에 대한 그들의 새로운 해석을 바탕으로 한) 우리가

다른 형태의 새로운 사회적 현실을 창조할 자유의 실현 가능성에 대한 것이다(Graeber & Wengrow 2021, 525).

6 Van Bavel 2016; Piketty 2019, 546-547. Van der Linden 2008과 Stanziani 2019는 1500년 이후의 세계사에서 무자유노동관계와 대비한 자유 임금노동의 예외적인 성격을 강조한다.

7 Piketty 2014; Piketty 2019. 대략 비슷한 시기에 나왔으나 큰 반향을 일으키지는 않은 비슷한 주장에 대해서는 Luzkow 2015를 참조하라. 또한 다음의 문헌들도 참고하라. Luzkow 2015; Kersley & Steed 2009; Trappenburg, Scholten & Jansen 2014; Ford 2017; Jensen & Van Kersbergen 2017.

8 Piketty 2014; Piketty 2019; Standing 2016. 여기에 더해 부유한 국가의 푸드뱅크 현상도 있다. 푸드뱅크의 필요성은 그 어느 때보다도 코로나19 팬데믹 동안 명백해졌다.

9 Manning 2020의 분석은 많은 측면에서 Piketty 2019의 분석과 일치하지만, 매닝(Manning)은 환경적 문제를 더 자세히 기술한다(Piketty 2019, 235, 254-255). 또한 Drèze & Sen 2013의 방향도 참고하라.

10 Seabright 2004; Neal & Williamson 2014(결론인 ch. 16); Van der Spek, Van Leeuwen & Van Zanden 2015; Piketty 2019; Milanovich 2019(다만 모두가 현재의 상황에 대해 비판적이다).

11 이 입장에 대해서는 특히 Sloman 2019를 참고하라; 역사적 뿌리에 대해서는 Budd 2011, 38-39를 참고하라. Wells 1914, ch. 3('Off the Chain')은 초기의 한 예다. 여기서 그는 모든 종류의 국제 이주 노동자를 완전히 자유롭고 새로운 노동자의 정점으로, 그리고 세계 평화에도 기여할 수 있는 사람이라고 칭송한다.

12 Baldwin 2019(이 점에서 Ford 2017보다 분명 더 낙관적이고, Harari 2014보다 분명 더 긍정적이다); Cockshott 2019(사회주의 계획경제의 자동화).

13 Harari 2014, 388-391, 436-437.

14 K. Davids & Lucassen 1995; Lazonick 1990 참조; Van der Spek, Van Leeuwen & Van Zanden 2015.

15 Sloman 2019, 17; 독일, 프랑스, 영국, 스웨덴의 평균 세금 지출에 대해서는 Piketty 2019, 428, 458-460, 530을 참고하고, 미국의 사회보장 지출과 이전 지출에 대해서는 526-530을 참고하라. 네덜란드의 경우 Heijne & Noten 2020을 참고하라.

16 Sloman 2019, 206-207.

17 생산자는 의료 서비스와 통신을 포함한 상품과 서비스를 소비할 사람을 구조적으로 필요로 한다는 사실을 기억하라. 이는 코로나19 팬데믹이 발생했을 때 북반구 선진국에서 세금을 바탕으로 무노동 소득을 보장한, 일반 거시경제학 원칙의 반전에서 잘 드러난다.

18 Piketty 2019, 929-953. 반평등주의적인 힌두 민족주의의 이데올로기적 배경에 대해서는 Drèze & Sen 2013; Tharoor 2018을 참고하라.

19 Ahuja 2019.

20 Piketty 2019; G. Campbell 2012; Green 2019; Greenhouse 2019. 결국 Manning 2020과 같은 해결책만이 위안을 줄 수 있다.

21 Piketty 2019, 649-655. 그는 중동 지역이 '국제적 불평등의 정점'이라고 설명한다.

22 내 추산에 따르면 과소 소비하는 열등 인종의 소수, 가령 5퍼센트 내지 10퍼센트를 수십 년 동안 유지하는 것은 순수하게 경제적으로만 보았을 때는 가능하지만, 인구의 4분의 1 이상은 불가능하다. 여기서 나는 독일의 나치처럼, 중요한 국내 시장을 위해 생산하는 주체로서 국가(대다수)를 전제로 한다. 물론 수출 부문이 강한 국가는 더 심한 아파르트헤이트를 실시할 수 있다. 남아프리카의 아파르트헤이트와 걸프 국가, 그리고 미국 남북전쟁 이전의 남부를 생각해보라.

23 Piketty 2019, 352–357, 360–361. 여기서 이주 노동과 같은 그들의 개인적 전략을 잊지 말라.

24 어쩌면 재분배적 신정 체제는 우리가 생각하는 것과 달리 완전히 사라지지 않았을 수도 있다. 일부 국가에서 가난한 백인 노동자와 독립 생산자를 꾀어내어 반노조 성향의 인종차별주의적인 후보자와 정당에게 투표하도록 만드는 신자유주의적 재분배를 고려한다면 말이다.

25 Heijne & Noten 2020, 70.

26 Heijne & Noten 2020, 78.

27 Weil 2014, 2; Guendelsberger 2019; Greenhouse 2019; Jaffe 2021; 노동 착취 현상 (329–331 참조).

28 Ford 2017; Baldwin 2019; Garcia–Murillo & MacInnes 2019; Benner 2002; Benner 2003 참조; Suzman 2020, ch. 15.

29 Sloman 2019, 69 인용; Brynjolfsson & McAfee 2014; Livingston 2016.

30 Ford 2017, 167.

31 Deakin & Wilkinson 2005 참조.

32 Terkel 1974, 서문(예를 들어 xi: [이 책은] "매일의 빵만이 아닌 매일의 의미, 돈만이 아닌 인정을 찾는 탐색에 대한 것이다. [……] 한마디로 월요일부터 금요일까지 죽어가는 것이 아닌 일종의 삶을 향한 탐색이다")과 비교하라; Seabright 2004, ch. 6(부정적인 영향 포함). 나는 이것이 '반노동정책'의 취지와 반대된다는 사실을 잘 알고 있다(Weeks 2011).

33 Arendt 1958, 107–108(어쩌면 불필요한 말이겠으나, 마지막 문장은 기독교적 자기 희생으로 해석할 것이 아니라 성취에서 얻는 직접적인 육체적 만족으로 해석해야 한다). 이와 비슷한 입장으로 Jahoda 1982를 참고하되, 중요한 차이에 대해서는 Jahoda 1988을 참고하라.

34 Sennett 2008, 8, 287, 289.

35 McBee 2019, 157 인용; 직장(그리고 학교)에서 관계의 중요성, 무직의 반대가 아닌 그 이상인 노동의 중요성, 노동을 통한 일치에 관해서는 Clark et al. 2018을 참조하라; Thomas 2009, 특히 chs 3과 4; Budd 2011, chs 6, 7과 9 참고.

36 B. A. Rubin 2012; Jahoda, Lazarsfeld & Zeisel 1971(배경에 대해서는 Jahoda 1989를 참고하라); Jahoda 1982; Harari 2014, 437–444와 비교하라. 일본의 지나친 초과근무와 근래에 등장한 밀레니엄 세대의 '노동지상주의(workism)'에 대해서는 338–341, 370, 410을 참고하라. Suzman 2017; Suzman 2020은 이 끝없는 노동의 욕구(궁극적으로 신석기혁명으로 거슬러 올라간다)와 소비지상주의를 우리 시대의 주요 문제로 본다; 또한 Graeber 2019와 비교하라. Jaffe 2021은 신자유주의 체제만이 유일하게 우리의 '직장에 대한 헌신'으로부터 부당이익을 취하게 되는 상황의 위험성에 대해 경고한다. 그렇게 되면 그녀의 저서의 부제

가 외치고 있듯이 "우리를 계속 착취하고 진을 빼고 고독하게 만들기" 때문이다.

37 De Waal 2009, 221(2008년 금융 위기를 말하는 것이다).

38 Petriglieri 2020. 여기서 그는 심리치료사 William F. Cornell의 생각을 언급한다.

39 Manning 2020, 249-256 참고. 예를 들어 Trappenburg, Scholten & Jansen 2014도 '적정한 임금'의 느린 회귀를 관찰했다. 그들은 이것을 일종의 틴베르헌의 법칙(Tinbergen Norm) 쪽으로의 '재도덕화'라고 본다. 이 규칙은 전통적으로(그러나 분명한 증거는 없다) 1967년 노벨 경제학상을 받은 이 네덜란드인 수상자가 만든 것으로 여겨진다. 이 법칙은 교육, 노력, 책임, 일의 고된 정도를 기준으로 조직이나 기업 내의 최저임금과 최고 임금의 이상적인 차이를 1 대 5로 규정한다.

40 Piketty 2019, 593-594.

41 Van der Spek, Van Leeuwen & Van Zanden 2015.

42 덧붙여 말하면, 현 사회는 우리가 흔히 생각하는 것보다 더 많은 카스트적 특성을 지니고 있다. 특히 전문가와 고위 경영진 같은 일부 직업군의 높은 보수는 비싼 교육을 오래 받았기(대체로 그런 경향이 있다) 때문이라기보다 이 카스트적 특성 때문으로 설명할 수 있다. 그저 자신에게 물어보라. 교육이 그렇게 비쌀 필요가 있는지 말이다. 그 이유는 그 메커니즘 자체에 숨어 있다. Piketty 2019, 540-551 참고.

43 내가 보기에 그런 일이 가까운 미래에 국제적인 규모로 반복될 것 같지는 않지만, 현대의 통신 수단을 고려할 때 완전히 배제할 수는 없다.

44 이는 물론 다른 곳에서 다른 기준을 적용할 때도 매우 잘 들어맞는다. L. Lucassen 2021 참고.

45 Schneidel 2017과 같은 사람들은 대재앙만 생각한다; 함축적인 비평은 Piketty 2019, 959를 참조하라. 극히 냉소적인 비평은 1944년 연합군의 폭격에 대한 Joseph Goebbels 의 논평을 참조하라. "폭탄 테러는 부자의 집도, 가난한 자의 집도 가리지 않는다. 전면전의 노동국 앞에서는 마지막 계급 장벽은 무너져야 했다"(Mason 1966, 141).

46 Piketty 2019, 241-246, 645-659, 862-965. 더 일반적인 의미에서 그는 이를 '경계 질문'이라고 부른다.

47 이에 따라 Milanovic 2019의 도발적인 제목이 나왔다.《홀로 남겨진 자본주의: 세계를 지배하는 체제의 미래(Capitalism, Alone: The Future of the System that Rules the World)》.

참고문헌

약어 목록

CUP: Cambridge University Press

EHR: Economic History Review

IRSH: International Review of Social History

JESHO: Journal of the Economic and Social History of the Orient

OUP: Oxford University Press

TSEG: Tijdschrift voor Sociale en Economische Geschiedenis (The Low Countries Journal of Social and Economic History)

Abu–Lughod, Janet. *Before European Hegemony: The World System A.D. 1250–1350* (New York: OUP, 1989).

Adams, Robert McC. 'Shepherds at Umma in the Third Dynasty of Ur: Interlocutors with a World beyond the Scribal Field of Ordered Vision', *JESHO*, 49 (2006), pp. 133–69.

Adovasio, J.M., Olga Soffer & Jake Page. *The Invisible Sex: Uncovering the True Roles of Women in Prehistory* (New York: Smithsonian Books/Harper Collins, 2007).

Ágoston, Gábor. *Guns for the Sultan: Military Power and the Weapons Industry in the Ottoman Empire* (Cambridge: CUP, 2005).

Ahuja, Ravi. 'A Beveridge Plan for India? Social Insurance and the Making of the "Formal Sector"', *IRSH*, 64 (2019), pp. 207–48.

Aiello, Leslie C. 'Notes on the Implications of the Expensive Tissue Hypothesis for Human Biological and Social Evolution', in Wil Roebroeks (ed.), *Guts and Brains: An Integrative Approach to the Hominin Record* (Leiden: Leiden UP, 2007), pp. 17–28.

Aktor, Mikael. 'Social Classes: Varna', in Patrick Olivelle & Donald R. Davis (eds), *Hindu Law: A New History of Dharmashastra* (Oxford: OUP, 2018), pp. 60–77.

Akurang–Parry, Kwabena O. 'Transformations in the Feminization of Unfree Domestic Labor: A Study of Abaawa or Prepubescent Female Servitude in Modern Ghana', *International Labor and Working–Class History*, 78 (Fall 2010), pp. 28–47.

Alam, M. Shahid. 'Some Notes on Work Ethos and Economic Development', *World Development*, 13(2) (1985), pp. 251–4.

Albert, Michel. *Capitalism versus Capitalism* (London: Whurr, 1993).

Aldenderfer, Mark. 'Gimme That Old Time Religion: Rethinking the Role of Religion in the Emergence of Social Inequality', in T. Douglas Price & Gary M. Feinman (eds), *Pathways to Power: New Perspectives on the Emergence of Social Inequality* (New York: Springer, 2012), pp. 77–94.

Allen, Robert C. *The British Industrial Revolution in Global Perspective* (Cambridge: CUP, 2009).

Allen, Robert C., Tommy E. Murphy & Eric B. Schneider. 'The Colonial Origins of the Divergence in the Americas: A Labor Market Approach', *The Journal of Economic History*, 72 (2012), pp. 863–94.

Amabile, Teresa & Steven Kramer. *The Progress Principle: Using Small Wins to Ignite Joy, Engagement and Creativity at Work* (Boston: Harvard Business Review Press, 2011).

Amelang, James S. 'Lifting the Curse: Or Why Early Modern Worker Autobiographers Did Not Write about Work', in Joseph Ehmer & Catharina Lis (eds), *The Idea of Work in Europe from Antiquity to Modern Times* (Farnham: Ashgate, 2009), pp. 91–100.

Ames, Kenneth M. 'On the Evolution of the Human Capacity for Inequality and/or Egalitarianism', in Douglas T. Price & Brian Hayden (eds), *Pathways to Power: New Perspectives on the Emergence of Social Inequality* (New York: Springer, 2010), pp. 15–44.

Amin, Shahid (ed.). *A Concise Encyclopaedia of North Indian Peasant Life: Being a Compilation of the Writings of William Crooke, J.E. Reid, G.A. Grierson* (Delhi: Manohar, 2005).

Anderson, Nels. *Work and Leisure* (New York: The Free Press of Glencoe, 1961).

Andreau, Jean & Raymond Descat. *The Slave in Greece and Rome* (Madison, WI.: University of Wisconsin Press, 2011).

Andrews, Anthony P. 'Late Postclassic Lowland Maya Archaeology', *Journal of World Prehistory*, 7(1) (March 1993), pp. 35–69.

Angelo, Larian. 'Old Ways in the New South: The Implications of the Recreation of an Unfree Labor Force', in Tom Brass & Marcel van der Linden (eds), *Free and Unfree Labour: The Debate Continues* (Bern: Peter Lang, 1997), pp. 173–200.

Anthony, David W. *The Horse, the Wheel, and Language. How Bronze–Age Riders from the Eurasian Steppes Shaped the Modern World* (Princeton/Oxford: Princeton UP, 2007).

Antonopoulos, Rania & Indira Hirway (eds). *Unpaid Work and the Economy: Gender, Time Use and Poverty in Developing Countries* (Basingstoke: Palgrave Macmillan, 2010).

Anwar, Najma, Katharine MacDonald, Wil Roebroeks & Alexander Verpoorte. 'The Evolution of the Human Niche: Integrating Models with the Fossil Record', in Wil Roebroeks (ed.), *Guts and Brains: An Integrative Approach to the Hominin Record* (Leiden: Leiden UP, 2007), pp. 235–69.

Appadurai, Arjun. 'Right and Left Hand Castes in South India', *The Indian Economic and Social History Review*, 11(2/3) (1974), pp. 216–59.

Applebaum, Herbert. *The Concept of Work: Ancient, Medieval and Modern* (Albany, NY: SUNY Press, 1992).

Arcand, Bernard. 'The Cuiva', in Richard B. Lee & Richard Daly (eds), *The Cambridge Encyclopedia of Hunters and Gatherers* (Cambridge: CUP, 2004), pp. 97–100.

Arendt, Hannah. *The Human Condition* (Chicago/London: University of Chicago Press, 1958).

Arnoux, Mathieu. *Le temps des laboureurs: Travail, ordre social et croissance en Europe (XIe–XIVe siècle)* (Paris: Albin Michel, 2012).

Asher–Greve, Julia M. 'The Essential Body: Mesopotamian Conceptions of the Gendered Body', *Gender & History*, 9(3) (1997), pp. 432–61.

Ashton, R.H.J. 'The Coinage of Rhodes 408–c.190 BC', in Andrew Meadows & Kirsty Shipton (eds), *Money and its Uses in the Ancient Greek World* (Oxford: OUP, 2001), pp. 90–115.

Atabaki, Touraj. 'From 'Amaleh (Labor) to Kargar (Worker): Recruitment, Work Discipline and Making of the Working Class in the Persian/Iranian Oil Industry', *International Labor and Working Class History*, 84 (Fall 2013), pp. 159–75.

Atkins, Keletso E. *The Moon is Dead! Give us our Money! The Cultural Origins of an African Work Ethic, Natal, South Africa, 1843–1900* (Portsmouth, NH: Heinemann, 1993).

Aubet, Maria Eugenia. *The Phoenicians and the West* (Cambridge: CUP, 2001).

August, Andrew. 'Work and Society', in Daniel J. Walkowitz (ed.), *A Cultural History of Work in the Modern Age* (London: Bloomsbury, 2019), pp. 127–40.

Austin, Gareth. 'Labour Intensity and Manufacturing in West Africa', in Gareth Austin & Kaoru Sugihara (eds), *Labour–Intensive Industrialization in Global History* (London/New York: Routledge, 2013), pp. 201–30.

Baak, Paul E. 'Enslaved Ex–Slaves, Uncaptured Contract Coolies and Unfree Freedmen: "Free" and "Unfree" Labour in the Context of Plantation Development in Southwest India', in Tom Brass & Marcel van der Linden (eds), *Free and Unfree Labour: The Debate Continues* (Bern: Peter Lang, 1997), pp. 427–55.

Baay, Reggie. *Daar werd wat gruwelijks verricht: Slavernij in Indië* (Amsterdam: Atheneum, 2015).

Backhaus, Jürgen H. (ed.) *Karl Bücher: Theory – History – Anthropology – Non–Market Economies* (Marburg: Metropolis, 2000).

Bade, Klaus. *Europa in Bewegung: Migration vom späten 18. Jahrhundert bis zur Gegenwart* (Munich: Beck, 2000).

Bagnall, Roger S. 'Managing Estates in Roman Egypt: A Review Article', *Bulletin of the American Society of Papyrologists*, 30 (1993), pp. 127–35.

Bahl, Vinay. *The Making of the Indian Working Class: The Case of the Tata Iron and Steel Company, 1880–1946* (New Delhi: Sage, 1995).

Bailey, Peter. *Leisure and Class in Victorian England. Rational Recreation and the Contest for Control, 1830–1885* (London/New York: Routledge, 1978).

Bailyn, Bernard. *The Peopling of British North America: An Introduction* (New York: Vintage, 1988).

Baldwin, Richard. *The Globotics Upheaval: Globalization, Robotics, and the Future of Work* (Oxford: OUP, 2019).

Bales, Kevin. *Disposable People: New Slavery in the Global Economy* (Berkeley: University of California Press, 1999).

Bales, Kevin. *Understanding Global Slavery: A Reader* (Berkeley: University of California Press, 2005).

Banaji, Jairus. *Exploring the Economy of Late Antiquity* (Cambridge: CUP, 2016).

Barber, Elizabeth Wayland. *Women's Work: The First 20,000 Years. Women, Cloth, and Society in Early Times* (New York & London: W.W. Norton, 1994).

Barbieri–Low, Anthony J. *Artisans in Early Imperial China* (Seattle & London: University of Washington Press, 2007).

Barker, Geoffrey Russell. *Some Problems of Incentives and Labour Productivity in Soviet Industry: A Contribution to the Study of the Planning of Labour in the U.S.S.R.* (Oxford: Blackwell, 1955).

Barker, Graeme. *The Agricultural Revolution in Prehistory: Why did Foragers become Farmers?* (Cambridge: CUP, 2006).

Barker, Hannah. *That Most Precious Merchandise: The Mediterranean Trade in Black Slaves, 1260–1500* (Philadelphia: PENN, 2019).

Barnard, Alan. 'Images of Hunters and Gatherers in European Social Thought', in Richard B. Lee & Richard Daly (eds), *The Cambridge Encyclopedia of Hunters and Gatherers* (Cambridge: CUP, 2004), pp. 375–83.

Barragán Romano, Rossana. 'Dynamics of Continuity and Change: Shifts in Labour Relations in the Potosí Mines (1680–1812)', *IRSH*, 61 (2016), pp. 93–114.

Barragán Romano, Rossana. 'Extractive Economy and Institutions? Technology, Labour and Land in Potosí, the Sixteenth to the Eighteenth Century', in Karin Hofmeester & Pim de Zwart (eds), *Colonialism, Institutional Change, and Shifts in Global Labour Relations* (Amsterdam: AUP, 2018), pp. 207–37.

Barret, P. & J.–N. Gurgand. *Ils voyageaient la France: Vie et traditions des Compagnons du Tour de France au XIXe siècle* (Paris: Hachette, 1980).

Barringer, Tim. *Men at Work: Art and Labour in Victorian Britain* (New Haven/London: Yale UP, 2005).

Bar–Yosef, Ofer & Youping Wang. 'Palaeolithic Archaeology in China', *Annual Review of Anthropology*, 41 (2012), pp. 319–35.

Bavel, Bas van. *The Invisible Hand? How Market Economies Have Emerged and Declined since AD 500* (Oxford: OUP, 2016).

Beaujard, Philippe. *The Worlds of the Indian Ocean: A Global History, vol. I* (Cambridge: CUP, 2019).

Beck, Patrice, Philippe Bernardi & Lauren Feller (eds). *Rémunérer le travail au Moyen*

Âge: Pour une histoire sociale du salariat (Paris: Picard, 2014).

Beckert, Sven. *Empire of Cotton: A Global History* (New York: Knopf, 2015).

Beckert, Sven & Dominic Sachsenmaier (eds). *Global History, Globally: Research and Practice around the World* (London: Bloomsbury, 2018).

Belfanti, Carlo Marco. 'The Proto–Industrial Heritage: Forms of Rural Proto–Industry in Northern Italy in the Eighteenth and Nineteenth Centuries', in Sheilagh C. Ogilvie & Markus Cerman (eds), *European Proto–Industrialization* (Cambridge: CUP, 1996), pp. 155–70.

Bellenoit, Hayden J. *The Formation of the Colonial State in India: Scribes, Paper and Taxes, 1760–1860* (London & New York: Routledge, 2017).

Bellwood, Peter. *First Migrants: Ancient Migration in Global Perspective* (Chichester: Wiley Blackwell, 2013).

Benner, Chris. *Work in the New Economy: Flexible Labor Markets in Sillicon Valley* (Malden, MA: Blackwell, 2002).

Benner, Chris. '"Computers in the Wild": Guilds and Next–Generation Unionism in the Information Revolution', *IRSH*, 48 (2003), Supplement, pp. 181–204.

Bentley, Alex. 'Mobility, Specialisation and Community Diversity in the Linearbandkeramik: Isotopic Evidence from the Skeletons', in Alisdair Whittle and Vicki Cummings (eds), *Going Over: The Mesolithic–Neolithic Transition in North–West Europe* (Oxford: OUP, 2007), pp. 117–40.

Benvenuti, Francesco. *Stakhanovism and Stalinism, 1934–8* (Birmingham: Centre for Russian and East European Studies, 1989).

Berdan, F.F. *Aztec Archaeology and Ethnohistory* (Cambridge: CUP, 2014).

Berg, Maxine. *The Age of Manufactures: Industry, Innovation and Work in Britain*, 2nd edn (Abingdon, Oxon: Routledge, 2005).

Berthe, Jean–Pierre. 'Les formes de travail dépendant en Nouvelle–Espagne XVIe–XVIIIe siècles', in Annalisa Guarducci (ed.), *Forme ed evoluzione del lavoro in Europa: XIII–XVIII secc.* (Prato: Instituto F. Datini, 1991), pp. 93–111.

Bhandare, Shailendra. 'Numismatics and History: The Maurya–Gupta Interlude in the Gangetic Plain', in Patrick Olivelle (ed.), *Between the Empires: Society in India 300 BCE to 400 CE* (Oxford: OUP, 2006), pp. 67–112.

Bhattacharya, Ananda (ed.). *Adivasi Resistance in Early Colonial India: Comprising the Chuar Rebellion of 1799 by J.C. Price and Relevant Midnapore District Collectorate Records from the Eighteenth Century* (New Delhi: Manohar, 2017).

Bhattacharya, Sabyasachi & Jan Lucassen (eds.). *Workers in the Informal Sector: Studies in Labour History 1800–2000* (New Delhi: Macmillan, 2005).

Bhattacharya, Sukumar. *The East India Company and the Economy of Bengal from 1704 to 1740* (Calcutta: Mukhopadhyay, 1969).

Bichler, Barbara. *Die Formierung der Angestelltenbewegung im Kaiserreich und die Entstehung des Angestelltenversicherungsgesetzes von 1911* (Bern: Peter Lang, 1997).

Bieleman, Jan. *Geschiedenis van de landbouw in Nederland 1500–1950* (Amsterdam: Boom Meppel, 1992).

Biernacki, Richard. *The Fabrication of Labor. Germany and Britain, 1640–1914* (Berkeley: University of California Press, 1995).

Binford, Lewis R. 'The Diet of Early Hominins: Some Things We Need to Know before "Reading" the Menu from the Archeological Record', in Wil Roebroeks (ed.), *Guts and Brains: An Integrative Approach to the Hominin Record* (Leiden: Leiden UP, 2007), pp. 185–222.

Birge, Bettine. 'Women and Confucianism from Song to Ming: The Institutionalization of Patrilineality', in Paul J. Smith & Richard von Glahn (eds), *The Song–Yuan–Ming Transition in Chinese History* (Cambridge, MA: Harvard UP, 2003), pp. 212–40.

Bittles, Alan H. 'Population Stratification and Genetic Association Studies in South Asia', *Journal of Molecular and Genetic Medicine*, 1(2) (December 2005), pp. 43–8.

Blackburn, Robin. *The Overthrow of Colonial Slavery 1776–1848* (London/New York: Verso, 1988).

Blackburn, Robin. 'Revolution and Emancipation: The Role of Abolitionism in Ending Slavery in the Americas', in Marcel van der Linden (ed.), *Humanitarian Intervention and Changing Labor Relations: The Long–Term Consequences of the Abolition of the Slave Trade* (Leiden/Boston: Brill, 2011), 155–92.

Bleiberg, Edward. 'State and Private Enterprise', in Toby Wilkinson (ed.), *The Egyptian World* (London/New York: Routledge, 2007), pp. 175–84.

Blewitt, Mary H. 'USA: Shifting Landscapes of Class, Culture, Gender, Race and Protest in the American Northeast and South', in Lex Heerma van Voss, Els Hiemstra–Kuperus & Elise van Nederveen Meerkerk (eds.), *The Ashgate Companion to the History of Textile Workers, 1650–2000* (Farnham: Ashgate, 2010), pp. 531–57.

Bloch, Marc. *Esquisse d'une Histoire Monétaire de l'Europe* (Paris: Armand Colin, 1954).

Bloch, Marc. *Land and Work in Mediaeval Europe: Selected Papers*. Trans. by J.E. Anderson (Berkeley/Los Angeles: University of California Press, 1967).

Blockmans, W.P. 'The Social and Economic Effects of the Plague in the Low Countries: 1349–1500', *Revue Belge de Philologie et d'Histoire*, 58(4) (1980), pp. 833–66.

Blum, Jerome. *The End of the Old Order in Rural Europe* (Princeton: Princeton UP, 1978).

Blumenthal, Debra. *Enemies and Familiars: Slavery and Mastery in Fifteenth–Century Valencia* (Ithaca/London: Cornell UP, 2009).

Boch, Rudolf. 'Zunfttradition und frühe Gewerkschaftsbewegung: Ein Beitrag zu einer beginnenden Diskussion mit besonderer Berücksichtigung des Handwerks im Verlagssystem', in Ulrich Wengenroth (ed.), *Prekäre Selbständigkeit: Zur Standortbestimmung von Handwerk, Hausindustrie und Kleingewerbe im Industrialisierungsprozess* (Stuttgart: Steiner, 1989), pp. 37–69.

Boeck, Brian J. 'Claiming Siberia: Colonial Possession and Property Holding in the Seventeenth and Early Eighteenth Centuries', in Nicholas B. Breyfogle, Abby

Schrader & Willard Sunderland (eds), *Peopling the Russian Periphery: Borderland Colonization in Eurasian History* (London/New York: Routledge, 2007), pp. 41–60.

Boivin, Nicole. 'Orientalism, Ideology and Identity: Examining Caste in South–Asian Archaeology', *Journal of Social Archaeology*, 5(2) (2005), pp. 225–52.

Bok, Marten Jan. 'Vraag en aanbod op de Nederlandse kunstmarkt, 1580–1700', PhD thesis, Utrecht University, 1994.

Boldorf, Marcel & Fetsuji Okazaki (eds). *Economies under Occupation: The Hegemony of Nazi Germany and Imperial Japan in World War II* (London/New York: Taylor & Francis, 2015).

Booth, Charles, assisted by Ernest Aves. *Life and Labour of the People in London, Second Series: Industry, vol. 5: Comparisons, Survey and Conclusions* (London: Macmillan, 1904).

Bopearachchi, Osmund. *From Bactria to Taprobane: Selected Works*, 2 vols (New Delhi: Manohar, 2015).

Borgerhoff Mulder, Monique et al. 'Intergenerational Wealth Transmission and the Dynamics of Inequality in Small–Scale Societies', *Science*, 326(5953) (30 October 2009), pp. 682–8.

Bosma, Ulbe. *The Making of a Periphery: How Island Southeast Asia Became a Mass Exporter of Labor* (New York: Columbia UP, 2019).

Bosma, Ulbe & Karin Hofmeester (eds). *The Life Work of a Historian: Essays in Honor of Marcel van der Linden* (Leiden/Boston: Brill, 2018).

Boter, Corinne. 'Marriages are Made in Kitchens: The European Marriage Pattern and Life–Cycle Servanthood in Eighteenth–Century Amsterdam', *Feminist Economics*, 23 (2016), pp. 68–92.

Boter, Corinne. 'Dutch Divergence? Women's Work, Structural Change, and Household Living Standards in the Netherlands, 1830–1914', PhD thesis, Wageningen University, 2017.

Bourillon, Florence. 'Urban Renovation and Changes in Artisans' Activities: The Parisian Fabrique in the Arts et Métiers Quarter during the Second Empire', in Geoffrey Crossick (ed.), *The Artisan and the European Town, 1500–1900* (Aldershot: Scolar Press, 1997), pp. 218–38.

Bourke, Joanna. 'Avoiding Poverty: Strategies for Women in Rural Ireland, 1880–1914', in J. Henderson & R. Wall (eds), *Poor Women and Children in the European Past* (London/New York, 1994), pp. 292–311.

Boussac, M.–F., J.–F. Salles & J.–B. Yon (eds). *Re–Evaluating the Periplus of the Erythraean Sea* (New Delhi: Manohar, 2018).

Bouwens, A.M.C.M. et al. *Door staal gedreven: Van Hoogovens tot Tata Steel, 1918–2018* (Bussum: TOTH, 2018).

Boxer, Charles R. *The Portuguese Seaborne Empire, 1415–1825* (London: Penguin, 1969).

Bradley, Richard. 'Houses, Bodies and Tombs', in Alisdair Whittle & Vicki Cummings (eds), *Going Over: The Mesolithic–Neolithic Transition in North–West Europe* (Oxford: OUP, 2007), pp. 347–55.

Brady Jr., Thomas A. 'The Rise of Merchant Empires, 1400–1700: A European Counterpoint', in James D. Tracy (ed.), *The Political Economy of Merchant Empires* (Cambridge: CUP, 1991), pp. 117–60.

Brandon, Pepijn, Niklas Frykman & Pernille Røge (eds). *Free and Unfree Labor in Atlantic and Indian Ocean Port Cities (1700–1850)*, IRSH, 64, Special Issue 27 (2019).

Bras, Hilde. 'Inequalities in Food Security and Nutrition: A Life Course Perspective', Inaugural lecture, Wageningen University, 4 December 2014.

Brass, Tom & Marcel van der Linden (eds). *Free and Unfree Labour: The Debate Continues* (Bern: Peter Lang, 1997).

Breman, Jan. *Taming the Coolie Beast: Plantation Society and the Colonial Order in Southeast Asia* (New York: OUP, 1989).

Breman, Jan. *Footloose Labour: Working in India's Informal Economy* (Cambridge: CUP, 1996).

Breuker, Remco E. & Imke B.L.H. van Gardingen (eds). *People for Profit: North Korean Forced Labour on a Global Scale* (Leiden: Leiden Asia Centre, 2018).

Brewer, Douglas. 'Agriculture and Animal Husbandry', in Toby Wilkinson (ed.), *The Egyptian World* (London/New York: Routledge, 2007), pp. 131–45.

Brinton, Mary C. *Women's Working Lives in East Asia* (Stanford: Stanford UP, 2001).

Broadberry, Stephen, Rainer Fremdling & Peter Solar. 'Industry', in Stephen Broadberry & Kevin H. O'Rourke (eds), *The Cambridge Economic History of Modern Europe, Vol. I: 1700–1870* (Cambridge: CUP, 2010), pp. 164–86.

Broughton, Edward. 'The Bhopal Disaster and its Aftermath: A Review', *Environmental Health*, 4(1) (2005), pp. 1–6.

Brown, Kyle et al. 'An Early and Enduring Advanced Technology Originating 71,000 Years Ago in South Africa', *Nature*, 491 (22 November 2012), pp. 590–3.

Brown, William & Jonathan Trevor. 'Payment Systems and the Fall and Rise of Individualism', *Historical Studies in Industrial Relations*, 35 (2014), pp. 143–55.

Brynjolfsson, Erik & Andrew McAfee. *The Second Machine Age: Work, Progress and Prosperity in a Time of Brilliant Technologies* (New York: Norton, 2014).

Buchanan, Francis. *An Account of the District of Purnea in 1809–10* (New Delhi: Usha, 1986a).

Buchanan, Francis. *An Account of the District of Shahabad in 1812–13* (New Delhi: Usha, 1986b).

Bücher, Karl. *Arbeit und Rhythmus* (5th edn) (Leipzig: Reinecke, 1919).

Budd, John W. *The Thought of Work* (Ithaca/London: Cornell UP, 2011).

Burds, Geoffrey. 'The Social Control of Peasant Labor in Russia: The Response of Village Communities to Labor Migration in the Central Industrial Region, 1861–1905', in Esther Kingston–Mann & Timothy Mixter (eds), *Peasant Economy, Culture, and*

Politics of European Russia, 1800–1921 (Princeton: Princeton UP, 1991), pp. 52–100.

Burger, Werner. 'Minting During the Qianlong Period: Comparing the Actual Coins with the Mint Reports', in Christine Moll–Murata, Song Jianze & Hans Ulrich Vogel (eds), *Chinese Handicraft Regulations of the Qing Dynasty: Theory and Application* (Munich: Iudicium, 2005), pp. 373–94.

Buringh, Eltjo. *Medieval Manuscript Production in the Latin West: Explorations with a Global Database* (Leiden/Boston: Brill, 2011).

Burke, Edward M. 'The Economy of Athens in the Classical Era: Some Adjustments to the Primitivist Model', *Transactions of the American Philological Association*, 122 (1992), pp. 199–226.

Burnett, John. *Idle Hands: The Experience of Unemployment, 1790–1990* (London/New York: Routledge, 1994).

Caland, W. *De Remonstrantie van W. Geleynssen de Jongh* ('s–Gravenhage: Martinus Nijhoff, 1929).

Caminos, Ricardo A. 'Peasants', in Sergio Donadoni (ed.), *The Egyptians* (Chicago/London: University of Chicago Press, 1997), pp. 1–30.

Campbell, Gwyn. 'Slavery in the Indian Ocean World', in Gad Heuman & Trevor Burnard (eds), *The Routledge History of Slavery* (London/New York: Routledge, 2011), pp. 52–63.

Campbell, Gwyn (ed.). *Abolition and its Aftermath in Indian Ocean Africa and Asia* (Abingdon: Routledge, 2012).

Campbell, Gwyn & Alessandro Stanziani (eds). *Bonded Labour and Debt in the Indian Ocean World* (Abingdon: Routledge, 2015).

Campbell, W.P. *Brick: A World History* (London: Thames & Hudson, 2003).

Candido, Mariana P. *An African Slaving Port and the Atlantic World: Benguela and its Hinterland* (Cambridge: CUP, 2013).

Candland, Christopher. 'The Cost of Incorporation: Labor Institutions, Industrial Restructuring, and New Trade Union Strategies in India and Pakistan', in Christopher Candland & Rudra Sil (eds), *The Politics of Labor in a Global Age: Continuity and Change in Late–Industrializing and Post–Socialist Economies* (Oxford: OUP, 2001), pp. 69–94.

Candland, Christopher & Rudra Sil (eds). *The Politics of Labor in a Global Age: Continuity and Change in Late–Industrializing and Post–Socialist Economies* (Oxford: OUP, 2001).

Canuto, Marcello A. et al. 'Ancient Lowland Maya Complexity as Revealed by Airborne Laser Scanning of Northern Guatemala', *Science*, 361 (28 September 2018), pp. 1355–71.

Carlson, Marybeth. 'A Trojan Horse of Worldliness? Maidservants in the Burgher Household in Rotterdam at the End of the Seventeenth Century', in Els Kloek, Nicole Teeuwen & Marijke Huisman (eds), *Women of the Golden Age: An*

International Debate on Women in Seventeenth–Century Holland, England and Italy (Hilversum: Verloren, 1994), pp. 87–96.

Casanovas, Joan. 'Slavery, the Labour Movement and Spanish Colonialism in Cuba (1850–1898)', in Tom Brass & Marcel van der Linden (eds), *Free and Unfree Labour: The Debate Continues* (Bern: Peter Lang, 1997), pp. 249–64.

Cashmere, John. 'Sisters Together: Women without Men in Seventeenth–Century French Village Culture', *Journal of Family History*, 21(1) (January 1996), pp. 44–62.

Castel, Robert. *Les métamorphoses de la question sociale: Une chronique du salariat* (Paris: Fayard, 1995).

Chakravarti, Uma. *Everyday Lives, Everyday Histories: Beyond the Kings and Brahmanas of 'Ancient' India* (New Delhi: Tulika, 2006).

Chalcraft, John T. 'Pluralizing Capital, Challenging Eurocentrism: Towards Post–Marxist Historiography', *Radical History Review*, 91 (2005), pp. 13–39.

Chandra, Satish. 'Some Aspects of Urbanisation in Medieval India', in Indu Banga (ed.), *The City in Indian History: Urban Demography, Society and Politics* (New Delhi: Manohar, 2014), pp. 81–6.

Chang, Kai & Fang Lee Cooke. 'Legislating the Right to Strike in China: Historical Development and Prospects', *Journal of Industrial Relations*, 57(3) (2015), pp. 440–55.

Chang, Kwang–Chih. 'China on the Eve of the Historical Period', in Michael Loewe & Edward L. Shaughnessy (eds), *Cambridge History of Ancient China* (Cambridge: CUP, 1999), pp. 37–73.

Chang, Leslie T. *Factory Girls: From Village to City in a Changing China* (New York: Spiegel & Grau, 2009).

Chatterjee, Indrani. *Gender, Slavery and Law in Colonial India* (Delhi: OUP, 1999).

Chatterjee, Indrani & Richard Maxwell Eaton (eds). *Slavery and South Asian History* (Bloomington/Indianapolis: Indiana UP, 2006).

Chaubey, Gyaneshwer et al. 'Peopling of South Asia: Investigating the Caste–Tribe Continuum in India', *BioEssays*, 29(1) (2006), pp. 91–100.

Chayanov, A.V. *On the Theory of Peasant Economy*, edited by Daniel Thorner, Basile Kerblay & R.E.F. Smith (Homewood: The American Economic Association, 1966).

Chen, Feng. 'Trade Unions and the Quadripartite Interactions in Strike Settlement in China', *The China Quarterly*, 201 (March 2010), pp. 104–24.

Cheng, Tiejun & Mark Selden. 'The Origins and Social Consequences of China's Hukou System', *The China Quarterly*, 139 (1994), pp. 644–68.

Chow, Nelson & Yuebin Xu. *Socialist Welfare in a Market Economy: Social Security Reforms in Guangzhou, China* (Aldershot: Ashgate, 2001).

Christensen, Lars K. 'Institutions in Textile Production: Guilds and Trade Unions', in Lex Heerma van Voss, Els Hiemstra–Kuperus & Elise van Nederveen Meerkerk (eds), *The Ashgate Companion to the History of Textile Workers, 1650–2000* (Farnham:

Ashgate, 2010), pp. 749–71.

Clarence–Smith, William (ed.). *The Economics of the Indian Ocean Slave Trade in the Nineteenth Century* (London/New York: Routledge, 2015).

Clark, Andrew E. et al. *The Origins of Happiness: The Science of Well–Being Over the Life Course* (Princeton: Princeton UP, 2018).

Clottes, Jean. 'Paleolithic Cave Art in France', www.bradshawfoundation.com/clottes (visited 15 February 2020; extracted from *Adorant Magazine*, 2002).

Cockshott, Paul. *How the World Works: The Story of Human Labor from Prehistory to the Modern Day* (New York: Monthly Review Press, 2019).

Coe, Michael D. *Angkor and the Khmer Civilization* (London: Thames & Hudson, 2003).

Cohen, Edward E. *Athenian Economy and Society: A Banking Perspective* (Princeton: Princeton UP, 1992).

Cohen, Edward E. 'An Unprofitable Masculinity', in Paul Cartledge, Edward E. Cohen & Lin Foxhall (eds), *Money, Labour and Land: Approaches to the Economies of Ancient Greece* (London/New York: Routledge, 2002), pp. 100–12.

Cohn, Samuel. 'After the Black Death: Labour Legislation and Attitudes Towards Labour in Late–Medieval Western Europe', *EHR*, 60 (2007), pp. 457–85.

Coldham, Peter Wilson. *Emigrants in Chains: A Social History of Forced Emigration to the Americas 1607–1776* (Baltimore: Genealogical Publication Company, 1992).

Cole, Jeffrey A. *The Potosí Mita 1573–1700: Compulsory Indian Labor in the Andes* (Stanford: Stanford UP, 1985).

Colebrooke, Henry Thomas. *Remarks on the Husbandry and Internal Commerce of Bengal* (Calcutta: Statesman, 1884; originally 1804).

Conze, Werner. 'Arbeit', in Otto Brunner et al. (eds), *Geschichtliche Grundbegriffe: Historisches Lexikon zur politisch–sozialen Sprache in Deutschland, vol. 1* (Stuttgart: Klett–Cotta, 1972), pp. 154–215.

Cook, Linda J. *The Soviet Social Contract and Why It Failed: Welfare Policy and Workers' Politics from Brezhnev to Yeltsin* (Cambridge, MA/London: Harvard UP, 1993).

Cooney, Gabriel. 'Parallel Worlds or Multi–Stranded Identities? Considering the Process of "Going Over" in Ireland and the Irish Sea Zone', in Alisdair Whittle & Vicki Cummings (eds), *Going Over: The Mesolithic–Neolithic Transition in North–West Europe* (Oxford: OUP, 2007), pp. 544–66.

Cooney, Kathlyn M. 'Labour', in Toby Wilkinson (ed.), *The Egyptian World* (London/New York: Routledge, 2007), pp. 160–74.

Costello, Nancy et al. *Whispering Hope: The True Story of the Magdalene Women* (London: Orion, 2015).

Costin, Cathy Lynn. 'Craft Production Systems', in Gary M. Feinman & T. Douglas Price (eds), *Archaeology at the Millennium: A Sourcebook* (New York: Springer, 2001), pp. 273–326.

Cottereau, Alain. 'Industrial Tribunals and the Establishment of a Kind of Common Law of Labour in Nineteenth–Century France', in Willibald Steinmetz (ed.), *Private Law and Social Inequality in the Industrial Age: Comparing Legal Cultures in Britain, France, Germany and the United States* (Oxford: OUP, 2000), pp. 203–26.

Coxworth, James E. et al. 'Grandmothering Life Stories and Human Pair Bonding', *PNAS*, 112(38) (22 September 2015), pp. 11806–11811.

Cross, Gary S. *Worktime and Industrialization: An International History* (Philadelphia: Temple, 1988).

Cross, Gary S. *A Quest for Time: The Reduction of Work in Britain and France, 1840–1940* (Berkeley: University of California Press, 1989).

Cross, Gary S. 'Work Time', in Peter N. Stearns (ed.), *Encyclopedia of European Social History from 1300 to 2000, Vol. 4* (New York: Scribners, 2001), pp. 501–11.

Crossick, Geoffrey (ed.) *The Artisan and the European Town, 1500–1900* (Aldershot: Scolar Press, 1997a).

Crossick, Geoffrey. 'Past Masters: in Search of the Artisan in European History', in Geoffrey Crossick (ed.), *The Artisan and the European Town, 1500–1900* (Aldershot: Scolar Press, 1997b), pp. 1–40.

Culbertson, Laura (ed.). *Slaves and Households in the Near East* (Chicago: Oriental Institute, 2011a).

Culbertson, Laura. 'Slaves and Households in the Near East', in Laura Culbertson (ed.), *Slaves and Households in the Near East* (Chicago: Oriental Institute, 2011b), pp. 1–17.

Cunningham, Hugh. *Children and Childhood in Western Society since 1500* (London/New York: Longman, 1995).

Cunningham, Hugh. 'The Decline of Child Labour: Labour Markets and Family Economies in Europe and North America since 1830', *EHR*, 53 (2000), pp. 409–28.

Cunningham, Hugh & Pier Paolo Viazzo (eds). *Child Labour in Historical Perspective 1800–1985: Case Studies from Europe, Japan and Colombia* (Florence: UNICEF, 1996).

Dalton, George (ed.). *Primitive, Archaic and Modern Economies: Essays of Karl Polanyi* (Boston: Beacon Press, 1971).

D'Altroy, Terence N. *The Incas* (Malden, MA: Blackwell, 2002).

D'Altroy, Terence N. 'The Inka Empire', in Andrew Monson & Walter Scheidel (eds), *Fiscal Regimes and the Political Economies of Premodern States* (Cambridge: CUP, 2015), pp. 31–70.

Dandamaev, Muhammad A. *Slavery in Babylonia: From Nabopolassar to Alexander the Great (626–331 BC)* (DeKalb: Northern Illinois UP, 2009).

Daniel, Ute. *Arbeiterfrauen in der Kriegsgesellschaft: Beruf, Familie und Politik im Ersten Weltkrieg* (Göttingen: Vandenhoeck & Ruprecht, 1989).

Das Gupta, Monica. 'Lifeboat Versus Corporate Ethic: Social and Demographic Implications of Stem and Joint Families', in Antoinette Fauve–Chamoux & Emiko Ochiai (eds), *House and the Stem Family in Eurasian Perspective* (Proceedings of the C18 Session, Twelfth International Economic History Congress, August 1998), pp. 444–66.

Datta, Rajat. *Society, Economy and Market: Commercialization in Rural Bengal, c. 1760–1800* (New Delhi: Manohar, 2000).

Datta, Satya Brata. *Capital Accumulation and Workers' Struggle in Indian Industrialization: The Case of Tata Iron and Steel Company 1910–1970* (Stockholm: Almqvist & Wiksell, 1986).

Davids, C.A. *Wat lijdt den zeeman al verdriet: Het Nederlandse zeemanslied in de zeiltijd (1600–1900)* (Den Haag: Martinus Nijhoff, 1980).

Davids, Karel. 'Seamen's Organizations and Social Protest in Europe, c. 1300–1825', *IRSH*, 39, Supplement 2 (1994), pp. 145–69.

Davids, Karel. *Religion, Technology, and the Great and Little Divergences: China and Europe Compared c. 700–1800* (Leiden/Boston: Brill, 2013a).

Davids, Karel. 'Moving Machine–Makers: Circulation of Knowledge on Machine–Building in China and Europe Between c. 1400 and the Early Nineteenth Century', in Maarten Prak & Jan Luiten van Zanden (eds), *Technology, Skills and the Pre–Modern Economy in the East and the West. Essays Dedicated to the Memory of S.R. Epstein* (Leiden/Boston: Brill, 2013b), pp. 205–24.

Davids, Karel & Jan Lucassen (eds). *A Miracle Mirrored: The Dutch Republic in European Perspective* (Cambridge: CUP, 1995).

Davies, Margaret Llewelyn (ed.). *Life As We Have Known It by Co–Operative Working Women. With An Introductory Letter by Virginia Woolf. New Introduction by Anna Davin* (London: Virago, 1977).

Deakin, Simon & Frank Wilkinson. *The Law of the Labour Market: Industrialization, Employment and Legal Evolution* (Oxford: OUP, 2005).

Deane, Phyllis. *The First Industrial Revolution* (Cambridge: CUP, 1969).

Dekker, Rudolf. 'Labour Conflicts and Working Class Culture in Early Modern Holland', *IRSH*, 35 (1990), pp. 377–420.

Delêtre, Marc, Doyle B. McKey & Trevor R. Hodkinson. 'Marriage Exchanges, Seed Exchanges, and the Dynamics of Manioc Diversity', *PNAS*, 108(45) (8 November 2011), pp. 18249–54.

Delsalle, Paul. 'Du billet de congé au carnet d'apprentissage: Les archives des livrets d'employés et d'ouvriers (XVIe–XIX siècles)', *Revue du Nord*, 75 (1993), pp. 285–301.

Demarest, Arthur. *Ancient Maya. The Rise and Fall of a Rainforest Civilization* (Cambridge: CUP, 2004).

De Matos, Paulo Teodoro & Jan Lucassen. 'Early Portuguese Data for Wage Developments in India: Kannur (Cananor) 1516–1517', *Ler História*, 75 (2019), pp. 113–31.

Denault, Leigh. 'Partition and the Politics of the Joint Family in Nineteenth–Century North India', *The Indian Economic and Social History Review*, 46(1) (2009), pp. 27–55.

Deng, Kent Gang. 'Why Shipping "Declined" in China from the Middle Ages to the Nineteenth Centuries', in Richard W. Unger (ed.), *Shipping and Economic Growth*

1350–1850 (Leiden/Boston: Brill, 2011), pp. 207–21.

Deng, Kent Gang. 'Imperial China under the Song and late Qing', in Andrew Monson & Walter Scheidel (eds), *Fiscal Regimes and the Political Economy of Premodern States* (Cambridge: CUP, 2015), pp. 308–42.

Dennison, Tracy K. *The Institutional Framework of Russian Serfdom* (Cambridge: CUP, 2011).

Dennison, Tracy K. & Sheilagh Ogilvie. 'Serfdom and Social Capital in Bohemia and Russia', *EHR*, 60 (2007), pp. 513–44.

De Vito, Christian G. 'New Perspectives on Global Labour History: Introduction', *Global Labour History* 1(3) (2013), pp. 7–31.

De Vito, Christian G., Juliane Schiel & Matthias van Rossum. 'From Bondage to Precariousness? New Perspectives on Labor and Social History', *Journal of Social History*, 54(2) (2020), pp. 1–19.

Dewar, Robert E. & Alison R. Richard. 'Madagascar: A History of Arrivals, What Happened, and Will Happen Next', *Annual Review of Anthropology*, 41 (2012), pp. 495–517.

Dewulf, Jeroen. *Grijs slavernijverleden? Over zwarte milities en redimoesoegedrag* (Amsterdam: AUP, 2018).

Deyell, John. *Living Without Silver: The Monetary History of Early Medieval North India* (Delhi: OUP, 1990).

Deyell, John. *Treasure, Trade and Tradition: Post–Kidarite Coins of the Gangetic Plains and Punjab Foothills, 590–820 CE* (Delhi: Manohar, 2017).

Diamond, Jared. *The Third Chimpanzee: The Evolution and Future of the Human Animal* (London: Harper Collins, 1992).

Diamond, Jared. *Guns, Germs and Steel: A Short History of Everybody for the Last 13,000 Years* (London: Vintage, 1998).

Dieball, Stefan & Hans–Joachim Rosner. 'Geographic Dimensions of Mining and Transport: Case Studies in Mountainous Yunnan', in Nanny Kim & Keiko Nagase–Reimer (eds), *Mining, Monies, and Culture in Early Modern Societies: East Asian and Global Perspectives* (Leiden/Boston: Brill, 2013), pp. 351–61.

Dikötter, Frank. *Mao's Great Famine: The History of China's Most Devastating Catastrophe, 1958–1962* (London: Bloomsbury, 2010).

Dillon, Nara. *Radical Inequalities: China's Revolutionary Welfare State in Comparative Perspective* (Cambridge, MA: Harvard University Asia Center, 2015).

Dobson, C.R. *Masters and Journeymen: A Prehistory of Industrial Relations 1717–1800* (London: Croom Helm, 1980).

Dommelen, Peter van. 'Colonialism and Migration in the Ancient Mediterranean', *Annual Review of Anthropology*, 41 (2012), pp. 393–409.

Donadoni, Sergio (ed.). *The Egyptians* (Chicago/London: University of Chicago Press, 1997).

Drennan, Robert D., Christian E. Peterson & Jake R. Fox. 'Degrees and Kinds of

Inequality', in Douglas T. Price & Brian Hayden (eds), *Pathways to Power: New Perspectives on the Emergence of Social Inequality* (New York: Springer, 2010), pp. 45–76.

Drèze, Jean & Amartya Sen. *An Uncertain Glory: India and its Contradictions* (Princeton: Princeton UP, 2013).

Dumolyn, Jan. '"I thought of It at Work, in Ostend": Urban Artisan Labour and Guild Ideology in the Later Medieval Low Countries', *IRSH*, 62 (2017), pp. 389–419.

Dunbar, Robin I.M. 'Why Hominins Had Big Brains', in Wil Roebroeks (ed.), *Guts and Brains: An Integrative Approach to the Hominin Record* (Leiden: Leiden UP, 2007), pp. 91–105.

Dyke, Paul van. *The Canton Trade: Life and Enterprise on the China Coast, 1700–1845* (Hong Kong: Hong Kong UP, 2005).

Dyke, Paul van. 'Operational Efficiencies and the Decline of the Chinese Junk Trade in the Eighteenth and Nineteenth Centuries: The Connection', in Richard W. Unger (ed.), *Shipping and Economic Growth 1350–1850* (Leiden/Boston: Brill, 2011), pp. 224–46.

Earle, Timothy, Clive Gamble & Hendrik Poinar. 'Migration', in Andrew Shyrock & Daniel Lord Smail (eds), *Deep History: The Architecture of Past and Present* (Berkeley: University of California Press, 2011), pp. 191–218.

Earle, Timothy & Michael E. Smith. 'Household Economies Under the Aztec and Inka Empires: A Comparison', in Michael E. Smith (ed.), *The Comparative Archaeology of Complex Societies* (Cambridge: CUP, 2012), pp. 238–84.

Eaton, Richard Maxwell. 'The Rise and Fall of Military Slavery in the Deccan, 1450–1650', in Indrani Chatterjee & Richard Maxwell Eaton (eds), *Slavery and South Asian History* (Bloomington/Indianapolis: Indiana UP, 2006), pp. 115–35.

Eaton, S. Boyd & Stanley B. Eaton III. 'Hunter–Gatherers and Human Health', in Richard B. Lee & Richard Daly (eds), *The Cambridge Encyclopedia of Hunters and Gatherers* (Cambridge: CUP, 2004), pp. 449–56.

Ebeling, Dietrich & Wolfgang Mager (eds). *Protoindustrie in der Region, Europäische Gewerbelandschaften vom 16. bis zum 19. Jahrhundert* (Bielefeld: Verlag für Regionalgeschichte, 1997).

Eckert, Andreas. 'Abolitionist Rhetorics, Colonial Conquest, and the Slow Death of Slavery in Germany's African Empire', in Marcel van der Linden (ed.), *Humanitarian Interventions and Changing Labor Relations: The Long–Term Consequences of the Abolition of the Slave Trade* (Leiden & Boston: Brill, 2011), pp. 351–68.

Eckert, Andreas & Marcel van der Linden. 'New Perspectives on Workers and the History of Work: Global Labor History', in Sven Beckert & Dominic Sachsenmaier (eds), *Global History, Globally: Research and Practice around the World* (London: Bloomsbury, 2018), pp. 145–61.

The Economist. 'Women in India Have Dropped Out of the Workforce. How Can They be Persuaded to Return to it?', *The Economist*, 428(9099) (7–14 July 2018), pp. 14–18.

Eggebrecht, Arne et al. *Geschichte der Arbeit: Vom Alten Ägypten bis zur Gegenwart* (Köln: Kiepenheuer & Witsch, 1980).

Ehlert, Martin. *The Impact of Losing Your Job: Unemployment and Influences from Market, Family, and State on Economic Well–Being in the US and Germany* (Amsterdam: Amsterdam UP, 2016).

Ehmer, Joseph. 'The "Life Stairs": Aging, Generational Relations, and Small Commodity Production in Central Europe', in Tamara K. Hareven (ed.), *Aging and Generational Relations Over The Life Course: A Historical and Cross–Cultural Perspective* (Berlin/New York: De Gruyter, 1996), pp. 53–74.

Ehmer, Joseph. 'Alter, Arbeit, Ruhestand. Zur Dissoziation von Alter und Arbeit in historischer Perspektive', in Ursula Klingenböck, Meta Niederkorn–Bruck & Martin Scheutz (eds), *Alter(n) hat Zukunft. Alterkonzepte* (Innsbruck/Vienna: Studienverlag, 2009a), pp. 114–40.

Ehmer, Joseph. 'Altersbilder im Spannungsfeld von Arbeit und Ruhestand. Historische und aktuelle Perspektive', *Nova Acta Leopoldina*, 99(363) (2009b), pp. 209–34.

Ehmer, Joseph, Helga Grebing & Peter Gutschner (eds.). *"Arbeit": Geschichte – Gegenwart – Zukunft* (Leipzig: Universitätsverlag, 2002).

Ehmer, Joseph & Catharina Lis (eds). *The Idea of Work in Europe from Antiquity to Modern Times* (Farnham: Ashgate, 2009).

Ehret, Christopher. 'Linguistic Testimony and Migration Histories', in Jan Lucassen, Leo Lucassen & Patrick Manning (eds), *Migration History in World History: Multidisciplinary Approaches* (Leiden/Boston: Brill, 2010), pp. 113–54.

Ehret, Christopher. *The Civilizations of Africa: A History to 1800*, 2nd edn (Charlottesville/London: University of Virginia Press, 2016).

Eichengreen, Barry J. & T.J. Hatton. 'Interwar Unemployment in International Perspective: An Overview', in Barry J. Eichengreen & T.J. Hatton (eds), *Interwar Unemployment in International Perspective* (Dordrecht: Kluwer, 1988), pp. 1–59.

Eltis, David. 'Was Abolition of the American and British Slave Trade Significant in the Broader Atlantic Context?', in Marcel van der Linden (ed.), *Humanitarian Interventions and Changing Labor Relations: The Long–Term Consequences of the Abolition of the Slave Trade* (Leiden & Boston: Brill, 2011), pp. 117–39.

Eltis, David & David Richardson. *Atlas of the Transatlantic Slave Trade* (New Haven/London: Yale UP, 2010).

Emmer, P.C. *De Nederlandse slavenhandel 1500–1850* (Amsterdam/Antwerpen: Arbeiderspers, 2000).

Endicott, Karen L. 'Gender Relations in Hunter–Gatherer Societies', in Richard B. Lee & Richard Daly (eds), *The Cambridge Encyclopedia of Hunters and Gatherers* (Cambridge: CUP, 2004), pp. 411–18.

Engelen, Theo. 'Labour Strategies of Families: A Critical Assessment of an Appealing

Concept', *IRSH*, 47(3) (2002), pp. 453–64.

Englander, Susan Lyn. 'Rational Womanhood: Lillian M. Gilbreth and the Use of Psychology in Scientific Management, 1914–1935', in Michael C. Wood & John Cunningham Wood (eds), *Frank and Lillian Gilbreth: Critical Evaluations in Business Management, Vol. I* (London: Routledge, 2003), pp. 210–41.

Epstein, Steven A. *Wage Labor and the Guilds in Medieval Europe* (Chapel Hill, NC: University of North Carolina Press, 1991).

Epstein, Steven A. & Maarten Prak (eds). *Guilds, Innovation and the European Economy 1400–1800* (Cambridge: CUP, 2008).

Erdem, Y. Hakan. *Slavery in the Ottoman Empire and its Demise, 1800–1909* (Basingstoke/London: Macmillan, 1996).

Erdkamp, Paul. 'Agriculture, Division of Labour, and the Paths to Economic Growth', in Paul Erdkamp, Koen Verboven & Arjan Zuiderhoek (eds), *Ownership and Exploitation of Land and Natural Resources in the Roman World* (Oxford: OUP, 2015), pp. 18–39.

Erlande–Brandenburg, Alain. *The Cathedral Builders of the Middle Ages* (London: Thames & Hudson, 1995).

Erlandson, Jon M. 'Ancient Immigrants: Archeology and Maritime Migrations', in Jan Lucassen, Leo Lucassen & Patrick Manning (eds), *Migration History in World History: Multidisciplinary Approaches* (Leiden/Boston: Brill, 2010), pp. 191–214.

Espada Lima, Henrique. 'Freedom, Precariousness, and the Law: Freed Persons Contracting out their Labour in Nineteenth–Century Brazil', *IRSH*, 54 (2009), pp. 391–416.

Exell, Karen & Christopher Naunton. 'The Administration', in Toby Wilkinson (ed.), *The Egyptian World* (London/New York: Routledge, 2007), pp. 91–104.

Fahimuddin Pasha, S.M. 'Evolution and Development of the Shipbuilding Industry in Bharati Shipyard Ltd, Maharashtra (India), from the 1970s to 2010', in Raquel Varela, Hugh Murphy & Marcel van der Linden (eds), *Shipbuilding and Ship Repair Workers around the World: Case Studies 1950–2010* (Amsterdam: Amsterdam UP, 2017), pp. 547–62.

Falk, Harry. 'The Tidal Waves of Indian History: Between the Empires and Beyond', in Patrick Olivelle (ed.), *Between the Empires: Society in India 300 BCE to 400 CE* (Oxford: OUP, 2006), pp. 145–66.

Falkenhausen, Lothar von. *Chinese Society in the Age of Confucius (1000–250 BC): The Archaeological Evidence* (Los Angeles: Cotsen Institute of Archaeology, University of California, 2006).

Fauve–Chamoux, Antoinette & Emiko Ochiai (eds). *House and the Stem Family in Eurasian Perspective* (Proceedings of the C18 Session, Twelfth International Economic History Congress, August 1998).

Feinman, Gary M. 'A Dual–Processual Perspective on the Power and Inequality in the Contemporary United States: Framing Political Economy for the Present and the Past', in T. Douglas Price & Gary M. Feinman (eds), *Pathways to Power: New Perspectives on the Emergence of Social Inequality* (New York: Springer, 2012), pp. 255–88.

Feinman, Gary M. & Christopher P. Garraty. 'Preindustrial Markets and Marketing: Archaeological Perspectives', *Annual Review of Anthropology*, 39 (2010), pp. 167–91.

Fellman, Susanna et al. (eds). *Creating Nordic Capitalism: The Business History of a Competitive Economy* (London: Palgrave Macmillan, 2008).

Fernández–Armesto, Felipe, with Daniel Lord Smail. 'Food', in Andrew Shryock & Daniel Lord Smail (eds), *Deep History: The Architecture of Past and Present* (Berkeley: University of California Press, 2011), pp. 131–59.

Fernyhough, Timothy Derek. *Serfs, Slaves and Shifta: Modes of Production and Resistance in Pre–Revolutionary Ethiopia* (Addis Ababa: Shama, 2010).

Feucht, Erika. 'Women', in Sergio Donadoni (ed.), *The Egyptians* (Chicago/London: University of Chicago Press, 1997), pp. 315–46.

Fineman, Martha Albertson & Jonathan W. Fineman (eds). *Vulnerability and the Legal Organization of Work* (London/New York: Routledge, 2018).

Fischer, Josef. 'Freie und unfreie Arbeit in der mykenischen Textilproduktion', in M. Erdem Kabadaye und Tobias Reichardt (eds), *Unfreie Arbeit: Ökonomische und kulturgeschichtliche Perspektiven* (Hildesheim: Olms, 2007), pp. 3–37.

Fitzgerald, Robert. *British Labour Management and Industrial Welfare 1846–1939* (London/Sydney: Croom Helm, 1988).

Fitzpatrick, Tony. *A Green History of the Welfare State* (Abingdon: Routledge, 2017).

Flannery, Kent & Joyce Marcus. *The Creation of Inequality: How Our Prehistoric Ancestors set the Stage for Monarchy, Slavery, and Empire* (Cambridge, MA: Harvard UP, 2012).

Fletcher, Roland. 'Low–Density, Agrarian–Based Urbanism: Scale, Power, and Ecology', in Michael E. Smith (ed.), *The Comparative Archaeology of Complex Societies* (Cambridge: CUP, 2012), pp. 285–320.

Fontana, Giovanni Luigi, Walter Panciera & Giorgio Riello. 'The Italian Textile Industry, 1600–2000: Labour, Sectors and Products', in Lex Heerma van Voss, Els Hiemstra–Kuperus & Elise van Nederveen Meerkerk (eds), *The Ashgate Companion to the History of Textile Workers, 1650–2000* (Farnham: Ashgate, 2010), pp. 275–303.

Fontijn, David. 'Giving Up Weapons', in Mike Parker Pearson & I.J.N. Thorpe (eds), *Warfare, Violence and Slavery: Proceedings of a Prehistoric Society Conference at Sheffield University* (Oxford: BAR Publishing, 2005), pp. 145–54.

Ford, Martin. *The Rise of the Robots: Technology and the Threat of Mass Unemployment* (London: Oneworld, 2017).

Fourshey, Catherine Cymone, Rhonda M. Gonzales & Christine Saidi. *Bantu Africa: 3500 BCE to Present* (New York/Oxford: OUP, 2018).

Frank, Christopher. *Master and Servant Law: Chartists, Trade Unions, Radical Lawyers and the Magistracy in England, 1840–1865* (Farnham: Ashgate, 2010).

Frankopan, Peter. *The New Silk Roads: The Present and Future of the World* (London: Bloomsbury, 2019).

Gabrielsen, Vincent. *Financing the Athenian Fleet: Public Taxation and Social Relations* (Baltimore: Johns Hopkins UP, 1994).

Galenson, David W. *White Servitude in Colonial America: An Economic Analysis* (Cambridge: CUP, 1981).

Galenson, David W. *Traders, Planters, and Slaves: Market Behavior in Early English America* (Cambridge: CUP, 1986).

Galenson, David W. 'Labor Market Behavior in Colonial America: Servitude, Slavery and Free Labor', in David W. Galenson (ed.), *Markets in History: Economic Studies of the Past* (Cambridge: CUP, 1989), pp. 52–96.

Gallant, Thomas W. *Risk and Survival in Ancient Greece: Reconstructing the Rural Domestic Economy* (Cambridge: CUP, 1991).

Garcia–Murillo, Martha & Ian MacInnes. 'The Impact of AI on Employment: A Historical Account of its Evolution', *30th European Conference of the International Telecommunications Society (ITS): Towards a Connected and Automated Society*, Helsinki, 16–19 June 2019.

Garcia–Ventura, Agnès (ed.). *What's in a Name? Terminology Related to the Work Force and Job Categories in the Ancient Near–East* (Münster: Ugarit–Verlag, 2018).

Garlan, Yvon. *Les esclaves en Grèce ancienne: Nouvelle édition revue et complété* (Paris: Éditions la Découverte: 1995).

Garnsey, Peter. *Cities, Peasants, and Food in Classical Antiquity: Essays in Social and Economic History*, edited with addenda by Walter Scheidel (Cambridge: CUP, 1998).

Garon, Sheldon. 'Collective Labor Law in Japan Since 1912', in Marcel van der Linden & Richard Price (eds), *The Rise and Development of Collective Labour Law* (Bern: Peter Lang, 2000), pp. 199–226.

Geary, Dick. *European Labour Protest 1848–1939* (London: Methuen, 1981).

Gelb, Ignace J. 'From Freedom to Slavery', in D.O. Edzard (ed.), *Gesellschaftsklassen im Alten Zweistromland und in den angrenzenden Gebieten. XVIII. Rencontre assyriologique internationale, München, 29. Juni bis 3. Juli 1970* (Munich: Bayerische Akademie der Wissenschaften, 1972), pp. 81–92.

Gelderblom, Oscar. *Cities of Commerce: The Institutional Foundations of International Trade in the Low Countries, 1250–1650* (Princeton: Princeton UP, 2013).

Gentes, Andrew A. *Exile to Siberia 1590–1822* (Basingstoke: Palgrave Macmillan, 2008).

Germonpré, Mietje et al. 'Large Canids at the Gravettian Predmostí Site, the Czech Republic: The Mandible', *Quaternary International*, 359/360 (2014), pp. 261–79.

Gier, Erik de. *Capitalist Workingman's Paradises Revisited: Corporate Welfare Work in Great Britain, the USA, Germany and France in the Golden Age of Capitalism*

1880–1930 (Amsterdam: Amsterdam UP, 2016).

Giersch, C. Pat. '"A Motley Throng": Social Change on Southwest China's Early Modern Frontier, 1700–1800', *The Journal of Asian Studies*, 60(1) (2001), pp. 67–94.

Gifford–Gonzalez, Diane. 'Animal Genetics and African Archaeology: Why it Matters', *African Archaeological Review*, 30 (2013), pp. 1–20.

Gifford–Gonzalez, Diane & Olivier Hanotte. 'Domesticating Animals in Africa: Implications of Genetic and Archaeological Findings', *Journal of World Prehistory*, 24 (2011), pp. 1–23.

Gil Montero, Raquel. 'Free and Unfree Labour in the Colonial Andes in the Sixteenth and Seventeenth Centuries', *IRSH*, 56 (2011), Special Issue, pp. 297–318.

Gilbreth, Frank B. *Motion Study: A Method for Increasing the Efficiency of the Workman* (New York: D. Van Nostrand Company, 1911).

Gillilland, Cora Lee C. *The Stone Money of Yap: A Numismatic Survey* (Washington, DC: Smithsonian Institution, 1975).

Giraldez, Arturo. 'Cacao Beans in Colonial México: Small Change in a Global Economy', in John H. Munro (ed.), *Money in the Pre–Industrial World: Bullion, Debasements and Coin Substitutes* (London: Pickering and Chatto, 2012), pp. 147–61.

Glahn, Richard von. 'Towns and Temples: Urban Growth and Decline in the Yangzi Delta, 1100–1400', in Paul J. Smith & Richard von Glahn (eds), *The Song–Yuan–Ming Transition in Chinese History* (Cambridge, MA: Harvard UP, 2003), pp. 176–211.

Godinho, Vitorino Magelhaes. 'Portuguese Emigration from the Fifteenth to the Twentieth Century: Constants and Changes', in P.C. Emmer & M. Mörner (eds), *European Expansion and Migration: Essays on the Intercontinental Migration from Africa, Asia and Europe* (New York/Oxford: Berg, 1992), pp. 13–48.

Goldin, Claudia. *The Quiet Revolution that Transformed Women's Employment, Education and Family* (Cambridge, MA: National Bureau of Economic Research, 2006).

Goldstone, Jack A. 'Why and Where did Modern Economic Growth Begin?', *TSEG*, 12 (2015), pp. 17–30.

González–Sainz, C. et al. 'Not Only Chauvet: Dating Aurignacien Rock Art in Altxerri B Cave (Northern Spain)', *Journal of Human Evolution*, 65(4) (October 2013), pp. 457–64.

Goodman, Paul. *Growing Up Absurd* (New York: Vintage, 1960).

Goose, Nigel & Katrina Honeyman (eds). *Childhood and Child Labour in Industrial England: Diversity and Agency, 1750–1914* (Farnham: Ashgate, 2012).

Gordon, Matthew S. 'Preliminary Remarks on Slaves and Slave Labor in the Third/Ninth Century 'Abbasid Empire', in Laura Culbertson (ed.), *Slaves and Households in the Near East* (Chicago: Oriental Institute, 2011), pp. 71–84.

Gorshkov, Boris B. 'Serfs on the Move: Peasant Seasonal Migration in Pre–Reform Russia, 1800–61', *Kritika: Explorations in Russian and Eurasian History*, 1(4) (Fall 2000, New Series), pp. 627–56.

Goyal, S.R. *The Coinage of Ancient India* (Jodhpur: Kusumanjali, 1995).

Goyal, Shankar. *Ancient Indian Numismatics: A Historiographical Study* (Jodhpur: Kusumanjali, 1998).

Graeber, David. *Bullshit Jobs: A Theory* (London: Penguin, 2019).

Graham, Laurel D. 'Domesticating Efficiency: Lillian Gilbreth's Scientific Management of Homemakers, 1924–1930', *Signs: Journal of Women in Culture and Society*, 24(3) (1999), pp. 633–75.

Green, Toby. *A Fistful of Shells: West Africa from the Rise of the Slave Trade to the Age of Revolution* (Chicago: University of Chicago Press, 2019).

Greenhouse, Steven. *Beaten Down, Worked Up: The Past, Present, and Future of American Labor* (New York: Anchor Books, 2019).

Greer, Ian et al. *The Marketization of Employment Services: The Dilemmas of Europe's Work–First Welfare States* (Oxford: OUP, 2017).

Greif, Avner, Lynne Kiesling & John V.C. Nye (eds). *Institutions, Innovation, and Industrialization: Essays in Economic History and Development* (Princeton/Oxford: Princeton UP, 2015).

Grewal, J.S. 'Historical Writing on Urbanisation in Medieval India', in Indu Banga (ed.), *The City in Indian History: Urban Demography, Society and Politics* (New Delhi: Manohar, 2014), pp. 69–79.

Griffin, Emma. *A Short History of the British Industrial Revolution* (Basingstoke: Palgrave Macmillan, 2010).

Griffin, P. Bion & Marcus B. Griffin. 'The Agta of Eastern Luzon, Philippines', in Richard B. Lee & Richard Daly (eds), *The Cambridge Encyclopedia of Hunters and Gatherers* (Cambridge: CUP, 2004), pp. 289–93.

Gronenborn, Detlef. 'Beyond the Models: "Neolithisation" in Central Europe', in Alisdair Whittle & Vicki Cummings (eds), *Going Over: The Mesolithic–Neolithic Transition in North–West Europe* (Oxford: OUP, 2007), pp. 73–98.

Grooth, Marjorie de. 'Mijnen in het Krijt: De vuursteenwinning bij Rijckholt', in Leendert P. Louwe Kooijmans (ed.), *Nederland in de prehistorie* (Amsterdam: Bert Bakker, 2005), pp. 243–8.

Guanglin, Liu. 'Market Integration in China, AD 960–1644', in R.J. van der Spek, Bas van Leeuwen & Jan Luiten van Zanden (eds), *A History of Market Performance: From Ancient Babylonia to the Modern World* (London/New York: Routledge, 2015), pp. 308–38.

Guendelsberger, Emily. *On the Clock: What Low–Wage Work Did to Me and How it Drives America Insane* (New York: Little & Brown, 2019).

Guha, Sumit. 'The Population History of South Asia from the Seventeenth to the Twentieth Centuries: An Exploration', in Ts'ui–jung Liu, James Lee et al. (eds), *Asian Population History* (New York: OUP, 2001), pp. 63–78.

Gupta, Bishnupriya. 'Falling Behind and Catching Up: India's Transformation from a Colonial Economy', *Warwick Economic Research Papers*, 1147, January 2018.

Gupta, Ranjan Kumar. *The Economic Life of a Bengal District: Birbhum 1770–1857* (Burdwan: Burdwan University, 1984).

Gurven, Michael & Kim Hill. 'Why Do Men Hunt? A Reevaluation of "Man the Hunter" and the Sexual Division of Labor', *Current Anthropology*, 50(1) (February 2009), pp. 51–74.

Guthrie, R. Dale. 'Haak en Steek – The Tool that Allowed Hominins to Colonize the African Savanna and to Flourish There', in Wil Roebroeks (ed.), *Guts and Brains: An Integrative Approach to the Hominin Record* (Leiden: Leiden UP, 2007), pp. 133–64.

Haas, Randall et al. 'Female Hunters of the Early Americas', *Science Advances*, 6(45) (4 November 2020), eabd0310.

Habib, Irfan. 'The Price–Regulations of 'Ala'uddin Khalji – A Defence of Zia' Barani', in Sanjay Subrahmanyam (ed.), *Money and the Market in India 1100–1700* (Delhi: OUP, 1994), pp. 85–111.

Habib, Irfan. 'The Peasant Protest in Indian History', in Bhairabi Prasad Sahu (ed.), *Land System and Rural Society in Early India* (New Delhi: Manohar, 2004), pp. 205–36.

Hagen, E.H. & H.C. Barrett. 'Perinatal Sadness among Shuar women', *Medical Anthropology Quarterly*, 21 (2007), pp. 22–40.

Haggard, Stephan & Robert Kaufman. *Development, Democracy and Welfare States: Latin America, East Asia, and Eastern Europe* (Princeton/Oxford: Princeton UP, 2008).

Hahn, Sylvia. 'Women in older ages – "old" women?', *History of the Family*, 7 (2002), pp. 33–58.

Hall, Jonathan M. *A History of the Archaic Greek World ca. 1200–479 BCE*, 2nd edn (Chichester: Wiley Blackwell, 2014).

Hall, Kenneth. 'Price–making and Market Hierarchy in Early Medieval South India', in Sanjay Subrahmanyam (ed.), *Money and the Market in India 1100–1700* (Delhi: OUP, 1994), pp. 57–84.

Hansell, Mike. *Built by Animals: The Natural History of Animal Architecture* (Oxford: OUP, 2008).

Harari, Yuval Noah. *Sapiens: A Brief History of Humankind* (London: Vintage, 2014).

Hårde, Andreas. 'The Emergence of Warfare in the Early Bronze Age: The Nitra group in Slovakia and Moravia, 2200–1800 BC', in Mike Parker Pearson & I.J.N. Thorpe (eds), *Warfare, Violence and Slavery: Proceedings of a Prehistoric Society Conference at Sheffield University* (Oxford: BAR Publishing, 2005), pp. 87–105.

Harper, Kyle. *Slavery in the Late Roman World, AD 275–425* (Cambridge: CUP, 2011).

Harper, Kyle. 'Landed Wealth in the Long Term', in Paul Erdkamp, Koen Verboven & Arjan Zuiderhoek (eds), *Ownership and Exploitation of Land and Natural Resources in the Roman World* (Oxford: OUP, 2015), pp. 43–61.

Harris, Edward M. 'Workshop, Marketplace and Household: The Nature of Technical Specialization in Classical Athens and its Influence on Economy and Society', in Paul Cartledge, Edward E. Cohen & Lin Foxhall (eds), *Money, Labour and Land:*

Approaches to the Economies of Ancient Greece (London/New York: Routledge, 2002), pp. 67–99.

Harris, W.V. *Rome's Imperial Economy: Twelve Essays* (Oxford: OUP, 2011).

Harvey, John. *Mediaeval Craftsmen* (London/Sydney: Batsford, 1975).

Haselgrove, Colin & Stefan Krmnicek. 'The Archaeology of Money', *Annual Review of Anthropology*, 41 (2012), pp. 235–50.

Hatfield, Gary. 'Introduction: Evolution of Mind, Brain, and Culture', in Gary Hatfield & Holly Pittman (eds), *Evolution of Mind, Brain, and Culture* (Philadelphia: University of Pennsylvania Press, 2013), pp. 1–44.

Hatfield, Gary & Holly Pittman (eds). *Evolution of Mind, Brain, and Culture* (Philadelphia: University of Pennsylvania Press, 2013).

Haupt, Heinz–Gerhard (ed.). *Das Ende der Zünfte: Ein europäischer Vergleich* (Göttingen: Vandenhoeck & Ruprecht, 2002).

Hawke, Kristen. 'How Grandmother Effects plus Individual Variation in Frailty Shape Fertility and Mortality: Guidance from Human–Chimpanzee Comparisons', *PNAS*, 107, Supplement 2 (11 May 2000), pp. 8977–84.

Hay, Douglas & Paul Craven (eds). *Masters, Servants and Magistrates in Britain and the Empire 1562–1955* (Chapel Hill: University of North Carolina Press, 2004).

Hayden, Brian & Suzanne Villeneuve. 'Who Benefits from Complexity? A View from Futuna', in T. Douglas Price & Gary M. Feinman (eds), *Pathways to Power: New Perspectives on the Emergence of Social Inequality* (New York: Springer, 2012), pp. 95–145.

He, Nu. 'The Longshan Period Site of Taosi in Southern Shanxi Province', in Anne P. Underhill (ed.), *A Companion to Chinese Archeology* (Hoboken, NJ: Wiley–Blackwell, 2013), pp. 255–77.

Heald, Henrietta. *Magnificent Women and their Revolutionary Machines* (London: Unbound, 2019).

Heckenberger, Michael & Eduardo Góes Neves. 'Amazonian Archaeology', *Annual Review of Anthropology*, 38 (2009), pp. 251–66.

Heerma van Voss, Lex. 'The International Federation of Trade Unions and the Attempt to Maintain the Eight–Hour Working Day (1919–1929)', in Frits van Holthoon & Marcel van der Linden (eds), *Internationalism in the Labour Movement 1830–1940* (Leiden: Brill, 1988), pp. 518–42.

Heerma van Voss, Lex. *De doodsklok voor den goeden ouden tijd: De achturendag in de jaren twintig* (Amsterdam: Stichting Beheer IISG, 1994).

Heerma van Voss, Lex (ed.). *Petitions in Social History* (Cambridge: CUP, 2002).

Heerma van Vos, Lex & Marcel van der Linden (eds). *Class and Other Identities: Gender, Religion and Ethnicity in the Writing of European Labour History* (New York/Oxford: Berghahn, 2002).

Heerma van Voss, Lex, Patrick Pasture & Jan de Maeyer (eds). *Between Cross and Class:*

Comparative Histories of Christian Labour in Europe 1840–2000 (Bern: Peter Lang, 2005).

Heesch, Johan van. 'Some Aspects of Wage Payments and Coinage in Ancient Rome, First to Third Centuries CE', in Jan Lucassen (ed.), *Wages and Currency: Global Comparisons from Antiquity to the Twentieth Century* (Bern: Peter Lang, 2007), pp. 77–96.

Heidemann, Stefan. 'The Merger of Two Currency Zones in early Islam: The Byzantine and Sasanian Impact on the Circulation in Former Byzantine Syria and Northern Mesopotamia', *Iran*, 36 (1998), pp. 95–113.

Heidemann, Stefan. 'The History of the Industrial and Commercial Area of 'Abbasid Al–Raqqa, called Al–Raqqa Al–Muhtariqa', *Bulletin of SOAS*, 69(1) (2006), pp. 33–52.

Heidemann, Stefan. 'Entwicklung und Selbstverständnis mittelalterlichen Städte in der Islamischen Welt (7. – 15. Jahrhundert)', in Christhard Schrenk (ed.), *Was machte im Mittelalter zur Stadt? Selbstverständnis, Aussensicht, und Erscheinungsbilder mittelalterlicher Städte* (Heilbronn: Stadtarchiv, 2007), pp. 203–43.

Heidemann, Stefan. 'Economic Growth and Currency in Ayyubid Palestine', in Robert Hillenbrand and Sylvia Auld (eds), *Ayyubid Jerusalem: The Holy City in Context 1187–1250* (London: Altjair Trust, 2009a), pp. 276–300.

Heidemann, Stefan. 'Charity and Piety for the Transformation of the Cities: The New Direction in Taxation and Waqf Policy in Mid–Twelfth–Century Syria and Northern Mesopotamia', in Miriam Frenkel & Yaacov Lev (eds), *Charity and Giving in Monotheistic Religions* (Berlin/New York: De Gruyter, 2009b), pp. 153–74.

Heidemann, Stefan. 'Numismatics', in Chase Robinson (ed.), *The Formation of the Islamic World, Sixth to Eleventh Centuries* (Cambridge: CUP, 2010), pp. 648–89.

Heidemann, Stefan. 'The Agricultural Hinterland of Baghdad, Al–Raqqa and Samarra': Settlement Patterns in the Diyar Mudar', in A. Borrut et al. (eds), *Le Proche–Orient de Justinien aux Abbasides: Peuplement et dynamiques spatiales* (Turnhout: Brepols, 2011), pp. 43–57.

Heidemann, Stefan. 'How to Measure Economic Growth in the Middle East? A Framework of Inquiry for the Middle Islamic Period', in Daniella Talmon–Heller & Katia Cytryn–Silverman (eds), *Material Evidence and Narrative Sources: Interdisciplinary Studies of the History of the Muslim Middle East* (Leiden/Boston: Brill, 2015), pp. 30–57.

Heijne, Sander & Hendrik Noten. *Fantoomgroei: Waarom we steeds harder werken voor steeds minder geld* (Amsterdam/Antwerpen: Atlas Contact, 2020).

Hemming, John. 'Indians and the Frontier in Colonial Brazil', in Leslie Bethel (ed.), *The Cambridge History of Latin America, Volume II: Colonial Latin America* (Cambridge: CUP, 1984), pp. 501–45.

Hennock, E.P. *The Origin of the Welfare State in England and Germany, 1850–1914: Social Policies Compared* (Cambridge: CUP, 2007).

Henrich, Joseph, Robert Boyd & Peter J. Richerson. 'The Puzzle of Monogamous Marriage', *Philosophical Transactions of the Royal Society B*, 367 (2012), pp. 657–69.

Herbert, Eugenia W. *Red Gold of Africa: Copper in Precolonial History and Culture* (Madison: University of Wisconsin Press, 1984).

Herbert, Eugenia W. *Iron, Gender, and Power: Rituals of Transformation in African Societies* (Bloomington/Indianapolis: Indiana UP, 1993).

Herbert, U. *A History of Foreign Labor in Germany, 1880–1980: Seasonal Workers/ Forced Laborers/Guest Workers* (Ann Arbor: University of Michigan Press, 1990).

Heuman, Gad & Graeme Burnard (eds). *The Routledge History of Slavery* (London/New York: Routledge, 2011).

Heymans, Elon David. 'Argonauts of the Eastern Mediterranean: The Early History of Money in the Eastern Mediterranean Iron Age', PhD diss., University of Tel Aviv, February 2018.

Heywood, Colin. *A History of Childhood: Children and Childhood in the West from Medieval to Modern Times*, 2nd edn (Cambridge: Polity, 2018).

Hingh, Anne E. de. 'Food Production and Food Procurement in the Bronze Age and Early Iron Age (2000–500 BC): The Organization of a Diversified and Intensified Agrarian System in the Meuse–Demer–Scheldt Region (The Netherlands and Belgium) and the Region of the River Moselle (Luxemburg and France)', PhD. diss., Leiden University, 2000.

Hirschman, Albert Otto. *Exit, Voice, and Loyalty: Responses to Decline in Firms, Organizations, and States* (Cambridge, MA: Harvard UP, 1970).

Hirth, Kenneth G. 'Incidental Urbanism: The Structure of the Prehispanic City in Central Mexico', in Joyce Marcus & Jeremy A. Sabloff (eds). *The Ancient City: New Perspectives on Urbanism in the Old and New World* (Santa Fe, NM: School for Advanced Research Press, 2008), pp. 273–97.

Hodges, Richard & John F. Cherry. 'Cost–Control and Coinage: An Archaeological Approach to Anglo–Saxon England', *Research in Economic Anthropology*, 5 (1983), pp. 131–83.

Hoffman, Carl L. 'Punan Foragers in the Trading Networks of Southeast Asia', in Carmel Schrire (ed.), *Past and Present in Hunter Gatherer Studies* (Walnut Creek, CA: Left Coast Press, 2009), pp. 123–49.

Hoffmann, Richard C. 'Frontier Foods for Late Medieval Consumers: Culture, Economy, Ecology', *Environment and History*, 7(2) (2001), pp. 131–67.

Hofmeester, Karin. 'Jewish Ethics and Women's Work in the Late Medieval and Early Modern Arab–Islamic World', *IRSH*, 56, Special Issue 19: The Joy and Pain of Work: Global Attitudes and Valuations, 1500–1650 (21 November 2011), pp. 141–64.

Hofmeester, Karin. 'Attitudes to Work', in Karin Hofmeester & Marcel van der Linden (eds), *Handbook of the Global History of Work* (Berlin/Boston: De Gruyter, 2018), pp. 411–31.

Hofmeester, Karin & Jan Lucassen. 'Ottoman Tax Registers as a Source for Labor Relations in Ottoman Bursa', *International Labor and Working Class History*, 97 (2020), pp. 28–56.

Hofmeester, Karin, Jan Lucassen, Leo Lucassen, Rombert Stapel & Richard Zijdeman. 'The Global Collaboratory on the History of Labour Relations, 1500–2000: Background, Set–Up, Taxonomy, and Applications', IISH Dataverse, V1 (26 October 2015). Available from: http://hdl.handle.net/10622/4OGRAD.

Hofmeester, Karin & Marcel van der Linden (eds). *Handbook of the Global History of Work* (Berlin/Boston: De Gruyter, 2018).

Hogendorn, Jan & Marion Johnson. *The Shell Money of the Slave Trade* (Cambridge: CUP, 1986).

Holderness, B.A. *Pre–Industrial England: Economy and Society from 1500 to 1750* (London/New Jersey: Dent/Rowman & Littlefield, 1976).

Holthoon, Frits van & Marcel van der Linden (eds). *Internationalism in the Labour Movement 1830–1940*, 2 vols (Leiden: Brill, 1988).

Homburg, Heidrun. 'From Unemployment Insurance to Compulsory Labour: The Transformation of the Benefit System in Germany 1927–1933', in Richard J. Evans & Dick Geary (eds), *The German Unemployed: Experiences and Consequences of Mass Unemployment from the Weimar Republic to the Third Reich* (London/Sydney: Croom Helm, 1987), pp. 92–103.

Hommel, Rudolf P. *China at Work: An Illustrated Record of the Primitive Industries of China's Masses, Whose Life is Toil, and thus an Account of Chinese Civilization* (Cambridge, MA/London: MIT, 1969).

Horn, Jeff. 'Avoiding Revolution: The French Path to Industrialization', in Jeff Horn, Leonard N. Rosenband & Merritt Roe Smith (eds), *Reconceptualizing the Industrial Revolution* (Cambridge, MA/London: MIT, 2010), pp. 87–106.

Horn, Jeff, Leonard N. Rosenband & Merritt Roe Smith (eds). *Reconceptualizing the Industrial Revolution* (Cambridge, MA/London: MIT, 2010).

Howgego, Christopher. 'The Supply and Use of Money in the Roman World 200 B.C. to A.D. 300', *The Journal of Roman Studies*, 82 (1992), pp. 1–31.

Hrdy, Sarah Blaffer. *Mothers and Others: The Evolutionary Origins of Mutual Understanding* (Cambridge, MA: Harvard UP, 2009).

Hu, Aiqun & Patrick Manning. 'The Global Social Insurance Movement since the 1880s', *Journal of Global History*, 5 (2010), pp. 125–48.

Huang, Philip C.C. *The Peasant Family and Rural Development in the Yangzi Delta, 1350–1988* (Stanford: Stanford UP, 1990).

Huberman, Michael. *Escape from the Market: Negotiating Work in Lancashire* (Cambridge: CUP, 1996).

Huberman, Michael & Chris Minns. 'The Times They Are Not Changin': Days and Hours of Work in Old and New Worlds, 1870–2000', *Explorations in Economic History*, 44

(2007), pp. 538–76.

Hudson, Pat. 'Proto–Industrialization in England', in Sheilagh C. Ogilvie & Markus Cerman (eds), *European Proto–Industrialization* (Cambridge: CUP, 1996), pp. 49–66.

Humphries, Jane & Jacob Weisdorf. 'Unreal Wages? Real Income and Economic Growth in England, 1260–1850', *Economic Journal*, 129 (2019), pp. 2867–87.

Hurston, Zora Neale. *Barracoon: The Story of the Last 'Black Cargo'* (London: Amistad, 2018).

Hurston, Zora Neale. *Barracoon: Oluale Kossola, overlevende van het laatste slavenschip* (Amsterdam: De Geus, 2019).

Hussain, Syed Ejaz. *The Bengal Sultanate: Politics, Economy and Coins (AD 1205–1576)* (Delhi: Manohar, 2003).

Hussain, Syed Ejaz. *Shiraz–I Hind: A History of Jaunpur Sultanate* (New Delhi: Manohar, 2014).

Huynh, Kim, Bina D'Costa & Katrina Lee–Koo. *Children and Global Conflict* (Cambridge: CUP, 2015).

Ichikawa, Mitsuo. 'The Mbuti of Northern Congo', in Richard B. Lee & Richard Daly (eds), *The Cambridge Encyclopedia of Hunters and Gatherers* (Cambridge: CUP, 2004), pp. 210–14.

Imai Noriko. 'Copper in Edo–Period Japan', in Keiko Nagase–Reimer (ed.), *Copper in the Early–Modern Sino–Japanese Trade* (Leiden/Boston: Brill, 2016), pp. 10–31.

Ingold, Tim. 'On the Social Relations of the Hunter–Gatherer Band', in Richard B. Lee & Richard Daly (eds), *The Cambridge Encyclopedia of Hunters and Gatherers* (Cambridge: CUP, 2004), pp. 399–410.

Izawa, Eiji. 'Developments in Japanese Copper Metallurgy for Coinage and Foreign Trade in the Early Edo Period', in Nanny Kim and Keiko Nagase–Reimer (eds), *Mining, Monies, and Culture in Early Modern Societies: East Asian and Global Perspectives* (Leiden/Boston: Brill, 2013), pp. 13–24.

Jackson, Richard P. 'From Profit–Sailing to Wage Sailing: Mediterranean Owner–Captains and their Crews during the Medieval Commercial Revolution', *Journal of European Economic History*, 18(3) (Winter 1989), pp. 605–28.

Jacobs, Els M. *Koopman in Azië: De handel van de Verenigde Oost–Indische Compagnie tijdens de 18de eeuw* (Zutphen: Walburg Pers, 2000).

Jacoby, Sanford M. *Employing Bureaucracy: Managers, Unions and the Transformation of Work in American Industry, 1900–1945* (New York: Columbia UP, 1985).

Jaffe, Sarah. *Work Won't Love You Back: How Devotion to Our Jobs Keeps Us Exploited, Exhausted, and Alone* (New York: Bold Type Books, 2021).

Jaffer, Aaron. *Lascars and Indian Ocean Seafaring, 1780–1860: Shipboard Life, Unrest and Mutiny* (Woodbridge: The Boydell Press, 2015).

Jain, Rekha. *Ancient Indian Coinage: A Systematic Study of Money Economy from Janapada Period to Early Medieval Period (600 BC to AD 1200)* (New Delhi: Printwork,

1995).

Jameson, Michael H. 'On Paul Cartledge, "The Political Economy of Greek Slavery"', in Paul Cartledge, Edward E. Cohen & Lin Foxhall (eds), *Money, Labour and Land: Approaches to the Economies of Ancient Greece* (London/New York: Routledge, 2002), pp. 167–74.

Jamison, Stephanie W. 'Women "Between the Empires" and "Between the Lines"', in Patrick Olivelle (ed.), *Between the Empires: Society in India 300 BCE to 400 CE* (Oxford: OUP, 2006), pp. 191–214.

Jensen, Carsten & Kees van Kersbergen. *The Politics of Inequality* (London: Palgrave Macmillan, 2017).

Jevons, W. Stanley. *The Theory of Political Economy* (London: Macmillan, 1879).

Jevons, W. Stanley. *The Principles of Economics: A Fragment of a Treatise on the Industrial Mechanisms of Society and Other Papers* (London: Macmillan, 1905).

Jha, D.N. *Ancient India in Historical Outline*, 3rd enlarged edn (New Delhi: Manohar, 2018).

Jha, D.N. *Against the Grain: Notes on Identity, Intolerance and History* (New Delhi: Manohar, 2020).

Jin, Cao & Hans Ulrich Vogel. 'Smoke on the Mountain: The Infamous Counterfeiting Case of Tongzi District, Guizhou province, 1794', in Jane Kate Leonard & Ulrich Theobald (eds), *Money in Asia (1200–1900): Small Currencies in Social and Political Contexts* (Leiden/Boston: Brill, 2015), pp. 188–219.

Jing, Zhichun et al. 'Recent Discoveries and Some Thoughts on Early Urbanization at Anyang', in Anne P. Underhill (ed.), *A Companion to Chinese Archaeology* (Hoboken, NJ: Wiley–Blackwell, 2013), pp. 343–65.

Johnson, Paul. 'Creditors, Debtors, and the Law in Victorian and Edwardian England', in Willibald Steinmetz (ed.), *Private Law and Social Inequality in the Industrial Age: Comparing Legal Cultures in Britain, France, Germany and the United States* (Oxford: OUP, 2000), pp. 485–504.

Jones, Eric. 'The Context of English Industrialization', in Avner Greif, Lynne Kiesling & John V.C. Nye (eds), *Institutions, Innovation, and Industrialization: Essays in Economic History and Development* (Princeton/Oxford: Princeton UP, 2015), pp. 397–409.

Joordens, Josephine C.A. et al. '*Homo erectus* at Trinil on Java Used Shells for Food Production and Engraving', *Nature* (3 December 2014). DOI: 10.1038/nature13962.

Joyce, Arthur A. *Mixtecs, Zapotecs, and Chatinos: Ancient Peoples of Southern Mexico* (Chichester: Wiley–Blackwell, 2010).

Jursa, Michael. *Aspects of the Economic History of Babylonia in the First Millennium BC: Economic Geography, Economic Mentalities, Agriculture, the Use of Money and the Problem of Economic Growth* (Münster: Ugarit Verlag, 2010).

Kaare, Bwire & James Woodburn. 'The Hadza of Tanzania', in Richard B. Lee & Richard

Daly (eds), *The Cambridge Encyclopedia of Hunters and Gatherers* (Cambridge: CUP, 2004), pp. 200–4.

Kanigel, Robert. *The One Best Way: Frederick Winslow Taylor and the Enigma of Efficiency* (Cambridge, MA: MIT, 2005).

Kaplan, Hillard S. et al. 'The Evolution of Diet, Brain and Life History among Primates and Humans', in Wil Roebroeks (ed.), *Guts and Brains: An Integrative Approach to the Hominin Record* (Leiden: Leiden UP, 2007), pp. 47–90.

Kaplan, Steven L. & Cynthia Koepp (eds). *Work in France: Representations, Meaning, Organization, and Practice* (Ithaca: Cornell UP, 1986).

Kars, Marjoleine. *Blood on the River: A Chronicle of Mutiny and Freedom on the Wild Coast* (New York: The New Press, 2020).

Karsten, Luchien. *Arbeidstijdverkorting in historisch perspectief, 1817–1919* (Amsterdam: Stichting IISG, 1990).

Katary, Sally L.D. 'Land Tenure and Taxation', in Toby Wilkinson (ed.), *The Egyptian World* (London/New York: Routledge, 2007), pp. 185–201.

Kautilya. *The Arthashastra*. Edited, rearranged, translated and introduced by L.N. Rangarajan (New Delhi: Penguin, 1992).

Kay, Diana & Robert Miles. *Refugees or Migrant Workers? European Volunteer Workers in Britain 1946–1951* (London: Routledge, 1992).

Kearny, Milo. *The Indian Ocean in World History* (New York/London: Routledge, 2004).

Keeley, Lawrence. 'War Before Civilization', in Todd K. Shackelford & Ranald D. Hansen (eds), *The Evolution of Violence* (New York: Springer, 2014), pp. 23–31.

Kehoe, Alice B. 'Blackfoot and Other Hunters of the North American Plains', in Richard B. Lee & Richard Daly (eds), *The Cambridge Encyclopedia of Hunters and Gatherers* (Cambridge: CUP, 2004), pp. 36–40.

Kelder, Jorrit M. *The Kingdom of Mycenae: A Great Kingdom in the Late Bronze Age Aegean* (Bethesda, MD: CDL Press, 2010).

Kelly, Robert L. *The Foraging Spectrum: Diversity in Hunter–Gatherer Lifeways* (Washington, DC/London: Smithsonian Institution Press, 1995).

Kennan, George. *Siberia and the Exile System*, 2 vols (London: Osgood, 1891).

Kennedy, Hugh. 'The Middle East in Islamic Late Antiquity', in Andrew Monson & Walter Scheidel (eds), *Fiscal Regimes and the Political Economy of Premodern States* (Cambridge: CUP, 2015), pp. 390–403.

Kenoyer, Jonathan Mark. 'Indus Urbanism: New Perspectives on its Origin and Character', in Joyce Marcus & Jeremy A. Sabloff (eds), *The Ancient City: New Perspectives on Urbanism in the Old and New World* (Santa Fe, NM: School for Advanced Research Press, 2008), pp. 183–208.

Kessler, Gijs. 'A Population under Pressure: Household Responses to Demographic and Economic Shock in the Interwar Soviet Union', in Donald Filtzer, Wendy Z. Goldman, Gijs Kessler (eds), *A Dream Deferred: New Studies in Russian and Soviet*

Labour History (Bern: Peter Lang, 2008), pp. 315–42.

Kessler, Gijs. 'Wage Labor and the Household Economy: A Russian Perspective, 1600– 2000', in Marcel van der Linden & Leo Lucassen (eds), *Working on Labor: Essays in Honor of Jan Lucassen* (Leiden/Boston: Brill, 2012), pp. 351–69.

Kessler, Gijs. 'Measuring Migration in Russia: A Perspective of Empire, 1500–1900', in Jan Lucassen & Leo Lucassen (eds), *Globalising Migration History: The Eurasian Experience (16th–21st Centuries)* (Leiden/Boston: Brill, 2014), pp. 71–88.

Kessler, Gijs & Jan Lucassen. 'Labour Relations, Efficiency and the Great Divergence: Comparing Pre–Industrial Brick–Making across Eurasia, 1500–2000', in Maarten Prak & Jan Luiten van Zanden (eds), *Technology, Skills and the Pre–Modern Economy in the East and the West. Essays Dedicated to the Memory of S.R. Epstein* (Leiden/Boston: Brill, 2013), pp. 259–322.

Khazanov, Anatoly M. *Nomads and the Outside World*, 2nd edn (Madison: University of Wisconsin Press, 1994).

Killick, David & Thomas Fenn. 'Archaeometallurgy: The Study of Preindustrial Mining and Metallurgy', *Annual Review of Anthropology*, 41 (2012), pp. 559–75.

Kim, Henry S. 'Archaic Coinage as Evidence for the Use of Money', in Andrew Meadows & Kirsty Shipton (eds), *Money and its Uses in the Ancient Greek World* (Oxford: OUP, 2001), pp. 8–21.

Kim, Henry S. 'Small Change and the Moneyed Economy', in Paul Cartledge, Edward E. Cohen & Lin Foxhall (eds), *Money, Labour and Land: Approaches to the Economies of Ancient Greece* (London/New York: Routledge, 2002), pp. 44–51.

Kim, Nanny. 'Keeping Books and Managing a State Transport: Li Bolong's Copper Convoy of 1807', in Nanny Kim & Keiko Nagase–Reimer (eds). *Mining, Monies, and Culture in Early Modern Societies: East Asian and Global Perspectives* (Leiden/ Boston: Brill, 2013), pp. 133–83.

Kim, Nanny & Keiko Nagase–Reimer (eds), *Mining, Monies, and Culture in Early Modern Societies: East Asian and Global Perspectives* (Leiden/Boston: Brill, 2013).

King, Steve A. 'Protoindustrielle Entwicklung in zwei Gemeinden Yorkshires (1660 bis 1830)', in Dietrich Ebeling & Wolfgang Mager (eds), *Protoindustrie in der Region, Europäische Gewerbelandschaften vom 16. bis zum 19. Jahrhundert* (Bielefeld: Verlag für Regionalgeschichte, 1997), pp. 221–54.

Kirch, Patrick V. 'Peopling of the Pacific: A Holistic Anthropological Perspective', *Annual Review of Anthropology*, 39 (2010), pp. 131–48.

Kivelson, Valerie. 'Claiming Siberia: Colonial Possession and Property Holding in the Seventeenth and Early Eighteenth Centuries', in Nicholas B. Breyfogle, Abby Schrader & Willard Sunderland (eds), *Peopling the Russian Periphery: Borderland Colonization in Eurasian History* (London/New York: Routledge, 2007), pp. 21–40.

Klass, Morton. *Caste: The Emergence of the South Asian Social System* (New Delhi: Manohar, 2020).

Kleber, Kristin. 'Dependent Labor and Status in the Neo–Babylonian and Achaemenid Periods', *Alter Orient und Altes Testament: Veröffentlichungen zur Kultur und Geschichte des Alten Orients und des Alten Testaments*, 440 (2018), pp. 441–64.

Klein, Herbert. *African Slavery in Latin America and the Caribbean* (New York/Oxford: OUP, 1986).

Klein, Herbert. *The Atlantic Slave Trade* (Cambridge: CUP, 1999).

Klein, Rüdiger. 'Arbeit und Arbeiteridentitäten in islamischen Gesellschaften: Historische Beispiele', in Jürgen Kocka & Claus Offe (eds), *Geschichte und Zukunft der Arbeit* (Frankfurt/New York: Campus, 2000), pp. 163–74.

Klein Goldewijk, Kees et al. 'The HYDE 3.1 Spatially Explicit Database of Human–Induced Global Land–Use Change Over the Past 12,000 Years', *Global Ecology and Biogeography*, 20(1) (January 2011), pp. 73–86.

Kloosterboer, Willemina. *Involuntary Labour since the Abolition of Slavery: A Survey of Compulsory Labour throughout the World* (Leiden: Brill, 1960).

Knijff, Peter de. 'Population Genetics and the Migration of Modern Humans (*Homo Sapiens*)', in Jan Lucassen, Leo Lucassen & Patrick Manning (eds), *Migration History in World History: Multidisciplinary Approaches* (Leiden/Boston: Brill, 2010), pp. 39–57.

Knotter, Ad. *Transformations of Trade Unionism: Comparative and Transnational Perspectives on Workers Organizing in Europe and the United States, Eighteenth to Twenty–First Centuries* (Amsterdam: AUP, 2018).

Kocka, Jürgen. *White Collar Workers in America 1890–1940: A Social–Political History in International Perspective* (London/Beverly Hills: SAGE, 1980).

Kocka, Jürgen. 'Capitalism and Bureaucracy in German Industrialization before 1914', *EHR*, New Series, 34(3) (1981), pp. 453–68.

Kocka, Jürgen (ed.). *Work in a Modern Society: The German Historical Experience in Comparative Perspective* (New York: Berghahn, 2010).

Kocka, Jürgen. 'Capitalism and its Critics: A Long–Term View', in Ulbe Bosma & Karin Hofmeester (eds), *The Life Work of a Labor Historian: Essays in Honor of Marcel van der Linden* (Leiden/Boston: Brill, 2018), pp. 71–89.

Kocka, Jürgen & Marcel van der Linden (eds). *Capitalism: The Reemergence of a Historical Concept* (London: Bloomsbury, 2016).

Kocka, Jürgen & Claus Offe (eds). *Geschichte und Zukunft der Arbeit* (Frankurt/New York: Campus, 2000).

Kohli, Martin. 'Arbeit im Lebenslauf: alte und neue Paradoxien', in Jürgen Kocka & Claus Offe (eds), *Geschichte und Zukunft der Arbeit* (Frankfurt/New York: Campus, 2000), pp. 362–82.

Kok, Jan (ed.). *Rebellious Families: Household Strategies and Collective Action in the Nineteenth and Twentieth Centuries* (New York/Oxford: Berghahn, 2002).

Kok, Jan. 'The Family Factor in Migration Decisions', in Jan Lucassen, Leo Lucassen & Patrick Manning (eds), *Migration History in World History: Multidisciplinary*

Approaches (Leiden/Boston: Brill, 2010), pp. 215–50.

Kolata, Alan L. *The Tiwanaku: Portrait of an Andean Civilization* (Cambridge, MA/Oxford: Blackwell, 1993).

Kolata, Alan L. *Ancient Inca* (Cambridge: CUP, 2013).

Kolchin, Peter. *Unfree Labor: American Slavery and Russian Serfdom* (Cambridge, MA: Harvard UP, 1987).

Kolff, Dirk H.A. *Naukar Rajput and Sepoy: The Ethnohistory of the Military Labour Market in Hindustan, 1440–1850* (Cambridge: CUP, 1990).

Komlosy, Andrea. *Work: The Last 1,000 Years* (London/New York: Verso, 2018).

Kössler, Reinhart. 'Wage Labour and Despoty in Modernity', in Tom Brass & Marcel van der Linden (eds), *Free and Unfree Labour: The Debate Continues* (Bern: Peter Lang, 1997), pp. 91–105.

Kotiswaran, Prabha (ed.). *Revisiting the Law and Governance of Trafficking, Forced Labor and Modern Slavery* (Cambridge: CUP, 2017).

Krishnan, Parameswara. *Glimpses of Indian Historical Demography* (Delhi: B.R. Publishing Corporation, 2014).

Krissman, Fred. 'California's Agricultural Labor Market: Historical Variations in the Use of Unfree Labor, c. 1769–1994', in Tom Brass & Marcel van der Linden (eds), *Free and Unfree Labour: The Debate Continues* (Bern: Peter Lang, 1997), pp. 201–38.

Kristiansen, Kristian. 'Decentralized Complexity: The Case of Bronze Age Northern Europe', in T. Douglas Price & Gary M. Feinman (eds), *Pathways to Power: New Perspectives on the Emergence of Social Inequality* (New York: Springer, 2012), pp. 169–92.

Kulke, Hermann & Dietmar Rothermund. *A History of India* (London/New York: Routledge, 1990).

Kuroda, Akinobu. *A Gobal History of Money* (London/New York: Routledge, 2020).

Kuromiya, Hiroaki. 'Workers' Artels and Soviet Production Relations', in Sheila Fitzpatrick et al. (eds), *Russia in the Era of NEP: Explorations in Soviet Society and Culture* (Bloomington: Indiana UP, 1991), pp. 72–88.

Kusimba, Chapurukha M. 'Early African Cities: Their Role in the Shaping of Urban and Rural Interaction Spheres', in Joyce Marcus & Jeremy A. Sabloff (eds), *The Ancient City: New Perspectives on Urbanism in the Old and New World* (Santa Fe, NM: School for Advanced Research Press, 2008), pp. 229–46.

Kyrtatas, Dimitris J. 'Domination and Exploitation', in Paul Cartledge, Edward E. Cohen & Lin Foxhall (eds), *Money, Labour and Land: Approaches to the Economies of Ancient Greece* (London/New York: Routledge, 2002), pp. 140–55.

Lafargue, Paul. *Le droit à la paresse: Présentation nouvelle de Maurice Dommanget* (Paris: François Maspéro, 1969).

Laila, Russi M. *The Creation of Wealth: A Tata Story* (Bombay: IBH, 1981).

Laiou, Angeliki E. (ed.). *The Economic History of Byzantium: From the Seventh through the Fifteenth Century*, 3 vols (Dumbarton Oaks: Harvard UP, 2002).

La Lone, Darrell. 'The Inca as a Nonmarket Economy: Supply on Command versus Supply and Demand', in Jonathon E. Ericson & Timothy K. Earle (eds), *Contexts for Prehistoric Exchange* (New York: Academic Press, 1982), pp. 291–316.

La Lone, Darrell. 'Rise, Fall, and Semiperipheral Development in the Andean World–System', *Journal of World–Systems Research*, 6(1) (2000), pp. 67–98.

Lambrecht, Thijs. 'Harvest Work and Labor Market Regulation in Old Regime Northern France', in Thomas Max Safley (ed.), *Labor Before the Industrial Revolution: Work, Technology and their Ecologies in an Age of Early Capitalism* (London/New York: Routledge, 2019), pp. 113–31.

Lan, Yong. 'Three Scroll Maps of the Jinshajiang and the Qing State Copper Transport System', in Nanny Kim & Keiko Nagase–Reimer (eds), *Mining, Monies, and Culture in Early Modern Societies: East Asian and Global Perspectives* (Leiden/Boston: Brill, 2013), pp. 329–47.

Lancy, David F. *The Anthropology of Childhood: Cherubs, Chattel, Changelings*, 2nd edn (Cambridge: CUP, 2015).

Langergraber, Kevin E. et al. 'Generation Times in Wild Chimpanzees and Gorillas Suggest Earlier Divergence Times in Great Ape and Human Evolution', *PNAS*, 109(39) (25 September 2012), pp. 15716–21.

Lardinois, Roland. 'Pouvoirs d'État et dénombrements de la population dans le monde indien (fin XVIIe–début XIXe siècle)', *Annales–HSS* (March–April 2002), 2, pp. 407–31.

Lau, George F. *Ancient Alterity in the Andes* (London/New York: Routledge, 2013).

Launaro, Alessandro. 'The Nature of the Village Economy', in Paul Erdkamp, Koen Verboven & Arjan Zuiderhoek (eds), *Ownership and Exploitation of Land and Natural Resources in the Roman World* (Oxford: OUP, 2015), pp. 173–206.

Lawlor, Ellis, Helen Kersley & Susan Steed. *A Bit Rich? Calculating the Real Value to Society of Different Professions* (London: The New Economic Foundation, 2009).

Lazonick, William. *Competitive Advantage on the Shop Floor* (Cambridge, MA: Harvard UP, 1990).

Lee, Cheol–Sung. *When Solidarity Works: Labor–Civic Networks and Welfare States in the Market Reform Era* (Cambridge: CUP, 2016).

Lee, Richard B. & Richard Daly (eds). *The Cambridge Encyclopedia of Hunters and Gatherers* (Cambridge: CUP, 2004).

Leeuwen, Bas van & Jieli van Leeuwen–Li. 'Education since 1820', in Jan Luiten van Zanden et al. (eds), *How Was Life? Global Well–Being Since 1820* (Geneva/Amsterdam: OECD/CLIO INFRA, 2014), pp. 87–100.

Leeuwen, Marco H.D. van. *Mutual Insurance 1550–2015: From Guild Welfare and Friendly Societies to Contemporary Micro–Insurers* (London: Palgrave Macmillan, 2016).

Leick, Gwendolyn. *Mesopotamia: The Invention of the City* (London: Penguin, 2002).

Lenger, Friedrich. 'Beyond Exceptionalism: Notes on the Artisanal Phase of the Labour

Movement in France, England, Germany and the United States', *IRSH*, 36 (1991), pp. 1–23.

Leonard, William R., Marcia L. Robertson & J. Josh Snodgrass. 'Energetics and the Evolution of Brain Size in Early *Homo*', in Wil Roebroeks (ed.), *Guts and Brains: An Integrative Approach to the Hominin Record* (Leiden: Leiden UP, 2007), pp. 29–46.

Levi, Scott C. 'Hindus beyond the Hindu Kush: Indians in the Central Asian Slave Trade', *Journal of the Royal Asiatic Society*, Series 3, 12(3) (2002), pp. 277–88.

Lewis, David M. *Greek Slave Systems in their Eastern Mediterranean Context, c. 800–146 BC* (Oxford: OUP, 2018).

Lewis, Mark E. 'Early Imperial China, from the Qin and Han through Tang', in Andrew Monson & Walter Scheidel (eds), *Fiscal Regimes and the Political Economy of Premodern States* (Cambridge: CUP, 2015), pp. 282–307.

Li, Ju. 'Contentious Politics of a Generation of State Workers in China since the 1960s', *IRSH*, 61 (2016), pp. 197–222.

Li, Shi & Hiroshi Sato. *Unemployment, Inequality and Poverty in Urban China* (London/New York: Routledge, 2006).

Li Bozhong. 'Was there a "Fourteenth–Century Turning Point"? Population, Land, Technology, and Farm Management', in Paul J. Smith & Richard von Glahn (eds), *The Song–Yuan–Ming Transition in Chinese History* (Cambridge, MA: Harvard UP, 2003), pp. 135–75.

Liebenberg, Louis. 'Persistence Hunting by Modern Hunter–Gatherers', *Current Anthropology*, 47(6) (December 2006), pp. 1017–26.

Lieberman, Victor. *Strange Parallels: Southeast Asia in Global Context, c. 800–1830, Vol. 1: Integration on the Mainland* (Cambridge, CUP: 2003).

Lin, Man–houng. 'The Devastation of the Qing Mints, 1821–1850', in Jane Kate Leonard & Ulrich Theobald (eds), *Money in Asia (1200–1900): Small Currencies in Social and Political Contexts* (Leiden/Boston: Brill, 2015), pp. 155–87.

Linares, Olga F. 'Robert McC. Netting', in *Biographical Memoirs*, vol. 71 (Washington, DC: The National Academies of Science, Engineering, Medicine, 1997). Available from: https://www.nap.edu/read/5737/chapter/10 (retrieved on 27 July 2020).

Linden, Marcel van der. 'Het westers marxisme en de Sovjetunie: Hoofdlijnen van structurele maatschap–pijkritiek (1917–1985)', PhD thesis, Universiteit van Amsterdam, 1989.

Linden, Marcel van der (ed.). *Social Security Mutualism: The Comparative History of Mutual Benefit Societies* (Bern: Peter Lang, 1996).

Linden, Marcel van der. 'Forced Labour and Non–Capitalist Industrialization: The Case of Stalinism (c. 1929–c. 1956)', in Tom Brass & Marcel van der Linden (eds), *Free and Unfree Labour: The Debate Continues* (Bern: Peter Lang, 1997a), pp. 351–62.

Linden, Marcel van der. 'The Origins, Spread and Normalization of Free Labour', in Tom Brass & Marcel van der Linden (eds), *Free and Unfree Labour: The Debate Continues*

(Bern: Peter Lang, 1997b), pp. 501–23.

Linden, Marcel van der. *Workers of the World: Essays toward a Global Labor History* (Leiden/Boston: Brill, 2008).

Linden, Marcel van der. 'Charles Tilly's Historical Sociology', *IRSH*, 54 (2009), pp. 237–74.

Linden, Marcel van der. 'Re–constructing the Origins of Modern Labor Management', *Labor History*, 51 (2010), pp. 509–22.

Linden, Marcel van der (ed.). *Humanitarian Intervention and Changing Labor Relations: The Long–Term Consequences of the Abolition of the Slave Trade* (Leiden & Boston: Brill, 2011a).

Linden, Marcel van der. 'Studying Attitudes to Work Worldwide, 1500–1650: Concepts, Sources, and Problems of Interpretation', *IRSH*, 56 (2011b, Special Issue), pp. 25–43.

Linden, Marcel van der. 'Dissecting Coerced Labor', in Marcel van der Linden & Magaly Rodríguez García (eds), *On Coerced Labor: Work and Compulsion after Chattel Slavery* (Leiden/Boston: Brill, 2016), pp. 293–322.

Linden, Marcel van der & Jan Lucassen (eds). *Racism and the Labour Market: Historical Studies* (Bern: Peter Lang, 1995).

Linden, Marcel van der & Jan Lucassen. *Prolegomena for a Global Labour History* (Amsterdam: IISH, 1999).

Linden, Marcel van der & Jan Lucassen. *Work Incentives in Historical Perspective: Preliminary Remarks* (Amsterdam: IISH Research Papers 41, 2001).

Linden, Marcel van der & Leo Lucassen (eds). *Working on Labor: Essays in Honor of Jan Lucassen* (Leiden/Boston: Brill, 2012).

Linden, Marcel van der & Richard Price (eds). *The Rise and Development of Collective Labour Law* (Bern: Peter Lang, 2000).

Linden, Marcel van der & Magaly Rodríguez García (eds). *On Coerced Labor: Work and Compulsion after Chattel Slavery* (Leiden/Boston: Brill, 2016).

Linden, Marcel van der & Jürgen Rojahn (eds). *The Formation of Labour Movements 1870–1914: An International Perspective*, 2 vols (Leiden: Brill, 1990).

Linden, Marcel van der & Wayne Thorpe (eds). *Revolutionary Syndicalism: An International Perspective* (Aldershot: Scolar Press, 1990).

Lins, W. 'Arbeitsmarkt und Arbeitsnachweis', in *Handwörterbuch der Staatswissenschaften, Vol. I* (Jena: Fischer, 1923), pp. 824–39.

Lipartito, Kenneth. 'Reassembling the Economic: New Departures in Historical Materialism', *American Historical Review* (February 2016), pp. 101–39.

Lis, Catharina. 'Perceptions of Work in Classical Antiquity: A Polyphonic Heritage', in Joseph Ehmer & Catharina Lis (eds), *The Idea of Work in Europe from Antiquity to Modern Times* (Farnham: Ashgate, 2009), pp. 33–68.

Lis, Catharina, Jan Lucassen & Hugo Soly (eds). *Before the Unions: Wage Earners and Collective Action in Europe, 1300–1850, IRSH*, 39(2) (1994).

Lis, Catharina & Hugo Soly. *Poverty and Capitalism in Pre–Industrial Europe* (Hassocks,

Sussex: Harvester Press, 1979).

Lis, Catharina & Hugo Soly. '"An Irresistible Phalanx": Journeymen Associations in Western Europe, 1300–1800', *IRSH*, 39(2) (1994), pp. 11–52.

Lis, Catharina & Hugo Soly. 'Städtische Industrialisierungswege in Brabant und Flandern: De Heyder & Co. in Lier (1750 bis 1815)', in Dietrich Ebeling & Wolfgang Mager (eds), *Protoindustrie in der Region, Europäische Gewerbelandschaften vom 16. bis zum 19. Jahrhundert* (Bielefeld: Verlag für Regionalgeschichte, 1997), pp. 297–319.

Lis, Catharina & Hugo Soly. *Worthy Efforts: Attitudes to Work and Workers in Pre-Industrial Europe* (Leiden/Boston: Brill, 2012).

Liu, Le, Shaodong Zhai & Xingcan Chen. 'Production of Ground Stone Tools at Taosi and Huizui: A Comparison', in Anne P. Underhill (ed.), *A Companion to Chinese Archaeology* (Hoboken, NJ: Wiley–Blackwell, 2013).

Livingston, James. *No More Work: Why Full Employment is a Bad Idea* (Chapel Hill: University of North Carolina Press, 2016).

Löbker, Gerard, Hans van den Broek & Hans Morssinkhof. *Bij Stork* (Zwolle: WBooks, 2018).

Looijesteijn, Henk. "Born to the Common Welfare": Pieter Plockhoy's Quest for a Christian Life (c. 1620–1664)', PhD thesis, European University Institute Florence, November 2009.

Looijesteijn, Henk. 'Between Sin and Salvation: The Seventeenth–Century Dutch Artisan Pieter Plockhoy and his Ethics of Work', *IRSH*, 56 (2011), pp. 69–88.

Loomis, William T. *Wages, Welfare Costs and Inflation in Classical Athens* (Ann Arbor: University of Michigan Press, 1998).

Loprieno, Antonio. 'Slaves', in Sergio Donadoni (ed.), *The Egyptians* (Chicago/London: University of Chicago Press, 1997), pp. 185–219.

Lottum, Jelle van, Jan Lucassen & Lex Heerma van Voss. 'Sailors, National and International Labour Markets and National Identity, 1600–1850', in Richard W. Unger (ed.), *Shipping and Economic Growth 1350–1850* (Leiden/Boston: Brill, 2011), pp. 309–51.

Lourens, Piet & Jan Lucassen. 'Marx als Historiker der niederländischen Republik', in Marcel van der Linden (ed.), *Die Rezeption der Marxschen Theorie in den Niederlanden* (Trier: Schriften aus dem Karl–Marx–Haus, 1992), pp. 430–54.

Lourens, Piet & Jan Lucassen. *Arbeitswanderung und berufliche Spezialisierung: Die lippischen Ziegler im 18. und 19. Jahrhundert* (Osnabrück: Rasch, 1999).

Lourens, Piet & Jan Lucassen. 'Labour Mediation among Seasonal Workers, Particularly the Lippe Brickmakers, 1650–1900', in Sigrid Wadauer, Thomas Buchner & Alexander Mejstrik (eds), *History of Labour Intermediation: Institutions and Finding Employment in the Nineteenth and Early Twentieth Centuries* (New York/Oxford: Berghahn, 2015), pp. 335–67.

Lourens, Piet & Jan Lucassen. 'Die lippischen Ziegler um 1800', in Bettina Joergens & Jan

Lucassen (eds), *Saisonale Arbeitsmigration in der Geschichte: Die lippischen Ziegler und ihre Herkunftsgesellschaft* (Essen: Klartext, 2017), pp. 73–88.

Lovejoy, Paul. *Transformations in Slavery: A History of Slavery in Africa* (Cambridge: CUP, 2000).

Lovejoy, Paul. *Slavery, Commerce and Production in the Sokoto Caliphate of West Africa* (Trenton/Asmara: Africa World Press, 2005).

Lovejoy, Paul. 'Slavery in Africa', in Gad Heuman & Trevor Burnard (eds), *The Routledge History of Slavery* (London/New York: Routledge, 2011), pp. 35–51.

Lucassen, Jan. *Migrant Labour in Europe 1600–1900: The Drift to the North Sea* (London: Croom Helm, 1987).

Lucassen, Jan. 'Labour and Early Modern Economic Development', in Karel Davids & Jan Lucassen (eds), *A Miracle Mirrored: The Dutch Republic in European Perspective* (Cambridge: CUP, 1995), pp. 367–409.

Lucassen, Jan. 'In Search of Work', Research paper 39 (Amsterdam: IISH, 2000).

Lucassen, Jan. 'Work Incentives in Historical Perspective: Preliminary Remarks on Terminologies and Taxonomies', in Marcel van der Linden & Jan Lucassen, *Work Incentives in Historical Perspective: Preliminary Remarks* (Amsterdam: IISH, 2001).

Lucassen, Jan. 'Coin Production, Coin Circulation, and the Payment of Wages in Europe and China 1200–1900', in Christine Moll–Murata, Song Jianze & Hans Ulrich Vogel (eds), *Chinese Handicraft Regulations of the Qing Dynasty* (Munich: Iudicium, 2005), pp. 423–46.

Lucassen, Jan (ed.). *Global Labour History: A State of the Art* (Bern: Peter Lang 2006a).

Lucassen, Jan. 'Writing Global Labour History c. 1800–1940: A Historiography of Concepts, Periods and Geographical Scope', in *Global Labour History: A State of the Art* (2006b), pp. 39–89.

Lucassen, Jan. 'Brickmakers in Western Europe (1700–1900) and Northern India (1800–2000): Some Comparisons', in *Global Labour History: A State of the Art* (2006c), pp. 513–62.

Lucassen, Jan. 'Leiden: Garenmarkt. Een land van immigranten', in Maarten Prak (ed.), *Plaatsen van herinnering: Nederland in de zeventiende en achttiende eeuw* (Amsterdam: Bert Bakker, 2006d), pp. 63–73.

Lucassen, Jan (ed.). *Wages and Currency: Global Comparisons from Antiquity to the Twentieth Century* (Bern: Peter Lang, 2007a).

Lucassen, Jan. 'The Brickmakers' Strike on the Ganges Canal 1848–1849', in Rana Behal & Marcel van der Linden (eds), *India's Labouring Poor: Historical Studies, c. 1600–c. 2000* (Delhi: Fountain Books, 2007b), pp. 47–83.

Lucassen, Jan. 'Working at the Ichapur Gunpowder Factory in the 1790s', *Indian Historical Review*, 39(1) (2012a), pp. 45–82 (Part 1) and 39(2) (2012b), pp. 251–71 (Part 2).

Lucassen, Jan. 'Outlines of a History of Labour', Research paper 51 (Amsterdam: IISH,

2013).

Lucassen, Jan. 'Deep Monetization: The Case of the Netherlands 1200–1940', *TSEG*, 11 (2014a), pp. 73–121.

Lucassen, Jan. 'Deep Monetization, Commercialization and Proletarianization: Possible Links, India 1200–1900', in Sabyasachi Bhattacharya (ed.), *Towards a New History of Work* (New Delhi: Tulika, 2014b), pp. 17–55.

Lucassen, Jan. 'Workers: New Developments in Labor History since the 1980s', in Ulbe Bosma & Karin Hofmeester (eds), *The Lifework of a Labor Historian* (Leiden/Boston: Brill, 2018a), pp. 22–46.

Lucassen, Jan. 'Wage Labour', in Karin Hofmeester & Marcel van der Linden (eds), *Handbook of the Global History of Work* (Berlin/Boston: De Gruyter, 2018b), pp. 395–409.

Lucassen, Jan. 'Between Self–Employment and Wage Labour: Co–operative Subcontracting Among Manual Brickmakers c. 1600–1900', in Karin Hofmeester (ed.), *Moving In and Out of Self–Employment: A Labour Relation in Historical Perspective* (2021; forthcoming).

Lucassen, Jan & Leo Lucassen. 'The Mobility Transition in Europe Revisited, 1500–1900: Sources and Methods', Research paper 46 (Amsterdam: IISH, 2010).

Lucassen, Jan & Leo Lucassen (eds). *Globalising Migration History: The Eurasian Experience (16th–21st Centuries)* (Leiden/Boston: Brill, 2014).

Lucassen, Jan, Tine de Moor & Jan Luiten van Zanden (eds). 'The Return of the Guilds', *IRSH*, 53 (Supplement, 2008).

Lucassen, Jan & Richard W. Unger. 'Shipping, Productivity and Economic Growth', in Richard W. Unger (ed.), *Shipping and Economic Growth 1350–1850* (Leiden/Boston: Brill, 2011), pp. 3–44.

Lucassen, Leo. 'Beyond the Migration State: Western Europe since World War II', in James Hollifield & Neil Foley (eds), *Globalizing the Nation State* (Stanford: Stanford UP, 2021; forthcoming).

Lucassen, Leo, Osamu Saito & Ryuto Shimada. 'Cross–Cultural Migrations in Japan in a Comparative Perspective, 1600–2000', in Jan Lucassen & Leo Lucassen (eds), *Globalising Migration History: The Eurasian Experience (16th–21st Centuries)* (Leiden/Boston: Brill, 2014), pp. 262–409.

Luzkow, Jack Lawrence. *The Great Forgetting: The Past, Present and Future of Social Democracy and the Welfare State* (Manchester: Manchester UP, 2015).

MacDonald, Katharine. 'Ecological Hypotheses for Human Brain Evolution: Evidence for Skill and Learning Processes in the Ethnographic Literature on Hunting', in Wil Roebroeks (ed.), *Guts and Brains: An Integrative Approach to the Hominin Record* (Leiden: Leiden UP, 2007a), pp. 107–32.

MacDonald, Katharine. 'Cross–cultural Comparison of Learning in Human Hunting: Implications for Life History Evolution', *Human Nature*, 18 (2007b), pp. 386–402.

MacRaild, Donald M. & David E. Martin. *Labour in British Society, 1830–1914* (Basingstoke: Macmillan, 2000).

Madison, Bernice Q. *Social Welfare in the Soviet Union* (Stanford: Stanford UP, 1968).

Magnusson, Lars. *Nation, State and the Industrial Revolution: The Visible Hand* (London/New York: Routledge, 2009).

Majumdar, Susmita Basu. 'Money Matters: Indigenous and Foreign Coins in the Malabar Coast (Second Century BCE–Second Century CE)', in K.S. Mathew (ed.), *Imperial Rome, Indian Ocean Regions and Muziris: New Perspectives on Maritime Trade* (New Delhi: Manohar, 2015), pp. 395–423.

Malevitsj, Kazimir. *Luiheid als levensdoel: Uit het Russisch vertaald door Ineke Mertens* ('s–Hertogen–bosch: Voltaire, 2006).

Mamkoottam, Kuriakose. *Trade Unionism: Myth and Reality. Unionism in the Tata Iron and Steel Company* (Delhi: OUP, 1982).

Mandell, Nikki. *The Corporation as Family: The Gendering of Corporate Welfare, 1890–1930* (Chapel Hill: University of North Carolina Press, 2002).

Mangan, Jane E. *Trading Roles: Gender, Ethnicity, and the Urban Economy in Colonial Potosí* (Durham, NC/London: Duke UP, 2005).

Mann, Charles C. *1491: New Revelations of the Americas Before Columbus* (New York: Knopf, 2006).

Manning, Patrick. *Slavery and African Life: Occidental, Oriental, and African Slave Trades* (Cambridge: CUP, 1990).

Manning, Patrick. *Migration in World History*, 2nd edn (London/New York: Routledge, 2013).

Manning, Patrick. *A History of Humanity: The Evolution of the Human System* (Cambridge: CUP, 2020).

Marino, S., J. Roosblad & R. Penninx (eds). *Trade Unions and Migrant Workers: New Contexts and Challenges in Europe* (Cheltenham: Edward Elgar, 2017).

Mason, T.W. 'Labour in the Third Reich, 1933–1939', *Past & Present*, 33 (1966), pp. 112–41.

Mathew, K.S. (ed.). *Imperial Rome, Indian Ocean Regions and Muziris: New Perspectives on Maritime Trade* (New Delhi: Manohar, 2015).

Mathias, Regine. 'Picture Scrolls as a Historical Source on Japanese Mining', in Nanny Kim & Keiko Nagase–Reimer (eds), *Mining, Monies, and Culture in Early Modern Societies: East Asian and Global Perspectives* (Leiden/Boston, Brill, 2013), pp. 311–28.

Matsuura, Akira. 'The Import of Chinese Sugar in the Nagasaki Junk Trade and its Impact', in Keiko Nagase–Reimer (ed.), *Copper in the Early Modern Sino–Japanese Trade* (Leiden/Boston: Brill, 2016), pp. 157–74.

Matthews, Roger. *The Archaeology of Mesopotamia: Theory and Approaches* (London/New York: Routledge, 2003).

Maurer, Bill. 'The Anthropology of Money', *Annual Review of Anthropology*, 35 (2006), pp. 15–36.

Mazumdar, B.P. 'New Forms of Specialisation in Industries of Eastern India in the

Turko–Afghan Period', *Proceedings of Indian History Congress*, 31 (1969), pp. 226–33.

Mbeki, Linda & Matthias van Rossum. 'Private Slave Trade in the Dutch Indian Ocean World: A Study into the Networks and Backgrounds of the Slavers and the Enslaved in South Asia and South Africa', *Slavery & Abolition*, 38 (2016), pp. 95–116.

McAuley, A. 'The Welfare State in the USSR', in Thomas Wilson & Dorothy Wilson (eds), *The State and Social Welfare: The Objectives of Policy* (London/New York: Routledge, 1991), pp. 191–213.

McBee, Randy. 'Work and Leisure', in Daniel J. Walkowitz (ed.), *A Cultural History of Work in the Modern Age* (London: Bloomsbury, 2019), pp. 157–72.

McConvell, Patrick. 'The Archaeo–Linguistics of Migration', in Jan Lucassen, Leo Lucassen & Patrick Manning (eds), *Migration History in World History: Multidisciplinary Approaches* (Leiden/Boston: Brill, 2010), pp. 155–88.

McCorriston, Joyce. 'Textile Extensification, Alienation, and Social Stratification in Ancient Mesopotamia', *Current Anthropology*, 38(4) (1997), pp. 517–35.

McCreery, David J. 'Wage Labor, Free Labor, and Vagrancy Laws: The Transition to Capitalism in Guatemala, 1920–1945', in Tom Brass & Marcel van der Linden (eds), *Free and Unfree Labour: The Debate Continues* (Bern: Peter Lang, 1997), pp. 303–24.

McCreery, David J. *The Sweat of Their Brow: A History of Work in Latin America* (New York/London: Sharpe, 2000).

McKitterick, Rosamond. *Charlemagne: The Formation of a European Identity* (Cambridge: CUP, 2008).

McNeill, William. *Keeping Together in Time: Dance and Drill in Human History* (Cambridge, MA: Harvard UP, 1995).

Meisenzahl, Ralf R. 'How Britain Lost its Competitive Edge', in Avner Greif, Lynne Kiesling & John V.C. Nye (eds), *Institutions, Innovation, and Industrialization: Essays in Economic History and Development* (Princeton/Oxford: Princeton UP, 2015), pp. 307–35.

Meissner, Martin, Stuart B. Philpott & Diana Philpott. 'The Sign Language of Sawmill Workers in British Columbia', in *Sign Language Studies*, 9 (Winter 1975), pp. 291–308.

Meuwese, Mark. *Brothers in Arms, Partners in Trade: Dutch–Indigenous Alliances in the Atlantic World, 1595–1674* (Leiden & Boston: Brill, 2012).

Meyer, Stephen. 'The Political Culture of Work', in Daniel J. Walkowitz (ed.), *A Cultural History of Work in the Modern Age* (London: Bloomsbury, 2019), pp. 141–56.

Mieroop, Marc van de. *A History of the Ancient Near East ca. 3000–323 BC*, 2nd edn (Malden/Oxford/Carlton: Blackwell, 2007).

Migeotte, Léopold. *The Economy of the Greek Cities: From the Archaic Period to the Early Roman Empire* (Berkeley: University of California Press, 2009).

Milanich, Jerald T. *The Timucua* (Oxford: Blackwell, 1996).

Milanovic, Branko. *Capitalism, Alone: The Future of the System that Rules the World*

(Cambridge, MA: Belknap Press, 2019).

Miller, Owen. 'Ties of Labour and Ties of Commerce: Corvée among Seoul Merchants in the Late 19th Century', *JESHO*, 50(1) (2007), pp. 41–71.

Milton, Katherine. 'Civilizations and its Discontents', *Natural History*, 101(3) (1992), pp. 36–43.

Mitch, David, John Brown & Marco H.D. van Leeuwen (eds). *Origins of the Modern Career* (Aldershot: Ashgate, 2004).

Mithen, Steven. *After the Ice: A Global Human History, 20,000–5000 BC* (Cambridge, MA: Harvard UP, 2003).

Mokyr, Joel. *The Gifts of Athena: Historical Origins of the Knowledge Economy* (Princeton: Princeton UP, 2002).

Mokyr, Joel. 'Peer Vries's Great Divergence', *TSEG*, 12 (2015), pp. 93–104.

Molfenter, Christine. 'Forced Labour and Institutional Change in Contemporary India', in Marcel van der Linden & Magaly Rodríguez García (eds), *On Coerced Labor: Work and Compulsion after Chattel Slavery* (Leiden/Boston: Brill, 2016), pp. 50–70.

Moll–Murata, Christine. 'State and Crafts in the Qing Dynasty (1644–1911)', Habilitation thesis, Universität Tübingen, 2008a.

Moll–Murata, Christine. 'Chinese Guilds from the Seventeenth to the Twentieth Centuries: An Overview', in Tine de Moor, Jan Lucassen & Jan Luiten van Zanden (eds), 'The Return of the Guilds', *IRSH*, 53, Supplement 16 (2008b), pp. 5–18.

Moll–Murata, Christine. 'Guilds and Apprenticeship in China and Europe: The Jingdezhen and European Ceramics Industries', in Maarten Prak & Jan Luiten van Zanden (eds), *Technology, Skills and the Pre–Modern Economy in the East and the West. Essays Dedicated to the Memory of S.R. Epstein* (Leiden/Boston: Brill, 2013), pp. 205–57.

Moll–Murata, Christine. 'Legal Conflicts Concerning Wage Payments in Eighteenth– and Nineteenth–Century China: The Baxian Cases', in Jane Kate Leonard & Ulrich Theobald (eds), *Money in Asia (1200–1900): Small Currencies in Social and Political Contexts* (Leiden/Boston: Brill, 2015), pp. 265–308.

Moll–Murata, Christine. *State and Crafts in the Qing Dynasty (1644–1911)* (Amsterdam: Amsterdam UP, 2018).

Moll–Murata, Christine, Song Jianze & Hans Ulrich Vogel (eds). *Chinese Handicraft Regulations of the Qing Dynasty* (Munich: Iudicium, 2005).

Monroe, J. Cameron. 'Power and Agency in Precolonial African States', *Annual Review of Anthropology*, 42 (2013), pp. 17–35.

Monson, Andrew & Walter Scheidel (eds). *Fiscal Regimes and the Political Economy of Premodern States* (Cambridge: CUP, 2015).

Montgomery, David. *The Fall of the House of Labor: The Workplace, the State, and American Labor Activism, 1865–1925* (Cambridge: CUP, 1987).

Montgomery, David. *Citizen Worker: The Experience of Workers in the United States with*

Democracy and the Free Market in the Nineteenth Century (Cambridge: CUP, 1993).

Moon, David. 'Peasant Migration, the Abolition of Serfdom, and the Internal Passport System in the Russian Empire c. 1800–1914', in David Eltis (ed.), *Coerced and Free Migration: Global Perspectives* (Stanford: Stanford UP, 2002), pp. 324–57.

Moor, Tine de & Jan Luiten van Zanden. *Vrouwen en de geboorte van het kapitalisme in West–Europa* (Amsterdam: Boom, 2006).

Moor, Tine de, Jan Lucassen & Jan Luiten van Zanden. 'The Return of the Guilds: Towards a Global History of the Guilds in Pre–Industrial Times', *IRSH*, 53, Supplement 16 (2008), pp. 5–18.

Mooring, J.A., Bas van Leeuwen & R.J. van der Spek. 'Introducing Coinage: Comparing the Greek World, the Near East and China', in R.J. van der Spek & Bas van Leeuwen (eds), *Money, Currency and Crisis: In Search of Trust, 2000 BC to AD 2000* (London/New York: Routledge, 2018), pp. 132–48.

Moosvi, Shireen. 'The world of labour in Mughal India (c. 1500–1750)', *IRSH*, 56, Supplement 19 (2011), pp. 245–61.

More, Thomas. *Utopia: Latin Text and English Translation*, edited by George M. Logan, Robert M. Adams & Clarence H. Miller (Cambridge: CUP, 1995).

Moreno García, Juan Carlos. 'La dépendance rurale en Égypte ancienne', *JESHO*, 51 (2008), pp. 99–150.

Morgan, T.J.H. et al. 'Experimental Evidence for the Co–evolution of Hominin Tool–Making Teaching and Language', *Nature Communications*, 6, 6029 (2015).

Morris, Craig. 'Links in the Chain of Inka Cities: Communication, Alliance, and the Cultural Production of Status, Value and Power', in Joyce Marcus & Jeremy A. Sabloff (eds), *The Ancient City: New Perspectives on Urbanism in the Old and New World* (Santa Fe, NM: School for Advanced Research Press, 2008), pp. 299–319.

Morrison, Cécile. 'Byzantine Money: Its Production and Circulation', in Angeliki E. Laiou (ed.), *The Economic History of Byzantium: From the Seventh to the Fifteenth Century* (Washington, DC: Dumbarton Oaks, 2002), pp. 909–66.

Morrison, Cécile & Jean–Claude Cheynet. 'Prices and Wages in the Byzantine World', in Angeliki E. Laiou (ed.), *The Economic History of Byzantium: From the Seventh to the Fifteenth Century* (Washington, DC: Dumbarton Oaks, 2002), pp. 815–77.

Morrison, Kathleen D. & Carla M. Sinopoli. 'Production and Landscape in the Vijayanagara Metropolitan Region: Contributions to the Vijayanagara Metropolitan Survey', in J.M. Fritz, R.P. Brubaker & T.P. Raczek (eds), *Vijayanagara: Archaeological Exploration, 1999–2000* (New Delhi: Manohar, 2006), pp. 423–36.

Moya, Ismaël. *De l'argent aux valeurs: Femmes, économie et société à Dakar* (Paris: Société d'ethnologie, 2017).

Moya Pons, Frank. *History of the Caribbean: Plantations, Trade and War in the Atlantic World* (Princeton: Markus Wiener, 2007).

Muaze, Mariana. 'Ruling the Household: Masters and Domestic Slaves in the Paraíba

Valley, Brazil, during the Nineteenth Century', in Dale W. Tomich (ed.), *New Frontiers of Slavery* (New York: SUNY Press, 2016), pp. 203–24.

Mukherjee, Tilottama. *Political Culture and Economy in Eighteenth–Century Bengal: Networks of Exchange, Consumption and Communication* (New Delhi: Orient Black Swan, 2013).

Muldrew, Craig. *Food, Energy and the Creation of Industriousness: Work and Material Culture in Agrarian England, 1550–1780* (Cambridge: CUP, 2011).

Mussi, Margherita. 'Women of the Middle Latitudes: The Earliest Peopling of Europe from a Female Perspective', in Wil Roebroeks (ed.), *Guts and Brains: An Integrative Approach to the Hominin Record* (Leiden: Leiden UP, 2007), pp. 165–83.

Nagase–Reimer, Keiko. 'Water Drainage in the Mines in Tokugawa Japan: Technological Improvements and Economic Limitations', in Nanny Kim & Keiko Nagase–Reimer (eds), *Mining, Monies, and Culture in Early Modern Societies: East Asian and Global Perspectives* (Leiden/Boston: Brill, 2013), pp. 25–42.

Nagase–Reimer, Keiko. 'Introduction', in *Copper in the Early Modern Sino–Japanese Trade* (Leiden/Boston: Brill, 2016), pp. 1–9.

Nagata, Mary Louise. *Labor Contracts and Labor Relations in Early Modern Central Japan* (London/New York: Routledge Curzon, 2005).

Nash, George. 'Assessing Rank and Warfare–Strategy in Prehistoric Hunter–Gatherer Society: A Study of Representational Warrior Figures in Rock–Art from the Spanish Levant, Southeast Spain', in Mike Parker Pearson & I.J.N. Thorpe (eds), *Warfare, Violence and Slavery: Proceedings of a Prehistoric Society Conference at Sheffield University* (Oxford: BAR Publishing, 2005), pp. 75–86.

Nasr, Seyyed Hossein. 'Islamic Work Ethics', in Jaroslav Pellikan, Joseph Kitagawa & Seyyed Hossein Nasr, *Comparative Work Ethics: Judeo–Christian, Islamic, and Eastern* (Washington, DC: Library of Congress, 1985), pp. 51–62.

Nederveen Meerkerk, Elise van. 'Segmentation in the Pre–Industrial Labour Market: Women's Work in the Dutch Textile Industry, 1581–1810', *IRSH*, 51 (2006), pp. 189–216.

Nederveen Meerkerk, Elise van. 'De draad in eigen handen: Vrouwen en loonarbeid in de Nederlandse textielnijverheid, 1581–1810', PhD thesis, Free University Amsterdam, 2007.

Nederveen Meerkerk, Elise van. 'Couples Cooperating? Dutch Textile Workers, Family Labour and the "Industrious Revolution", c. 1600–1800', *Continuity and Change*, 23 (2008), pp. 237–66.

Nederveen Meerkerk, Elise van. 'Market wage or discrimination? The Remuneration of Male and Female Wool Spinners in the Seventeenth–Century Dutch Republic', *EHR*, 63 (2010), pp. 165–86.

Netting, Robert McC. *Smallholders, Householders: Farm Families and the Ecology of Intensive, Sustainable Agriculture* (Stanford: Stanford UP, 1993).

Nieboer, H.J. *Slavery as an Industrial System: Ethnological Researches* (The Hague: Nijhoff, 1910).

Noordegraaf, L. *Hollands welvaren? Levensstandaard in Holland 1450–1650* (Bergen: Octavo,1985).

al–Nubi, Sheikh 'Ibada. 'Soldiers', in Sergio Donadoni (ed.), *The Egyptians* (Chicago/London: University of Chicago Press, 1997), pp. 31–59.

Nunn, Patrick. *The Edge of Memory: Ancient Stories, Oral Tradition and the Post–Glacial World* (London: Bloomsbury Sigma, 2018).

Nystrom, Pia. 'Aggression and Nonhuman Primates', in Mike Parker Pearson & I.J.N. Thorpe (eds), *Warfare, Violence and Slavery: Proceedings of a Prehistoric Society Conference at Sheffield University* (Oxford: BAR Publishing, 2005), pp. 35–40.

O'Brien, Patrick & Kent Deng. 'Can the Debate on the Great Divergence be Located Within the Kuznetsian Paradigm for an Empirical Form of Global Economic History?', *TSEG*, 12 (2015), pp. 63–78.

Ockinga, Boyo G. 'Morality and Ethics', in Toby Wilkinson (ed.), *The Egyptian World* (London/New York: Routledge, 2007), pp. 252–62.

Ogilvie, Sheilagh. '"Whatever is, is right"? Economic institutions in pre–industrial Europe', *EHR*, 60 (2007), pp. 649–84.

Ogilvie, Sheilagh & Markus Cerman (eds). *European Proto–Industrialization* (Cambridge: CUP, 1996).

Ohler, Norman. *Der totale Rausch: Drogen im Dritten Reich* (Cologne: Kiepenheuer & Witsch, 2015).

Oka, Rahul & Chapurukha M. Kusimba. 'The Archaeology of Trade Systems. Part 1: Towards a New Trade Synthesis', *Journal of Archaeological Research*, 16 (2008), pp. 339–95.

Olivelle, Patrick & Donald R. Davis Jr (eds). *Hindu Law: A New History of Dharmasastra* (Oxford: OUP, 2018).

Olsen, Wendy K. 'Marxist and Neo–Classical Approaches to Unfree Labour in India', in Tom Brass & Marcel van der Linden (eds), *Free and Unfree Labour: The Debate Continues* (Bern: Peter Lang, 1997), pp. 379–403.

Olszak, Norbert. 'The Historical Development of Collective Labour Law in France', in Marcel van der Linden & Richard Price (eds), *The Rise and Development of Collective Labour Law* (Bern: Peter Lang, 2000), pp. 141–54.

Ott, Undine. 'Europas Sklavinnen und Sklaven im Mittelalter: Eine Spurensuche in Osten des Kontinents', *WerkstattGeschichte*, 23(1–2) (March 2015), pp. 31–53.

Paesie, Ruud. 'Zeeuwen en de slavenhandel: Een kwantitatieve analyse', *Zeeland*, 19(1) (2010), pp. 2–13.

Paesie, Ruud. *Slavenopstand op de Neptunus: Kroniek van een wanhoopsdaad* (Zutphen: Walburg Pers, 2016).

Pagel, Mark. *Wired for Culture: Origins of the Human Social Mind* (New York/London: W.W.

Norton, 2012).

Pahl, R.E. (ed.). *On Work: Historical, Comparative and Theoretical Approaches* (Oxford: Basil Blackwell, 1988).

Pallaver, Karin. 'Population Developments and Labor Relations in Tanzania: Sources, Shifts and Continuities from 1800 to 2000', *History in Africa*, 41 (2014), pp. 307–35.

Palmer, David. 'Foreign Forced Labor at Mitsubishi's Nagasaki and Hiroshima Shipyard: Big Business, Militarized Government, and the Absence of Shipbuilding Workers' Rights in World War II Japan', in Marcel van der Linden & Magaly Rodríguez García (eds), *On Coerced Labor: Work and Compulsion after Chattel Slavery* (Leiden/Boston: Brill, 2016), pp. 159–84.

Pandya, Vishvajit. 'The Andaman Islanders of the Bay of Bengal', in Richard B. Lee & Richard Daly (eds), *The Cambridge Encyclopedia of Hunters and Gatherers* (Cambridge: CUP, 2004), pp. 243–7.

Parasher–Sen, Aloka. 'Naming and Social Exclusion: The Potcast and the Outsider', in Patrick Olivelle (ed.), *Between the Empires: Society in India 300 BCE to 400 CE* (Oxford: OUP, 2006), pp. 415–55.

Parker Pearson, Mike. 'Warfare, Violence and Slavery in Later Prehistory: An Introduction', in Mike Parker Pearson & I.J.N. Thorpe (eds), *Warfare, Violence and Slavery: Proceedings of a Prehistoric Society Conference at Sheffield University* (Oxford: BAR Publishing, 2005), pp. 19–33.

Parker Pearson, Mike & I.J.N. Thorpe (eds). *Warfare, Violence and Slavery: Proceedings of a Prehistoric Society Conference at Sheffield University* (Oxford: BAR Publishing, 2005).

Parthasarathi, Prasannan. *The Transition to a Colonial Economy: Weavers, Merchants and Kings in South India 1720–1800* (Cambridge: CUP, 2001).

Parthasarathi, Prasannan. *Why Europe Grew Rich and Asia Did Not: Global Economic Divergence, 1600–1850* (Cambridge: CUP, 2011).

Patel, Kiran Klaus. *Soldiers of Labor: Labor Service in Nazi Germany and New Deal America, 1933–1945* (Cambridge: CUP, 2005).

Pawley, Andrew. 'Prehistoric Migration and Colonization Processes in Oceania: A View from Historical Linguistics and Archeology', in Jan Lucassen, Leo Lucassen & Patrick Manning (eds), *Migration History in World History: Multidisciplinary Approaches* (Leiden/Boston: Brill, 2010), pp. 77–112.

Pearson, M.N. *Pious Passengers: The Hajj in Earlier Times* (New Delhi: Sterling Publishers, 1994).

Peebles, Gustav. 'The Anthropology of Credit and Debt', *Annual Review of Anthropology*, 39 (2010), pp. 225–40.

Pelling, Henry. *A History of British Trade Unionism* (Harmondsworth: Pelican, 1976).

Pemberton, Trevor J. et al. 'Impact of Restricted Marital Practices on Genetic Variation in an Endogamous Gujarati Group', *American Journal of Physical Anthropology*, 149

(2012), pp. 92–103.

Penninx, Rinus & Judith Roosblad. *Trade Unions, Immigration and Immigrants in Europe 1960–1993* (Oxford: Berghahn, 2000).

Perchard, Andrew. 'Workplace Cultures', in Daniel J. Walkowitz (ed.), *A Cultural History of Work in the Modern Age* (London: Bloomsbury, 2019), pp. 77–92.

Pesante, Maria Luisa. 'Slaves, Servants and Wage Earners: Free and Unfree Labour, from Grotius to Blackstone', *History of European Ideas*, 35 (2009), pp. 289–320.

Peterson, Jane. *Sexual Revolutions: Gender and Labor at the Dawn of Agriculture* (Walnut Creek, CA: Altamira Press, 2002).

Petriglieri, Gianpiero. 'We are all Zoombies now, but it has to stop', *Financial Times*, 14 May 2020.

Phillips, William D. Jr. 'The Old World Background of Slavery in the Americas', in Barbara L. Solow (ed.), *Slavery and the Atlantic System* (Cambridge: CUP, 1991), pp. 43–61.

Pierre, M. 'La Transportation', in J.–G. Petit et al. (eds), *Histoire des galères, bagnes et prisons xii–xxes siècles: Introduction à l'histoire pénale de la France* (Toulouse: Privat, 1991), pp. 231–59.

Piketty, Thomas. *Capital in the Twenty–First Century* (Cambridge, MA: Harvard UP, 2014).

Piketty, Thomas. *Capital and Ideology* (Cambridge, MA: Harvard UP, 2019).

Pimlott, J.A.R. *The Englishman's Holiday* (Hassocks: Harvester, 1976).

Pines, Yuri et al. (eds). *Birth of an Empire: The State of Qin Revisited* (Berkeley: University of California Press, 2014).

Pirngruber, Reinhard Wilfried. 'The Impact of Empire on Market Prices in Babylon in the Late Achaemenid and Seleucid Periods *c.* 400–140 B.C.', PhD dissertation, Free University Amsterdam, 2012.

Pizzolato, Nicola. 'Workers and Revolutionaries at the Twilight of Fordism: The Breakdown of Industrial Relations in the Automobile Plants of Detroit and Turin, 1967–1973', *Labor History*, 45(4) (November 2004), pp. 419–43.

Pizzolato, Nicola. '"As Much in Bondage as they was Before": Unfree Labor During the New Deal (1935–1952)', in Marcel van der Linden & Magaly Rodríguez García (eds), *On Coerced Labor: Work and Compulsion after Chattel Slavery* (Leiden/Boston: Brill, 2016), pp. 208–24.

Polanyi, Karl. *The Great Transformation* (New York/Toronto: Farrar & Rinehart, 1944).

Polanyi, Karl, Conrad M. Arensberg & Harry W. Pearson. *Trade and Market in the Early Empires: Economies in History and Theory* (Glencoe, IL: The Free Press, 1957).

Pollard, Sidney. *The Genesis of Modern Management: A Study of the Industrial Revolution in Great Britain* (London: Edward Arnold, 1965).

Pollock, Sheldon. *The Ends of Man at the End of Premodernity: 2004 Gonda Lecture* (Amsterdam: Royal Netherlands Academy of Arts and Sciences, 2005).

Pomeranz, Kenneth. *The Great Divergence: China, Europe and the Making of the*

Modern World Economy (Princeton: Princeton UP, 2000).

Pomeranz, Kenneth. 'Labour–Intensive Industrialization in the Rural Yangzi Delta: Late Imperial Patterns and their Modern Fates', in Gareth Austin & Kaoru Sugihara (eds), *Labour–Intensive Industrialization in Global History* (London/New York: Routledge, 2013), pp. 122–43.

Powell, Adam, Stephen Shennan & Mark G. Thomas. 'Late Pleistocene Demography and the Appearance of Human Behavior', *Science*, 324(5932) (5 June 2009), pp. 1298–1301.

Prak, Maarten. 'Painters, Guilds, and the Market during the Dutch Golden Age', in S.R. Epstein & Maarten Prak (eds), *Guilds, Innovation, and the European Economy, 1400–1800* (Cambridge: CUP, 2008), pp. 143–71.

Prak, Maarten. 'Mega–Structures of the Middle Ages: The Construction of Religious Buildings in Europe and Asia, c.1000–1500', in Maarten Prak & Jan Luiten van Zanden (eds), *Technology, Skills and the Pre–Modern Economy in the East and the West. Essays Dedicated to the Memory of S.R. Epstein* (Leiden/Boston: Brill, 2013), pp. 131–59.

Prak, Maarten. *Citizens without Nations: Urban Citizenship in Europe and the World c. 1000–1789* (Cambridge: CUP, 2018).

Prak, Maarten, Catharina Lis, Jan Lucassen & Hugo Soly (eds). *Craft Guilds in the Early Modern Low Countries: Work, Power, and Representation* (Aldershot: Ashgate, 2006).

Prak, Maarten & Patrick Wallis (eds). *Apprenticeship in Early Modern Europe* (Cambridge: CUP, 2020).

Prestes Carneiro, Gabriela et al. 'Pre–Hispanic Fishing Practices in Interfluvial Amazonia: Zooarchaeological Evidence from Managed Landscapes on the Llanos de Mojos Savanna', *PLOS ONE*, 14(5) (15 May 2019).

Price, T. Douglas & Ofer Bar–Yosef. 'The Origins of Agriculture: New Data, New Ideas', *Current Anthropology*, 52(S4) (October 2011), pp. S163–74.

Price, T. Douglas & Ofer Bar–Yosef. 'Traces of Inequality and the Origins of Agriculture in the Ancient Near East', in T. Douglas Price & Gary M. Feinman (eds), *Pathways to Power: New Perspectives on the Emergence of Social Inequality* (New York: Springer, 2012), pp. 147–68.

Price, T. Douglas & Gary M. Feinman (eds). *Pathways to Power: New Perspectives on the Emergence of Social Inequality* (New York: Springer, 2012).

Pun, Ngai & Lu Huilin. 'Unfinished Proletarianization: Self, Anger, and Class Action among the Second Generation of Peasant–Workers in Present–Day China', *Modern China*, 36(5) (2010), pp. 493–519.

Pyburn, K. Anne. 'Pomp and Circumstance before Belize: Ancient Maya Commerce and the New River Conurbation', in Joyce Marcus & Jeremy A. Sabloff (eds), *The Ancient City: New Perspectives on Urbanism in the Old and New World* (Santa Fe, NM: School for Advanced Research Press, 2008), pp. 477–95.

Raghavan, T.C.A. *Attendant Lords: Bairam Khan and Abdur Rahim, Courtiers & Poets in Mughal India* (New Delhi: HarperCollins, 2017).

Rahikainen, Marjatta. *Centuries of Child Labour: European Experiences from the Seventeenth to the Twentieth Century* (Aldershot: Ashgate, 2004).

Ramaswami, Shankar. 'Masculinity, Respect, and the Tragic: Themes of Proletarian Humor in Contemporary Industrial Delhi', in Rana Behal & Marcel van der Linden (eds), *India's Labouring Poor: Historical Studies, c. 1600–c. 2000* (Delhi: Fountain Books, 2007), pp. 203–27.

Ramaswamy, Vijaya. 'Vishwakarma Craftsmen in Early Medieval Peninsular India', *JESHO*, 47 (2004), pp. 548–78.

Ramaswamy, Vijaya. 'Gender and the Writing of South Indian History', in Sabyasachi Bhattacharya (ed.), *Approaches to History: Essays in Indian Historiography* (New Delhi: ICHR, 2011), pp. 199–224.

Ramaswamy, Vijaya. 'Mapping Migrations of South Indian Weavers Before, During and After the Vijayanagar Period: Thirteenth to Eighteenth Centuries', in Jan Lucassen & Leo Lucassen (eds), *Globalising Migration History: The Eurasian Experience (16th–21st Centuries)* (Leiden/Boston: Brill, 2014), pp. 91–121.

Rathbone, Dominic. *Economic Rationalism and Rural Society in Third–Century A.D. Egypt: The Heroninos Archive and the Appianus Estate* (Cambridge: CUP, 1991).

Ray, Himanshu Prabha. *Monastery and Guild: Commerce under the Satavahanas* (Delhi: OUP, 1986).

Ray, Himanshu Prabha. *The Archaeology of Seafaring in Ancient South Asia* (Cambridge: CUP, 2003).

Ray, Himanshu Prabha. 'Inscribed Pots, Emerging Identities: The Social Milieu of Trade', in Patrick Olivelle (ed.), *Between the Empires: Society in India 300 BCE to 400 CE* (Oxford: OUP, 2006), pp. 130–43.

Ray, Indrajit. *Bengal Industries and the British Industrial Revolution (1757–1857)* (London/New York: Routledge, 2011).

Reden, Sitta von. *Money in Ptolemaic Egypt: From the Macedonian Conquest to the End of the Third Century BC* (Cambridge: CUP, 2007).

Reden, Sitta von. *Money in Classical Antiquity* (Cambridge: CUP, 2010).

Rediker, Marcus. *Between the Devil and the Deep Blue Sea: Merchant Seamen, Pirates and the Anglo–American Maritime World, 1700–1750* (Cambridge: CUP, 1987).

Reich, David. *Who We Are and How We Got There: Ancient DNA and the New Science of the Human Past* (New York: Pantheon, 2018).

Reid, Anthony. *Southeast Asia in the Age of Commerce 1450–1680: Volume One. The Lands below the Winds* (Chiangmai: Silkworm Books, 1998).

Reid, Anthony. *Charting the Shape of Early Modern Southeast Asia* (Chiangmai: Silkworm Books, 1999).

Reinhardt, Max. *Gesellschaftspolitische Ordnungsvorstellungen der SPD–Flügel seit 1945:*

Zwischen sozial–istischer Transformation, linkem Reformismus und Marktideologie (Baden–Baden: Nomos, 2014).

Reininghaus, Wilfried (ed.). *Zunftlandschaften in Deutschland und den Niederlanden im Vergleich* (Münster: Aschendorf, 2000).

Reith, Reinhold. 'Circulation of Skilled Labour in Late Medieval and Early Modern Central Europe', in S.R. Epstein & Maarten Prak (eds), *Guilds, Innovation, and the European Economy, 1400–1800* (Cambridge: CUP, 2008), pp. 114–42.

Renwick, Chris. *Bread for All: The Origins of the Welfare State* (London: Allen Lane, 2017).

Ribeiro da Silva, Filipa. *Dutch and Portuguese in Western Africa: Empires, Merchants and the Atlantic System, 1580–1674* (Leiden & Boston: Brill, 2012).

Richards, E. 'Migration to Colonial Australia: Paradigms and Disjunctions', in Jan Lucassen & Leo Lucassen (eds), *Migration, Migration History: Old Paradigms and New Perspectives* (Bern: Peter Lang, 1996), pp. 151–76.

Richards, John F. 'The Economic History of the Lodi Period: 1451–1526', in Sanjay Subrahmanyam (ed.), *Money and the Market in India 1100–1700* (Delhi: OUP, 1994), pp. 137–55.

Richards, Michael P. 'Diet Shift in the Middle/Upper Palaeolithic Transition in Europe? The Stable Isotope Evidence', in Wil Roebroeks (ed.), *Guts and Brains: An Integrative Approach to the Hominin Record* (Leiden: Leiden UP, 2007), pp. 223–34.

Rider, Christine & Micheál Thompson (eds). *The Industrial Revolution in Comparative Perspective* (Malabar, FL: Krieger, 2000).

Rieksen, Evert Jan. 'Voetstappen zonder echo: Het oud–Hollandse 2e/3e/1e regiment jagers – 33e regiment lichte infanterie aan het werk in de Franse Tijd 1806–1814', PhD thesis, Free University Amsterdam, 2020.

Riello, Giorgio & Tirthankar Roy (eds). *How India Clothed the World: The World of South Asian Textiles, 1500–1850* (Leiden/Boston: Brill, 2009).

Rihll, Tracey. 'The Origin and Establishment of Ancient Greek Slavery', in M.L. Bush (ed.), *Serfdom and Slavery: Studies in Legal Bondage* (London/New York: Longman, 1996), pp. 89–111.

Rimlinger, Gaston V. *Welfare Policy and Industrialization in Europe, America and Russia* (New York: Wiley, 1971).

Rio, Alice. *Slavery after Rome, 500–1100* (Oxford: OUP, 2020).

Rival, Laura M. 'Introduction: South America', in Richard B. Lee & Richard Daly (eds), *The Cambridge Encyclopedia of Hunters and Gatherers* (Cambridge: CUP, 2004a), pp. 77–85.

Rival, Laura M. 'The Huaorani', in Richard B. Lee & Richard Daly (eds), *The Cambridge Encyclopedia of Hunters and Gatherers* (Cambridge: CUP, 2004b), pp. 100–4.

Roebroeks, Wil (ed.). *Guts and Brains: An Integrative Approach to the Hominin Record* (Leiden: Leiden UP, 2007).

Roebroeks, Wil. *The Neandertal Experiment* (Leiden: tweeëndertigste Kroon–voordracht,

2010).

Roebroeks, Wil. 'Art on the move', *Nature*, 514 (9 October 2014), pp. 170–1.

Roessingh, H.K. *Inlandse tabak: Expansie en contractie van een handelsgewas in de 17de en 18de eeuw in Nederland* (Wageningen: A.A.G. Bijdragen 20, 1976).

Romer, John. *A History of Ancient Egypt: From the First Farmers to the Great Pyramid* (London: Penguin, 2012).

Romer, John. *A History of Ancient Egypt: From the Great Pyramid to the Fall of the Middle Kingdom* (London: Penguin, 2017).

Roosevelt, Anna C. 'Archeology of South American Hunters and Gatherers', in Richard B. Lee & Richard Daly (eds), *The Cambridge Encyclopedia of Hunters and Gatherers* (Cambridge: CUP, 2004), pp. 86–91.

Röschenthaler, Ute & Alessandro Jedlowski (eds). *Mobility between Africa, Asia and Latin America: Economic Networks and Cultural Interaction* (London: Bloomsbury, 2017).

Rose, Clare. 'Working Lads in Late–Victorian London', in Nigel Goose & Katrina Honeyman (eds), *Childhood and Child Labour in Industrial England: Diversity and Agency, 1750–1914* (Farnham: Ashgate, 2012), pp. 297–313.

Rosefielde, Steven & Jonathan Leightner. *China's Market Communism: Challenges, Dilemmas, Solutions* (London/New York: Routledge, 2018).

Rosenblatt, Paul C. *Two in a Bed: The Social System of Couple Bed Sharing* (New York: SUNY Press, 2006).

Ross, Michale L. 'Oil, Islam and Women', *American Political Science Review*, 102(1) (February 2008), pp. 107–23.

Rossum, Matthias van. *Werkers van de wereld: Globalisering, arbeid en interculturele ontmoetingen tussen Aziatische en Europese zeelieden in dienst van de VOC, 1600–1800* (Hilversum: Verloren, 2014).

Rossum, Matthias van. *Kleurrijke tragiek: De geschiedenis van slavernij in Azië onder de VOC* (Hilversum: Verloren, 2015a).

Rossum, Matthias van. '"Vervloekte goudzucht": De VOC, slavenhandel en slavernij in Azië', *TSEG*, 12 (2015b), pp. 29–57.

Rossum, Matthias van. 'Towards a Global Perspective on Early Modern Slave Trade: Prices of the Enslaved in the Indian Ocean, Indonesian Archipelago and Atlantic Worlds', *Journal of Global History* (2021a; forthcoming).

Rossum, Matthias van. 'Slavery and its Transformations: Prolegomena for a Global and Comparative Research Agenda', *Comparative Studies in Society and History* (2021b; forthcoming).

Rossum, Matthias van & Karwan Fatah–Black. 'Wat is winst? De economische impact van de Nederlandse trans–Atlantische slavenhandel', *TSEG*, 9 (2012), pp. 3–29.

Rossum, Matthias van & Merve Tosun. 'Corvée Capitalism: The Dutch East India Company, Labour Regimes and (Merchant) Capitalism', *Journal of Asian Studies* (2021;

forthcoming).

Rossum, Matthias van et al. *Testimonies of Enslavement: Sources on Slavery from the Indian Ocean World* (London: Bloomsbury Academic, 2020).

Roth, Karl–Heinz. 'Unfree Labour in the Area under German Hegemony, 1930–1945: Some Historical and Methodological Questions', in Tom Brass & Marcel van der Linden (eds), *Free and Unfree Labour: The Debate Continues* (Bern: Peter Lang, 1997), pp. 127–43.

Rotman, Youval. *Byzantine Slavery and the Mediterranean World* (Cambridge, MA: Harvard UP, 2009).

Roullier, Caroline et al. 'Historical Collections Reveal Patterns of Diffusion of Sweet Potato in Oceania Obscured by Modern Plant Movements and Recombination', *PNAS*, 110(6) (2013), pp. 2205–10.

Rowlandson, Jane. 'Money Use among the Peasantry of Ptolomaic and Roman Egypt', in Andrew Meadows & Kirsty Shipton (eds), *Money and its Uses in the Ancient Greek World* (Oxford, OUP 2001), pp. 145–55.

Roy, Tirthankar. 'Labour–Intensity and Industrialization in Colonial India', in Gareth Austin & Kaoru Sugihara (eds), *Labour–Intensive Industrialization in Global History* (London/New York: Routledge, 2013), pp. 107–21.

Roy, Tirthankar & Giorgio Riello (eds). *Global Economic History* (London: Bloomsbury Academic, 2019).

Rubin, Beth A. 'Shifting Social Contracts and the Sociological Imagination', *Social Forces*, 91(2) (December 2012), pp. 327–46.

Rubin, Gerry R. 'The Historical Development of Collective Labour Law: The United Kingdom', in Marcel van der Linden & Richard Price (eds), *The Rise and Development of Collective Labour Law* (Bern: Peter Lang, 2000), pp. 291–341.

Rule, John (ed.). *British Trade Unionism 1750–1850: The Formative Years* (London/New York: Longman, 1988).

Russell, J.C. 'Population in Europe 500–1500', in Carlo M. Cipolla (ed.), *The Fontana Economic History of Europe: The Middle Ages, Vol. 1* (Glasgow: Collins/Fontana, 1972).

Saeger, James Schofield. *The Chaco Mission Frontier: The Guaycuruan Experience* (Tucson: University of Arizona Press, 2000).

Safley, Thomas Max (ed.). *Labor Before the Industrial Revolution: Work, Technology and their Ecologies in an Age of Early Capitalism* (London & New York: Routledge, 2019).

Safley, Thomas Max & Leonard N. Rosenband. 'Introduction', in Thomas Max Safley (ed.), *Labor Before the Industrial Revolution: Work, Technology and their Ecologies in an Age of Early Capitalism* (London & New York: Routledge, 2019), pp. 1–19.

Sahlins, Marshall. *Stone Age Economics* (Chicago: Aldine Publishing Company, 1972).

Santen, H.W. van. *VOC–dienaar in India: Geleynssen de Jongh in het land van de Groot–Mogol* (Franeker: Van Wijnen, 2001).

Santiago–Valles, Kelvin. 'Forced Labor in Colonial Penal Institutions across the Spanish,

U.S., British, French Atlantic, 1860s–1920s', in Marcel van der Linden & Magaly Rodríguez García (eds), *On Coerced Labor: Work and Compulsion after Chattel Slavery* (Leiden/Boston: Brill, 2016), pp. 73–97.

Saradamoni, K. 'Agrestic Slavery in Kerala in the Nineteenth Century', *The Indian Economic and Social History Review* 10(4) (1973), pp. 371–85.

Saradamoni, K. 'How Agrestic Slavery was Abolished in Kerala', *The Indian Economic and Social History Review* 11(2/3) (1974), pp. 291–308.

Sarasúa, Carmen. 'The Role of the State in Shaping Women's and Men's Entrance into the Labour Market: Spain in the Eighteenth and Nineteenth Centuries', *Continuity and Change*, 12(3) (1997), pp. 347–71.

Scammell, Geoffrey Vaughn. *The World Encompassed: The First European Maritime Empires c. 800–1650* (Berkeley: University of California Press, 1981).

Schaps, David M. *The Invention of Coinage and the Monetization of Ancient Greece* (Ann Arbor: University of Michigan Press, 2004).

Scheidel, Walter. 'The Monetary Systems of the Han and Roman Empires', in *Rome and China: Comparative Perspectives on Ancient World Empires* (Oxford: OUP, 2009), pp. 137–207.

Scheidel, Walter. 'Real Wages in Early Economies: Evidence for Living Standards from 1800 BCEto 1300 CE', *JESHO*, 53 (2010), pp. 425–62.

Scheidel, Walter. 'Building for the State: A World–Historical Perspective', *Princeton/ Stanford Working Papers in Classics*, Version 1.0 (May 2015a).

Scheidel, Walter (ed.). *State Power in Ancient China and Rome* (New York: OUP, 2015b).

Scheidel, Walter. *The Great Leveler: Violence and the History of Inequality from the Stone Age to the Twenty–First Century* (Princeton: Princeton UP, 2017).

Schendel, Willem van (ed.). *Francis Buchanan in Southeast Bengal* (New Delhi: Manohar, 1992).

Schendel, Willem van. 'Green Plants into Blue Cakes: Working for Wages in Colonial Bengal's Indigo Industry', in Marcel van der Linden & Leo Lucassen (eds), *Working on Labor: Essays in Honor of Jan Lucassen* (Leiden/Boston: Brill, 2012), pp. 47–73.

Schendel, Willem van. 'Beyond Labor History's Comfort Zone? Labor Regimes in Northeast India, from the Nineteenth to the Twenty–First Century', in Ulbe Bosma & Karin Hofmeester (eds), *The Life Work of a Labor Historian: Essays in Honor of Marcel van der Linden* (Leiden/Boston: Brill, 2018), pp. 174–207.

Scherjon, Fulco, Corrie Bakels, Katharine MacDonald & Wil Roebroeks. 'Burning the Land: An Ethnographic Study of Off–Site Fire Use by Current and Historically Documented Foragers and Implications for the Interpretation of Past Fire Practices in the Landscape', *Current Anthropology*, 56(3) (June 2015), pp. 299–326.

Schiavone, Aldo. *Spartacus* (Cambridge, MA: Harvard UP, 2013).

Schloss, David. *Methods of Industrial Remuneration*, 3rd edn, revised and enlarged (London: Williams & Norgate, 1898).

Schloss, David. *Les modes de rémunération du travail: Traduit sur la 3e édition, précédé d'une introduction, et augmenté de notes et d'appendices par Charles Rist* (Paris: Giard & Brière, 1902).

Schmandt–Besserat, Denise. *Before Writing, Vol. I: From Counting to Cuneiform; Vol II: A Catalogue of Near Eastern Tokens* (Austin: University of Texas Press, 1992).

Schmidt, Ariadne. 'Women and Guilds: Corporations and Female Labour Market Participation in Early Modern Holland', *Gender & History*, 21(1) (2009), pp. 170–89.

Schmidt, Peter R. *Iron Technology in East Africa: Symbolism, Science and Archaeology* (Bloomington: Indiana UP, 1997).

Schneider, William H. 'The Scientific Study of Labor in Interwar France', in Michael C. Wood & John Cunningham Wood (eds), *Frank and Lillian Gilbreth: Critical Evaluations in Business Management, Vol. II* (London: Routledge, 2003), pp. 196–229.

Scholliers, Peter. *Wages, Manufacturers and Workers in the Nineteenth–Century Factory: The Voortman Cotton Mill in Ghent* (Oxford: OUP, 1996).

Schrire, Carmel (ed.). *Past and Present in Hunter Gatherer Studies* (Walnut Creek, CA: Left Coast Press, 2009).

Schumpeter, Joseph A. *History of Economic Analysis* (London: Allen & Unwin, 1972).

Seaford, Richard. *The Origins of Philosophy in Ancient Greece and Ancient India: A Historical Comparison* (Cambridge: CUP, 2020).

Sebeta, Judith Lynn. 'Women's Costume and Feminine Civic Morality in Augustan Rome', *Gender & History*, 9(3) (1997), pp. 529–41.

Segal, Paul. 'Inequality as Entitlements over Labour', Working Paper 43 (London: LSE Inequalities Institute, 2020).

Segalen, Martine. *Love and Power in the Peasant Family: Rural France in the Nineteenth Century* (Chicago: Chicago UP, 1983).

Seibert, Julia. 'More Continuity than Change? New Forms of Unfree Labor in the Belgian Congo 1908–1930', in Marcel van der Linden (ed.), *Humanitarian Interventions and Changing Labor Relations: The Long–Term Consequences of the Abolition of the Slave Trade* (Leiden & Boston: Brill, 2011), pp. 369–86.

Seland, Eivind Heldaas. 'Archaeology of Trade in the Western Indian Ocean, 200 BC–AD 700', *Journal of Archaeological Research*, 22 (2014), pp. 367–402.

Semo, Enrique. *The History of Capitalism in Mexico: Its Origins, 1521–1763* (Austin: University of Texas Press, 1993).

Sen, A.K. 'Cooperation, Inequality and the Family', *Population and Development Review*, 15, Supplement (1989), pp. 61–76.

Sennett, Richard. *The Craftsman* (New Haven/London: Yale UP, 2008).

Sharma, R.S. 'Urbanism in Early Historical India', in Indu Banga (ed.), *The City in Indian History: Urban Demography, Society and Politics* (New Delhi: Manohar, 2014), pp. 9–18.

Shatzmiller, Maya. *Labour in the Medieval Islamic World* (Leiden: Brill, 1994).

Shatzmiller, Maya. *Her Day in Court: Women's Property Rights in Fifteenth-Century Granada* (Cambridge MA: Harvard UP, 2007).

Shelach-Lavi, Gideon. *The Archaeology of Early China: From Prehistory to the Han Dynasty* (Cambridge: CUP, 2015).

Shen, Jianfa. 'From Mao to the Present: Migration in China since the Second World War', in Jan Lucassen & Leo Lucassen (eds), *Globalising Migration History: The Eurasian Experience (16th–21st Centuries)* (Leiden/Boston: Brill, 2014), pp. 335–61.

Shieh, G.S. 'Cultivation, Control and Dissolution: The Historical Transformation of the Labour Union Act of Taiwan, 1911–1990', in Marcel van der Linden & Richard Price (eds), *The Rise and Development of Collective Labour Law* (Bern: Peter Lang, 2000), pp. 265–90.

Shimada, Ryuto. *The Intra-Asian Trade in Japanese Copper by the Dutch East-India Company during the Eighteenth Century* (Leiden: Brill, 2006).

Shin, Wonchul. 'The Evolution of Labour Relations in the South Korean Shipbuilding Industry: A Case Study of Hanjin Heavy Industries, 1950–2014', in Raquel Varela, Hugh Murphy & Marcel van der Linden (eds), *Shipbuilding and Ship Repair Workers around the World: Case Studies 1950–2010* (Amsterdam: Amsterdam UP, 2017), pp. 615–36.

Shiuh-Feng, Liu. 'Copper Administration Reform and Copper Imports from Japan in the Qianlong Reign of the Qing Dynasty', in Keiko Nagase-Reimer (ed.), *Copper in the Early Modern Sino-Japanese Trade* (Leiden/Boston: Brill, 2016), pp. 72–117.

Shlomowitz, Ralph. 'Team Work and Incentives: The Origins and Development of the Butty Gang System in Queensland's Sugar Industry, 1891–1913', *Journal of Comparative Economics*, 3 (1979), pp. 41–55.

Shlomowitz, Ralph. 'The Transition from Slave to Freedmen Labor in the Cape Colony, the British West Indies, and the Postbellum American South: Comparative Perspectives', in Tom Brass & Marcel van der Linden (eds), *Free and Unfree Labour: The Debate Continues* (Bern: Peter Lang, 1997), pp. 239–48.

Shnirelman, Victor A. 'Archeology of North Eurasian Hunters and Gatherers', in Richard B. Lee & Richard Daly (eds), *The Cambridge Encyclopedia of Hunters and Gatherers* (Cambridge: CUP, 2004a), pp. 127–31.

Shnirelman, Victor A. 'The Itenm'i', in Richard B. Lee & Richard Daly (eds), *The Cambridge Encyclopedia of Hunters and Gatherers* (Cambridge: CUP, 2004b), pp. 147–51.

Shrimali, Krishna Mohan. 'Money, Market and Indian Feudalism: AD 60–1200', in Amiya Kumar Bagchi (ed.), *Money & Credit in Indian History: From Early Medieval Times* (New Delhi: Tulika, 2002), pp. 1–39.

Shrimali, Krishna Mohan. 'The Monetary History of Early India: Distinctive Landmarks', in Susmita Basu Majumdar & S.K. Bose (eds), *Money and Money Matters in Pre-Modern South Asia. Nicholas G. Rhodes Commemoration Volume* (New Delhi:

Manohar, 2019), pp. 173–220.

Shryock, Andrew & Daniel Lord Smail (eds). *Deep History: The Architecture of Past and Present* (Berkeley: University of California Press, 2011).

Shryock, Andrew, Thomas R. Trautmann & Clive Gamble. 'Imagining the Human in Deep Time', in Andrew Shryock and Daniel Lord Smail (eds), *Deep History: The Architecture of Past and Present* (Berkeley: University of California Press, 2011), pp. 21–52.

Siegelbaum, Lewis H. *Stakhanovism and the Politics of Productivity in the USSR, 1935–1941* (Cambridge: CUP, 1988).

Simitis, Spiros. 'The Case of the Employment Relationship: Elements of a Comparison', in Willibald Steinmetz (ed.), *Private Law and Social Inequality in the Industrial Age: Comparing Legal Cultures in Britain, France, Germany and the United States* (Oxford: OUP, 2000), pp. 181–202.

Simonton, Deborah & Anne Montenach (eds). *A Cultural History of Work*, 6 vols (London: Bloomington 2019).

Singh, Anankoha Narayan. 'Regulating Slavery in Colonial India', *Labour & Development*, 21 (2014), pp. 102–20.

Singha, Radhika. *A Despotism of Law: Crime and Justice in Early Colonial India* (Delhi: OUP, 1998).

Sinha, Nitin & Nitin Varma (eds). *Servants' Pasts, 18th–20th Centuries, Vol. 2* (New Delhi: Orient Blackswan, 2019).

Sinha, Nitin, Nitin Varma & Pankaj Jha (eds). *Servants' Pasts, 16th–18th Centuries, Vol. 1* (New Delhi: Orient Blackswan, 2019).

Sinopoli, Carla M. 'Empires', in Gary M. Feinman & T. Douglas Price (eds), *Archaeology at the Millennium: A Sourcebook* (New York: Springer, 2001), pp. 439–71.

Sinopoli, Carla M. & Kathleen D. Morrison. 'Dimensions of Imperial Control: The Vijayanagara Capital', *American Anthropologist*, 97 (1995), pp. 83–96.

Skipp, Victor. *Crisis and Development: An Ecological Case Study of the Forest of Arden 1570–1674* (Cambridge: CUP, 1978).

Slicher van Bath, Bernhard H. *The Agrarian History of Western Europe A.D. 500–1850* (London: Arnold, 1963a).

Slicher van Bath, Bernhard H. 'De oogstopbrengsten van verschillende gewassen, voornamelijk granen, in verhouding tot het zaaizaad', *A.A.G. Bijdragen*, 9 (1963b), pp. 29–125.

Slicher van Bath, Bernhard H. 'Yield Ratios, 810–1820', *A.A.G. Bijdragen*, 10 (1963c), pp. 1–264.

Sloman, Peter. *Transfer State: The Idea of a Guaranteed Income and the Politics of Redistribution in Modern Britain* (Oxford: OUP, 2019).

Smith, Adam. *An Inquiry into the Nature and the Wealth of Nations. A careful reprint of edition (3 volumes) 1812 with notes by J.R. McCulloch* (London: Ward, Lock & Co, n.d.).

Smith, Andrew B. 'Archeology and Evolution of Hunters and Gatherers', in Richard B. Lee & Richard Daly (eds), *The Cambridge Encyclopedia of Hunters and Gatherers* (Cambridge: CUP, 2004), pp. 384–90.

Smith, Eric Alden et al. 'Wealth Transmission and Inequality Among Hunter–Gatherers', *Current Anthropology*, 51(1) (February 2010), pp. 19–34.

Smith, Mark B. 'Social Rights in the Soviet Dictatorship: The Constitutional Right to Welfare from Stalin to Brezhnev', *Humanity*, 3(3) (Winter 2012), pp. 385–406.

Smith, Mark B. 'The Withering Away of the Danger Society: The Pensions Reform 1956 and 1964 in the Soviet Union', *Social Science History*, 39(1) (March 2015a), pp. 129–48.

Smith, Mark B. 'Faded Red Paradise: Welfare and the Soviet City after 1953', *Contemporary European History*, 24(4) (October 2015b), pp. 597–615.

Smith, Michael E. (ed.). *The Comparative Archaeology of Complex Societies* (Cambridge: CUP, 2012a).

Smith, Michael E. *The Aztecs*, 3rd edn (Oxford: Wiley–Blackwell, 2012b).

Smith, Michael E. 'The Aztec Empire', in Andrew Monson & Walter Scheidel (eds), *Fiscal Regimes and the Political Economies of Premodern States* (Cambridge: CUP, 2015), pp. 71–114.

Snell, K.D.M. *Annals of the Labouring Poor: Social Change and Agrarian England 1660–1900* (Cambridge: CUP, 1985).

Sonenscher, Michael. *Work and Wages: Natural Law, Politics and the Eighteenth–Century French Trades* (Cambridge: CUP, 1989).

Song, Jesook. *South Koreans in the Debt Crisis: The Creation of a Neoliberal Welfare Society* (Durham, NC/London: Duke UP, 2009).

Spalinger, Anthony. 'The Army', in Toby Wilkinson (ed.), *The Egyptian World* (London/New York: Routledge, 2007), pp. 118–28.

Spek, R.J. van der. 'Cuneiform Documents on the Parthian History: The Rahimesu Archive. Materials for the Study of the Standard of Living', in Josef Wiesehöfer (ed.), *Das Partherreich und seine Zeugnisse* (Stuttgart: Steiner, 1998), pp. 205–58.

Spek, R.J. van der. 'Palace, Temple and Market in Seleucid Babylonia', in V. Chankowski et F. Duyrat (eds), *Le roi et l'économie: Autonomies locales et structures royales dans l'économie de l'empire séleucide. Topoi, Orient–Occident*, Supplement 6 (2004), pp. 303–32.

Spek, R.J. van der. 'Feeding Hellenistic Seleucia on the Tigris and Babylon', in Richard Alston & Otto M. van Nijf (eds), *Feeding the Ancient Greek City* (Leuven: Peeters, 2008), pp. 33–45.

Spek, R.J. van der, Bas van Leeuwen & Jan Luiten van Zanden (eds), *A History of Market Performance: From Ancient Babylonia to the Modern World* (London/New York: Routledge, 2015).

Spek, R.J. van der et al. 'Money, Silver and Trust in Mesopotamia', in R.J. van der Spek &

Bas van Leeuwen (eds), *Money, Currency and Crisis: In Search of Trust, 2000 BC to AD 2000* (London/New York: Routledge, 2018), pp. 102–31.

Spittler, Gerd. 'Beginnings of the Anthropology of Work: Nineteenth–Century Social Scientists and their Influence on Ethnography', in Jürgen Kocka (ed.), *Work in a Modern Society: The German Historical Experience in Comparative Perspective* (New York: Berghahn, 2010), pp. 37–54.

Spufford, Margaret. *The Great Reclothing of Rural England: Petty Chapmen and their Wares in the Seventeenth Century* (London: The Hambleton Press, 1984).

Spufford, Margaret. 'Literacy, Trade and Religion in the Commercial Centres of Europe', in Karel Davids & Jan Lucassen (eds), *A Miracle Mirrored: The Dutch Republic in European Perspective* (Cambridge: CUP, 1995), pp. 229–83.

Spufford, Margaret. 'The Cost of Apparel in Seventeenth–Century England, and the Accuracy of Gregory King', *EHR*, 53 (2000), pp. 677–705.

Spufford, Peter. *Money and its Use in Medieval Europe* (Cambridge: CUP, 1988).

Spufford, Peter. 'How Rarely did Medieval Merchants Use Coin?', Van Gelder lecture 5, Stichting Nederlandse Penningkabinetten, Utrecht, 2008.

Stabel, Peter. 'Labour Time, Guild Time? Working Hours in the Cloth Industry of Medieval Flanders and Artois (Thirteenth–Fourteenth Centuries)', *TSEG*, 11 (2014), pp. 27–53.

Standing, Guy. *The Precariat: The New Dangerous Class* (London: Bloomsbury, 2016).

Stanziani, Alessandro. 'Serfs, Slaves, or Wage Earners? The Legal Status of Labour in Russia from a Comparative Perspective, from the Sixteenth to the Nineteenth Century', *Journal of Global History*, 3 (2008), pp. 183–202.

Stanziani, Alessandro. 'The Legal Status of Labour from the Seventeenth to the Nineteenth Century: Russia in a Comparative European Perspective', *IRSH*, 54 (2009a), pp. 359–89.

Stanziani, Alessandro. 'The Travelling Panopticon: Labor Institutions and Labor Practices in Russia and Britain in the Eighteenth and Nineteenth Centuries', *Comparative Studies in Society and History*, 51(4) (October 2009b), pp. 715–41.

Stanziani, Alessandro. *After Oriental Despotism: Eurasian Growth in a Global Perspective* (London: Bloomsbury, 2014).

Stanziani, Alessandro. 'Labour Regimes and Labour Mobility from the Seventeenth to the Nineteenth Century', in Tirthankar Roy & Giorgio Riello (eds), *Global Economic History* (London: Bloomsbury Academic, 2019), pp. 175–94.

Stearns, Peter. *Debating the Industrial Revolution* (London: Bloomsbury, 2015).

Stein, Burton. *A History of India*, 2nd edn, edited by David Arnold (Chichester: Wiley–Blackwell, 2010).

Steinfeld, Robert J. *The Invention of Free Labor: The Employment Relation in English and American Law and Culture, 1350–1870* (Chapel Hill/London: University of North Carolina Press, 1991).

Steinfeld, Robert J. *Coercion, Contract and Free Labor in the Nineteenth Century* (Cambridge: CUP, 2001).

Steinfeld, Robert J. 'Suffrage and the Terms of Labor', in David Eltis, Frank D. Lewis & Kenneth L. Sokoloff (eds), *Human Capital and Institutions: A Long Run View* (Cambridge: CUP, 2009), pp. 267–84.

Steinmetz, Willibald (ed.). *Private Law and Social Inequality in the Industrial Age: Comparing Legal Cultures in Britain, France, Germany and the United States* (Oxford: OUP, 2000).

Sterelny, Kim. 'Human Behavioral Ecology, Optimality, and Human Action', in Gary Hatfield & Holly Pittman (eds), *Evolution of Mind, Brain, and Culture* (Philadelphia: University of Pennsylvania Press, 2013), pp. 303–24.

Stevens, Anne & Mark Eccleston. 'Craft Production and Technology', in Toby Wilkinson (ed.), *The Egyptian World* (London/New York: Routledge, 2007), pp. 146–59.

Stillman, Norman A. 'The Eleventh Century Merchant House of Ibn 'Akwal (A Geniza Study)', *JESHO*, 16 (1973), pp. 15–88.

Stiner, Mary C. et al. 'Scale', in Andrew Shryock & Daniel Lord Smail (eds), *Deep History: The Architecture of Past and Present* (Berkeley: University of California Press, 2011), pp. 242–72.

Stone, Glenn Davis, Robert McC. Netting & M. Priscilla Stone. 'Seasonality, Labor Scheduling, and Agricultural Intensification in the Nigerian Savanna', *American Anthropologist*, New Series, 92(1) (1990), pp. 7–23.

Studer, Roman. *The Great Divergence Reconsidered. Europe, India, and the Rise of Global Economic Power* (Cambridge: CUP, 2015).

Subbarayalu, Y. 'Trade Guilds in South India up to the Tenth Century', *Studies in People's History*, 2(1) (2015), pp. 21–6.

Subrahmanyam, Sanjay. 'Introduction' in Sanjay Subrahmanyam (ed.), *Money and the Market in India 1100–1700* (Delhi: OUP, 1994), pp. 1–56.

Subramanian, Lakshmi. 'The Political Economy of Textiles in Western India: Weavers, Merchants and the Transition to a Colonial Economy', in Giorgio Riello & Tirthankar Roy (eds), *How India Clothed the World: The World of South Asian Textiles, 1500–1850* (Leiden/Boston: Brill, 2009), pp. 253–80.

Sugihara, Kaoru. 'Labour–Intensive Industrialization in Global History: An Interpretation of East Asian Experiences', in Gareth Austin & Kaoru Sugihara (eds), *Labour–Intensive Industrialization in Global History* (London/New York: Routledge, 2013), pp. 20–64.

Sunderland, Willard. 'Catherine's Dilemma: Resettlement and Power in Russia: 1500s–1914', in Jan Lucassen & Leo Lucassen (eds), *Globalising Migration History: The Eurasian Experience (16th–21st Centuries)* (Leiden/Boston: Brill, 2014), pp. 55–70.

Suzman, James. *Affluence without Abundance: The Disappearing World of the Bushmen* (London: Bloomsbury, 2017).

Suzman, James. *Work: A History of How We Spend Our Time* (London: Bloomsbury, 2020).

Taylor, Frederick Winslow. *The Principles of Scientific Management* (New York: Harper, 1911).

Taylor, Tim. 'Ambushed by a Grotesque: Archeology, Slavery and the Third Paradigm', in Mike Parker Pearson & I.J.N. Thorpe (eds), *Warfare, Violence and Slavery: Proceedings of a Prehistoric Society Conference at Sheffield University* (Oxford: BAR Publishing, 2005), pp. 225–33.

Temin, Peter. *The Roman Market Economy* (Princeton/Oxford: Princeton UP, 2012).

Tenney, Jonathan S. 'Household Structure and Population Dynamics in the Middle Babylonian Provincial "Slave" Population', in Laura Culbertson (ed.), *Slaves and Households in the Near East* (Chicago: Oriental Institute, 2011), pp. 135–46.

Teulings, Chris. *Gildepenningen: hun rol binnen de ambachtsgilden van de Noordelijke Nederlanden* (Woudrichem: Pictures Publishers, 2019).

Thapar, Romila. *The Penguin History of Early India: From the Origins to AD 1300* (London: Penguin, 2002).

Tharoor, Shashi. *Why I am a Hindu* (New Delhi: Aleph, 2018).

Thierry, François. *Monnaies chinoises. I. L'antiquité préimpériale* (Paris: BNF, 1997).

Thierry, François. 'Archéologie et Numismatique: Les cinq découvertes qui ont bouleversé l'histoire monétaire du Chin', in Wolfgant Szaivert et al. (eds). *TOYTO APECHTH XΩPA: Festschrift für Wolfgang Hahn zum 70. Geburtstag* (Vienna: VIN, 2015), pp. 433–51.

Thomas, Keith (ed.). *The Oxford Book of Work* (Oxford: OUP, 1999).

Thomas, Keith. *The Ends of Life: Roads to Fulfilment in Early Modern England* (Oxford: OUP, 2009).

Thomaz, Luís Filipe F.R. *Oranjemund Coins: Shipwreck of the Portuguese Carrack "Bom Jesus" (1533)* (Lisbon/Windhoek: IISTP/National Museum of Namibia, 2014).

Thompson, Edward. *The Making of the English Working Class* (Harmondsworth: Penguin, 1968).

Thorpe, I.J.N. 'The Ancient Origins of Warfare and Violence', in Mike Parker Pearson & I.J.N. Thorpe (eds), *Warfare, Violence and Slavery: Proceedings of a Prehistoric Society Conference at Sheffield University* (Oxford: BAR Publishing, 2005), pp. 1–18.

Thorpe, Wayne. *'The workers themselves': Revolutionary Syndicalism and International Labour, 1913–1923* (Dordrecht: Kluwer, 1989).

Tilgher, Adriano. *Work: What it Has Meant to Men Through the Ages* (New York: Harcourt, Brace & Co., 1930; Arno Press, 1977).

Tilly, Charles. *As Sociology Meets History* (New York: Academic Press, 1981).

Tilly, Chris & Charles Tilly. *Work under Capitalism* (Boulder, CO: Westview Press, 1998).

Toledano, Ehud. 'An Empire of Many Households: The Case of Ottoman Enslavement', in Laura Culbertson (ed.), *Slaves and Households in the Near East* (Chicago: Oriental Institute, 2011), pp. 85–97.

Tomber, Roberta. *Indo–Roman Trade: From Pots to Pepper* (London: Duckworth, 2008).

Tomka, Béla. *Welfare in East and West: Hungarian Social Security in an International Comparison 1918–1990* (Berlin: Akademie Verlag, 2004).

Tomlins, Christopher. 'Early British America, 1585–1830: Freedom Bound', in Douglas Hay & Paul Craven (eds), *Masters, Servants and Magistrates in Britain and the Empire 1562–1955* (Chapel Hill: University of North Carolina Press, 2004), pp. 117–52.

Tomlinson, Jim. *Employment Policy: The Crucial Years 1939–1955* (Oxford: Clarendon Press, 1987).

Tonioli, Gianni & Francesco Piva. 'Unemployment in the 1930s: The Case of Italy', in Barry J. Eichengreen & T.J. Hatton (eds), *Interwar Unemployment in International Perspective* (Dordrecht: Kluwer, 1988), pp. 221–45.

Tonkinson, Robert. 'The Ngarrindjeri of Southeastern Australia', in Richard B. Lee & Richard Daly (eds), *The Cambridge Encyclopedia of Hunters and Gatherers* (Cambridge: CUP, 2004), pp. 343–7.

Toussaint, Sandy. 'Kimberley Peoples of Fitzroy Valley, Western Australia', in Richard B. Lee & Richard Daly (eds), *The Cambridge Encyclopedia of Hunters and Gatherers* (Cambridge: CUP, 2004), pp. 339–42.

Trappenburg, Margot, Wouter Scholten & Thijs Jansen (eds). *Loonfatsoen: Eerlijk verdienen of graaicul–tuur* (Amsterdam: Boom, 2014).

Trautmann, Thomas R., Gilliam Feeley–Harnik & John C. Mitani. 'Deep Kinship', in Andrew Shryock & Daniel Lord Smail (eds), *Deep History: The Architecture of Past and Present* (Berkeley: University of California Press, 2011), pp. 160–88.

Trevett, Jeremy. 'Coinage and Democracy at Athens', in Andrew Meadows & Kirsty Shipton (eds), *Money and its Uses in the Ancient Greek World* (Oxford: OUP, 2001), pp. 25–34.

Truant, Cynthia Maria. *The Rites of Labor: Brotherhoods of Compagnonnage in Old and New Regime France* (Ithaca: Cornell UP, 1994).

Tsurumi, E. Patricia. *Factory Girls: Women in the Thread Mills of Meiji Japan* (Princeton: Princeton UP, 1990).

Turrell, Robert Vicat. *Capital and Labour on the Kimberley Diamond Fields 1871–1890* (Cambridge: CUP, 1987).

Udovitch, Abraham L. 'Labor Partnerships in Early Islamic Law', *JESHO*, 10 (1961), pp. 64–80.

Ulin, Robert C. 'Work as Cultural Production: Labour and Self–Identity among Southwest French Wine–Growers', *Journal of the Royal Anthropological Institute (N.S.)*, 8 (2002), pp. 691–702.

Underhill, Anne P. (ed.). *A Companion to Chinese Archaeology* (Hoboken, NJ: Wiley–Blackwell, 2013).

Vaesen, Krist, Mark Collard, Richard Cosgrove & Will Roebroeks. 'Population Size Does Not Explain Past Changes in Cultural Complexity', *PNAS* (4 April 2016), pp. E2241–7.

Valbelle, Dominique. 'Craftsmen', in Sergio Donadoni (ed.), *The Egyptians* (Chicago/London: University of Chicago Press, 1997), pp. 31–59.

Vandenbroeke, Christiaan. 'Proto–Industry in Flanders: A Critical Review', in Sheilagh C. Ogilvie & Markus Cerman (eds), *European Proto–Industrialization* (Cambridge: CUP, 1996), pp. 102–17.

Vanhaute, Eric. *Peasants in World History* (New York/Abingdon: Routledge, 2021; forthcoming).

Vanhaute, Eric & Hanne Cottyn. 'Into their Lands and Labours: A Comparative and Global Analysis of Trajectories of Peasant Transformation', *ICAS Review Paper Series No. 8* (February 2017) https://biblio.ugent.be/publication/8512518/file/8512519 (retrieved on 24 April 2018).

Vanina, Eugenia. *Urban Crafts and Craftsmen in Medieval India (Thirteenth–Eighteenth Centuries)* (New Delhi: Munshiram Manoharlal, 2004).

Veblen Thorstein V. *The Instinct of Workmanship and the State of the Industrial Arts* (New York: Augustus M. Kelly, originally 1914).

Vélissaroupolos–Karakostas, Julie. 'Merchants, Prostitutes and the "New Poor": Forms of Contract and Social Status', in Paul Cartledge, Edward E. Cohen & Lin Foxhall (eds), *Money, Labour and Land: Approaches to the Economies of Ancient Greece* (London/New York: Routledge, 2002), pp. 130–9.

Veraghtert, Karel & Brigitte Widdershoven. *Twee eeuwen solidariteit: De Nederlandse, Belgische en Duitse ziekenfondsen tijdens de negentiende en twintigste eeuw* (Amsterdam/Zeist: Aksant, 2002).

Verboven, Koenraad. 'Currency, Bullion and Accounts: Monetary Modes in the Roman World', *Revue Belge de Numismatique et de Sigillographie*, 140 (2009), pp. 91–124.

Verboven, Koenraad. 'Introduction: Professional Collegia: Guilds or Social Clubs?', *Ancient Society*, 41 (2011), pp. 187–95.

Verhulst, Adriaan. *The Rise of Cities in North–West Europe* (Cambridge: CUP, 1999).

Verlinden, Charles. *L'esclavage dans l'Europe médiévale. I: Péninsule Ibérique–France; II: Italie, Colonies ital–iennes du levant, Levant latin, Empire byzantine* (Ghent: Faculté de Philosophie et Lettres, 1955, 1977).

Verlinden, Charles. 'Le retour de l'esclavage aux XVe et XVIe siècles', in Annalisa Guarducci (ed.), *Forme ed evoluzione del lavoro in Europa: XIII–XVIII secc.*, *Serie II Atti delle 'Settimane di Studi' e altri Convegni No. 13* (Prato: Instituto F. Datini, 1991), pp. 65–92.

Versieren, Jelle & Bert de Munck. 'The Commodity Form of Labor: Discursive and Cultural Traditions to Capitalism(s) and Labor in the Low Countries' Ceramic Industries (1500–1900)', in Thomas Max Safley (ed.), *Labor Before the Industrial Revolution: Work, Technology and their Ecologies in an Age of Early Capitalism* (London & New York: Routledge, 2019), pp. 70–95.

Victor, Sandrine. '"Quand le Bâtiment Va, Tout Va": The Building Trade in the Latin

West in the Middle Ages', in Thomas Max Safley (ed.), *Labor Before the Industrial Revolution: Work, Technology and their Ecologies in an Age of Early Capitalism* (London & New York: Routledge, 2019), pp. 132–49.

Vidal, Hern N.J. 'The Yamana of Tierra del Fuego', in Richard B. Lee & Richard Daly (eds), *The Cambridge Encyclopedia of Hunters and Gatherers* (Cambridge: CUP, 2004), pp. 114–18.

Villa, Paola & Wil Roebroeks. 'Neanderthal Demise: An Archaeological Analysis of the Modern Human Superiority Complex', *PLOS ONE*, 9(4) (April 2014), pp. 1–10.

Villotte, Sébastien & Christopher J. Knüsel. "'I Sing of Arms and of a Man . . .": Medial Epicondylosis and the Sexual Division of Labour in Prehistoric Europe', *Journal of Archaeological Science*, 43 (March 2014), pp. 168–74.

Vink, Markus. "'The World's Oldest Trade": Dutch Slavery and Slave Trade in the Indian Ocean in the Seventeenth Century', *Journal of World History*, 14 (2003), pp. 131–77.

Vleuten, Lotte van der. 'Empowerment and Education: A Historical Study into the Determinants of Global Educational Participation of Women, ca. 1850–2010', PhD thesis, Radboud Universiteit Nijmegen, 2016.

Vogel, Hans Ulrich. 'Unrest and Strikes at the Metropolitan Mints in 1741 and 1816 and their Economic and Social Background', in Christine Moll–Murata, Song Jianze & Hans Ulrich Vogel (eds), *Chinese Handicraft Regulations of the Qing Dynasty: Theory and Application* (Munich: Iudicium, 2005), pp. 395–422.

Vogel, Hans Ulrich. *Marco Polo Was in China, New Evidence from Currencies, Salt and Revenues* (Leiden/Boston: Brill, 2013).

Voth, Hans–Joachim. *Time and Work in England 1750–1830* (Oxford: Clarendon Press, 2000).

Vries, Jan de. *The Dutch Rural Economy in the Golden Age 1500–1700* (New Haven/London: Yale UP, 1974).

Vries, Jan de. *European Urbanization 1500–1800* (London: Methuen, 1984).

Vries, Jan de. 'The Industrial Revolution and the Industrious Revolution', *The Journal of Economic History*, 54 (1994), pp. 249–70.

Vries, Jan de. *The Industrious Revolution: Consumer Behavior and the Household Economy, 1650 to the Present* (Cambridge: CUP, 2008).

Vries, Jan de. 'The Industrious Revolutions in East and West', in Gareth Austin & Kaoru Sugihara (eds), *Labour–Intensive Industrialization in Global History* (London/New York: Routledge, 2013), pp. 65–84.

Vries, Jan de & Ad van der Woude. *The First Modern Economy: Success, Failure, and Perseverance of the Dutch Economy, 1500–1815* (Cambridge: CUP, 1997).

Vries, Peer. *Escaping Poverty: The Origins of Modern Economic Growth* (Goettingen/Vienna: Vienna UP, 2013).

Vries, Peer. 'Replies to my Commentators', *TSEG*, 12 (2015), pp. 105–20.

Waal, Frans de. *Good Natured: The Origins of Right and Wrong in Humans and Other*

Animals (Cambridge, MA: Harvard UP, 1996).

Waal, Frans de. *Our Inner Ape: The Best and Worst of Human Nature* (London: Granta Books, 2005).

Waal, Frans de. *The Age of Empathy: Nature's Lessons for a Kinder Society* (New York: Harmony Books, 2009).

Wadauer, Sigrid, Thomas Buchner & Alexander Mejstrik (eds). *History of Labour Intermediation: Institutions and Finding Employment in the Nineteenth and Early Twentieth Centuries* (New York/Oxford: Berghahn, 2015).

Wade, Lizzie. 'Unearthing Democracy's Rules', *Science*, 355 (17 March 2017), pp. 1114–18.

Wagner–Hasel, Beate. 'Egoistic Exchange and Altruistic Gift', in Gadi Algazi, Valentin Groebner & Bernhard Jussen (eds), *Negotiating the Gift: Pre–Modern Figurations of Exchange* (Göttingen: Vandenhoeck & Ruprecht, 2003), pp. 141–71.

Wagner–Hasel, Beate. *Die Arbeit des Gelehrten: Der Nationalökonom Karl Bücher (1847–1930)* (Frankfurt: Campus, 2011).

Wallerstein, Immanuel. *The Modern World System*, vols I–III (New York/London: Academic Press, 1974–1989).

Walvin, James. *Atlas of Slavery* (Harlow: Pearson/Longman, 2006).

Wang, Helen. *Money on the Silk Road: The Evidence from Eastern Central Asia to c. AD 800* (London: British Museum, 2004).

Wang, Helen. 'Official Salaries and Local Wages at Juyan, North–West China, First Century BCEto First Century CE', in Jan Lucassen, *Wages and Currency: Global Comparisons from Antiquity to the Twentieth Century* (Bern: Peter Lang, 2007), pp. 59–76.

Wang, Helen et al. (eds). *Metallurgical Analysis of Chinese Coins at the British Museum* (London: British Museum, 2005).

Weber, Max. 'Agrarverhältnisse im Altertum', in *Handwörterbuch der Staatswissenschaften* (Jena: Gustav Fischer, 1909), pp. 52–188.

Weber, Max. *Wirtschaft und Gesellschaft*, edited by Johannes Winckelman (Tübingen: Mohr, 1976).

Weeks, Kathi. *The Problem with Work: Feminism, Marxism, Antiwork Politics, and Postwork Imaginaries* (Durham, NC/London: Duke UP, 2011).

Weil, David. *The Fissured Workplace: Why Work Became So Bad for So Many and What Can be Done to Improve it* (Cambridge, MA: Harvard UP, 2014).

Weill, Claudie. *L'Internationale et l'Autre: Les Relations interethniques dans la IIe Internationale (discus–sions et débats)* (Paris: Arcantère, 1987).

Wells, H.G. *An Englishman Looks at the World, Being a Series of Unrestrained Remarks upon Contemporary Matters* (London: Cassel, 1914).

Wendt, Ian C. 'Four Centuries of Decline? Understanding the Changing Structure of the South Indian Textile Industry', in Giorgio Riello & Tirthankar Roy (eds), *How India Clothed the World: The World of South Asian Textiles, 1500–1850* (Leiden/Boston:

Brill, 2009), pp. 193–215.

Wengrow, David. *The Archaeology of Early Egypt: Social Transformations in North–East Africa, 10,000 to 2650 BC* (Cambridge: CUP, 2006).

Westerhoff, Christian. *Zwangsarbeit im Ersten Weltkrieg: Deutsche Arbeitskräftepolitik im besetzten Polen und Litauen 1914–1918* (Paderborn: Schöningh, 2012).

Wezel Stone, Katherine van. 'Labor and the American State: The Evolution of Labor Law in the United States', in Marcel van der Linden & Richard Price (eds), *The Rise and Development of Collective Labour Law* (Bern: Peter Lang, 2000), pp. 351–76.

Whatley, Christopher A. 'Scottish "Collier Serfs" in the 17th and 18th Centuries: A New Perspective', *VSWG–Beiheft*, 115 (1995a), pp. 239–55.

Whatley, Christopher A. 'Collier Serfdom in Mid–Eighteenth–Century Scotland: New Light from the Rothes MSS', *Archives*, 22(93) (1995b), pp. 25–33.

White, Jerry. *Mansions of Misery: A Biography of the Marshalsea Debtors' Prison* (London: Bodley Head, 2016).

Whitehouse, Nicki J. & Wiebke Kirleis. 'The World Reshaped: Practices and Impacts of Early Agrarian Societies', *Journal of Archaeological Science*, 51 (2014), pp. 1–11.

Whittle, Alasdair & Vicki Cummings (eds). *Going Over: The Mesolithic–Neolithic Transition in North–West Europe* (Oxford: OUP, 2007).

Wicks, Robert S. *Money, Markets, and Trade in Early Southeast Asia: The Development of Indigenous Monetary Systems to AD 1400* (Ithaca, NY: Cornell UP, 1992).

Wierling, Dorothee. *Mädchen für alles: Arbeitsalltag und Lebensgeschichte städtischer Dienstmädchen um die Jahrhundertwende* (Berlin: Dietz, 1987).

Wilkinson, Toby (ed.). *The Egyptian World* (London/New York: Routledge, 2010).

Williams, Colin C. *The Informal Economy* (Newcastle upon Tyne: Agenda, 2019).

Witwer, David. *Shadow of the Racketeer: Scandal in Organized Labor* (Urbana, IL/Chicago: University of Illinois Press, 2009).

Witzel, Michael. 'Brahmanical Reactions to Foreign Influences and to Social and Religious Change', in Patrick Olivelle (ed.), *Between the Empires: Society in India 300 BCE to 400 CE* (Oxford: OUP, 2006), pp. 457–99.

Wong, R. Bin. 'Divergence Displaced: Patterns of Economic and Political Change in Early Modern and Modern History', lecture, Utrecht University, 26 May 2016.

Wood, Michael C. & John Cunningham Wood (eds). *Frank and Lillian Gilbreth: Critical Evaluations in Business Management*, 2 vols (London: Routledge, 2003).

Wright, Rita P. *The Ancient Indus: Urbanism, Economy, and Society* (Cambridge: CUP, 2010).

Wright, Thomas. *Some Habits and Customs of the Working Classes by a Journeyman Engineer* (1867; reprint New York: Kelley, 1967).

Wulff, Birgit. 'The Third Reich and the Unemployed: The National–Socialist Work–Creation Schemes in Hamburg 1933–1934', in Richard J. Evans & Dick Geary (eds), *The German Unemployed: Experiences and Consequences of Mass–Unemployment from the Weimar Republic to the Third Reich* (London/Sydney: Croom Helm, 1987), pp. 281–302.

Wyatt, David. *Slaves and Warriors in Medieval Britain and Ireland, 800–1200* (Leiden/Boston: Brill, 2011).

Wylie, Alex. *Labour, Leisure and Luxury: A Contribution to Present Practical Political Economy* (London: Longmans, Green and Co., 1884).

Xiang, Biao. *Global 'Body Shopping': An Indian Labor System in the Informal Technology Industry* (Princeton/Oxford: Princeton UP, 2007).

Xiang, Hai et al. 'Early Holocene Chicken Domestication in Northern China', *PNAS*, 111(49) (December 9, 2014), pp. 17564–9.

Xu, Hong. 'The Erlitou Culture', in Anne P. Underhill (ed.), *A Companion to Chinese Archaeology* (Hoboken, NJ: Wiley–Blackwell, 2013), pp. 300–22.

Yamauchi, Takashi et al. 'Overwork–Related Disorders in Japan: Recent Trends and Development of a National Policy to Promote Preventive Measures', *Industrial Health*, 55(3) (2017), pp. 293–302.

Yang, Bin. *Cowrie Shells and Cowrie Money: A Global History* (London/New York: Routledge, 2019).

Yang, Yuda. 'Silver Mines in Frontier Zones: Chinese Mining Communities along the Southwestern Borders of the Qing Empire', in Nanny Kim & Keiko Nagase–Reimer (eds), *Mining, Monies, and Culture in Early Modern Societies: East Asian and Global Perspectives* (Leiden/Boston: Brill, 2013), pp. 87–114.

Yetish, Gandhi et al. 'Natural Sleep and its Seasonal Variations in Three Pre–Industrial Societies', *Current Biology*, 25 (2 November 2015), pp. 2862–8.

Yuan, Guangkuo. 'The Discovery and Study of the Early Shang Culture', in Anne P. Underhill (ed.), *A Companion to Chinese Archaeology* (Hoboken, NJ: Wiley–Blackwell, 2013), pp. 323–42.

Zanden, Jan Luiten van. 'The Road to the Industrial Revolution: Hypotheses and Conjectures about the Medieval Origins of the "European Miracle"', *Journal of Global History*, 3 (2008), pp. 337–59.

Zanden, Jan Luiten van. *The Long Road to the Industrial Revolution: The European Economy in a Global Perspective, 1000–1800* (Leiden/Boston: Brill, 2009).

Zanden, Jan Luiten van. 'Explaining the Global Distribution of Book Production before 1800', in Maarten Prak & Jan Luiten van Zanden (eds), *Technology, Skills and the Pre–Modern Economy in the East and the West. Essays dedicated to the memory of S.R. Epstein* (London/Boston: Brill, 2013), pp. 323–40.

Zanden, Jan Luiten van, Tine de Moor & Sarah Carmichael. *Capital Women: The European Marriage Pattern, Female Empowerment, and Economic Development in Western Europe, 1300–1800* (Oxford: OUP, 2019).

Zanden, Jan Luiten van et al. (eds). *How Was Life? Global Well–Being Since 1820* (Geneva/Amsterdam: OECD/CLIO INFRA, 2014).

Zeder, Melinda A. 'The Origins of Agriculture in the Near East', *Current Anthropology*, 52(S4) (October 2011), pp. S221–35.

Zeder, Melinda A. 'The Domestication of Animals', *Journal of Anthropological Research*, 68(2) (Summer 2012), pp. 161–89.

Zietlow, Rebecca E. 'The Constitutional Right to Organize', in Martha Albertson & Jonathan W. Fineman (eds), *Vulnerability and the Legal Organization of Work* (London/New York: Routledge, 2018), pp. 13–33.

Zijdeman, Richard L. 'Status Attainment in the Netherlands 1811–1941: Spatial and Temporal Variation before and after Industrialization', PhD thesis, Utrecht University, 2010.

Zijdeman, Richard L. & Filipa Ribeiro da Silva. 'Life Expectancy since 1820', in Jan Luiten van Zanden et al. (eds), *How Was Life? Global Well–Being Since 1820* (Geneva/Amsterdam: OECD/CLIO INFRA, 2014), pp. 101–16.

Zilfi, Madeline C. *Women and Slavery in the Late Ottoman Empire: The Design of Difference* (Cambridge: CUP, 2010).

Zimmermann, Susan. 'The Long–Term Trajectory of Anti–Slavery in International Politics: From the Expansion of the European International System to Unequal International Development', in Marcel van der Linden (ed.), *Humanitarian Interventions and Changing Labor Relations: The Long–Term Consequences of the Abolition of the Slave Trade* (Leiden & Boston: Brill, 2011), pp. 435–97.

Znamenski, Andrei A. '"The Ethic of Empire" on the Siberian Borderland: The Peculiar Case of the "Rock People", 1791–1878', in Nicholas B. Breyfogle, Abby Schrader & Willard Sunderland (eds), *Peopling the Russian Periphery: Borderland Colonization in Eurasian History* (London/New York: Routledge, 2007), pp. 106–27.

Zuiderhoek, Arjan. 'Introduction: Land and Natural Resources in the Roman World in Historiographical and Theoretical Perspective', in Paul Erdkamp, Koen Verboven & Arjan Zuiderhoek (eds), *Ownership and Exploitation of Land and Natural Resources in the Roman World* (Oxford: OUP, 2015), pp. 1–17.

Zurbach, Julien. 'La Formation des Cités Grecques: Statuts, Classes et Systèmes Fonciers', *Annales–HSS*, 68(4) (October–December 2014), pp. 957–98.

Zürcher, Erik–Jan (ed.). *Fighting for a Living: A Comparative History of Military Labour 1500–2000* (Amsterdam: Amsterdam UP, 2013).

Zwart, Pim de & Jan Lucassen. 'Poverty or Prosperity in Northern India? New Evidence on Real Wages, 1590s–1870s', *EHR*, 73 (2020), pp. 644–67.

Zwart, Pim de & Jan Luiten van Zanden. *The Origins of Globalization, World Trade in the Making of the Global Economy, 1500–1800* (Cambridge: CUP, 2018).

찾아보기

인간은 어떻게 노동자가 되었나

처음 쓰는 일의 역사

초판 1쇄 발행 2023년 6월 5일
초판 2쇄 발행 2023년 12월 21일

지은이 얀 뤼카선
옮긴이 전소영
펴낸이 양미자
편　집 강진홍
디자인 이수정

펴낸곳 도서출판 모티브북
주소 서울시 마포구 토정로 222, 304호(신수동, 한국출판콘텐츠센터)
등록번호 제313-2004-00084호
전화 063 251 4671　**팩스** 0303 3130 1707
이메일 motivebook@naver.com

ISBN 978-89-91195-63-9 93900